U0585670

文史哲论集

都本基题

都本伟 著

SPM 南方出版传媒 广东人民出版社

·广州·

图书在版编目（CIP）数据

文史哲论集 / 都本伟著 . -- 广州 : 广东人民出版社 , 2021.11
ISBN 978-7-218-15342-1

I.①文… Ⅱ.①都… Ⅲ.①文史哲—中国—文集 Ⅳ.① C53

中国版本图书馆 CIP 数据核字（2021）第 213051 号

WENSHIZHE LUNJI
文史哲论集

都本伟 著

出 版 人：肖风华

责任编辑：王庆芳 张 瑜
责任技编：吴彦斌 周星奎
封面题字：都本基

出版发行：广东人民出版社
地 址：广州市海珠区新港西路 204 号 2 号楼（邮政编码：510300）
电 话：（020）85716809（总编室）
传 真：（020）85716872
网 址：http://www.gdpph.com
印 刷：广东鹏腾宇文化创新有限公司
开 本：787 毫米 ×1092 毫米 1/16
印 张：42.5 字 数：550 千字
版 次：2021 年 11 月第 1 版
印 次：2021 年 11 月第 1 次印刷
定 价：98.00 元

如发现印装质量问题，影响阅读，请与出版社（020-85716849）联系调换。
售书热线：020-85716864

作 | 者 | 简 | 介

　　都本伟，东北财经大学教授、博士生导师，广东东软学院党委书记、政府督导专员。学术领域广博，文史哲经教育均有建树：经济学方面，曾发表过网红文章《东北与广东差啥？》，引起了全国的热议；哲学方面，曾在党报开辟过《哲学专栏》，是国内西方马克思主义代表人物弗洛姆研究的主要学者；史学方面，是元明史特别是成吉思汗、忽必烈、袁崇焕的研究者，曾多次荣登《扬州讲坛》讲历史；文学方面，出版过三部诗集、二部散文集，被誉为"网红诗人"；教育学方面，曾出版过《中美高等教育比较研究》一书，是我国比较教育学方面的研究著作。本论集集中了作者在文史哲方面的主要成果，可窥其学术成果的概貌。

中秋赋 都本伟

中秋，有一种情思悠宁
遥遥，自的雪、蓝的天，
飞的燕、宁行着我的思念，
中秋又一种情愁在遥遥，
空的岩、静的水、雪的山、
你的景子不在身边，中
秋，有一种情愿在今晚，
明的月，朗的天，人西边，
在缘千里共婵娟，

辛丑中秋 都本基书于海外

书法家都本基先生为都本伟教授新诗挥墨作品

［序　言］

哲学人生与人生哲学

张思宁

　　"网红书记""网红诗人"的称号着实让都本伟先生轰动一时。其实，不止现在，早在三十多年前他就是著名的专栏作家，那时阅读他文章的人在纸媒覆盖的区域内，不像现在网媒时代的铺天盖地。我母亲就是他的粉丝，还有很多我认识的人，只要一提到他的名字，就会说起读他文章的受益匪浅。都本伟先生的诗集《诗意栖居》今年出版后，人们开始关注他曾经有过的角色之外的学术成就。他在哲学领域的研究具有重要的理论价值和学术价值，他以哲学整体进程为始点，为探索理想社会铺建思考进阶。在《主体性的道德哲学——论康德伦理学的特征及其意义》《时代的悲观意识——叔本华哲学的历史和理论根源探讨》《论海德格尔对西方哲学的扬弃》《论弗洛姆思想的历史与理论根源》《挣脱幻想的锁链》《论弗洛姆的社会哲学思想》《弗洛姆的"社会性格"思想述评》等论文中，他遵循理想主义理念，将历史上杰出的思想家的研究上升到理想意志的高度，在理想社会与社会理想这样的至高层次上，多角度、多层次、全方位地把握了理想意志。他对马克思、康德、叔本华、海德格尔、弗洛姆、卢卡奇等哲学家的灵魂和思想进行不断探索，在展示西方哲学思想生发流变过程与演化的各种向度的同时，用理想意志驾驭哲人的思想，在心理学、史学、文学和经济学前沿的哲学思考，带给他巨大的创作欲望。哲学就是他的人生，他在《俯仰天地忆旧恩》《大爱长存去后思》中叙述了那些印刻在生命之中的童年印迹，父母在给予他无微不至关爱的同时，又给予他指向未来的期待，过去、现在与未来的关系构成了他童年经验的原型。在他考上大学的年代，青年人主体意识还朦胧时，理想与意志在他心目中已经逐渐生成。大学，他选择读哲学，童年经验原型的模糊意向悄然投射到理想社会与社会理想之中，不经意间转变为理想社会与社会理想相互关联的认知模式，这就是他童年经验的理性再现，自然而然地建构出属于他的理想意志。他在象征性的关系中发现了指向未来的奥赜——人与人类整体的主体性。他的文字总是围绕理想意志展开，在实然、应然、超然的连锁意义中探索哲学奥秘，走向了哲学、心理学、史学和文学前沿的通路。三十年前他开始关注的哲学、心理学问题，时至今日还没引起社会足够的关注。理想意志对马克思主义、马克思主义中国化的理论研究具有重要贡献，这正是他的职责所在。

理想意志是认识你自己的另一种表达，都本伟先生阐释了它的内在意义：理想是人们对美好生活的期许，理想社会是集体为创造美好社会而奋斗的目标，但理想和理想社会的实现是艰难的，因此，必须有不怕困难、百折不挠、不怕牺牲、坚韧不拔的意志和品行，这种为理想不断奋斗的意志就是理想意志。他的理想意志建构于两个独立的理论基础之上：哲学和心理学。在哲学的理论体系中，理想社会与社会理想之中的理想意志具有主体性，是个体的主体性和人类整体的主体性的统一，他始终关注着一直以来被忽略的人类的主体性。在现代人的心灵困境中，他从西方哲学思想的复杂表述和历史演变中，提炼出蕴含在理想社会与社会理想之间的人类整体更深层的心理结构。在心理学的理论体系中，理想意志建构在心理分析之上，他阐释了隐藏在社会意识中的集体无意识与集体意识的主体性，用马克思主义理论对西方哲学思想展开了理性批判。弗洛姆的社会无意识、社会性格理论带给他灵感，他发现了理想意志存在于意识、无意识、集体无意识和集体意识的辩证关系之中，并整合了诸多的心理学概念和不同的心理学流派。值得一提的是，存在于理想社会与社会理想之间的理想意志受到美学思想的润泽，在《论卢卡奇的总体性范畴》《怎样评价普列汉诺夫的美感论》《浅谈研究自然美本质的方法论》中所表现的美学意境中，理想意志更加完美，理想意志成为过去、现在与未来的纽带。在此之前，无论是哲学，还是心理学都没有关注积极意义上的集体无意识与集体意识。个体意识与集体意识的双重主体性，也没有得到理论的观照。

理想意志具有一定的认知功能，在史学、文学中的展开折射出理想意志的学术意义。理想意志隐藏在理想社会与社会理想之中，在历史的演绎中理想意志具有推波助澜的力量，都本伟先生在他的论文和讲演中展示着这种力量。理想意志在史学中总是围绕人类社会发展的无目的性却又指向目的性，而在历史人物的作为中展开，展现着集体无意识与集体意识的辩证统一。都本伟先生阐释史学的重点是时代的重大事件、重要人物，他以理想意志为核心梳理社会发展动因和社会发展轨迹的必然性，剖析历史人物在时代潮流中的命运沉浮非偶然的必然性。他用心理分析的方法关注童年经验在历史进程中的人性温度，从史学材料中挖掘最鲜活的人类成长经验，以及理想意志的记忆，在《一代天骄：成吉思汗的一生及其历史地位》《一代枭雄：忽必烈的一生及其历史地位》《悲剧英雄：袁崇焕的一生及其历史地位》具体的历史事件中，关注这些人物最有意义的那部分史实，剖析这些人物童年经验中个体主体性与人类整体性的内在关联，在理想意志之下展开的无意识、集体无意识和集体意识是隐藏在历史人物人格中推动社会进步的力量，人不仅要为自己而生存，更应当为人类整体的发展尽己所能。他用理想意志阐释、诠释党史，具有文学解析和史学解析的双重效力，在《一枝独秀话沧桑》（上下篇）、《秋白尽染霜红色》（上下篇）、《论中国革命的历史必由之路》、《从重大历史事件中学习中共党史》、《从毛泽东诗词中学习中共党史》中，他通过展示集体无意识与集体意识的辩证统一，阐释蕴藏在理想社会与社会理想之间的理想意志的力量。都本伟先生的文学以一种前所未有的直接性探究了天理，他将现实社会置于过去、现在和未来之中，用社会理想安慰、征服、超越现实社会的境遇，延伸社会生活的归宿。现实社会日常事象和重要事件的本质总是被混乱无序的表象掩盖，用天理解析细节的真实、逻辑的真实和本质的真实，不仅会冲破认知的迷茫，而且对受伤的人格有康复作用。社会理想与社会现实不是远远相望，在精神世界总是相互交织。都本伟先生的哲学人生透过他的人生哲学流畅地展示在现实社会中，这是他对社会生活的自我体悟的凝练与升华。在《我与徐志摩的诗缘》《我与星云大师的文化之缘》《我与王向峰教授的诗缘》《忆恩师陶银骠教授》中，天理就是理想意志在现实社会中的存在形式，既与客观现实逻辑相切近，又与主观情感逻辑相契合，映射出的合情合理合天理的意蕴，实现了自身有限性的超越，以及尊重不同价值体系的包容精神，宁静和谐、意趣兼得。在心灵重新整合的过程中，日常生活的琐事具有了非同寻常的价值。理想意志象征着自我探索的状态，经历磨难是发现和完善自我的必经之路。理想意志具有无限的延展性，在理论与学术的现场，为心灵预留了空间，在《人文精神：迈向成功的阶梯》《科学精神：助力精彩人生》《大学精神的传承》

中，都本伟先生在现实社会和理想社会的交织中抽离理想意志轨迹，用理想意志观照人文精神、科学精神和大学精神，并赋予全新的社会价值观，理想意志是联结理想社会与社会理想之根，推进着人们对精神的无穷底蕴的探索。

都本伟先生的哲学人生，也是他的人生哲学，人生与哲学是凝缩于一体的存在。他将经历、感受和思考用哲学方式表达出来，他的理想意志创造出凝聚力与和谐精神的力量。他从哲学处境出发，发掘现实社会中的社会理想，阐幽发微、深刻而精彩。在信息时代已有的切实可行的心理暗示会骤然消失，阅读他文字总是有心灵的交流感，那种象征性的倾诉，不是忘却那些具体，而是在此之上重新发现境遇的意义，在规范之上远远超越了规范。我一直追求爱仇的境界，却时常因为愤怒而烦恼。尽管愤怒属于正常人正常的心理反应，如果出现在其他人那里可能不会引起我的心理反应，但是，我不允许自己存在这样的问题。2020 年 9 月末，在西藏当我与一位年轻的佛学成就者谈到这件事情的时候，他对我说，那是因为我内心有愤怒，我的愤怒与他人无涉。大活佛用平静、自信、肯定的眼神看着我，他的话不容置疑，无疑是我的修炼程度不够。前些天，我突然感到那个萦绕在我心头的、多年的、同愤怒有关的阴霾消失了，愤怒的感觉飘离我很远很远，爱仇的境界不断升腾。我寻思着改变的原因，突然搜索"天理"二字，这是我拜读都本伟先生散文后最强烈的印象，他的散文在我脑海中闪烁。美学大师朱光潜说，许多书都没有一读的价值，多读一本没有价值的书，便丧失可读一本有价值的书的时间和精力，所以须慎加选择。在碎片化阅读场景下，深度阅读的意义在于寻找那些对人生有意义的指导。碎片化阅读犹如快闪，稍纵即逝，留下瞬间、模糊的印象，即便是只言片语也难以在心灵深处驻足，虽然有众多的信息可供选择，在选择自由的同时，也带来了巨大的不自由，会被圈定在碎片化的场景中，这是悖论。有选择的悖论也许不是什么坏事儿，只要瞬间的快意常在没有什么不好，但碎片化阅读的成瘾性同样会消解人的意志，不自觉地放弃理想和责任，甚至导致各种各样的心理问题。《文史哲论集》正是都本伟先生用哲学对心理学、史学和文学等重大的、既是现实的、也是理想的问题从面向未来角度做出的回应。只要读一读这部著作就会发现，他以哲学的方式阐释问题，虔诚、真挚的态度足以让读者展开严肃的思考，并在此之上建构自己的精神基地，为人与人之间在更高层次的交往和结合提供基础，擒获到禀性的充溢，这是抵达健康人格的必由进路。阅读《文史哲论集》乃是对人格与自身存在的修复、补充和拓展，获得心灵的动力。

2021 年 10 月 30 日

张思宁，辽宁社会科学院哲学研究所所长、研究员，学者，专栏作家，辽宁省政协委员，辽宁省妇女联合会执委，沈阳市人民政府参事，全国优秀社会科学普及专家，辽宁省马克思主义理论重点学科学术带头人。撰写专著 7 部，合著 20 余部，在《光明日报》等报刊发表论文 40 余篇，调研报告 30 余篇，科普文章 600 余篇；获习近平总书记批示 1 项。担任辽宁省家庭教育学会会长、辽宁省哲学学会秘书长、辽宁省心理咨询师协会副理事长、辽宁省心理咨询师行业协会副会长、辽宁省周易研究会副会长、辽宁省 21 世纪哲学研究会副会长等。获得辽宁省"五一"奖章，辽宁省巾帼十佳，辽宁省"三八"红旗手称号等。

代表作有：《转型中国之价值冲突与秩序重建》（社会科学文献出版社 2010 年版），《边际异化信息嵌入理论》（人民出版社 2012 年版），《统一场论的哲学研究》（人民出版社 2016 年版），《心理分析视域下的信仰研究》（人民出版社 2019 年版），《聆听父亲的往事》（沈阳出版社 2019 年版）。

［目 录］

第一辑
文学漫步

我与徐志摩的诗缘

  徐志摩的浪漫爱情和唯美诗篇，早已被喜欢他的国人津津乐道。当然，对徐志摩的婚恋，不同价值观的人有不同的评价，这在多元化的社会里，是太正常不过的事情了。但对徐志摩的唯美诗篇，如《再别康桥》等，却鲜有不喜欢的。这说明，文学的价值，会搁置价值观的分歧，会以美的意境和音乐般的旋律引起人的美感享受和情感共鸣。

  我喜欢徐志摩，是从大学开始的。我的中小学由于正经历"文化大革命"，不用说文学，连正常的基础教育课程都学得支离破碎，到处都是"阶级斗争"，哪有机会和条件去读诗呢？但我是幸运的，上山下乡不久，赶上恢复了高考，我以优异的成绩考上了大学，从此，开始了追求学问、教书育人的人生。80 年代初，正是我国社会在十一届三中全会精神感召下，思想大解放的时代，文学像久旱逢甘霖一样茁壮成长，伤痕文学、朦胧诗等在大学校园里得到了广泛传播，受到了"天之骄子"的热捧。在当时的文学热中，通过延伸阅读，我第一次接触了徐志摩的文学作品。当读到《再别康桥》时，被他的诗意、诗情、诗风、诗语深深地打动了，当时的感受是：这样美丽的意象、清新的景致、舒朗的画面、朗朗上口的韵律，真是让人赏心悦目啊！后来，随着对徐志摩其他作品的研读和对他起伏不定人生的了解，对《再别康桥》有了更深的认识。由于喜欢，我甚至能把全诗倒背如流，在学校的诗词学会里或其他聚会场合，我都喜欢当众朗诵这首经典名作。

大学毕业后不久，我考取了西方哲学史的研究生，在研读古今中外哲学思想的过程中，我对美学产生了浓厚的兴趣，除了哲学美学的思辨研究外，我对文艺美学作品进行了广泛的阅读，对徐志摩及其名作《再别康桥》有了更深的理解。当我接触到海德格尔借荷尔德林的名言"人诗意地栖居于大地之上"，而阐发他的人生哲学时，我立即想到了徐志摩短暂而又浪漫的人生。徐志摩才配得上"诗意地栖居于大地之上"的大才子、大诗人：他的一生为诗而生、为诗而活、为诗而爱、为诗而死，不愧为中国 20 世纪的诗魂、诗圣。

走上工作岗位后，虽然历经多个职业的历练，在忙忙碌碌的教学、科研、不同管理岗位上做着"枯燥"、毫无"诗意"的事情，但大学时被徐志摩所点燃的诗心却从未停歇。我开始写诗、朗诵诗、出诗集、办诗会，在过去的二十多年时光里，我写诗近千首，出版诗集三部，参与或主办诗会数十次。特别是我主政一方和领导一所大学时，每年都要搞几场大型诗歌朗诵会，以活跃当地百姓和师生的文化生活，增强人们对中华文化的自信心。而每次朗诵的诗篇都是经我亲手选定的。不知是在意识中对徐志摩的偏爱，还是在无意识中对徐志摩的崇拜，每次诗会，我都有意无意地把徐志摩的诗作如《再别康桥》《偶然》《雪花的快乐》等列入其中，看来徐志摩的诗魂已深深地萦绕在了我的脑海深处。不仅如此，我不会放过任何一个与徐志摩"擦肩而过"的机会：在书店里，一看到有关徐志摩的新书或诗词新编，便悉数收进我的书房中。难能忘却的是 2004 年夏天，我在英国牛津大学主持中英大学校长论坛之即，抽空驱车百英里，特意去了趟剑桥，不为别的，就是为了专程寻觅徐志摩《再别康桥》的足迹，追寻徐志摩创作时的灵感。当我撑篙在剑河之上，望着河两岸的垂柳、浮在河里的水草、游在水面的野鸭、漫飞在空中的夏虫，听着两岸的蝉鸣鸟唱和船夫撑篙激起的水声……我的心陶醉了，心想，这不就是徐志摩八十年前所看到的景色吗？我有幸亲临《再别康桥》的创作场景，怎能不诗兴大发呢？于是，我站在船头，激情地朗诵起了"那河畔的金柳，是夕阳中的新娘，波光里的艳影，在我的心头荡漾"。我的朗诵，引来了同船好友和周边船上游人的喝彩和欢呼。此时此刻，我更被徐志摩的诗情、诗意、诗思所深深打动，身心感到无比的舒朗和欢畅。

从那时到现在，又过去了快二十年，我从四十几岁的中年，走到了六十几岁的壮年。这些年，我经历了做企业的伤神，做官员的心累，做学者的艰辛，但我内心的"诗情"从未泯灭，对徐志摩的景仰也从未褪色。2020年"五一"劳动节，乘着小长假闲暇，我约上三两好友，踏上了寻诗的旅程，第一站就选择了徐志摩的家乡——浙江省海宁市硖石镇，去寻访我多年心中的偶像诗人徐志摩的浪漫人生。可惜，受疫情影响，当我们兴高采烈千里迢迢从南北两方飞临硖石镇徐志摩故居时，却被门口的《告示》挡住了，被告知：出于防疫需要，故居暂不开放。立刻，我们一行兴奋的心情低落了下来，诗人曾浪漫生活的旧居，只能"不识庐山真面目"了。但既然远道而来，不能近观，也能隔着窗缝看一眼室内的陈设，隔着围栏，观一眼旧居的全貌，也算没白来呀！在友人的倡议下，在故居前、围栏外，我们与其他到访的游人一道开起了"追思朗诵会"。我操起了"看家本领"，用标准的男中音深情地朗诵了徐志摩那首最著名的情诗《再别康桥》，余兴未尽，友人又建议我再朗诵一首林徽因的《你是人间的四月天》，此情此景，在徐志摩和陆小曼的婚房外，朗诵林徽因的诗，似乎不合时宜，但为了弥补不能入室参观的遗憾，也就不管那些了。朗诵完这两首诗后，我又诗兴大发，即兴在故居前用手机创作了一首律诗《志摩故居有感》，是为了纪念早已远去的大诗人徐志摩的，也是为了后来人对他拜谒的。随后，我当着众人的面，一字不差地又把这首新诗朗诵了下来："云作锦屏雨作花，千里寻梦到徐家。康桥远距万里外，再别不觉百年华。新月有情伴人老，旧日无过待桑麻。别眉虽驾云飞去，但留青天一缕霞。"朗诵完后，夜幕已悄悄降临，硖石镇的夜空，群星璀璨，月色朦胧，带着对诗圣的无限崇敬，以及未能入室体验诗人生活的遗憾，我们驱车离开了这诗一样让人留恋的地方……

　　2020年秋季某天，当我把这首《志摩故居有感》发送给一名旅居在杭州的"朗友"——"逐浪鑫海"时，她马上意识到，这首诗可作为文创作品赠送给位于杭州的"徐志摩纪念馆"永久留念，并牵线搭桥，给我联系到了该馆馆长罗烈洪先生，于是，我与罗馆长就有了未曾谋面的"微信传书"。罗馆长给我寄来了馆刊《太阳花》三辑，我托远在加拿大蒙特利尔旅居的书法家都本基大哥泼墨挥写了《志摩故居有感》全诗条幅，万里迢迢寄往杭州的"徐志摩纪念馆"，于是，就留下了今天的话题。通过"微信传书"和《太阳花》馆刊，罗馆长的形象在我眼前立即高大了起来：他是一位成功的企业家——杭州市某服装公司的董事长，又是一位有情怀有知识的文化学者，用自己日夜辛苦赚来的钱在杭州租房，办起了民间的"徐志摩纪念馆"，收集了大量的徐志摩的文物，并免费对外开放。不仅如此，几乎每月都举办各种读书会、追思会、研讨会和专家讲座，开馆仅仅四年，就成了全国缅怀纪念、研讨追忆徐志摩的文化中心，每年吸引无数全国各地的"摩丝"到此凭吊、纪念、缅怀、诵诗。这种无私奉献于公益事业，全身心投入于文学工作的精神，真是令人起敬！这样的"儒商"，在中国不是没有，但确属少见！

在《太阳花》2019年第2期上，我读到了罗馆长写的三篇追忆文章：《志摩墓道今安在》《西子湖畔的浪漫传奇》《林徽因：你是人间的四月天，究竟写给谁？》。我对罗馆长对徐志摩的执着、热情，和对其人格的景仰、追思，以及对徐志摩相关诗作的研究、考证，非常地认同，真是"一石激起千层浪"，受其启发，久埋于心中的对于《再别康桥》和《你是人间的四月天》都是写给谁的，有了更清晰的答案：我认为，这两首诗是徐志摩和林徽因互赠的情诗，无论学界有什么样不同的看法，对此，我深信不疑。下面，且听我慢慢道来：

先看《再别康桥》——这首诗写于1928年11月6日的晚上，发表在12月10日的《新月》杂志上，但写的是当年7月的剑桥。有人说是写给未曾遇到的英国友人的，但我认为满眼的美景、满怀的风物、满篇的柔情根本看不出是写给友人的诗作；有人说是写给陆小曼的，此时，徐志摩与陆小曼已结婚两年，且已产生许多矛盾，他根本不会借剑桥景物写给小曼；从写作时间和字里行间流露出的情感，唯一可以认定的是写给林徽因的：那年初，林徽因与梁思成在温哥华成婚，昔日的恋人名花有主，诗人又来到当年追求林徽因并与之在花前月下吟诗作画、河上喜悦泛舟的剑桥，不由得触景生情！西边的云彩、河畔的金柳、波光里的艳影、软泥上的青荇、榆荫下的一潭等等，无不让诗人阅景怀人，遥想当年恋爱时的美好、心心相印的愉悦。而此时，一切都已过去，昔日的恋人，已成为别人的新娘，自己也又重组了家庭，有了新欢，只能与过去的美好告别，"挥一挥衣袖，不带走一片云彩"！这是隐秘在诗人心灵深处个体无意识的显露，是他浪漫诗性的情感抒发。唯此，才能写出这等既优美又潇洒的诗篇！我们真要感谢徐志摩的这段虽美丽却失败的恋情，没有它，中国文学史上将少了一篇经典诗章！

再看《你是人间的四月天》——林徽因写于 1934 年的春天，徐志摩死于空难三年后的清明节。清明节是中国人怀念过世亲人、祭奠祖先的节日，林徽因在此时写出这么优美的诗篇绝对是怀人之作。有人说是写给刚刚两岁的儿子的，这是多么的牵强附会：娉婷、庄严、冠冕，这些词汇哪里是写给婴儿的？也有人说是写给大学者金岳霖的，只因为金在悼念林的挽幛上写过"一生诗意千寻瀑，万古人间四月天"的联句，这真是风马牛不相及：金岳霖暗恋林徽因不假，但作为梁思成夫人的林徽因，又兼具传统美德的才女，怎能移情别恋于一个没有多少激情的大学者？！唯一可以合情合理地作出解释的是，她是写给昔日的恋人、多情的诗人徐志摩的，请看："一句爱的赞颂""笑响点亮了四面风""你是天真、庄严、你是夜夜的月圆""你梦期待中的白莲""你是一树一树的花开，是燕在梁间呢喃"，这是浪漫大诗人风神飘逸的写意画像呀！林徽因不仅写诗回忆过往对徐志摩的美好印象，而且还将徐志摩空难的飞机残片挂在自己的房间，这又是何等的重情重义！我真要由衷地感谢罗烈洪先生，根据他的考证，甚至"鹅黄色的油菜花""轻盈、娉婷、鲜艳、伴着柔柔的风""夜夜盼望的月圆""柔嫩的喜悦""一树一树的花开"这些优美的词汇竟同时出现在林徽因的一篇悼志摩的散文中，这难道是巧合吗？此时，我与罗馆长有深深的同感："徽因先生，今天，我算是真的读懂您的这首诗了……有您心心念念不畏人言写下的那些许许多多的纪念文字，尤其还有这样一首完美无瑕、荡气回肠的诗，徽音先生，你就是志摩心中永远的知音啊！"

《我与徐志摩的诗缘》写到此，也该收笔了，因为在今天，杭州市"徐志摩纪念馆"联合海宁市"徐志摩研究会"召集了部分来自全国各地的"摩丝"去海宁东山的徐志摩墓地举办祭拜活动，以纪念这位伟大的诗人遇难 89 周年。我因公务缠身不能前往，就以此文作为我献给大诗人的一缕馨香，放在他的碑前吧！

诗人早已远去，但我与诗人的诗缘还会继续……

2020 年 11 月 14 日作于徐志摩祭日前

我与星云大师的文化之缘

星云大师的名字，在华语世界似乎无人不知。我是共产党员，不信教，但并不妨碍我与星云大师的交往。我与星云大师的友情，始于文化之缘，交于海岛，深耕于台海两岸。他的人格力量让我折服，他的哲学思想让我受益！

我与星云大师的文化之缘，要从8年前说起。2013年，我作为葫芦岛市市长，提出了要把该市打造成文化旅游名城的目标，发起了"我们的城市，我们的家园"创建活动。葫芦岛位于辽东湾畔，在辽东湾的海面上有个岛——觉华岛，辽代时岛上曾建有14座庙宇。为了把觉华岛打造成旅游胜地，我在岛上搞了个万株菩提园，请社会名流、本市百姓认领认栽菩提树。我想到了享誉世界的星云大师，如大师能前来题写岛名，定能使该岛和该活动熠熠生辉。于是，我先请当时"岛主"马升与老书记张东生两人亲自赴台，后又由赴台招商的副市长李双金再送邀请函，经过多次沟通，星云大师虽事务繁忙，但还是为我们的诚意感动，答应5月上旬登岛题名。

2013年5月6日，大师一路风尘，光临葫芦岛。当晚在迎接大师的晚宴上，星云大师将早已题写好的"觉华岛"书法作品赠给我市。当接到大师题写的岛名时，我眼前一亮，大师的一笔字书法豪放古朴、信笔任墨、流畅劲健、灵动自然，使我不由想到苏轼在《小篆般若心经赞》中说的那句话："心忘其手手忘笔，笔自落纸非我使"。大师虽然视力已经模糊，但听笔所至，心手相忘，书法天然绝逸，这样的作品馈赠，实为觉华岛增辉。于是，我代表全市282万人民向大师表示感谢，并与大师合影留念，用镜头为葫芦岛留下了具有历史意义的一瞬。

次日一早，我陪大师登上觉华岛。当天，天上风和日丽，海上波澜不惊。岛上正是嫩芽初上时节，山蕴禅云，亭台如画。

大师登岛时，早有一批媒体记者在岛迎候，有迎接者向星云大师和我们一行人敬献花环。接着，举行了大师所题岛名的揭幕仪式，我与孙兆林书记一同陪星云大师为觉华岛石碑隆重揭幕。随后，大家在题字前合影留念。书法镌刻在岩石上更显庄重，人们的脸上更显荣光。沿着环岛路，我陪大师来到八角琉璃井。此井为辽代大龙宫寺僧侣所凿，下临觉华岛东南海面潮水线20米。千年以来，潮水落，井水落，潮水涨，井水涨，距咸海咫尺而水质清冽，离惊涛百步而水面无波，从未听说过八角井的水因暑涝而浑涨，因久旱而枯涸。八角井之奇，还在于井台之上，一株千年菩提华荫福蔽，祥瑞氤氲，禅机盈然。星云大师到此甚为欣喜。我告诉大师，八角井附近存活有118棵千年菩提树，它们是觉华岛的宝贝，也是觉华岛的象征性符号。距今千年在北纬40°的地区生机无限，绝对是大自然的奇迹。本市将这些千年菩提树籽在实验室里培植成树苗，在岛上搞了个万株菩提园，正恭候大师剪彩呢！大师听此，嘱我说，何不快快前往？

应大师指引，我和他老人家离开八角井千年菩提树，前往正在建设中的菩提园。当时，菩提园已培植菩提树35万株，枕远山，襟海滩，屏障佛岛，风光旖旎。星云大师和我共同为菩提园揭牌。

在离岛返程的路上，星云大师兴致甚浓，滔滔不绝地与我讲起了他的身世和老母亲。大师说，母亲从小对他影响很大，大师去台后，因为陆岛相隔，40年后才得以相见。然后，大师走到哪里都带上母亲，他要带着母亲看世界。而母亲却说，她要看的不是世界，而是自己的儿子。大师的母亲说得多好！对于一个母亲来讲，儿子就是他的全部世界，没有什么可以隔离骨肉亲情，就像大陆与台湾，血浓于水，虽然政治上分离，而民族之情、文化之根却一直都是相通的。中华民族有很多伟大的母亲，都像大师的母亲一样"给人信心，给人欢喜，给人希望，给人方便"。听说大师还专门写了回忆母亲的诗词。于是，大师给我朗诵起了他的祭母词："娑婆极乐，来去不变母子情；人间天上，永远都是好慈亲。"声音表情都带着对母亲的无限深情和眷恋。我告诉大师，我也有位慈母，她把她的人生经验总结为三句话：生活随其自然，遇事处之泰然，得意之时淡然。这三句格言一直是我生活的信条和座右铭。我把对她的怀念都写进了发表在《长江文艺》的散文《大爱长存——母亲节的纪念》里了。我也即兴为大师朗诵了我作的《母祭日感怀》一词："生离死别足堪伤，日常思，夜难忘。慈母音容，烙印儿心上。犹记当年诀别日，悲不禁，断人肠。昨宵梦里又还乡，老爹娘，正倚窗。望子归家，涕泪一行行。待到醒来情更苦，天上月，色昏黄。"听着听着，我看到大师的眼眶湿润了，莫不是他又想起了95岁仙逝的老母亲……

随后，大师告诉我，他是江苏江都人，本姓李。我告诉大师，我是内蒙古赤峰人，蒙古族，据传祖先都达鲁化赤属成吉思汗之子拖雷的黄金家族。当年成吉思汗的蒙古铁骑，拥有最先进的生产力。蒙古马极具耐力，蒙古人骑射技术当世无双，加上草原民族特有的狩猎生产、生活方式，来去迅速，所向披靡，战无不胜。在冷兵器时代，这就是世界上最先进的军事，当然会横扫欧亚大陆。听到此，大师召唤随行的年轻法师妙香，拨通了扬州鉴真图书馆执行长、扬州讲坛主持人惠宽法师电话，推荐我在那年适当时候到扬州讲坛讲成吉思汗。受到大师的鼓励和推荐，我倍感精神振奋，与大师顿成知音。于是，一路上我们谈兴倍增，一起说了"缘"字。他说，"缘"就是条件，就是关系，每个人都与天地万物形成各种不同关系，关系而为缘，深交更为缘。从佛岛回到宾馆，年迈的大师不顾一天的劳顿，挥毫泼墨，专门题写了"缘结十方"四字条幅赠予我。"缘结十方"，不就是人生的际遇吗？结交挚友得情缘，善待他人得亲缘，为民服务得善缘。世事皆含禅理，随缘，其实就是随自然之缘，随人世之缘，我与星云大师的相识结缘，就为日后的交往奠定了文化之缘。

一晃过了半年，2013年9月28日，我在江苏省宜兴大觉寺第二次见到了星云大师。大觉寺是星云大师在大陆复建的佛教圣寺。大觉寺的前身为白塔寺，为禅宗临济索道场，南宋咸淳（1265—1274）年间，由志宁禅师创建，至今有700多年历史。现在的大觉寺，位于江苏省宜兴市横山水库东北隅，地处天目山余脉，依山傍水，翠竹环绕，距离原白塔寺3公里。大觉寺占地二千余亩，建筑特色是现代与古代文化的结合，具有仿古的江南建筑风格。我到大觉寺时，恰好赶上大觉寺举办"素博会"，来自新加坡、马来西亚、日本、泰国、加拿大、智利、西班牙、印度、法国等国家和台湾、宜兴等地区的上千种素食、特色小吃云集亮相。星云大师此次光临，既为讲演，又为素博会开幕剪彩。在繁忙的活动间隙，星云大师在他的图书室热情地接见了我一行。老朋友相见，格外高兴，寒暄后，星云大师为我讲述了素斋的营养价值和对身体的好处，还询问了我是否去了扬州讲坛，讲成吉思汗。我对大师的学养和记忆，真是佩服得五体投地，年初在葫芦岛安排的讲坛事宜，他还念念不忘。我说此行一是拜访大师，二是到扬州讲坛讲学，离开大觉寺即赴扬州。他听了我的介绍后开怀大笑说，你这是一举双得呀！与星云大师合了影，中午进了素食斋后，我们一行风尘仆仆赶往扬州，奔鉴真图书馆讲学去了。

扬州鉴真图书馆是扬州讲坛的举办地。该馆建于扬州大明寺院内，建筑仿唐式，由台湾佛光山文教基金会捐资5000多万元于2005年6月5日破土动工，于2007年5月18日建成，占地100亩，建筑面积16000多平方米。鉴真图书馆是一个国内最高层次的文化大讲坛。作为扬州最大、国内顶尖的文化宣讲场所，"扬州讲坛"设在鉴真图书馆主楼三楼报告厅，它是一个面向全社会的公共讲堂，所讲内容多与中国传统文化密切相关，主讲者多为星云大师直接邀请，遍及中国大陆和港澳台的文化大家，如莫言、易中天、余秋雨、钱文忠、蒙曼、康震、阎崇年、林清玄、余光中等都相继来此讲学。从2013年9月28日至2018年9月29日，我有幸三次受星云大师邀请，登临扬州讲坛讲元明史，开启了我与星云大师的文化之旅，结下了文化之缘。

第一次登临扬州讲坛是2013年9月28日下午，主讲题目是《一代天骄：成吉思汗的一生及其历史地位》，我分"成吉思汗的铁血传奇""成吉思汗的性格密码""成吉思汗的历史地位"三章，立体地向扬州观众听众讲述了成吉思汗的伟大一生和可歌可泣的英雄般的史诗传奇。第二次登上扬州讲坛是2014年12月15日下午，主讲题目是《一代枭雄：忽必烈的一生及其历史地位》，我分"文治武功：将草原汗国带入大元王朝""是非功过：泽被后世，毁誉参半""两代帝王：一为奠基者，一为缔造者"三章，向广大观众听众展现了一代帝王忽必烈一统华夏，两攻日本，开辟"海上丝绸之路"的历史功绩和作为封建帝王的历史局限。第三次登临扬州讲坛是 2018 年 9 月 29 日下午，主讲题目是《悲剧英雄：袁崇焕的一生及其历史地位》，我分"起伏跌宕的一生""雾里看花的功过""饱受争议的评价"三章，向扬州的观众听众展现了袁崇焕文武全才、宁远大捷名震天下、但最终被以凌迟处死史诗般的光芒与悲怆的一生。这三次登临扬州讲坛的成功讲演，使名不见经传的我，迅速在史学界走红，"北有百家讲坛，南有扬州讲坛"的历史学界杀出了一条"黑马"，与许多著名文史大家排在了一个阵列上 PK，成为网红。2015 年东方出版社出版了《历史十讲：走近王朝深处》，收录了我在扬州讲坛讲一代天骄成吉思汗的史学文章，全面地介绍了我的历史观。星云大师远在台湾佛光山看到了我的讲演录像，通过妙圆法师向我表示祝贺，使我又一次与大师建立了跨越时空的历史联结，成全了我们文化之缘的一段佳话。

我与星云大师的文化之缘，还得益于在觉华岛与台湾佛光山搞的系列文化活动。2014 年 9 月，我在觉华岛搞了首届菩提文化旅游节，其中重点项目是在岛上建了个星云大师一笔字书法馆，虽因事务繁忙，星云大师没能亲临现场，但他派弟子惠宽法师光临，全国上万观众在内地观赏了百余幅星云大师的书法真迹。星云大师一笔字书法的成就，堪称当年台海文化交流的盛事，推动了两岸的文化交流，为实现两岸的和平统一、一国两制事业做出了贡献。

受星云大师邀请，我于 2015 年 7 月、2016 年 10 月、2018 年 9 月三次到佛光山讲学，受聘为星云大师在台湾创办的佛光大学、南华大学的客座教授。每次讲学，星云大师都在客舍接见我，询问我的工作和生活情况，每次都挥毫一笔字书法并赠予我留念。我至今仍保留着大师书写的"千江有水千江月，万里无云万里天""吉祥""禅"等书法作品。还有一幅为觉华岛题写的"菩提岛"的书法碑刻，我已转交了葫芦岛市，现该书法已镌刻在觉华岛登岛的码头上，为觉华岛又添了一幅亮丽的名片。尤其是 2018 年 9 月在佛光山讲学期间，我上讲台时不慎跌倒，当时，星云大师得知后，立即派医生前往医治，第二天接见我时，抱着自己手术之后的病弱身躯，认真询问昨晚的跌倒之事，问寒问暖，体现了大师慈悲为怀的菩萨之心。当看到星云大师脑手术后坐着轮椅虚弱的身影，我的内心不仅十分激动，而且十分心痛，大师自己身体虚弱，还坚持与我交谈了半个小时，赠送我"吉祥"二字书法作品，送我大师最美好的祝愿。作为回敬，我也把刚刚在大陆出版的我的 7 卷本《饮文斋文集》丛书送给大师指教。当看到我弃政从教，有了不菲的学术成果，他十分兴奋，指示在场的众法师，将我的带着墨香的文集纳入佛光山图书馆收藏，这又续写了我与星云大师文化之缘的新篇章！

受新冠肺炎疫情影响，本应于 2020 年在扬州讲坛的讲演计划和再赴佛光山讲学之安排都已落空，我也有两年多没与星云大师再见过面，此时，我的心里十分空虚。因为从 2013 年起，我们每年都在海峡两岸频繁会见、交流，每次从大师的言谈举止中，我都能感受到大师的智慧光芒，领略到他那充满哲理的人生赐教。现在，我唯一企盼的是，笼罩在海峡两岸上空的新冠肺炎疫情早点儿散去，恢复那天蓝海蓝、风轻浪轻的常态世界，也好让我早一点儿再登美丽的台湾岛，在椰风海韵的佛光山，再向星云大师躬身请教。

希望这一天早点儿到来，再续我与星云大师的文化之缘！

2021 年 1 月 10 日作于广东佛山

我与王向峰教授的诗缘

　　在我新近出版的诗集《诗意栖居》中，著名文艺理论家、美学家王向峰教授拨冗撰写了序言，极尽赞美之词，让我深受感动。在诗集出版之即，我的脑海中不断浮现出我的恩师、诗友王向峰教授的身影：终年伏案写作的身姿已永久定格在我的脑海中；长期在各种讲堂上的智者声音已永远灌注在了我的耳旁；著作等身的大作影像给人的震撼经常闪现在我的眼前……

　　我与王向峰教授的诗缘始于 1979 年。那时，我是辽宁大学哲学系的本科生，在枯燥的各种哲学课程之外，我对美学产生了浓厚的兴趣。哲学系的美学课程属哲学美学，探讨美的本源、美的规律等形而上学的理论，在读完黑格尔的《美学》、朱光潜的《美学原理》后，我就觉得不解渴了，因为美学离开了具体的自然美、社会美、艺术美，便成为抽象的逻辑，而无鲜活的形象，引不起人的美感享受和共鸣。经好友中文系杨平同学的介绍，我得知中文系有位教《文艺美学》课程的王向峰教授，不仅书写得精，而且课讲得好。于是，每当有王向峰老师的课，我便逃出哲学系的课堂，而溜到中文系王老师的课堂听他的文艺理论课。在他的课堂上，我接触到了《诗经》《离骚》《唐诗》《宋词》《元曲》《红楼梦》《三国演义》等文学作品，尤其王老师对唐诗宋词的美学分析，使我对诗词美学更加痴迷。不久，王老师发现了我这位旁听生，问我是哪个系的，为什么喜欢听文艺美学课，我便如实地把我的想法和盘托出。我现在还记得，王老师微笑着说，文史哲，不分家，你喜欢听，就来听吧，我的课永远为求知者敞着大门。本想可能会挨批评，不让我再旁听，相反却受到了表扬和鼓励，欢迎我继续听，我对王老师的课就更是有课必到了。从此，我课上课下经常向王老师讨教文艺美学与诗词创作问题，很快，我们就成了彼此倾心的师生朋友了。从那时起到现在，虽已过去了四十多年，但王老师课堂上的音容笑貌和与我私下交流时的循循善诱就像在眼前一样。以课为缘，以诗为友开始了我与王老师的一世诗缘。

1983 年，我大学毕业留校任教，被安排到《辽宁大学学报》做哲学美学编辑工作。王老师得知我留校做编辑工作非常高兴，不时到编辑部与我谈文艺美学研究问题，有时，也将他的未发表的论文先让我一睹为快，就这样，我们成了文艺美学学术研究的志同道合者。他指导我写出了第一篇美学文章《论普列汉诺夫的美感论》发表在 1984 年的《辽宁大学学报》上，又指导我完成了《自然美是从哪里来的——兼论研究自然美本质的方法论》一文，发表在 1985 年《湖北大学学报》上，从此，我踏上了美学研究的学术道路。王老师发现了我美学研究的潜质，把我往高处带，80 年代中期，辽宁大学出版社请王老师主编一本《美学大辞典》，他对我厚爱有加，把我拉进了编委会，请我撰写了若干条哲学美学辞条，这在当时大师如云、美学繁荣发展的高等学府，确实体现了王老师对我等青年学者的信任和培养。现在想起来一位二十几岁，初出茅庐的小伙子，在大咖如林的辽大学术殿堂上，编权威的美学辞典，是需要多么大的学术勇气呀！好在背后有王老师的学术大树撑着，我也就无所顾忌了！1986年，我考取了辽宁大学外国哲学史的研究生，师从陶银骠教授研习现代西方哲学，虽不在一个系搞研究，但由于学术兴趣相投，王老师对我是帮助有加。当时的美学界，在哲学美学一方，有大名鼎鼎的李泽厚教授，在文艺美学一方有学术新秀刘再复教授。李泽厚的《美学概论》《美的历程》《批判哲学的批判》等，刘再复的《性格组合论》等都是我的必读书目。在读这些书时，有弄不懂的地方，我就请教王老师，每次他都不厌其烦地向我讲授两位大师的美学思想，每每都让我受益良多！但毕竟我的研究方向是西方哲学，后来专门搞西方社会心理学研究，离开了美学研究领域，但我随王老师学习研究美学的经历，为我日后的诗词散文的创作绝对发挥了重要作用。后来，我翻译出版了两本弗洛姆的学术著作《人之心》《人的希望》，刚出版带着油墨的芳香，我便送给王老师请他指教。王老师出版的《向峰文集》八卷本，他也及时送我，让我一睹为快。相互的学术交流，更增加了彼此的友谊。

在读研期间，我疯狂地喜欢上了中国古典诗词和新诗，李白、杜甫自不待言，郭小川、何其芳、艾青的抒情长诗，我最喜欢朗诵；北岛、舒婷、顾城、食指的朦胧诗让我陶醉；新月派诗人徐志摩、卞之琳、林徽因的新诗我倒背如流。《团泊洼的秋天》《预言》《多情的土地》让我激动不已；《回答》《致橡树》《相信未来》让我回味无穷；《再别康桥》《你是人间的四月天》《断章》让我心绪难平。诗词的魅力，让我每天精神饱满，阳气十足。王老师发现了我喜欢诗词的特长，鼓励我自己写诗，由于自由体诗无更多格律要求，写出来自由挥洒，所以，我写出了《可不可以》《遥远有多远》《我多想》《我喜欢》等诗作，得到了王老师的肯定和鼓励。然写起律诗来则往往不合格律，时常笔走偏锋。每当我将这些律诗发表前拿给王老师修改时，王老师都不厌其烦、一字一句地修改，平仄、拈连、对仗、韵律一样都不放过，往往经王老师改过的律诗都面目全非了，但对于我来说，则是不小的促进，使我在写古体诗时，按照词谱对照着去写，久而久之，也掌握了作诗填词的要领，有了很大的进步。辽大读书工作生活的 10 年，是我最值得留恋的美好时光，在辽大，我不仅跟陶银骠教授学到了大量哲学史的知识和理论，也随王向峰教授学习到了文艺美学知识，提高了欣赏名篇佳作的能力，并进行了初期的文学创作，受到了理性和感性的双重熏陶，为我日后从事各项工作提供了理论指导，提升了情感的温度。

1989 年夏天，我研究生毕业走出辽大，先是到辽宁青年干部学院（沈阳工程学院前身）任教，后经公选，走上了辽宁省教委副主任的领导岗位，经过 8 年的历练，我又升任辽宁省政府副秘书长，两年半在领导身边的工作经历，使我的心智和能力得到了一定的提高。2005 年 7 月，我转行来到了辽宁省农村信用社担任党委书记、理事长，在这长达 20 年的时光里，我与王老师虽未相忘于江湖，但毕竟后来的领导岗位工作繁忙，再很少见到王老师的身影，直至 2009 年发生了改变。随着年龄的增长、阅历的丰富、走南闯北的见识，我又重操旧业，创作了百余首诗词，当作家出版社准备出版我的诗集时，我想到了王向峰老师和王充闾老师，一位是我诗词创作与欣赏的启蒙老师，一位是我的省委老领导（王充闾任辽宁省委宣传部部长时，曾于 1991 年 7 月 1 日带我到北京人民大会堂参加过纪念建党 70 周年表彰大会）。两位大师为鼓励后学，都拨冗为我的诗集《和风细雨集》题写了序言。

王教授在《序言》中写道：本伟同志"百余首古今体诗作，或寄情山水，感悟生命，或探幽寻古，思索人生，其潜心营造的诗情画意，使人在潜移默化中进入诗词的情境，受到审美的熏陶和情思的感化。"他的诗是"对生活的思考和对美好情愫的探寻，是个体生命体验和激情迸发的结晶，符合'言之不足则歌咏之'的诗歌规律。"王老师的评价，揭示了我试图建立自己"诗词王国"的"理想世界"的努力，在并不诗意的商业大潮中，去创造理想世界的"诗情画意"的生活，表现"智者的思想火花"，"走进诗意人生"的审美天地。诚哉斯言，诗歌来源于生活，又高于生活，尽管生活中并不都是美好的，但真善美是无所不在的，我试图用"发现美的眼睛"去发现生活中的美，再歌之咏之，给人们的心灵带来美的享受和感动，工老师一语中的地揭示了我所创作的诗歌的本质！以王老师的《序言》为媒，一段时间里，我经常到王老师家中访问，请教他诗歌创作和欣赏的美学问题，甚至有了灵感，创作出一首新诗时，也跑到他家里与老人家分享，或请他修改润色，从而结了一段终生难忘的诗缘。《和风细雨集》出版后的2009年夏末，王老师又发起组织了对我的新诗集的学术研讨会，我记得8月28日那天，辽宁美学界诗词界的大咖新秀都齐聚在辽宁大厦，我看到了王充阅、刘慎思、王维阁、王永葆、白长青、萨仁图娅等文学界前辈，也重逢了吴玉杰、许宁、刘萱、阎丽杰、徐迎新等文学新秀。更让我感动的是省政协常委著名播音朗诵艺术家房明震也莅临现场，深情朗诵我的《母祭日感怀》一诗，感动了在场的每一位同志。而研讨会上的每位发言，至今我也都记忆犹新，结了一段辽沈文艺界的诗词佳话。研讨会后，又是王老师，将会上的发言整理加工，亲自主编了一本《都本伟诗词评论集》，由辽宁大学出版社出版发行，不仅推动了我继续从事诗词创作的热情，也推动了辽宁文学评论界学术研讨的热潮，我与王老师的友谊和"神交"也更深了一层。

又过了一年，省委把我派往葫芦岛市工作，先做市长后做市委书记5年。这5年里，由于工作繁忙，我与王老师身居两地，很少见面，更少诗词方面的交流，他也以为我因工作繁忙从而消解了诗情诗意，而不再写诗了。但当一个人爱好了一项事业，是不会轻易放弃的。我对葫芦岛的历史文化、文物古迹、名山秀水、海岛风光进行了详细考察，借各种纪念活动，创作出了《葫芦岛放歌》《家园颂》《心系这片土地》等抒情长诗，从 2014 年春节起，每年都举办《新年新诗会》，掀起了这座海滨城市群众性诗词歌咏活动的高潮。每当举办大型诗词朗诵会时，我首先想到的是王向峰老师，都向他发出邀请，请他光临指导。记得2016 年新年，王老师、房老师来到葫芦岛参加市里主办的《新年新诗会》，该诗会，不仅朗诵了我创作的抒情长诗《家园颂》，而且，我亲自登台，朗诵了郭小川的名诗《团泊洼的秋天》，当看到王老师在台下露出欣慰的笑容，我心里得到满足，心想，王老师您一生从事的文艺美学工作，在您弟子的推动下，已与一个地区的文化紧密结合起来，春风化雨，在群众文艺中结出了累累硕果，这就是文学的力量、诗歌的力量，您功不可没！

从那时到现在又过去了 5 年，这期间由于年龄的关系，我离开了葫芦岛主要领导工作的岗位，到东北财经大学做党委书记 2 年多，于2018 年 8 月退休，被广东省委教育工委返聘到广东东软学院做党务和督学工作。从北到南，让我不仅感受到了两地地域文化的不同，以及经济发展的差距，发出了《东北与广东差啥？》的著名演讲，更让我喜欢上了岭南的历史文化和山水风光。趁着节假日，我游览了两广（广东、广西）、两南（海南、云南）的许多名胜古迹，又诗情大发，创作了近百首古今体新诗，每到一地，南国的历史遗迹让我生出强烈的使命感，岭南的山水风光让我生出无限的柔情。每当有新诗"出炉"时，我都通过微信或短信传给王老师，请他与我分享和修订，每每这时，我与王老师像久别重逢的挚友，在网上云中交流诗词的创作感受和阅读体会，彼此又续上了持续 40 多年的诗缘。今年 10 月，广东人民出版社出于我的社会影响，主动找上门来，要将我的这些新诗结集，以《诗意栖居》书名出版。这时，我又想起了王老师，何不再请他出马给我的新诗集作序呢？当我把这一请求告诉王老师时，王老师愉快地答应了下来。当我把近300首诗词发给他时，他不顾88岁高龄的身体状况，很快通读了全部诗稿，并写出了洋洋洒洒6千多字的序言，让我感到无比的激动！这篇序言，以《大地情思奋笔扬》为题，分为亲友情深、山水情长、四季情怀、古今情系四部分，对我的诗作分类予以评介，显示了王老深厚的理论功底、优美的语言风格、诗画一般的美学观念，对我的诗作进行了热情洋溢的推介和阐发。这篇序言本身就是一篇美文，让人心之舒爽，身之舒畅，像夏日里喝了一杯冰水，冬天里喝了一杯热茶一样。更难能可贵的是，出版社要将此诗集做成有声书，并请了房明震、于彬等朗诵家配乐朗诵录制音频时，王老师还不辞辛苦来到了录制现场亲自观摩指导诗词的朗诵，这又成了我与王老师最新的诗话。

今天，为了纪念王老师40余年与我的诗缘，我们分别在北国雪域和南国水乡遥遥相望，虽不能在一起畅谈诗词歌赋，却能以心灵相通，醉情于沈水之阳和珠江西岸，托鸿雁送祝福，共同品味天地合德的妙音！最后，题诗一首，以结文义，献给我最亲爱的王老师和广大的诗友们：

教书著述皆有成，

学者诗心不虚名。

一生伏案留勤影，

千载难逢挚友情。

2020年12月11日作于广东佛山

忆恩师陶银骠教授

——为陶老师 90 大寿而作

2020 年的 12 月 6 日，是我的导师陶银骠教授 90 大寿。早在半年前，我就与我的两位师兄陆杰荣教授（现辽宁大学博士生导师、曾任辽宁大学副校长）、杨晓光博士（曾任中山大学副校长、佛山市政协主席）商量，要给我们共同的恩师隆重地过一个 90 大寿的生日。随着该日子的临近，在导师身边的历历往事，像过电影似的不断在眼前闪现：陶老师那操着一口浓重的上海腔、清癯脸颊的智者形象，那循循善诱、一字一板的讲课神态，那推着自行车在辽大校园里不紧不慢行走的身影立刻浮现在眼前。可以说，是陶老师给我引入了科学研究的殿堂，是陶老师给了我"立德树人"的师范影响，是陶老师给了我"父亲般"的关心教育，使我终生受益。没有他的科研引导，就没有我日后取得的那些科研成果；没有他的师范影响，就不可能有我后来的仕途进步；没有他的关心和爱护，就不可能有我从事各项工作的良好心态和工作干劲。在今天这北国雪花飘飞、一片素容的冬日，我在紫荆花开、温暖如春的南粤佛山，遥祝远方的恩师生日快乐、吉祥如意！福寿相偕，身心健康！

一、独特的教学方法

从 1979 年秋季起至 1989 年夏季止，我在陶老师身边学习、工作、研究、生活了十年。从二十岁到三十岁这十年，正是人生的关键时期：身体发育成熟、学习不断进步、科研初结成果，为以后走好人生道路奠定了良好的基础。

在大学阶段，让我印象最深的是陶老师科学的教学方法。在本科《西方哲学史》的课堂上，总能听到陶老师深入浅出的讲解、阐释西方哲学思想。从陶老师那里，我"认识"了叔本华、尼采，掌握了"生命意志"理论；从陶老师那里，我接触了萨特、海德格尔的存在哲学，对西方社会的存在主义思潮有了深刻认识；从陶老师那里，我熟知了"西方马克思主义"，马尔库塞、弗洛姆的思想引导我进入了科学研究的殿堂……课堂上，陶老师不仅注重条分缕析地讲解哲人的思想，而且善于启发同学们思考哲学与时代的重大问题，如尼采、萨特与 20 世纪 80 年代的思想解放问题，弗洛伊德、荣格与当时人们的精神状态与心理危机问题，雅斯贝斯、弗洛姆社会批判理论与当时政治上的拨乱反正问题，等等。在本科学习阶段，陶老师为我们打下的理论结合实际，理论为实践服务的思维方法和研究取向，为我日后无论从事何种工作，既善于理论概括与分析，又善于结合现实问题深入解剖、直面问题的思维程式提供了方法论的指导。

大学毕业后，由于学习成绩优异，我被辽大留校任教，作为哲学系应届 73 名毕业生中唯一留校的学生，我既感到无比的荣幸，又感到了沉重的压力。在辽大学报编辑岗位上短期锻炼后，我又以优异的成绩考上了陶老师的研究生，开始了跟随陶老师学习的三年研究生生活。不知是他每年仅招一名研究生的情况，还是他的治学方法使然，三年里，他基本没给我上过什么课，而是给我布置了若干读书书目：黑格尔的《小逻辑》，康德的《纯粹理性批判》《实践理性批判》《判断力批判》，斯宾诺沙的《伦理学》，叔本华的《作为意志和表象的世界》，尼采的《查拉图斯特拉如是说》，萨特的《存在与虚无》，弗洛伊德的《梦的解析》，马尔库塞的《单面的人》，甚至大部头的马克思的《资本论》、马克思恩格斯的《德意志意识形态》等都是在那三年通读完的。陶老师的这种不重讲但重读的教学方法，逼迫我通读了大量的西方经典著作，打下了良好的理论基础。

虽然，陶老师注重引导我读原著，不大讲课，但并不代表他不讲话，隔一段时间，根据我读原著的进度，他适当安排我俩的学术讨论课，讲他对某位哲学家的某个思想的理解，并引导我讲学习体会，在有些理解不深、不全面或理解有偏差时，他及时予以深入阐发和纠正。这种师生共同讨论的教学方法，调动了我学习研究的主动性和积极性，学到的理论既扎实又牢靠，甚至终生难忘。我认为，这种研究方法比导师照本宣科、一以贯之的授课方式不知先进多少倍。直到我二十年前自己做了硕士生导师，十年前做了博士生导师时，为我的教学和研究方法的改进也提供了良好的借鉴。

二、著书立说的科研指导

陶老师生于 1930 年 12 月 6 日的上海，童年和中小学都是在大上海度过的。当时的上海，是远东最繁华的城市，也是当时中国教育资源最好的都市，所以，陶老师在那里受到了良好的家庭和学校教育，奠定了深厚的外国语言和文化的底蕴。大学他选的是哲学专业，毕业后支援东北建设，来到了刚刚成立不久的东北财经学院工作（东财 1958 年并入辽大，1959 年又分开，到大连异地办学），在辽大哲学系工作了四五十年。在他的教师职业生涯中，他著书立说，教书育人。恢复高考后我考入辽大哲学系时，陶老师已是正教授的系总支书记了。在我做他的研究生时，他把我引到了哲学史研究的路上，带领我开始著书立说。当时我国的西方哲学史研究，南有复旦大学一支，北有北大一脉，东北有吉大一派，辽大哲学系的西方哲学史研究还不够强，是陶老师扛起了这杆大旗，带领他的教师团队和我等几位最初的研究生开始发表论文、著书立说，显露于中国大学的西方哲学史研究行列。我参与了他主编的《西方哲学引论》一书的写作，该书的出版填补了当时某些研究领域的空白，被许多学校选为教材。陆续地，我又参与主编了《当代国外社会主义》一书，对西方哲学史的研究拓宽到当代国外社会主义的研究。每次的研究，陶老师都给予了细心的指导，初稿形成后，他逐字逐句地加以修改润色。至今，我还保留着他在我文本上修改的朱红笔记。在研二选择毕业论文写作方向时，又是陶老师鼓励我选择弗洛姆为研究方向，鼓励我开辟西方社会心理学研究的新领域。80年代，弗洛伊德的研究已很热，但弗洛姆的研究才刚开始，几乎没有弗洛姆中文版的著作，陶老师就鼓励我读英文原版，不得已，我前往北京图书馆复印了所有弗洛姆写的英文著作，抱回学校一本本啃读。说实话，我在"文化大革命"时上的中小学，几乎没学过英文，是上大学后才从字母发音入手，开始英语学习的，到研究生阶段虽听说有困难，但借助字典，阅读专业书籍已无大问题了，不懂的地方就去找陶老师请教，译得不准的地方，就请陶老师匡正，两年下来，我不仅与师兄陆杰荣翻译了美国学者艾布拉姆森的《弗洛伊德的爱欲论》，还独立完成了弗洛姆的《人之心》《人的希望》两本书的翻译，80年代末在中国出版，这是最早将弗洛姆的英文著作翻译成中文的版本，填补了国内的研究空白。又是在陶老师的鼓励支持下，我连续在《国外社会学研究》《中国人民大学学报》等核心期刊，发表了系列弗洛姆研究的学术论文，成为当时国内弗洛姆研究的最早开拓者。之后，我又在陶老师的指导下，一鼓作气将弗洛姆的社会无意识和社会性格研究作为我的毕业论文题目。现在想起来当年在辽大挥汗如雨读书、译书、写书、出书的研究生生活，还让我激动不已，在毕业后走向社会遇到困惑和疑虑时，还想回归母校，去跟陶老师一起过研究生的大学生活。每每我找出当年发表的论文和出版的著作时，眼前都会浮现出陶老师孜孜不倦的身影。

三、跟随大师的学术引领

陶老师在中国西方哲学史研究界，是一位情商极高的学者，他与国内的复旦、北大、中国社科院、南开、吉大的知名教授关系甚好，经常请一些名教授到辽大讲学、搞合作研究。作为陶老师的少数几位"高足"，我也借光认识了这些哲学界的前辈。汪子嵩来辽大讲学，我跟随他学习古希腊哲学；高清海来辽大讲学，我向高清海教授请教"主体性哲学"；朱德生来辽大学术访问，我向他请教黑格尔哲学；冒从虎教授来沈讲座，我老早就坐在第一排听他讲宗教哲学……现在想一想当年在大学读书教书的生活，是多么值得留恋的时光！如果当年听了陶老师的话，继续留校，持续不断地搞西方哲学研究，说不定今天我也会成为"大师"级学者了呢？说不定这么多年在官场上的心累、神伤就会大大地解脱了。这是后话。

除此之外，陶老师还给我引见了当时哲学界大名鼎鼎的李泽厚教授。那时，我对李泽厚教授崇拜得五体投地，最爱读的书是他的中国古代、近代、现代三大史学著作，以及《美的历程》《美学论集》《华夏美学》《批判哲学的批判》等，陶老师了解到我对李泽厚思想的痴迷，1984 年在厦门召开的全国实践美学思想学术研讨会，陶老师想方设法给我创造了机会，派我去参会。于是，我有幸在鼓浪屿结识了李泽厚先生，在浪涛拍岸、沙滩浸海、椰风洗面的日光岩，我边请教李教授有关实践美学问题，边欣赏南国海天一色的美景，不仅在我的心灵深处留下了深奥的哲学思考，而且与李泽厚教授留下了海滩散步留影的旧照，这些照片至今仍保存在我当年的相册中，作为永久的留念。

北京大学哲学系是 20 世纪 80 年代外国哲学研究的重镇，当时的系主任是朱德生教授，陶老师与朱先生私交甚好。在我以弗洛姆为研究对象，往返于辽大与北图搜集弗洛姆英文著作的时候，经陶老师介绍，我到北大请教了朱德生先生，他不仅给我的研究指明方向，还给我敞开了北大哲学系资料室的大门，提供了查找学术资料的方便，临走时，朱教授还邀请我去他家里吃了便饭。当时作为一名研究生受到这么高的礼遇，我心知肚明，这是陶老师的面子在里面。在我完成了毕业论文的写作需外审时，又是陶老师将我的论文寄往北大请朱德生教授审阅。更出乎我意料的是我的毕业论文答辩主席，陶老师还是请了朱先生担任，一个地方院校哲学系的硕士论文答辩，能请到北大哲学系主任主持答辩会，这绝对是辽大哲学系破天荒的第一次。通过我的毕业答辩，我不仅与朱老师更加接近，领教了他的哲学思想，与大师级人物为伍，也提升了我的学术研究档次。现在回忆起这些陈年往事，我还对陶老师心生感激，陶老师不仅是我学术研究的引路人，而且是我接近中国当时最杰出哲学家的"过路桥"！

四、"舍己助人"的高风亮节

1989 年，我离开了辽大，前往辽宁青年干部学院（沈阳工程学院前身）任教，只几年工夫，我从社科部主任、教务处长升任了副院长，成为学术与管理双肩挑的领导干部。此间，在陶老师的影响和指导下，我撰写了一批哲学、美学、心理学、哲学史的研究论文，出版了《一个半世纪的嬗变》《人的希望》等专著，并从1991年至1993年，《沈阳日报》开辟了我的"学哲学专栏"，当时在每周四理论版刊登同一作者哲学论文的专栏持续了近两年，甚是少见。这一方面，是当时党中央号召全党学哲学用哲学之需，也是我的文章短小精悍，趣味性强，受到欢迎的缘故，立刻在辽沈大地名声在外了（现在的说法是"网红"）。而且在青干院工作第三年，由于成果突出，我晋升了高级职称。1994年，经学校和人事厅的双重审核，我申报的"国务院特殊津贴"顺利过关，报到了省专家学科组评议。当年，陶老师正好是此学科组的组长，我当时想，这下一点儿问题没有了。但待公布结果时，我被拿了下来，我正欲不解之时，人事厅的任伟处长打来了电话，说你的机会被你的导师陶老师让给别人了，一时，我十分愕然。不久，陶老师也打来电话告之，当年的文科学科组名额少，竞争激烈，陶老师看到有几位接近60岁的教授条件与我相当，就在会上说，这几位教授如果评不上，以后机会就不多了，本伟同志是我的研究生，年纪还轻，以后还会有机会，这次大家就不要投他的票了。原来如此，陶老师为了保证老教授能评上"国务院特贴"，主动让自己的"亲学生"让贤了！当得知这一情况后，我不仅没对陶老师有任何意见，反而对他更景仰了。这不仅表现了陶老师"任人唯贤"的美德，更表现了"舍己助人"的崇高精神！虽然我第二年即1995年经全省公选走上了省教委副主任的领导岗位，身份变为公务员，失去了再报"国务院特殊津贴"的资格，一生与此荣誉无缘了，但我对陶老师此举没有丝毫的意见，反而更敬佩他的高尚人格了。

陶老师不仅对他的学生要求严苛，对自己也是一样。1998年我担任了省政府的学位委员会副主任，由我来组织该委员会的换届事宜。于是，我第一个想到的就是陶老师，想请他担任委员，当我把这一想法与他和盘托出时，他却说，辽大哲学是小学科，文史经学科比哲学大，更有代表性，特别是你是我学生，老师更不能"近水楼台先得月"呀！听了他这一番话，又联想到几年前，他让我让贤的往事，我更敬佩陶老师了！忽然想到，他在教我西方哲学时引述的康德的一句名言：人们敬畏的东西只有两样，头顶上的灿烂星空和我们内心的道德律，这是绝对的命令。陶老师总是在遇到"自我"与"他我"发生利益冲突时，绝对放弃"自我"，为"他我"让路，这是遵守康德"道德律"的典范。联想到在学术圈里，曾经出现的"文人相轻""门派互斗"或"师生互帮""校友互助"的现象，陶老师是多么的"洁身自爱"啊！

五、"老骥伏枥"的敬业精神

2000年，陶老师年届70，按常理他办了退休手续后，该在家含饴弄孙，栽花侍草，享受晚年幸福生活了。但岂料到，有一天辽大程伟校长对我说，连续几年扩招外延式发展，该抓内涵建设质量提升了。辽大组成了老教授教学督导组，请陶老师出山担任组长了。我心想，只要身体允许，陶老师一定会担此重任，不负众望的。果不其然，不久，我就听说在陶老师的带领下，一批老教授冲在了教学第一线，观摩课有他们的身影，优秀课有他们的点评，学生们中间多了几位老爷爷朋友，与大学生们打成了一片，及时了解教学状态，听取学生意见，与老师们交流，反馈教学质量与效果。这在一定程度上推动了辽大的教学改革，提高了师生对教学的重视程度，相应地也改变了教学工作的薄弱状态，提高了课堂教学质量。有一次，我碰到陶老师问起此事时，他笑着对我说，我这个年纪的人身体尚可，趁走得动，没糊涂前，能干点儿是点儿，待着也是待着，听听课，活动活动脑筋，这样也有利于身心健康！说这话不久，我就听说，陶老师春夏秋冬，风雨无阻，一直活跃在教学督导一线，有时错过班车，他就骑自行车到校。陶老师的辛勤付出，正是他热爱党的教育事业，履行他终身奉献精神的真实写照呀！

六、"父亲般"的教导与关心

自从我到辽大学习、工作、读研，到走出辽大到兄弟院校、省厅、政府、银行、市委工作的四十年，我与陶老师的联系始终未断，虽工作经常变动，但交往却越来越深。我父亲去世早，陶老师就像父亲一样关心我的成长和进步，惦记我的身心健康。他家的后代上学、求职，我也尽可能地予以参谋，彼此未相忘于江湖。

陶老师不仅是我学业上的导师，更是我政治生命的引路人。我刚读研时，他就提醒我政治上的进步，我及时地向党组织递交了入党申请书，被纳入到哲学系入党积极分子培养对象中，后经樊奇（曾任辽宁工业大学党委副书记）师兄介绍，陶老师做书记的系党总支批准我光荣地加入了中国共产党，开启了我在党内的政治生活。

2003 年，我任省政府副秘书长，主抓防"非典"，住进了辽宁大厦，日夜奋战在防"非典"的第一线，陶老师看我十分辛苦，很心疼，离他家也近，经常到辽宁大厦看望、慰问我；2005 年，我改行干了金融，担任了辽宁省农村信用社联合社的理事长和党委书记，他得知后，不仅打电话表示祝贺，还亲自到单位嘱咐我要为人民掌好财权，遵守财经纪律，严格要求自己，就怕我经不起金钱诱惑，犯经济错误。

最为值得留恋的是，2015 年我在葫芦岛做市委书记期间，陶老师

31

不顾85岁高龄行动多有不便的困难，独自一人乘火车到葫芦岛去看我。我当时住在武警支队招待所，于是，我便也把陶老师安排在我楼下住宿。这样，研究生毕业三十多年后，我又与导师朝夕相处了一个星期。白天我上班，他就为我整理书房，将图书分类；晚上下班，就陪我唠嗑，回忆过去的美好岁月。每当清晨天刚麻麻亮时，他就与我一起起床，到滨海栈道散步、看海上日出，一起欣赏葫芦岛美丽的沿海风光。每当看到我在葫芦岛为老百姓建的广场、栈道、沙滩、马路、体育场馆、公园、学校、高速路、港口、水库、棚改新区时，我都能看到他脸上露出的欣慰的笑容和自豪的目光。

从那时到现在，又过去了五年，我也退休，被返聘到了广东工作，南北相隔，虽不能常见，但总有电话往来。尤其是前不久，我打电话询问他90大寿，想邀一些他的弟子回沈为他祝寿时，明显感到电话那端，他很激动，声音哽咽着，说这一生有我们这些好学生就心满意足了。

本文写到此，还有一周时间就到12月6日恩师的生日了，昨天接到师兄陆杰荣教授的微信，说生日宴已订好，就等我届时如约到达了。在为陶老师准备生日贺礼时，我想除了鲜花、美酒、生日蛋糕外，我的这篇回忆录一定当面读给恩师听，就算我送给他的另一份生日贺礼吧！

2020 年 11 月 29 日作于广东佛山

一枝独秀话沧桑（上篇）

——访重庆江津鹤山坪石墙院陈独秀旧居

　　我喜欢旅游，尤其喜欢人文景观。每每在出游前，我都要寻找目的地的历史遗迹、名人故居，作为旅游的首选目标。在足迹所至的山川灵境中，寻觅历史的尘埃，省悟人生的至理，发现生命的价值，体味历史玄机中深秘的意义，探讨那种超然于尘世的真相。而脑子里由于积淀着文史哲的"内存"，每接触到一处古迹、一所故居，都会有相应的诗词绝句闪现出来，任我去联想、歌咏、感慨。我也习惯于从那些前人的足迹中打捞沉甸甸的故事，演绎其间曾经发生过的一切，追寻那种超然于"此岸"的"彼岸"世界的声音。于是，历史的神经与血脉，生命的欢愉与悲戚，在诗文里栩栩如生，具有了超越时空的魅力。也可以说，那些历史古迹、人物故居使我背上了一笔相当沉重的情感宿债，每到一地，都急切地渴望着对于历史实境的探访。这种情怀的急迫，不亚于回归故乡和重逢亲人的热切……我对陈独秀足迹的探寻、旧居的参访、墓园的追忆，就是我众多游历中，最让我震动、最让我心痛、最让我感奋的深沉记忆。

那是 2010 年的元旦，受重庆友人的邀请，我趁小长假飞往雾都重庆，此行的重要目的之一，就是探访陈独秀故居。从大学时起，我就对陈独秀这位中国新文化运动的旗手、中国共产党的创始人、五届党的最高领导人表现出浓厚的兴趣。后来，通过对党史的研究，我发现陈独秀确实是一个充满"矛盾"的人物，在他身上，光明与黑暗交织、贡献与错误并存、爱恨与情仇集于一身。这次，正好趁探访他人生最后的驿站——重庆市江津区鹤山坪石墙院，实地感受一下陈独秀在世最后三年的心路历程，了却我多年的怀念、景仰的夙愿。

汽车一早从迷雾茫茫的山城向着五十公里外的江津鹤山坪驶去，驶出城外，路便有些颠簸，几十公里的路程，汽车开了近两个小时。我在车上想，当年的陈独秀病体缠身，刚从牢狱出来不久，便踏上了这条寄人篱下的崎岖山路，他会想些什么呢？五四运动时北京前门大世界楼顶散发《北京市民宣言》的身影、与李大钊同乘一辆马车"相约建党"的天津之行、在上海创办《新青年》杂志的墨香、南京老虎桥国民党监狱铁窗上的寒光，等等，是否在他脑中一一浮现？虽然我不得而知，但走在半个多世纪后的这同一条道路上，不得不使我发生联想。

上午十时，我和友人终于来到了位于鹤山坪石墙院的陈独秀旧居门前。与我造访过的我们党的其他领袖故居相比，这个旧居院落显得有些冷清，既没有接待室，也没有停车场，更没有车水马龙，而是门可罗雀，那天仅有我们一行参访者。这不禁使我联想到陈独秀惨淡的后半生，在远离城市、远离政治、远离是非的长江边上的石墙院里度过的与世无争、潜心治学的凄凉生活，那颗点燃了五四运动、组建了革命党、与反动势力拼死抗争的灵魂当时是否安息了下来？

进了大门，石墙院的一切一览无遗：空旷的院落里一排低矮简陋的土房坐南朝北排在院落正前方，几棵稀树长在有些杂乱无章的石墙院里，几块菜地长着绿油油的菜蔬，几处断壁残垣横七竖八地躺着些石头……听到有人造访，从屋里走出了一位身体消瘦但很健康、皮肤黝黑却泛着光泽的中年妇女。知道我们千里迢迢来造访陈独秀旧居的缘由后，她便自我介绍说，她是石墙院主人的后代，姓杨，专门负责看护、保管、维修此旧居的。这一下拉近了我与她的距离，我心想当年的院主人收留了饥寒交迫、居无定所的陈独秀，使这位革命先驱度过了平静的晚年；几十年后，院主人的后代还依照先辈的嘱托，在这里以农为生，不计报酬地打理着陈独秀栖身于此的遗址，立即对这位相貌平平的村妇生出由衷的好感！

在这位村妇的引导下，我参观了陈独秀70多年前居住的院落。虽知道是农宅，但在我眼里连起码的最低生活条件都不具备。陈与夫人潘兰珍居住在排房的一边，虽有二屋，一屋住室，一屋伙房，但住室仅有两张破旧的木床，几把木椅，几个放书籍的小柜子，家徒四壁，没有天花板，一下雨就满屋漏水，脚下是泥土地，潮湿阴冷不说，从墙脚坯缝间还不时放出发霉的气味。另一屋虽为伙房，但仅存一只黑乎乎的铁锅架在土坯搭的灶台上，一双低矮的木凳放在一个方木桌旁。唯有居室，墙上挂着岳飞手书"还我河山"的拓片，简易书桌上放着陈独秀当年编的小学识字课本，这可以看出抗战时期陈独秀不屈的魂灵和孜孜不倦的学者形象。我想，这就是大名鼎鼎、为人民的自由解放而奔走呼号，冒着生命危险创建了今天有着9500多万中共党员的大党的创始人晚年栖居的地方吗？联想起他四次入狱，四次不挠与反动派斗争的傲骨，我不禁潸然泪下。于是，我从兜里掏出了带在身上的4000元现金，递到了村妇的手上，交代她作为日后维修故居所用，了却了我的一份心愿。

出于兴趣使然，我问村妇："陈独秀在石墙院寓居三年，留下什么墨宝和诗词没有？"她高兴地对我说："留了留了，您稍等，我去屋里取。"不一会儿，她从屋里出来，拿了一本《陈独秀在江津》的小册子递给我说："陈先生的书法和诗词，这本书里都有记载，您拿去看吧！"真是梦里寻书心更切，得来全不费工夫。我急忙打开此书，陈独秀的书法和诗句即扑面而来："行无愧怍心常坦，身处艰难气若虹"。篆体字书法，气定神闲，这是他一生气节的写照呀；"坐起忽惊诗在眼，醉归每见月沉楼"，这行书体书法，记叙着与友把酒论诗的豪情呀；"何处乡关感乱离，蜀江如几好栖迟。相逢鬓发垂垂老，且喜疏狂性未移"，草书体狂而不糙，这首七绝表达了与老友相逢的喜悦之情呀；"蹑履郊行信步迟，冻桐天气雨如丝，淡香何似江南路，拂面春风杨柳枝"，楷书体的《郊行》诗，闲庭信步，满面春风，好生惬意……读着这些诗句，欣赏着这些墨迹，我的心情阴转天晴，顿时神清气爽起来。想到陈独秀当年在夫人潘兰珍的扶携下，或步出院门，或踱到村头，或漫步在田间，或与友对诗，或与朋把酒，或与老攀谈，这多少是对他物质生活匮乏、精神生活的丰盈补偿吧！这正像金色的夕阳洒满了大地，也将它最后的激情铺满了天空一样，在将最后一瞥留在地平线上时，仍能让人从中看到它驱逐黑暗的那份自信！

时间过得真快，一晃的功夫就到中午了，我也要结束此次的陈独秀旧居访问，打道回府。临别之际，为了感谢主人的盛情接待和详细导引，也为了此行留下诗词以纪念，我即兴口占了一首《百年独秀》七言诗，赠予旧居：

世上难有不凋树，人间易折是英雄。
中国百年有独秀，宁折不弯震天行。

铁锤砸向旧世界，檄文痛骂众枭雄。

历经坎坷终不悔，是非功过后人评。

当我依依不舍地离开陈独秀旧居时，一代伟人英年时荡气回肠的传奇故事和暮年时曲折离奇的如烟往事都已永久地留在了记忆的深处……

2021 年 8 月 10 日作于大连东北财经大学

微信扫码
· 文 学 名 段
· 趣说中国史
· 哲 学 探 索
· 读 书 笔 记

一枝独秀话沧桑（下篇）

——访安徽安庆陈独秀墓园

墓园，是死者的栖息之地，灵魂安放之所。每当徘徊在不同的墓地，凭吊离世的故人，都能引发我对人生的思考，对生命的叩问。我曾站在巴黎拉雪兹公墓的巴黎公社社员墙前，回顾法国大革命的风云际会，凭吊 1871 年 5 月 28 日在那里被杀害的 147 名革命者；我也曾徘徊在维也纳郊外的中央公墓，站在贝多芬的墓碑前，献上一捧鲜花，耳边回响贝多芬那气势磅礴的《第九交响曲》"欢乐颂"的乐章；我曾多次在清明节的前后，带队前往葫芦岛的塔山英雄纪念碑和战士陵园，向 1948 年 10 月 12—16 日在塔山阻击战中伤亡的 3000 多名解放军战士致敬……墓园的苍松翠柏，象征着这些死去的人不朽的抗争；墓园的落叶黄花，又象征着他们经过人生的炼狱，逃脱不了飘落的命运。而当我有一天，站在安徽省安庆市中国共产党的主要创始人陈独秀的坟墓前，我的思绪更是难以控制，脑海里浮现的都是这位革命者一生叱咤风云的画面。陈独秀的落叶归根，是家乡人民对他一生功绩的褒奖，也是他的亲人对漂泊一生、居无定所的父辈最好的安慰！

1942 年 5 月 27 日晚，在阴雨蒙蒙的渝州江津——长江边上的一个石墙院里，中国近现代史上一位重要的人物走完了他 64 岁不平凡的人生，撒手人寰。他就是新文化运动的旗手、五四运动的总司令、中国共产党的主要创始人陈独秀先生，在凄风苦雨中结束了既轰轰烈烈又穷困潦倒的一生。客死他乡时，没有一分遗产，没有一分田地。他的生活朝不保夕，拮据时以典当度日，时常饥肠辘辘。唯一值得欣慰的是，闭眼时他的爱妻潘兰珍和他的三子陈松年守在身边，出殡时，当地的百姓从古稀老人到刚入学的小学生沿途相送。江津城西的康庄前坡上，面迎波涛滚滚的长江、后倚松竹茂密的青山，一座新坟凄苦地堆起。寒风瑟瑟，夕阳无语，青山依旧，江河仍流，沧桑几度，人事皆非……

2010 年元旦对石墙院的那次造访，给我留下遗憾的是没有到江津康庄长江边上陈独秀的墓地凭吊，虽然那里只是陈独秀的衣冠冢。抗战胜利后的 1947 年 2 月，陈松年遵照父亲遗愿，雇了条木船将他的灵柩通过长江水系运抵家乡安庆，与其生母合冢于北郊祖坟之地叶家冲了。那时，我就有了一种强烈的冲动，为了弥补遗憾，一定要抽时间去安庆，寻找陈独秀儿时的踪迹，并到他的墓园祭悼。2015 年深秋的一天，我在友人的陪伴下，千里迢迢来到了落叶缤纷、秋色正浓的安庆，实现了这一夙愿。

一路上，"我住江之头，君住江之尾，夜夜思君不见君，共饮一江水"，这一古老的歌谣在耳边不断响起，我知道那是无意识中我要借此歌谣对陈独秀生于长江岸、葬于长江边的无限缅怀。

到达安庆当天，本想先找陈独秀故居，寻觅陈儿时玩耍和上学的场景，经多方打听，才被告知，故居早已不在，不知哪个年代被推倒在原地建了水厂。听到此消息，我十分感慨：名人故居是不可复制的文化遗产，没有保留下来，绝对是历史的遗憾！

　　故居看不成，只能直奔陈独秀墓园了。当我站在独秀园那宽阔的石牌楼前，远眺东方连绵起伏的独秀山脉时，再也抑制不住内心的激动，像大江大海的波涛一样翻腾。一方水土养一方人，据传，仲甫先生当年与友人登临独秀峰，眺望山川盛景，触景生情，大兴感慨："此山独秀，如斯名也！"由于仰慕桑梓祖山，辛亥革命后陈遂改名"独秀"。遥想独秀先生，早年一腔热血，满腹经纶，积极提倡"德先生""赛先生"，高举反帝反封建大旗，冲锋陷阵，勇往直前，那志气豪气才气，真是"一枝独秀"呀！我心想独秀山真是有幸，这座怀宁祖山因人而地昭，声名远播，乃江山独秀人风流呀！如今人与山相依相伴，魂归故里，也是对陈先生那不死的魂灵最大的安慰！

　　真要感谢当地的政府和人民，如今的独秀墓园已被改造成以陈独秀墓为核心的一座文化名园，成为爱国主义教育基地、全国重点文物保护单位。该园占地110亩，仅墓地就1058平方米，由陈独秀墓、浮雕墙、石牌坊、墓道、铜像、《新青年》碑刻、纪念水塘等组成。浮雕墙总长60米，高4米，以"英年志气""惊天动地""开天辟地""浩然正气"四大部分展示了陈独秀不平凡的一生。我很佩服创作者的独具匠心，这"两气""两地"的概括，准确把握了陈先生伟大的一生：青年时壮志出乡关，赴日探求救国救民真理；壮年时领导了轰轰烈烈的新文化和五四爱国运动；不惑之年"南陈北李，相约建党"，立开天辟地之功，四次身陷囹圄，坚贞不屈；晚年时飘落在西南偏僻的乡野，不为利益所动，关心着时局，传播着文化……当我站在浮雕墙前，一幕幕看到陈独秀不同时期伟岸的气质、炯炯有神的目光，真为安庆这一方山水哺育了陈独秀这样的伟大人物而感到自豪！

　　顺着宽阔的墓园主道，我来到一座《新青年》碑刻前，只见正面是该杂志正式更名后的第二卷第一号的封面，背面是陈独秀于 1915 年发表在创刊号上的《敬告青年》一文的六个标题，该文是陈独秀发动新文化运动的宣言书，贯穿于六项标准中的一条红线是民主与科学。这是我看到的目前国内关于书籍类的最大雕塑作品。不得不说，独秀园将《新青年》杂志雕成塑像，以展示陈独秀的历史功绩，真是抓住了事物的本质！是《新青年》掀起了伟大的新文化运动，在黑暗的中国解放了禁锢人们多年的封建思想；是《新青年》高扬马克思主义和十月革命的光辉思想，为黑暗的中国送来了光明；是《新青年》高举科学与民主的旗帜，为黑暗的中国指明了前进的方向！这时，我不得不在心底欢呼：陈独秀啊陈独秀，您不愧为伟大的启蒙者和杰出的思想家！正像德国哲学家、诗人海涅所说："思想走在行动的前面，就像闪电走在雷鸣之前一样"，伟大思想的引领，才使后来的五四运动如火如荼，才有共产党的思想建党，才使大革命的潮流风起云涌！实干家可求，但思想家难得。我们设想一下，如果没有马克思主义，哪有新民主主义和社会主义的伟大成功；如果没有毛泽东思想，哪有人民站起来的新中国；没有邓小平理论，哪有改革开放的伟大实践；没有"三大代表"重要思想，哪有中国跨世纪的伟大飞跃；没有科学发展观，哪有中国的全面、可持续、协调的发展；没有习近平新时代中国特色社会主义思想，哪有全面建成小康的伟大成就和迈向第二个百年目标"中国梦"的宏伟征程。每当想到此，站在这组书雕的面前，对作为思想家的陈独秀更是崇敬有加！环顾左右，巍巍的远山浮着祥云，静静的水塘泛着金光，那是对这位伟大思想家的天地回应！

独秀园的中央，在周围修剪整齐的绿植和柏树的映衬下，一个耸立的人物雕像高高矗立在我的眼前，这是陈独秀的站姿塑像。只见这塑像微叉着双腿，左手叉着腰，右手拿着书，眼睛直视前方，神情充满着自信。这尊塑像表现的是青年陈独秀，走出乡关，迈向世界的身影，它在默默地表明一个革命者追求真理和正义的抱负，它在暗暗地预示着一个思想者探索人间正道的足迹，它在高高地展示着一个不屈不挠的民族先锋敢于向旧世界挑战的雄姿！有感于此，我立刻召唤随行的友人，给我在此塑像前模仿着陈先生的站姿，留下了值得永远纪念和回味的影像。

再往上走，路过在天然池塘基础上改造的纪念水塘，看到这个方方正正、清清澈澈的水塘，那如镜的水面也似一面清澈明亮的镜子，像在告诉人们，历史是人民书写的，功过是非自有公论。

终于我沿着墓道台阶来到了陈独秀先生的墓前，与这位思想家隔着时空相对，心情无比的复杂和感叹：高大的墓冢，汉白玉贴面，既森严又神圣；墓的两侧，排列着 64 株杉树，喻示着陈独秀走过的 64 个春秋；5 棵龙柏松，则代表着他曾经担任过中国共产党五届主要领导人。此时，杉木挺拔、松柏苍翠，远山肃穆、近冢无声，像在倾听一位革命者那救国救民的激情呐喊，又像在回放一百多年前那位思想家当街愤世嫉俗的演讲……此时，我也终于圆了追寻先生足迹、探访先生旧居、拜谒先生墓冢的一份心愿。望着高大的墓碑，以颜体字书写的"陈独秀先生之墓"七个大字，让我浮想联翩，心中默念：陈独秀先生！您是幸运的！围绕在您身边的雾霾终于消散，戴在您头上的"右倾投降主义""汉奸""叛徒"的污蔑不实之词，在党的实事求是思想路线的指引下已彻底甩掉，您伟大的思想家、杰出的政治家、我们党早期优秀的领导人和工人运动杰出领袖的地位，将永远载入中国人民求解放、中华民族谋复兴的宏伟史册上！再联想到，在中共党史上，您"一门三委员"，为中国革命的使命担当和作出的巨大牺牲，是多么的可歌可泣！29 岁的陈延年唱着《国际歌》走向刑场，宁肯站着死也不屈膝的悲壮豪情；26 岁的陈乔年"砍头只当风吹帽"，迎着敌人的屠刀前进的伟岸身姿，已永远活在了亿万中国人民的心中！

陈独秀先生！您的一生值了！您将与日月同辉、与山河同在！

此时，我好像听到了来自贝多芬的"欢乐颂"传来的雄壮歌声……

此刻，又好像听到了毛泽东"为有牺牲多壮志，敢教日月换新天"的豪迈诗句在山谷里回响……

2021 年 8 月 13 日作于大连东北财经大学

高尚的生活，常在壮烈的牺牲中

——访李大钊北京故居

在今年的党史学习教育中，无论是宣讲党史，还是考察红色纪念地，我都一次又一次地为我们党的苦难辉煌的历史而激动，被无数的革命先烈为共产主义事业抛头颅洒热血的英雄壮举而感动：我曾经站在瞿秋白就义处——长汀县的罗汉岭下，缅怀这位中国共产党早期领导人盘腿而坐、笑对刽子手枪口的英雄壮举；我也曾站在何叔衡跳崖身亡的闽西小迳村的山崖下，回忆我们党的"一大代表"何叔衡，"为了苏维埃流尽最后一滴血"的悲壮史诗……同样，为了缅怀我们党的创始人之一、伟大的马克思主义者、杰出的共产主义战士李大钊光辉的一生和英勇就义的壮举，在天高气爽、枫叶飘落的金秋十月，我在友人的陪同下，来到了北京市西城区文华胡同24号李大钊的故居，开始了对这位伟大革命先驱近距离的瞻仰和解读。

那是一个阳光明媚、秋风送爽的早晨，我从北京东城下榻的宾馆出发，乘车沿着长安街从东向西驶去，当经过天安门广场，看到车窗外雄伟壮观的天安门城楼时，我的心情一下子澎湃起来，耳边似乎响起了 72 年前伟大领袖毛泽东主席发出的"中华人民共和国中央人民政府今天成立了",中国人民从此站起来了的庄严宣告;再看到人民英雄纪念碑在天安门广场无数面五星红旗的衬托下更加庄严肃穆时,我的脑海里又浮现出了李大钊 94 年前大义凛然、气定神闲地走向绞刑架的身影。正是有了李大钊等无数革命先烈的浴血牺牲,才有了中国革命的胜利!我的内心不无感慨:在今天和平的年代,过着幸福的生活,我们世世代代都不能忘记老一辈革命家为此献出的宝贵生命,都要时时刻刻缅怀他们的丰功伟绩……

上午 9 时,我们来到了位于西长安街南侧西城区文华胡同里的一座灰色屋顶的中式院落门前,只见门口两侧墙上分别立着"李大钊故居"的牌子,门边的告示牌介绍着故居的基本情况。当站在故居门前时,我的脑海里又出现了 100 多年前李大钊从这里出出进进的身影,那可是一位伟大的革命家、思想家为了中华民族的解放而奔奔波波的伟大身躯呀!于是,为了表达我对李大钊的崇敬之情,我让友人在大门的左右两侧分别为我留下了终生难忘的影像。

走进故居大门,我看到墙上贴着李大钊故居的布局图。故居是一个小三合院,占地面积约 500 平方米,有北房三间,东西耳房各两间,东西厢房各三间。其中北房正中是堂屋,北房东屋为李大钊夫妇的卧室,西耳房为李大钊的长女李星华的卧室,东厢房北间为李大钊长子李葆华的卧室,南间是客房。西厢房为李大钊的书房。院内有李大钊亲手种植的两株海棠树。从 1920 年春到 1924 年 1 月,李大钊全家在此居住了 4 年,这是他在故乡之外与家人生活最长的一处居所。李大钊非常喜欢这处住宅,这里是他与妻子、儿女在一起生活最快乐、最幸福的地方。李大钊的次子光华、幼女钟华就出生在这里,他的长子葆华、长女星华都是在这里受父亲的影响,走上革命道路的。

步入故居，首先映入眼帘的是，在一面雕着《新青年》《每周评论》等杂志的金质浮雕前立着的李大钊的半身铜像，周围布满了一片粉红色的海棠花和几束黄白相间的菊花，表达着参观者对李大钊的无限景仰和崇敬。只见李大钊穿着中式大襟上装、蓄着八字胡须、戴着眼镜、留着平头的典型形象。他炯炯有神的目光，像一束能刺破黑暗的光束；那陷入沉思的表情，像还在深深地思索着救国救民的真理；那人义凛然的气质，又是他一生坚持理想、不畏强暴、视死如归的革命英雄主义的真实写照。站在李大钊的铜像前，我的眼前不断地闪现出他颠簸在日本海上赴东瀛苦苦求学的高大身影、在天安门广场前向民众演讲《庶民的胜利》的声声呐喊、赶着马车与陈独秀"南陈北李，相约建党"奔向天津港向光明进发的片片影像、北大红楼图书馆办公室组建马克思主义研究会和发起成立北京共产党初期组织的熠熠灯光，以及在广州与孙中山站在一起实现国共合作亲密握手的光辉形象！身在100年前李大钊工作生活的旧居，睹物思人，我为李大钊短暂一生为中国人民的自由和解放而做出的巨大贡献而深深地感动着！

随后，当我向东拐入李大钊故居的堂院时，立即看到了院落中央的两株海棠树，正值金秋时节，虽然已看不到春季时满堂花开得灿烂，但此时满树都结满着红彤彤的海棠果，真是让人心旷神怡、心花怒放！我猜想，李大钊如此喜欢海棠，一定是他喜爱海棠春季里的花香四溢、秋天里的果实累累的景象！这也是他一生追求光明、传播理想、心地美好、为人民谋幸福而不懈奋斗精神的写照！如果海棠树有灵的话，一定会在其成长的岁月里，用年轮记录着李大钊先生的功德！

院落北面正对着李大钊故居的正房——堂屋，这是主人全家吃饭、活动和接待客人的地方。正对着屋门的是一张八仙桌，两边各一张官帽椅；靠北墙的条案上摆放着一台老式座钟和两只掸瓶，有"终生平安"之意；条案上方的墙上悬挂着一幅镶在玻璃框子里的古画，在古画两边悬挂的是李大钊手书的著名楹联——"铁肩担道义，妙手著文章"条幅。在这间堂屋里，李大钊接待过陈独秀、邓中夏、梁漱溟、章士钊等同志和友人。站在堂屋内我在想，这个不到 20 平方米的房间，当年出现过多少中国文化名人和革命者的身影呀！小小的房间连着的不仅是北京，而且是全中国，甚至是一万公里外的苏俄。因为正是在此居住前后，李大钊作为北大图书馆馆长，发动了"新文化运动"和"五四运动"，组建了中国共产党；响应孙中山号召，加入和改组了中国国民党；远赴莫斯科，参加了共产国际第五次代表大会……这里，是他一生革命生涯最关键阶段的居所。"铁肩担道义，妙手著文章"，是他一生为共产主义敢于担当、履行使命的真实写照！

"铁肩担道义"，让我想起了"五四运动"期间，李大钊和陈独秀并肩作战，冒着被捕的风险，带着陈独秀撰写的《北京市民宣言》，登上北京前门外新世界游乐场散发传单的身影；让我眼前浮现出李大钊和陈独秀在北大的讲堂上慷慨激昂演讲的形象；想起了在陈独秀主编的《新青年》杂志上，李大钊连续发表了《我的马克思主义观》和《庶民的胜利》《布尔什维主义的胜利》等文章；更让我想起了李大钊和孙中山一起，挑起了"国共合作"的重担，向北洋军阀开战，发动了北伐战争的场面……"铁肩担道义"，李大钊以一个手无寸铁的知识分子的柔弱双肩，承担起了中国共产党救国救民的伟大重担，实现了他"铁肩担道义"的伟大抱负和社会理想！

堂屋东边的房间是李大钊夫妇的卧室。当我步入卧室时，首先看到的是墙上挂着的李大钊夫妇当年的照片，火炕正中摆放的炕桌、靠墙摆着的炕柜也一目了然。这简单到不能再简单的卧室，让我想到了曾读过的《李大钊传》中记载的李大钊的婚姻生活。李大钊是"遗腹

子"，1889 年 10 月 29 日出生在河北省乐亭县的一个小村庄，出生时
父亲已患肺结核去世，母亲在李大钊不到两岁时也撒手人寰，李大钊
成了孤儿，是他 70 岁的祖父将其抚养长大，寄希望他读书取仕，光宗
耀祖。李大钊 4 岁时就被祖父送入私塾接受蒙学教育，10 岁时又送他
到邻村的私塾继续读书。按当地的习俗，祖父为李大钊订了门亲事，
私塾教师的挚友女儿赵纫兰与李大钊结为夫妻。赵纫兰生于 1884 年，
当年 16 岁，比李大钊大 6 岁，这看似不般配的婚姻，成全了后来李大
钊的读书求学、漂洋过海、回国革命的生命历程。在他们 28 年的婚姻
生活中，两人相濡以沫、同甘共苦，赵纫兰不仅承担起了全部家务，
为其生了三男三女，而且坚定地支持李大钊革命，并不幸一起被捕坐
牢，目睹了李大钊狱中与敌人斗争的英雄壮举。当我凝神关注李大钊
夫妇的照片时，真为这对革命夫妻的伟大爱情和可歌可泣的英雄事迹
而感动：问世间情为何物？直教人生死相许！我不由自主地在心中默
念：李大钊夫妇的爱情，真是人世间最美的花朵，虽过早地凋零，但
他们那坚如磐石的伟大爱情将万古长青！

　　从李大钊夫妇卧室出来，穿过堂屋，我来到李大钊长女李星华的
卧室。李星华生于 1911 年 11 月 21 日的河北老家，2 岁时父亲便离家
前往日本早稻田大学留学，儿时对父亲的印象不深。父亲留学回国后，
被北京大学校长蔡元培聘为北大图书馆馆长时，她才随父举家搬进北
京居住，在此故居住了 4 年。虽然李大钊忙于革命工作，正在投身于
建党、筹备党代会、与孙中山商讨国共合作、发动大革命等活动，南
北奔波与家人相处的时间很少，但他的革命精神和工作热情，言传身
教地影响到了李星华，她既佩服父亲的坚强革命意志，又时刻为父亲
的性命担忧。1927 年 4 月 6 日，16 岁的星华在东交民巷苏联大使馆兵
营与父母一同被反动军阀抓进了监狱，在审讯室，星华与父亲一起与

反动派进行了坚决而又机智的斗争，保护了自己的兄弟。李大钊牺牲后，星华又承担起了护送母亲弟妹回老家和照顾痛不欲生、重病在身母亲的重任，小小的年纪，承受了人生的重大打击和沉重的家庭负担。看到星华简陋的居室和墙上的照片，我情不自禁地对这位懂事、早熟、又有骨气的姑娘而肃然起敬！

站在李星华的卧室，我脑子里突然闪现出不久前曾读过她的《回忆我的父亲李大钊》一书，其中披露了一些李大钊被捕前后的细节，有些段落让人久久不能释怀！记得她写道："1926年'3.18'惨案以后，段祺瑞军政府下令通缉那些领导爱国斗争的所谓暴徒。在段政府的通缉令中，名列第一的就是我的父亲李大钊。从那天以后，父亲便暂时转入地下，住在苏联大使馆的兵营里"。"那时正是北伐大革命的前夜"，"1926年6月间，奉系军阀张作霖在日本人的庇护下入关进京"，"一时间，整个北方的天空布满了乌云，形势十分险恶"。"为了应付随时都可能突变的形势，在党的安排下，一部分同志从兵营中撤出去，离开了北京。有的去南方参加北伐，有的被派往苏联学习"，"于是我，还有哥哥，都向父亲提出去苏联学习的要求。可是为了整个革命利益，父亲没有答应我们"。"局势越来越严重，但是父亲并不因为情形恶化而有发愁的样子"，"常有父亲的朋友秘密来看父亲，劝他离开北京。父亲对他们的劝告不很在意。母亲也为他担着心，时时向父亲提出劝告"，"但父亲态度坚决地对母亲说"，"我是不能轻易离开北京的；假如我走了，北京的工作留给谁做？""一直说的母亲闭口无言"。从这些文字里我们知道，李大钊为了革命事业，与反动派作斗争，不顾个人和家庭的安危，舍生忘死地工作在对敌斗争的第一线，这种对党忠诚、大公无私、无所畏惧、奋勇直前的精神，正是习近平总书记提出的"践行初心，担当使命，不怕牺牲，英勇斗争"的"建党精神"的光辉写照呀！我更对眼前这座位于京城之中不起眼的故居肃然起敬！这绝不仅是一户普通的家庭住宅，这是中国共产党成立初期，李大钊领导中国人民革命的大本营啊！

故居的东厢房，是李大钊长子李葆华的卧室和客房，卧室是葆华学习和住宿的地方，客房则是接待革命战友和同志用来住宿的房间，曾留下过邓中夏、瞿秋白、陈乔年、赵世炎、罗章龙、高君宇、张太雷、刘仁静、邓培等许多著名人物的生活足迹。李葆华生于1909年，1921年全家搬到这里生活的时候，他才11岁，在孔德学校读书；全家离开这里的时候，他15岁。那段时光是李葆华和弟妹们与父亲朝夕相处最快乐幸福的一段日子。李大钊十分注重言传身教，希望孩子们成为"遇山不愁，逢水不惧"不怕困难的人，而且时时以自己的言行，影响孩子们成为兴趣广泛、道德高尚的人。

李葆华曾回忆："在我的印象中，父亲喜欢养花。其中最喜欢的是菊花，有时一买一二十盆。其他的也买，家里也种'满天星'之类的花。"这体现出李大钊是一位颇有生活情趣的父亲，他对生活的热爱深深地影响着他的子女；下军棋是李大钊和孩子们最喜欢做的游戏，他不仅教孩子们用硬纸壳自己做军棋，而且一有空闲，就喜欢和孩子们下军棋，吃过晚饭，一家人围坐在桌前下一盘军棋，其乐融融；李大钊还喜欢教孩子们唱歌，并且寓教于乐。有一天李大钊从拍卖行里买回来一架黑色旧风琴，把它放在书房西墙下面，只要一有空闲，他就弹着琴教孩子们唱歌，而且爱教他们唱红色歌曲，《国际歌》和《中国少年儿童队队歌》（后更名为《中国少年先锋队队歌》）就是李大钊教会孩子们而且经常会在雨天里大声唱的歌曲，从歌曲中孩子们汲取了无限的力量；李大钊还喜欢教孩子们朗诵古诗文，李星华曾回忆到：每当夏日晚上，"全家坐在海棠树下乘凉，父亲心里一高兴，就朗诵起古诗来了。母亲坐在他的身旁，也蛮有兴趣地跟着他的声调，背诵两句，我也喃喃地背起《石壕吏》来了"；除了教孩子们背古诗文，李大钊还买回一些历史文学读物如《太平天国演义》《义和团演义》《清宫演义》等书籍让他们阅读，常常是吃过晚饭后，孩子们坐在北屋的廊子下面一张小书桌旁边，阅读这些演义……因为从小耳濡目染，李大钊的孩子们都早早地参加了革命，长子李葆华奔赴延安，中华人民共和国成立后做了省委书记和央行行长，其他的子女大多从事文化教育工作。

　　故居的西厢房则是李大钊的书房了，这间房子是由三小间合成的一个大通间，北、西、南三面靠墙壁摆着4个大书柜，里面摆满了书籍；东面窗户下，有一个相当大的写字台，写字台对面有两张摆放报章杂志和用作开会的条桌。李大钊身为北大图书馆馆长兼教授，是一位饱读诗书、学贯中西、博学多识的学者。在这里，他写出的文章，涉及历史学、法学、政治学、教育学、伦理学和民族、妇女问题以及图书馆建设等内容，为中国现代文化诸多领域都做出了开创性的建树。在此居住4年里，李大钊总共撰写了各种文章152篇，文字总量33万多字，平均起来，不到9天便完成一篇，真称得上是"笔耕不辍"、"妙手著文章"呀！现在书房的书桌上，还摆着老旧的煤油灯、墨盒和笔架，仿佛在等待着主人的回家……李大钊曾经在这间书房主持过党的会议，共产国际代表马林在他的回忆录里就记载了在这里召开党的会议的情况；李大钊在此还广邀文化名人和青年学生，在交往中成为他们的良师益友。站在李大钊的书房，看着这些景物，我仿佛听到了李大钊那"国家不可一日无青年，青年不可一日无觉醒"，"青年者，国家之魂"，"青年当努力为国家自重"，"国家丧青年，则其国无生机"，"我很盼望我们新青年打起精神，于政治、社会、文学、思想种种方面开辟一条新径路，创造一种新生活"的深情呐喊仍在书房里长久地回响！

步出书房，沐浴着十月正午的灿烂阳光，我久久地在故居院中、海棠树下徘徊、回想：这个院落虽然不大、房间不多，但李大钊一家七八口人在此生活了 4 年，还要时常接待远道而来的朋友和同志，光靠李大钊的薪水能解决这些日常花销吗？带着这个疑问，我请教了正在故居工作的该馆负责同志，他热情地告诉我，其实，这座故居是李大钊的朋友租借给他的，李大钊当时在北大任教授和馆长的薪水，大约是 240 元，当时的物价两元即可买 25 公斤面粉，以李大钊当时的收入完全可以做到衣食无忧，但李夫人常为柴米油盐而发愁。因为李大钊的薪水大多让他用来接济贫困的进步学生、补充组织经费了。他自己和夫人、几个孩子却节衣缩食，每月只花三五十元家用。每月发薪的时候，学校会计科总是给他送来一叠借条，扣除后薪水就所剩无几了。蔡元培校长为此深受感动，但劝他也没用，只好关照会计科，每月发薪时硬性扣下一笔钱直接交给李夫人用作日常花销，蔡元培说："要不然他把钱全部给了贫苦学生了。"李大钊时常慷慨解囊资助别人，自己却省吃俭用过着清贫俭朴的生活，他不抽烟、不喝酒，没有任何嗜好；他经常穿的是一件洗褪了色的灰布长袍，一双终年不换的旧皮鞋；上班时带上两个馒头，中午就着开水吃，从来不下饭馆。李大钊牺牲后，家中一贫如洗，既无房产，又无积蓄，甚至李夫人拿不出钱来买棺材，还是靠朋友们的募捐才购买的。爱国民主人士张申府这样评价李大钊："他的思想的前进，他的行动的积极，他的为人的纯洁，他的对人的温厚，他的道德的高尚，他的革命情绪的热烈，所有这些兼而有之，真可说是一时无两。"我们的总书记习近平同志这样评价李大钊："在他身上，凝结着中华民族传统美德，体现着中国知识分子的优秀品格。他作风质朴，不驰于空想，不骛于虚声。他坚持真理，待人宽厚，团结同志，正如后人所赞誉的'没有宗派气，内外从如云'。李大钊同志是一位真正的革命者，他的伟大人格和崇高风范，将永载中国共产党和中国人民革命斗争的史册。"这客观、高度的评价，是李大钊光辉一生的真实写照，他永远是共产党人学习的楷模，人民永远怀念他！

在馆负责人的引介下，我和友人又步入了位于院落南面的李大钊事迹专题展馆。虽然，此馆不属于故居，但展陈方以大量文字、图片、油画、雕塑、音频、视频等多种陈列手段，展示了李大钊短暂而壮丽的人生。我在文字和图片前流连、在油画和雕塑前注目、在音视频旁聆听和观看，灵魂又受到了一次深刻的洗礼。当我听到看到李大钊在苏联共产国际讲演的原始录音录像时，全身热血沸腾，我为李大钊而骄傲；当我看到李大钊临刑前穿着棉袍、光着头、面不改色、气宇轩昂的照片时，我为李大钊而自豪；当我看到李大钊面对绞刑架和刽子手说"不能因为你们今天绞死了我，就绞死了伟大的共产主义！我们已经培养了很多同志，如同红花的种子，撒遍各地！我们深信，共产主义在世界、在中国，必然得到光荣的胜利"的情景时，我禁不住潸然泪下、受到了强烈震撼！心中默念：李大钊啊李大钊，您虽死犹生，您以一个伟大的马克思主义者、伟大的民族英雄、伟大的共产主义战士的光辉形象已永远留在了中华民族5000年的悠久历史上！您是一座伟大的丰碑，将永远活在世世代代中国人民的心中！您的英勇就义实现了您一生追求光明和真理，为初心和使命而英勇献身的理想！正如您生前所说的"人生的目的，在发展自己的生命，可是也有为发展生命必须牺牲生命的时候。因为平凡的发展，有时不如壮烈的牺牲足以延长生命的音响和光华。绝美的风景，多在奇险的山川。壮美的音乐，多是悲凉的韵调。高尚的生活，常在壮烈的牺牲中。"您兑现了自己的诺言！您生活高尚！生命光华！您的思想生生不息！

当即将结束一上午的参观要离开李大钊故居和事迹展馆的时候，应馆负责人之邀，我来到了留言台前，打开了留言簿要写留言时，10月3日来此参观的一位18岁的青年的留言引起了我的注意，只见他写道：李大钊先生，时隔100年，眼前的盛世如您所愿了。因时间隔膜，我无法亲耳所闻亲眼所见您的音容，仅能通过这种方法与您对话。我知道您无法阅读这封百年后的来信，但以此信为鉴，我想表明我作为新时代青年的志愿，我必定忠诚地拥护党、拥护人民，爱护中华民族，为民族之复兴贡献力量。纸短情长，爱国主义不是抽象的，而是具体的，我必将以个人之行动、个人之青春，投入无尚光荣的革命事业之中，追随您的荣光。读着这位青年的留言，我感到十分的欣慰，革命传统教育已在青年人心中扎下了根，这是老一辈革命家之所愿。我心想，李大钊，您的在天之灵可以安息了，您所开创的社会主义事业不仅在70年前就在中国大地获得了成功，在建党100年后中国已实现了全面小康，而且在未来第二个百年征程中，有千千万万这样的有志青年的接续奋斗，您所未竟的事业一定会取得最后的胜利！"那时的中国，必定是赤旗的世界"！于是，我也在留言簿上留下了我的简短诗句，结束了对李大钊故居的访问：

> 铁肩担道义，
> 妙手著文章。
> 初心终不改，
> 伟业万年长。

2021年10月26日作于佛山广东东软学院

秋白尽染霜红色（上篇）

——访瞿秋白长汀就义地

　　生与死，是人生的两极，是每个人的宿命。生，具有偶然性，是父母的染色体在母腹中的投胎，不具有选择性；而死则不然，既具有必然性又具有选择性，必然性体现为人总有一死，谁也逃脱不了死亡的命运；而选择性是指人可以自我选择死亡的方式，选择哪种死亡方式则体现了不同的价值取向、终极目标、人生追求。近来读党史，读到革命先烈面临死亡而坦然相对、大义凛然的故事，每每都深受感动：李大钊在刑场上"神色未变""从容自若"地上了绞刑台，令刽子手不寒而栗；陈延年在临终时，当被问及是站着死还是跪着死时，毅然决然地回答"革命者光明磊落，哪能跪着死"的豪言壮语；周文雍、陈铁军在刑场上振臂高呼"让反动派的枪声，做我们婚礼的礼炮"的呐喊，震耳欲聋、感天动地……这些革命先烈视死如归、英勇就义的英雄行为，教育了一代又一代中国共产党人。但对我们党的早期领导人瞿秋白的死是慷慨就义还是思想蜕变，无论是史学界还是民间过去一直存在着较大的争议。为了对他的死探个究竟，也为了探求他面对死亡的心路历程，今年暑假我与友人一起踏上了探访之路。第一站，便选择了位于闽西汀江边上的龙岩市长汀县。

汀江是发源于武夷山脉、流入韩江的闽西最大河流，两岸的长汀县曾是革命老区、中华苏维埃共和国中央革命根据地，那里是客家人的聚居区，土地革命时期，几乎每家都有红军战士，为中国革命作出过重大贡献和牺牲。1935年2月，瞿秋白、何叔衡等同志从瑞金转移到此地时被敌军包围，虽奋勇突围，终因寡不敌众，以失败告终。为了缅怀革命先烈英勇不屈的壮举，8月下旬，我在友人的陪同下，从广州驱车500多公里赶赴瑞金、长汀，追寻中国工农红军浴血奋战的革命足迹。在完成对红都瑞金的考察后，28日周六一早，我们从瑞金出发向长汀驶去。路上望着车两旁的崇山峻岭，我的思绪难平，心想：当年瞿秋白带着肺结核的病弱之躯，日伏夜行地向闽西转移，爬行在无路的山岭，涉过冰冷的江河，时刻躲避着国民党的"清剿"，是多么的艰难，克服了多少险阻呀！更对革命先烈把满腔热血洒在这片英雄的热土而无比崇敬！

我们首站到了位于长汀县水口镇的小迳村，因为那里是瞿秋白的被俘地和何叔衡的遇难处，驶过崎岖的山路，中午时我们赶到了位于小迳村和梅岭村交界的何叔衡纪念馆。当我们到达时，馆大门紧闭，被告示：周末不开馆，一下子我的心凉了半截，心想千里迢迢来追忆先烈，却不能入室参观。正当我感到遗憾时，忽然间看见门口留有管理员的电话，我于是拨了过去，一个男子接了电话，告诉我别着急，他马上过来开门。立刻我的心情好了起来，心想还是老区人民热情，有觉悟讲感情呀！不一会儿，一位穿着黑色上衣的中年人来到馆前，自我介绍说他曾是小迳村的支书，现在是该馆的义务管理员，可以为我们服务。当我们参观完纪念馆后，这位名叫陈余东的老支书在会议室里接待了我们。通过他的讲述，我不仅了解了何叔衡牺牲的前前后后，也知道了瞿秋白被俘的整个过程：

那是 1935 年 2 月 24 日拂晓，瞿秋白与何叔衡一行涉过汀江到达小迳村，走了一夜，饥肠辘辘、湿衣淋淋，警卫员开始在山上支锅、烤衣、做早饭，不幸炊烟被驻扎在水口的国民党保安团发现，分三路向山里包抄过来。警卫排的战士与敌人交火，护卫着瞿秋白一行向山上转移，当冲上山顶时，又遇到从东南路上围过来的匪徒。此时，何叔衡为了不拖累大家突围，伸手向警卫员抢枪要自尽，警卫员死死抓住，何叔衡手一松，翻身跳下悬崖，实现了他生前"要为苏维埃流尽最后一滴血"的誓言。瞿秋白拖着病弱身躯躲在了周围的树丛中，但不幸被敌人发现，与中央分局书记项英怀孕的妻子一起被捕，被押往县城。曾是我们党重要领导人的"一大"代表何叔衡壮烈牺牲，"八七会议"上被确定的中共中央总负责人瞿秋白被俘。当陈支书指给我看何叔衡死难处和瞿秋白被捕地的时候，我百感交集，为我们党内两位领导人的遭遇感到十分痛惜！

为了赶路，怀着依依不舍的心情，我们辞别了陈支书和小迳村，向长汀县城驶去。一小时后，我们进入了这座有着悠久历史的闽西小城。望着蕴涵着典型客家文化精髓的街衢、建筑，马上要亲炙瞿秋白烈士的遗泽，在满是伤痛的沉甸甸的历史记忆中，现场找寻瞿秋白那独特而凄美的人生历程，让我十分迫切和激动。瞿秋白被捕后，先是被押解在上杭县，后又转移囚禁于长汀城国民党三十六师师部。这里原为清代汀州试院和汀郡学堂，昔日的士子考场和书院变成了国民党师部和关押瞿秋白的牢房，从思想启蒙的学院转而成为一位大知识分子的精神炼狱，真是历史的巨大讽刺！当我走进此大门时，看见一个被高墙围着的小天井，栽着一棵石榴树，好像这石榴树是特意长在这里，怕瞿秋白孤寂，用它的花和果陪其度日。我看见左面有一砖木结构的厢房，坐东朝西，室内一张中式床放在东边靠墙处，西边窗下有一张书桌，几支毛笔、一方石砚、一把刻刀、一个烟灰缸等整齐地摆在桌上，北面有个洗脸架，还有一把木椅和一条板凳。瞿秋白就在这狭小简陋的囚室里，度过了他人生最后的时光。我想他虽身陷囹圄，经受着肉体的折磨，但精神世界是丰盈的。国民党虽不断威逼利诱，但在他面前都一无所获地收场，他是胜利者。覆盖着半个墙壁的绝笔诗，不正是他那不屈灵魂的写照吗？"廿载浮沉万事空，年华似水水流东，枉抛心力作英雄。湖海栖迟芳草梦，江城辜负落花风，黄昏已近夕阳红。"这首《浣溪沙》虽显得情绪灰暗，但他不忘竭力为党工作的英雄过往，面对死亡时，仍然保持"夕阳红"的革命晚节形象栩栩如生。"寂寞此人间，且喜身无主。眼底云烟过尽时，正我逍遥处。花落知春残，一任风和雨。信是明年春再来，应有香如故。"这首《卜算子》虽用"寂寞""云烟""花落""春残"这些意象表达着当时的境遇，但他却在艰难中盼望"春再来""香如故"的美好明天。这样，当审讯、威逼、利诱、劝降等烟雾云霾纷纷散尽，生命在风刀霜剑般的暴力摧残下归于殒灭时，一颗不朽的灵魂和必胜的信念，像春天一样总会再来！读到此，我已满含热泪了，为我们党培养了瞿秋白这样伟大而又坚强的战士而感到无比的自豪！

走出瞿秋白关押处大门，我们右拐奔向了卧龙山，从这到那，少说一公里。当我远远望到那矗立在山坡上的瞿秋白烈士纪念碑时，那种伟岸、崇高、威严、神圣的感觉油然而生，那是瞿秋白用鲜血和生命留在大地上的不朽丰碑，也是长汀老区人民对他无限崇敬和深切怀念的纪念塔。当我站在罗汉岭一块镌刻着"瞿秋白同志就义处"的花岗岩旁，仰望着绵延的群山，脑海里立刻浮现出瞿秋白当年就义时的场景，那绝对是人类历史上从未有过的悲壮场面：一个文弱书生，在经历了人生的大起大落、生命的大喜大悲后，大义凛然地走向人生的终点，真是可歌可泣！在纪念碑下，当地的一位青年看到我们是外地的访客，主动指着不远处的一片校舍说，你们应该到那里看看，那里还有个"秋白亭"，是当年瞿秋白步入刑场时留下人生最后影像的停留处，值得拜谒。我知道，当时那是长汀中山公园的一座凉亭，在行刑前，国民党为瞿秋白备了"刑餐"——四碟小菜和一坛白酒，1935年6月18日一早，瞿秋白从关押处步行至此，自斟自饮，谈笑自如，感慨："人之公余，为小快乐；夜间安眠，为大快乐；辞世长逝，为真快乐。"随后留下了他在世的最后一张照片。当我走进现在的长汀第一中学院内，站在"秋白亭"前时，拿出了早已备好的这张相片对照的时候，心灵受到了强烈的震撼！只见照片中，他身着对襟黑褂、白裤、黑袜、布鞋，右腿斜出，背着双手，昂首挺立，脸部虽有些浮肿，但神色淡然自若，在安详、恬淡中，透露出豪爽而庄严的气概，一种悲壮、崇高的美体现得淋漓尽致。回想起当年，瞿秋白酒足后，香烟夹在指间，缓步走出凉亭，路上在敌人枪林的护送下，他以低沉、凝重的声音，用俄语唱着《国际歌》，呼喊着"中国革命胜利万岁""中国共产党万岁"等口号。到了罗汉岭前，他环顾了眼下的山光林影，面对刽子手说："此地甚好！"，然后盘膝坐在碧绿的草坪上，面对行刑的士兵说："不要打我的头！"便含笑饮弹，告别了这个让他壮志未酬的世界。身临瞿秋白的就义处，我在想：死亡，是人生最后的也是最为严峻的时刻，瞿秋白以一己之死完善了人格，成全了信仰，实现了他为共产主义奋斗终身的理想。瞿秋白满腔的热血、不死的魂灵、雄壮的歌声、从容的身姿形象，在他短暂而壮丽的人生中熠熠生辉！

有感于此，我心潮澎湃，面对当年瞿秋白步向刑场的方向，口占了一首七律《长汀悼秋白》，结束了我此行的追思和怀想：

自古英雄磨难多，秋白赴死又如何？
双肩扛起凌云志，两腿盘坐震恶魔。
把酒吟诗绝命句，迎风高唱国际歌。
汀江水恨随君去，罗汉峰高撼山河。

这是我对瞿秋白最真情的告白！

晚上回到宾馆，意犹未尽，饭后我再次打开瞿秋白自知生命之花即将衰落之时，在监狱给后人写下的灵魂自白——《多余的话》，走进他的心灵深处，探秘他那既悲天悯人又深不可测的心路历程。

为什么瞿秋白在生命不多的时日里，五天内争分夺秒地写出了二万多字的著述《多余的话》呢？反复阅读这些文字，结合时代的背景和他个人的境遇，我是这样看的:《多余的话》是告诫全党的警世恒言，忧患意识在那个血雨腥风的年代，绝对是一剂警示全党的良药！他以"知我者谓我心忧，不知我者谓我何求"一诗作为开头语，表现了他强烈的忧患意识和勇敢的担当精神。是呀！瞿秋白经历了大革命的失败、三次武装起义的失败、上海党中央遭到严重破坏的失败、第五次反"围剿"的失败、中央红军撤出苏维埃根据地的失败、转战赣南闽西游击战的失败，党的事业道路曲折、教训惨痛，他能不忧心忡忡吗？对于革命处于血雨腥风的严重低潮，人民大众处于水深火热的煎熬之中，他能不深刻反思吗？他是以拳拳之心"担一份中国再生时代思想发展的责任"啊！他坚信马克思主义是真理，他对共产主义信念毫不动摇，他说"我的思路已经在青年时期走上了马克思主义的初步，无从改变"，他告诫党内同志要研究达到共产主义的手段，要"分析中国资本主义关系的发展程度，分析中国社会阶级分化的性质，阶级斗争的形势，阶级斗争和反帝国主义的民族解放运动的关系等等"。这些都说明，他是在提醒我们党要总结历史的经验教训。读到这，我掩卷长思，身陷囹圄之中的瞿秋白把个人生死置之度外，还在思考着中国革命的前途命运问题，引导我们党对自身的问题进行深刻反思，他对党的事业是多么的忠心耿耿呀！

瞿秋白同志：你这一生值了！虽然你仅仅活了 36 岁，但你短短的一生与黑暗势力的斗争是何等的坚决；你在国共合作中对国民党右派的批驳是何等的犀利；你在大革命失败后对陈独秀右倾错误的批判是何等的及时；你主持"八七会议"发出武装斗争的吼声是多么的威武；你在监狱中从容斗敌英勇就义是多么的惊天地泣鬼神！你曾用过的"瞿霜"之名，正意味着你的一生像秋之霜叶一样，虽然在收获的季节飘落，但那万山红遍的风景已装点了祖国的大好山河！

2021 年 9 月 6 日作于佛山广东东软学院

秋白尽染霜红色（下篇）

——访瞿秋白常州故居

　　故居，一般来说，是指人的出生地。从这个角度讲，每人都有自己的故居。但故居和故居不同，普通人的故居，由于太平常，不会引起人们的关注。而名人的故居则不同，由于故居主人对历史的重大影响，能极大地吸引人们去瞻仰，去缅怀，去纪念，从而具有重要的人文价值和教育意义。在过去长期的游历中，我最偏好瞻仰古今中外伟人的故居，在那里寻找历史的坐标、人生的意义和生命的价值。我去过德国特里尔城，在马克思的故居上下求索，追踪这位伟大思想家的早年足迹和思想发轫的源头；我曾多次到韶山，在毛泽东主席故居前冥思苦想，寻找伟大领袖成功地领导中国人民求解放的密码；我也去过德国波恩，在贝多芬的故居流连忘返，聆听《命运交响曲》奏出的生命乐章，探寻这位伟大的音乐家心灵的告白……这次，我去的是江苏常州，参观瞿秋白同志的故居，去探求这位革命家、理论家、文学家早年启蒙的秘籍，回望他挣脱命运、追求信仰的历程，从中汲取不懈奋斗的力量！

那是今年 8 月 31 日，我在常州经济技术开发区做完党史学习教育和产教融合工作调研后，在友人的陪同下，一早便前往瞿秋白故居纪念馆参观。在车上，友人介绍说，常州是一个人杰地灵的地方，中国共产党的早期领导人瞿秋白、张太雷、恽代英都是常州人，史称"常州三杰"，他们一直是常州人的骄傲。我虽然第一次来常州，但在我党的历史上，这些如雷贯耳的名字早已熟知，今天能亲临他们出发的地方，探寻老一辈革命家的初心使命，心里非常激动。

瞿秋白故居位于常州古觅渡桥旁，虽经历史变迁，这座桥现已不在，但故居纪念馆旁的"觅渡桥小学"的名字，仍然在记录着这段历史。故居其实并不是民房，而是清末民初瞿家的一座祠堂。1912 年，瞿家搬到这里居住，直到 1917 年瞿秋白离开常州去北京求学为止，他都在这里生活和学习。

上午九时，我们来到了位于常州市延陵西路 188 号的瞿秋白故居纪念馆。这是由瞿秋白叔祖父瞿赓甫在光绪年间捐资修建，至今保存完整的江南祠堂建筑，瞿秋白全家在此居住了 5 年。正如我所知道的，瞿家是一个日渐破败的官宦之家，父亲瞿世玮从小到大好逸恶劳、游手好闲，一天到晚只知道闷着头在家里画画山水，看看医书，然后就是参禅悟道、闭目打坐。即便是长大后娶妻生子，而且陆续生下瞿秋白兄妹 8 人，他既没有本事去谋官职，也没有能力经商来养家糊口。与父亲不同，瞿秋白的母亲金璇却秀外慧中，是一个典型的贤妻良母。她 23 岁嫁到瞿家，上要侍奉婆婆，下要养育孩子，家里没有生活来源，只能靠她到处举债、典当和求亲戚援助来维持生计。全家分别得到过瞿秋白叔祖父、大伯父、大姑母的资助。瞿秋白 1899 年 1 月 29 日诞生在青果巷八桂堂叔祖父的老宅，出生后寄居在叔祖父家 4 年。叔祖父过世后，又举家搬迁，租住在西门织机坊星聚堂瞿世玮的外祖母家，在那又住了几年。当生活拮据，连房租都付不起的时候，不得不搬到瞿氏宗祠里去住，这就是此处瞿秋白故居的由来。

当我们步入瞿氏宗祠的大堂，迎面看到的是一座三米多高的瞿秋白的站立铜像，这是纪念馆为了缅怀瞿秋白特意定制的。只见青年瞿秋白右手插兜，左手持卷，目视前方，意志坚定，有一种立志出乡关，义无反顾奔赴革命阵营的气魄。该铜像摆在故居，体现了青少年时期的瞿秋白为了挣脱苦难、胸怀大志、立志成才的家国情怀。居住在瞿氏宗祠，他小小年纪不仅遭受过族人的白眼、弟妹的贫病、债主的讨债，而且经历了母亲不堪重负自杀身亡的悲剧，这都对他的世界观人生观的形成产生了重要的影响。他曾说过：处在一种"最畸形的社会地位，濒于破产死灭的一种病的状态，绝对和我心灵内的要求相矛盾。于是痛、苦、愁、惨，与我生以俱来"。从小面对残酷的现实、社会的不平等，使瞿秋白增长了强烈的反叛意识。这种"痛、苦、愁、惨"在故居的各个角落都得以充分地展现。

当我们步入瞿秋白父母的卧室，看到墙上挂着的他父母的照片时，既为他不争气的父亲感到羞愧，又为他母亲40岁出头便抛弃膝下一群子女，吞下大量的红头火柴，自杀身亡而感到无比痛心！母亲自杀时，作为长子的瞿秋白只有17岁，他的弟弟妹妹们都没有成年，生活更加困难，他父亲只能把弟妹分送到亲戚家去抚养，加之民国后袁世凯篡权、军阀混战、民不聊生的社情使得青少年的瞿秋白更加早熟，也更加刻苦学习。当我们在瞿秋白的卧室兼书房里看到他学习用的纸笔、篆刻用的刻刀、画的国画、使用过的字典、练书法的习作时，为瞿秋白的刻苦学习精神和他在多领域的造诣感到震惊！俗话说"寒门出贵子"，童年的经历对于人格的养成、品性的形成影响极大。青少年的痛苦经历对于形成瞿秋白愤世嫉俗、拯救自我、发愤图强的意志起到了相当大的作用。18 岁时他离开家乡，到北京求学，追随李大钊，参加五四运动；到苏联当记者，采访列宁，参加共产国际；后来回国参加国民党一大，辅助孙中山；与陈独秀一起，参加中国共产党的对敌斗争，成为我们党的早期领导人；主持"八七会议"，率领全党举起武装斗争反抗国民党反动派的刀枪，等等这些，都可以在这个"寄人篱下"的瞿氏宗祠里找到种子和胚芽！"我是江南第一燕，为衔春色上云梢"的诗句，更能表达他的入世情怀和拯救世界的担当精神！

在故居的伙房，我们呆住了，这哪里是上有老下有小的大户人家的厨房呀？简单的几件木制炊具摆在厨房，黑乎乎的灶台架着几口铁锅。我想作为瞿秋白的母亲，不仅在外要到处乞讨举债，而且回到家里要粗茶淡饭解决一大家人的吃喝问题，着实让人同情，一个年轻的主妇承担这么大的家庭压力，也确实心力交瘁，后来她选择自尽，也就顺理成章了。瞿秋白写到，家里经常揭不开锅，以米糊充饥的情况常有，在他幼小的心灵打下了强烈的烙印，尤其是看到大户人家丰衣足食的殷实生活，给他以强烈的刺激，改变命运的决心也就迅速增长。童年就是一生！后来瞿秋白投身革命，成为一名职业革命家，与他在故居的这段苦难生活绝对息息相关！

参观完瞿氏宗祠瞿秋白故居后，我们转过一个门，来到了瞿秋白故居纪念馆。不能不说，这种"故居与展馆合一"的总体设计，既体现了常州人民对瞿秋白的怀念，也体现了当地政府对参观者的尊重。睹物思人，不仅要目睹主人当年的生活学习场景，更要缅怀主人一生的丰功伟绩。我看到纪念馆采用文字、图片、视频、音像、多媒体等方式，全面立体地展示了瞿秋白 36 年既波澜壮阔又情深意长的短暂人生。展板通过"少年苦读觅渡""寻求光明之路""探索革命道路""受命危难之际""领航左翼文化""苏区最后斗争"六个板块，既简要又全面地展示了瞿秋白伟大光辉的一生：少年忍辱负重、勤奋苦读，从宗祠门前觅渡桥出发，去寻觅人生和社会的光明之路；积极投身五四爱国运动，确立马克思主义信仰，加入共产党，投身共产主义事业；远赴苏联，参加列宁领导的社会主义革命，加入共产国际，致力于马克思主义理论研究；受命于危难之际，担负起党的主要领导人的重任，在血雨腥风中经受考验；全力投入左翼文化运动，成为中国革命文学事业重要奠基人；领导苏区群众文艺运动，被俘后坚持以笔为刀枪，与国民党进行英勇斗争，最后从容就义，展现了一个共产党人宁死不屈的风骨和气概！通过参观整个展馆，我受到了一次伟大的爱国主义、革命的英雄主义、远大的共产主义理想的教育，灵魂受到了洗礼，境界得到了提升。尤其是革命英烈的另一面：对待爱情、友情、亲情的态度，与爱人的生死恋、与友人的战友情、与亲人的同胞义已永驻在了我的脑海之中！

我知道瞿秋白有过两次虽然美丽但又悲痛的爱情与婚姻。前后两位夫人，都是他在上海大学教书时的学生，一位叫王剑虹，一位叫杨之华。上海大学是国共合作背景下创办的一所地方大学，1923年瞿秋白担任教务长和社会学系主任。瞿秋白相貌英俊，才华横溢，谈吐又特别幽默、博学，而且只有24岁，已经是著名记者，社会名流了，且思想进步，所有这些，在当年上海大学校园里，都成为女学生们迷恋和崇拜的对象。瞿秋白有两位女学生，一位是四川籍的王剑虹，一位是湖南籍的丁玲，都仰慕和暗恋瞿秋白。特别是王剑虹，由于与瞿秋白在性格、气质、生活经历等方面有更多的相似之处——两人都是早年丧母，都性格文静、外柔内刚，都喜欢古典诗词，因此，对瞿秋白暗恋更深。当有一天丁玲发现了王剑虹藏在垫被下写给瞿秋白的情诗时，被深深地感动了，于是，她忍痛将藏在心底的爱恋割舍，主动做起了红娘，促成了这对有情人终成眷属。1924年初，在广州参加完国民党一大的瞿秋白匆匆赶回上海，与王剑虹完婚。但蜜月还没度完，共产国际代表鲍罗廷请瞿秋白做翻译，再度南下广州，开展革命工作，这对新婚夫妇不得不两地分居。真是天妒英才，只有半年时间，王剑虹即得了肺病，1924年7月，在秋白的怀中静静地走了，病魔夺走了剑虹如花的生命，这一年她才20岁。瞿秋白的第一段婚姻，仅半年就痛苦地结束了。

剑虹去世后，瞿秋白像断了线的风筝，在天上飘来飘去，又像颠簸在海上的孤帆，不知何处是岸。就在这时，又一个年轻美丽的女性走进了他的生活，她就是杨之华。杨之华，与王剑虹一样，也是瞿秋白的学生，是浙江萧山人，1900年生，比瞿秋白小一岁，有上海大学"校花"之称。1920年，杨之华在家乡与浙江士绅沈玄庐的儿子沈剑龙结婚，次年在家里生下个女孩，之华将她取名"独伊"。沈剑龙才貌出众，喜欢诗词、音乐。但当他和朋友到上海谋生时，经不起十里洋场灯红酒绿生活的引诱，很快堕落了，不久与之华的夫妻关系也名存实亡。1923年，杨之华考进上海大学社会学系，成为瞿秋白的学生。瞿秋白以其优雅的风度、渊博的学识、雄辩的口才，征得了之华的心。但因为瞿秋白是有妇之夫，所以之华一直把爱深深埋藏在心底。但等到王剑虹病逝后，她内心的那份情爱终于埋藏不住，火山一样爆发了出来。对于杨之华，在多次接触后，瞿秋白的心底也渐渐升腾起一种异样的感觉，终于两个彼此相爱的人，决定冲破世俗的藩篱重组家庭。于是，两人与沈剑龙坐在一起长谈了一宿，三人达成共识：杨之华与沈剑龙解除婚姻关系，与瞿秋白结为夫妻。1924年11月7日，俄国十月革命胜利纪念日，在茅盾夫妇的见证下，瞿秋白和杨之华走进了婚礼殿堂，成为终生的革命伴侣。月底，上海《民国日报》公布了杨之华与沈剑龙脱离恋爱关系，与瞿秋白结成恋爱关系，瞿秋白与沈剑龙结为朋友关系的三则"启示"，瞿秋白和杨之华克服重重阻力，终于名正言顺地走在了一起。当我流连于瞿秋白纪念馆，反复看着瞿秋白与杨之华在上海、在武汉、在杭州、在莫斯科、在黑海相亲相爱、相依相偎的照片时，真为这对革命伴侣勇敢地冲破封建桎梏、轰轰烈烈的伟大爱情而感到无限欣慰！他们的结合，是对瞿秋白青少年经历的苦难和投身革命后道路坎坷最好的情感补偿！当我站在纪念馆中瞿秋白结婚时赠送给杨之华的"金别针"前，看到上面刻着"赠我生命的伴侣"七个字时，联想到婚后瞿秋白刻了一枚印章，把"秋白"和"之华"融为一体，成为你中有我、我中有你的"秋之白华"双印章，我真为瞿秋白作为优秀的共产党人既能赴汤蹈火，表现出真正男子汉的"侠骨"，又能在爱人面前表现出来的甜蜜"柔情"而称颂！这才是对有血有肉、有情有义的共产党人的最美诠释！即使在临刑之前，瞿秋白也忘不了对革命伴侣杨之华的思念，在《多余的话》中深情地写道："我留恋什么？我最亲爱的人，我曾经依傍着她度过了这十年的生命。是的，我不能没有依傍。""我一直是依傍着我的亲人，我唯一的亲人，我如何不留恋？"这反复吟诵的绝命书，是瞿秋白对杨之华爱情的忠贞表白和赴死前泣血的呼唤，真是感天动地！

在瞿秋白故居纪念馆"领航左翼文化"的专栏前，我久久驻足观看，眼前展现着瞿秋白全力投入左翼文化运动，从事文艺创作活动的业绩，以及与茅盾、鲁迅等文化大家的深厚友谊。瞿秋白与茅盾是多年的好友，两人早在1923年在上海大学时就建立了深厚的友谊。1924年11月7日，茅盾偕夫人孔德沚还参加了瞿秋白与杨之华的婚礼。茅盾在创作长篇小说《子夜》时，专门到瞿秋白家，征求瞿秋白夫妇的意见和建议。当瞿秋白遇到生命威胁时，茅盾夫妇毫不犹豫地邀请瞿秋白夫妇到家中避难，而不怕受牵连。瞿秋白与鲁迅的友谊始于文人之间的相互欣赏和惺惺相惜，1932 年夏，瞿秋白第一次拜访了鲁迅，两人一见如故。鲁迅热心于译介俄国文学作品，精通俄文的瞿秋白便成了鲁迅的得力助手；鲁迅出版《杂文感选集》时，瞿秋白为其撰写了《序言》，成为中国现代文学史上的经典文献。在交往中，鲁迅细心地觉察到瞿秋白夫妇的生活困难，便将自己的杂文集《二心集》的稿费和版税所得大部分给了瞿秋白；鲁迅和瞿秋白合编的《萧伯纳在上海》一书的稿费，鲁迅又全部给了瞿秋白，自己没留分文；鲁迅与瞿秋白彼此十分看重他们之间的友情，鲁迅曾手书清代何瓦琴句"人生得一知己足矣，斯世当以同怀视之"赠予瞿秋白；瞿秋白则手书早年自己的诗作《雪意》回赠鲁迅。不仅如此，在瞿秋白夫妇遭国民党通缉时，鲁迅家就成了避难所，他们夫妇两人曾三次到鲁迅家避难。期间，鲁迅甚至把床铺让给瞿秋白夫妇，他和许广平宁愿睡地板；瞿秋白 1935 年 2 月被捕时，鲁迅立即组织营救；瞿秋白就义后，鲁迅又亲自为他编文集，用当时第一流的装帧和纸张。他们除了由热爱文艺的共同兴趣紧紧地维系在一起外，宣扬左翼无产阶级文艺的共同使命，才是他们友谊的思想基础。除此之外，他们胸怀坦荡、相互欣赏、相互尊重的个人美德也为知识分子树立了光辉的榜样！

瞿秋白对于亲人的感情也十分深厚，对于杨之华的女儿"独伊"，瞿秋白像对待亲生女儿一样照顾得无微不至。特别是在莫斯科共产国际工作期间，瞿秋白把独伊送进了幼儿园，每天接送都是他的事，而且每次都给独伊带去糖果等食品。每逢周末，尽量安排周边的旅游，夏天到树林里采蘑菇，冬天在雪地上拉雪橇，一家三口欢乐无比，那段时间，是瞿秋白全家最幸福的时光。最让人感动的是，瞿秋白被捕临刑前，在《多余的话》中，除了表达对杨之华的无限思念外，还深情地写道："我还留恋什么？这美丽世界的欣欣向荣的儿童，我的女儿，以及一切幸福的孩子们。我替他们祝福。"我敢说，这是世界上最让人动情的父女两地书，寄托着作为父亲的瞿秋白对于不是亲生胜似亲生的独女的无限思念和深深的祝福！令人欣慰的是今年纪念中国共产党成立100周年，百岁的瞿独伊获得了习近平总书记颁发的"七一"勋章！我想，已牺牲80多年的瞿秋白如果地下有知的话，一定会含笑九泉的！除了妻子女儿外，瞿秋白对于自己的弟妹也关怀备至。因为他是家中的长子，小时候就处处为弟妹们着想，苦活累活抢着干，好吃的先让给弟妹们吃。尤其是他以身作则，关心弟妹们政治上的进步，他把三弟瞿景白早早地介绍入了党，成为我们党最早的党员之一，并送到莫斯科东方劳动者大学学习共产主义理论，但不幸的是1929年10月因反对党内宗派活动而"失踪"，屈死于苏联，时年23岁。幼弟瞿坚白从小受哥哥影响，好打抱不平，瞿秋白1935年6月18日牺牲后，他坚决继承哥哥的遗志，奔赴延安，参加了革命。1943年5月14日，在太行山根据地河北武安百草坪反日军"扫荡"中壮烈牺牲，时年30岁。在我们党的历史上，继陈独秀"陈门三委员"外，又增加了瞿秋白"瞿门三烈士"！当看到瞿秋白故居纪念馆举办了"瞿门三烈士"英雄专题展时，我感到十分的欣慰！家乡人民没有忘记他们兄弟为中国人民解放事业作出的牺牲，"瞿门三烈士"永远活在人民的心中！

当即将结束此行专访的时候，我突然想起瞿秋白13岁时曾作过的一首咏怀诗："今岁花开盛，栽宜白玉盆。只缘秋色淡，无处觅霜痕。"这首诗自然地嵌入了他自己的名和字："秋白"和"霜"，而寄情耐寒的菊花，盼望秋色更浓，层林尽染，这正是他不怕霜打、敢于牺牲，去换取祖国山河一片红的英雄壮举的真实写照呀！

秋白不死！精神永存！

2021 年 9 月 9 日毛泽东逝世纪念日

作于佛山广东东软学院

为苏维埃流尽最后一滴血

——访"一大代表"何叔衡战斗和牺牲之地

　　绵江河是流经江西瑞金的一条母亲河，她发源于日东垦殖场的石寮，流经壬田、叶坪等乡镇。这条河流虽不长，也不宽，但在中国革命史上却赫赫有名，因为在绵江河叶坪乡这一段，留下了中华苏维埃共和国的历史波澜和老一辈革命家的光辉足迹。今年 8 月 26 日一早，我在瑞金友人的陪同下，顶着炎炎烈日，从广州驱车 6 个小时，当天下午到达瑞金绵江河畔的叶坪，开始了我对红色故里期待已久的访问。

　　车一进入瑞金境内，映入眼帘的是路两旁高低起伏的山峦和绿色盎然的田野，"红都——共和国摇篮"的标语随处可见。我马上意识到，已来到了我们党在土地革命战争年代建立的中央根据地了。此行除了追踪我们党领导的中央红军在根据地的英勇斗争外，主要想考察我们党的第一代领导人在这里艰苦奋斗的历程。

　　瑞金第一站，我们到了叶坪乡谢家祠堂的中华苏维埃共和国第一次代表大会的会址。大革命失败后，我们党发动了秋收、南昌、广州三大起义，起义后，毛泽东、朱德等领导人带着部队上了井冈山，后又转战赣南闽西，开辟了瑞金中央革命根据地，于 1931 年底召开了中华苏维埃第一次代表大会，选举毛泽东为临时政府主席，开始了建立红色政权的伟大尝试。进入会址后，给我第一印象的是，这既是当年中华苏维埃共和国"一大"的会址，又是一个小"国务院"，因为会场左右两边用木板隔出了十几个办公室，门旁挂着"财政部""内务部""教育部""检察部""法庭"等门牌以及当时领导者的名字。毛泽东、朱德、项英、张闻天、王稼祥、瞿秋白、何叔衡、邓发等人赫然在列，我不禁肃然起敬！

看到这些极其简陋的场所，想起当年以毛泽东为代表的共产党人为了救国救民，为中国人民谋幸福，为中华民族谋复兴，而舍弃了城市的优渥生活，辞别了自己的至爱亲朋，远离家乡来到这片穷乡僻壤，带领人民打土豪分田地，拿起武器，与国民党反动派进行殊死斗争，尝试建立人民当家作主的新政权，这种伟大的理想主义和革命英雄主义精神真是令人感动！

在"一苏大"会场内，我在"工农检察人民委员部"的牌子下，久久注目，当"何叔衡为部长"的几个大字映入眼帘时，我立刻激动了起来。何叔衡是毛泽东湖南一师的校友，又是毛泽东组建"新民学会"的得力助手，是湖南共产党初期组织的最早党员，1921 年 7 月还与毛泽东一起参加了中国共产党第一次全国代表大会，是 13 位代表中年龄最长者。随行友人告诉我：1931 年 11 月在党中央工作的何叔衡从上海经香港、广东，通过我党的秘密通道来到了瑞金中央根据地，参加了"一苏大"，并被选为中执委委员，担任了检察部长。我立刻感到，这可不是一个轻松的职务啊，当时新生的红色政权刚刚建立，不仅要抵抗国民党反动派的外部攻击，还得防备自己队伍内的各种非无产阶级思想的滋长和腐化行为的发生，又要抵制领导层"左"的思想的干扰，这任务十分繁重呀！在这间办公室兼卧室的房间，我看到了何叔衡检察工作方面的情况。

在办公室的墙壁一角，挂着《工农检察人民委员部的组织条例》，我看到了这样的架构：在工农检察部下设突击队，突击的内容是关于政府政纲政策执行的是否正确、工作计划是否实现、参战工作的组织程度如何，发现官僚、腐化、贪污现象等职责；下设控告局，控告局的任务是接收工农劳苦群众对苏维埃机关和工作人员的控告，进而对国家机关和工作人员进行监督。在工农集中的地方，设立控告箱，并指定工农积极分子代替控告局接受各种控告；成立检举委员会，其工作任务是检举上级、本级、下级政府机关和地方武装组织的官僚腐化贪污浪费行为；成立省、县、区、乡四级审查委员会，主要任务是审查贪污浪费犯罪。看到如此严密的检察工作架构，我真为何叔衡 90 年前为我们党的检察事业作出的奠基性的工作而点赞！这不就是我们今天党的纪检监察工作的胚胎吗？突击队多像现在的巡视组，控告局多像现在的信访局，检举委员会和审查委员会多像现在的纪检委和监委呀！我们党在刚刚初建红色政权时，就制定了比较完善的监督体制和运行机制，时刻提防自身的腐化变质，这不能不说是政党建设史上的伟大创举啊！我越这样想，就越对以毛泽东为主席的苏维埃临时中央政府以及作为首任检察部长的何叔衡为我们党作出的重要贡献而感到无比的自豪！

出了检察部何叔衡的办公室，看到我仍兴致未尽，同行的瑞金友人便一边领我参观，一边给我讲起了何叔衡当年反腐的故事。1933 年夏季的一天，控告局收到了一封控告信，举报瑞金县的干部用公家灯油到饭馆炒菜吃，还用油换酒喝。何叔衡得知后先是派突击队到瑞金县调查，而后亲自至瑞金县财政部查账，很快就发现瑞金县不仅在灯油的使用上有很大问题，而且在纸张、邮票、药品的使用上以及在回收的公债上也大有文章。他们利用少用多报、私用公报、造假证据等手段，大肆侵吞、挥霍人民群众的财产。根据当时苏维埃临时政府颁布的《关于惩治贪污浪费行为》26 号训令中："贪污公款在 500 元以上者处以死刑；贪污公款在 300 元以上 500 元以下者，处以 2 年以上 5 年以下的监禁"的规定，瑞金县贪污侵占公款，远远大于此数。何叔衡感到问题严重，当即向毛泽东主席作了汇报，随即签署了对有关人员的逮捕令。通过审讯，被告人对所指控的犯罪事实供认不讳，于是，何叔衡代表检察部签署了决定：中央总务厅厅长给予撤职、管理处处长拘押、瑞金县财政部部长撤职查办、会计科科长处以死刑。随后，又趁热打铁查处了中央和地方的特大贪污案和其他案件，使一批贪污腐化分子受到了法律的严惩。听到这里，我不无感叹，何叔衡作为"一大代表"、我们党的第一代领导人是多么的疾恶如仇，对于党内腐败分子的斗争是多么的旗帜鲜明、坚定有力呀！

这让我想到，以前曾读过《何叔衡传》，关于反腐，他曾说过：在艰苦的国内战争环境中而有贪污浪费现象发生，完全是种罪恶，因为贪污浪费的后面就是刻苦奋斗，把贪污浪费分子除掉了，其他工作人员以至广大群众将更加兴奋起来，所以反贪污的斗争，是执行苏维埃一切战争任务不可分离的部分，谁不懂得这一点，谁就要犯严重的错误。这和我们党今天在以习近平同志为核心的党中央的坚强领导下强力反腐的步调是多么的相似！何叔衡不愧为我党历史上最早的反腐斗士，党和人民不能忘记他！

8 月 27 日一早，在友人的引导下，我们驱车来到了第二站，位于瑞金沙洲坝的中央政府大礼堂——"二苏大"的会址，参观完后，我们又来到沙坪坝一排排高低错落的乌青瓦、黄泥墙建筑前，这是当年中央政府的军事、外交、劳动、土地、财政、经济、教育、内务、司法、检察、最高法等部委局的旧址。在旧址的周围，生长着许多百岁、数百岁甚至上千岁的参天盖地的古樟树，它们不但是历史的见证者，还像一把把巨大的保护伞，掩映护卫着这些革命者。由于此行的主要目的还是追寻何叔衡的革命斗争足迹，所以，我专门在他任职的最高法和内务部里逗留了许久，仔细寻觅着他不平凡的工作业绩。

何叔衡对我们党司法法律事业的贡献，就是从他 1932 年 2 月 19 日起，担任了苏维埃临时政府最高法庭主席，成为党领导的人民政权的"首席大法官"开始的。在最高法院旧址，通过参观展览和查看有关资料，何叔衡高大而威严的形象再一次在我心中升起，我开始更全面地了解到，他不仅是一位铁面无私、敢于亮剑、不怕威胁、坚持原则的法律卫士，也是一位宽严有度、实事求是、保护干部、维护正义的好法官。在旧址中我们听到了这样几个案例，可以充分地说明他的断案准确，依法有据，执法严肃。

"谢步升案"——谢步升时任瑞金县叶坪村苏维埃主席。他利用职务之便，将大量打土豪得来的财产归为己有，奸淫有夫之妇，并将其丈夫杀害；还曾图财杀死了一名军医，劫掠了金戒指等财物。时任瑞金县委书记的邓小平支持瑞金县裁判部判处谢步升抢劫贪污罪死刑。谢本人不服，上诉至临时最高法庭。在何叔衡及同事的主审下，维持了原判，谢被拉上刑场，执行了死刑。这是中国共产党历史上第一个被枪决的腐败分子。

"陈景魁案"——陈景魁时任瑞金县委组织部长。1932 年 5 月，有人举报陈景魁滥用职权，向群众摊派索要财物，利用地痞流氓欺压群众。何叔衡亲自带队到组织部驻地进行调查，很快查清了陈景魁调戏妇女，殴打村民，结交赌徒、打手、恶棍，强摊款物，打击报复等恶行。何叔衡以临时最高法庭主席名义签发了对陈景魁的逮捕令。然而此时，何叔衡却收到一封装有子弹的恐吓信，他毫不退缩，决意要将陈绳之以法，并速战速决，将陈公审后枪决，其他恶棍与打手也分别受到严惩！

在最高法旧址听到这几个案例后，我不得不佩服何叔衡的胆略和智谋，在那个红色政权刚刚建立、百废待兴的年代，他的一身正气和凛然傲骨，为共产党历史上的反腐工作开了个好头，也为捍卫苏维埃共和国的根基不受侵蚀作出了不可磨灭的贡献！

另一方面，何叔衡坚持法律的公正性，对于与事实不符、量刑不准的案件坚决予以纠正。他尤其重视人的生命权，对于判死刑的案件更是慎重对待。凡是证据不充分的，就不予批准，并且改判，尽力纠正一些在量刑中的"左"的错误做法。

在苏维埃临时中央政府内务部的旧址内，站在何叔衡的铜像前，我久久不愿离去。1932年1月，由于内务人民委员请病假，其部务暂由何叔衡代理，从此，何叔衡成为内务部代部长。上任伊始，他就狠抓了邮政工作，成立了邮政总局，及时颁布了邮政暂行章程及内部管理制度，发行苏维埃邮政邮票，加强了对邮政人员的管理和业务培训，苏维埃邮路逐渐畅通，红色邮政网络在苏区迅速建立了起来；何叔衡在内务部还不遗余力地抓了交通建设工作，针对苏区大多是山区，道路狭窄，河道阻塞，交通不便问题，他主持发布训令，规定修筑道路桥梁的原则，签发加紧修筑道路桥梁的命令，并积极组织施工，打通了县与县、区与区之间的干道，苏区交通状况大为改观；在内务部，何叔衡还领导了中央苏区的卫生防疫工作，组织了大规模的卫生防疫运动，大大促进了苏区人民的身体健康。在内政部旧址中展示的一幅幅照片，一个个纪念物上，我似乎看到了何叔衡当年不辞辛苦、亲力亲为、鞠躬尽瘁、繁忙紧张工作的身影，从中学习到了这位优秀的共产党员不怕年高、不怕劳顿、不怕困难的敬业精神！为此，毛泽东当年对何叔衡的工作有过很高评价，毛泽东说：叔翁办事，可当大局。这是我们党的领袖对何叔衡的最高褒奖！

从 1931 年底到 1935 年初，何叔衡在苏区工作了三年多的时间，他将检察、司法、内务一肩挑，做了大量艰苦繁重的工作。但由于在工作中，他对当时过"左"的肃反政策进行了抵制，查办了大量腐化堕落分子。当我从内务部旧址出来，徘徊在古老的樟树浓荫下，看着共和国各部委初建时的黄土高墙，以及飘扬在各处的红军旗帜时，我联想到，当年举凡检察、民政、司法、邮政、交通、婚姻、死亡、土地契约、工商业登记、拥军优属、社会救济、纠纷调解等工作，都在何叔衡的精心安排下井井有条，为我们党初次走上执政舞台做了大量开创性的工作。何叔衡在红色政权初创时期的各项工作是功不可没的，他在苏区工作的探索，为我们党后来领导全国政权、建设新中国积累了多方面的经验！

那天下午，我与友人又驱车前往此行第三站，瑞金云石山——红军长征第一山，去现场感受当年红军长征出发时的悲壮。1934 年 10 月 10 日，毛泽东、张闻天等中央领导同志就是从这里的云石古寺出发，踏上漫漫长征路的。遥想当年，第五次反"围剿"在博古、李德为代表的"左"倾错误路线指挥下失败，中革军委做出了红军大部队实施战略转移的决策，毛泽东等中央领导不得不跟随中央红军远征。当参观完长征第一山后，我问随行的瑞金社会主义学院的领导，留没留下在当地打游击的何叔衡等同志的旧址。他告诉我说没有，但留下了何叔衡与老友谢觉哉、林伯渠辞别的佳话。通过他的讲述，我对何叔衡的另一面——伟大的革命战友情谊更是倍加钦佩。

长征出发前，1934 年 9 月末的一天晚上，他在住地梅坑为好友谢觉哉饯行。在一间破旧的房子里，两人相对而坐，四目相望。想到他们一起在苏区的战斗、生活，这次离别生死未卜，不知还能不能相见，两位友人满含热泪。临别，何叔衡将自己使用多年的怀表和小钢刀交给谢觉哉说："觉哉，我这两样东西你带上可能有用，祝一路平安。我的一切请你放心，从我投身革命起，就把自己的一切都交给党了，我随时准备为苏维埃流尽最后一滴血！"谢觉哉接过手表和小钢刀后十分激动，老泪纵横。多年后，再回忆这段临别往事时，谢老满怀深情地创作了一首七绝，缅怀已逝多年的老友何叔衡："怀沙屈子千秋烈，焚券田文一世豪。十二年前生死别，临行珍赠小钢刀。"为中国革命史留下了一段革命友谊的佳话（现这块怀表展示在中国历史博物馆）。

1934年10月上旬的一天晚上，红军突围前夕，何叔衡在驻地梅坑，又为马上要出发的战友林伯渠饯行。一壶清酒，一碟花生，二人促膝长谈。天气临近入冬了，何叔衡担心林伯渠长征途中遇寒，将从上海赴中央苏区时女儿何实山为他织的毛衣从身上脱下来，送给了林伯渠，以帮助他抵御长途转战中的风寒。林伯渠接过还带着何叔衡体温的毛衣，心情十分沉重，奋笔写下了七律《别梅坑》一诗，以表达与战友的深深离别之情："共同事业尚艰辛，清酒盈樽喜对倾。敢为叶坪弄政法，欣然沙坝搞财经。去留心绪都嫌重，风雨荒鸡盼早鸣。赠我绨袍无限意，殷勤握手别梅坑。"从这两个临别往事，我们看到了何叔衡作为伟大的无产阶级革命家，在关键时刻不仅把自己的生死置之度外，还舍己为人把自己更需要的珍贵物品送给革命的战友，这种高贵精神在当今"人情淡薄"的社会是何等的稀缺，足以让人汗颜！

我们此行的第四站，是闽西长汀水口镇小迳村，那里是何叔衡最后英勇战斗、壮烈牺牲的地方。小迳村位于汀江边上，汀江是发源于武夷山脉流入韩江的闽西最大河流，长汀曾是革命老区中华苏维埃共和国根据地。8月28日一早，我们从瑞金出发向长汀驶去，望着路两旁的崇山峻岭，我心潮澎湃，心想：当年红军长征后，何叔衡等留在根据地打游击，从赣南向闽西转移，带着年老体弱身躯，日伏夜行地向闽西前进，爬行在无路的山岭，涉过冰冷的江河，时刻躲避着国民党的"围剿"，是多么的艰难，克服了多少险阻呀！更对何叔衡等革命先烈把满腔热血洒在这片英雄的热土而无比的崇敬！

　　驶过崎岖的山路，中午前我们赶到了位于小迳村和梅岭村交界的何叔衡纪念馆。当我们到达时，馆大门紧闭，被告知周末不开馆，我的心一下子凉了半截，心想千里迢迢来追忆何叔衡，却不能入馆参观。正当我感到遗憾时，忽然间看见门口留有管理员的电话，我于是拨了过去，一个男子接了电话，告诉我别着急，他过来开门。立刻我的心情好了起来，心想还是老区人民心眼好、有觉悟、讲感情呀！不一会儿，一位穿着一身黑衣的中年人来到馆前，自我介绍说他曾是小迳村的支书，现在是该馆的义务管理员，可以为我们服务。当我们参观完纪念馆后，这位名叫陈余东的老支书在会议室里接待了我们。通过他的讲述，我了解到了何叔衡牺牲的整个过程。

　　那是1935年2月24日拂晓，何叔衡一行涉过汀江到达小迳村。走了一夜，饥肠辘辘，开始在村里支锅做早饭，不幸炊烟被驻扎在水口的国民党保安团发现，敌人分三路向村里包抄过来。警卫排的战士们与敌人交火，护卫着何叔衡一行向村子对面的山上转移。由于敌人分几路包抄，当何叔衡他们快冲到山顶时，又遇到另一路围上来的匪徒。此时，何叔衡感觉突围出去的可能性不大，并已筋疲力尽，他不想再拖累大家了，就对身边一直保护他的邓子恢说："子恢，我不能走了。我要为苏维埃流尽最后一滴血。"说着，他便去夺警卫员的枪准备自尽，但未果，邓子恢去拉他时，已经来不及了，何叔衡已站在一处陡峭的悬崖边上，纵身向山谷跳去，跳崖时被敌人的机枪扫射击中，倒在了山下的稻田里。战斗结束后，敌人在搜山时发现了何叔衡，从他身上搜出组织分配给他和同志们的300港币活动费。当时何叔衡身负重伤，他抱住敌兵大腿，大骂敌兵，敌兵恼羞成怒，举枪射向他，何叔衡壮烈牺牲，实现了他生前"要为苏维埃流尽最后一滴血"的誓言。后来，当地群众在他殉难的山崖下找到了他最后的遗物，那盏在他转移途中照明用的"美最时"牌马灯。当陈支书领着我站在何叔衡的纪念碑前默哀，围着"何叔衡同志死难处"石碑凭吊，并指着远处何叔衡跳山的悬崖时，我心绪难平，望着远山近水，虽然过去了80多年，我好像仍能闻到岭上的风在为何叔衡的魂灵深情地呼唤，好像听到汀江流水在为何叔衡的英勇献身而悲痛地哭泣！

当我即将结束这次何叔衡战斗和牺牲之地访问的时候，脑子里浮现出了何叔衡1928年赴苏联学习时在路上写的一首诗："身上征衣杂酒痕，远游无处不销魂。此生合是忘家客，风雨登轮出国门。"这真是何叔衡一生的光辉写照呀！为了人民的解放事业，他披上"征衣"，成为党的创始人之一；他走南闯北，在湖南、上海和瑞金为党拼命工作，"无处不销魂"；他背井离乡，四海为家，为革命一生都是"忘家客"；他经历无数"风雨"，既出了"国门"，接受了马列主义，又在根据地"为苏维埃流尽了最后一滴血"，将英名永远留在了这片红色的土地上！有感于此，我也激动地留下一首《长汀悼叔衡》的律诗，结束了我此行的红色之旅！

> 本是军中一盏灯，
> 洪流滚滚阵前龙。
> 临别赠友刀与袄，

留守游击赣水中。

勇跳悬崖惊大地，

宁流尽血泣枭雄。

豪杰自古多磨难，

伟哉乾坤吾叔衡。

2021 年 9 月 24 日作于佛山广东东软学院

不惜唯我身先死

——访"一大代表"邓恩铭贵州荔波故里

今年是中国共产党成立 100 周年。一百年前，一群热血青年，满怀救国救民的伟大抱负，从四面八方来到了上海，在法租界望志路 106 号，召开了中国共产党第一次全国代表大会，宣告了中国共产党的诞生。这是中国历史上"开天辟地的大事件"，从此，中国革命进入了"新纪元"。一百年，沧桑巨变，一百年，物是人非：当年参加"中共一大"的 13 位代表，有的领导中国人民进行了 28 年艰苦卓绝的伟大斗争，站在了天安门广场，宣告了中华人民共和国的成立（毛泽东、董必武）；有的经不住历史的考验，落伍退却，脱离了党组织，成为革命的"看客"（刘仁静、包惠僧）；有的厌倦了政治，躲到象牙之塔专心学术，先脱党后又重新入党（李达）；有的耐不住诱惑，背离初心，变节投敌，成了人民的敌人（张国焘、陈公博、周佛海）；有的或英勇无畏血洒疆场（何叔衡），或积劳成疾因病离世（王尽美），或在监狱里、刑场上大义凛然、英勇就义（李汉俊、陈潭秋、邓恩铭）……大浪淘沙，回首百年征程，我们不得不为这些"一大代表"而由衷地感慨：历史的大潮已荡涤了一切污泥浊水，逆历史潮流而动者，终将被历史淘汰；站在历史潮头搏击者，激流勇进，破浪前行，他们的英名与业绩将万古长青！大革命时代的弄潮儿——邓恩铭，就是其中的杰出代表。

为了缅怀邓恩铭的建党伟业和为革命英勇牺牲的壮举，2020年暑假，我约上几名大学教授千里迢迢去了趟贵州省荔波县，专程访问邓恩铭的故里，寻觅他参加革命出发地的秘籍。荔波县隶属于贵州省黔南布依族苗族自治州，地处黔南的腹地，云贵高原向广西丘陵的过渡地带，一条秀水——樟江，穿州而过，为两岸人民带来了水利，也孕育了英雄。当我们从贵阳机场下飞机，直奔荔波县城的路上，我的脑海里不断闪现着青年邓恩铭的形象，想象着他当年在这片贫瘠的土地上天真淘气、求知求学、背井离乡的每个画面……

当我们驱车两三个小时赶到荔波县城时，已是傍晚5点了，我们没有急着下榻，便直接奔邓恩铭故居而去。我担心去晚了，故居会关门。当我们一行舟车劳顿赶到邓恩铭故居时，工作人员正在准备闭馆，当听到我说，我们当天一大早便从广州出发，千里迢迢到此，就是专程来拜访邓恩铭故居时，工作人员深受感动，答应我们先参观，而后再闭馆。这真让我意想不到，我心想，看来领袖故居的人民像领袖一样，时刻想着为人民服务啊！邓恩铭故居是一座普通民房，坐西向东，临街而建。故居正门上方，挂着原全国人大常委会委员长乔石同志题写的"邓恩铭烈士故居"七个金光闪闪的大字。进入正门，迎面是一幅邓恩铭青年时期的油画像。画像右手一间是药铺，摆放着邓恩铭家开药铺时用过的柜台、药柜、药碾子等物品。据介绍，1905年邓恩铭懂得些医术的父亲邓国琮带领全家从农村搬到县城为生，开了这间药铺，勉强维持着全家的生计。画像的左手一间是邓恩铭的卧室，正墙上挂着的时钟、桌上的砚台、棚顶的油灯标明都是当时的物品。出了正屋，靠右边的是一间厨房，厨房里的石磨、马灯，都是当年邓恩铭帮助母亲夜晚推豆腐用的遗物。小小的院落里，邓家栽种的常青树，虽已有百年的历史，但仍枝繁叶茂。常青树旁有两棵高大的柚子树，收获季节，树上会结满果实，象征着邓家的血脉旺盛。

当我站在故居的院落里，想象着当年青春年少的邓恩铭在此居住，白天去私塾读四书五经，在高小"荔泉书院"学习科学文化，晚上回家帮助母亲做家务，协助父亲做中成药的情景，再联想到长大后他"走出乡关"到济南求学，冲在山东"五四运动"的前列，组建山东共产主义小组，在上海石库门一大会址里和嘉兴南湖的红船上留下的青春背影时，让我对当时这座穷乡僻壤的旧居更加敬仰，更坚信了"平凡孕育伟大"的真理！

光绪庚子年腊月十五日（1901年1月5日），邓恩铭诞生在离荔波县城20公里远的水堡村的一个水族人家里。4岁时举家搬往县城居住，在这里度过了12年青少年时光。在此，他完成了6年私塾、6年高小的学习生涯。在此阶段，邓恩铭学习刻苦，成绩优异，尤其对诗词歌谣有浓厚兴趣，时常编一些反映民间疾苦的歌谣：种田之人吃不饱，纺纱之人穿不好，坐轿之人唱高调，抬轿之人满地跑。这首歌谣形象地揭露了当时社会的不平等现象。在民主思想的影响下，青少年时期的邓恩铭，对黑暗、不平等的现象疾恶如仇，常常挺身而出，仗义执言。他曾与同学们一起因反日讨袁走上街头，并将自己日产的袜卡子当众烧毁；也曾在放学路上解救了一位遭丈夫毒打的妇女，倡导了男女平权；他还在自己的诗词歌谣中，表达了对历史上英雄人物的崇拜和对社会政治的浓厚兴趣：甲午战役丧海军，辛亥革命推满清，沟通外国那拉氏，直捣皇陵李自成。这首联句，表明了他那幼小心灵的政治倾向和态度，是他以后毅然投身革命、宁死不屈英雄主义的最初萌芽！

　　1917年秋，高小毕业的邓恩铭给远在山东任县官的叔父黄泽沛写了一封十分恳切的信，表达了自己想北上求学的强烈愿望，请求叔父予以资助，叔父慨然应允。金秋九月，丹桂飘香，16岁的邓恩铭就要离开故乡，奔赴遥远的北方了，他思绪翻腾，欣然挥笔写下了这样一首咏志诗："君问归期未有期，乡关回首甚依依。春雷一声震大地，捷报频传是归期。"按荔波当地的风俗，出远门要祭告祖宗，辞别亲友，亲友们也都殷切地希望他学有所成，衣锦还乡。然而，邓恩铭自有远大志向，临行前与第一次走出家门时的毛泽东似乎是不约而同，也将日本西乡隆盛的诗略加修改，抒发自己的胸臆："男儿立志出乡关，学业不成誓不还。埋骨何须桑梓地，人间到处有青山。"好一个"埋骨何须桑梓地"，这是青年邓恩铭誓将一生献给振兴中华伟大事业的豪言壮语呀！这既是他与故乡亲人的辞别之言，也是他一生献给革命事业的真实写照！想到这，我透过故居之窗，远眺奔腾不息、源远流长的樟江，那滔滔不绝的江水，正是邓恩铭搏击浪涌、奋不顾身奔向汹涌大海的形象写真！

　　当我们意犹未尽，即将结束访问要离开故居时，工作人员告知我们，故居后面还有一个"邓恩铭故居陈列馆"，珍藏和展示着邓恩铭一生的历史照片和文物，可供我们再参观。看到这么晚故居陈列馆还为我们延时闭馆，我真为故乡人民对邓恩铭的无限热爱和对远道而来的参访者的热情周到的服务而感动！当走进陈列馆大堂时，我看到一尊三米多高的邓恩铭铜像矗立在大堂正中央，只见邓恩铭身着长袍、昂首挺胸、目光炯炯、手握书卷，背景的浮雕展示着他伟大而不平凡的短暂一生，这尊铜像和浮雕全景展现了这位伟大的无产阶级革命家、中国共产党创始人之一的伟岸形象和光辉成就，凝望着塑像，我对邓恩铭更加肃然起敬！

邓恩铭故居陈列馆共三层，建筑面积约 9000 平方米，其中一层、二层为邓恩铭烈士事迹固定陈列，展陈面积约 5000 平方米，由 6 个展厅、9 个部分组成，以实物、照片、绘画等为主，适当运用现代多媒体手段，用模型、雕塑、场景复原、幻影成像等形式展现。当我们在一幅幅照片、一座座雕塑、一个个复原场景、一段段视频前驻足观看时，无不为这位最年轻的少数民族一大代表的丰功伟绩而震撼、而感动、而热泪盈眶！

1917 年 9 月末，邓恩铭辗转周折半个多月，经广西、广东、香港、上海到达了济南。到济南后，他便集中精力读书，常常通宵达旦，秉烛不寐，积极备考中学。功夫不负有心人，1918 年，邓恩铭考取了设在济南的山东省省立第一中学（简称省立一中）。进入省立一中后，邓恩铭一心一意发愤读书，眼界大开，思想产生了质的飞跃，他越来越关注国家的前途和命运。1917 年的俄国十月革命和新文化运动倡导的民主、科学新思想引起了邓恩铭的极大兴趣。就在邓恩铭初步接受新思想的时候，伟大的"五四"爱国运动爆发了。我们在陈列馆的"邓恩铭积极投身'五四运动'"板块中，看到了邓恩铭在"五四运动"中发挥的重要作用。

"五四运动"因山东问题而起，早在"五四运动"爆发前的一两个月，山东各界人民就自发地组织了多起抗议活动，邓恩铭都积极参与其中。5 月 4 日，北京大学等 13 所高等院校学生 3000 余人在天安门前集会，举行示威游行，遭到了北洋军阀政府的镇压。5 月 5 日，山东人民闻悉北京学生的爱国行动遭到镇压，十分愤慨。邓恩铭和省立一中的学生便联合其他学校的学生，有组织地到济南城乡内外进行宣传讲演，声援北京的学生爱国行动。邓恩铭在运动中表现出了强烈的爱国思想和出色的组织领导才能，因而受到了同学们的拥护，被选为省立一中学生自治会的负责人兼出版部部长，成为省立一中，进而成为山东学生运动的领袖人物。自此，邓恩铭走上了中国政治的舞台。

5月7日，山东学生联合会成立，各界代表在济南省议会内召开国耻纪念大会。邓恩铭率领省立一中学生参加了这次大会，鼓励同学们积极参加罢课、罢市、排斥日货的斗争。这次大会把济南的学生运动推向了高潮，5月10日，邓恩铭又领导省立一中学生参加济南各校学生大会，要求反动当局释放被捕学生、惩办卖国贼，会后带领大家继续游行，并发表了激动人心的演讲。6月上旬，济南学生和工商界人士决定从10日起罢市，但受到反动当局的阻拦。11日，反动当局包围了学校，严禁学生出门。邓恩铭率领一中学生不畏强暴，首先冲破反动军警的封锁，结队向日本人集中的商埠进发，一路高呼口号，群情激昂，赢得了群众的广泛同情和支持。在斗争中，邓恩铭认识了省立第一师范学校学生运动领袖王尽美，结为志同道合的战友。此后，两人发起成立了山东共产主义小组，并代表山东共产党初期组织参加了中国共产党第一次全国代表大会。

我边参观边想，邓恩铭和王尽美那时还是20岁左右的青年人，他们就能以救国救民为己任，抛弃一切物质享受，甚至豁出性命也要维护公理，抗议强权，这种不惜牺牲一切、捍卫国家主权的爱国主义精神，这种血性男儿，在当代社会是多么的稀缺！他们才是我们这个时代应该崇拜的英雄和明星！与他们相比，现在有些青年人无所事事、啃老、躺平、无脑无心的行为形成了多么大的反差！我们要记住这些英雄，为了初心和使命，他们振臂一呼，走上抗敌的战场，为了人民解放和民族复兴，献出自己的宝贵生命也在所不惜，他们才是世世代代青年人应效仿的光辉榜样！

在陈列馆的"共产主义运动在山东"的展示板块，我们看到了邓恩铭和王尽美两位共产主义先驱的光辉形象。"五四运动"中，尖锐的冲突，激烈的斗争，使年轻的邓恩铭进一步思索中国的社会改造问题。在当时老同盟会会员、山东省议员王乐平创办的齐鲁书社里，邓恩铭阅读了《新青年》《每周评论》《曙光》等进步杂志和介绍苏俄革命、宣传马克思主义的《俄国革命史》《辩证法》《共产党宣言》《资本论入门》《社会科学大纲》等进步书籍。1920年夏秋之际，邓恩铭和王尽美一起，联络在齐鲁通讯社结识的一批向往共产主义的进步青年，秘密成立了济南康米尼斯特（Communist，共产主义）学会，以研究和宣传马克思主义为宗旨。1920年秋，邓恩铭和王尽美又另行组织了一个范围更加广泛的学会，名为"励新学会"。受邓恩铭的影响，省立一中很多进步学生参加了"励新学会"。他们创办了《励新》会刊，召开革命理论研讨会，请济南北京的知名人士举办新思想演讲会等，进一步促进了马克思主义在齐鲁大地的广泛传播。

1920年8月，上海中国共产党发起组成立后，陈独秀函约王乐平在济南建立共产党组织。于是，王乐平推荐了王尽美、邓恩铭与上海发起组联络，于1921年春，筹建了济南共产主义小组。济南共产主义小组成立后，得到了共产国际的支持和帮助，早在1920年4月，共产国际派出维经斯基和杨明斋等组成的工作组，就来济南开展建党工作，对于济南共产主义小组的成立给以了有力指导。王尽美、邓恩铭等开始转变单纯在知识界和青年学生中宣传马克思主义的做法，把目光投向了产业工人。为了向工人宣传马克思主义，济南共产主义小组成立了《济南劳动周刊》社，创办了《济南劳动周刊》，向工人进行马克思主义教育，宣传"劳工神圣"的道理，促进了马克思主义与工人运动的结合，为日后开展罢工等工人运动奠定了思想基础。

　　1921年6月，上海中国共产党发起组在陈独秀、李大钊授意下，向各地共产主义小组发出通知，要求各地各派两名代表于当年7月到上海参加中国共产党第一次全国代表大会。不久，邓恩铭和王尽美作为济南小组推选的代表，动身前往上海。代表们以"北京大学暑期旅游团"名义，大都寄住在上海小组预先租下的博文女校。邓恩铭和王尽美住在靠西后面一个房间里，和湖南的毛泽东、何叔衡为邻。邓恩铭和王尽美抵达上海时，其他各地代表还未到达，于是他俩"本着学习的精神贪婪地阅读有关书刊，有时且向到会的代表请教"，给与会者留下了深刻印象，得到了许多代表的称赞。

　　1921年7月23日晚8时，具有划时代意义的中国共产党第一次全国代表大会在上海召开。王尽美、邓恩铭积极热情地参加各项议程，在24日，王尽美和邓恩铭同各组代表一样，报告了济南的政治形势、党组织的简况及在宣传马克思主义和开展工人运动方面所做的工作。然后，会议进入起草和讨论大会文件的阶段。由于7月30日晚会议举行时，遭到了法国巡捕的突击检查，代表们经过商量，决定大会转移到浙江嘉兴南湖继续举行。最后一天，邓恩铭和其他代表在南湖红船上，对《中国共产党的第一个纲领》和《中国共产党的第一个决议》进行了热烈讨论，并按照大多数人意见表决通过了这两个文件。明确宣布了党的名称为"中国共产党"；党的纲领是"革命军队必须与无产阶级一起推翻资本家阶级的政权"，"承认无产阶级专政直到阶级斗争结束，即消灭社会的阶级区分"，"消灭资本家私有制"；党在当前的"基本任务是成立产业工会"。中国共产党的成立，是"开天辟地的大事件"，"从此中国革命的面貌焕然一新"！作为"一大代表"，邓恩铭创造了"三个唯一"：唯一的少数民族代表、唯一的中学生代表、唯一的贵州籍代表，还与北大学生刘仁静一起并称为年龄最小的代表。

一位刚刚 20 岁的青年人，走向了他人生的光辉顶点，与中国共产党的其他创始人一起，承担起了为人民谋幸福、为民族谋复兴的宏伟大业！想到此，站在邓恩铭那高大威严的塑像前，我真为出生于贵州山区荔波县的这位胸怀大志的青年感到无比自豪！

"中共一大"闭幕后，邓恩铭与王尽美回到了济南，承担起建立共产党济南支部、发起成立马克思主义研究会、发展党员、开展工人运动等多项繁重任务。1922 年年初，邓恩铭与王尽美又千里迢迢奔赴莫斯科，参加了共产国际召开的远东各国共产党和民族革命团体第一次代表大会，大会期间，两人受到了列宁的亲切接见。在此期间，他俩亲赴苏维埃各地考察了苏联社会主义革命和建设的情况，更加坚定了"走俄国人的路，为实现共产主义而奋斗终身"的决心和信心。我们在陈列馆的"领导山东工人运动"板块上，看到了邓恩铭回国后，深入工矿企业、农村、学校宣传十月革命，启发工人觉悟，指导工人罢工，领导武装斗争的大量资料：从 1922 年 3 月到 1925 年 3 月，邓恩铭亲自策划成立了"矿工工会淄博部"，建立了中共淄博矿区支部，领导了矿工的反压迫斗争；亲赴青岛，筹建了中共青岛组和青岛社会主义青年团，并亲任党团书记；成立了四方机厂工会，领导了青岛的工人运动；亲赴胶济铁路沿线，推动成立了胶济铁路总工会，策划和领导了胶济铁路工人大罢工；亲赴大康纱厂，推动大康纱厂工会的成立，组织了青岛纱厂工人同盟总罢工。这一系列的工运实践，使邓恩铭真正成为了工人运动的领袖。在 1925 年 8 月 19 日，王尽美病逝后，邓恩铭更是承担起了山东共产党组织的主要领导工作，曾先后担任青岛市委书记、山东省委书记，为扩大中国共产党在山东的影响作出了突出的贡献。

由于长期的革命活动，反动派对邓恩铭恨之入骨，他不断地被通缉和被驱逐，并于 1925 年 5 月 4 日、1925 年 11 月 7 日、1929 年 1 月 19 日三次被捕入狱。前两次被捕入狱在党组织的积极营救下都得以脱险，而第三次被捕入狱，邓恩铭在受尽酷刑的情况下仍领导了两次越狱行动，表现了一名优秀的共产党人在艰苦环境下坚韧不拔的斗争精神，但由于此次被捕是叛徒王复元的叛变，邓恩铭暴露了身份，他没能再出来。1931 年 4 月 5 日清明节那天，邓恩铭与山东省委书记刘谦初（毛岸英的岳父、刘思齐的父亲）等 21 位中共党员高呼"中国共产党万岁！""打倒国民党！"的响亮口号，在雄壮的《国际歌》声中，大义凛然地走向济南纬八路刑场，迎着敌人的枪口，昂首挺胸，英勇就义，为中国革命献出了他年仅 30 岁的生命！

在陈列馆展陈的邓恩铭的遗物中，有若干封家信，我们在这些家信中，发现了邓恩铭的儿女情长。远赴他乡，邓恩铭不能在身旁照顾父母，他深感内疚，他在信中写道："母亲身体总要好好保养，多吃点有养料的东西，鸡蛋、牛乳、牛肉……"；他对父亲说："狗皮膏药早由京寄出，上清丸已托北京朋友买好，速速寄去"；他对弟弟说："你们在家要孝顺父母，千万不要使老人生气。至于兄弟间也要和气，莫要分彼此"；他对妹妹说："如今贵阳设女子师范了，你要用用功，可以送到省城读书去，钱不够，我可以在这边想法子"。早在邓恩铭离开家乡前，他父母就为儿子包办了婚姻，未婚妻叫王云仙，是荔波城里一户有钱人家的女儿，但就因王家放高利贷，使得邓恩铭十分不满，而后趁远赴济南读书之机，他写信退掉了此婚姻。但邓恩铭又怕对方受不了，在信中嘱咐父母掌握好说辞，他在信中写道："如今退了她，实在难为她；心里也很不好过，没有法子，只得完了婚算了。今年儿很想回家一次，不过像这样世道，保得住路上没有土匪吗？冒昧回去，一旦遇着怎么办……所以回家的事总要慎之又慎，不能敢走。"言外之意，不是我不想娶王云仙，而是回家太危险了，还是让未婚妻早做打算吧。这既体现了邓恩铭主张婚姻自主、反对父母包办的观念，又体现了尊重女性、不伤害对方的思想，现在看来，邓恩铭此事处理得多么巧妙！

邓恩铭的众多信件，更多地表明了他强烈的家国情怀。他给父母写道："儿生性与人不同，最憎恶的是名与利，故有负双亲之期望，但所至既如此，亦无可如何。"又告诫父亲说："无论做官为宦，总要处处体贴百姓，不要助人为恶，剥夺人民"，"父亲千万要像二叔一样才好，不要使人家背地恶骂"，"千万别和贪官共事，至要，至要！"即使在监狱中当得知自己将被拉上刑场时，他强撑着病弱之躯，写下了最后一封给母亲的诀别信，信是一首七绝："卅一年华转瞬间，壮志未酬奈何天。不惜唯我身先死，后继频频慰九泉。"多少愤懑、多少感慨、多少无奈、多少遗憾、多少抱负、多少希望都凝结在了这短短的绝笔诗篇之中！有感于此，我也心潮澎湃，即兴创作了一首律诗《邓恩铭烈士故居感怀》，作为留言，书赠与故居陈列馆，结束了我们对邓恩铭故里的访问：

> 百年沧桑数风流，
> 铅华洗尽忠不休。
> 荔波城里童心在，
> 樟江水上始放舟。
> 嘉兴红船显身影，
> 胶州暴动登高楼。
> 舍生忘死英年逝，
> 浩气长存震九州。

　　当我们一行从邓恩铭故居陈列馆走出的时候，荔波城已是皓月当空、星辰满天了；我们路过了位于城中的邓恩铭广场，只见邓恩铭雄伟的塑像在月光下熠熠生辉；车沿着樟江岸驶过，只见江两岸华灯初上，万家灯火……我突发感想：虽然邓恩铭1917年秋离开故乡再没有回来过，但他所参与创立的共产主义事业已在中国大地落地生根，他为中国革命壮烈牺牲的英雄行为已在家乡和全国人民心中树立了不朽的丰碑！"为有牺牲多壮志，敢教日月换新天"，邓恩铭可以含笑九泉了！

2021年国庆节作于佛山广东东软学院

大爱长存去后思

——母亲节的纪念

无论何时何地，一提起"母亲"，我的心都会一阵阵颤抖。自从母亲离开我之后，这种颤抖就越发强烈。昨日，有朋友告诉我，母亲节到了，不给你母亲写点什么吗？这次，除了心里依然掠过深深的愁绪和无限的思念外，更多地想，真应为母亲写点什么了：一是四年多了，母亲在阴界，儿在人世，该写点纪念的文字给她；二是我已到了孔子所说的"知天命"之年，半辈子都过去了，如果说在社会上还算活得体面的话，那都应归功于从儿时起母亲的无私关怀和言传身教。她让我懂得了什么是爱，如何做人，怎样读书，怎样处理各种人际关系。熟悉我母子二人的亲朋都说，从我身上能看到许多母亲的影子。我不敢夸我自己如何，但我不能不称赞母亲，因为母亲确实是一位既平凡又伟大的女性。她的音容笑貌，就像四月的春风和煦温暖；她的思想观念，就像十月的群山，深邃厚重；她的人格品性，就像腊月的梅花，冰清玉洁。我的母亲很完美！

记得我从懂事时起，父亲就常常对我说"你们母子是相依为命"。看着母亲从左胸到后背一尺多长的刀口，我慢慢地理解了父亲此话的含义。母亲怀着我快六个月的时候，去北京看望姥姥。一天，舅舅建议陪母亲到景山公园玩玩，一来从外地来的姐姐，总要陪着逛逛京城的名胜；二来也可以使有孕在身的姐姐增加点运动量、肺活量，准备好生她的第三个宝贝。但没想到，就是这一善意的倡议，险些使我们母子丧了性命。听舅舅讲，当他们一行兴高采烈地从景山下来的时候，在台阶上，母亲不小心蹬空摔了一跤，就是这一跤，使母亲肾出血不止。当母亲被送到当时的中苏友好医院时，医生们使出了浑身解数，也难以止住母亲肾内股股向外渗出的鲜红的血液。不得已，苏联医生建议摘除左肾，以防失血过多危及母子生命。这一决定放在一个健壮的正常的年轻女子身上还不算什么，但这是一位身怀六甲的孕妇呀！父亲赶到后，用颤抖的手在手术签字单上签下了"保大人"的意见。然而，我母亲在上手术台前，一再向医生恳求："保住我的孩子，保住我的孩子！"十几个小时的手术，在父亲焦急的等待中终于做完了。也许是老实巴交的父亲和温柔贤惠的母亲的日常行为感动了上帝，手术非常成功！母亲的左肾被摘除了，血止住了，我也安然无恙。后来，父亲告诉我，当我的母亲从昏迷中清醒过来时，第一眼并不看自己的刀口，也不看周围的人，而是直接瞥向自己的肚子，看是否还在隆起。然后，用虚弱的声音焦急地问父亲和医生："孩子怎么样？孩子怎么样？"当听说孩子完好无损后，她将麻木而又僵硬的手颤抖着慢慢放在自己的肚子上，上下来回反复抚摸着，好像在安慰着肚子中的我：让儿受惊了！让儿受惊了！然后，瞬间两眼渗出了大片的泪花。这就是我的母亲，一个视儿子的生命为第一生命的母亲，一个从年轻的时候就饱经了痛苦和生死磨难的母亲！

　　我出生记事后，有两件事情至今还常常在眼前晃动。我生于1958年"大跃进"的年代，接着是60年代初的大萧条、大饥荒。父母都是教育工作者，有工资挣，虽工资不高，但粗茶淡饭还能糊口。可是，随着饥荒的加深，日子已越来越难过了。开始，还能吃些细粮，但逐渐细粮变粗粮，粗粮变谷糠了。尽管如此，母亲仍能将伙食调理得粗中有细，有干有稀。记得有一次，由于厌食，我将两合面（白面与玉米面）包的菜包子抖落得满桌满地都是。母亲从外屋进来，开始，用惊愕的眼神看着我，紧接着，手忙脚乱地将散落在各处的"残馅碎馍"收拾到自己的碗里，狼吞虎咽地放进了嘴里，拼命地咀嚼着。看着母亲的样子，我真不知道怎么做为好，慌慌张张地跑出了里屋。当瞥见外屋大锅里的野菜汤和旁边的一个空碗时，我明白了，就是我扔掉的菜包子，也是母亲在困难时期给儿子吃的上等佳肴呀！而她自己吃的是野菜糊糊。打那后，我理解了母亲的苦衷，即使是饭菜再不好吃，我也不挑食了，好像一下子就懂事了许多。这就是我的母亲，把最好吃的留给儿子，而自己宁肯吃糠咽菜的母亲！

还有一次，睡意蒙眬中，我被夜尿憋醒了，睁眼一看，半夜了，母亲还未睡，正在昏暗的灯光下，为我一针一线地缝制着崭新的花棉袄。当时已是初冬，屋内已经很冷，可母亲披着的是补丁盖补丁的一件单夹袄。我知道，这件夹袄是姥姥留给她的，已经穿了几十年。母亲那时还年轻，正是有风韵、成熟、注意打扮的少妇年龄，她舍不得为自己添置一件新衣服，而将新衣连同温暖留给自己的儿子。这就是我的母亲，宁肯自己受苦受冻，也要将温暖和舒适留给儿子的母亲！

待我上学后，由于父亲工作忙，家里的劳务和孩子教育的重担就全落在了母亲一个人身上。她一面要照顾好我的三个姐妹，更将其余的精力全部投入到了我——她唯一儿子的身上。每次放学后，她早已准备好了热乎乎的饭菜。饭后，便和我一起做功课。母亲做过多年的语文教师，写就一笔俊秀的毛笔字，散文随笔写得特别优美，古典文学的知识也很丰富。她不仅手把手地教我识字、练习钢笔字，还教我写毛笔字。更多的时候，是给我讲《红楼梦》里贾宝玉和林黛玉的故事，《水浒传》里武松景阳冈打虎的故事，以及教我背诵唐诗宋词。我现在对古典文学、古典诗词的酷爱不减，都是那时母亲给我打下的良好基础。

人说母亲是人生最好的老师，我对此深信不疑。母亲不仅教我识字，引导我读书，还以自己的人格力量影响着我。母亲是位热心肠的人，亲戚朋友，谁家有个为难着窄，她比谁都着急，跑前跑后，尽力去帮忙。母亲做得一手好饭菜，每次做好吃的，她总是想着亲朋好友。我清楚地记得，每逢腊月，她忙年忙得最欢，包黏豆包，撒年糕，一锅又一锅地蒸。除了留够自家食用外，她总是跑东家去西家，送去年糕请亲戚、邻居一起品尝。她总教育我说，要与人为善，多做好事，多交朋友，不做坏事、恶事，"善有善报，恶有恶报"。那时，所有家庭都不富裕，但城里总比乡下要宽裕得多。于是，乡下的一些亲戚，便总到家里串门。每次母亲都热情接待，不仅自己亲自下厨，将家里好吃的一股脑儿地端上饭桌，临走时，还要给乡下的其他亲戚带些东西。久而久之，在邻里、亲戚中，母亲是口碑和人缘最好的，都愿到我家串门。母亲在赢得了大家的欢迎和尊重外，也拿出了许多本应自家人享用的东西，但她一点儿都不吝啬。不仅对邻里、亲朋如此，对于陌生人，特别是敲上门来"要饭"的乞丐，她都能热情接待。有一次，家里实在找不到什么吃的东西给乞丐了，她急得汗珠子在脑门上直冒，最后，还是从自己的口袋里摸出了几个硬币交给我说："去，这点零钱送给'要饭的'，让他到街上买个烧饼吃。""要饭的"刚走，她就语重心长地对我说："这几分钱，对于咱家可能不算什么，但却能让一个饥肠辘辘的人吃上一顿饱饭。人要有同情心啊！"这点小事于她是不经意做的，可是对我的教育意义实在太大了，使我懂得了做人的道理。当我长大后，读了《论语》有关"仁者爱人"的思想，想到母亲，我才晓得，母亲用一种发自内心的善意去对人好，正是以自己的实际行动践行着儒家的"仁爱"思想。这就是我的母亲，一位仁慈善良、乐善好施、富有同情心的母亲！

其实，母亲不仅有善良仁慈的一面，而且还有铮铮铁骨的一面。记得有一次，我放学快到家门口胡同的时候，听到了远处母亲的嘶喊声，我以为家里发生了什么事，跑到近旁，我才知道，邻居家的一个男孩受到了几个不知从哪冒出来的"野小子"的欺负，三个人打一个人。母亲当时在屋里听到了殴打和辱骂声，急忙跑了出来，看到此情景，她不顾自己是四个孩子的妈妈、一个弱女子的状况，箭步冲上前去，将被打倒的孩子从地上猛拉到自己的身后，并大声严厉地斥责着那几个"野小子"。那几个"野小子"以为是被欺负孩子的妈妈来助威，抱头鼠窜，一哄而散。我赶紧跑上去，急切地问母亲："碰着了没有？"看到她铁青着脸，愤愤不平地自言自语道："三个打一个，太欺负人了，成何体统！"当我和母亲把邻居家的孩子送回去返回自己家时，这才注意到母亲的右手刮破了皮，那是在拉架时，无意中被划破的。母亲一边用纱布包着手，一边对我说："儿子，人不能欺负人，但也不能被人欺。看见不公，不能冷眼旁观。"这就是我的母亲，一位路见不平、拔刀相助的有着男子汉性格的母亲！

对待别人如此，对待自己也一样。受到不公正对待时，她总要据理力争。记得我上中学的时候，我们家遇到了一件被强权欺负的事情，经过是这样的：我大姐作为下乡知青的优秀代表被当时的公社（现在叫乡）推荐上大学，但是，在张榜的时候却被一位当时革委会负责人的孩子顶替了。那时，我父亲作为"走资派"正在远郊接受劳动改造，自顾不暇，根本没有能力去管家里的事。我母亲得知此事后很是生气，二话没说，立即找到当时高校招生负责人据理力争。该负责人听了母亲的控告后，颇为同情，积极向有关领导反映，但胳膊扭不过大腿，因当时所有的权力都掌握在革委会手中，一个外地来的招生老师能够起多大作用呢？结果是可想而知的。但我母亲不甘心，招生组解散返回学校后，母亲仍抱着一线希望千里迢迢地坐火车去该校拜见了那位招生老师。那位老师除了同情理解外，还能给母亲什么呢？虽然无功而返，但母亲坚持正义，不畏强权，不受欺、不服输的性格，给我留下了永生难忘的印记。这就是我的母亲，一位爱憎分明、自立自强的母亲！

母亲还是一位循循善诱、教子有方的好老师。在母亲的影响下，我从小懂事、听话，爱学习，尤其语文学得特别好。还在中学时，我就能写出上万字的政论文章和学作古典诗词了。而且，我自刻钢板，自办简报，在学校很快崭露头角。每次我写的东西，母亲都亲自过目，除了提些修改建议外，最后总是勉励我持续写下去。正是在母亲的鼓励和鞭策下，我的写作能力和水平不断提高，很快就成了远近闻名的"笔杆子"。正是靠着中学时的这些文字积累，我才能在后来的下乡知青点靠自学考上了大学。

说起能考上大学，也是母亲鼓励、鞭策和正确决策的结果。1978年我第一次参加高考，由于准备不足，没能考上本科，而是考上了家乡的一所专科。正在我犹豫上还是不上的时候，母亲谈了她的观点。她认为，第一次参加高考准备不足是正常的，何况当时的录取比例是百分之一，竞争十分激烈，能够考上专科，就说明儿子有一定的实力和基础，只要再复习一年，靠母亲的辅导和当时在高三读书的妹妹的帮助，一定能考上本科。我真佩服母亲的判断力和决策力。第二年，经过自己和全家人的共同努力，我与妹妹一起考上了大学，实现了我们全家人梦寐以求的理想。在母亲的鼓励和辅导下，我和妹妹替她出了没能使姐姐上大学的那口恶气。她逢人就讲：我的儿女不靠关系，不走后门，靠自己的本事双双考上了大学，这一生，祖辈和丈夫并没给我留下什么财富，但却留下了四个好儿女，他们是我最大的财富。这就是我的母亲，一位能因势利导、教子有方的好母亲！

我兄妹上大学给母亲带来无比欢乐的同时，也带走了她无限的思念。我上大学的四年，是她思儿最重的四年，也是她盼儿最重的四年。至今，我还留有她在四年里给我写的几十封书信，娟娟秀体，凝聚着一个母亲对儿子的千叮万嘱和深深的惦念。每当放假回乡探亲，她老早就准备好了一桌可口的饭菜，家里收拾得一尘不染，自己打扮得整整齐齐，守着门口期待儿子的脚步，等待儿子的敲门。每当我跨入家门的时候，第一眼总能看见她眼里满含着期待和激动的泪花，幸福地微笑着等待着儿子的归来。那是我们母子最幸福最难忘的时刻。现在，我还每每在梦中复现当时久别重逢的一个个片段。这让人挥之不去的画面，我相信，会陪伴我终生的！而每当假期结束，返校之前，母亲又是另一番忙碌，为我打点行装，带这带那，每次都把旅行袋装得满满当当的，待装不下才肯罢休。那沉甸甸的旅行袋，带走的不仅是她精心选购的食品，更是她那爱儿疼儿的一片心！

母亲是柔弱的，充满爱心的，但同时又是刚强的、理智的。记得1995年8月，当父亲被诊断出肺癌晚期时，即将失去一位厮守了半个世纪的老伴，对她来讲是多么痛苦不堪。但我清楚地记得，母亲怕她的情绪影响儿女们，为了不使儿女过于悲伤，她强忍着泪水不让它流出来。同时，又镇定地对我们说："人吃五谷杂粮，难免得病，生老病死是人生规律，有病医病，没有医不了的病。"这明显是安慰我们。她说是这么说，但我分明看到她刚刚拭过的还有些红肿的眼眶，眼睛里布满红红的血丝。接下来的日子里，母亲陪着父亲走过了他们一生中最艰难的日子。由于我当时已担任了较高的领导职务，工作繁忙，不能担负起陪伴父亲最后一程的责任，母亲拖着年过六旬的病弱身躯，每天按时为父亲熬药，挑着样地给父亲做些他平时爱吃的饭菜，并一口一口地给父亲喂下去。同时，还要指挥我的姐妹为父亲准备"装老"的衣物。为了怕给远在他乡工作的儿子带来拖累和惦念，每天报的都是父亲病情如何好转的消息。以至于，当我在南京师范大学参加教育部的一个学位工作会议时，接到她打给我的父亲病故的电话，让我感到万分痛苦和十分突然。但电话那边，言语中，她是那么镇定，那么泰然，嘱咐我说："你父亲去得安然、平静，家里一切都准备好了，就等你回来为你父亲出殡了。"待我千里迢迢赶回老家时，果然父亲的丧事她已安排得一切妥当。看着母亲强忍悲痛的面孔和由于劳累过度而日渐衰老的背影，我的心中油然生起对她深深的敬意和无限的依恋。母亲的表现使我们较快地从丧父的悲痛中解脱出来。现在想来，这才是母亲真正的用意所在。

父亲过世后，母亲一个人过了一段时间。怕她孤独，我们姐弟商议要给母亲张罗个老伴，在晚年身边有个说话的人，也能相互照顾一下。我们将这个想法与她老人家一说，立即遭到了母亲的严词拒绝。她说："我年轻怀你时就做过大手术，这几十年一直很虚弱，再加上抚养你们四个孩子，担当起全家的所有家务，已遍体是伤了，到处都痛，找个老伴，我不能待候人家，反而让人家待候咱，我不想给人家添任何麻烦，还是自己过好。平时，你们有空常回家看我就行了。"虽然话不多，但中心思想是不找老伴，怕给对方添麻烦。到了晚年，母亲的心中首先想到的还是别人，而不是自己。母亲的所言所行，正是千千万万个中国优秀母亲的缩影。

　　我一生中最痛心疾首的是没有将死神从母亲身边拉走。在她生命的最后一程，她还以自己的言行教育着我们，让我至今常怀感动。2003年夏天，我母亲得了痔疮，便血不止，我立刻把她送进医院医治，谁知，这一治，使她久治不愈。母亲在手术台上连续做了四次手术，尤其是第四次手术，医生认为由于前三次手术用过腰麻，如果再用腰麻怕日后破坏神经元，站立不起来。我和母亲接受了医生的建议。这第四次手术，母亲以70岁的高龄，竟未打麻药，强忍着剧痛，一声不吭地坚持做完了两个小时的手术。当时我被允许在手术室里守着母亲，亲眼见证了母亲在剧痛面前的无畏精神和常人难有的忍耐力。手术做完了，血慢慢地止住了，但却给母亲留下了两腿神经痛的后遗症，从此卧床不起。我怀疑是医院的四次手术导致了母亲的腿痛病，想和医院打医疗事故的官司。当我将这一想法说给母亲听时，她不假思索地拦住了我。她说："医院也尽力了，可能就是我的血流比别人特殊，你不记得，妈妈怀你时跌个跤，肾就血流不止吗？别怨医生，可能是我自己的毛病。"听到母亲这么一说，我也就打消了打医疗官司的想法。同时，又一次为母亲拖着病弱之躯仍然只想着别人而唯独没有自己的仁慈精神所感动！一年后，由于母亲卧床不起，导致肺栓塞再次入院，不得不送到ICU（重症抢救室），割开喉咙抢救。这是我与母亲在一起的最后一段时光，虽然她插着管不能说话，但她通过表情能与我交流。我一直以为，母亲在弥留之际，头脑仍然是清醒的。一次，她示意给她纸笔，当我接过她用极度颤抖的手写下只有我才能辨认出的歪歪斜斜的四个大字时，我一下子惊呆了，那上面竟写着：我要回家！我立刻理解了她的意思。虽然，她不能说话，但听力是好的，在ICU住了一两个月，她肯定无意中听到了医生、护士们关于住ICU每天要花费几千元的谈话，为了给儿女和单位省些钱，她要放弃治疗了。这是一位多么伟大的母亲啊！在人生的最后一刻，她仍然想的是子女，是别人，而没有自己。我为有这样的母亲而自豪，也为最终痛失了这样的好母亲而无比悲痛！

到今年，母亲已去世整整四年了。这四年，我老了许多。我知道，一方面是工作的劳累，另一方面是母亲过世给我留下的过于剧烈的精神创伤。人说人悲伤身，可能是这个缘故吧！但是，失去这样一位爱憎分明、大慈大悲、善良大度、通情达理的母亲，谁会不长久地悲痛呢？在母亲逝世四周年那天，我借苏东坡的"江城子"旧韵，填写了一首"母祭日感怀"的词，在今天母亲节的特殊日子里，我将其引述如下，以示纪念：

江城子·母祭日感怀

生离死别足堪伤，
日常思，夜难忘。
慈母音容，
烙印儿心上。
犹记当年诀别日，
悲不禁，断人肠。

昨宵梦里又还乡，
老爹娘，正倚窗。
望子归家，
涕泪一行行。

待到醒来情更苦，

天上月，色昏黄。

2008 年母亲节所作

俯仰天地忆旧恩

——父亲的回忆

1996年5月23日傍晚，我在绿草如茵、古色古香的南京师范大学校园散步，教育部正在这里召开全国学位委员会工作会议。刚刚走上省级教育行政部门领导岗位的我参加了这次会议。

傍晚的江南，晚霞映红了半边天，恰逢五月，晚风拂走了一天的燥热，校园里的各色花木姹紫嫣红，映衬着远近高低错落有致的大屋顶教学楼。三三两两的青年学生或在草地上席地而坐，或在树荫下读书。置身在这初夏的江南校园，使人有一种清幽、宁静，既凝重又浪漫的感觉。

我正在享受这美丽的校园带给我的身心愉悦的时候，手机突然响了起来，而且响得比平时急促。等我接起电话，那边传来了母亲悲痛而又镇静的声音。就听她哽咽着说："儿子，告诉你，你要有个思想准备，你父亲，已经在今天下午三时二十分去世。这几天，他的身体开始告急，我怕影响你的工作，没有告诉你。你赶快回来给你父亲出殡吧！"

听了母亲的话，我感觉五雷轰顶，天昏地暗。虽然父亲被诊断出肺癌已有八九个月，但春节我还回老家看望了他。重病在身的他，仍然精神饱满，谈笑风生，还边吸烟边津津乐道地给我讲他的从政经验、生活感悟，没有一点儿病危的症状，怎么这么快就去世了呢？

顿时，我眼前的一切都变了模样，西边残阳如血，碧绿的草色立即变得乌黑，就连远近高低的大屋顶也像在头顶上摇晃，我忍不住失声痛哭。心里责怪母亲没提前通知我，使得父亲生命的最后时光，我没陪在身边。

据说人生有三憾：一憾晚年丧子，二憾青年丧夫（妻），三憾有养无寄。想到我刚刚才有能力可将二老接到身边赡养的时候，父亲却过早地离开了我，使我"能养而亲不在"，甚至至死都没能看上最后一眼，让我感到无比遗憾！

现在，父亲已离开我十三年了，可他的音容笑貌仿佛还在眼前，他的正直善良的品格，一直影响着我做人、从政。

1922年父亲出生在山东牟平，据《明史》和《牟平县志》记载，父亲的祖先是蒙古皇族，名字已无从考证，但他的官名却在史书上有记载，叫都达鲁化赤，是蒙古高原的一位部落首领，在科尔沁草原有大片的牧场。成吉思汗统一了蒙古各部落，发兵中原和西亚后，都达鲁化赤率领蒙古大军中一支英勇善战的铁骑，横扫辽西，挺进华北，进攻鲁西南，最后占据了胶东。元朝建立后，忽必烈鉴于都达鲁化赤的赫赫战功，封其为胶东的封疆大吏，驻守今烟台的千里海防。都达鲁化赤及子孙虽属少数民族，但驻守胶东近百年，深得汉文化特别是齐鲁大地的儒家思想的影响，与当地的汉族关系比较融洽。元灭亡后，明太祖朱元璋念都达鲁化赤驻守胶东的"功德"，赐"都"为姓，予其后裔，使得都氏子嗣免遭"八月十五杀鞑子"的"灭族之祸"，从此"改蒙为汉"，世袭于胶东半岛，靠打鱼种地为生。感谢祖上的"恩德"

和汉文化的"博大",为了使其后代牢记过去的"辉煌战绩"和争取未来的"东山再起",祖上编了三十字可循环使用的"家谱",供后辈所用。其中前十辈为:元、本、兴、基、业、书、田、永、克、昌。意思是元(元)代时,都氏本(本)来创造了一个兴(兴)盛的大基(基)大业(业),虽元灭为奴,但不能消沉,后辈要勤奋读书(书),开荒种田(田),永(永)远与汉人一比高低,勇于斗争,克(克)己复礼,克服困难,卧薪尝胆,艰苦奋斗,最后再次走向昌(昌)盛。这份"家谱"循环往复使用,寄托着祖上对都氏子嗣的嘱托和殷切的希望。我父都元芳,是元字辈,我名都本伟,是本字辈,可见,历经六百余年,都氏族人辈辈承袭着祖上的"家谱",感念着祖上的恩德,并努力建功立业。

父亲在家是长兄,下有三弟一妹。他从小就爱读书,七岁时,爷爷即送父亲读村里的私塾,因此,父亲能大段背诵《四书五经》《千字文》《三字经》等典籍,念了几年私塾后,父亲又读了高小、初中,因成绩优异,毕业后到乡小教书,后又转至牟平县中学,只几年,就从一名普通教师升任为校长。但父亲年轻的时代,正是日本侵略者大肆践踏中国东北大好河山、民族危亡之际,校园里已放不下一张安静的书桌。作为有着拳拳爱国之心的血气方刚的父亲,怀着对日本侵略者的民族仇恨,1943年秋,毅然决然地放弃了当时还较为安逸的教书生活,越洋过海到了东北,参加了东北抗日联军,开始了他的军旅生涯。在炮声隆隆的抗日战争和解放战争时期,他参加了东北三省的许多战事。1947年,父亲从普通士兵升任为指导员,由于在部队里父亲的文化程度较高,1948年被选送到我党创建的第一所医学院校——中国医科大学深造。在校两年,开始在黑龙江佳木斯兴山,后转入辽宁沈阳,学习一些医学专业知识和我党的政治军事理论。毕业时,正值新中国成立初期，需要大批干部支边，父亲积极响应党的号召，主动申请支边，被分配到内蒙古赤峰市文教局做了一名机关干部。于是，开始了他五十余年的草原生涯。也许是上天的有意安排，当年的都达鲁化赤驰骋草原，所向披靡，势不可当，最后背井离乡，客死海疆，过了六百余年，他的后辈——我的父亲，又越洋跨海，投笔从戎，入党从政，千折百回，辗转回到了祖上魂牵梦绕的草原故乡。

在赤峰，他为政以德，奔走于草原牧场、荒野山乡，为少数民族的文化教育事业呕心沥血。由于政绩突出，又是大学生，年轻有为，所以，很快就走上了文教局长的领导岗位。在他的手上，一个个游牧学校建立了起来，一个个草原文化站成立了起来，一个个乌兰牧骑恢复了起来。经过父辈们的努力，内蒙古东部草原建国初期的文化教育事业终于有了一定的基础。也是在赤峰，他娶妻生子，过上了既操劳又幸福的家庭生活。

父亲和母亲的相识，缘于一次教学观摩。1953年只有二十岁的母亲，已出落成气质文雅、知书达理、文静漂亮的大姑娘，从小接受良好家庭教育和私塾培养的她正担任赤峰市第三完小的语文教师，由于母亲的国文课讲得好，很快就在全市出了名。文教局组织市里的教师到母亲的课堂上观摩，父亲第一次见到了站在讲台前温文尔雅、举止大方、谈吐不凡的母亲，从此一见钟情。50年代初，青年男女的接触还很封闭，作为文教局领导的父亲，还没有勇气主动求婚，于是找到了同事刘平之（在鲁迅美术学院党委书记任上离休），请他做媒。正是在刘平之伯伯的介绍下，母亲认识了比她大十多岁、一口胶东口音的父亲，并与其结为夫妻。

很快，母亲为父亲生了我的两个姐姐，父亲在欣喜过后，不免有些失望，盼儿传宗接代的旧思想也不免在新社会新思想培养下的父亲的头脑中滋长。因此，当母亲怀上我之后，父亲急切地盼望能生个儿子。可是，当我在母腹近六个月时，一场突如其来的灾难降临，险些毁了他的盼儿梦。由于母亲回娘家，去北京景山公园游玩，不慎跌倒，引起肾出血，不得不做肾摘除的大手术，当医生征求父亲的意见，是"保大人还是保孩子"时，父亲还是毅然决然地作出了"保大人"的决定，可见父亲对母亲的感情至深。"天遂人愿"，没想到，不仅母亲的性命保住了，我也完好无损。待我生下后，父亲一见是男孩，别提有多高兴了，逢人就讲：我有福呀！他们母子逢凶化吉，母子平安，这回可以传宗接代了。于是，他按"家谱"给我起了个"都本伟"的大名和一个"康平"的小名，即希望我能继承都氏传统，创造出"伟业"。由于在娘肚子里就随母遭病劫，父亲希望我能健康、平安。

父亲三十六岁时，才得一子，在家里，别提他多偏爱儿子了。冬天的时候，他常将我的小脚丫放在他的胸前为我保暖；夏天的时候，守在我的床边为我扇扇子。父亲有一个"点心盒子"，那是母亲为父亲熬夜准备的"夜宵"，怕我和姐妹们"偷吃"，总是高高地放在父亲的书橱上，但每当我进入父亲的书房，他都踮脚将"盒子"拿下来，让我分享那个时代仅有的"奢侈品"。

父亲身为文教局长，经常参加各种活动，如果不碍事，他总带着我出席，因此，从小我便参加过多场文娱活动。京剧、评剧、梆子戏、二人转看了不少。父亲是个京剧迷，他不仅酷爱京剧演出，自己还能唱许多名段。因为父亲对京剧情有独钟，梅兰芳、马连良、周信芳、张君秋等京剧泰斗的名字，自小我就耳熟能详。至今我还保存有父亲在世时的一段"四郎探母"的录像带，他那略带沙哑、字正腔圆的麒派唱腔和那一招一式的戏剧动作，都让人十分喜爱。父亲不仅喜欢唱还喜欢听，我家最早置办的"大件"，就是父亲为听京剧买的收音机。后来收音机升级改成了电唱机，于是，父亲的最多花销就是买各种"唱片"。每当他买回一张新唱片回家，便迫不及待地打开唱机，放在唱盘上。于是，各种流派的京剧唱腔便在我家的房间回荡。更多的时候是，父亲关起门来，如醉如痴地拍打着节奏跟着哼唱，以至于在父亲的周围总是有一些"票友"跟他学戏，后来竟发展成父亲组织了一个民间京剧团，活跃在赤峰的影视剧院和大街小巷。每当演出时，父亲既当导演又当演员，还兼做乐手，吹拉弹唱，自娱自乐，好不热闹。每逢这种场合，看到父亲全身心投入，我身临其境，真为他的这一酷爱而感动！甚至在他出殡时，我将一盘京剧名家荟萃的录音带放在了他的口袋里，至今仍陪伴着他在赤峰红山墓地下的骨灰盒上。我是想让京剧艺术陪伴着他永不寂寞！

父亲是一个十分节俭的人，有时节俭得过于苛刻。可能从小在海边过惯了爬山挖野菜、下海摸鱼虾的苦日子，以至于他官升当时的"十五级"（类似于现在的厅局级）、每月有一百多元工资收入的时候，也舍不得花钱。每次到街上买菜，他都拣便宜的买，甚至经常买"扒堆菜"，害得我母亲做饭收拾这些菜时，不得不扔掉大部分。每次买刀鱼，他都拣窄的买，在将这些炸好的鱼端上饭桌时，他总将中间的鱼肉拣在我的碗里，而他专门拣边上的刺吃，还津津乐道：边上的刺有味道。五六十年代，无论什么级别的干部都是清一色的黑或蓝色的中山装、白色衬衣、黑色袜子。我清楚地记得，他的衬衣洗了又洗，袜子补了又补，他常对我说，衣服不怕旧，不怕补，只要整洁就行。所以，父亲经常穿着他那套虽补了又补但洁白、熨得整洁无渍的衬衣，外面套一件深蓝色的中山装参加各种社会活动。至今，我仍然保留着他留给我的这套中山装，作为永久的纪念！父亲闲时，好写点东西，但我经常看到他写完的手稿，正反两面都有字，那是为了节省纸张而

111

"一纸双用"。父亲喜欢抽烟，但我从未看过他抽过高档烟。困难时期，他自己卷旱烟抽，日子好些，最好的烟也只是一两元钱一包的"古瓷"或者"辽叶""大生产"而已。正是这些劣质烟叶四五十年的"烟熏火燎"，使父亲晚年得了肺癌，夺去了他的生命。正如妹妹所说：京剧和香烟是父亲的灵魂，京剧可谓"上帝"，延长了父亲的生命，每当听或唱起京剧，他两眼放光，神采飞扬，身体特棒；香烟可谓"魔鬼"，缩短了他的寿命，与他结下了孽缘。

父亲与母亲一样，都是极善良的人，善良得有时让人难以置信。三年自然灾害，使得所有家庭都吃不饱肚子，经常饥肠辘辘，就是这样，父亲也常惦念着外地的亲人和战友。我记得，那时他总往邮局跑，或者寄钱和粮票，或者寄牛肉干、奶酪等食品。父亲更是知道礼尚往来的人，每到年节，家里有送礼的，他都大包小包再将礼物还回去，甚至还回去的礼品总比接受的价高物美。尤其难以忘怀的是，"文化大革命"初期，赤峰市的领导大都被打成了"内人党"，我父亲也由于划不清"界限"被停了职。每当平日里朝夕相处，曾在一个"战壕"里战斗的战友受到不公正批斗后，父亲总是想方设法接近他们，为他们送去饭菜、衣物等生活用品。可能现在看，父亲的行为不算什么，但是，那是在"血雨腥风"的"文化大革命"时期呀！父亲这样做是冒着被批斗甚至生命危险的！果然，由于父亲的"立场不坚定"，不久他也被打成"保皇派"，被送到了"五七"农场接受劳动改造，受到了长达一年的精神和肉体的折磨。尽管"引火烧身"，父亲仍不悔改。劳动改造一结束，他就跑到当时被打倒的盟长周明（在大连理工大学党委书记任上离休）家去看望，使周伯伯夫妻十分感动。后来，他对我说，人在困难危急的时候，不能见死不救，人要讲良心呀！这就是我正直善良、富有同情心的父亲！

　　父亲不仅重人情，更重乡情、亲情、友情。每遇到"山东人"，不管男女老幼，他都特别兴奋，好像遇到了久别的亲人，那"海蛎子味"的山东话，像一种黏合剂一样，将这些"山东人"永久地联系在了一起。所以，从小到大，我认识了许多或叫得出名字或叫不出名字的山东"老乡"。对于远在牟平的族亲，他更是惦记有加，一有空闲便回去"省亲"。记得爷爷奶奶年纪大了，接到了赤峰与我们同住，牟平的房子空闲下来，他特意回了趟"老家"，将房子给了远房的两个叔叔住。待父亲过世十年后的 2007 年"五一"劳动节，我回牟平祭祖时，还特意看望了这两个叔叔，他们住的仍是翻新了的爷爷的老房子。提起父亲，他们都感动得热泪盈眶。还有一位素昧平生的天津人力车夫的后代，下乡到了赤峰，一个偶然的机会，父亲认识了这位天津知青，出于同情他家庭的贫寒和一个人生活的孤苦伶仃，父亲尽全力帮助他，不仅为他安排了工作，而且帮他成了家。"人心都是肉长的"，一如父亲的亲切关怀和无私帮助一样，当我离开家乡上大学后，这位天津知青就像干儿子一样，每天守候在我父母身旁，甚至在父亲病重时，为父亲端屎端尿，这种亲如父子的关系保持了二三十年，直至父母去世。

　　父亲不仅有慈祥善良的一面，更有"棒子骨"脾气，他认准的理儿，九头牛也拉不动。在家乡，他是有名的"抗上户"，每当有和上级不一致的意见，他非说不可。有时弄得在场的领导很难堪。为此，他还曾付出过惨痛的代价。"文化大革命"结束后，就是由于和当时的某位领导意见不合，他被调到自己不太熟悉的乡企局任局长，受到了排挤和打击。尽管如此，他坚持不改初衷，直至去世都坚持自己的理儿。这一方面是长期的革命生涯锻造了他的铮铮铁骨，另一方面是他山东人的"骨气"所致。虽然这脾气导致了他工作上受挫，但却赢得了大家的普遍赞扬，给父亲赢得了"主持正义""有性格"的美誉，在政界，父亲的知心朋友更多了，威信更高了。我认为这一点正是我要好好学习的地方，一名正直的领导，就应敢于仗义执言，坚持真理，不能趋炎附势，人云亦云，否则组织让你做领导还有什么用呢？

可以说，在这个世界上，父亲最疼爱、最器重、寄予无限希望的还是他的唯一的儿子。从小到大，我都是在父亲的亲切关怀和精心指导下成长起来的。小时候，每次感冒发高烧，父亲都和母亲一样焦急万分，有时整夜不睡，守在我的病床旁，一会儿量体温，一会儿喂水，那急切的眼神和慈祥和蔼的面孔，至今我都历历在目。每当我表现突出，受到奖励或者晋升后，父亲都像过节一样喜笑颜开，亲自上街买菜，下厨房做饭，摆上一桌丰盛的酒席，全家人为我庆贺。尤其是1979年8月，当我接到大学的录取通知书后，他更是欣喜若狂，亲手拿着我的"入学通知"到处宣扬"我儿子考上大学了"，好像要让世界上所有的人都知道一样。大学四年，是他想儿最殷切的四年，那时他已离休在家，隔一段时间就坐火车来学校看我，除了了解我在大学的学习和表现情况外，每次都带来一包包的牛肉干、奶茶粉，让我与寝室同学一起分享。待我在校交了女朋友，领回老家后，他更是喜形于色，大老早特意与母亲一起亲自到车站迎接，对于未过门的儿媳，更是百般关心，亲自下厨，亲自削水果，亲自烧洗脚水，以至于我的姐妹们看了都嫉妒地说："对于亲姑娘，父亲也从未这样呀！"最让我难以忘怀的是，每当事业发展的关键时期，都是父亲毅然决然地为我拿主意。大学毕业留校任教后，是父亲一再督促和鼓励，才使我下定了"考研"的决心。待我研究生毕业，又是父亲鼓励我勇敢地迈出辽大校门，到另一所大学任教，使我很快获得事业腾飞的机会，坐到了该校副校长的位置。而每当我的学术著译、论文出版和发表之后，父亲不仅自己认真阅读、评价，还拿着我的书文广为宣传，好像他的儿子是位大作家，获得了"诺贝尔奖"一样。尤其是 1995 年当我参加省里领导干部公选的时候，父亲虽已检查出了肺癌，但重病在身的他关心的不是自己的身体，而是儿子的考试。每一轮考试下来，他都拿着报纸看个没完，逢人就讲：我儿子又名列第一。当我终于"过关斩将"担任省教育行政部门的领导职务后，他更是喜出望外，戴着老花镜反复看着张榜公布当日的报纸不放，眼里含着激动和欣喜的泪花。其实那时，他已经病入膏肓，在他的弥留之际，终于又看到了儿子的成长和进步！这是我唯一感到欣慰和对得起父亲的地方，我没辜负了他的期望，为他争了光！

父亲不仅爱他的亲人、家人，更爱他为之奋斗了半辈子的那片热土。早在初来赤峰不久，他就踏遍了赤峰九万多平方公里的土地，学会了骑马、射箭、挤奶、放牧。那里的蓝天，让他生出无限的遐想；那里的河流，让他找到了祖先的血脉；那里的山川，唤起了他艰苦创业的激情；那里的草原，让他具有了广博浩大的胸怀。赤峰的一草一木，都让他这个外乡人感到十分亲切和无限眷恋。甚至在晚年，他都不肯搬住楼房，而宁愿终老于自己住了半辈子的平房四合院。他总说，他离不开地气！在弥留之际，当母亲征求他的意见，将灵柩安放何处的时候，父亲虽有气无力却十分坚定地说："红山，红山"。红山是赤峰市内的一处名山，因在此山发现了史前人类文化遗迹而闻名中外。作为老资格的文教局长，父亲深知，它是中华文明的象征，是草原儿女的"圣山"。按照父亲的遗愿，在他过世后，母亲为他在红山寝园选了一块双人墓地，将他的骨灰下土，告慰了父亲的在天之灵！谁知，又过了八年，我的母亲也被残酷的病魔夺去了生命，随父而去，在红山脚下与父再次"团聚"。从此，红山成了我和姐妹们魂牵梦绕的"家"。每年的清明、父母的祭日或长假，我和姐妹们都携家带口，赶回赤峰与亲友们一起上山祭奠父母。今年的清明与往年一样，我和家人又回到了生我养我的故乡，仰望着红山那巍峨的身姿，远眺红山脚下那缓缓流淌的英金河，在双亲的墓前，我创作了一首《忆秦娥·清明祭》，以告慰父母的在天之灵。在今天，父亲去世十三周年的祭日，我将其引述在此，以示我对父母的怀念。

忆秦娥·清明祭

天地崩，
双亲梦断红山东。
红山东，
年年风吼，
子女别痛。

儿时携我红山行，
而今相对影无踪。
影无踪，
鹤飞天外，
往事随风。

2009 年 5 月 23 日父祭日所作

116

诗意的理想世界

——《诗意栖居》代后记

人的一生，大都要经历时间的洗礼，春夏秋冬周而复始，生老病死无法改变；人的一生，也要经历空间的影响，天地自然让你心悦诚服，人文社会让你心生敬畏。我们所面对和生活的世界是客观的，有山川竞秀大地阳辉之美，也有山崩地裂洪水泛滥之丑。在现实的世界中，人所观察和经历的时世，既有美好生活给人的幸福，更有曲折甚或灾祸让人悲痛。那么，如何连接客观世界与主观世界，化恶为善，化丑为美，化腐朽为神奇，完全需要人的主观努力。

在所有的努力中，我非常信仰和推崇诗词创作与欣赏的功效：面对秀美山河，使人激动不已生出无限的崇高和敬意；面对花好月圆，让人心旷神怡生出无限柔情，主观世界与客观景物形成了"美和崇高"的"同构"关系。但在一般人那里，这种"同构"是客观引起的，而不是主观创造的。"天人合一"是最古老的哲学命题，"自然人化"能够让人感受到，但"人化自然"，大多数人做不到，只有少数艺术家和作家可以做到。

如何在山水之中，投射人的理想，如何在四季之中，施加美的观照，如何在人伦社会中，寻找和创造人性"情感"的光辉，以及在古今大历史中发现和塑造美的王国？诗词都是实现这一目标的途径之一：山川之美、星空之魅，如果加以优美诗句的描写和赞颂，更能引起人的"情感冲动"；春花绚烂、秋枫尽染，如能加以语言的美饰，更能让人流连忘返；亲友情深，如果能加以语词浪漫的歌吟，更能激起人们的无限柔情；甚或是对于古今中外的历史事件和杰出人物，如果能给以诗的语言的描述，那么这些事件和人物将抖落历史的尘埃而熠熠生辉……

这些年，我在繁忙的行政工作和学术研究之余，将诗词的写作和吟诵作为最大的爱好，创作了几百首诗词作品，在"自我"的主观世界里，试图去创造"他我"的"理想王国"。为了创造诗词的"自然之美"，我每到一地，都仔细观察精心感受新的环境带来的情感冲撞，在语词世界里寻找最适宜表达的载体，一篇篇吟诵大自然美景的诗词便应运而生；为了创造诗词的"浪漫之美"，我对引起我"感情冲动"的每一个经验，都进行了"移情"的再造，对人间最美好的亲友情极尽赞美之辞，于是一首首触摸人们最柔软心灵的"情诗"便款款而来；为了创造诗词的"四季之美"，春夏秋冬的任何景致引起的主观美感，我都极力地去体验和再造，于是一年四季的风物，以及引起的美好感受便以诗词的形式呼之欲出；为了创造从历史到今天的"古今之美"，我选取了对于人类的进步作出突出贡献和发生重大影响的人物进行诗词创作，为这些人物写了部分"诗传"，"思古之幽情"，让许多历史人物以"诗的观照"而"美丽再现"。这些诗词都是我的诗意的理想世界。尽管我们面对的客观世界还有大量的不美好不诗意的地方，还有大量的悲欢离合不如意的时候，但我通过我的诗词，试图让阅读的人们忘掉这些曾经或正在影响他们生活的灰暗情绪，而去回忆和迎接人世中的美好瞬间和情感冲动，从而去营造每个人自己的"诗意栖居"，这也是 我这本新诗集被冠之以《诗意栖居》书名的真实目的所在。

在本诗集成书过程中，一些感人的情景历历在目：在创作这些诗词时，家人和亲友最早得到分享，不仅与我共读，有时还提出修改的建议，更有甚者，还有亲友及时写出"和"诗，并与我共赏；在某些诗词发表之后见诸网络之时，更有有心的亲友自拟主题选上一些优美的配图以"美篇"的形式再编发表，推介我的诗词让更多人品读；在诗集筹备出版过程中，辽宁社会科学院哲学所所长张思宁研究员，就开始进行诗评的酝酿和写作，并与我探讨诗词的思想和灵魂问题，让我感动至极；我的族兄著名书画大师都本基先生身在加拿大蒙特利尔，远隔重洋，挥毫泼墨，题写了书名和几幅诗词书法作品，不仅使诗集大为增色，而且展现了中国书法之美，让我感到了亲情的温暖；还有出版社的社长和编辑，多次驱车数百里来到我工作的地点与我商量诗集出版事宜；更让我感到友情之重的是，著名朗诵艺术家房明震先生携几位辽宁朗诵名家刘艺、于彬、宋丽欣与我一起为每首诗进行了历时两天的配乐朗诵录制（本书每首诗前都有二维码，读者可扫一扫，边听边读），此情此景已在我心中定格，将永远铭刻在记忆深处；88 岁高龄的我国著名文艺理论家、美学家王向峰先生不仅以最快的速度阅读了我的全部诗稿，而且还饱含深情地写出了长篇序言，对我的诗作进行了点评，还创作了首律诗进行概括和总结……不仅仅这些，从写作诗词到结集出版的全过程中，我深深地感受到了世间的人性之善、人情之美、人间之爱，我将会以此为激励，继续"诗意栖居"，创作出更多更美的诗词，为人们营造更多更美的"诗意生活"！

2020 年 11 月 3 日晨所作

119

诗词创作论

——《都本伟诗词评论集》自序

一、主题

鉴于政治斗争的腥风血雨，政治运动的暴风骤雨，官场上的尔虞我诈，商场上的巧取豪夺，自然界中的掠夺性开发对人类的心灵和情感所造成的破坏性打击，我主张建立一种人与人、人与自然、人与社会和谐融洽的文化。在日常生活中，将注意力放在了对自然之美的歌颂，对人类情感的抒发，对日常和谐生活诗情的解答。故将近年创作的百余首诗词结集，命名为《和风细雨集》。

"感悟生活"是对日常生活的体验和赞美，通过大量细节性的描写，把人们带到日常生活的生动场景之中，给人以崭新的生命体验，尽情地抒发人间的亲情、友情、爱情、乡情和自然之情，倡导建立一种人与人之间友善相待、人与自然之间和谐共存的社会关系，尝试对美好生活进行诗意的解读，以体现我对真善美的执着追求，对人类最美好情感的真切感悟。

"寄情山水"是旅行时，面对名山秀水带给我的震撼和感动时的诗意表达。祖国壮丽的名山大川使我生出无限的敬意和柔情，我将所见、所感、所悟入诗，将大自然诗化、艺术化，也隐含地表达了我对顺应自然、保护自然、热爱自然的观念，追求的是中国哲学"天人合一"的境界，也是对西方哲学"重整破碎的自然和重建衰败的人文精神"使命的积极响应。

"思古悠情"是抚今追昔的感慨之言。中国历史源远流长，中国"史记"典籍浩繁，我主要选取了历史上的倾国倾城之美、旷世绝代之才的诗情追忆，营造一种"柔美"的氛围。同时，用诗的语言表明对历史上这种柔美的破灭、流失的感伤和怀念，引导人们去审视、去思索、去感受、去想象这些历史人物，悠然而发怀古之情思，从而与少量的歌颂英雄豪杰的诗作形成"反差"，表明对"刀光剑影"历史的不忍和对和平生活的渴望。

二、诗情

诗必须有感而发，"情动于中而形于言"（《毛诗·大序》），"悲落叶于劲秋，喜柔条于芳春"（陆机：《文赋》），"外物的变化使人的内心感情产生摇荡，诗人就用诗歌把它表现出来"（叶嘉莹：《好诗共欣赏》）。正如刘勰所言："物色之动，心亦摇焉。"（《文心雕龙·物色》）因此，王向峰先生总结道："情感的融入，这是诗的本体所在，没有它就没有诗，也就没有了艺术的审美根底。"（《王充闾诗词创作论集》）

但是一般人所具有的或欢喜或悲哀的情感如不付之于美的合乎音律的表达，则不能称其为审美对象，亦不能引起人的审美共鸣。只有将情感升华为具有一定体式的语言表达，付之于音律和谐、平仄起伏的吟诵，才具有诗意，才能情景相融，情境相生，"情景相触，而成诗"（谢榛语）。

充闾先生说：《和风细雨集》，"无论是寄情山水，讴歌祖国的壮丽河山，还是缅怀双亲，抒写对亲友的眷恋，诗人都充溢着一种灼灼的真情"(《和风细雨集》序一)。诚哉斯言，《母祭日感怀》《清明祭》等是我满怀深情对双亲的无限怀念(亲情)；《焚祭》等是我对已故诗友情真意切的诗情表达(友情)；《可不可以》《等你，在雪中》《避雨》等是我对爱情执着追求的浪漫情怀的诗意阐发(爱情)；《英金河的诉说》《族聚颂》等是我对生我养我故土的依恋和同族兄弟亲如手足关系的诗性解答(乡情)；而更多的诗作，是在面对祖国名山大川的壮丽秀美、四季流转的景致变化时，引起的情感冲动而作的激情抒怀(自然之情)。

总之，诗人要有"与花鸟共忧乐""以自然之眼观物，以自然之舌言情"(王国维:《人间词话》)的情怀，引外美为内美，进而实现"内美"和"外美"的统一，"有我之境"与"无我之境"的贯通。

三、格式

真情的表达，总要付诸一定的语言格式，采取哪种格式，表达情感的效果不一样。《和风细雨集》大体上以三种格式为载体，即诗、词、自由体。诗作分五绝、七绝、五律、七律、排律，词则用了三十余种不同词牌，自由体虽所选不多，但都适合表达淋漓尽致的情感，比诗词更少语言的束缚。我认为，自由体应是当代诗歌和青年诗人应努力致力的方向。

那么，哪些情感需用诗来表达？哪些情感需用词来抒发？哪些更适合自由体？我是这样考虑的：

首先是诗，古人云诗是言志的、载道的。"在心为志，发言为诗"，子曰"兴于诗、立于礼、成于乐""不学诗，无以言"。所以，诗是表现一个人内心的感情和意志的，是载道的。在诗词创作中，我将日常生活中比较"大"的题材，能表明我个人的价值判断、人生追求、

122

历史观点、现实理想的"兴发感动"，赋之于诗的形式，表达出来。比如《遣怀》抒发我对音乐和诗词的挚爱和追求；《西湖夜色》表明我对自然和人生沧桑的感悟，《园中闲》《莲花岛游记》表明我的逍遥自在的人生观；《虞姬颂》《咏叹成吉思汗》《岱庙怀古》都是思古遣怀之作，对古人的气节、豪情的吟诵；《登千山有悟》更表明了我看破官场得失、寄情山水的洒脱心态。总之，诗，不能无病呻吟，"为赋新诗强说愁"；诗，是人生理想、生命志向之特殊文体的表现形式。

其次是词，一般人认为，诗是押韵的美文，词也是押韵的美文，好像差不多，其实不然。诗言志，而词言情；诗题材可大，词题材可小；诗句式较整齐，而词长短句不一；诗，是作诗，是创作，需演唱时，则按诗意谱曲，词是先有曲调，先有乐谱，然后按照这个牌调来填写歌词，又称"填词"，而且每个词牌都有词意、字数、句式、韵脚、平仄的严格要求。我个人感到，诗易识，词难填。根据词的长短句式善于表达细腻、悱恻、柔美的情绪，我填了一部分"咏夜""咏雪""吟春""吟园""叹花""惜草"的词，以表明对自然美景的渴望，表达当下内心丰富的情感体验，并力求做到借景抒情。但在创作中，要将词牌的词意、字数、句式、韵脚、平仄的要求统一到当下情感的表达中，往往顾此失彼。所以在填词时，这五种要求很难统一。因此，我将这些词统一删去了词牌，只是作长短句的诗出现，不冠以词牌，以维护中国古典词牌的严谨性。

最后是自由体，顾名思义，此种体裁自由灵活，句子可长可短，篇幅可大可小，可一韵到底，也可换韵，甚至不押韵。在《和风细雨集》中，也辑录了我少量的自由体诗。但我作的自由体诗大都一韵到底，不换韵，这样做容易朗读。而且我的自由体诗力求语言的形式美，题材的意境美，声音的韵律美，"构思巧妙，意境幽渺"（王充闾语）

123

是王先生对我自由体诗的评价，但我自知还差得很远。

　　总之，以上这些创作体会，都是我在诗词创作中摸索总结出来的，仅属一家之言，不足为他人法。

《和风细雨集》自序

　　我在业余时间潜心创作的百余首诗词，即将结为《和风细雨集》出版了，颇为兴奋，也深感欣慰。这毕竟是自己两年多来心血的结晶和成果，是少儿时的一个梦想，是对美好生活的一种诗意解读，是尝试诗词创作的一次梳理，是提高自我修养的一种方式。这里有我对真、善、美的执着追求，有对亲情、爱情、友情的真切感悟，有对悠久历史文化的别样探寻。现在奉献给大家，希望能得到专家的评点，给读者带去一份愉悦和轻松，让人看到平凡生活的亮点。

　　我从小就酷爱文学艺术，徜徉在唐诗宋词的优美意境中，对这一中华文化瑰宝爱不释手，背之诵之，感觉它诗中有画，诗中有情，诗中有魂。或婉约清新，或大气磅礴。那种对人性、对自由的天然的渴望，对真、善、美的向往，对回归自然的憧憬，深深地打动了我幼小的心灵，那平仄押韵的音乐美的节奏也让我着迷，对我日后从事诗词的创作影响很大，打下了一定的基础。青年时代，与诗人钟礼在初学写诗的道路上，共同切磋诗的真谛、探求词的韵律，欣赏毛泽东诗词的气势与浪漫，也研读了现代诗人郭小川、臧克家和当代诗人舒婷、北岛的作品，还喜欢普希金、海涅。诗歌让我的生活有了色彩，青春跳荡着诗的韵律、特有的音符和生命的激情，也随手写些小诗，抒发情怀、修身养性、拓展视野、愉悦心灵，但没加以保留和整理，随写随丢，学业和工作繁忙，始终难以系统地整理自己心灵的诗篇。天命之年，这种圆梦的愿望越来越强烈，工作之余，触景生情，灵感也源源不断，一触即发，遂成该集。

诗集分感悟生活、寄情山水、思古幽情三部分。无论是对四季流转的意境捕捉、对双亲的缅怀，还是对故乡、友人的眷恋，祖国壮丽河山的描绘、人与自然的和谐，无论写意还是抒情，都是我发自心底的歌唱和感怀，都是我真性情的表达，是透明、轻灵、纯真的本色，是我一方宁静的心灵家园，是对工作思维的一种有效补充和调剂。

我把这本诗词集命名为《和风细雨集》，是我性格的写真，亦是我追求的一种境界。和风细雨是和谐生活的另一种解读，赋予和谐以美的旋律，是一种平和的对待世界的态度，是此时无声胜有声的力量。自然界需要和风细雨、风和日丽，杜甫的"细雨鱼儿出，微风燕子斜"的美景，会使人神情舒爽、身心健康。人类社会何尝不希望和风细雨式的建设，不再折腾，国泰民安，一派安宁祥和，从而安抚人日益浮躁的内心世界。及至家庭，更需要和谐的氛围，浓浓的亲情。"家和万事兴"，道出了事业兴盛的秘诀。一个和睦美满的家庭是人生幸福的源泉，是事业启航的港湾。

这百余首诗词中的每一首字斟句酌间，都寄予我真挚的情感、深深的爱恋，我深沉地爱着大自然、我的亲人和一切真善美的事物，这多彩的世界，我感恩生活。我是学哲学的，中西方哲学底蕴也为我的诗词创作提供了丰厚的养料。

因为这些诗作，都来自于工作之余，在出差的飞机上，在高速公路的汽车里，在旅店中，在结束了一天的工作回家的夜晚，在晨曦撒播的早间，都是我吟诗赋词的最佳时段，甘苦自知，我在诗词的海洋中汲取营养，获得了莫大的慰藉和快乐。

　　对于诗词创作，我还是个学生，虽然我力求诗的美感和艺术感染力，但还是不尽如人意。这本诗词集，只是一个开端，我将继续在诗词王国里遨游。

微信扫码
·文 学 名 段
·趣说中国史
·哲 学 探 索
·读 书 笔 记

《雁翎集》序

　　我从大学、政府到金融机构工作20多年，见过的才女多为学院派的。书读得很多，表达起来也滔滔不绝，但动起笔来搞创作，就有些眼高手低，缺少艺术感染力，更鲜有诗词、楹联、散文广泛涉猎、有所作为者。一个偶然的机会，有人为我介绍了杨晓雁女士，说她楹联写得好，古体诗词也颇有造诣，从而有了初步印象。去年8月末，著名作家王充闾、文艺理论家王向峰为我举办《和风细雨集》诗词研讨会时，我想到了她，邀请她参加了会议，于是就有了最初的识见。会上她发表了对我所作诗词的评价，还赋诗一首以纪念，受到了与会者的好评。会后，她给我留下了《雁翎集》的书稿，为我们留下了今天的话题。

　　当我展读完厚厚的《雁翎集》后，心灵为之震撼，一个平凡岗位上的平凡女子，竟如此勤奋，如此有艺术天分、文学底蕴、人文关怀和浪漫诗情，使我对她顿生敬意。

　　晓雁的楹联多达800多副，是《雁翎集》分量最重的部分，涵盖范围之大、包罗内容之丰富、洋溢情趣之广泛都是同龄女诗人中少见的，表现出了她在这个领域造诣很深。这缘于她深深的楹联情结，对这一古老独特的文学形式的酷爱、领悟和痴迷。她说："人们常说对联无闲字，半句见春秋。楹联虽小，却是小中见大，集意境、哲理、趣味和韵律于文字之中。并且意境之深邃，韵律之和谐，想象之高远，内涵之丰富，不亚于诗词歌赋。"所以她长年累月地写，随时随地地写，句句皆辛苦，"任霜残晓月，依旧云中翰墨风"。无论是大题材的题赠、抒怀、言志、思考表达还是日常交际中的祝寿、庆婚、贺喜、哀挽，楹联都是晓雁表达情感的主要形式。她的楹联一是弘扬时代精神，富有时尚气息；二是传播传统文化，赞美祖国壮丽山河；三是挥就风花雪月的情怀，抒发一个北方女子的喜怒哀乐。总之，她用楹联讴歌真善美，鞭挞假恶丑，用楹联艺术独特地与这个世界对话。

众所周知，楹联是汉语文字独特的艺术形式，它典雅、精练、优美，且题材广泛、内容丰富、魅力奇妙。有人概括它是"中华瑰宝，历千载而弥珍；国学明珠，分两行以媲美"。同时，它的表现手法多种多样：或状物写景，或咏物言志，或抒情寓意，或缅古叙怀，或扬善抑恶等。此外，它又是与书法糅合在一起的综合艺术，两者相互映衬，更显出一种神秘飞动、瑰丽典雅的艺术美。"读友如书，雅意良言常慰我；品联若酒，浅斟低唱总怡人"(《偶成》)。晓雁的楹联常常能情趣盎然、引人入胜、耐人寻味、给人启迪，是一种新的艺术享受。"一段乡思，院落梨花依旧否；几声燕语，轩窗人影可安乎？"这副《问》联一语双关地表达出作者所要表达的意思，收到了出乎意料的微妙效果。

她的楹联创作包括行业联、名胜联、题赠联、谐巧联、哀挽联等，无论是咏物言志还是借景抒情，都能寥寥数语即达精髓，几笔勾勒形神兼备。她可以做到：随手拈来，寥寥数语，一吐衷肠。人间苦乐，世态炎凉，事业盛衰，成败得失，尽在联中矣！如写我们农信社的行业联："时雨润三农，合作金融图壮阔；春风荣四野，乡村经济景辉煌。""时雨"和"春风"既是明指大自然四季的风雨，也是暗指党的惠农政策，为农村工作开辟了广阔的发展前景。纪念教师节的楹联："一生书里寻斯志，解惑答疑，且听夏弦春颂；三尺台前置此身，经天纬地，还期李艳桃芳。"文情并茂，老教师的形象跃然纸上。

晓雁的风景楹联写得更是大气磅礴。如获中国永康首届"五金杯"海内外大征联一等奖的一首作品："看水迭玉带，山焕丹霞，怜蝶飞狮舞弄春潮，一脉吴音惊世界；仰科技振兴，人文蔚起，喜巨贾豪商集盛会，五金名片誉神州。"它把浙江永康的自然地理特征和科技振兴的人文景观巧妙融合，对仗工整，平仄协调，具有强烈的表现力和感染力。

嵌字联是楹联中一朵精美别致的小花，包括嵌入序数、方位、节气、年号、姓氏、人名、地名、物名等，而我觉得人名联写起来最有难度。它要求作者有丰厚的文化底蕴和熟练把握语言的功力，捕捉人物特点，精巧构思。我的本家大哥、著名书画家都本基先生在嵌名诗的创作上功力非凡、造诣深厚。他为2008中国奥运冠军创作的嵌名诗，影响力深广。而晓雁同样题材的"2008中国奥运冠军嵌名联"与书画家的嵌名诗有异曲同工之妙。这些为国争光的世界冠军，项目不同、形象有别，奋斗夺冠的过程更是千姿百态，在上下联14个字里要求惟妙惟肖、对仗工整、遣词美妙并显现名字，谈何容易。请看：举重冠军陈燮霞："燮开浩气朝天举；霞蔚春光向日飞"；3米板女双冠军郭晶晶、吴敏霞："敏捷双骄霞里燕；晶莹并蒂水中花"；乒乓球女子团体冠军王楠："楠秀芳林淑女气，人临赛场霸王花"。62个冠军，个个形神兼备，不能不让人拍案叫绝。"一缕晓风舒翰墨，两行雁阵写春秋"，这是她自己的嵌名联，也是她人生的写照。"国粹联友嵌名联"也构思巧妙、用字奇特、内涵深邃、栩栩如生、别有情趣。

对联是中国的特产，在我国有着悠久的历史。对联是由律诗的对偶句发展而来的，它保留着律诗的某些特点，古人把吟诗作对相提并论，在一定程度上反映了两者之间的关系。对联的上联尾字仄声，下联尾字平声，这些特点都和律诗有相似之处，所以晓雁写楹联是高手，写律诗也不逊色。特举一例，同样写春，角度不同："豪情未改女儿装，卓尔不群亦自芳。水阔心清临晓月，山高志远媲朝阳。拈来杨柳书春色，摇落梅花润墨香。倘使腹中词若锦，栉风沐雨又何妨。"（《春日》）；还有："晓来雨霁暖风熏，碧色倾城草木新。杨柳依依融翠雾，野川烁烁映彤云。黄牛拓地耕荒苦，紫燕啄泥布垒勤。惟恐春归无觅处，花前留影摄芳心。"（《踏春》）；再看这一首："欲写春词句未成，鸿飞塞上已先声。野山烟渺参差画，杨柳枝柔料峭风。月下题诗花映雪，窗前执笔影摇红。书香一缕拿云梦，且赋韶华雅韵中。"（《春日遣怀》）这三首诗均写春，第一首借春抒怀，春天来到故乡朝阳，诗人大胆想象，拈来杨柳，摇落梅花，谱写一曲春之歌，写得豪放。第二首如一幅春意盎然的油画，有静有动，雨、风、草、柳，这些美丽的春天使者引来黄牛和紫燕，写得婉约。而第三首则是豪放与婉约兼备，虽然春寒料峭，但春韵已先声夺人，月下题诗，窗前执笔，女诗人用心灵呼唤春天。

晓雁无论是写诗还是写楹联，佳句妙语俯拾即是。她十分讲究炼字，每首诗联都是她智慧的结晶、灵感的火花，形成一幅幅多姿多彩、独具一格的风景，为读者创造了一个感情丰富、构思奇特、形象鲜明、意韵浓郁的世界。她作品的结集出版，是她多年心血的总结，也是楹联界和诗词界的一件幸事。

晓雁的楹联、诗词达数百首，我的感言挂一漏万。但我真的为我们行业有这样的才女而无比欣喜，我恭贺《雁翎集》出版，并祝晓雁的创作百尺竿头，再进一步。写下此文，表达心情，忝列为序。

《在草原深处》序

　　钟礼的诗集终于出版了，在这春暖花开的季节，在他离去两周年的祭日到来之际，实现了他多年未了的心愿，圆了他的梦，也兑现了我对他的一个承诺。面对他的诗集，我既欣慰又伤感，"两年泉下无消息，今日书前有所思"。就把这本诗集作为献给好友灵前的一束馨香，寄托我们的哀思吧。

　　钟礼是我中学同窗挚友，这真挚而又珍贵的友谊持续了三十年。这三十年我见证了他从事诗歌创作的心路历程，从中学时代他就对诗歌产生了浓厚的兴趣，并有一种着魔般的痴迷，那情景至今还常常跃入我的脑海。我离开家乡上大学后曾给他买过一些诗歌创作的理论书籍，并激励他潜心钻研，持之以恒。从那时起，诗歌如同他追逐的一个梦，几十年来锲而不舍，孜孜以求。但我没想到，他是这样的如醉如痴，对诗歌的热爱可谓呕心沥血，直至为作诗而死。在中国诗歌艰难曲折的发展道路上，钟礼如同夹缝中生存的一位文化勇士，用生命来捍卫诗魂，为沉寂的诗坛注入了生机与活力。正如他所言，要"把诗歌创作当作自己心灵那块圣地来耕耘"。五百余首诗歌验证了他日日夜夜"执一盏十五瓦的光明／夜色只能趴在窗外／看我搭建灵魂的金字塔"。几十年付出终成正果，已发表的四百余首讴歌时代、描绘生活、抒发草原赤子情怀的美丽诗篇，奠定了他在诗坛的地位，成为赤峰唯一的自由派诗人、第一个专业写诗的人。

钟礼的诗歌涉猎题材广泛，诗的内容不颓废，不晦涩，昂扬向上，朝气蓬勃。每一首都能唤起我们心灵的共鸣，并且使我们窥见了诗人内心的挣扎和追求，他尽情抒发对生活的激情与浪漫。祖国和时代、历史与文化，家乡普通劳动者；亲情、友情与爱情；大自然美丽的四季景色等都被他赋予诗的韵律。从他发表的四百多首诗中，我们可以深深体会到诗人是多么热爱自己的祖国和劳动者：我把祖国放至台灯下 / 寻找自己 / 我骄傲 / 十七笔画中有我的一抹痕迹——《祖国》；两把钢锉 / 在额头斜卧 / 钢铁的意志 / 展现出铿锵的性格 / 此时，他拎着工具箱 / 走向织机 / 走向新的生活；每朵浪花 / 绽出青春的娇姿 / 轰鸣的旋律 / 携带湿漉漉的激情 / 震落困乏的繁星 / 叩醒贪睡的太阳——《毛纺工业抒情》。从钟礼诗的字里行间，我们看到了捡破烂的老妪弯曲的弧度；蹬"神牛"的壮汉满身灰尘的背影。他如此关注生活在底层的民众，源于他那菩萨般的悲悯心肠，源于他内心深处的至善。他曾以诗人的名义为友人患白血病的女儿奔走并成功地举行了一场大型募捐义演晚会；在崎岖的山路上留下了他为贫困孩子去捐献学费的足迹。

钟礼的人生轨迹简单而平凡：纺织工人—下岗待业—个体经商—专业写作，但他用诗人敏锐的艺术感觉捕捉生活中点点滴滴的真善美，用他奔放的豪情、用他坦白的胸臆，诠释着我们这个世界。文如其人，钟礼纯真、率性、善良、厚道，因为有着一颗超凡脱俗的心灵，笔下才能跳跃出一串串美丽圣洁而又温婉多情的音符。在他的诗作中，更多的笔触是抒发对家乡草原的无比眷恋，大草原的春夏秋冬在诗人的笔下呈现出各异的风情：熹微前的牧场／处处呈现勤劳的含义／当太阳刚刚伸出最早的那缕霞光／我怀疑是额吉从奶牛乳房挤出的奶汁——《春光明媚的大草原》；敖包沉默／虔诚的祷告渗入石头／那是从我眉头卸下的一块块坚硬／垒成夙愿／在草原凸起／照耀我独行的生涯——《晚秋的草原》；星星悄悄站满天空／花朵轻轻合拢了嘴唇／天空没有温柔云朵／云朵已落在绿色的牧场／那是我洁白的羊群／草原仲夏之夜哟／你是这样迷人——《草原仲夏之夜》；我那纷乱的思绪／像出栏的羊群滚滚／但洁白／在歌唱草原的旋律中／不禁扪心自问／我的诗，能否在寒风里／敞开拓荒者的胸怀——《草原，冬天的诗情》。他在生前曾对女儿说，将来我出诗集，书名就叫《在草原深处》。我们尊重了他的这一遗愿。他那朴实无华的纯真，宽容大度的豪爽，宁静致远的深沉与雄浑壮丽的草原相得益彰。

他从不追逐新诗的时髦，多年来一直恪守自己的风格。因此他的诗元气真足，含蓄中表露出大美的意象，简约中又不乏哲理。从诗中，我们看到他以敏锐的目光洞察世态人情，用饱满的笔墨诠释了这个生动的世界。

诗歌也是他与世界的唯一对话方式。这个世界有他的亲人、有他的朋友、有天上的云、有窗外的树、有春天的阳光、有夏日的繁花、有秋季的落叶、有寒冬的瑞雪、有草原的风、有他走过的山山水水——有透过纸背的一种满族汉子不羁精神的凝结。

这本诗集的出版，他所有的朋友和他的老母亲、妻子、女儿及兄弟姐妹定会再一次从他饱蘸心血的行行诗篇中读懂他胸腔里跳动的心。他是一个真正的纯粹的诗人，有着"语不惊人死不休"的刻苦，他为诗歌而生，为诗歌而死。他说过，诗就是他的生命，是为梦想，也是为心灵深处的那片宁静。

他带着内心对美的追寻急促地走完了短暂而独特的一生，我们相信，他没有离开我们，而是以另外一种形式存在：和那些离开地面的天才魂灵一起，在天堂的某一高度自由飞翔，他们不会寂寞，会和所有天国中的诗人一样化作诗的精灵，飘荡在故乡草原的上空。

《在草原深处——钟礼诗选》的出版，凝聚着众多人的期盼：是他的母亲，一位八十多岁的慈祥善良的老人的最大安慰；是他的妻子、女儿、兄弟姐妹的最好纪念；是对他的诗友的最大慰藉；是给喜欢他诗歌的读者们最美的精神回馈。同时，也了却了我，他生前最好朋友的一份心愿。钟礼逝世后，我便带着思念着手出版他的诗集，在整理、选编他的诗稿过程中，我的妹妹都媛含着泪花，阅读了他的全部诗稿，并分门别类，精选诗作，组卷编辑。我的同事于泓、江泳、张云梅、李扬等也帮我做了许多工作。我的同学春风文艺出版社社长韩忠良同志及编辑们付出了大量心血……这一切，都愿九泉之下的钟礼一一铭记。

《在草原深处——钟礼诗选》的出版，是对诗人的最好怀念。

《胡雪诗集选》序

今年是虎年，农历庚寅年。因为伟大的爱国诗人屈原在《离骚》中曰："惟庚寅吾以降"，所以书画大师、诗人范曾为今年激情挥毫写下4个字——诗人之年！在这"诗人之年"，我的书案上放了本年轻人胡雪写的诗集书稿，邀我写序，我非常高兴，既为诗歌的传承，也为诗歌的振兴。作为诗歌爱好者，我期盼在这诗年更多的人热爱诗歌。

我读"80后"的诗歌不多，但感觉他们的探索精神可圈可点，使诗歌本身具有了鲜明的价值。他们大多时尚大胆、不拘形式、思维发散、张扬叛逆、热情奔放、直抒胸臆、题材广泛、富有哲理；有抒发对青春的激情，有伤感、有神秘、有浪漫；有反映社会的现状，更有抒发爱国的情感。时代的浮躁、年轻的冲动、就业与失业的抉择、爱的迷惘等等，所有这一切，都带有年轻的"80后"深深的时代印记。他们用诗歌张扬自己的个性，反映生活的真善美，既坚持了现代派诗歌个体表现与悲观表达互融的特性，同时又洋溢着中国新诗所追求的现实意义和文学价值，具有一定的文学张力与艺术感染力。

读胡雪的诗也印证了这一点。

胡雪是"80后"年轻女诗人，通观她的诗集选，两章50首，分现代情怀（现代诗篇）与古风古韵（古诗篇）两部分，大部分是自由体的现代诗，占了篇幅的三分之二。由于成长于改革开放的年代，国内经济日益繁荣，互联网世界日益强大，使得中国"80后"年轻人的诗歌具备了自身不可取代的特点，与前几代诗人相比，眼界开阔、思想解放是他们的明显优点，他们有他们的思维与语境，有他们独特的写作风格与审美空间。胡雪是中国银监会国际部的职员，有机会走出国门，远赴欧洲，她在土耳其深情写下了："静静感受，广阔无垠，那是爱琴海包罗万象的心。究竟，有没有一种博大的胸襟，足以超越一切种族、宗教和物种的分明，吞噬世间所有的狭隘与纷争，只剩下纯粹的善良和悲悯"；《爱琴海的心》表达了对和平、自由、文明的渴望；《问沙鸥》作于瑞典；《再见，巴黎》是唯一的一首法语之作，显示了她的外语功底和国际化视野。

胡雪的诗作，有很大一部分是游记和对电影、电视、名著、作家的解读和随笔，三毛、山口百惠、林徽因与陆小曼、布兰奇、许文强、梅艳芳等名人都曾"牵动我脆弱的泪腺，一笔笔刻下心灵的诗篇"（《红尘中那只不死鸟》）；"岁月的荡涤中，不曾带走的，是初衷的不改；天使的翅膀下，纯净升华的，是如一的色彩"（《如一的色彩》）；"终究是曲终人散，街空夜阑"（《评上海滩》）。这些作品充满才气，语言无拘无束，纯粹得原汁原味。胡雪的诗所有的感悟都很真实，不装腔作势，不故作高深，不歪曲，不粉饰，不遮遮掩掩，不阿谀奉承，给人以最大限度的坦然与真实。胡雪的诗较少用比喻、暗喻、象征、借景抒情等一些传统的诗歌表达方式，多数是直抒胸臆，如"寂寞并快乐着，对陈规挥挥衣袖。笔耕中体验着，破茧重生式的解忧。三字头诉说着，无悔青春的回眸"（《三字头的回首》）。

最具代表性的作品当属纪念小虎队成立20周年的《那时的伙

伴》，全诗长 108 行，是胡雪诗选中倾注笔墨最多最长的一首诗。可见"台湾宝岛三个少年对一个时代特定年龄群产生的无与伦比、一呼百应的号召力"（作者语）。诗人在诗中深情地回顾小虎队给她们童年、少年、青年涂上的五彩斑斓，那"青涩稚嫩歌声填满了你单调的童年"，"那动感的舞姿点燃了你的青春火焰"。因为这"歌声或许不仅仅是歌声那么简单"，"而是陪伴一代人走过童年和青葱岁月的伙伴"。整首诗，语言奔放、朗朗上口，深情地描述了小虎队是如何陪伴她们成长、给她们带来巨大快乐的，而且娓娓道来的叙述中有思考、有哲思，代表了"80 后"诗人的心声，表明"80 后"诗人在求索和印证中不断成熟。

胡雪的几首生活感悟诗从日常现场切入生活，有鲜明的个人色彩，于琐屑处挖掘诗意，语言轻松，节奏舒缓，让人也跟着慢下来，体会瞬间停留而生发的诗情。

18 首古风古韵，显示出了胡雪扎实的文学修养，我为我们行业有这样上进、才华横溢的年轻人而欣慰和自豪。

每每读年轻人的诗，我的心也跟着年轻起来，中国诗歌的未来就是他们的。寄语胡雪一代年轻的诗人：托尔斯泰曾经说"愈是诗的，愈是创造的"。创造来于哪里？来于内心的感悟。感悟来自哪里？来自人与自然、我与万物的激荡。中国诗歌最早的"赋""比""兴"的写作手法，其实正是诗歌深度创作的渊源所在，也是孕育诗歌生命的博大的秘密所在。对于这一点，中外诗歌理论上的术语虽然不一样，但是方式与方法是一致的。中国诗歌之久远与美感兴发之由来，比世界上任何一个国家都丰盛、茂美。因此，"80 后"诗人不妨去追寻一下我们的祖先中那些瑰丽、豪迈的诗歌足迹，也许能够在诗歌的修养上得到一些必要的加持。一个好的诗人，应该感受外在的"诗意"之美，充满对外在的渴望，而后观照内心世界，在生命体验中追问与求索。去掉急功近利与浮躁之心，无论是先锋还是现代，理论修养和阅读实践，优美的语言质感，旺盛的创作才情，都是必不可少的。不要太随意，网络化的写作方式、承载方式和传播方式固然会多产作品，但有可能失掉诗歌的庄严性。今天我读"80后"诗人胡雪的作品还是充满了欣喜，她们代表着新的诗歌力量，总是在不经意间给你耳目一新的感觉，"80后"是全新的。

正如一位老诗人所言，年轻人的写作仍在成长之中，他们所创作的诗歌已经在艺术星空中闪烁，我们只能送上深深的祝福。

《激流人生》自序

　　青年，是社会瞭望的聚焦点，是人生成熟的开端，是人类永恒的生命力之所在。掌握了青年，就掌握了未来；了解了青年，就了解了时代的主脉。但要掌握青年，就不能"隔岸观火"，要了解青年，就不能戴"有色眼镜"。所谓"垮掉的一代""迷惘的一代""没有希望的一代"的评语，在我看来都是抓住一点不及其余的妄加论断。我觉得，要深入地了解掌握这一代，从外在方面，我们一定要深刻地理解青年所处的历史时代；从内在方面，我们必须要深入青年的心灵，与他们一起去体味生命，去思索人生，去同甘共苦，去坦诚相见。要了解掌握青年的困惑、青春的骚动，以及他们离经叛道的行为，都不能就事论事，只看现象不看本质，眉毛胡子一把抓，而应从他们的困惑、骚动、失常行为的背后看其社会原因，从这些社会原因中分析他们的个性特点，从他们的个性特点中进一步认识青年的时代特征，从他们的时代特征中掌握他们的生命律动。只有了解了青年，才能与之形成"视界融合"，找到"共同语言"，也方知从哪里去"晓之以理"，在什么方面去"动之以情"。

　　没有青年，人生和社会都会安静许多，矛盾减少许多，但人生和社会也一定会沉默许多，失去光彩许多。因此，我们与其站在"导师""家长"的位置，在他们的生活中指手画脚，时常泼一盆冷水，还不如操起一把大扇，为他们的生命之火助燃，不断为其理性的迷惘解惑，为其感性的失误排难。因为从他们的青春火焰中，不仅能够喷涌出走南闯北、放荡不羁的"危火"，而且也能够喷发出烧毁旧世界、推毁旧道德、光照于未来社会的"圣火"，我们不应因其能蔓延成灾，就双管齐下地将其熄灭，也不能因其存在危险的可能，就无原则地为其助燃。如果这火真正危及了共和国大厦的基础，我们就应在"火"和"基石"之间及时果断地挖开一条沟渠，如果这火激发出的是无穷无尽的创造热浪，我们就应该拼命地为其提供燃料，使之烧得更旺。

出于以上的考虑，我写出了《激流人生》，试图从社会学、文化学、心理学、伦理学、美学、哲学的方方面面去观照出现在青年一代身上的色彩斑斓的现象，去透视他们内心世界的底蕴，去疏导那一旦决堤就不可收拾的潜石暗流，去挖掘那一旦燃烧便能光耀世界的青春火焰。

本书分为两个部分：第一部分是对近年来有关青年热点问题的省思；第二部分是与青年关于人生哲学的对话。无论是省思，还是对话，我都尽力深入社会，贴近青年，体认时代。世界是一个多极的世界：人生的异彩、社会的斑斓、遐思的广阔……并不是"非此即彼"，也不像"1+1 = 2"那么容易计算；谁也不能发现绝对真理，每一代人提供的也仅仅是他们对生活的体验和相对合理的答案；每一个人是一个世界（黑格尔语），这个世界是一个"迷"的世界，体察这个世界，解读这个世界，界定这个世界，是我们过去在不断地探索，今天在不断地追求，明天仍为之努力的旨趣。因而，我所了解的这个世界，只是"我"思的世界，而不是"你"思"他"思的世界，"我"思的这个世界，对于"你或他思"的世界有一点儿启迪，有一丝春意，有一阵感悟，著书者，便足矣。

《诗以言情》自序：情到深处涌诗篇

     我自幼喜爱文学，虽生长在书籍贫乏的"文化大革命"年代，但从年少时起，在母亲的影响下，就千方百计地搜集文学名著，利用一切可能的机会和条件，接触古今中外文学经典，并如饥似渴地阅读，特别是对古典诗词产生了浓厚的兴趣。恢复高考后，我考上了辽宁大学哲学系，在学习哲学的同时，我旁听了中文系王向峰老师的文艺理论课，开始系统地学习文学知识，并组织和参加了学校的社团组织——诗词学社。20世纪80年代初正是文学大繁荣的年代，"伤痕文学""朦胧诗"风靡校园。从那时起，我开始写诗，并在文学期刊上陆续发表了一些作品。大学毕业后，随着年龄、阅历的增长，这一兴趣不减反增。特别是近些年，诗词创作开始步入高峰，尤其是走上领导工作岗位后，随着接触的事、认识的人的增多，生活更加丰富、工作机缘更多，也随着出差任务的增加，游历祖国名山大川的机会增多，每每遇到感动的事，每每出差返程后，都有诗词作品出炉，长年日积月累，以至于21世纪初，大陆和港台出版社陆续出版了以《和风细雨集》为代表的我的几部诗集，在知识圈，特别是在诗词领域产生了较大的影响。辽宁省美学会、诗词学会还在2008年夏天举办过我的诗词研讨会，王向峰老师主编了一本《都本伟诗词论集》的文学评论集。文学界把我的诗词定义为以"情"抒写的浪漫派诗词。这一评价我是十分认同的，从诗词特别是词的创作来说，我的作品谈不上严谨，往往笔走偏锋，随心所欲，打动人的乃是其大都以情感取胜，这与我对诗词的理解和创作倾向有关。

我认为，佳诗贵在有真情。诗也好，词也罢，必须押韵、讲究平仄、用对仗、合格律。但押韵的文字就是诗吗？讲究平仄的文字就是词吗？不是，那可能是"顺口溜"之类的东西。押韵、平仄、对仗等，只是诗词形式上的要求，是表象、是皮毛，而用情才是诗词内容上的要求，是本质、是核心。古典诗词的血肉是感情。香山居士有言："诗者：根情、苗言、华声、实义。"陆机说过："悲落叶于劲秋，喜柔条于芳春。"（《文赋》）刘勰说过："物色之动，心亦摇焉。"（《文心雕龙·物色》）袁枚也说："诗者，人之性情也。近取诸身而足矣。其言动心，其色夺目，其味适口，其音悦耳，便是佳诗。"（《随园诗话·补遗》卷一）诗主情说，尤以袁枚为最，袁枚论诗，讲究"先天真性情"（《再答李少鹤书》）、"性情得其真"（《寄程鱼门》）、"千古文章，传真不传伪"（《小仓山房集》卷十）。重性情，是袁枚"性灵"说的要义与精华所在。如袁枚论"诗圣"杜甫，亦以"情"字着眼。他说："人必先有芬芳悱恻之怀，而后有沉郁顿挫之作。"袁枚认为，杜诗的妙处不仅在于"每饭不忘君"，更在于"深于情"，在于对友朋、弟妹、夫妻、儿女的一往情深。这确实是大见识，深得杜诗之魂。其实，袁枚本人也是这样的人。《清史稿》本传中说："枚笃于友谊，编修程晋芳死，举借券五千金焚之，且恤其孤焉。"他的诗文集《小仓山房集》中关于朋友、兄妹、儿女之情的佳作颇多，皆是真情洋溢之作。

得其古典诗词之"真传"，我在诗词创作中，始终以"情"为核心：游历祖国的名山大川，使我生出对祖国的无限深情；与亲朋的相处，使我生出对亲朋的浓厚感情；双亲的过世，使我生出对双亲无限怀念的骨肉亲情；对生我养我故土的依恋，使我滋生了"生于斯、长于斯"的刻骨铭心的乡情；面对壮美秀丽、时光流转的四季景致变化时，使我生出对大自然的依依不舍的恋情；对家人相亲相爱却不能常相见常相守的孤独，使我生出日思夜想的爱情。我把生活中的这些情感诉诸笔端，于是一首首歌颂自然、生活、人生、生命的诗词便应运而生。如充闾先生所说：本伟"无论是寄情山水、讴歌祖国的壮丽河山，还是缅怀双亲、抒写对亲友的眷恋，都充溢着一种灼灼的真情。"（《和风细雨集》序一）向峰先生说：本伟的"百余首古今体诗作，或寄情山水、感悟生命，或探幽寻古、思索人生，其潜心营造的诗情画意，使人在潜移默化中进入诗词的情境，受到审美的熏陶和情思的感化。"（《和风细雨集》序二）诚哉斯言，诗界称道的我的《母祭日感怀》《清明祭》等是我满怀深情对双亲的无限怀念（亲情）；《焚祭》等是我对已故诗友情真意切的诗情表达（友情）；《可不可以》《等你，在雪中》等是我对爱情执着追求的浪漫情怀的诗意阐发（爱情）；《英金河的诉说》《心系那片土地》等是我对生我养我故土的依恋和对我为之奋斗五个春秋第二故乡的诗情表达（乡情）；而更多的诗作是在面对祖国名山大川的壮美秀丽、四季流转的景色变换时，产生的情感冲动而激情抒怀（自然之情）。我的妹妹，辽师大中文教授都媛精辟地概括说："哥哥的诗词告诉我们：亲情、友情、爱情引领我们向善，故园情、山水情教会我们感恩。激情、真情情情奔涌，促使我们对周围张开爱的怀抱。感情的最高境界其实是一种归宿，是一种回归大自然后的情感释怀，一份和风细雨后的安然；感情其实也是一种对话，孕育着无数的情怀。"（《都本伟诗词论集》）知兄莫如妹，妹妹的这段话是对我诗词的最准确诠释。

总之，我的诗以"情"见长，"情动于中，而形于言"（《毛诗·大序》）。所以，在本文丛中，我将此前发表和出版过的诗作汇集于此，书名定为《诗以言情》，进一步突出强调我的诗作的特点，并将诗词界对我诗词的评论，择其要者，登载于此，以便读者阅评。

仅以此序，感谢那些关注我的诗作、喜欢我的诗作、朗读我的诗作、评论我的诗作的朋友和同人！

微信扫码
• 文 学 名 段
• 趣 说 中 国 史
• 哲 学 探 索
• 读 书 笔 记

145

《文以载道》自序：我所理解和创作的散文

　　散文，可说是文章体裁中最容易写作的文体，它不像小说，需要人物、情景、冲突，通过构思人物的悲欢离合、背景的时势变迁、情节的起承转合、冲突的对立消解等来展开；也不像诗词，词语要简约精要、诗行要合辙押韵、平仄要起伏律动、意境要引人入胜；更不像政论文，需要立论、论据、结论，需要引经据典、以理服人、以事证论，从而让人信服。散文，可说一件事，可抒一份情；可叙眼下，可忆过往；可写心情，可状事理；篇幅可长可短；题材可大可小；是最自由的文体。从此意义上来讲，只要能有初中以上文化，人皆可写散文。正像初中语文教师指导学生们写的作文那样，许多范文都可以归入散文体裁。

　　但是，散文虽然不像其他文章体裁那样讲究，写出一篇好的散文却也不容易，我理解好的散文需具有以下几个要素：一是语言的优美，像朱自清的《荷塘月色》；二是情感的动人，像魏巍的《谁是最可爱的人》；三是意境的回味，像鲁迅的《从百草园到三味书屋》；四是意义的彰显，像刘白羽的《日出》。在以上诸要素中，我最强调的是第四个，即意义的彰显。如果一篇散文不能给人以美的享受、道德的启示、情感的认同，没有教育意义，就不能称为好的散文。一言以蔽之曰：文以载道。

所以说，好的散文是形散而神不散，语言再优美、辞藻再华丽，如果是无病呻吟或哗众取宠，不仅不能引起读者的共鸣，反而会引起反感；如果空洞无物，只能浪费读者的宝贵时间；如果错讹百出，甚至价值观扭曲，那将是对读者的最大伤害。

我不是学文学出身，以上的话在业界看来不一定说得那么专业，但这是我长期读书、写书的心得体会，也是我取舍散文的标准。以此为标准，我也试着写了些类似的文章，仅以此文集的几篇习作，谈谈我的认识。

《大爱长存去后思》一文，是我2008年母亲节时所作的悼母回忆录。每个人都有母亲，凡是有孝心的子女在母亲过世时都会有痛不欲生的感觉。但如何将悲痛化为力量，将母亲的一生加以总结，提炼出道德风范、性格品质、人文修养，则需下一番工夫。我将母亲一生对我影响较大的生活琐事加以整合，以饱满的真情将她对我的爱诉诸笔端，夹叙夹议、情理相融、诗文并举，将慈母的爱、孝子的痛通过一段段难忘的往事一一道来，形成打动人心的情感力量，给读者以"母亲虽逝，精神永存"的强烈感受。如此一来，这篇散文的"道"即母爱永恒。

《在草原深处》的序文，是我2006年为亡友诗人钟礼先生出版的诗集所写的一篇序言。我的中学好友钟礼先生一生酷爱诗歌，几十年如一日，通宵达旦地写，夜以继日地作，一篇接一篇地发表，可惜英年早逝，最后猝死在写诗的黎明。他生前创作了500多首诗歌，其中发表了400余首，但遗憾的是至死都没有出版过诗集。钟礼先生过世后，我将他的全部遗稿进行整理分卷，联络了出版社，并着手"序言"的写作。

经过慎重的构思，我将这篇序言用一个鲜明的主题加以贯穿：那就是"诗痴"，写他如何爱诗、如何读诗、如何写诗、视诗如命，为诗熬尽了最后一滴心血，让序文给读者以"诗人已驾黄鹤去，唯留诗才在人间"的悲剧美学效果。如此一来，这篇散文的"道"即与诗同在。

当然，在我的散文写作中，虽然注意到了"文以载道"，但囿于题材的不同、主题的不同、心境的不同，"载道"还没有篇篇体现，有些形散而神不聚，有些神聚而言不美，有些言美而情不浓，就是以上所举之例也不是尽善尽美，都需要我在以后的写作生涯中努力加以提高。

文集中还有一些散文写于20世纪80年代末90年代初，由于过去了三十多年，时势变迁，有些论题带有明显的历史痕迹，也很难说"文以载道"了。

以上这些文字，权作本卷的导引吧！

《教比中美》自序：在比较中取长补短

西方自古希腊罗马、中国自春秋战国至今，2000多年来，学科的发展经历了从哲学的包罗万象到逐渐分化、细化，再到交叉、整合的过程，形成了现在的自然科学和社会科学两大类，即经历了一个综合、分化、再综合的过程。"西学"和"国学"也经历了独自成型、各有侧重、相对封闭的发展过程。但近代以来发生了中西文化的大碰撞，鸦片战争后，中国一批有识之士开始译介"西学"，一批经典科学著作，如赫胥黎的《天演论》、达尔文的《进化论》等相继被介绍到中国，"赛先生"（Science）受到了中国知识界的青睐。"五四运动"后，以马克思主义为代表的西方哲学社会科学思想开始在中国大地广泛传播，"德先生"（Democracy）推动了中国社会民主化浪潮，不仅促进了中国共产党的诞生、中国革命的高涨，也促进了西方哲学社会科学思想的传播，"西学"著作被不断地译介到中国。中华人民共和国成立特别是改革开放后，以商务印书馆"汉译名著"丛书为标志，形成了译介西方名著的高潮。随之，研究西方哲学社会科学思想的一批学者应运而生，著作如雨后春笋般地增长。在西方，随着中国从积贫积弱的"东亚病夫"经过20世纪百年的奋争，到今天成为发展中的大国走向国际舞台，"国学"开始成为"显学"，以美国哈佛大学、耶鲁大学为中心的研究机构和以费正清、杜维明为代表的一批"汉学家"，为推动中国的学术研究起到了重要的作用。

随着"西学"和"国学"研究的深化，东西方的学者开始意识到，仅仅就"西学"研究"西学"，就"国学"研究"国学"，不利于学术的交流、借鉴、繁荣、发展，应进行比较研究，取长补短、优势互补。从20世纪上半叶开始，以"中研院"和"西南联大"为主体的一批学者，开始从事中西比较学的研究。随着国民党政府退居台湾特别是"解禁"后，中华人民共和国成立特别是改革开放后，海峡两岸的学者注重将"西学"和"国学"进行比较研究，并逐渐形成了一批有价值的成果，中西比较学成为学术中的热门，出现了"比较哲学""比较史学""比较文学""比较社会学"等新兴学科。比较学的兴起和繁荣，无疑在推动我国哲学社会科学体系建设上发挥了重要作用。在我看来，这种作用主要体现在以下几个方面：

一是借鉴意义。"他山之石，可以攻玉"，虽然中西的历史进程不同、社会制度不同、意识形态不同，但在长期的社会进步中，哲学社会科学发挥了重要的导向作用。马克思的《资本论》揭示了资本主义产生、发展、灭亡的过程，"劳动价值论""剩余价值学说"揭示了资本的秘密、社会化大生产的规律等，一直是经济学的经典著作；马克斯·韦伯的《新教伦理和资本主义精神》从精神世界层面揭示了社会意识对社会存在的反向推动作用，一直是社会学的经典著作；尼采的《查拉图斯特拉如是说》通过哲人之语揭示了西方社会的危机和矛盾，一直是现代西方哲学的经典著作。总之，通过对西方经典学术著作的研究，特别是通过与中国本土学说的有机结合，比较研究，吸收"西学"的精华，不仅能够丰富我国的哲学社会科学研究，而且能与执政党的理念相契合，还能变成改造世界的物质力量。马克思主义与中国革命和建设实践的结合，就形成了毛泽东思想、邓小平理论、"三个代表"重要思想、科学发展观、习近平新时代中国特色社会主义思想。

二是鉴别意义。西方思想学说也是鱼龙混杂、良莠不分，有些学说本身就是歪理邪说，如希特勒的《我的奋斗》；有些学说虽然当时看似正确，但由于脱离了其思想产生的那个时代的土壤后，就会过时。因此，在比较研究中，可以通过深入探讨，取其精华，去其糟粕，学习吸收有价值、有意义、有指导作用的理论，摒弃那些已过时、无价值、无意义的学说。

三是启发意义。任何思想学说只要是有真知灼见、有理论根据和采取了科学的方法，不仅对本门学科具有指导性，而且对于其他学科也具有启发性。如亚当·斯密的《国富论》、凯恩斯的《货币、就业和利息通论》，不仅是经济学的经典，而且对于政治学、社会学都有裨益；弗洛伊德的《梦的解析》、弗洛姆的《逃避自由》，不仅是心理学、病理学的名著，而且对于伦理学、哲学研究都具有启发意义。总之，通过比较研究（这种比较可以是学科内的，也可以是学科间的，还可以是中西之间的比较），可以开阔视野、启迪思维、丰富想象、完善理论、借鉴方法等，使理论升华、成熟。

有鉴于此，由于有长期从事高校一线教学工作和在政府部门从事宏观教育管理工作的实践，我对比较教育学产生了浓厚的兴趣。从 20世纪 90 年代中期到现在，我的足迹遍布中美上百所大学，通过这些实地访问调研和考察学习，我又对中美高等教育比较倾注了研究心血，十多年来，指导了多位研究美国高等教育的研究生。由于与沈师大留美归国的王凤玉教授研究兴趣相投，我们一拍即合，经过一段时间的努力合作，于 2011 年完成了《中美高等教育比较研究》一书的写作，并由高等教育出版社于当年出版，时任教育部副部长的鲁昕博士拨冗作序，并向教育界推荐了这本书，使得本书成为比较教育学领域的一部新著。

虽然本书出版已逾六年，但对指导高等教育学科建设、对当下国家正在实施的"双一流"建设仍不无裨益。世界一流大学主要集中在美国，我国要建设若干一流大学和一流学科，如不以美国大学为参照，吸取其成功的经验和失败的教训，结合我国高等教育的国情进行创造性的转化，要实现"双一流"建设目标几乎是不可能的。有鉴于此，我将本书的主要学术观点简要阐述如下：

一、美国的高等教育历史长，对美国社会的贡献大

美国的大学比美国的历史还长。1636 年英国商人哈佛捐资，在今马萨诸塞州剑桥市，模仿英国大学体制，建立了美国历史上第一所大学——哈佛大学。在随后的近 400 年间，美国的大学得以繁荣发展，至今已有 4300 多所高校，与其国力相称，现在真正是世界上高等教育的强国。美国大学承担了国家一大批重大的科研项目，贡献了世界上一大批诺贝尔奖得主，培养了全球一大批最杰出的商界领袖和国家领导人。美国之所以能成为经济强国、军事强国、科技强国、文化强国，与美国高校对高层次人才的培养紧密相关。美国强，归根结底是教育强、人才强。但反过来，我们也不能妄自菲薄，严格意义上的中国高等教育只有 100 余年的历史，由于国力、条件、人才等的限制，发展到今天我国已有 2800 多所高校、3000 多万名在校大学生已实属不易。所以，在比较研究中，我们要历史地看、发展地看、客观地看、辩证地看。

二、美国的高等教育资金实力雄厚、办学条件强

美国高校无论是私立还是公立都有很强的资金实力，资金来源主要通过以下几种方式获得：一是纳税人的税款，公立大学的办学经费主要来自本州政府的财政拨款，私立大学根据其对本州的贡献和需要，也有少部分的财政补助；二是横向（企业）和纵向（国家）的科研项目的研究经费，这些研究经费足以支撑美国大学的高科技研发；三是校友的捐赠，由于美国有较科学的累进制的税收政策和高比例的遗产税纳税体制，所以优秀校友向母校捐资的积极性比任何一个国家都要高，在美国顶尖大学中，每年校友捐资多的占学校总支出的一半以上，少的也在 20%~30%；四是资金的运作，由于美国有高度发达的资本市场和金融创新能力，可以吸引高校将闲置资金投向股票、债券等，"钱生钱""利滚利"使得大学的资金越来越雄厚；五是学费的收入，私立大学普遍收费较高，公立大学对本州学生采取学费优惠政策，但对非本州学生的收费却较高；六是教育产业的收入，美国是较早将教育作为产业来办的国家，截至 2016 年年底，国际学生已达 350 万人，占了美国大学在校生的 15%，这几百万人的留学生不仅为美国拉动了GDP，而且也成为美国大学最重要的财源之一。俗话说："有多大本事干多大事。"有雄厚资金支撑的美国大学怎能不领先于国际先进水平呢？

相比之下，中国大学的办学经费则显得不足，办学经费渠道窄、收支不平衡。从公立大学看，分为国家办学和地方办学，地方办学又分为省属办学和市属办学。国家办的大学往往获得的中央政府财政资金较充足，每年的财政拨款比地方办的大学要多得多，特别是近一二十年，国家搞了"211""985"两项工程，采取择优扶强的政策，使得列入两项工程的大学实现了较快发展，但地方办的大学则由于财

力有限，没有资金实力去增加对所属大学的支持力度。而我国的私立民办大学基本没有财政拨款，仅靠学费收入支撑，加之办学历史短、师资力量弱，所以办学水平一直不高。虽然随着 1999 年"扩招"，国家招生实行收费"并轨"，受教育者承担了部分培养费用，但由于我国是发展中国家，居民的收入低，农村还有上千万贫困人口，收费标准不可能高，学费收入仅仅是大学收入的补充而已，学校还要通过奖助学金的方式将部分收入补给学生，降低了大学的资金统筹能力。总之，资金实力悬殊使中美高等教育存在严峻差距，假使中国大学有美国大学的办学实力，中国部分顶尖大学的办学水平绝不比美国差多少。

三、美国高等教育的科研水平高、教育质量好

美国高校是美国科技创新和孵化高科技企业的主体。美国没有庞大的科研院所体系，美国的科技创新得益于高校的科技实力。这主要在于：一是美国高校是藏龙卧虎之地，美国顶尖科学家在高校中占了总数的大半，在某些高校校园里甚至一不小心就会碰上诺贝尔奖得主。二是美国高校的实验条件全球领先，国家重点实验室大多设在大学，有些企业的研发中心也交由大学来做，由此国家和企业的重大科研项目也交由大学攻关。三是美国高校，特别是研究型大学对教师科研水平的评定重质轻量，有时一本高水平的著作、一项高水平的技术发明、一篇高水平的学术论文，便可获得职称晋升；许多高校还设立了若干终身教授席位，只要是成就突出的教授都有获评终身教授的机会，而无后顾之忧……这些都极大地调动了广大教师参与科研的积极性，焕发出创新的能量。四是美国高校鼓励学者创办企业，著名的硅谷就是斯坦福大学科技创新、科技成果产业化的模板，微软就是哈佛大学肄业生比尔·盖茨领衔科技创新的杰作。五是研究生培养数量和

质量"双高"，美国研究型大学主要以培养研究生为主，研究生在在读期间就参与导师的项目研究，有的在读期间或毕业不久就有创新性成果问世，研究生成为美国科技人才队伍源源不断的重要补充。

由此反观中国大学的科研体制、机制、创新能力，差距就很明显了。中国有一个庞大的科研院所体系，国家重大的科技攻关项目主要承担方是科研院所，大学承担的主要是基础科学研究项目，成果转化难。中国大学的实验室普遍装备水平不高，难以做出高水平的实验。企业对大学的信心不足，很少有企业将研发中心设在高校。在内部科研管理上，重量轻质倾向比较严重，教师晋升规定的成果数量较死，虽水平不高，只要量够也能得以晋升，其导向是教师将主要精力放在不遗余力地写书、发文章上，原创性成果少，消耗了宝贵的研发精力和创新热情。由此，中美大学科研水平的差距可见一斑。

四、美国高等教育的软环境好，政府对高校的干预低

美国政府对高等教育的管理偏重于宏观和立法。根据法律规定，联邦政府对高等学校没有直接管理权，虽然1867年美国就设立了联邦教育部，但该部只是作为一般性的指导和咨询机构存在，权力十分有限，主要是通过立法、评估认证和颁发指导性文件等途径，对全国高校实施宏观调控。相比之下，各州州政府对本州的高等教育却具有广泛的权力，大多数州立大学是由州政府建立的，大多数私立大学也是从州政府那里获得办学许可的。尽管州政府比联邦政府权力大，但对高校的管理权力也是有限的。因为州高等教育的立法权在州议会，州议会制定法案，对本州的高等教育机构的经费来源、组织形式、师资资格等作出原则性规定。州政府下辖的高等教育委员会或协调委员会是各州公立高等学校的办事机构，负责制定本州高等教育规划、向州

政府提出预算方案以及协调本州各高等学校之间的关系。但由于州政府是高等教育部门的主要经费提供者，因此州高等教育委员会或协调委员会和各高校必须接受州政府的财务监督和指导。有些州还规定，州立院校的董事会成员由州政府任命，私立大学虽有自己的董事会，但其首届董事会成员名单和董事会成员的选举方式由州政府明确规定，并受本州相关法律制约。

如上所述，政府实际上对高等教育的管理主要表现为间接管理和依法制约，而高校的招生计划、专业学科设置、教学科研、社会服务、教师职称晋升和队伍建设等微观管理都属于高校办学自主权范围，特别是有关学术本身，不受政府制约。这就形成了高校和教师的学术研究和教学活动的自主化，言论自由、结社自由、出版自由，政府无权干涉学校的学术活动和学者的学术自由，这就是美国高校创新能力强的奥秘所在：一个思想开放、兼容并包、言论自由的校园环境，才能培养出创新型人才和结出创造性成果。

而反观我国高等教育管理体制，从拨款到招生就业、教学科研、课程设置、学生管理、职称评定、人才引进、校长选聘等政府无所不管，学校办学自主权不大。这样的软环境一方面使高校没有办学的积极性，另一方面难以培养出大师级人才。这才是"钱学森之问"——培养不出诺奖得主的真正症结所在。

五、美国高等教育的教学管理和教学方法新，教学效果好

在美国的高校中，教学是最主要的自治领域，教学管理由高校自主操作控制，教学计划的制订、教学活动的组织、教学过程的监控、教学效果的评价，以及高校各专业培养目标的确定、学科专业和课

程的设置、教学大纲的编制、教学设施的配备、教科书和教学资料的选用、教学活动的安排、教学质量的监测评价等诸如此类的各种教学环节，都属于高校的内部管理事务，政府和任何社会组织都无权直接干预。

在美国高校管理中，教师委员会发挥更大的作用，学术权力某种程度上高于行政权力。学校从上到下各个层级的组织结构普遍都建立了各种教师委员会和学术委员会，各个层级的教师委员会和学术委员会为教师和专家参与教学管理和学术评定提供了组织保证。美国高校的各项教学管理事务都必须经由教师委员会讨论决策，提出政策性的措施和建议，供校内各层级的行政机构选用。教师的学术评价、学术地位、学术影响、学术活动、职称晋升等也大多由学术委员会提出和决策。这些都体现了美国大学教师治校、学术高于一切的管理理念。

美国高校的课堂教学管理，也由教师说了算，采用教材、课时安排、课业评价、考试方式都由教师自主确定，行政部门按教师意志予以配合。特别是教学方式，倡导一种开放式的教学模式，讨论或互动式的教学占主导地位，甚至教室座位也采取讨论或互动式、开放式摆放，教师讲与学生听、学生讨论与教师参与相结合，调动了学生选课听课的主动性和积极性，这样的教学方式才能启发学生的思维、调动学生的潜能、培养学生的批判精神，促使学生积极动脑主动学习，保证学习效果更好，学到的知识更扎实。

相比之下，我国高校学术权力很有限。教师很少参与到教学管理活动之中，教学方式陈旧，照本宣科"填鸭式"教学方法普遍盛行，教师没有教学自主权，学生没有学习自主权，培养了许多高分低能、适应性不强的毕业生。

但美国的高等教育也不是尽善尽美，特别是学生管理方面，思想教育、政治教育、德育教育缺失，学生的自由度过大，犯罪率较高；高校特别是私立大学的学士学位要花费学生家庭的巨额收入，如此庞大的开销对其家庭是一种沉重的负担；重视研究生教育，而本科生的数量在减少，质量在下降；两年制的社区大学特色不突出，主要目标是引导学生进入四年制大学继续学习，无形中成为四年制大学的预备学校等。这些方面美国应该很好地向中国学习。

综上所述，通过对中美两国高等教育的比较研究和学术探讨，可以看出美国高等教育体制和管理有其优越性，一流大学和一流学科集中在美国绝不是无源之水、无本之木。中国政府和中国高校要很好地向美国学习、取经。只有以开放的心态，去粗取精，去伪存真，全面深化我国高等教育的改革，真正地向世界开放，才能使我国高等教育迎头赶上世界高等教育先进潮流。这也是本书的目的所在！

《心灵探秘》自序：时代的心理学

　　我的学者生涯，从学习和研究哲学开始，哲学可以说是自然知识和社会知识的总和。这样理解哲学，不是说哲学什么都研究，包罗万象，而是说，它为其他科学提供世界观、方法论，是思维的科学。有关思维的研究，诸如逻辑学、心理学、认识论等也都属于哲学门类。从 40 年前，我入哲学门后，在研习哲学的过程中，对心理学发生了浓厚的兴趣。记得大一的时候，我的心理学科任老师任平安教授亲自指定我为她的心理学课的课代表。信任和兴趣使然，我更是加倍努力学习心理学课程，读心理学的著作。当时本科阶段，哲学系只开设"普通心理学"，"普通心理学"实际上是"个体心理学"，研究人的感性、知性、理性（智商）、情感、情绪、情结（情商），不具有普遍的社会意义。本科毕业后，我读了陶银骠教授的"西方哲学史"的研究生。在研读西方哲学的过程中，我对心理学的研究兴趣仍然不减，并开始从个体心理学（普通心理学）向群体心理学（社会心理学）转向，对社会心理学做了更深入的研究。在研究中我发现，普通心理学给人以知识，社会心理学给人以责任。对于一个人来说，在整个人生过程中，心理问题始终相伴，普通心理学提供心理问题的机理，社会心理学揭示其发生的原因和如何治理。对于一个社会来说，在面对危机冲突战争、贫困饥饿死亡、困惑迷惘忧虑时，往往会引起群体的心理反应。当下中国各地频繁发生的"群体事件"都与"群体心理"有关。基于此，我的研究从巴甫洛夫的"条件反射学说"进入到弗洛伊德的"精神分析学说"，又从弗洛伊德的"精神分析学说"深入到了弗洛姆的"社会无意识学说"。当时导师要求我读英文原版书，于是我就在北京图书馆复印了弗洛姆的所有英文著作，有十几本，开始一本一本地啃读。在读弗洛姆原著时，我对他的社会心理学思想有了更系统更深刻的把握，索性学位毕业论文也以弗洛姆的"社会无意识"理论为题，并且按照北大哲学系主任朱德生教授给我的建议，开始系统地向国内学界译介弗洛姆的原著，评论弗洛姆的思想。几年下来，我与我的同学赵桂琴博士共同翻译了弗洛姆的《爱的艺术》《逃避自由》《人之心》《人之希望》等著作。由于当时《爱的艺术》《逃避自由》在国内已出了中译本，所以我们决定将《人之心》《人之希望》两本著作的中译本交由辽宁大学出版社出版。此前，我还与我的师兄陆杰荣博士等同学翻译了美国著名学者艾布拉姆森的《弗洛伊德的爱欲论》。这本书也是从社会心理学的角度对弗洛伊德的精神分析学进行的解读，与前此弗洛姆的两本书可以说是互为补充，相得益彰。因此，"心理学卷"，我将这三个中译本一并合集汇编，以"心灵探秘"书名再版。

关于这三本书的解读，在每本书的书评中，都做了详细的阐述，这里我不再赘述。我只想谈谈关于时代的社会心理问题，因为这个问题具有时代性和现实性，无论对于当今世界还是对于中国都具有理论和实践意义。

从西方来看，社会心理疾病严重期发生在1929年席卷整个资本主义社会的经济危机大萧条时代，经济危机未过，接着希特勒上台，德国法西斯发动了第二次世界大战，无数生灵惨遭涂炭。经济危机和残酷战争的双重打击，使得西方社会普遍发生了群体心理危机。此时，作为犹太裔的哲学家、心理学家的弗洛姆，不仅本人及家庭遭到了迫害，背井离乡逃到了纽约，而且他所在的法兰克福大学社会研究所也遭到同样命运，搬迁到了美国。在那个欧洲战火纷飞的年代，躲在大洋彼岸哥伦比亚大学的弗洛姆，不得不冷静地思考：经济危机何以发生？法西斯主义何以可能？他运用他的哲学心理学的理论功底，结合他对经济危机和战争引起的人的思想行为的观察，对于经济危机和战争的原因进行了剖析，对"领袖"的个体心理和"大众"的群体心理进行了解剖，表现出了一个正直坦荡、热爱和平、渴望安宁生活的那代知识分子的社会责任和担当。

他指出，心理问题根源在于社会问题，心理病源于社会病。《在幻想锁链的彼岸》一书中，他冷静地观察和深刻地分析了资本主义社会面临的危机。他说："我们生活于其中的那个时代，正是一个永不过时的社会实验室，第一次世界大战、德国和俄国革命、西班牙内战和第二次世界大战，以及军备竞赛等——所有这一切都为我提供了一个经验观察的场所，形成了一些假说，并对这些假说进行了证实和否定。"在社会观察和理性分析的基础上，他提出了人的"两种生存"状态说：一个是"占有"（to have）方式；另一个是"生存"（to be）方式。在《占有还是生存》一书中，他认为，"占有的存在方式是把世界上的万事万物，包括自我，都据为己有，成为'我'的财产"，因此人同世界、他人的关系是一种所有和占有的关系，是物与物的关系。"生存的存在方式"则不同，"它不是物的满足，而是精神的自由，它的基本特征是人的内在的主动性、创造性，要求放弃自我中心，不是占有而是给予，不是自私而是分享、奉献、牺牲"。进而他认为，随着近代以来私有制和资本主义生产方式的发展和巩固，"占有的存在方式"在不断增强，到了 20 世纪发展到了顶峰。人们热衷于追求财产、金钱，而不顾人性、爱，因而把世界推到了灾难的边缘，暴力、侵略、战争不断，"占有的存在方式"几乎在社会生活的一切领域遍及。但物质资源和社会财富是有限的，一部分人占有，另一部分人便意味着失去：失去的人就会产生心理恐慌，感到困惑、恐惧、愤怒；那占有的人是否感到幸福呢？弗洛姆的回答是：No！占有的人，并不感到幸福，也处于恐慌之中，时刻担心自己的财富被剥夺、自己的产业被清算等。因此，社会普遍存在着"世纪末情结"。希特勒利用了人们的这种情结，整个德意志民族的情绪都被他点燃起来，将几千万德国人绑在了自己的战车上，发动了残酷的侵略和掠夺战争。因此，第二次世界大战结束后，弗洛姆呼吁人们要吸取"占有"的教训，要学会"生存"，要掌握《爱的艺术》，要回归爱的《人之心》，只要建立起人间的爱，不以"占有"为生活方式，而是以"生存"为生活方式，才是《人之希望》。为什么弗洛姆的这些书成为那个时代的畅销书，被译成多种文字，一版再版，就是由于满足了当时人们渴望和平、安宁、稳定，期盼心理平和、精神自由、远离恐惧的心理需求。

虽然弗洛姆所提出的理论已过去了半个多世纪，但是对于观察和分析今天的世界和中国仍然具有普遍意义。我们看到，当今的世界仍不太平：发达国家与发展中国家的贫富差距、民族与宗教的矛盾、地区冲突、贸易壁垒，甚至局部战争、难民潮、恐怖主义等，搅得世界不得安宁，其根本原因在于利益冲突，是"占有"的祸根。只有利益共享、携手合作、团结友好、共同发展，人类才有美好的未来。这也是今天以习近平同志为核心的党中央作为负责任的大国推进的"一带一路"和平外交、建设和谐世界、推动经济发展、推动构建人类命运共同体的目标所在。

目前在中国，我们党正在贯彻实施"创新、协调、绿色、开放、共享"的五大发展理念，贯彻实施"五位一体"的总体布局和"四个全面"的战略布局，一手抓经济建设、一手抓党风廉政建设的工作部署，使党风和社会风气已出现了明显改观，社会主义核心价值观正在深入人心，这才是解决社会矛盾，进而解决人们心理问题的关键。弗洛姆所期待的"健全社会"，到我国第二个百年目标——"中国梦"实现的那天，一定会到来！

仅以此序，纪念1980年逝世并长眠于瑞士洛桑的著名美籍德裔哲学家、心理学家埃利希·弗洛姆，愿他的在天之灵永远安宁！

《思哲论史》自序：以史鉴今，以哲启思

　　我认为，搞人文社会科学研究，要具备三个基本功，即理论、方法、历史。所谓理论，就是说要形成自己的理论观点，不能人云亦云，要坚持正确的，反对错误的。所谓方法，就是阐述理论观点的途径，运用了哪些方法，是调查得来的，还是从实践中探索的？抑或是理论推导的？所谓历史，就是说，对于你的理论观点，以前的历史能否提供佐证？前人都说了些什么？做了些什么？对你的理论观点有什么指导意义？自从立志做学问以来，在学术研究中，我比较注意这三个基本功的训练。比如，对哲学的研究，我习惯于进行哲学史的考察，习惯于总结日常生活和社会实践的经验；对历史的研究，我善于抓住时代人物思想的轨迹，看其行为的合理性，还善于结合历史人物所处时代看其思想、行为的必然性。本卷的《思哲论史》就是这方面研究成果的积累。对于西方思想家，如对康德、叔本华、尼采、海德格尔、马尔库塞、弗洛伊德、弗洛姆的研究，我都结合他们所处时代的特征、所在国家的国情，乃至世界的格局进行探讨。叔本华、尼采代表着德国新兴资产阶级不满封建专制的桎梏对人性的压抑，而主张人性的解放、权力的崇拜、意志的胜利；海德格尔、马尔库塞代表着先进知识

阶层对人类命运的同情和存在的荒谬性的体认，为自己和社会指出一条存在的价值之路、理性的批判之器、人性社会的改造之途；弗洛伊德、弗洛姆代表着实验派知识分子试图用人本心理的研究和方法，解释人类的行为受个体经验和社会现实的影响，试图揭示在"个体存在"和"社会存在"的巨大"冰山"之下隐蔽着的"个体无意识"和"社会无意识"，才是导致个体病态和社会病态的真正根源。总之，以历史的眼光看思想家的所思所想所言，从时代的角度分析他们的理论根源，才能了解他们思想的"初心"和"本意"，进而对他们的理论有更深刻的把握和体认。这是我研究思想史一贯坚持的方法。

对中国古代史的研究，我则从历史人物所处时代的生产力发展特征、生产关系形成的历史必然性，以及人物性格的心理结构等方面探讨他们的历史功过。比如，对元朝历史的研究，无论是"横扫天下无敌手"的一代天骄——成吉思汗，还是创建元帝国的一代枭雄——忽必烈，我都依据其民族的生存方式、生产方式、社会组织方式、军事斗争方式，以及他们的心理特征、性格类型等，既从宏观历史，又从微观个体心理方面分析他们创造历史的必然性和偶然性。

对中国革命史的研究，我探讨了中国革命的成功，是在把握世界历史发展规律和中国半殖民地半封建历史发展的特殊性基础上的成功；是以毛泽东同志为代表的中国共产党人把马克思主义基本原理与中国革命实践紧密结合的成功；是人民群众创造历史和领袖集体引领历史的成功。我认为，遵循这样的思路进行历史研究，才能得出相对正确的思想观点和理性认识。

当然，研究历史是为了今天的借鉴，叔本华、尼采为今天人们的思想解放、挑战传统、不迷信、不盲从、观念更新、言论自由、心态开放提供了哲理依据。弗洛伊德、弗洛姆为今天人们的心理问题找到了个体与时代的病因；为在转型社会，普通人如何做到心理调适，当政者如何适应人们的心理预期，打造适合人们健康发展的健全社会，提供了基本理论和方法。成吉思汗及其蒙古帝国的崛起，复兴了"丝绸之路"，与习近平总书记提出的"一带一路"倡议具有承前启后的历史必然性。中国人民和中华民族有责任、有能力继承我国历史的优良传统，在和平发展的共识下，开辟人类经济互通、合作共赢、社会共同进步、和谐发展的新愿景。"以史鉴今"，重在鉴今，这是历史和思想史研究的现实需要使然。

本卷还收录了我 20 多年前在《沈阳日报》"学哲学"专栏上发表的大众哲学"小品"。所谓"小品"，指的是文章短小，每篇千字左右，但每篇都阐述了一个哲学原理，并以大量的历史事实、科学史实，以及日常生活现象、成语故事、寓言传说为案例，目的在于在当时党中央号召"全党学哲学"的时代背景下，以哲学启迪人们的思维、开阔人们的视野、树立科学的世界观和方法论，从而思索人生的价值和积极参与改造社会的实践，获得生活的成功和理性的升华。"以哲启思"，重在启思，如果读者能通过哲学的思考，让自己的思想更客观、更成熟、更理性，那么我们这个社会则会更进步、更文明、更先进！

谨以此序，向那些注重向历史学习、向理论学习、向实践学习并善于思考人生真谛的人们致敬！

做人生的赢家

——在 2016 届研究生学位授予仪式上的讲话

（2016 年 6 月 28 日）

亲爱的同学们、老师们、家长们：

大家下午好！

此刻，当我站在这个庄严而又热烈的科学报告厅的台上，即将为东北财经大学 2016 届 800 多位获得博士、硕士学位的毕业生颁发学位证书的时候，我既激动万分，又浮想联翩。激动的是，阔别教师岗位 20 多年后，我又重新回到校园，作为校领导，为你们颁发学位证书，为你们学位帽拨穗，为你们送行。作为学长、老师，看到你们 90 后的青春面庞而感到无比高兴。联想的是，33 年前的 1983 年，我也在此刻毕业，同学们依依惜别，与老师们话别，并互赠留言。你们想听听我当年的留言是什么吗？我的留言是一首情诗，虽过去 30 多年，我还记得每一句，我现在就背给大家听，题目是"可不可以"。请同学们听清了，是"三个可以""两个不可以"：

时间可以分解吗？

可以，

所以，我用每一秒钟想你。

空间可以分割吗？

可以，

所以，我在每一处凝望中想你。

思想可以分散吗？

可以，

所以，我用每一个闪念想你。

身心可以分离吗？

不可以，

所以，我用全身心想你。

你我可以分开吗？

不可以，

但却总是你在那里，我在这里。

　　这里的"你"，既可以代表日思夜想的母校，也可以代表朝夕相处的同学，甚至是昔日的恋人、室友，还有老师。这首情诗表达了一位学子对培养自己的母校、哺育自己的老师、陪伴自己的同窗依依惜别的深情。

　　人生就是这样，总是有相识相聚，也总是有离别分手。有首歌唱得好："你总说毕业遥遥无期，转眼就各奔东西。"在你们打起背包，与母校道别即将远行的时候，想一想你们能从母校带走什么？昨天我在网上看到厦门大学网红教授邹振东老师对毕业生的讲演。他说，校园你们带不走，图书馆你们带不走，实验室你们带不走，食堂你们带不走，老师你们带不走，小师妹你们现在也带不走。我觉得他讲对了一半，另一半我要补充的是，你们虽然带不走校园，却能带走校园的文化；虽然带不走图书馆，图书却能为你们打开心灵世界；虽然带不走实验室，实验课却教给你们实验的方法；虽然带不走老师，却能带走老师的思想观念；虽然带不走食堂，食堂里年复一年、日复一日乏味的大锅饭味道却能带走；以及此刻带不走，一两年或两三年后可以跟你走的小师妹。

记忆其实是个奇妙的东西，回忆从毕业离校时开始：你们一定还能回想起那些饱受煎熬的考研时光，你们不断地在自我怀疑和自我鼓励中一路坚定前行；你们一定还记得初次面对学术科研时的一脸茫然，你们不断在自我否定和自我肯定中找寻科学研究的方法和规律；你们一定感受过专业实习时的手足无措，在不断的自我审视和自我改变中适应了心理落差。

你们刷微信朋友圈，晒自己的生活，也关注家人和朋友；你们逛淘宝、天猫、京东商城，叫百度外卖，方便自己，也感受着互联网经济的无限可能；你们追热门电视剧和综艺娱乐节目，看 NBA、欧洲杯和美洲杯，享受和体会生活的多姿多彩。

你们关注南海局势，关注中国台湾"大选"，关注特朗普，放眼国际政治；你们关注"供给侧结构性改革"，关注"营改增"，关注房市、股市，研究经济动态；你们关注人工智能"阿尔法狗"，关注虚拟现实技术，关注 5G 网络革新，追随科技潮流。

　　你们勤奋学习、潜心钻研，积极参加国家和地方的学术科研竞赛活动，博学楼的教室留下你们孜孜以求的身影；你们热心参加校园文化活动，银杏路上留下你们坚实的脚印。你们独立、自信，充满热情，你们开始思考人生，你们开始规划未来……

　　毕业在即，你们兴奋，因为寒窗苦读，终于学业有成，戴上了博士、硕士帽，你们在父母和亲朋好友面前感到脸上有光；你们伤感，因为即将离开你们留下青春最美好年华的校园、老师、同学而恋恋不舍；你们憧憬，因为你们有的已经找到了理想的工作岗位，跃跃欲试要实现自己的远大抱负而雄心勃勃。同时，我想你们或许也有许多焦虑：大千世界无限广大，哪里是你的人生舞台；万象社会如此复杂，何处能安身立命，这些情绪都会使你惶恐不安……

　　同学们，今年的毕业与往年有很大的不同："十三五"开局，为你们提供了许多施展才华的历史性机遇。同时，经济下行的"新常态"，或许也为你们的从业带来更多的困难和挑战，在某种程度上也更令人生畏。

　　然而，这正是你们需要冷静思考、勇敢面对、昂起头来、挺身而出的时候。为此，请你们接受一位长者对你们的忠告：

　　首先，要注意自身的安全。一是政治安全。做政治上的明白人，绝不是一句空话。据统计，党的十八大以来处理的高官，有四分之一具有博士学位，二分之一具有硕士学位，他们之所以走上违法乱纪的道路，都是因为动摇了理想信念，迷失了政治方向。

　　二是经济安全。金钱是一把双刃剑，可以给你带来荣华富贵，也可以给你带来灭顶之灾。俗话说："君子爱财，取之有道"，毕业后你们当中会有相当一部分人从事财经工作，与金钱打交道，千万要手握戒尺，心存畏惧，莫伸手，伸手必被捉；靠本事挣钱，靠勤奋起家。

不拿不义之财，财源才会滚滚而来；拿了不义之财，定会身败名裂。

三是生活安全。开车要遵守交通规则，别闯红灯，别酒后驾车、疲劳驾驶；饮食要荤素搭配，切忌暴饮暴食；住房要适可而止，再大的房子，睡觉的床只需一张；还要善待你千辛万苦追到手的小师妹，别因为社会诱惑太多，而轻易放开她的手；别轻信手机里的诈骗短信，防止你的银行卡被盗支；别信口开河造谣、传谣，妄议中央的大政方针。总之，在这个剧烈变革的时代，平安是福！平安最快乐！

其次，要习惯于向困难挑战。人生的路途不平坦，到处有激流险滩：你的第一份工作可能干不长远，因为你发现，可能并不遂你的愿；你的同事可能是一个惹是生非的人，处处找你茬，让你难堪；你的上司可能是一个冷酷无情的人，光让你干活，却不说一句好听的话；你的爱人可能疑心很重，婚前的风花雪月被婚后的柴米油盐取代的时候，他（她）会怀疑你有不忠的行为，处处与你"胡搅蛮缠"；你的投资，也可能不总是成功，有时会血本无归，倾家荡产；你可能会遇到官司，如果是碰到"吃完原告吃被告"的法官判案，你会为不公的判决埋单；你也可能会远走高飞，定居在海外，但你要记住，即使在外发展得再顺利，事业再成功，离开了生你养你的父母亲人、故国家园，你都会感到寂寞和孤单……

总之，面对上述情况的时候，希望你能保持良好的心态，接受现实，敢于面对，不畏艰险，不怕困难，才能勇往直前！

再次，要学会处事。社会是一个万花筒，五光十色；同时，社会又是个共同体，人与人之间相互依存，谁也离不开谁。你要学会和不同年龄、不同背景、不同性格的人打交道。成功者需具备"天时""地利"，更需要"人和"，组织部教导我们说，团结出生产力，团结出干部。如果你在事业航程上获得了众多人的支持和合作的话，你的事业就会一帆风顺；相反，则会一败涂地，到处搁浅。

一句话，走出校门，你们要离别的不仅仅是校园、老师、同学，你更应该告别自己，告别从前的那个你。你们今天获得的不仅仅是一纸学位证书、一张研究生毕业证明，更应该是获得走向社会大舞台的入门证。入门后再如何走，完全靠你们自己把握！

今天是一个值得在座每位同学铭记在心的日子。从今天起，你们将跨入人生的一个崭新的阶段。我能做的，就是祝福大家。正像我给你们写的《毕业歌》中所唱的那样：

> 东财是东财人的图腾
>
> 东财是东财人的信仰
>
> 无论明天身在何方
>
> 梦想并不遥远
>
> 青春永不散场
>
> 东财是东财人的家园
>
> 东财是东财人的希望
>
> 无论明天身在何方
>
> 成功并不遥远
>
> 青春永放光芒

最后我要说的是：天佑东财！天佑东财学子！

谢谢各位！

任重道远，自强不息

——在 2016 届 EMBA 学位授予仪式上的讲话

（2016 年 11 月 5 日）

各位老师、亲爱的同学们：

大家下午好！

金秋银杏，醉美东财。在这个金黄遍地的收获的季节，我们又有 149 名同学获得了 EMBA 硕士学位。我代表校学位委员会，向全体 EMBA 毕业生表示热烈的祝贺！向辛勤耕耘的各位老师致以崇高的敬意！向一直关心、支持我校 EMBA 教育的辽宁省农村信用社的各位领导，东北财经大学 EMBA 北京、新疆、安徽教育中心的各位老师及社会各界朋友们表示衷心的感谢！

东北财经大学于 1952 年建校，六十余载春秋，学校以"培育卓越财经人才，服务经济社会发展"为使命，已经发展成为突出经济学和管理学优势及特色，经、管、法、文、理协调发展的多科性大学，跻身中国高水平财经类大学行列。学校现有产业经济学、会计学、财政学 3 个国家级重点学科，数量经济学 1 个国家级重点（培育）学科。6

个一级学科入选辽宁省 77 个一流特色学科，其中 4 个学科入选第一层次，位列省内第一。在教育部第三轮学科评估中，应用经济学、工商管理、统计学等传统优势学科均进入全国同类学科前列，其中工商管理位列前十名。

东北财经大学也是 1993 年国务院学位委员会批准成立的最早的 26 所 MBA 培养院校之一，是首批开展 EMBA 教育的高校之一。经过 23 年的积累和发展，已培养 MBA 学生 4600 余人、EMBA 学生 2000 余人。自 2007 年东北财经大学与辽宁农信开始联合办学以来，已有 240 名辽宁农信人 EMBA 毕业，获得高级工商管理硕士学位，为辽宁农信的发展提供了有力的人才支持和智力保障，我们的合作也取得了圆满成功！

时光荏苒，白驹过隙。今天，我们又有 149 名 EMBA 毕业生将扶正流苏，开启人生路上新的里程。作为师长，我对大家学有所成感到由衷的高兴，对大家即将离别感到些许忧伤，更对大家的美好未来充满希望！此刻，有不舍，有牵挂，更有几句嘱托与各位共勉。

同学们，中国发展恰逢特殊的国际经济政治形势，面临经济转型、升级、创新，速度变化、方式转变、结构优化、动力转换的特殊时期。在这样一个重要的历史时期，希望同学们继续秉承东北财经大学校训精神，有"天行健，君子以自强不息"的品格，更有"士不可以不弘毅，任重而道远"的精神。商道即人道。为人，我们培养"内善于心，外成于行"的品质，以诚信、责任见信于人；为事，我们讲求说话算数，与客户建立诚信关系，提供高品质的产品和服务；为社会，在承担经济责任的同时，为发展社会事业、构建和谐社会尽职尽责。希望你们做一个温和、善良的君子，一个奋勇向前的战士，一个勇于担当的领导者，永远给人以希望和力量。

参天大树，必有其根；环山之水，必有其源。同为东财人，师承一脉。同窗共读，是我们一生中弥足珍贵的缘分！十余年来，我们的EMBA教育已形成了一个可供分享的纽带，学校也在努力搭建与同学及同学间资源共享、交流合作的平台。你们是学校建设和发展不可或缺的重要资源和宝贵财富，是学校前行的不竭动力和坚强后盾。时代需要我们在中国梦的实现进程中作出应有的贡献，发出东财声音，展现东财力量。希望各位同学毕业后，能够立足东北，胸怀祖国，放眼世界，用世界的眼光，关注中国问题，论道中国发展。希望大家从自身专业出发，把脉所在行业，凸显东财特色，为经济社会发展贡献力量。希望我们的EMBA同学们能够珍惜这份同窗情、母校爱，互助互爱、相辅相成，实现合作共赢。

放眼望去，深秋的金黄远没有春夏的翠绿那样生机勃勃，但它蕴藏着一种饱满的成熟与收获！"乾乾修业""成德为行"，希望各位同学在今后的工作和生活中继续秉承东北财经大学的优良传统，并能够一如既往地关注母校的发展。母校永远是你们的坚强后盾和依靠，母校也将全力支持你们的事业！相信你们一定能够在新的领域开辟出另一番天地，为自己和家人，还有你们的员工乃至全社会带来更多的幸福和快乐！

最后，真诚地祝贺大家毕业！希望大家能够常回家看看！在这里，把我的一首词送给在座的各位朋友："春秋唤来群雄，纷聚拢。异乡寒雨，难抵族人梦。兹此后，更奋蹄，马不停。踏遍青山，大地任我行。"

谢谢大家！

人文精神：迈向成功的阶梯

——在 2017 年（冬季）研究生学位授予仪式上的讲话

（2017 年 1 月 5 日）

亲爱的同学们，老师们、家长们：

大家好！

对于东北财经大学来说，这个寒冷的季节仍然是一个充满欢乐和色彩的季节，因为在这个季节里，洋溢着你们收获的喜悦，充满着你们青春的激情，你们身着的学位服成为冬季校园里一道亮丽的风景线。

今天的学位授予仪式，既是为你们庆祝，也是为你们送别。首先，我代表学校，向圆满完成学业的 29 名博士研究生和 1292 名硕士研究生，表示衷心的祝贺！向研究生导师们表示诚挚的感谢，向前来参加仪式的家长们表示热烈的欢迎！

经过三年的苦读，到今天，你们的研究生阶段的学习就这样结束了，对于你们中的大多数人来说，这意味着学生时代的结束。在这个时候，你们多了一份睿智，因为你们对人生有了更多的憧憬和规划；你们多了一份沉稳，因为你们有了更渊博的知识储备；你们更多了一份成熟，因为你们有了更加理性的思考和判断。在读研的几年里，你们潜心钻研，熟练掌握学术研究的方法和规律，你们切磋争辩，不断培养学术道德和科学精神；你们学以致用，积极参加学术科研竞赛与实践活动。"硕望杯"的赛场你们不谈成败，只谈兄弟情义；"学术沙龙"的会场你们不讲短长，只讲术业专攻；"思想公园"的教室里你们不论高低，只论兴趣情怀。

所有的校园记忆，都承载着你们的青春和梦想，记录着你们的奋斗和成长，讲述着你们的快乐与忧伤。石板路旁绽放的樱花林，如同粉红的姑娘，伴着你走在求学的路上；史图墙边散落的银杏叶，像铺就的金色地毯，引着你步入学术的殿堂；甚至播慧楼旁的猫咪"胖大花"，博学楼里的椰树鱼塘，东门的大盘鸡，取款机旁的煎饼果子，都将成为你们美好的东财印象。

我很荣幸和你们有这样一段虽然不长但却难忘的生命交集，在你们研究生学习的这段时间，我也从长期的做金融高管和从政之路重新回到了我的本行——教书育人的讲堂，也有幸和你们共同见证了国家的繁荣与富强，与你们共同学习思考"五位一体""四个全面"战略，思考供给侧结构性改革，思考新一轮东北振兴，更是共同见证了东北财经大学重大的历史发展阶段，看到了东北财经大学各项事业所取得的进步，看到了学校研究生教育综合改革的深入推进。你们一定感受得到：研究生奖助学金的投入力度加大了，研究生参与学术科研的平台更加广泛了，研究生课程设置更趋于科学完善了，研究生导师的教育和指导更加细致和全面了。应该说，我有幸在这个时候遇到了你们！

同学们，成长，是生命炽热的追求，是人生不断的超越，每一个青春的成长，都注定是盛大而蓬勃的。从今天开始，你们将走向社会，迈向更加广阔的人生舞台，你们将面对更加严峻的挑战。这个时候，我不想给你们一些你们从小到大都听惯了的励志忠告，而是想说说作为一个毕业生，无论毕业后从事的是哪一行，都需要具备的基本素质，即人文精神。

首先，精神分为两方面，一是科学精神，二是人文精神。科学精神主要回答"是什么"的问题，因此没有国界，不具有独特的民族性，价值中立，它主要是提供工具理性，解决不了政治信仰、道德规范、终极关怀等问题。它既可以造福于人类，也可以给人类带来灾难。人文精神则具有民族性，有国界、民族之分，因为它的研究对象是人文世界，它主要回答"应当是什么"的问题，具有价值导向作用，它为人类提供价值理性。有人问：读《论语》《孟子》《史记》有什么用？读唐诗宋词、四大名著有什么用？当然，如果按世俗的观点、工具理性的标准来看，它不能解决吃饭、穿衣的问题，没有直接的功利性用途；但从价值理性来看，它又是非常有用的，它可以引导你们去思索人生的目的、意义和价值，去追求人的完美，发展人性，完善人格，陶冶情操。因此，我希望我校的毕业生，在学习财经管理专业知识外，还要多学习一些人文知识，培养自己的人文精神。

其次，人文精神可以帮助我们做人。人文精神是提高道德感、责任感的基础。高层次的社会责任感和道德感是建立在浓厚的人文精神基础之上的。当前，社会上存在着许多问题，一些人甚至做出了丧失国格、人格的事，其主要原因就在于其人文素质太差。人文精神可以陶冶性情，心灵升华。人文精神具有体验性、教化性和评价性相统一的特点，对于人的思想有陶冶和激励的作用。孟子的名言"富贵不能淫，贫贱不能移，威武不能屈"；范仲淹的"先天下之忧而忧，后天下之乐而乐"，文天祥的"人生自古谁无死，留取丹心照汗青"等词句，任何时候读起来，都令人激动、振奋，都能够净化人的心灵、丰富人的精神世界。人文精神可以给我们很多直接和间接的人生体验。如孔子讲，"君子不器"，就是说一个有文化修养的人不能只做一件器皿，只能有一种作用。在实用主义思潮泛滥的今天，这句话值得我们深思。孔子还说过一句话，"君子和而不同，小人同而不和"，文化修养较高的人虽然各有其个性，但大家在一起都很和谐；小人没有自己的个性，但在一起却不能和谐。同学们看，这句话多深刻，对我们做人、处理人际关系有多重要！

再次，人文精神可以帮助我们做事。人文背景越宽，视野也就越宽，融会贯通的能力才可能强，进而创造能力也会增强，也就越有可能进入专业前沿，成为有领导力的人才。因此说"专业对口"是相对的，淡化专业已是世界趋势，在我国，大学毕业五年以后，最多也只有30%的人从事所学专业的工作，对于我校的财经类毕业生来说，尤其不能因专业原因而忽视了对人文科学的学习。人文科学本身就是支撑大家今后工作的重要内容。人文科学可以使我们视野开阔，站得高，看得远，训练我们具有战略家的胸怀，仅懂"财经"只能成为"师"，而不能成为"大师"。

最后，人文精神可以帮助我们迈向成功的阶梯，所有杰出人才，无一不是自身具有人文精神的典范。杨振宁、李政道两位华裔诺贝尔奖获得者、著名物理学家都曾谈到美学、艺术对他们物理学研究的深刻影响，我曾亲耳听过他们随口大段背诵过唐诗宋词。我们的总书记习近平同志之所以成为我们党的领导核心，不仅在于他的治国理政的雄才伟略，还有他深厚的文化底蕴和崇高的人文精神做基础。在文艺工作座谈会的讲话中，他就袒露过曾读过大量的中外社会科学名著。我校的优秀校友、现光大集团董事长唐双宁同志，他到光大仅几年，就让一个资不抵债、濒临破产的企业焕发了青春，一跃进入世界五百强的前列，他的成功，除了源于他的财经金融专业知识和实践经验外，更重要的是有广博的社会科学素养和强烈的人文精神做基础，他的书法、绘画、诗词、散文、长征史研究在国内学界堪称大家。总之，我校的毕业生们走向社会要向你们的前辈学习，努力学习人文社会科学知识，努力培养崇高的人文精神，它是你们迈向成功的阶梯！

同学们，从今天起，你们就要开始新的人生旅程了，希望你们都能有一颗人文关怀之心，有一份热爱生活、创造生活的勇气，永远保持对人生和社会的美好期待。衷心地祝福你们一切顺利，前程似锦！最后，把我的一首小词送给大家，并与大家共勉："深冬唤来群雄，纷聚拢。异乡寒雪，难抵学子梦。兹此后，更奋蹄，马不停。踏遍青山，大地任我行。"

谢谢！

科学精神：助力精彩人生

——在 2017 年（夏季）研究生授予仪式上的讲话

（2017 年 6 月 28 日）

亲爱的同学们、老师们、家长们：

大家好！

又到了这个特别的季节，东财园的毕业季，这个时候，阳光炽烈，梧桐成荫，骊歌欢畅。我们在这里隆重举行 2017 届研究生学位授予仪式。首先，我代表学校，向圆满完成学业的 39 名博士研究生和 847 名硕士研究生，表示衷心的祝贺，祝贺你们学有所成！向研究生导师们致以诚挚的感谢，感谢你们的辛勤指导！向前来参加仪式的毕业生家长们表示热烈的欢迎！欢迎你们共享这个庄严而幸福的时刻！

同学们，几年前，你们从考研大军中脱颖而出，站上了更高更广阔的人生舞台，开始了不懈的学术追求。你们从磕磕绊绊、茫然笨拙的学术"小白"，成长为轻松整理文献、撰写科研论文的"老司机"；从遇事焦虑、畏手畏脚的青涩少年，成长为沉稳睿智、传经论道的师兄师姐；从不知深浅、不解人生的实习"菜鸟"，成长为游刃有余、自信洒脱的职场达人。

你们是考证一族，托福、雅思、注会、司法考试，技多不压身；你们是时尚代言人，直播、微信、网购，玩转"互联网＋"；你们是市场调研员，遍访万达广场、西安路、青泥洼桥商圈；你们关注营改增、"一带一路"、供给侧改革，奔跑在经济最前沿；你们自拍、追剧、网罗流行元素，享受着生活的多姿多彩；你们参与"思想公园""学术沙龙"，投身"硕望杯"赛场，挥洒着青春的激情；你们参加"挑战杯""数学建模""案例分析"实践竞赛，锻炼学识能力，检验学习效果；你们看《人民的名义》《欢乐颂》《三生三世十里桃花》，评判人生百态，思考有意义的人生。

你们读研究生的这两年，也是我回到学校工作的两年。在这里，我们有幸共同见证了东北财经大学的快速发展，看到了学校各项事业所取得的长足进步，感受到了学校研究生教育综合改革的深入推进。经济学诺贝尔奖得主走进校园纵论世界经济，"星海论坛"搭建高水平学术交流平台，"之远讲堂"打造高端人文社科讲座品牌，青年学者走向校院领导工作岗位，专家队伍实现新老交替，国家发改委反垄断研究中心、辽宁自贸区研究院落户我校，东北财经大学校园散发着浓郁的学术氛围与研究气息。在今年两会期间，习近平总书记接见我时称赞：东北财经大学是个好学校，这是党和国家对我校的最高褒奖和最大鞭策。今年是我校建校 65 周年，也是我校努力实现"十三五"发展规划的重要一年，建设"国内一流、国际知名、特色突出的高水平财经大学"，让我们充满期待！

成长于斯，蜕变于斯。多年之后，当你回首这段青春岁月的时候，或许你已经不记得从图书馆到体育场，从东大宿舍到中心食堂的路究竟有多远，也记不清梁园卖早餐的大叔当年都放过哪些欢腾的音乐，但是你一定会想念曾经怀揣梦想、伏案苦读的自己，感谢这些年遇见的人、经历的事。知识的滋养，友情的温暖，师长的呵护，让你们少了几分年少轻狂，多了几分成熟、淡定。

同学们，毕业，意味着你们向这段青春告别，也意味着，你们即将开始又一段充满希望的人生。你们一直在自我成长中，努力实现人生的价值和追求，完成生命的不断超越和进取。作为师长，在这个时候，还是要提一些期望。记得在上一次研究生学位授予仪式上，我演讲的题目是"人文精神：迈向成功的阶梯"。我提醒大家，毕业后无论从事什么职业，都需要提升你的人文精神，因为它具有价值导向作用，为你的成长成才提供价值理性。应该说，人文精神和科学精神就像鸟之两翼、车之双轮，缺一不可，所以，今天，我想重点与你们谈一谈科学精神。

通过研究生阶段的学习，我认为你们学到了学术研究最为重要的东西，那就是科学精神。科学精神不是你们掌握的专业知识和技能，不是原理和定律，它是对待科学的态度和方式，是人们在长期的科学实践活动中形成的共同信念、价值标准和行为规范。与人文精神相比，科学精神会让你们更严谨、更冷静、更客观、更理性。

科学精神的内涵博大而精深，对于你们来说，在即将开始新的人生阶段的时候，究竟应该培养什么样的科学精神呢？

首先，培养科学精神，要有多元思维。我们今天所面对的客观世界是非常复杂的，普遍联系的，是多元的、多维的，充满着交叉性和交融性。单纯一门学科、一门专业，已难以适应纷繁复杂、瞬息万变的大千世界的多元需求，直线性、非此即彼的线性思维，已被多维性、亦此亦彼的发散性思维所取代。一个人的成功，是多元思维作用的结果：马克思吸收了以康德和黑格尔为代表的德国古典哲学、以亚当·斯密和大卫·李嘉图为代表的英国古典经济学、以圣西门和傅立叶为代表的法国空想社会主义，创立了马克思主义；爱因斯坦吸收了探求真理的科学思维、音乐美的艺术思维、践行立德的伦理思维，创立了广义和狭义相对论，我们知道，爱因斯坦不仅是伟大的物理学家，而且精通音乐，尤其擅长小提琴，他曾不无感慨地说："死亡意味着再也听不到莫扎特的音乐了"，音乐艺术的想象力，助力他创立了相对论；毛泽东吸收了"一分为二"的哲学思维、"枪杆子里面出政权"的政治思维、"打土豪分田地"的经济思维、"集中兵力打歼灭战"的军事思维，创立了毛泽东思想。我们普通人也是一样，做人要做全面发展的人，充分挖掘你的思维潜能和创造力；做事要充分调动你的智商和情商；创业要充分利用你的各种社会资源，运用你所掌握的各种知识；成才要善于把握机会、利用机会，将你的聪明才智发挥到极致。总之，多元思维是一种科学的处事态度，是一种理性的决策能力，它会让你在杂乱无章的事物中理清思路、博采众长，从而发明创造、创新创业。巴菲特的黄金搭档查理·芒格说：世间万物都是一个相互作用的整体，人类所有的知识都是对这一整体研究的部分尝试，只有把这些知识结合起来，并贯穿在一个思想框架中，才能对正确决策有所帮助。

其次，培养科学精神，要保持理性的怀疑。在哲学界，怀疑论是一个重要的哲学派别，西方哲学家从休谟、笛卡尔到胡塞尔都对此有过精彩论述。在你们学术研究的过程中，你们的导师也一定不同程度地告诉你们，不要轻易相信一切结论，不要盲目迷信权威，坚持自己的观点，并努力验证自己的观点，但同时也要对自己保持理性的怀疑，不断审视自我，不断调整自己的方向。自然科学始于怀疑，并在怀疑和解疑中推动自然科学不断进步。社会科学始于怀疑，并在怀疑中形成新理论，创立新学说。19 世纪末，德国哲学家尼采提出了"上帝已死""价值必须重估"的命题；民国时期，北大教授胡适先生就告诫人们：做事要在不疑处存疑。理性的怀疑是为了求真，是寻求解放思想和独立思考的过程，生活和工作会时常需要这样的态度，不为感性所惑，追求理性提升，这其实是一种高贵的"心灵选择"。

再次，培养科学精神，要勇于实践。科学研究强调实证和实验。美国实用主义思想家杜威提出：科学研究要大胆假设，小心求证。现在我们从事社会科学研究，也越来越强调实践。不盲从、不迷信，不做随波逐流的浮萍，不做随风而动的墙草，你才能永远保持冷静客观的心态，在真理的求索中走在时代的前列。经济学理论对不对，不是通过推导得出的，而是要看通过社会实践能否获得成功。比如，党的十八大以来，以习近平同志为核心的党中央提出了我国社会发展进入了"三期叠加"的新常态，要确立市场在资源配置中的决定性作用和更好发挥政府作用，在"创新、协调、开放、绿色、共享"五大发展理念的指导下，深入推进供给侧结构性改革，这都是党的十八大以来中国特色社会主义发展实践的经验总结和理论概括。再比如，美国华尔街当年设计了一些数学模型，搞了许多金融衍生产品，自诩正确无误，可以推动经济繁荣，但结果是引发了一场全球性的"金融海啸"而一败涂地。"实践是检验真理的唯一标准"，只有通过反复不断的实践，才能验证科学理论的正确。你们即将踏入社会开始经历人生的实践，即将面对经济活动、政治活动、文化活动、社会活动、家庭活动等等，在这个过程中你们会遭遇挫折、会经受磨难，但我相信，这样的人生实践会使你们越来越成熟、越来越聪明、越来越进步。

最后，培养科学精神，要大胆创新。创新是科学精神的重要内容，是提出新方法、新观点的思想和智慧，也是发明创造、改革进取的勇气和信心。是一种勇于抛弃旧思想、旧事物，创立新思想、新事物的精神，不满足已有认识，不断追求新知；不墨守成规，敢于探索新规律、新方法；不呆板僵化，善于灵活解决问题。在你们读研究生期间，一定参加过"中国研究生创新实践系列大赛"，比如，全国研究生智慧城市技术与创意设计大赛、全国研究生数学建模竞赛、中国MPACC 学生案例大赛，我校的研究生在这些竞赛中都取得了优异的成绩，这些创新实践竞赛都是为了培养你们的创新精神。在不远的将来，你们将在各自的工作领域大显身手，这就需要你们敢于开拓创新，做创新时代的引领者。人类历史上所有重大的突破，最初都被认为是不可能实现的。美国太空探索技术公司的创始人马斯克选择动力反推垂直下降方案来进行火箭回收，这是一个大胆但被认为是近乎疯狂的构想。经过多次失败后，终于在陆地和海上都取得了成功。马斯克认为，对人类有重要意义的事情就值得去冒险，冒险就有失败的可能性，如果你失败得不够多，说明你还不够创新。因此说，失败是走向成功的奠基石，创新是引领前进的指示牌。

同学们，你们每个人的发展，必须张开科学精神和人文精神的双翼，才能飞得更高、更远。从今天开始，你们将要走出校园，未来，对你们来说，充满了各种不确定性，无论遇到什么样生活的"难"，事业的"坎儿"，我都希望你们用科学精神去面对，善于存疑，勤于思考，勇于实践，敢于创新，去成就你们无悔的人生！

我祝你们好运！谢谢你们！

大学精神的传承

——在 2018 届研究生学位授予仪式上的讲话

（2018 年 1 月 4 日）

亲爱的同学们、老师们、家长们：

大家下午好！

今天的东财科报厅，外面虽冰天冻地、寒风凛冽，厅内却是喜气洋洋、暖意融融。我们在这里隆重举行东北财经大学 2018 届研究生学位授予仪式，首先，我代表学校，向 31 名博士研究生和 1357 名硕士研究生表示热烈的祝贺！向辛勤培育你们的领导、老师，一路陪伴你们的亲人、朋友表示衷心的感谢！

同学们，研究生阶段的学习，你们掌握了学术研究的方法，培养了独立思考的习惯；你们提高了解决问题的能力，磨炼了面对困难的品质；你们收获了青春路上的友谊，懂得了为人处世的道理。你们查资料，读文献，撰写科研论文；你们追讲座，听报告，紧盯学术前沿；你们拼竞赛，考证书，不断挑战自我。你们刷微信朋友圈，娱乐于网络时代的生活方式；你们爱打"王者荣耀"，享受于虚拟世界的生活乐趣；你们喜欢逛街聚餐，休闲于张弛有度的生活节奏。你们的青春，像之远楼前的樱花飘香、像博学楼外的银杏漫舞，多姿而多彩。

　　成长在东财，也见证着东财的成长。你们一定感受到学校管理服务水平的不断提高；感受到学校研究生培养体系的日益完善；感受到学校学术科研实力的逐渐增强；感受到第四轮学科评估学校学科建设成果的喜悦。过去的 2017 年，是非常重要的一年，党的十九大胜利召开，确立了习近平新时代中国特色社会主义思想，开启了中国特色社会主义事业的新征程。东北财经大学迎来了建校 65 周年，召开了中国共产党东北财经大学第九次代表大会，描绘了学校未来发展的宏伟蓝图。能在研究生学习阶段亲历这些重要的历史时刻，你们是幸运的。

　　在过去的两次研究生学位授予仪式上，我分别以人文精神和科学精神为主题做了演讲，希望毕业生们培养人文精神和科学精神，助力精彩人生，迈向事业的成功。科学精神与人文精神是大学精神的主要内容，现代大学在人才培养、科学研究、社会服务、文化的传承与创新、开放办学等方面发挥着重要作用，它所孕育的大学精神是大学的核心和灵魂，对大学的发展起着重要的推动和引领作用。所以，今天，我想和大家谈一谈大学精神。

　　大学精神是大学所具有的独特气质，是大学在发展中形成的文明成果，是科学精神和人文精神的凝聚，是人类社会文明的高级形式。现代教育家罗家伦认为，"一个大学的精神，可以说是它的学风，也可以说是它在特殊的表现中所凝成的风格，这种风格的凝成不是突如其来的，更不是凭空想象的。"大学精神是一所大学长期积淀而成的精神特质和群体意识，同这所大学的历史、地理、文化、环境密切关联，是一所大学的办学理念和价值追求，是激励大学发展，提升办学水平的精神动力。

　　东北财经大学历经 65 年的风雨洗礼，也形成了自己独特的大学精神。我想，尽管我们还未曾把东财精神以文字的形式加以凝练和概括，但是这种精神它已经存在，它存在于一代代东财人不懈进取、追求卓越的奋进历程中。这种精神，让东北财经大学虽几经变迁、历尽坎坷，却始终励精图治、矢志前行；这种精神，让东北财经大学涌现出了佟哲晖、汪祥春、林继肯等一大批著名学者，培养了夏德仁、唐双宁等一届又一届杰出优秀毕业生，在社会各行各业挑重担、担大任。因此，我们要不断弘扬"博学济世"的校训精神，努力传承、创新和发展我们优秀的东财文化。

今天，在这里谈大学精神，我想是因为传承大学精神也要发挥大学精神的文化辐射作用，如今，大学校园已经融入整个社会系统之中，大学文化和大学精神对社会产生着广泛的影响。一所具有独特大学精神的大学培养出来的毕业生，都会带着母校的这种精神气质走向社会，在各自生活和工作中反映出这种精神特质并发挥积极的作用，从这个意义上讲，大学毕业生是大学精神的传承者，因此，我想从传承大学精神的角度对毕业生们提几点希望。

首先，希望你们传承社会关怀精神。社会关怀精神是大学精神的一个重要表现，在工业化、信息化快速发展的今天，大学已经被越来越深地卷入社会机器的运转体系之中，关注现实、服务社会已经成为大学的突出职能，我们的校训中"济世"二字，在《论语·雍也》中意为"博施于民，而能济众"，即救助、济助世人的意思，这正是社会关怀精神的体现，对于大学而言，就是把服务经济社会发展作为一种社会责任，积极发挥智库作用；对学生而言，就是要有理想、有作为、敢担当。同学们，当你们离开校园迈向社会的时候，你们会发现，这个社会还存在着很多的不公平，充斥着各种利欲的诱惑，充满着太多的无可奈何。这一切，可能会风化你们的品格，拷问你们的灵魂。我希望你们能够首先做到洁身自好，坚守信念，忠于信仰，不随波逐流，不迷失自我。更希望你们能够高举社会关怀精神的大旗，传递文明之星火，匡扶人间之正义，尽到扶贫助困之责任，为推动社会的进步贡献你们的智慧和力量。

社会关怀的精神不仅体现在大格局的家国情怀，也体现在对弱者和需要救助群体的社会责任。有位经济学家曾说过："一个真正强大的国家要不计成本地为弱者付出。"为弱者付出不仅仅是人性光芒的闪耀，更是一个社会进步的基本标志。大家一定还记得，去年东财校友在网络上发起的一次捐款行动，为不幸意外烧伤的 2015 级硕士研究生赵丹同学募集救治经费，不到一天的时间就完成近二百万捐款，应该说，这是"东财精神"的一次集中展现，这种大学精神，它看不见，也摸不着，却能在关键的时刻迸发出强大的精神力量。可喜的是，赵丹同学在校友的踊跃捐资和医院的精心救治下已经渡过了难关，顺利完成了学业，今天她也将和你们一起获得硕士学位，让我们向她表示祝贺！

其次，希望你们传承包容精神。"海纳百川，有容乃大"，大学作为人类文明的"集大成者"，包容精神也是大学精神的一种体现。蔡元培先生曾说过："大学者，囊括大典，网罗众家之学府也。"大学的包容精神体现在学校发展的开放视野、博采众长上；体现在包容、接纳多元的文化、学术思想，接受学生多元化的生活方式和个性需求上；体现在能够为教师营造独立、自由的学术科研空间，为不同学科、学派的学术争鸣构建公平、开放的平台上。我们的校训也非常能够表达这种包容精神，"博学"二字反映了学校在专业、学科等方面完善合理的布局和协调的发展，反映了学术思想、学术风格和学术观点上的兼容并包和百家争鸣，也反映了教师渊博的学识、崇高的师德和学生厚实的专业功底、全面的综合素质。

对于毕业生而言，这种包容精神对于工作和生活也非常重要，包容精神的本质是理解和尊重，从学校的小环境进入社会的大环境，要学会忍让和对人对事的宽容。社会中人与人之间的交往，难免磕磕碰碰、存在分歧和摩擦，《论语》中说："人不知而不愠，不亦君子乎"。意思是当别人对你有误解时也不发怒才是君子所为。现代社会中，要做好任何一件有意义的事情，都要依靠合作、依靠团队，如果没有包容精神，就不可能有顺畅的团结合作。人各有优势，也有不足，包容精神，就是重视工作伙伴的优势和长处，而容忍其劣势和不足。一个多元化的社会中，要乐于倾听，只有认真地倾听别人的意见，尤其是那些与你不同的意见，你才不会片面偏执，你的思想才会更全面。包容，不是软弱屈从，不是委曲求全，不是被同化，而是要坚守自己。孔子曰："君子和而不同"，就是说君子在人际交往中能够与他人保持一种和谐友善的关系，但在对具体问题的看法上却不必苟同于对方。

再次，希望你们传承批判精神。批判精神既是求真、求是的科学精神，也是独立思考、不人云亦云的人文精神。批判精神源于大学自身的优势，大学是知识聚集的场所，又是思想观念和学术思潮的交汇处，具有良好的批判传统。大学发展史本身就是一部批判史，大学在教学和科研过程中能够以科学的态度对待传统与现实，否定非科学的内容，破除迷信与保守主义，建立科学的知识体系，这个科学的知识体系又对现实社会进行理性反思和价值构建。

大学是追求真理的地方，它是这个社会精神的守望者，用理性的目光关注着社会，在传承文化、发展科学、提升人性的同时，坚守着社会的良知，以理性、智慧为武器剖析社会、批判社会，这是大学批判精神的精髓所在。批判精神就是善于对广泛接受的结论提出疑问和挑战，而不是无条件地接受专家和权威的意见，这也是我在去年的演讲中提到的培养科学精神，要保持理性的怀疑。批判精神不是对一切问题的盲目否定，而是用分析性、创造性、建设性的方式，对怀疑提出新解释、做出新判断，要注重实际调查而不是空谈阔论，要注重理性思考而不是抽象议论。

当你们面对严峻的现实挑战，你们需要用批判精神去拨开那些流于形式、浮于表面的东西，看清楚事物的本质；在充满怀疑、嘈杂喧嚣的时代中，通过独立的思考和判断，辨别真伪，分清是非，保持内心的清澈与通透；在参与社会政治、经济和文化生活的过程中要具有独立自主的精神，坚定立场，不简单盲从。你们一定要记住，一个人即使知识再丰富，如果没有批判精神，缺乏独立思考的习惯，就不能称其为智者。

总之，伟大的时代呼唤伟大的精神，伟大的精神感召伟大的行动。同学们，当前，全国各族人民正在党的十九大精神的鼓舞下，为实现中华民族伟大复兴的中国梦而努力奋斗。习近平总书记曾寄语你们："青年兴则国家兴，青年强则国家强"，希望你们能传承优秀的大学精神，投身这个火热的新时代，志存高远，脚踏实地，书写人生最美的华章。

祝你们成功！谢谢大家！

仲春时节，那一抹浓浓的诗意

——在《诗意栖居》首发式上的致辞

尊敬的各位领导、各位嘉宾、女士们、先生们、朋友们：

大家好！

"等闲识得东风面，万紫千红总是春。"仲春三月，田野花香；烟雨岭南，万物流芳。在"草木蔓发，春山可望"的季节，我们从四面八方以诗相约、齐聚羊城，共赴一场文化盛宴。对于各位嘉宾和读者的到来，我心情激动，无比感怀。首先要诚挚感谢广东省文联、广东出版集团、广东部分高校、各大媒体以及广东东软学院师生和东北财经大学广州校友会的各位领导、同人拨冗莅临首发式，十分感激辽宁沈阳、大连、葫芦岛等地的亲朋好友不辞辛劳、从北到南前来助兴捧场，更要感谢广东人民出版社的社长、编辑、发行的同志们几个月的辛苦劳作，使本书于今天隆重面世，真诚地欢迎大家的到来！

今天的聚会源于我们对中华优秀传统文化的追随与热爱。诗者，天地之心也。共赏中华诗词、寻文化基因、品生活之美，无不彰显出我们每个人的身上根植着中华优秀传统文化的基因，体现出每个人的心中对"诗和远方"的理解与追求。中国是一个诗的国度，在众多身份中，"诗人"是我最珍视的称谓。诗词以最凝练的语言和优美的韵律，把中华文化的精神内涵，内化为人们的心灵感知，使一代代中国人从中得到滋养。它既是浓缩的中华文化精华，更是自古以来中国人精神风貌的展示。因此，诗词的创作和诗集的出版，不是附庸风雅，而是对传统文化的血脉传承，寄托了我们的理想、初心与情怀，激励着我们的生活、工作与创造。

党的十八大以来，习近平总书记大力传承中华优秀传统文化、赋予中华优秀传统文化时代内涵、运用中华优秀传统文化治国理政，应对国内外重大挑战，将中华优秀传统文化提升到崭新阶段。而中华诗词文化是最能代表中华优秀文化根性的文化载体之一，也是最能反映当代中国人民文化自信的传播载体之一。它蕴含着中国一脉相承的十分丰富的文化价值、社会知识，以及政治、经济、文化状态和理想，审美情趣与审美追求，无疑是世界文化的一大瑰宝。随着中华民族伟大复兴梦想的逐步实现，以诗词为代表的中国文化的世界表达会逐步拓展开来并深入下去，这是不可阻挡的历史文化潮流。

诗言志，歌咏言。中华优秀传统文化潜移默化地影响着我们的思想方式和行为方式。因此，诗意不在远方，它早已内化于心、外化于行，让我们时刻感受情感的相通，感悟哲理的鲜活，感叹意境的隽永。我们也在用诗词和诗意的生活方式，将古老的中华优秀传统文化贯通于当代的社会主义核心价值观。基于此，我借《诗意栖居》，道亲友之情深，赞山水之情长，叙四季之情蕴，叹千古之情怀。特别是在我党百年华诞的重大历史时刻和"两个一百年"奋斗目标历史交汇的关键节点，我利用假期集中参观了遵义会议会址、渣滓洞集中营、杨开慧烈士纪念馆等一批红色展馆，探访邓恩铭、王若飞、关向应等革命烈士故居，接受了一次党史教育洗礼，也创作了一批歌颂共产党人的诗篇，向建党一百周年献礼。在房老师和声动葫芦岛阅读会等同人的参与支持下，我们将诗集编录成有声书籍，以期将中华传统诗词进行创造性转化和可读性创新，把这些跨越时空、超越地域、富有永恒魅力的情感和思想弘扬起来、传播下去，彰显传统文化的厚重底色。

人生自有诗意，时代呼唤新篇。让我们以文会友、以诗助兴，迎八方来客、展千古风流！最后，再次感谢南北两方各界挚友同人，长期以来对我本人的关注和肯定，以及在《诗意栖居》的创作和出版过程中给予的倾情帮助和鼎力支持！衷心祝福大家身体康健，万事胜意！

谢谢大家！

论中国根雕艺术的审美价值

大多数艺术家，基本上已经承认了这样一个事实：从线条流转和运动的合规律性来看，根雕线条组合的形式符合审美风格，即蕴含着生命的意味。在这一前提下来审视根雕，作为一种艺术品，任何人也没有理由把根雕拒于艺术殿堂之外了。

一、根雕意象与审美观照

那么，我们怎样来看待根雕这种艺术品呢？有一种观点认为，凡是艺术作品都有一种意味深蕴其中，并以此影响人的审美感官。根雕这种艺术品像其他艺术作品一样，也具有极其感人的艺术魅力，即蕴含着某种意味。而这种意味又是什么呢？贝尔对此作了回答，他说："一切审美方式的起点必须是对某种特殊感情的亲身感受，唤起这种感情的物品，我们称之为艺术品。大凡反应敏捷的人都会同意，由艺术品唤起的特殊感情是存在的"，"相反，每一件艺术品都引起不同的感情"[1]。我们理解，这种感情就是艺术作品中的"意味"，而"引起不同的感情"的艺术品就是"有意味的形式"。根雕既然作为一种艺术品，其中的意味也必然是一种审美情感。从艺术演变的过程来看，根雕进

---

[1] 贝尔：《艺术》，马钟元等译，中国文联出版公司1988年版，第3页。

入主体的审美视野可分为两个过程：即写实演进过程与写意抽象过程。写实演进过程是指根雕的存在并非为了审美，而是作为某种实用工具存在的，随着生产力的逐步提高，人们开始注意到作为根雕艺术品的雏形的工具形态、线条的组合形式，一旦这种形式符合了人们的审美需要，根雕的写实过程便进入到了写意过程，这是问题的一个方面；另一个方面，根雕作为艺术品就是以写意的过程存在的，根雕艺术家通过对根雕造型、雕琢，以表达某种生命意味，即把根雕作为表达人类审美情感的意象形式或符号形式。朗格说："艺术是情感的表现，而不是对情感的刺激和净化，而最成熟的艺术表现手法就是那种导致高度的感性显现的非语言能力。"[1] 根雕也同样具有显现这种情感的"非语言能力"，因为它是作为艺术品存在着的。一般说来，我们所说的根雕艺术演化的过程主要看重后者，更强调根艺品所表现的艺术家的审美情感。当然，根雕的写实过程与写意过程并不是截然分开的，它往往趋向纯朴的自然和高昂的意趣相融合，混而不分，意味无穷。之所以会出现这种情况，有两个方面的原因：一是决定根雕生命本质的线条的审美化。在漫长的物质生产过程中，线条逐渐形式化，同人的需要相关联，对人有利、有益、有用。也就是说，经过漫长的社会实践活动，人们发现在线条的组合形式背后的功利性内容，在以后的生产实践中，就进一步感到和认识到这种功利内容，经过长期的物质生产实践的不断重复和模仿，社会功利内容逐渐渗透在线条的组合形式中。随着物态化生产的继续，写实、再现组成的线条形式所表现的社会内容，逐渐由写意和表现组成的线条形式所取代，即外在的线条形式渗透了审美主体的观念情绪的意味。社会功利内容就积淀在这种有意味的形式中，积淀这种意味的线条形式则成了"有意味的形式"。二是根雕

---

[1] 朗格：《艺术问题》，滕守尧等译，中国社会科学出版社1985年版，第103页。

197

的线条、形状，质料的组合形式的审美价值体现在气、势、神之上。具体言之，体现在根雕审美形式所表现的意味之中。表现根雕意味的审美形式以意象的物化状态展现在时空之中。主体的审美直觉功能是把握这种意象形式的心理能力。所谓根雕的审美意象是根雕艺术品作用于审美欣赏者的心理过程，形成一种表象，这种表象经过情感的逻辑抽象，与审美态度相结合，在这种心理因素的融合下，最后以新的面貌呈现出来，成为审美意象。根雕审美意象就是主体的特殊心理状态及其对根雕审美形式的特殊心理规定，表现为对根雕线条、形态所引起的复杂而又和谐的内心体验。"如果说审美活动（无论是创作或欣赏）最终要营构一个'意象'，那么离开审美主客体间的意象性结构，这种营构是不可能的。"[1] 根雕的审美意象也是在与审美主客体相互作用中产生的，是两者相互作用的产物，是主体心灵意蕴选择审美表象的结果，"因此，意象的意，离不开意象行为，因为意蕴正存在于审美体验之中，而且超然存在于客体的对象上。"[2]

根雕审美意象并非就是根雕本身，它进入主体的审美视野，需要经过主体的表现与观照，然后才能成为审美客体。审美直觉就是转化审美意象为直接审美客体的审美心理动力。直觉作为主体的一种思维能力，具有对象性。但在鉴赏根雕时，直觉只有对根雕的感性形式才具有审美意义。这就是审美主体的直观性。这里的直观是指主体通过视觉或听觉对根雕进行感知，获得知觉形象。审美直觉本身则具有直观性，是主体把握对象的外部感性形式的审美能力。

在审美直觉中，直观性与表现性相联系，表现性是直觉通过对根雕外部形式的把握和感知，领悟根雕的特性和规律，挖掘其内在含义。

[1] 叶朗：《现代美学体系》，北京大学出版社1988年版，第117页。
[2] 克罗齐：《美学原理》，北京大学出版社2009年版，第18页。

审美主体在观照根雕、把握或领悟根雕审美形式所内蕴的意味时，就是以表现性为基础的。克罗齐曾指出："直觉的知识就是表现的知识"，"直觉或表象，就其形式而言，有别于凡是被感触的和感受的东西，有别于感受的流转，有别于心理的素材，这个形式，这个把握，就是表现。"[1] 克罗齐把直觉把握意象的过程，看作创造意象的过程，这一过程是在心灵中进行的，并非主体对客体的加工反映过程，所谓直觉也就是表现出，所以说，直觉就是表现。这种直觉观强调了主体的观照功能，否定了作为审美客体（根雕）的审美形式的存在。

　　克罗齐关于审美直觉具有直观与表现作用的思想，在某种程度上是正确的。直觉在主体审美意象的传达或表现中确实起着决定性的作用。就直观本身来讲，它是某种单纯的感性活动，这仅是表面现象，而实际上，它是多种审美心理因素的相互作用，尤其是审美经验的具体表现。审美主体之所以能够判断根雕或某种对象是美的还是丑的，是因为直观到根雕意象或对象的意象，领悟了其中的意味。在直观中，"内在客体对直觉感觉呈现为事物的主观意象"。对这种主观意象的把握，或者说将之客观化的过程是审美活动和艺术创造的目的。主体的审美活动是在创造中进行的，既依靠客体（根雕）形式的存在，又必须经过主体的加工过程，亦即构制形式的过程。卡西尔说："艺术确实是表现的，但是如果没有构形（formative）它就不可能表现。而这种构形是在某种感性媒介中进行的。"[2] 对根雕的审美欣赏也是如此，主体通过审美直觉对根雕进行表现，构制审美意念或审美形式，然后以审美表象为媒介进行表现，从而获得审美观照。

---

[1][2]卡西尔：《人论》，甘阳译，上海译文出版社1985年版，第108页。

二、根雕的根意溯源

追溯根雕艺术的原始脉系，我们认为它吸收了绘画、雕塑等创作规律，这也是根雕作为艺术品存在的美学依据。就根雕与雕塑的关系来看，二者都属于造型艺术，以主体形象来反映社会生活和表现艺术家的审美理想，不直接描写环境背景，而是让欣赏者在联想和表象中感觉到背景的存在，它们都以三度空间的实体形象去表现艺术的审美感受和审美理想；以单纯的形象性对现实生活进行概括和集中，以与触觉有关的质感和量感增强作品的审美意义。不过根雕与雕塑并不完全相同，根雕的原料是固定的，而雕塑的原料是多样的，根雕的形状自由度大，而雕塑却次之，根雕的体积小，而雕塑的体积任意性较大；根雕注重线条的流畅性和写意性，注重表现自然，雕塑注重写实，注重线条的稳定性。就根雕与绘画的关系来看，二者皆属于造型艺术范畴，都注重追求线条变化的组合形式，用以展现艺术家的审美理想和表现其审美情感。不过根雕是通过空间展示的意象形式激发欣赏者对时间性的感受，一般说来它不受颜色的制约，而绘画却与此相反，它以颜色表现某种情感，以二度空间的表现形式来揭示时间性。

从根雕与雕塑、绘画的关系来看，它们的艺术性就在于它们都追求着一种文化上的同根性，即以生动活泼的形式表现了审美主体的强劲的生命意味，以生命自由伸展的形式存在着。从这一意义上来说，根雕艺术的审美意义就在于它追求一种自由的超脱的本性，即道家所崇尚的自然无为的审美观。也就是说，根雕之根寓含着双层意义：一层是生命之根，另一层是自然之根。从主体的生命之根来看，根雕的线条、形状皆出于艺术家的表象，或者说出于表现艺术家情感的需要。更确切地说，根雕的审美形式取决于艺术家的主观创造；从自然之根来看，艺术家对根雕的造型必须依据根雕本身的原料和自然形状，如果扭曲其形质，根雕艺术必然要随形质的破坏而损害其所表达的意味。由此说明，根雕艺术必然要随形质而琢，与自然融为一体，才能表现艺术家的审美理想。即使艺术家有着强烈的情感，也必须随着根的自然形质而流露。从这一点上来说，根雕艺术的自然意境尤为重要。如果对这种意境进行诠释，那就是道家审美观寓蕴其中，或者说道家的自然无为的文化观是根雕之根的本意，只有以此为前提，根雕才能表现出超凡脱俗而无为的超功利性境界。

这里包含着两点：一是根雕与道家的尊无为重自然的观念相联系。在"无"与"有"之间，道家重"无"。在道家看来，有生于无，老子曾说："无名，万物之始也。"他认为："有与无是两者同出，异名同谓。"由此看来，老子的哲学思想是玄之又玄，而它又是"众妙之门"（引自《老子·道经》）。确实是这样，从审美观点看来，老子的哲学思想看似很玄，但通过艺术创作的实践来体验，会逐渐体验到它并不玄，这就是通常所说的"无声胜有声""弦外之音""言外之意""形断言连"等观点，包含着深刻的"无"之意。这里的"无"大概就是诗歌、美术中所说的"气""势""神"等概念，即不见之物；这里的"有"大概是指"质""形""声"等能见之物。在制作根雕的过程中，艺术家将自己的审美理想借助根雕的形式表现出来，并使质的线条、形状、质态符合审美规律，充分体现出艺术创作中"气""势""神"相融合的态势，形成完美的意象。根雕艺术家黄光照先生就此曾谈及他创作根雕的体验。他说："我在搞'西施浣纱'这件根艺品时，开初，我留了很多根须于西施之手，作为所浣之纱，从'形'来看，是比较完美的，但从'神'来看，则韵味不足，总不如想象中的西施，我忍痛割爱，去掉她手中的'纱'，让她无中生有，这样一来，西施推着手，但其形状妙趣横生，因为欣赏者心中的纱一定比实际的纱要妙得多。再如，我制作《看试手，补天裂》这件根艺品时，存根少一条腿，我多次试图给他添上一条腿，但均告失败，因有腿之形反不如无腿之'气'，还是以不添为好。听说，很多艺术家很想给断臂维纳斯装上臂，结果均以失败而告终，这可能就是'无'胜于'有'的证据。"这样做的效果却是意想不到的，这就是黄先生在"有"与"无"关系的处理上比较得体的缘故。根艺品本身是以一种质态的形式存在的，是有形之物，而其气、势、神却是无形之态，恰恰就是在这种有形与无形之中，艺术家的情感以意味的形式渗入其中。正所谓"道不在声色，而不离声色"，若即若离，难以言表。

二是根雕与道家的"重自然"的观念密切相关。老子哲学中"道"的观念包含着自然或自然规律。他说："道之为物，惟恍惟惚"，"惚兮恍兮，中有象合，恍兮惚兮，中有物合"（《老子·道德经》）。这一思想表明，在恍惚中有物有象。用审美的眼光来看，就是达到了"离形得似，似是而非"的审美境界。在培根那里似乎也有这种审美观点，他说："美中之最上者就是图画所不表现，初睹所不能见之者。"（《培根论说文集》）这一思想与老子的恍惚思想似有同源之处。黄光照先生说："中华民族是龙的传人，其文化称龙的文化，而龙的形象，大概就是我国古典美学思想的集中体现。首先，龙的形象在'有''无'之间，古人说，画龙必须笔断气不断，形断意不断，故'神龙云隐，首尾相连，若是全龙，则意气全无'。所以，'有'是为了表达'无'，'有'与'无'，就是'形'与'神'，具象与抽象的辩证统一。而这个'无'，正是观赏者根据自己的体验进行再创造、进行遐想的着眼点，如果一览无余，毫无回味可言，那便是俗品，世俗气甚浓的东西，是不可能进入妙品和神品的行列的。其次是龙的形象似是而非，它的角像鹿，爪似鹰，身如蛇，尾若鱼，眼类牛……但它一样都不是，这个似是而非的美学观点，正是艺术品存在的生命力。达·芬奇《蒙娜丽莎》那种神秘的微笑，先后使无数人殚精竭虑、年复一年地进行探讨，但终无定论（也无需定论）；李商隐的无题诗，其主题至今众说纷纭；曹雪芹的《红楼梦》，说它是自传小说者有之，说它是政治历史小说者有之……真是智者见智，仁者见仁。"在黄先生看来，龙就像老子的道一样，本无名，而又不得不借名曰道，而龙也是如此，本无名，只好借名曰龙，根艺品的制作更是如此，既重无名，又重似是而非。根雕命名取根的传神部位，让其在可有可无、似是而非之间，为观赏者留出想象的余地，挖掘出最理想的审美体验。在黄先生的根艺品的代表作《路漫漫其修远兮》《长恨歌雕意》《醉人东海骑长鲸》中就体现了这一思想。

从这两点来看，根雕的根，在文化之意中突出根意的自然化，追求根意的自然显露与艺术家创作情感的融合。

当然，根艺品的制作并不完全限定在"无"中追求"有"，而是确确实实地在质与形中追求质、形、意的统一。根雕的制作意图也大概在于此。根雕艺术家之所以能够创造出各种富有诗意而又具审美形态的根雕，就是因为具有物质特征的树根注入了主体人化的灵感。正在于此，根雕艺术家对那些形质不同的根进行情感和艺术上的加工，制作成根艺品，根艺品的制作，对根雕艺术家来说，就像历代诗论家对一些大诗人的诗风进行品评一样，经常使用一些抽象的概念加以概括，如"郊寒岛瘦""龙文虎背"，还有"高古""幽深""简淡"等来比喻表达他们对诗人的诗风的品评。对根的观察也是如此。通过长时间的对根的反复观赏，也能唤醒根雕艺术家的创作灵感，并把树根的韵味与诗的韵味合二为一，由此产生古诗的名句与根命名相联系的结果。如黄光照先生的《长恨歌雕意》就是以《长恨歌》的诗意命名的组雕，颇具声色。这就是因为根雕艺术家的灵感与树根发生了共鸣，在创造激情的冲动下，诗句的神韵渗入树根之中，其味无穷。在宋代有一位诗论家这样评论李贺之诗：不怪李贺命短，因为他暴露天物，而暴露天物者即泄露天机也，而泄露天机必遭天诛。这一评价如果除去宿命论的观点，只能说明李贺的诗浑然天成。其实，那些千古名篇，皆源于自然，或源于社会之必然，它们同树根的自然与必然有共同之源，因此用根意去表现诗意，似乎真有点"心有灵犀一点通"了。究其实质，在根艺品中，体现了质、形、意三者的统一。所谓质是指本质，因木质生长条件的差异，根质的差异较大，要表意，形质必须同一，否则，就不可能表现出根雕艺术家的审美理想。用孔子的话说就是"质胜文则野，文胜质则史"，必须文质彬彬，方为上品。如果把文当成形，对根雕来说，似乎正合其意。根艺品之所以能够步入艺术殿堂，它与绘画、金铸、泥塑不同，其中最主要的一点，就是因为根雕有根意。用黄光照先生的话来说，就是："这里有两件事使我难忘，一次我去采根，得一山茶树，其笋已大都腐烂，仅几条连着，当我把土全部挖开时，它下面又长了无数健壮的新根，因下面土肥，新根争着向肥；我把它挖出来倒放在地上，这些充满生命力的新根便从苍古的笋上跃跃欲出，大有不可阻挡之势。开初我命题为'萌'，但不理想，后来我在庭院中反复玩味，并仔细抚摩其质，它坚硬结实，文理通匀，又认真审视其形，它类似无数细松奋发向上。这便触动了我的灵感，把杜甫'新松恨不高千尺'的诗句和眼看的形象联系起来了，这大概是'形''质'统一的缘故，即'根意'给我的'诗意'灵感吧！最近，我采得一泡桐根，其形似鹰，经过几天的加工，最后使我失望，原因就在于我只注意了它的形，而忽视了它的质，因其质疏松柔软，其形懒散无力，故而其质类鸡，其形似鹰，难于达其意。所以，我认

为要使'根意'完美，就必须'形''质'统一，这样方能表达'诗
意'。而根质尤为重要，它是根意的主体，有如诗人的个性、经历一
样。"

三、根雕艺术品的审美批评

综上所述，根意与诗意同出一体，皆源于自然，浑然天成。不过
这其中渗透着艺术家的人化过程，即艺术家的审美情感和审美理想是
品评根雕审美价值的前提条件。因此，我们才有理由来评述根雕艺术
品的审美意义。第一，根雕以线条的律动组合表现了艺术家抗争自然
的顽强的生命精神；第二，根雕以生动活泼的形态展示了艺术家追求
生命自由的理想；第三，根雕寄寓了艺术家对未来的美好理想和深情；
第四，根雕以其独具匠心的气势展现了艺术家追求崇高的审美境界。

根雕艺术品在其被主体人化时，体现了人类追求生命的自由的某
种意味，就这一点来说，它满足了人类追求审美理想的需要，以其独
特的审美形式表现了人类崇高的审美境界，这是根雕的审美价值所在。
但从根雕的制作过程来看，艺术家对它的加工制作是表现其审美价值
的关键所在。换句话说，根雕的审美价值包含着两个方面：一是它的
自然形式；二是主体情感的自由介入。这两点是实现根雕审美价值的
媒介。我们评价根雕既不能脱离线条的组合、形态的和谐、质料的灵
性，也不能脱离欣赏者的直观把握，更重要的是艺术家的创作实践和
人类社会的生产实践，离开这些关键性要素，根艺品的审美价值的实
现似乎就不可能了。

（本文与马国柱博士共同完成）

新诗四十五首

（一）颂毛主席佛山行

六十年前在佛山，

主席轻车来调研。

听取大沥好经验，

称颂地委敢建言。

佛山无山不显美，

珠江有水尽欢颜。

南粤大地炊烟起，

遍地黄花春满园。

2021 年 5 月 14 日晚作于佛山

注：大沥经验，即把人民公社化小单位到小队，交足上级的，留足集体的，剩余自己的，"包死产"调动了农民的积极性；地委建言，指当时地委书记杜瑞芝向主席反映老百姓说"得罪食堂少吃，得罪队长多干"的怨言，引起了毛主席对"大锅饭"的反思。

（二）游漓江（兴坪）

漓江水道入兴坪，

两岸云端列奇峰。

十里画廊波中阅，

三姐歌声舟上听。

老翁扛鹰笑容礼，

少年赋诗更动情。

江山待有风流辈，

古往今来谁能行？

2021 年 5 月 16 日作于漓江兴坪

（三）叶挺故里感赋

惠州客家诞豪英，

国民革命起大风。

北伐铁军无敌手，

南昌起义有枭雄。

皖南浴血弹虽尽，

狱中宁死腰不躬。

囚歌一曲飞天外，

血与火中获永生。

2021 年 5 月 22 日作于惠州叶挺故里

注：飞天外，指叶挺将军因空难而死；血与火中获永生，引叶挺《囚歌》诗句。

（四）忆秦娥 · 痛悼两院士

天地动，

双星陨落神州痛。

神州痛，

千峰顿首，

万流悲送。

稻丰缘是播良种，

仁心更为国人颂。

国人颂，

医食无忧，

有生圆梦。

2021 年 5 月 23 日作于佛山

注：两院士，指袁隆平和吴孟超，同一天逝世。

抗疫诗三首

近期，广东的疫情牵动着全国人民的心，也激起了全省人民的抗疫激情。一时间，从广州到深圳，从佛山到湛江，新冠肺炎疫情露头即打，无处藏身。测核酸、打疫苗、封险区、限出行，一场战新冠的人民战争已经打响，并会大获全胜。有感于此，特作七律诗三首，纪念中国人民伟大的抗疫斗争。

（五）战新冠

风急浪涌传新冠，
南海珠江卷巨澜。
户户封宅门俱锁，
家家闭店客难还。
山湖有景行人少，
日月无辉树亦眠。
众志成城医给力，
天晴雨后换新颜。

（六）护广州

新冠妖魔入荔湾，
毒株巧扮起波澜。
珠江两岸齐发力，
域内七区划禁圈。
检测核酸良序好，
治疗病患有医担。
风平浪静羊城美，
锦绣江山现岭南。

（七）送瘟神

新冠行踪上万条，

羊城潜入欲逍遥。

千村避险街关闭，

万户居家头不摇。

地动珠江妖尽显，

天巡南粤鬼难逃。

华佗若问今医事，

瘟疫终将送火烧。

2021 年 6 月 9 日作于佛山

端午诗三首

  今年的端午节，不同于往常，因广东疫情的原因，取消了龙舟赛等聚集性活动，政府号召人们居家过节，非必要不出门，节日里虽大街冷清、商店无人、餐饮停业，但在网络上对屈原的怀念却铺天盖地，节日气氛更浓。有感于此，居家特作七律三首以记之。

（八）端午祭屈原

汨罗水上祭屈原，

万里无云问苍天。

惟楚奇才斯为盛，

以身殉国行胜言。

星辰闪烁光辉耀，

山川无语为哀怜。

端午每至粽相寄，

伟岸英名代代传。

（九）端午抒怀

端午时节粽叶香，

龙舟竞渡为忠良。

先秦屈子投江去，

后世人民叹国殇。

卫国何需宫殿内，

保家不必舞刀枪。

江山何俱风吹雨，

万水滔滔汇大洋。

（十）抗疫节

端午今年不寻常，

家家闭户居宅忙。

屈原入水千秋祭，

艾草封门万代祥。

水上龙舟无赛事，

山头魁塔有佛光。

白衣倘若勿相护，

哪得端午粽叶香。

2021 年端午节作于佛山

（十一）父亲节感怀

吾父长眠在西天，

生死相隔二十年。

虽为人父数十载，

聚少离多难枕眠。

天有阴晴无穷尽，

人生悲喜总相连。

父子如能再相见，

美酒鲜花备眼前。

2021年父亲节所作

（十二）夏至

高粱长势遍山红，

临海滨城处处幽。

红豆依山南粤燕，

荷花浮水北飞鸥。

老师笔画春中景，

学子耕读秋里收。

南北商经虽有距，

天香国色竞风流。

2021年夏至日作于佛山

（十三）破阵子·稼轩颂

壮岁挥师亮剑，

抗金南下联营。

铁马冰河虽将在，

孤雁难飞云絮轻，

悲辞官掌兵。

老去雄豪把酒，

山川满目愁城。

笔作剑锋长作对，

寄予苍天唤此生，

词章举世惊。

2021 年 7 月 3 日作于泉城济南

（十四）辛弃疾故里感怀

齐鲁人杰一雅豪，

金戈铁马笔双刀。

挑灯看剑情留迹，

舞榭歌台恨未消。

壮志难酬挥尽泪，

人生易老叹逍遥。

男儿本色当如此，

不负江河万里涛。

2021 年 7 月 3 日作于济南历城

（十五）孟良崮战役颂
（奉和陈毅元帅诗原韵）

孟良崮上枪声嚎，

血染山坡百兽逃。

美式武装消了火，

我军炮弹似风潮。

英雄挥戈攻山顶，

勇士枪林浴战袍。

蒋匪王牌全覆灭，

鲁南大地逞英豪。

2021年7月4日作于孟良崮战役纪念馆

（十六）遇龙河游记

阳朔风光数遇龙，

奇峰秀水两相迎。

清流载过八方客，

峻岭抒发四海情。

姐妹山歌甜又美，

阿哥朗诵对歌声。

人间一曲欢乐颂，

桂水名山众友行。

2021年7月24日作于阳朔遇龙河

（十七）潮州韩愈颂

奏谏忠良刺破天，

流亡五岭路八千。

驱鳄避害人称快，

关爱农桑户垦田。

赎放奴婢施仁政，

兴师办教谱学篇。

韩山韩水因韩起，

宦海沉浮一好官。

2021 年 7 月 31 日作于潮州韩文公祠作

（十八）彭湃故里感怀

龙津水脉风雷动，

少壮为国赴东瀛。

赤脚怒烧田地契，

挥手搅彻海陆丰。

南昌起义军旗举，

红场发兵火炮鸣。

三次起义讴战曲，

江山万代颂豪英。

2021 年 7 月 30 日作于汕尾海丰县

（十九）马思聪故居感怀

陋室街边遇思聪，

当年在此诞男婴。

留学赴法学琴去，

反战弦弓奏月明。

草原思乡鸣夜曲，

高山交响降神兵。

离乡背井虽无奈，

但系家国不了情。

2021 年 7 月 30 日作于海丰马思聪出生地

（二十）叶帅故里感怀

百战终生磨难多，

千秋伟业任评说。

历经险境拨方向，

每遇关头斩恶魔。

统帅全军出战略，

安邦治国定风波。

梅州有幸埋忠骨，

伟哉乾坤耀山河。

2021 年 8 月 2 日作于广东梅州

（二十一）洪秀全故居感赋

南粤豪杰诞广州，

天王少壮奋耕读。

挥旗反满传异教，

起义金田数风流。

夺定天京半国土，

抗击帝国灭烟毒。

农夫造反虽戡乱，

但使英雄霸气留。

2021 年 8 月 5 日作于洪秀全故居

（二十二）农讲所抒怀

孔庙明朝筑学宫，

国民革命育工农。

东西南北召民起，

四面八方聚战鹰。

彭湃推波南海涌，

拔群搅得桂不宁。

润之暴动湘江岸，

农运高峰贯长虹。

2021 年 8 月 5 日作于广州农民运动讲习所

（二十三）红都颂（一）

尚武雄师战赣南，

星星烈火已燎原。

苏区宪政垂青史，

闽赣旌旗卷巨澜。

领袖持枪留胜迹，

江山社稷作摇篮。

红都伟业名千古，

烈士英灵万代传。

2021 年 8 月 27 日晚作于瑞金

（二十四）红都颂（二）

万里长征始瑞金，

枪林弹雨此留痕。

红旗带动农奴戟，

万众高歌主义真。

赣水当年兵奋勇，

南国现代众争新。

改天换地民为主，

吃水不忘打井人。

2021 年 8 月 28 日晨作于瑞金

（二十五）长汀悼秋白

自古英雄磨难多，

秋白赴死又如何。

双肩扛起凌云志，

两腿盘坐震恶魔。

把酒吟诗绝命句，

迎风高唱国际歌。

汀江水恨随君去，

罗汉峰高撼山河。

2021 年 8 月 28 日作于福建长汀

（二十六）长汀悼书衡

本是军中一盏灯，

洪流滚滚阵前龙。

临别赠友刀与袄，

留守游击赣水中。

勇跳悬崖惊大地，

宁流尽血泣枭雄。

豪杰自古多磨难，

伟哉乾坤吾书衡。

2021 年 8 月 29 日作于闽西梅迳村

（二十七）中秋赋

中秋，

有一种情思寄遥远。

白的云，

蓝的天，

飞的燕，

穿行着我的思念。

中秋，

有一种情愁在遥远。

空的谷，

静的水，

雪的山，

你的影子不在身边。

中秋，

有一种情愿在今晚。

明的月，

朗的天，

人两边，

有缘千里共婵娟！

2021 年 9 月 21 日旧作新韵

（二十八）遥远有多远

遥远，是时间，
记录着走过的路，掠过的天。

遥远，是空间，
隔着千条水，万座山。

遥远，是儿时的梦，
托着理想，让风鼓满了帆。

遥远，是曾经的路，
并肩走过，爱在心田。

遥远，是未来的船，
载着满天的星，迎着如锦的花环。

而现在啊！遥远是思念——思念家乡亲友，
喜迎中秋佳节，共赏月圆。

2021 年中秋节所作

（二十九）南乡子·江南夜

月色满巡塘，

流水桥边隐茶房。

道是中秋夜更美，

隔墙，

风送桂花阵阵香。

耳旁有禅音，

漫卷诗书喜欲狂。

有客吟风书瀚墨，

临窗，

望尽江南处处芳。

2021 年中秋节作于巡塘古镇

（三十）八家博物馆联展有感

庆龄随君闯岭南，

邀来大钊定江山。

广平鲁迅传文教，

沫若兰芳展艺园。

老舍留书执奋笔，

悲鸿绘画遇奇缘。

鸿篇子夜出茅盾，

联展八家美誉传。

2021 年 9 月 26 日作于广州"8+"展

（三十一）重阳节南粤感怀

今年南粤逢重阳，

远望群山稻谷黄。

两岸珠江霞彩落，

一湾秋水运粮忙。

芦花深处蛙声起，

岭上天边雁列行。

莫叹如今双鬓雪，

人生不负少年郎。

2021 年重阳节所作

（三十二）周末闲居

水韵名都美在秋，

鲜花绿草境清幽。

晨观户外云千朵，

夜赏窗前月一钩。

院内石桥陪静水，

空中彩景扮花楼。

身闲莫问江湖事，

细品茶香伴乐悠。

2021 年 10 月 16 日早作于佛山

（三十三）苏兆征故居感怀

珠江口岸雄风起，

淇澳天空暴雨袭。

省港工农齐震怒，

南粤大地抗敌激。

联合政府彰才干，

共产国际举大旗。

染病坚持烽火线，

英姿伟岸史留集。

2021 年 10 月 21 日作于珠海

（三十四）而立之年更奋发
——祝中国创建 MBA 教育 30 周年

管理学科域外发，

枝繁叶茂在中华。

工商巨子习其益，

济世荣经旺国家。

校企联姻结硕果，

中西互动闯天涯。

科学艺术添新翼，

技术人文放彩霞！

2021 年 10 月 23 日作于佛山广东东软学院

（三十五）吟南北霜降

北国霜降到晚秋，

风吹雨过月如钩。

虫哀草败干枝素，

雪冷天寒水断流。

南粤霜临花满州，

山青水绿燕飞楼。

珠江两岸枫飘落，

遍地黄金满目收。

2021 年 10 月 23 日霜降日作于佛山

（三十六）赠红豆高粱

数载相教北港城，

春来夏往月西东。

樱花树下人留影，

银杏窗前笔又耕。

解惑答疑常献策，

逢年过节共茶羹。

秋迎粱豆南国聚，

愿做桃园不老松。

2021 日 10 月 28 日作于佛山广东东软学院

注：高粱指东财教授；红豆指南下的东财教授。

（三十七）浣溪沙·闲居

苑内石桥跨小溪，

溪间浅现水中鱼，

亭檐落燕鸟啄泥。

谁道此生年代少，

空中园景尚花期，

茶香乐韵伴闲居。

2021 年 10 月 30 日作于水韵尚都

（三十八）浣溪沙·秋思

踽踽独行落叶深，

云遮桥暗鸟鸣吟，

顾怜秋水映荷根。

晓梦春山逢冷雨，

远乡青冢寓双亲，

一别天地忆昔今。

2021 年 10 月 31 日作于广东佛山

（三十九）南北吟

北雁南飞入了秋，

檐前带走月一钩。

青山脉脉霜红染，

冷雨霏霏落叶愁。

神往家乡千里雪，

心欢岭外百花洲。

倾杯饮尽菊红酒，

愿友携家粤上游。

2021 年 11 月 1 日作于广东佛山

（四十）鹧鸪天·秋雨

雨过深秋万物非，

朔方塞外冷风吹。

枫霜叶落山前后，

雪舞云低天絮飞。

南粤草，绿还肥，

花间老树绽新蕾。

夜阑卧忆童年事，

晨晓观山燕语归。

2021 年 11 月 2 日作于广东佛山

（四十一）悼李泽厚先生

昨夜霜风透骨愁，

忽闻泰斗鹤西游。

227

双行泪腺如流水，

几笔诗书祭冷秋。

是岁堂中亲解惑，

当年海上喜横舟。

哲思史论文评美，

仰止高山第一楼。

2021 年 11 月 4 日作于广东东软学院

（四十二）醒来

呼吸瞬过人生远，

谈笑之间世变迁。

以往青丝白发染，

今朝墓冢紫云烟。

名声富贵随风逝，

爱恨情仇送九天。

自古花红无百日，

唯留绿色满人间。

2021 年 11 月 6 日周末晨起有感

（四十三）立冬

秋风渐紧枝零残，

瑞雪纷飞塞外寒。

草上枫黄霜叶落，

庐里煮酒尽情欢。

南国景色天高远，

绿水青山稻润田。

北燕归来驱燥热，

观花赏柳逛春园。

2021 年 11 月 7 日立冬日作于岭南佛山

（四十四）北国冬雪

昨夜嫦娥上月台，

琼花散落满天开。

长城峻岭成银浪，

海陆平原雪里埋。

堆玉千峰出沃野，

冰封万里锁尘埃。

青山一夜容颜改，

阅尽沧桑发已白。

2021 年 11 月 8 日作于岭南佛山

（四十五）贺王向峰先生九十大寿

著作文章等体高，

平生奋笔乐逍遥。

辽中喜见出骚客，

沈水名传诞雅豪。

桃李秋园结硕果，

青山沃野尽妖娆。

延年鹤寿青春在，

恭祝蟾翁代代骄。

2021 年 11 月 9 日王老师生日所作

第二辑
史学沉思

一代天骄：成吉思汗的一生及其历史地位

——2013 年 9 月 28 日在"扬州讲坛"上的讲演

听众朋友们：

　　大家好！

　　首先，感谢鉴真图书馆执行长慧宽法师的邀请，有机会来到美丽的历史文化名城扬州，来到久负盛名的鉴真图书馆·扬州讲坛。

　　能够登上扬州讲坛，我要感谢星云大师的邀请。今年 5 月和 7 月，我和星云大师在东北的葫芦岛和祖国的宝岛台湾有过两次相见。特别是在葫芦岛的两天，我们携手渡船，亲切交谈，从佛教到人生，从历史到当前，大师给了我许多教诲，也给了我许多鼓励，使我受益匪浅。我特别要感谢他为渤海湾中的佛岛——觉华岛题写了岛名，并为岛上的菩提园植菩提树开园。在交谈中，当他得知我对元太祖成吉思汗有过研究，并听取了我对"一代天骄"的独特评价后，挂通了慧宽法师的电话，推荐我来扬州讲坛讲成吉思汗，就促成了今天的讲演。

　　今天，我讲演的题目是"一代天骄：成吉思汗的一生及其历史地位"。

　　任何时代、任何民族都需要自己的伟大人物，需要自己的英雄。

成吉思汗就是 13 世纪的伟大人物，蒙古族乃至中华民族的伟大英雄。

成吉思汗姓孛儿只斤，名叫铁木真，成吉思汗是他的尊号，意思是"拥有海洋四方的大酋长"（可见，1206 年铁木真称汗，有统治世界的伟大抱负）。他生于南宋高宗绍兴三十二年（1162 年），1206 年建立大蒙古国，卒于南宋理宗宝庆三年（1227 年），享年 66 岁。

成吉思汗生活在黑暗的乱世，烽火连天，尸横遍野。然而，乱世出英雄。越是沧海横流，越能显出英雄本色。13 世纪，中国各兄弟民族实现新的大融合；13 世纪，分裂了 400 余年的中国完成第 4 次统一；13 世纪，中国打破闭塞状态、走上世界历史舞台；13 世纪，世界的版图发生了翻天覆地的变化。这一切，都与一个伟大的名字联系在一起，这就是蒙古族乃至中华民族的英雄——元太祖成吉思汗。毛泽东将他与中国历史上的秦皇、汉武、唐宗、宋祖相提并论，赞誉为"一代天骄"。世界千年伟人排队，成吉思汗往往排名第一或者名列前茅。

成吉思汗一生主要做了三件大事：统一蒙古高原，南下伐金，西征亚欧。今天，我围绕这三件大事，讲"成吉思汗三章"。

第一章：成吉思汗的铁血传奇

蒙古族是我国北方的一个古老民族（根据蒙古族的传说，在天地初分之际，太阳有两个女儿，姐姐嫁到南方，生下"海特斯"，即汉族；妹妹嫁到北方，生下"蒙高乐"，即蒙古族。根据蒙古族神话，蒙古族是苍色的狼和白色的鹿所生，既有凶猛的一面，又有温顺的一面）。但探究民族起源，不能凭神话传说，蒙古族祖先是东胡，与契丹、鲜卑、突厥等属于同一族源。《旧唐书》称蒙古为蒙兀室韦，是室韦部落的一支，室韦是契丹的别称，为森林狩猎部落。秦汉之际，东胡被匈奴击败，形成了几个不同的部族。后来，蒙古一部从望建河

（今额尔古纳河）迁到斡难河（今蒙古鄂嫩河）上游的不儿罕山（今蒙古肯特山），成为草原游牧部落。

唐代安史之乱之后，中原地区出现了五代十国，分裂混战。蒙古高原也是氏族林立，蒙古、塔塔儿、乃蛮、克列、蔑儿乞5大兀鲁思（部落）纷争不已。这时候，铁木真降生了，从此开启了铁木真时代。这个时代，可以分为三部曲。

第一部：统一蒙古高原

在草原上，"狼吃羊"是基本的生存法则。要想生存，必须磨炼狼的品性。铁木真统一蒙古的志向，少年时萌生，青年时积蓄，壮年时完成，是为报父仇、雪族恨，也是为部落争生存空间，为民族争发展权利。统一的过程，可以概括为3个阶段。

其一，从出生到22岁：铁木真在磨难中成长。铁木真出生时（1162年），手握血块，很像"苏鲁锭"（长矛），恰好父亲也速该（也速该是乞颜氏军事首领，夫人诃额伦，也叫月伦夫人，原是蔑儿乞部的媳妇，是也速该在斡难河抢亲抢来的），生擒了塔塔儿部一个叫铁木真兀格的酋长。于是，给他取名"铁木真"（以仇敌为儿子取名，本身就是一个传奇）。9岁时（1170年），铁木真定亲（巧遇弘吉剌部的德薛禅，主动将女儿许配给铁木真），而父亲却被铁木真兀格的儿子毒死（一见定亲，随即丧父，又是一个悲喜交集的传奇）。泰赤乌氏乘机发难，部众纷纷离去，又被本部族开除祖籍。孤儿寡母颠沛流离，挖草根，吃土拨鼠，躲避仇敌追杀。接着，主儿乞人抢走了铁木真仅剩的8匹马，他怒不可遏，抢回马匹，击退盗马贼，树立了射雕英雄的名望。22岁时（1184年），铁木真刚与孛儿帖完婚，蔑儿乞人就抢走了铁木真的爱妻，这个部落就是20年前也速该抢回他母亲的部落。铁木真联合父亲的安答克烈部王汗和自己的安答札答兰部札木合，聚集4万骑兵，夺回心上人，击败蔑儿乞人。

其二，从22岁到44岁：乞颜部可汗铁木真成为全蒙古的大汗。打败蔑儿乞，铁木真接收了1万多部众，乞颜氏各支和其他氏族纷纷来投奔，铁木真摆脱对札木合的依附。1189年，27岁的铁木真被推为乞颜部可汗，对天盟誓，设置官职，用统一的君主集权制代替了松散的部族联盟（札木合蒙古族血统不纯，是异族血统后裔）。接着，他用铁血手段统一了蒙古草原。重要战役有5战：第一战，十三翼之战（1190年）。札木合起兵十三部杀来，铁木真分为十三翼迎战，战况不利，铁木真主动退军，顺手铲除了主儿乞氏。第二战，阔亦田之战（1202年）。铁木真联合王汗，大败乃蛮、泰赤乌、塔塔儿，弘吉剌等部，再次与札木合联军在阔亦田（今贝尔湖附近）决战，札木合联军覆没，札木合投降克烈部，泰赤乌部投降铁木真。第三战，讨平塔塔儿（1202年）。铁木真乘胜讨伐塔塔儿，塔塔儿四部首领非死即降。从此，在蒙古草原上，只剩下铁木真的蒙古部、王汗的克烈部和西方的乃蛮部。第四战，攻灭王汗（1203年）。王汗的弟弟勾结乃蛮部叛乱，王汗投奔铁木真，后来在扎木合的挑拨下反目成仇。铁木真乘乱偷袭，直捣王汗金帐，王汗被乃蛮部杀死，克烈部覆灭。第五战，征服乃蛮部（1204年）。残余的各部汇集乃蛮部王廷，作最后的挣扎，纳忽崖一战，乃蛮部被彻底消灭。逃亡的札答兰氏部也做了铁木真的俘虏，札木合被装入袋中绞死。

1206年春，铁木真从阿尔泰山前线回到蒙古乞颜部的"根据地"斡难河源头。自1200年以来，他先后扫平大漠草原各个部族，与蒙古兀鲁思并驾齐驱的几大兀鲁思土崩瓦解，东起兴安岭，西迄阿尔泰山，南达阴山，北至西伯利亚，辽阔的蒙古草原尽在掌握。诸部族首领召开忽里台大会，推举铁木真为全蒙古的大汗，尊号"成吉思汗"。

这是融百姓于一家、化万氏为一族的大事。以共同的经济基础、风俗习惯、语言文化和法律制度为纽带，泯灭了原来的部族界限，"蒙古"就成为草原各部、归附的各族的总名称，形成了统一的民族共同体。可以说，成吉思汗是蒙古族的真正缔造者。

其三，从 44 岁到 49 岁：进行北征，三征西夏。建国后，成吉思汗开始北征森林狩猎部落，先后降服斡亦喇、吉利吉思、畏兀儿、哈喇鲁、蔑儿乞等部落。1205 年，成吉思汗以王汗之子桑昆逃入西夏为借口进攻西夏，占领力吉里。1207 年，再征西夏，攻克斡罗孩城。1209 年，第三次攻西夏，水淹中兴府（今宁夏银川），西夏献女求和，拆散了西夏和金国的联盟，解除了伐金的后顾之忧。

第二部：南下伐金

女真族建立金朝，推翻辽国，打败北宋。经过百年经营，金朝兵力百万，人口 4000 万人。此时，蒙古人 100 万人、兵力 10 万人。

成吉思汗伐金的政治原因（血族复仇），是对金朝的压迫掠夺不满，带有反抗民族压迫的性质，直接打出的伐金旗号是血族复仇（南宋绍兴年间，蒙古首领俺巴孩汗被金人钉死在木驴上，埋下仇恨种子）。同时，还有更深的经济原因（生存危机）。游牧经济受自然条件影响较大，水草丰美，发展很快；天旱风雪，畜群就会死亡。经济上的乍起乍落，带来了政治上的乍盛乍衰。伐金的第三条原因（政治抱负），要实现当整个中国皇帝的雄才大略。伐金战争打了 7 年（1211—1217 年），大体有 4 个节点。

1.决战野狐岭。1211 年 2 月，成吉思汗 10 万大军倾巢出动，金朝仓促应战，40 万人的主力集结野狐岭。成吉思汗命大将木华黎率敢死队冲锋，金军一触即溃，金朝边防行省陷落。

2.两战居庸关。野狐岭之战后，成吉思汗进抵居庸关，大败金军。1212年秋再次攻金，攻占大同。1213年7月第三次伐金，绕道偷取飞狐道，南入紫荆关，打开了通往中都的通道。

3.攻陷金中都。居庸关大战后，成吉思汗兵分三路横扫中原，几乎攻占了黄河以北所有郡县，会师中都城下，金宣宗献出公主和金帛财宝请和。1214年5月金宣宗南迁开封，成吉思汗包围中都。1215年5月，金中都的守将自尽，中都陷落。

4.木华黎父子经略中原。1216年春，花剌子模杀死蒙古商队，成吉思汗决心西征。行前，赋予木华黎经营中原的全部权力。木华黎受命专征，攻占山西，放弃了以杀掠为主的作战方针，管理城邑，安集百姓。木华黎死后，其子孛鲁平定河北、山东，摧垮金朝，统一了北方，这是成吉思汗对中国历史的一个重大贡献。

第三部：西征亚欧

成吉思汗的世界性影响，很大程度是由于西征。西征的起因，是花剌子模杀了蒙古商队，又杀了成吉思汗的使者。同时，当时世界正处在"以征服和战争为职业"的历史阶段，占领更多土地是西征的终极原因。西征的主要对手花剌子模国王本身也是世界征服者，已征服了不少国家，他企图在征服伊斯兰教教主之后，再征服斡罗思和东方。伊斯兰教教主哈里发曾派出使者向成吉思汗求救，所以西征也是应哈里发的请求。

出师前，成吉思汗诸子之间发生了一场关于长子术赤出身与汗位继承的争吵。术赤是否亲生骨肉并非争论焦点，关键在于由谁继承事业。成吉思汗虽然确定三子窝阔台为汗位继承人，但矛盾没有根本解决。他的办法是，多占西方土地，分给后世子孙。西征这篇历时 7 年 (1217—1223 年) 的史诗，有 5 个重要章节。

1. 序幕：殄灭西辽。西辽国王是大辽后裔，人称古儿汗。1208 年，蒙古乃蛮部太阳汗之子屈出律逃到西辽，被召为驸马。后来，屈出律乘古儿汗年老体衰，召集乃蛮残部，夺取了西辽国土。当成吉思汗西征时，决定先拿这个仇敌祭旗。1218 年，大将哲别率 2 万骑兵攻打西辽，活捉屈出律，西辽国土并入蒙古。

2. 开篇：征服花剌子模。花剌子模是当时的中亚大国，占有中亚的全部，附属国有几十个。成吉思汗兵分 5 路进攻，分别由察合台、窝阔台、术赤、拖雷和自己，以及大将哲别领兵，先后拿下各个边界重镇，进抵咸海。接着，成吉思汗亲自进攻花剌子模的新首都撒麻耳干，全歼守军，国王摩诃末仓皇出逃，病死在里海的一个小岛上。随后，由窝阔台率军进攻花剌子模的旧都玉龙杰赤，大战 7 个月，全城守军被杀。1221 年春，成吉思汗亲自荡平呼罗珊，波斯湾沿岸和中亚地区全部陷落。

3. 中篇：远征欧亚草原。蒙古铁骑在荡平现伊拉克、击溃格鲁吉亚、降服阿塞拜疆之后，1221 年 10 月，成吉思汗派遣大将哲别、速不台率兵进入钦察大草原 (包括克里米亚和第聂伯河、伏尔加河、乌拉尔河沿岸)。接着，决战迦勒迦河，击溃斡罗思联军，联军统帅基辅侯被迫乞降，全部斡罗思将士被处死。随后，远征军纵横驰骋斡罗思，直至克里米亚。1223 年底，经伏尔加河和里海、咸海，东归与成吉思汗会师。

4. 下篇：回军灭西夏。灭西夏不在西征计划之内，却是西征的尾声。1225 年成吉思汗凯旋，将本土及西域分封给 4 个儿子。成吉思汗认为，只有征服西夏才能拆散夏、金联盟。为此，当年秋天，不顾 7

年西征疾劳和 64 岁高龄，亲自进攻西夏，在黄河边上歼灭西夏主力，包围西夏都城中兴府（今宁夏银川）。西夏末帝向成吉思汗献出祖传金佛和金银财宝请降，要求宽限 1 个月献城。正在此时，成吉思汗得了一种热病（一种说法是围猎时被野马撞下马摔伤），1227 年 8 月 25 日病逝于清水县六盘山，终年 66 岁。成吉思汗留下 3 条遗嘱。一是立下文书，尊窝阔台为汗，拖雷监国。二是灭金方略。三是彻底灭亡西夏的意见。成吉思汗去世后，密不发丧，以免西夏反悔。拖雷按照遗嘱杀掉末帝，杀尽出城军民，西夏灭亡（成吉思汗秘葬在哪儿，众说纷纭）。

5. 续篇：成吉思汗子孙的西征。1235—1242 年，窝阔台派术赤次子拔都率兵第二次西征，横扫俄罗斯、匈牙利、德国等地区，建立钦察汗国。1252—1260 年，大汗蒙哥（拖雷长子）命旭烈兀（拖雷第五子）率兵第三次西征，远征叙利亚、塞浦路斯、伊朗等地区，建立伊利汗国。三次西征，征服国家 11 个（现有 40 个国家）、部落民族 600多个，占领土地 3000 万平方公里（含中国本部和东南亚属地），成吉思汗及其子孙被人称为"世界征服者"。

第二章：成吉思汗的性格密码

成吉思汗以他的赫赫武功名垂青史。时至今日，众多史学家和传记作家仍津津乐道。我认为，作为绝代英雄，武功并非成吉思汗的全部。站在今天的历史制高点上看，甚至可以说，那已不是成吉思汗的主要闪光点。

历史唯物主义告诉我们：时势造英雄，历史决定论。对于塑造成吉思汗的"时势"，我们应该研究"三个要点"：一是先进的生产力（武器装备）；二是草原民族的生产方式；三是机动灵活的战略战术。

239

考察历史人物的行为动机，应从如下三个方面切入：一是历史背景；二是个人生活经历；三是个性特征。

因此，令人感兴趣的是：为什么成吉思汗百战百胜？成吉思汗武功背后的力量是什么？它如何影响了蒙古民族，丰富发展了中华文化？这就需要把目光聚焦到历史人物的内心，透视成吉思汗的性格特征和情感世界（荣格的性格理论）。

性格决定命运。性格是人的行为方式中具有核心意义的个性心理特征，是一种与生俱来的人格特质。成吉思汗的辉煌成就，依赖于历史的潮流，但也绝对离不开他性格的特征和人格的特质。概括起来，有6个密码。

密码之一：目光远大，却又斤斤计较

成吉思汗降生时，蒙古高原是一个弱肉强食的世界，毫无道义，只有欺凌、掠夺和残杀。成吉思汗苦难的童年告诉他，要在世上立足，必须成为强者。为了部族，更为了自己，他必须目光如炬，放眼未来。所以，他内心的"英雄情结"非常强烈（成吉思汗目标远大，征服是他最大的理想：统一蒙古，南下伐金，西征亚欧，是何等伟大的抱负呀）。

按理说，成大事者不拘小节，但他却非常看重小节，甚至有点斤斤计较，不允许别人侵犯他的利益，更不允许别人挑战他的权威。他的这种性格，不仅是对外敌，对家人、对兄弟也是一样。逃亡路上，仅仅因为一条鱼、一只麻雀之争，少年成吉思汗就射杀了他的异母兄弟别克帖儿。《蒙古秘史》记录了这触目惊心的一幕。一次，成吉思汗的叔父答里台不守规矩，在战争中违规掠财，被当众鞭笞。答里台不服，说："我是你叔父，你怎么打我？"成吉思汗说："你是我叔父，我是你可汗。"把他驱逐出帐。

成吉思汗一生以拓展疆土为己任，人生理想和最大快乐只有两个字：征服。在成吉思汗的晚年，他的几个儿子为封地争得不可开交，他说："天下地面尽阔，且随我西征。"天下土地多的是，我们再多抢点就是了，从此踏上漫漫西征之路。

成吉思汗胸怀大志，征服是其生命价值之所在。因此，决不容忍因小失大。这就是成吉思汗性格中的草原民族的英雄主义。

密码之二：真诚坦荡，却又狡狯多疑

掠夺和残杀是当时蒙古高原上的公理。其实，任何文明的民族在它的发展史上也都不得不上演这一幕。

成吉思汗的成功，靠的是真诚的友情和一诺千金的信誉。他用真诚打动王汗，合兵报仇，站稳脚跟。他用真诚维护童年友谊，心心相印，生死相依（与大将博尔术、者勒蔑）。遗弃过他的人幡然来归，他不计前嫌，以诚相待。徘徊于他和对头之间的氏族，困于饥饿要求参加围猎，他欣然接纳并分给超额的猎物。射伤他的泰赤乌部猛将哲别归附时，他表示"过去的事过去就算了，从此是朋友"。同时，他憎恶谋叛行为，哪怕是对他敌人的谋叛。比如，泰赤乌部首领的家丁抓获了主人又放了，空手来降，成吉思汗表示称赞，并给重赏。

这位旷世英雄靠真诚折服了所有的人，他的胜利首先是道义上的胜利、人格上的胜利。论机谋和实力，札木合算得上是一代枭雄，然而两雄相争，札木合却只能败北，因为札木合全无道义可言，联盟时指天发誓，兵败时洗劫盟友。札木合魔鬼般的才能被历史抛弃，而成吉思汗却推动了历史前进。

当然，他的真诚并不是"无脑"。相反，他不轻信，而且多疑。长子术赤勇猛善战，却是妻子被从蔑儿乞部抢回后所生，血统一直是个谜。西征前的争吵中，次子察合台站出来质问，成吉思汗批评了察合台，说"今后不准再这样说"，算是默认了术赤的亲子身份，却没有公开"辟谣"，留下悬疑，借机否决了术赤的汗位继承地位。金朝迁都，他怀疑另有隐情，派人质问。攻灭西夏时，西夏主要求宽限一个月，成吉思汗怀疑其诚意，临终特别嘱咐"不要发丧，叫敌人摸不清实情，出城后全部杀掉"。

他还深恶夸夸其谈。花剌子模的一个文人归降后，成吉思汗命他起草一篇"最后通牒"，此人照波斯习惯以漂亮的辞藻来修饰威胁之语，成吉思汗认为是嘲弄自己，一怒之下竟将他处死。

成吉思汗以真诚为大纛，给混乱的草原立法。一支没有文化的军队战无不胜，成吉思汗的真诚是它的军魂；一盘散沙的蒙古高原凝聚成一个强悍的民族，成吉思汗的真诚是它的民族之魂。

密码之三：宽仁守信，却又反复无常

成吉思汗宽仁守信，既能与部属同患难，还能与之共富贵。蒙古人注重誓约，1203年夏，最困难的时候只剩700名残部，他和18位将领以湖水当酒明志。当时，蒙古高原没有中原汉族式的礼法，成吉思汗制定的《大札撒》(法律、训令)，是典型的"士为知己者死"，有难同当，有福共享。成吉思汗语录里有一条原话："打仗时，我若是率众逃脱，你们可以砍断我的双腿；战胜时，我若是把战利品揣进私囊，你们可以砍断我的手指。"他言出行随，每次大战都是亲自冲锋陷阵。成吉思汗一生有多位绝色女子相伴，按正常逻辑早就沉迷于女色了，但成吉思汗64岁高龄还挂帅亲征。无论哪次战役，他只拿战利品的10%，其余则大家共享。他甚至敢用"敌将"，抹去人种、国别、贵贱、宗教信仰的差别(湖水盟誓的十八勇士中，九人的宗教信仰不同），与大家分享利益。西征时 20 万人，蒙古人不到一半。汉人的火器师、工程兵，金国的制械兵，穆斯林的公关团队，组成了一支精锐的"联合国军"，仅在《元史》中立传的加盟者就有 80 多位。

成吉思汗甚至有为一句"儿戏话"埋单的钻石级信用：1206 年分封 4 位万户侯，其中 3 位万户侯都有战功，只有一个是吹牛皮的豁儿赤（他 20 年前预测铁木真当大汗），成吉思汗信守约定，承诺封其为万户侯并给他 30 位老婆。对家人的封赏，则是在分封功臣 11 年之后。这样的领袖，自然会得到拥戴。

这种宽仁守信，保证了身边不会滋生阿谀之臣，又保证了他功成名就之日不枉杀功臣。成吉思汗封赏的将帅没有一个背叛他，都是效忠终生，他也是唯一没有杀过一个将领和功臣的帝王。

但有时，成吉思汗也反复无常。这是一种战争权谋，却也反映了他复杂的性格。札木合是他的结义兄弟，王汗是他父亲的结义兄弟，也是他的义父，当初他们联合对敌。但当札木合和王汗企图对他不利时，他抛开信义，断绝恩情，刀兵相向。1221 年成吉思汗进攻呼罗珊第一大城巴里黑，后来围攻斡罗思联军统帅基辅侯，本来都答应了请降，但担心留下祸患，还是赶尽杀绝。

战争本来就是残酷的，自古"慈不掌兵"。宽仁立德，凝聚人心，以杀立威，令敌胆寒，是成吉思汗性格中并行不悖的特点。

密码之四：心狠手辣，却又儿女情长

心狠手辣是成吉思汗性格中最突出的特征。他一生与强敌过招，其兵力极盛时不过 20 万人，还包括附属的部族军队，而对手常常数倍于此。因此，心狠手辣也是一种取胜之道。

历史上，成吉思汗确实以残忍好杀闻名。他发出的命令，常常是

"抵抗者一律消灭，敌种之后不可留"，动不动就屠城。不仅如此，他还营造了一种"功赏文化"：战时奋勇杀敌，战后"坐地分赃"。蒙古将士都把出征日当作节日，割下敌人耳朵为凭据来邀功请赏。所以，蒙古战士在日常生活中像牛犊一样温顺，一到战场就像扑向羊群的猛兽。杀戮过重，成吉思汗难辞其咎。

他的心狠手辣，也孕育了一种"高压线文化"。成吉思汗一生经历大小 60 多场战争，除十三翼之战因众寡悬殊而主动撤退之外，没有败过一次。除了闪电战外，就是靠"高压线"式的纪律。蒙古骑兵的基本作战单元是 10 人组，同进退，共生死，抛下同组逃跑者一律处死。同时，将士护甲都以轻质兽皮制成，盖在前胸，后背则没有保护。所以，逃跑很危险，只能拼命向前。

但成吉思汗并非只有铁石心肠，也有儿女情长。他的妻子为仇敌掠走，归来后依然相敬如宾（回来后生下术赤，亲子难断）。1189年，成吉思汗被推举为汗，他对生死与共的博尔术、者勒篾，多次说过"我惶恐时你来安慰，我需要时你在身边"那样饱含深情的话。他还爱给部下起外号，表示亲热。比如，他对契丹俘虏耶律楚材一见倾心，起个昵称叫"大胡子"。畏兀儿文人塔塔统阿，身上带着一枚乃蛮君主的金印，成吉思汗问他有啥用，塔塔统阿回答："出钱纳谷，委任人才，以为信验。"成吉思汗叫他继续执印，以蒙古国的名义使用，并请塔塔统阿教他的 4 个儿子用畏兀儿文字书写蒙古语，从此蒙古族有了文字。如此情感，绝不是单纯的君臣关系所能有的。

密码之五：善于创新，却又难破藩篱

成吉思汗是一个军事天才，但也是一个杰出的改革家。他最天才

之处，是在草原上凭空推动了一场制度改革，奠定了他的绝对竞争优势。可以说，创新求胜是他的天性。

成吉思汗制定了严格的分配比例，确保人人都能从战斗中获益。最引人瞩目的，是奴隶子女也有财产继承权，释放了潜在的生产力。由于一个战士往往能通过战斗改变命运，所以大家是"为自己而战"，从而打造出一支全民皆兵、举族而战、主动请战的虎狼之师。成吉思汗只凭一个全新的游戏规则，就征服了人心。

他还进行了影响非常深远的"管理变革"。建立起一套"千户"制度，原有的派系就此取消。千户、百户、十户、上马是统一的战斗单位，下马是放牧的生产单位。这样的架构和分配制度，等于是将生产资源一次性分配到底。蒙古男子满十五岁从军，自备马匹、武器、口粮，全军骑兵化，不需要复杂的后勤系统。蒙古骑兵甚至换乘两匹马，机动能力极强。在匈牙利平原3天急行军760华里，攻打乃蛮部时从呼伦贝尔长途奔袭6000多华里直抵阿尔泰山，创造了农耕时代的"闪击战"，被西方称为"蒙古旋风"。

成吉思汗对武器也不乏创新。成吉思汗时期研制的铜炮是当时杀伤力最强的热兵器，震天雷是最早的手榴弹，进攻撒麻尔干时，使用了火焰喷射器。蒙古早期没有文字，口头传令失误率极高。成吉思汗让人编写了歌曲，不同曲调代表不同的命令，很容易记忆和传播。这就是今天我们能够听到的美妙的"蒙古长调"。

但是，成吉思汗没有能力改变社会制度，对农耕文化也有所抵触，固执地毁耕地为牧场。后来，他的子孙实行民族等级制，埋下了反抗的种子。这是成吉思汗性格的缺陷，也是历史的局限。

密码之六：唯我独尊，却又豁达大度

游移不定的草原，严酷恶劣的环境，毫不留情的强敌，养成了成吉思汗唯我独尊的性格。纵横天下，他藐视一切强敌，有一种"天地之间我最大"的豪迈。两军对垒，他不惧任何危险，有一种"奋威突阵，当先破敌"的气概。纵观他一生征战，常常是"不论众寡，一时俱撞"，吓破敌胆，所向披靡。我们领略的是他的兵法，看到的却是他的心法。就连临终留下的"利用矛盾，绕道迂回"的灭金要领，也是唯我独尊，不容置疑。1230年，他的儿子窝阔台、拖雷按这种方略灭金，结果完全成功。

对他来说，世间的英雄只能有一个，就是他自己。对其他强者，必须讨平灭尽。统一蒙古剿灭4大兀鲁思，西征时连灭东西方数百部落。对待强敌金国也是这样，当金国卫王永济继位，派使要他拜见新君，他漫不经心地问：新君是谁？金使回答：是卫王。他狠狠唾了一口，说：我听说中原皇帝是天子，这样的懦夫也配吗？说完就策马而去。完全是唯我独尊的气派。

成吉思汗一生敬天，但要求蒙古珊蛮（通天使者）接受王权控制，把王权摆在天之上。大珊蛮阔阔出名位极高，成吉思汗获得汗号也要他的证实并代天授予。于是，成吉思汗设计了一场比赛，用3个大力士折断珊蛮的脊梁，以蒙古摔跤的方式铲除了异己。

成吉思汗也有雍容大度的一面。西征之前，南宋的赵珙出使蒙古。一天，成吉思汗与部下打马球，遣使请赵珙，问：今天打球，怎么不来？赵珙说，"没得到大汗邀请，不敢来"。成吉思汗说：你来到我这便是一家人，凡有宴会、打球或出猎，尽管来，还用请吗？大笑着连干6杯，喝得酩酊大醉才算完。

对生与死，成吉思汗也泰然处之。西征路上，他在一棵大树下休息，告诉大家：我死后埋在这棵树下。当时，他的事业蒸蒸日上，谈到死却坦然视之。当然，他也曾希望长生不老。当长春真人丘处机万里迢迢来到行宫，成吉思汗询问长生药方，长春真人回答，"有健康之道，没有长生之药"。成吉思汗顿时醒悟，对长春真人非常赞赏，称为"神仙"。成吉思汗一次射猎坠马，丘处机劝他"年纪大了，应当少射猎"。成吉思汗说："你说得对，但我从小就喜欢这样，恐怕改不了。"丘处机不知道，道家以不争为真谛，而成吉思汗却是个非争不可、争之必胜的人。

在成吉思汗以前的蒙古高原的历史上，从未诞生过这样完整和成熟的性格：无师自通的草原思想家，恩威并施的帝国统治者，可亲近的朋友，恐怖的杀手，顶天立地的蒙古伟丈夫。这些，构成了"一代天骄"的性格，揭示了其武功背后的文化力量。

第三章：成吉思汗的千秋评说

对蒙古帝国和成吉思汗的评说，无论历史上，还是现实中，众说纷纭，由于意大利人马可·波罗在蒙元时期来到中国（1271—1295年），回国后写作了《马可·波罗游记》，无论是学界还是民间，对蒙元时代多有好感。

17、18 世纪的西方启蒙运动兴起后，西方学者对于蒙元时代的评价有了很大转变，蒙古人甚至成了一切邪恶和专制的象征。孟德斯鸠说"鞑靼民族的奴隶性质，使他们在被征服的国家里建立奴隶制和专制主义"。伏尔泰在他的书中，把成吉思汗描绘得野蛮而凶残。就是写作了《草原帝国》一书的法国作家格鲁塞也说，成吉思汗是人类的灾难之一，他把恐怖作为一种政体，把屠杀作为一种蓄意的有条理的制度。

在中国，对蒙元时代的评价也是泾渭分明：朱元璋以反元得天下，但在法统上，他仍以元朝为正统，就是明初仓促所修的《元史》，对蒙元时代也没有全面否定；但到明末清初，对于蒙元时代的评价，已完全负面。内在的原因是空前的皇权专制，外在的原因则是边患造成汉人的江山易主。

今天，国内学者尽管对蒙元时代有不少正面的评价，例如贸易、交通、民族融合等方面，但这些正面评价，并没有超出农耕社会王朝更替的范围。

那么，究竟如何评价成吉思汗的功过呢？对于成吉思汗这样一个复杂的伟大人物，我们应该怎样评价他的千秋功业呢？

七八百年以来，中外各国的政治家、军事家和名人学者从不同角度研究和探讨这位伟大人物，留下了不计其数的名言与论著。那么，结合这些论述，我也想表明我的一些观点。

2003年1月，民族出版社出版了巴拉吉尼玛等3位先生的《千年风云第一人——世界名人眼中的成吉思汗》，汇集了50多个国家300余位名人、学者有关成吉思汗的精辟论述。综合这些论述，我认为，成吉思汗的千秋功业，主要体现在4个方面。

第一，纵横捭阖，所向无敌：世界历史上最大帝国的创建者

《千年风云第一人》一书认为成吉思汗"创建了世界上最大帝国"，基本符合历史事实，也得到各国学界和政治家的公认。日本学者太田三郎在专著《成吉思汗》一书中说，"自有地球以来，英雄之席卷天下的很多，但规模之大，版图之广，除了成吉思汗，前无古人后无来者"。俄国学者巴托尔德也说，蒙古帝国把远东和东亚文明统一在一个王朝是空前绝后的。可见，太田三郎先生对成吉思汗的评价并不过分。

英国学者莱穆在《全人类的帝王成吉思汗》一书中说，"成吉思

汗是比欧洲历史舞台上所有的优秀人物更大规模的征服者"。拿破仑是欧洲"光辉的明星",但他在世时帝国就已灭亡。亚历山大则"人死国灭"。"成吉思汗的儿子君临西起亚美尼亚,东至朝鲜,南自西藏,北至伏尔加的广阔领域,孙子忽必烈支配了世界的一半"。为此,他称成吉思汗为"全人类的皇帝"。

马克思曾说,"成吉思汗戎马倥偬,征战终生,统一了蒙古,为中国统一而战,祖孙三代鏖战六七十年,征服民族多至 720 部"。孙中山先生说:"亚洲早期最强大的民族之中,元朝蒙古人居首位。元朝几乎占领整个欧洲,远比中国最强盛时期更强大。"

这些说明,无论是专家、学者,还是国家元首、革命领袖,都从不同角度承认成吉思汗是世界历史上成功者的典范,我们称他"最大帝国的缔造者"是名副其实的(有 3000 万平方公里的疆域和被征服的十几个国家为证,现在这些土地生活着 35 亿人口)。

第二,兵学泰斗,东方战神:世界历史上最伟大的军事统帅

我国学者达林太先生在《蒙古兵学是蒙古学的重要组成部分》一文中,称成吉思汗为"蒙古兵学的鼻祖"。

印度开国总理尼赫鲁在《怎样对待世界历史》一书中说,蒙古人的辉煌成就来自于成吉思汗的指挥艺术。他说,就战争规模和艺术、战略和战术而言,是史无前例的。成吉思汗即使不是世界上唯一的、最伟大的统帅,也无疑是世界上最伟大的统帅之一。

美国五星上将麦克阿瑟说,如果有关战争的记载都被抹掉,只留下成吉思汗的详细记载,军人仍然拥有无穷无尽的财富,从中获得有用知识,塑造一支用于未来战争的军队。成吉思汗使历史上大多数指挥官的成就都黯然失色。他战略高超,指挥巧妙,横扫千军如卷席,

无数次打败了数量上占压倒优势的敌人。虽然他残酷无情，野蛮凶猛，但他清楚地懂得战争规律。

俄国军事家柯列金说，通观世界历史，用很少兵力，在很短时间内，攻掠广大土地，除成吉思汗之外，开天辟地从未有过，可见其兵法之高妙，战略之奇绝。另一位世界征服者拿破仑说：我不如成吉思汗，不要以为蒙古大军入侵欧洲是亚洲散沙在盲目移动，这个游牧民族有缜密的军事组织和深思熟虑的指挥，他们要比自己的对手精明得多。我不如成吉思汗，他的四个虎子都争先恐后为父亲效力，我没有这种好运。

开国领袖毛泽东，吸纳并提升了成吉思汗"以弱胜强""次第经略""集中优势兵力"的思想和"快速机动、大迂回"的战术原则。毛泽东为抗大题写的"三大校训"中就有一条"灵活机动的战略战术"，运动战、歼灭战和"迂回包抄"是从红军到解放军的常用战法，从中不难窥见成吉思汗战略思想的影子。

可见，中外政界、军界、学界，一致公认成吉思汗是世界历史上最伟大的军事统帅，是战无不胜的战神。

第三，革制鼎新，教化万民：开创制度典章的一代圣人

成吉思汗的功勋不止于武功，还在于他非凡的政略。毛泽东在战争年代非常推崇成吉思汗军政一致、军民一致的方略，把这些作为政治工作的基本原则（官兵一致，军民一致，瓦解敌军）。

成吉思汗革制鼎新、开创典章，体现在内外两个方面。对内，平息纷乱，改革民政，创立文明。由于文化的倾向性，成吉思汗比较接近突厥和蒙古文明程度最高的两支：契丹人和回鹘人。他们引进了中原文化，带来了突厥文明，以及摩尼教、基督教、佛教的遗产。成吉

思汗集其大成，草创了基本法《大札撒》，建立了民政行政体系，创立税收制度，创立了蒙古文字。

成吉思汗让所有民族统一于一个帝国，让蒙古高原从荒蛮走向文明，让亚欧大陆从战争走向和平。历史学家阿布哈齐说，"一个头顶金盘的人从日出走到日落都不会受到一点暴力"。他的札撒在整个蒙古和突厥斯坦建立了一块"成吉思汗和平碑"。

对外方面，最重要的是实行开明的宗教政策。蒙古帝国横跨欧亚两洲，统治的范围内各种宗教应有尽有，包括蒙古人原来信奉的萨满教，西藏、西夏和汉人的佛教，金和南宋的道教、摩尼教，畏兀儿和西方各国的伊斯兰教，蒙古高原一些部落和钦察、斡罗思各国的基督教。成吉思汗征服天下杀伐无道，但宗教政策却比较开明，并不消灭各国宗教，也不强迫被征服者改信宗教，而是宣布信教自由，允许蒙古人自由入教，对教徒基本上免除赋税和徭役。这对减少被征服者的反抗和得天下、治天下收效匪浅。大将哲别就曾利用篡夺西辽王位的屈出律强迫当地人民放弃信仰的矛盾，轻而易举地灭掉了西辽。

成吉思汗主张政教分离，认为宗教世界与现实世界是不同的，不能用宗教主张干预现实政治，采取了政治军事征服和宗教信仰自由的两手政策。比如，尽管伊斯兰教的哈里发帝国与花剌子模有矛盾，但也没有放过。1258年旭烈兀灭掉哈里发帝国，结束了伊斯兰教政教合一的体制。他的孙子忽必烈征服大理、灭掉南宋，完成中国历史上第4次统一，也是少数民族第一次统一中国。从此，云南回归祖国，西藏、台湾正式纳入中国版图。

宗教是古代文明的"火车头"，成吉思汗提倡的信仰自由，兼容并蓄，带来了人性自由、个性自由和思想自由，这是最大的德政和善政。前任联合国秘书长安南说：成吉思汗建立了世界上举世无双的蒙古帝国，他所建立的政权和法律，至今对世界各国和地区仍然有非常积极的意义。所以，成吉思汗是历史上的一代文化圣人。

第四，沟通欧亚，重构版图：打破东西方壁垒的千年伟人

成吉思汗西征是因为东西方一次商业冲突，说明打破东西方"老死不相往来"的局面已成为历史必然，成吉思汗则是开路先锋。

印度开国总理尼赫鲁先生在《翻开看世界历史》一书中客观分析了西征与经商的关系。他说，"成吉思汗在占领朝鲜、唐古特之后，本想停止扩张，但摩诃末杀了蒙古商人。尽管如此，成吉思汗仍然希望和平，摩诃末不但没同意，反而大开杀戒。这当然不能容忍"。由此看出，他肯定了进攻花剌子模的正义性。

法国东方史学家格鲁塞在《蒙古帝国史》中说，"蒙古人开辟了洲际通道，对于世界的贡献，只有好望角的发现和美洲的发现，才能与之相似"。加拿大史学家阿塔斯评价，"历史上第一次，也是唯一一次，一个政权横跨欧亚大陆，从波罗的海到太平洋，从西伯利亚到波斯湾，往来于这条大道的商人是绝对安全的"。

美国传记名家哈罗兰姆说，"成吉思汗为50多个民族建立典章，维持了大半个世界的和平与秩序，信使可以纵横50个经度。这是人类最广大而开放的一次握手"。韩国前总统金大中说，"由于成吉思汗，人类才第一次拥有世界史，在网络出现的700年前就建立了国际往来关系"。韩国学者金钟日说，"我们只有一个家园，这是全球化的新概念。然而，全球化起源于成吉思汗的大统一"。

美国学者杰克·威泽弗德近期出版了一本《成吉思汗及其今日世界之形成》（重庆出版社2006年版）。他在书中多次说：几乎所有被蒙古人征服的国家，最初，都曾饱受野蛮征服带来的破坏和惊恐，但

在文化交流、贸易，以及文明进步方面，很快地就产生了一种空前的上升态势，欧洲人生活的各个方面都由于蒙古人的影响而发生了改变。在欧洲，自蒙古人入侵50年以来，众多被孤立分隔的各自的小圈子里的文明融为一体了，有了统一的洲际交通、商业、技术和政治体系；在亚洲，中国传统的抑商政策，被蒙古人彻底打破，中国的工场不仅要为世界市场生产传统的中国瓷器、丝织品，还要为专门市场增加全新的品种，出口欧洲。作者这些看法，就好像是在评价今天的欧盟和中国制造业。

成吉思汗的远征，带来的和平贸易和交流推动了历史进步。比如，造纸术、印刷术传入欧洲，使欧洲文化从神学手里解放出来，出现了文艺复兴。火药和火器传入欧洲，发挥了前所未有的巨大作用。恩格斯说，"14世纪初火药传入西欧，整个作战方法为之变革"，并说"火药和火器的采用绝不是暴力行为，而是工业的也就是经济的进步，对欧洲资产阶级战胜封建贵族起了重大作用"。指南针传入欧洲，促进了欧洲航海事业的发展，《马可·波罗游记》推动了哥伦布等人的远航，发现了新大陆，欧洲进入了一个新时代。所以，威泽弗德总结说，"成吉思汗的诞生，使世界从沉睡中觉醒，改变了世界方向，形成了今日世界"。

尽管成吉思汗的远征伴随着血腥和破坏，但和平与文明是它的终点。从这一点来说，是以杀止杀，是"霹雳手段，菩萨心肠"。

近年来，不同国家和地区给世界名人排序，成吉思汗往往名列前茅，美国《华盛顿邮报》还将成吉思汗评为"千年风云第一人"。他们认为，"历史不是圣人、天才和解放者的传说，成吉思汗最完美地将人性的文明与野蛮两个极端集于一身，至今还未找到一位比成吉思汗更合适的人选"。

尽管他不是完人，但瑕疵和局限，仍然掩不住他世界伟人、历史巨人、文化圣人和民族英雄的灿烂光辉。这就是成吉思汗。

最后，我要介绍的是我的家族与成吉思汗黄金家族的关系。我是蒙古族人，出生于贡格尔草原，家谱记载是成吉思汗的后裔，属于其四子拖雷一脉，始祖叫都鲁花赤，1218年随木华黎之子孛鲁决战中原，平定河北、山东，后被封为山东半岛的封疆大吏。1368年元灭后，明太祖朱元璋将我祖一脉"赐都为姓"，改蒙为汉。我祖为了让子孙传承其优良血统，以字排辈：元本兴基业，书田永克昌……

由于如此的历史渊源，我对祖先成吉思汗充满感情和崇拜。我原为辽宁大学教授，现为辽宁省葫芦岛市市长，诚恳地邀请扬州的市民到我们的海滨城市做客。下面，我以我做的一首《咏叹成吉思汗》的诗作，结束今天的讲演。

咏叹成吉思汗

自古英雄磨难多，天骄生死奈若何。
横扫千军弃尸骨，驰骋万疆唤战魔。
铁蹄声声嘶烈马，欧亚一统必瑂戈。
强梁虽无长生命，但留英名代代歌。

一代枭雄：忽必烈的一生及其历史地位

——2014 年 12 月 14 日在"扬州讲坛"上的讲演

尊敬的各位朋友：

大家好！

今天，我有幸再次来到美丽的扬州，来到鉴真图书馆·扬州讲坛。在此，非常感谢鉴真图书馆执行长慧宽法师的盛情邀请。

去年 9 月 28 日，我受星云大师的邀请，来到扬州讲坛，给大家讲了《一代天骄：成吉思汗的一生及其历史地位》。临别时，慧宽法师邀请我今年再给大家讲一讲忽必烈。今年 9 月 28 日，慧宽法师莅临葫芦岛，出席"2014 觉华岛·首届菩提文化旅游博览会"，会面时特地叮嘱我践约。今天，我如约而至。

成吉思汗家族是世界历史上一个英雄辈出的家族。成吉思汗是一代天骄，四个嫡子个个英雄盖世，孙子忽必烈更是英雄了得，是我国历史上第一位以少数民族身份一统天下的皇帝。

忽必烈是一位被低估的英雄。他的祖父成吉思汗实在太强，在某种程度上掩蔽了忽必烈的光辉。成吉思汗生前非常喜爱忽必烈，曾当着大臣的面夸赞他，说"有一天他成为大汗，必然像我一样"。历史证明了这句话，忽必烈是那个时代当仁不让的王者。

所以，今天我讲演的题目是："一代枭雄：忽必烈的一生及其历史地位"。

忽必烈全名叫孛儿只斤·忽必烈，生于公元 1215 年 9 月 23 日，卒于 1294 年 2 月 18 日。1260 年即位蒙古大汗，1271 年建国号大元；1279 年统一中国，在位 35 年（1260—1294 年），享年 80 岁，谥号圣德神功文武皇帝，庙号世祖。

在 13 世纪初的几十年间，蒙古军队所向披靡，建立了世界上最庞大的帝国。在这段蒙古史最辉煌的时期里，忽必烈和他的祖父成吉思汗是两个最显赫的蒙古人。忽必烈的父亲拖雷是成吉思汗的第四个儿子，忽必烈是拖雷的第四个儿子。祖父以武功震撼世界，孙子不仅武功赫赫，更以文治著称天下。如果说，成吉思汗是蒙元帝国的奠基者，那么忽必烈就是真正的缔造者；如果说，成吉思汗是一代天骄，那么忽必烈就至少是一代枭雄。

下面，我给大家讲一讲忽必烈的故事，分为四章。

第一章：忽必烈的武功——扫平海内，一统华夏

成吉思汗有四个嫡子：术赤、察合台、窝阔台和拖雷。1227 年成吉思汗去世时，给他的子孙留下了庞大的遗产，就是横跨欧亚大陆的大蒙古帝国。其中，长子术赤封为钦察汗国，二子封为察合台汗国，三子封为窝阔台汗国，四子拖雷依照"幼子守家"的原则继承了蒙古本部和中原地区的疆域。1229 年，窝阔台在成吉思汗去世后第三年，做了大蒙古国的第二任大汗。

但是，窝阔台在位 13 年就去世了，长子贵由继位。贵由在位仅 3 年也去世了，窝阔台家族开始衰落，拖雷后代走上前台。

拖雷虽然未能成为成吉思汗继承者，但窝阔台即位后，他一直扮演监国的角色。1232年，拖雷在随同窝阔台南下攻金时突然去世，传说是被下毒。拖雷的妻子机智聪慧，富有远见。拖雷死后由她掌管家族军队和封地，抚育蒙哥、忽必烈、旭烈兀和阿里不哥四个嫡子。她巧妙运用诸王之间的派系矛盾，赢得了各支宗王，特别是术赤之子拔都的支持。在贵由死后的忽里台大会上，与窝阔台有宿仇的拔都领衔推举蒙哥为汗位继承人，蒙哥登上了大汗宝座，汗位也由窝阔台家族转移到拖雷家族。

蒙哥能成功登上汗位，贡献最大的两个人，一个是拔都，另一个是忽必烈。所以，1251年7月蒙哥一登上大位，就任命忽必烈总领漠南汉地事务，36岁的忽必烈由此走上政治舞台。

在封建时代，战争是最大的国事。因此，忽必烈的一生东征西讨，打出了大元帝国的宏伟版图。主要有六次较大的战争。

第一，争夺汗位之战

按时间顺序，这次战役不是最先发生的，但特别重要，所以先说。长子蒙哥即位后，立即南下征宋，忽必烈率东路攻武昌，蒙哥亲率西路攻四川，所向披靡，进占川北。1259年8月，蒙哥在攻打重庆合州的钓鱼城时被炮石击中身亡，享年50岁。蒙哥去世后，有资格争夺汗位的是他的三个弟弟：忽必烈、旭烈兀和阿里不哥。1253年旭烈兀率10万大军西征，占领了波斯、伊拉克、叙利亚、巴勒斯坦和中东各地，建立了自己的帝国。因此，汗位之争在忽必烈和阿里不哥之间进行。

阿里不哥的优势是：身为幼子，坐镇都城。作为幼子，阿里不哥接收了蒙哥遗留在蒙古故乡的诸王、汗廷大臣，以及部分南征宗王、将领，已经成为蒙古汗国本土的统治者。阿里不哥在都城哈拉和林扎营，准备召开忽里台大会，对大汗之位志在必得。

忽必烈的优势是：能征惯战，深得军心。青年时代，忽必烈就立下了"大有为于天下"的志向。以藩王身份总领漠南汉地后，在内蒙古正蓝旗及多伦一带建立了历史上有名的金莲川幕府，延揽人才，争取民心，并在金莲川北面营造开平府，建立独立于朝廷之外的军事集团。同时，他还有丰富的用兵经验。1252 年忽必烈率军远征云南，攻占大理国，部分宗王、汉族知识分子和北方汉地武装都愿意追随他。此外，汉族地区经济力量也更为强劲。

忽必烈在争夺汗位的战争中，实行了"三分军事，七分政治"的策略，最关键的是三招：

第一招，先发制人，抢在阿里不哥之前行动。当忽必烈在武昌前线得知蒙哥的死讯，并没有立即班师，还想不负皇命，击败南宋。这时，朝廷大臣和他的夫人察必送来"鸡毛信"，报告阿里不哥想骗忽必烈回漠北加以控制然后登基。忽必烈在长江前线虚晃一枪，摆开"空城计"，让宋军不敢追袭，然后立即班师回到开平府。1260 年 6 月 4 日抢先即位，建元中统，打乱了阿里不哥的预谋。阿里不哥只能在 1260 年夏天匆匆在阿勒泰山召集部分宗室王子举行大会，自立为大汗。

第二招，挖墙脚，争取各支宗王的支持。当时，大汗嫡子各宗王都有地盘和军队。大汗的继承，在形式上要经过诸王、贵族参加的忽里台大会选举。除旭烈兀之外，多数宗王支持阿里不哥。于是，忽必烈采取承认封在西方的察合台、窝阔台汗后世王子，以及东方各部族的合法地位的办法，逐步拉拢关系。对追随蒙哥南征的阿里不哥旧部进行攻心，驻守四川、甘肃的将领倒戈。

第三招，以逸待劳，趁势反击。天无二日，国无二主。在优势逐渐丧失的情况下，阿里不哥沉不住气了，1260年秋兵分两路南下，西路直指六盘山，接应蒙哥留下的南下主力；东路攻向汉地经济中心燕京。忽必烈亲自率精骑迎击东路，一战击溃阿里不哥，进至都城和林，逼迫阿里不哥求和。同时，西路阿里不哥军队被忽必烈的大将廉希宪施用反间计，内部猜疑，全部溃退，忽必烈趁势猛攻，平定陕甘宁。之后，双方展开了4年的拉锯战，最后阿里不哥战败，1264年向忽必烈投降。忽必烈宽恕了阿里不哥，处死了他的主要支持者，忽必烈的汗位最终确立。

第二，攻灭大理之战

大理国位于云南，公元937年白族段氏崛起，建立政权，定都大理，是有名的佛国，22任国王中，有9位出家为僧。

出于开疆扩土和从侧后包抄夹击南宋的考虑，1252年6月，忽必烈奉蒙哥汗之命，率10万大军分三路进攻大理。这是迂回作战的经典战例。此战有三奇：一是长途奔袭。忽必烈大军的集结地临洮距大理有万里之遥。这年9月，忽必烈率军从四川汉源南下，穿行山谷2000多里，纵深迂回，出其不意，打得大理国措手不及。二是巧渡江河。江南河流纵横，蒙军不善水战，忽必烈发明了皮筏渡江，横渡大渡河、雅砻江、金沙江，直抵丽江，这就是有名的"元跨革囊"。三是攻心为上。兵临城下后，忽必烈根据大理的佛国特点，改变了屠城恶习，颁布止杀令，招降纳西族，并派人到大理招降，瓦解军心。接下来的战事，反而比较简单。大理国拒降后，蒙古铁骑突破天险龙首关，全歼大理军主力。12月15日占领都城，丞相高祥被杀。第2年，大理王段智兴被俘，立国390年的大理国灭亡。同时，也完成了对南宋的战略包围。从此，云南作为一个行省纳入元朝版图。现在，在云南大理城外的三月街，还有一块1308年立的"世祖皇帝平云南碑"。

第三，平定叛乱之战

平叛之战，重要的有两次。这两次平叛，一次靠武力平定，另一次靠联姻收服。

第一次，是1262年平定李璮之战。蒙金战争中，金朝军阀纷纷投靠蒙古。蒙古为了笼络他们，一律授予行省长官等头衔，世袭管辖原来的地盘。李璮是割据山东的军阀李全之子，被忽必烈分封为世侯、江淮大都督。1262年忽必烈称汗不久，与阿里不哥打得不可开交的时候，李璮发动叛乱，直接威胁忽必烈的汗位。从整个战役来看，可以归纳为"三点对一策"。三点，是李璮对形势作了三点错误估计，导致全盘皆输。首先，李璮起兵前曾与其他世侯联络，互相策应，结果大家反过来进攻他。由于降蒙多年，这些世侯与蒙古已经结成了俱荣俱损的关系，忽必烈又颇得人心，正是依托汉地战胜了阿里不哥。其次，他认为能得到宋朝接应。为此，他献出三座城池。但是，北进的宋军遭到蒙汉联军堵击，被迫南撤。最后，他认为忽必烈忙于对付阿里不哥，无力交战，不料忽必烈迅速南下镇压。一策，是忽必烈反应迅速，制定了"扫清四邻，长困久围"的策略，相继占领济南周围的城池，环城60里筑起营垒围困济南，困守济南的李璮6万将士陷入了坐以待毙的境地，4个月后城破李檀被杀。

第二次，是平定高丽。1218年，蒙古以追击契丹残部为名进入高丽，并派兵驻守，但高丽经常反叛。1258年，高丽王送世子王典作为宫廷人质。1260年，忽必烈继任大汗后，采取了最古老的一招"联姻"：册封这位年轻王子为高丽国王，并招他为女婿，送回国统治高丽。从此，高丽王成了元朝顺从的属臣，兵不血刃收服高丽。之后，前后历经40年，平定了察合台汗海都的叛乱，察合台汗与窝阔台汗承认元朝的宗主地位。

第四，征服南宋之战

征服南宋之战，双方力量对比悬殊，几乎没有悬念。1268年，忽必烈大举攻宋。在历时12年的灭宋之战中，忽必烈抓住了宋朝的3个致命弱点：一是皇室无能，朝纲紊乱。南宋长期偏安，歌舞升平，宋度宗赵禥荒淫孱弱，之后继位的3个小皇帝都是五六岁的幼童。忽必烈雄才大略，改变了以往多点进攻、一线平推的战略，制定了中间突破、先取襄阳和樊城，浮汉水直取临安的灭宋方略。1273年3月，宋朝襄阳守将吕文焕投降后，元军水军由弱变强，顺江而下攻破南京。二是奸佞当道，人才凋零。南宋先有奸臣贾似道乱国，后有庸臣陈宜中当政，文天祥、张世杰等少数忠臣都不是将才，应对失策。而元军统帅伯颜、张弘范等军事天分极高，大破宋军主力，文天祥等只能招募民兵应战。1276年2月元军合围临安，5岁的南宋少帝赵㬎投降。三是气数已尽，天灭宋朝。受降当日，元军屯兵钱塘江沙岸上，临安军民希望钱塘潮起，把元军席卷一空，奇怪的是，本该生潮的钱塘江竟然一连三天没有涌潮，真是天道无常。赵㬎投降后，陆秀夫等拥立7岁的赵昰为帝，6岁的赵昺为帅。1278年4月赵昰病死，赵昺继立为帝。1279年2月，在崖山大战中宋军大败，陆秀夫见大势已去，抱8岁的赵昺投海自尽，南宋灭亡，结束了唐末五代以来370多年的分裂局面，中国重新归于统一。

第五，两征日本之战

统一中原、收服朝鲜之后，忽必烈在 1268 年、1271 年和 1276 年三次要求日本效忠，日本镰仓幕府第 8 代执权北条时宗表示拒绝。于是，忽必烈发动两次征服日本的渡海作战，都以失败告终。

第一次在 1274 年，是由于准备不足。忽必烈派出 150 艘战船，从朝鲜杀向日本，占领了对马岛和壹歧岛，并在日本九州登陆。但由于元军不习惯海上作战，日军顽强抵抗，结果无功而返。

第二次在 1281 年，是由于天时不利。这次远征，经过了长期备战，忽必烈派出了 2000 多艘战船。由于忽必烈不懂海洋气候，远征将士对潮汐洋流也一窍不通，在日本九州一带登岸之际，突然遭到 5 昼夜的飓风袭击，元军战船被击碎撞沉，几乎全军殆尽。17 万大军只有 3 人乘小舟生还，最终失败。

第六，征讨东南亚之战

13 世纪末期，由于繁重的赋税与军役激起了东南亚各国的反抗。当时，东南亚地区主要有 4 个国家：越南南部的占婆国，越南北部的安南国、缅甸国和印度尼西亚的爪哇国。1283 年，忽必烈派右丞相唆都进攻占婆，这个国家是秦汉时期的象郡象林县。唆都率领千艘战船，杀向占城港，经过两年战争，占婆国臣服元朝。同年，忽必烈又派兵进攻安南国，安南国唐朝时属安南都督府。由于安南的气候地理条件和当地军民顽强抵抗，元军两次征剿无功而返，后因忽必烈去世而作罢。1283 年 9 月，忽必烈以缅王不降、杀死使者为名，全线进攻缅甸，死伤七千余人，换得了缅甸王向元朝臣服进贡。爪哇是当时的南海强国，1292 年忽必烈派舰队从泉州启程，航行 2 个月后占领爪哇北岸，又苦战 2 个月，元军轻信了爪哇投降的谎言，加上海洋和热带雨林气候难耐，带着金、银、犀角、象牙等物资班师回朝。

自 1274 年征南宋到 1294 年去世，忽必烈历经 20 年的军事征战，统一了中国，征服了部分国家，建立了以中原、东北和蒙古草原为中心，西至埃及边境、东到日本海、北至南俄和西伯利亚、南至爪哇的庞大帝国，是中国版图最大的时期。

第二章：忽必烈的文治——承前启后，开创时代

狭义的文治，是指以文教礼乐治民。《礼记》中的《祭法》篇中说：文王以文治，武王以武功。广义的文治，是指政治、经济、文化和教化方面的成绩。纵观忽必烈的一生，他不仅是"尚武"平天下的雄主，更是"修文"化人心的圣人。忽必烈的文治，主要体现在 6 个方面：

第一，立国建都，建立典章

1206 年成吉思汗建立大蒙古国以后，一直以族名为国名，没有像其他朝代那样建立国号，也没有年号。忽必烈称汗后建年号"中统"，一开始没有另立国名。1271 年 11 月正式建国号大元。忽必烈建国过程，有三个特点：

一是以汉为师。大元的国号，是忽必烈亲自取的。他下诏说：既成于大业，宜早定于鸿名，可建国号大元。国号的含义取自《易经》中的"大哉乾元"，深深印着汉文化的印记。表明他的国家已不只是蒙古一个民族，而是蒙汉二元模式的中原封建王朝。

二是另建新都。忽必烈推崇汉文化，谋士和大臣多数是汉人。当初营造开平府，就是为了适应汉族臣工过惯了城市生活，不习惯游牧生活的需求。登基之后，没有沿袭旧都和林，而是适应统治中心的变

迁另立新都。1263 年 5 月忽必烈升开平为上都，作为驻夏行宫。1264
年 8 月将金朝中都燕京（北京）改为元中都，1272 年 2 月改中都为大
都，定为国都。从此，北京成为元朝多民族国家的政治中心。此后的
明、清两代，北京一直是国家首都。

三是健全法典。元朝初年没有制定本朝法典，沿用金朝《泰和律
义》作为断案依据。1271 年《泰和律义》终止使用，开始制定新法典。
1291 年 5 月，中书右丞何荣祖历经 20 年编成《至元新格》，这是元朝
第一部成文法典。后来几经增删修订，在 1323 年制定了元律《大元通
制》，形成了比较完善的制度典章。

从历史角度看，这不是简单的定都和立法，而是带领草原民族走
上定居生活，带领游牧文明走向城市文明。展示了枭雄本色，王者气
派，大国风范，对蒙古和中国的发展都有着深远影响。

第二，改革国体，加强集权

忽必烈时代的国体，核心是集权，重点是改革。主要有三个
要素：

一是确立二元体制的基本格局。所谓二元体制，是中原王朝加蒙
古汗国，也就是在汉地实行汉法，沿用汉族统治方式，在蒙古本部实
行宗法，沿用分封宗室贵族的方式，这是有史以来的重大独创，打破
了"黄金家族"平均共权的旧俗，改变了蒙古汗国传统的世袭分封制，
突出了君臣尊卑的等级观念。从而削弱了宗王勋贵和汉人世侯权力，
构建了一个皇权至上的宗室金字塔式体系，这是统治方式的一个重大
变革。

二是改革国家行政机构。忽必烈借鉴秦汉时代国家机构设置，实
行行政分类专司制度，这是一个创新。中央设立中书省、枢密院、御

史台、宣政院、翰林院和司农司、将作院、通政院及五卫亲军机构，其中：中书省总领政务和百官，下设吏户礼兵刑工六部，直辖河北、山东、山西。枢密院负责军事防务。御史台专管监察。增设宣政院，掌管全国佛教事宜和吐蕃地区军政事务。翰林院相当于国子监，掌管教育、科举、历法等事务。

三是在地方实行"行省"制度。忽必烈仿效阿拉伯和罗马帝国，设立11个行中书省，简称行省，作为中书省的派出机构，将中书省管理触角下延，将地方决策权上收。这是元朝行政体系的重大改革。行省之下，分置府、路、州、县4级，形成了适应社会发展、上下运转灵便的行政体系。同时，把全国居民分为4个等级，分别为蒙古人、色目人、北人和南人，实行阶梯式统治。

第三，转变国本，经济兴国

元朝经济比较发达，比宋代一点都不逊色，是当时的经济强国。建立正常的统治秩序后，人口数量迅速增加，1260年忽必烈称汗时为140万户，1293年他去世前为1400万户，增长了9倍。这得益于忽必烈推动由游牧经济向农商经济的过渡，加速了经济恢复和发展。主要有三个重点：

一是改变单一的游牧经济，重视农业经济。这对于游牧部族出身的皇帝，非常难能可贵。忽必烈刚即位就下达诏令说：国以民为本，民以衣食为本，衣食以农桑为本。专门设立了司农司，颁行了《农桑辑要》。棉花的种植和推广，是从元朝开始的。在棉纺织革新家黄道婆的推动下，松江成为棉纺织业的中心。制瓷业在元朝达到了顶峰，元青花开辟了由素瓷向彩瓷过渡的新时代，是陶瓷史上的高峰，使景德镇成为中世纪世界制瓷业中心。

二是鼓励与世界贸易往来。忽必烈在口岸城市设立管理航运和贸易的市舶司，国外商贾不绝于途，丝绸和瓷器漂洋过海，远赴欧洲，朝廷实行抽税制，税收成为国家主要财政来源。当时，福建泉州港与埃及亚历山大港并列为世界两大港口。

三是发展航运交通。元朝的水利和交通非常发达，忽必烈任命郭守敬为河渠使，修建 68 条河渠、共 850 公里，灌溉面积 9 万余顷。1292 年，重修了南北大运河，开凿了三段河道，把原来以洛阳为中心的隋代横向运河，修筑成以大都为中心、南下直达杭州的纵向大运河，从北京到杭州 3000 多里的航道完全打通。忽必烈还修复了纵横南北的帝国道路，设有驿站 1500 多处，陆路和海上丝绸之路空前繁荣，成为元朝经济发展的最直接动力。另外，冶矿、造船以及印刷等行业也都取得了重要成就。

第四，百家争鸣，繁荣文化

元朝的政治文化氛围相对宽松务实，是我国除先秦之外，第二个百家争鸣的时代。草原文化、中原文化、西域文化、青藏文化相互碰撞，绽放出文明之花。有三个明显标志：

一是创制蒙古新文字。蒙古原来没有文字，成吉思汗时期以畏兀儿字母书写蒙古语，成为蒙古畏兀字。建元后，由于在收集和保留文化记录上的缺陷，不能完全通用。忽必烈封藏传佛教萨迦派八思巴为国师，1269 年依托藏文字母创制了蒙古国字，通称八思巴字，是法定官方文字。同时，元朝官员的民族成分在历史上最复杂，是我国第一个多民族文字并用的王朝。

二是尊孔崇儒与兴办学校。1267 年，忽必烈在上都重建孔子庙，敕封孔子为大成至圣先师文宣王，是此前给孔子上尊号的最高等级。

忽必烈欣赏孔孟之道和程朱理学，宣扬儒家的三纲五常，搞尊孔崇儒活动。当时，全国到处建宣圣庙，设学官，开学堂。据1288年统计，当时全国兴建了24400多所学校。

三是繁荣文学艺术。元朝的文学艺术，以元曲、小说、史学研究为主体。蒙古诞生了第一部用本民族文字撰写的史籍《蒙古秘史》，出现了廿四史中仅有的由多民族史家共同编修的《辽史》《宋史》和《金史》，首开一朝官修三朝历史的先河。元朝书法成就也很高，宋太祖的第十一世孙赵孟𬣱，创造了赵体书法，与颜真卿、柳公权、欧阳询并称楷书四大家，对后世影响极大。

元朝文艺最突出的成就是元曲，包括剧曲、散曲两种。剧曲又称杂剧，散曲是民歌和南方的南戏或传奇。这里面既有社会底层儒士文人的《窦娥冤》《西厢记》等现实作品，也有《岛夷志略》《异域志》等认识世界、开阔视野的经典著作，诞生了有"东方莎士比亚"之称的关汉卿等元曲大家。可以说，元曲是与魏晋散文、唐诗、宋词、明清小说并列的文学奇花。

第五，倡导科技，兴盛学术

元朝时的科技水平是古代最高的。忽必烈主张：应天者惟以至诚，拯民者惟以实惠。这一思想，推动了元朝科技务实发展，成为继两宋之后中国学术跻身世界水平的黄金期。

一是基础学科领先。我国使用阿拉伯数字，是由元朝开始的。1280年郭守敬与王恂制定《授时历》，列出了三次内插公式，还使用"垛垒、招差、勾股、弧矢"之法进行计算，其中将穆斯林发明的弧三角法应用于割圆术获得球面直角三角形解法最为神奇。1303年朱世杰的《四元玉鉴》，将天元术推广为四元术，即四元高次联立方程，并提出"消元"的解法。欧洲到1775年，才由法国人别朱提出同样解法。朱世杰的另一成就，是对各有限项级数求和问题的研究，得到高次差的内插公式。欧洲的牛顿，1676年才提出内插法一般公式。

二是实用科技发达。元朝的繁华，固然由于重商政策和手工业发达，更源于科技发达。当时，阿拉伯、波斯、希腊和罗马的天文、数学、化学、地理、医学等知识大量引入中国。1278年忽必烈设立27所天文观测台，制定了新历《授时历》，将一年测定为365天，推断之精，是人类历法史上的杰作。王祯编著的《农书》，是古代最全面系统的伟大农业著作，超过了北魏时期的《齐民要术》。出现了朱思本的《舆地图》、潘昂霄的《河源志》及王祯的《农桑辑要》《农桑衣食撮要》等科技名著。在宋代活字印刷术基础上，元代发明了金属活字、转轮排字法、套色印刷等技术。

三是坚持科技导向。忽必烈倡导使用科学技术，重用科技型官员，许多大臣都是科学家。因此，元朝以前一贯推崇的"学而优则仕"和"重文章轻科技"思想，得到了修正，推动了医学、造船业、制瓷、水利等学术全面发展。

第六，兼容并蓄，弘扬宗教

在古代，宗教是文化的载体，是文明进程的火车头。忽必烈的宗教信仰十分驳杂，他是在萨满教和基督教的生活气氛中长大的，成人之后又受到儒教和佛教的影响。终其一生，他对宗教采取了宽容态度，实行宗教信仰多样化。

一是昌盛佛教，统一西藏。成吉思汗时期，西藏各方势力迫于军事压力，请求纳贡归顺。后来，窝阔台之子阔端负责西藏事务，挑选萨迦教派当头（其寺院围墙涂有象征文殊、观音和金刚手菩萨的红、白、黑三色花条，又称花教），统合各派僧俗势力。1244年，萨迦派首领萨班带侄子八思巴到凉州，与阔端商谈归顺事宜。1247年双方商定：蒙古拥有西藏的统治权，僧俗民众均为蒙古臣民，由萨迦派领袖推荐最高官员，以达鲁花赤名义管理西藏。1251年，八思巴继任萨迦派首领，忽必烈总领漠南蒙古和汉藏地区后，藏区一些地方势力试图摆脱统治，忽必烈果断派兵入藏。1260年，忽必烈封八思巴为国师。1264年，忽必烈设置总制院管辖全国佛教和藏族地区事务，任命八思巴兼管总制院，尊藏传佛教喇嘛教为国教，以宗教方式把西藏纳入版图。

二是多种宗教，和谐共生。宗教文化能使人的性情发生变化，接受佛教后，整个蒙古民族的性情开始变得平和。比如，它改变成吉思汗违背《古兰经》屠杀牲畜的规定，得到穆斯林拥护。同时，忽必烈没有排斥蒙古人崇拜的萨满教、母亲信仰的基督教，道教、伊斯兰教、摩尼教、婆罗门教和犹太教也都广泛传播，避免了唯藏传佛教独尊的封闭性和排他性，保持了宗教的多元化。

三是倡导百姓乐于接受的宗教。比如，妈祖崇拜兴盛于元朝。据考证妈祖是北宋福建莆田人，叫林默，逝世后被民间尊为女神。忽必烈认为，得妈祖神灵庇佑，漕运舟师和航海贸易才赖以安全，封妈祖为护国明著天妃，妈祖的徽号由妃变成了天妃，确定了妈祖文化"护国庇民"的宗教道德，成为我国海洋文化的代名词。

总之，忽必烈的文治是绚丽多彩的。元朝是中华文化史上承上启下的朝代，在诸多领域出现了新的飞跃，推进了中国多元一体文化进程，开创了中国各民族文化全面交流融合的新局面。

第三章：忽必烈的贡献——千古一帝，泽被后世

一般看来，历史上关于对元世祖忽必烈的评价众说纷纭，但总体评价并不是很高，起码没有达到成吉思汗的水平。这是历史评价的一个误区，主要原因有三个：一是成吉思汗的光芒太强，提起元朝立即就会想到成吉思汗，掩盖了忽必烈的光芒。二是元朝是少数民族第一次建立的全国性政权，史学家中存在着大汉族主义潜意识，总觉得不如汉族政权看着顺眼。三是往往把目光聚集在忽必烈的军事成就上，忽视了文治方面的巨大成就。

其实，与成吉思汗相比，忽必烈毫不逊色，他承袭祖业，又二次创业，大元帝国是一个全新的国家。就像忽必烈的谥号"圣德神功文武皇帝"揭示的一样，他是一个功业震古烁今、文治武功俱佳的巨人。马可·波罗说，忽必烈是一个最智慧、最贤明、最天才的人，是各民族和全国的最好君主。明太祖朱元璋1374年在南京祭祀三皇五帝以来17位帝王，其中就有忽必烈，与周文王、汉武帝、唐太宗相提并论，称赞忽必烈：治安之盛，生聚之繁，功被人民。我认为，这个评价来自他的对手，非常不简单，也非常中肯。忽必烈的历史功绩，主要体现在以下6个方面。

第一，统一中华之功

有一部电视剧，叫《建元风云》，后来更名《忽必烈传奇》，称赞忽必烈是打仗天才，创造了许多经典战役。古代最显赫的功绩是战功，比如汉武帝"明犯强汉者，虽远必诛"的恢弘气势。忽必烈就是这样一位绝代枭雄、千古一帝。有三个特殊之处：

一是打出了广阔版图。毛泽东曾经对老舍等人说过，康熙皇帝一个伟大贡献，是打下了今天我们国家所拥有的这块领土。我们今天继

承的这个版图，基本是康熙皇帝时牢固确定了的。而康熙皇帝，又基本上继承和恢复了元世祖忽必烈当年打下的江山。

二是少数民族首次统一全国。有史以来，统一中国南北的汉族皇帝不乏其人，但疆域也不完整，而统一中国南北的少数民族皇帝更少。鲜卑族拓拔珪建立的北魏，契丹族耶律阿保机建立的辽国，女真族完颜阿骨打建立的金国，成吉思汗的蒙古国等少数民族政权都是入主中原的佼佼者，但他们只统一或占领了北方地区，江南和西南地区未能囊括。忽必烈平定南宋，结束了300余年分裂割据和南北对峙，完成了新的大一统，是我国历史上的第一次。

三是疆域远超汉唐。忽必烈不仅开了少数民族一统江山的先河，疆域也明显超过秦、汉、隋、唐等汉族的统一王朝。西藏是元朝第一次正式纳入我国中央政府版图的。云南地区在近400年时间里都是中原王朝的藩属国，忽必烈攻占大理，将其置于直接统治之下。汉唐以来，新疆与中央政府更多的是臣属关系，时断时续，忽必烈始终加以控制。他还设立了澎湖巡检司，加强了对台湾和澎湖列岛的直接管辖。当时，整个南海都在元朝控制之下。

忽必烈以其文功武略，奠定了今天中国版图的基本雏形。大元帝国涵盖了此前的南宋、西夏、金朝、西辽、西域、吐蕃和蒙古的全部疆域，即使不算藩属性质的四大汗国和各藩属国，面积也有1500万平方公里。因此，忽必烈对我国多民族统一国家的形成和发展，对我国疆域的确定都有着不可磨灭的历史功绩。

第二，开平治乱之功

我们常说：立业容易守成难。元朝是中原王朝与蒙古汗国的二元统治，疆域之宽广，民族之众多，前所未有。但是忽必烈善征服，也善治理，治乱世，开太平，改变了以前蒙古大汗抢一块丢一块的习惯。他开平治乱，突出的贡献是"三个创造"：

一是创造了不同区域的不同统治方式。对于蒙古本部，实行汗国分封分治的方式；对于中原地区，实行行省制度，是现代政体的开端；对于四大汗国和藩属国，只要称臣纳贡就行；对于西藏区域，以萨迦教派（花教）统领藏传佛教，实行帝师、宣政院和政教合一的制度。这样，就避免了人们心理的不适应，减少了平定天下的阻力。可以说，"一国两制"方略始于忽必烈。

二是创造了统一战线的施政方略。当时，蒙古本部人口只有200万，兵力20万，以少驭众，矛盾突出。忽必烈发明了统一战线，先团结其他民族上层人士，后来又团结宗教领袖人物，尊孔崇儒，确定国教。地方官都以当地人士充任，另派达鲁花赤监察。比如，平定大理后，仍以段氏子孙管理云南八府。这样，达到了蒙汉一体、蒙藏一体、以一顶百的效果，毛泽东曾高度肯定。

三是实行仁德政治。忽必烈改变以往动辄杀戮的做法，代之以怀柔政策。他征大理时，三次招降，避免屠杀。征南宋时，少帝赵显投降，忽必烈没有为难他，封为开府仪同三司检校大司徒、瀛国公，对百姓也没有滥杀。对此，连明朝统治者也大加赞扬。1389年朱元璋给北元兀纳失里大王的信中说忽必烈"以仁德著称"。明朝官修的《元史》评价忽必烈：度量弘广，大德为首。

因此，忽必烈开平治乱厥功至伟，也给后世留下了宝贵财富。历史学家说"百代皆行秦政体"，应该加上"后来皆行元政体"。

第三，对外开放之功

草原民族天高地远、豁达大度的胸襟，造就了忽必烈开放型的君主特性，这是蒙元帝国的一个显著标志，只有唐朝才能与之媲美。元朝的对外开放，可以概括为"三个前所未有"：

一是开放之迫切前所未有。忽必烈的开放政策，登基之初就实行了，刚一即位就开始与中东、欧洲进行贸易。当时，反对忽必烈称汗的窝阔台、察合台汗国阻塞了丝绸之路，他就派商队绕路而行，并与朝鲜、东南亚进行贸易。1266年，威尼斯人马可·波罗觐见元世祖忽必烈，他当即派遣使臣随其西返，带去给罗马教皇的信。1275年马可·波罗返回上都，向元世祖复命，留居中国17年。直到1291年，马可·波罗才恋恋不舍地返回家乡。

二是贸易之频繁前所未有。元朝时期，不仅阿拉伯和波斯等地区与中国交往频繁，而且欧洲与中国也发生了重要联系，中国的瓷器、丝绸、皮革等商品走向世界各地。当时，大都、西安、洛阳等城市，每天上百支驼队、马队西行欧亚，不绝如缕。同时，东南沿海有20多个对外贸易的港口，最大的泉州港是世界两个最大的港口之一，每天几百艘船只南下、西进。因此说，元朝是当时世界最大的贸易中心之一，是名副其实的"海上马车夫"。

三是交流之深度前所未有。到中国来的，有外国使者、商人，还有学者、传教士。1294年意大利传教士约翰·孟德高维诺到达大都，居住30年，建3所教堂，用蒙古文翻译了基督教《新约全书》，是大都城区主教。阿拉伯人伊本·白图泰1346年来华游历，写下《伊本·白图泰游记》，至今仍是研究中国与阿拉伯关系的重要资料。中国人汪大渊两次从泉州港远航，穿越阿拉伯海、波斯湾、亚丁湾和红海，是第一个可稽考的去过摩洛哥和坦桑尼亚的中国人，写了《岛夷志略》。元朝曾派使团前往罗马，受到教皇盛情接待。教皇也派使团东来，在大都居住3年。

大家都熟悉的郑和下西洋，发生在1405年（明朝永乐三年），而早在1279年、1281年（元世祖至元十六年、十八年），元朝广东招讨使杨庭壁曾奉命两次率领元朝官方船队出使西洋各国，比郑和下西洋整整早了126年。欧洲人陆续来中国和中国使者远赴西欧，元朝以前不曾有过，开启了中西方深层次广泛交流的先河。

第四，繁荣经济之功

自明代以来，基于民族偏见，导致许多人对元朝经济认识不足，认为比起宋代是倒退的。其实，忽必烈主张"务施实德，不尚虚文"和与民休息的政策，征服一地，稳定一地，经济发展超过了南宋。朱元璋称赞忽必烈：四方无虞，民康物阜。《马可·波罗游记》盛赞中国的繁荣、富庶，让西方大开眼界，引起了对中国文明的向往。除了农牧业、手工业之外，另举三例。

一是商业空前繁荣。《元代经济史》评价元朝商业：远超秦汉，超迈唐宋，是无与伦比的世界强国。元史专家邱树森指出：由于结束了割据战争，商业全方位发展。仅山东盐运司的岁办盐收入，就比前朝提高白银25万两。同时，欧亚非商人接踵来华，工商都会商贾云集，东西南北都形成了商业集聚区和商业交通网络，商业意识更为浓厚。比如，元曲中普遍体现了商业生活。

二是金融业异常活跃。元朝是中国古代纸币流通最为盛行的时代，1260年忽必烈便印发中统交钞和中统元宝宝钞，制定了信用货币条例《十四条画》和《通行条画》，比如：设立钞券提举司垄断货币发行，拨足以丝和银为本位的钞本来维持纸币信用，允许民间以银向政府储备库换钞或以钞向政府兑银，确立交钞的法偿地位，所有钞券均可完税纳粮，明令白银和铜钱退出流通。这实际上就是银本位制度的创立，在人类历史上是第一次。

三是百姓生活宽松富裕。由于忽必烈的休养生息政策，同时元朝不戍边关，不治陵墓，徭役不重。比如，忽必烈豁免了僧人承担义务，对经历战争地区免除赋税，百姓生活安定。明朝《万历野获编》的作者沈德符指出一个历史真相：前元取民最轻。明朝李开先在《西野春游词序》中羡慕不已地称赞：赋税轻而衣食足，衣食足而歌咏作。连明太祖朱元璋都说：元朝虽是少数民族入主中原，但百年之内，人口增加，家庭富足，连朕的祖父一辈，都深受其益，安享太平。这是最有力的证明。

第五，开创文化之功

忽必烈缔造了中国乃至世界历史上独一无二的领土人口和政治经济领先的开放型帝国，也缔造了一种具有时代气息、开放型的崭新文化。所以，忽必烈既是政治家、军事家，也是文化缔造者。这种文化，不仅是具体的文化形式，更是一种文化生态、文化精神。从历史的角度看，它具有三个特性：

一是开放的特性。这种开放是思想的开放、政治的开明。元朝的文化格调是面向世界的，吸纳了当时最先进的思想信仰，也吸纳了最先进的科学技术。创建了多元的全新文化。比如，元青花优雅的蓝彩，就是典型的阿拉伯风格。同时，元朝把科学技术从个人行为上升为国家行为，使科学思维、科学氛围成为中国的文化品质。这是以前朝代所没有过的。可以说，达到了与时俱进。

二是包容的特性。蒙元时代没有出现"文字狱"。宽松与宽容，是忽必烈文化政策的标志。他创立的"内蒙外汉"二元模式也是文化特征，推动了中华民族各种文化的交流融合。比如，忽必烈封孔子为大成至圣文宣王，同时又封藏传佛教的八思巴为国师，基督教也可以传教，各种文化都能找到自己的位置。统一中国没有全部抹杀中原文化，保住了中华民族祖制，也保住了蒙古文化制度，后来的王朝更迭中汉制得以延续，蒙古退回漠北后也得以保全。

三是创新的特性。忽必烈时代，是一个平民文艺走上大雅之堂的年代，打破了汉晋以来文坛被贵族士大夫把持的状态，满足了百姓的渴望。比如，他册封妈祖，形成了"有海水处有华人，华人到处有妈祖"的大众文化。全国现存的1600多种地方戏曲，都是那时种下的种子。中国还第一次诞生了史诗，出现了藏族《格萨尔王传》《米拉日巴传》等史诗，这也是开创性的。

忽必烈甚至还无意中催生了他国文化。比如，他征讨日本因飓风失败，促成了日本的民族自傲，认为天照大神"神风"庇佑。后来催生了"菊与剑"的武士道精神，产生了第二次世界大战时的神风特攻队。

第六，民族融合之功

忽必烈实现了中国历史上空前的大统一局面。统一和安定是各族人民的最大愿望，是各族人民意志的反映。因此，疆域融合也推动了民族融合。这种民族融合，有三个突出特点：

一是民族之间的杂糅。成吉思汗时代，蒙古人只有80万左右，几次西征带走了一部分，到忽必烈主政时蒙古本部就已超过200万人，到忽必烈去世时达到500万人，元朝末期2000万人。这里既有蒙古民族的繁衍，也包括契丹、女真等部族，甚至阿拉伯人、欧洲人的加入。当时，色目人在元朝是名列第二等的高等民族。在跟随忽必烈南征北战的过程中，价值理念、风俗习惯逐渐趋同，而这恰恰是世界范围民族发展的基本规律。

二是民族之间的尊重。忽必烈的先辈都没有跳出逐草而居、争夺嗜杀的习性，可以远征欧亚 40 多个国家，却没能征服近在身边的五千年华夏文化。忽必烈一改蔑视汉人、杀戮汉人、掠夺汉人的品性，获得以汉法治汉地的秘诀。这既是一种策略，更是一种尊重。很多少数民族，是元朝开始确认并帮助其进步的，如壮族（当时称撞族）；有些少数民族，是蒙古人带入祖国大家庭的，如回族。宋太祖嫡孙赵孟頫被誉为"元人冠冕"，王文统被称为理财宰相，张文谦为司农卿，威尼斯人马可·波罗是外交专使。阿拉伯人札马剌丁编撰了《大元一统志》，各民族融洽共存。

三是宗教之间的兼容。忽必烈倾心儒教，但不排斥其他宗教，推动了儒释道三教融合，形成了独特的中土佛教。西藏宗教问题，历代统治者都很头疼，忽必烈比较成功地解决了这个问题。他尊佛教为国教，封八思巴为国师，用兼容赢得回报。八思巴写了一本佛教典籍《白史》，称忽必烈是文殊师利菩萨（即智慧菩萨）的化身，把他描写成大佛、转轮王和伟大君王。于是，僧众接受了忽必烈为天下共主和中国皇帝。中华民族大家庭的概念是那时形成的，今天中华民族大家庭中 56 个民族的基础，也是那时奠定的。

第四章：忽必烈的局限——始成终败，毁誉参半

翻开中国历史，有一个奇怪现象：凡是终结分裂的划时代的统一王朝，反而统治时间较短。比如，结束战国六国争雄的秦朝，结束南北朝分裂的隋朝。这是因为，漫长的分裂达成的平衡十分脆弱，新制度的建立也不能一下子适应社会环境，需要更深刻的"磨合"。这一时期，统治者的失误，很容易造成颠覆性后果。

应当承认，忽必烈并不是完人。由于历史局限和性格缺陷，他在治国理政中也有一些重要失误，许多开创性的做法没能坚持，没能完善，甚至放弃了，使元朝成为短命的王朝。这是他被史学界低估的主要原因。这些局限，主要表现为"四个缺陷"。

第一，个人性格的缺陷

对于政治人物来说，性格决定命运。作为开创时代的人物，他性格上的一些瑕疵影响了施政。突出表现为"三个不可思议"：

一是对待贵族前恭后倨，不可思议。狡诈狐疑，是统治者的通病，忽必烈表现更甚。称汗之前的藩王时期，他极为温文尔雅，谦和礼让。大汗蒙哥死后，他兵戎相见，逼死阿里不哥，诛杀其大批支持者，毫不手软。这种冰火两重天的变化，草原狼式的凶残，让许多大臣反感，也让他的明君形象大大受损。

二是选贤任能反复无常，不可思议。忽必烈的知人善任，一直为世人所称道，但是前后不一，对汉人的任用尤为突出。自从益都李璮叛乱，忽必烈对汉臣产生了疑虑。后来，说翻脸就翻脸，稍有猜疑便加诛杀。比如，他杀了曾经非常宠信的"理财宰相"王文统、右丞相卢世荣、桑哥，还有参政郭佑、杨居宽等正副宰相，让许多大臣心寒，也让他建立不世伟业的诚意受到质疑。

三是藐视臣僚唯我独尊，不可思议。忽必烈将草原"主奴从属"的习俗带入朝廷，视臣僚如草芥，臣僚只是他的奴仆，顺者昌，逆者亡，给臣属造成很大精神压力。尤其是汉臣精英或敬而远之，或战战兢兢，或唯命是从，难以发挥才智。而且，还直接影响了后世的君臣关系，君臣之间由合作共事，变成了主奴从属关系。

第二，经济制度的缺陷

当时许多政策是比较先进的，可惜忽必烈没有坚持下来，或是没有继续完善，没有善始善终。主要有"三个遗憾"：

一是财政政策的遗憾。征服南宋后，忽必烈发现了"钞"，即纸币的用途，把钞票引入流通领域，成为财政的基础。1264年，他颁布法令，用纸币来计算主要商品的价值。这应该是商品经济的良好开端，可惜没有继续完善，反而使之沦为单纯的敛财工具。第一任理财大臣赛夷阿札儿，还能把钞票发行维持在合理的限度，随后继任的几位大臣就轻率行事，实行无限制的通货膨胀政策，钞票迅速贬值。而且，还采取多次兑换钱币和重利专卖的方式，大肆聚敛钱财，国家财政逐渐濒于崩溃。

二是土地政策的遗憾。忽必烈执政初期，制止毁地放牧，重视劝课农桑，保障农民土地。但是，他没有形成一套完整的改变游牧经济的治国理政方式。元朝中后期，以蒙古贵族为主的统治阶级对各族人民的掠夺和奴役十分残酷，疯狂兼并土地，变良田为牧场，大地主"广占土地，驱役佃户"。比如，大臣伯彦得到的赏赐土地就达2万顷。农民失去土地，沦为流民，沦为奴婢，导致经济凋敝。作为元朝的开创者，忽必烈难辞其咎。

三是开放政策的遗憾。元朝初年，政治开明，贸易繁荣，技术发达，具备了诞生资本主义萌芽的基础条件。当时，欧洲正处在黑暗愚昧的中世纪，忽必烈完全可以依托良好的开放环境，吸收欧洲和中亚的科学技术、制度典章和工业萌芽，催生领先世界的经济形态，甚至工业文明。但是，遗憾的是他没有那样做，仍然满足于一般的皇恩宣示和商贸交流。这是忽必烈的遗憾，也是中华民族的遗憾，错失了一次建立先进文明的机会。

第三，民族政策的缺陷

在维护各民族大团结方面，忽必烈有许多划时代的创造，也取得了不朽的成就。但在细节上，有"三个不完善"：

一是"二元统治"模式不完善。忽必烈实行的汗国分封、中原行省、藩属纳贡、西藏政教合一等制度，已经初具现代民主国家政体的雏形。比如，可以在此基础上完善责任政府，建立两院制议会，以贵族院名额取代爵位，以平民院席位提高各阶层向心力，实现中华民族的长久团结。后来的欧洲国家，就是这样走过来的。但是，非常可惜，他就此止步了。"二元化"成了一时的治标之策，而且直接导致了冗官的弊病，巨额俸禄蚀空了元朝国库。

二是"四等人制度"不完善。划分民族等级，不是忽必烈首创，契丹的辽代、女真的金朝以及古罗马，都实行过。元朝的四等人制更像是印度的种姓制度，是想通过民族分化，维护特权统治。但由于缺少具体的配套措施，汉人、南人和蒙古、色目的底层没有出路。汉族地主和蒙古贵族纠合在一起，造成外族和本族双重压迫，社会矛盾更加复杂尖锐，反而加速了元朝灭亡。元朝统治溃于"四等人制"是史学界通论，不能不说是忽必烈的一大失误。

三是选任人才体制不完善。政治的核心是吏治。忽必烈在吏治方面最主要的疏漏，是没有确立科举选官制。他本有机会开科取士，但是没有把握住。元朝功臣中，蒙古人多于汉人，因此越往高层蒙古人越多。不开科举，汉族人才就难以参与朝政。日后，虽然重开科举，但形同摆设，"根脚"选官盛行。实行"四等人制"，最受打击的是汉族儒士，当时有"一官二吏三僧四道五医六工七猎八民九儒十丐"的说法，"臭老九"的称呼就是那时形成的。这样，人为地把汉族贤士排斥在统治阶层之外，导致社会的最精英阶层，成为元朝最敌对的势力。

这也是忽必烈的明显失算。

第四，进取精神的缺陷

在封建时代，统治者的进取精神往往就是国家的生存空间。但忽必烈统治后期，雄心不再。主要表现在"三个前后不一致"：

一是推进汉法的韧性前后不一致。历史上的少数民族统治中原，有一条规律：汉法程度越高，统治就越稳固。忽必烈本是推崇汉法的，但称帝后没有新的进取。以太子真金为首的汉法派，曾试探他愿不愿意禅位，忽必烈大发雷霆，吓死了真金，导致元朝的汉化一直是"半吊子水平"，统治水平也没有大的提高。

二是与民休息的政策前后不一致。忽必烈建国初期，确实珍惜民力，轻徭薄赋。但是，后来逐渐松懈了。元末时，苛捐杂税名目繁多，全国税额比元初增加了 20 倍。贵族搜罗民间财宝美女，番僧耗费巨资供佛，"四等人制"带来的"初夜权"等制度祸国殃民。再加上黄河多次决口，真是民不聊生，必然激起反抗烈火。

三是开疆拓土的意识前后不一致。人类的文明进步，往往伴随血与火的征服。忽必烈夺取中原后，进取精神大不如前。比如，两征日本不了了之，没有总结教训，也没有认真整军"卷土重来"，而是空费国力财力。更重要的是，让汉魏时代的藩国日本从此有了自信，在东方树立了一个强敌。再比如，降服所属汗国有始无终。逼降阿里不哥后，各大汗国纷纷独立，忽必烈没有出招应对。结果，蒙古铁骑虽然打下了广阔疆域，却没有了统一的政权。更重要的是，导致欧洲在中世纪多摸索了 200 年。如果能建立有效统治，各民族文明成果为我所用，带领世界进入更高文明也不是空想。

纵观历史风云，尽管忽必烈存在一些局限，但仍瑕不掩瑜，我们不能用今天的眼光来苛求古人。元朝历史只有 97 年,即使从忽必烈称汗算起也不过 108 年。但它像一颗耀眼的流星,划过天空,照亮历史。忽必烈的巨大贡献为后来中国发展,乃至今天的多民族国家发展都提供了宝贵经验。他是当之无愧的统一和治理多民族国家的一代英主,应该备受中国和世界人民的崇敬。

悲剧英雄：袁崇焕的一生及其历史地位

——2018 年 9 月 29 日在扬州讲坛上的讲演

尊敬的各位朋友：

大家好！

今天，我有幸再次来到美丽的扬州，来到鉴真图书馆·扬州讲坛。在此，非常感谢鉴真图书馆执行长妙圆法师的盛情邀请。

2013 年和 2014 年，我受星云大师邀请，在扬州讲坛给大家讲了《一代天骄：成吉思汗的一生及历史地位》《一代枭雄：忽必烈的一生及历史地位》。今天，我给大家讲袁崇焕。

传说史前时代，先民有"结绳记事"的习惯。如果把一部历史比喻为一根绳子，一些历史人物就像是绳子上打的"结"，无论谁来书写历史，也不管认为他是英雄还是"草寇"，都要面对这些人物。因为，他们实在太重要。袁崇焕，就是明清之际的历史绕不过去的一个"结"。

袁崇焕作为抗清名将，是一位争议较大的人物，被处死后明朝百姓争相抢食其肉。而到了清代乾隆时期，却又受到了乾隆皇帝的赞赏。评价历来褒贬不一。而我认为，袁崇焕是一个很有本事的人，至少是

283

一个英雄，只不过是一位悲剧英雄。

所以，今天我讲演的题目是：《悲剧英雄：袁崇焕的一生及历史地位》。

清代文学家、史学家赵翼说过，"江山代有才人出，各领风骚数百年"。每个时代都需要自己的英雄，英雄都是时代英雄。没有英雄的时代，是暗淡的时代。同时，世上没有完人，"有高峰必有深谷"。英雄，都是本色英雄，有时也会有悲剧英雄。

袁崇焕是一位在他那个时代特立独行的英雄人物。袁崇焕，字元素，生于公元 1584 年，死于 1630 年，一共只活了 46 岁。出生在广东东莞，祖籍是广西梧州（有争议），他的读书时代是在广西度过的。他是明朝末年的蓟辽督师，朝廷一品大员。

综观袁崇焕的一生，用一个词来形容，就是"命运多舛"。铺展开来，我概括为三个特点：起伏跌宕的人生，雾里看花的功过，饱受争议的评价。可以说，每个人都有自己心中的袁崇焕。

下面，我就按照这样的脉络，给大家讲一讲袁崇焕。

一、起伏跌宕的人生

袁崇焕出生的时代，正是明朝由盛转衰的时代。他出生的 1584 年，也就是明万历十二年。万历皇帝（朱翊钧）在位 48 年，这个 10 岁登基、谥号"神宗"的皇帝确实是有点"神"，主要特点是不理朝政。从万历十四年开始连续多年不上朝，之前的 14 年上朝了作用也不大，因为年纪还小，管不了大事，真是"在其位不谋其政"。比如，他在位时朝廷大员和各级官吏缺额严重，最严重时四分之一的官员空缺，内阁空缺三分之二。神宗委顿于上，百官党争于下，党派林立，互相倾轧，明廷完全陷入空转之中。《明史》说，"明之亡，实亡于神宗"。

所以说，袁崇焕生于乱世，是一个"衰败前夜"的年代。他的人生，注定也像那个时代一样充满坎坷与辛酸。可以概括为三个"坎坷之路"：

第一，坎坷的科举之路

袁崇焕的青年时代，有几个突出特点：一低一高，四次挫折一个好。

"一低"，社会地位低。袁崇焕的父辈是商人，做生意的。在中国古代社会里，经商做买卖的没啥地位，士农工商，商人排在老末。所以，要想出人头地，必须读书做官，"万般皆下品，唯有读书高"。所以，袁崇焕自幼读书，启蒙比较早，而且就在广西读书，商贾世家流动性很大。所以，他家从广东搬到广西的说法是可信的。

"一高"，本人智商高。就智商而言，袁崇焕是不低的。比较有力的证据，是他不到二十岁就考中了秀才，二十三岁参加广西乡试（相当于全省统一考试），高中举人。当时他很得意，写了好几首诗庆祝，以才子自居。

"四次挫折"，考进士充满"泥泞"。中举一年后，袁崇焕远赴北京考进士，不久之后，他就回来了。三年后，他又去了，不久之后，又回来了。三年后，他又去了，不久之后，又回来了。我之所以用同样的句式重复四遍，就是想说明他的考试成绩实在"很烂"。从二十三岁，一直考到三十五岁，考了四次，四次名落孙山。万历四十七年（公元1619年），袁崇焕终于考上了进士，真是"一条进士路，几把辛酸泪"。

"一个好"，运气超级的好。因为他的名次，是三甲第四十名。明代的进士录取名额，大致是一百多人，是按成绩高低录取的，排到三甲第四十名，说明他差点没考上。

在当时，考成了这样，前程算是没指望了，也就是弄到个县尉、县丞什么的了此一生。因为在他之前，但凡建功立业、匡扶社稷，比如徐阶、张居正、孙承宗等人，不是一甲榜眼就是探花，最次也是个二甲庶吉士。所谓出将入相，名留史册，对三甲中下层的袁崇焕而言，可能只是一个"梦"而已。

第二，坎坷的仕宦之路

考上了进士，总算踏上了仕途，对袁崇焕这样一个商人子弟，也算光宗耀祖了。但是，袁崇焕的志向显然不是一个进士的功名可以满足的。而且，袁崇焕肯定是个人才。只是在当时不那么特别显眼、那么抢手罢了。

记得电视剧《亮剑》里的一个人物说过：伟大的人，都是自我成就的人。在当时的情况下，一般人可能已经很感到满意，屈从于命运了。但袁崇焕不是一般人，他有一般人所没有的百折不回的意志和勇气。命运好像也在考验他，要"苦其心志，劳其筋骨"。所以，接下来的仕途，他经历了三次挫折。

第一次挫折：不给官当。也就是不分配工作。可能是由于考试成绩太不起眼，也可能是由于没送礼，反正吏部分配工作的时候，竟然把这位未来的袁督师给漏了，说是暂时没有空闲职位，让他再等一年。别人走马上任去了，袁崇焕在家待业一年。第二年，万历四十八年（1620年），他终于得到了人生中第一个职务：福建邵武知县。邵武县位于福建西北，在武夷山旁边。用现代的话说，是偏远山区。

在这个职务上，他初步显出与众不同。这个与众不同，就是不安分。在任时他喜欢与人谈论兵法，遇见退伍的老兵时，袁崇焕就与其讨论边塞上的事情，所以对边塞的状况比较了解，自认为有镇守边关的才能。这一点，特别像唐代时那些边塞诗人，文人喜欢谈论军事，比如王维、王之涣、李白。

第二次挫折：愤而辞官。我们说："功夫不负有心人"，"机遇喜欢光顾有准备的头脑"。很快，袁崇焕展示才华、改变命运的机会，说来就来了。

天启二年（1622年），袁崇焕接到命令，三年任职期满，要去京城述职，觐见明熹宗朱由校（年号天启）。明代的官员考核制度十分严格，考核结果分五档，好的晋升，一般的留任，差点的调走，没用的退休，乱来的滚蛋。袁崇焕的成绩大致是前两档，按常理，他最好的结局是回福建、升一级。但这次他不但升了官，还是京官。因为有一个叫侯恂的都察院御史，是东林党人，一眼就看出他是个人才，而且是军事人才。御史官不大，但可以直接向皇帝上书。侯恂推荐他出任兵部职方司主事（六品）。

不久之后，广宁（现在的辽宁北镇，当时的东北最高军事机关所在地）被后金攻陷，于是朝廷商议，应该派人镇守山海关。袁崇焕得知后，随即一个人往关外侦察地形。回朝之后上书说：只要能给我足够的兵马钱粮，我一个人就可以镇守山海关（"予我军马钱谷，我一人足守此！"）。口气之狂，惊骇众人。

当时，在面对强敌、无人应战的情况下，袁崇焕冒险出关，又毛遂自荐，赢得满朝喝彩，大臣们都夸赞袁崇焕的才能。于是朝廷破格提拔袁崇焕为宁前兵备金事，督关外军，拨给帑金二十万，让其招兵买马。

在辽东边关，袁崇焕得到孙承宗的器重，镇守宁远，经营辽东，抗击后金。先后取得救援十三山（现辽宁凌海市石山镇）、宁远保卫战、宁锦保卫战的胜利，官职也接连晋升，先后任石山道兵备、兵备副使、右参政，按察使，右佥都御使，辽东巡抚，加兵部右侍郎，督师兼辽东巡抚，加太子太保，成为一品大员（从一品）。

宁锦之战后，满桂、赵率教等人都得到了赏赐，但袁崇焕却因为魏忠贤让他的党羽弹劾其不救援锦州。论功行赏时，只给袁崇焕增加一级官阶。尚书霍维华为此感到不平，上疏乞求辞去荫袭子孙的赏赐给袁崇焕，但魏忠贤不许。天启七年（1627年）七月，袁崇焕辞官回乡。

第三次挫折：弹劾殒命。应该说，前两次挫折，虽然遭遇了人生的"过山车"，但还能承受。第三次挫折，则是让他滑到人生谷底，再也难以翻身，还赔上了生命的代价。

袁崇焕在家乡的赋闲生活并没有多久，回到家乡两个月之后，也就是天启七年（1627年）九月，明熹宗朱由校驾崩，其弟弟明思宗朱由检即位（年号崇祯）。第二年，崇祯元年（1628年）朱由检设计除去了魏忠贤，并把之前冒领军功的人削职。崇祯元年七月，在朝中大臣的建议下，袁崇焕得以重新被启用，被任命为兵部尚书兼任右副都御史，督师蓟辽，兼督登莱、天津军务。也就是说，在家待了一年就官复原职了。

上任之后，袁崇焕办了许多大事。向崇祯皇帝提出了"五年平辽"的策略，获得了皇帝赐给的尚方宝剑，统一了辽东军务大权，平定了因欠饷造成的士兵哗变，也杀了东江镇（皮岛）总兵毛文龙。似乎要风得风、要雨得雨，登上了事业的巅峰。

但是，接下来的一件事却要了他的命。崇祯二年（1629年）十一月，后金国主皇太极举兵十万分别进入龙井关、大安口，袁崇焕率兵驰援，京畿附近一些重镇沦陷，一些高级将领阵亡。袁崇焕击退皇太极，解了京师之围后，朝廷中的魏忠贤余党以"擅杀岛帅""与清廷议和""市米资敌"等罪名弹劾袁崇焕。崇祯三年（1630年）八月，袁崇焕被崇祯处以通敌叛国罪，本人被凌迟处死，家人被流徙三千里，并抄没家产。史称"己巳之变"。

第三，坎坷的征战之路

袁崇焕本是文官，却喜欢带兵，而且以军功著称。这一点，有点像宋代的范仲淹，既是文官又是武将。袁崇焕就像他的人生一样，征战历程也充满艰辛与坎坷。"惨胜"，似乎是其军事生涯的一条规律，或者说是"魔咒"。

袁崇焕的军事生涯，主要是三次辉煌或者说是"三个大捷"，但这三次大捷都不完美、不是完胜，都留有一点"尾巴"。

第一次：宁远大捷。这一次，是袁崇焕真正作为主将带兵，对手是67岁的努尔哈赤。之前的救援十三山，袁崇焕为宁前兵备佥事，是给辽东经略王在晋、大学士孙承宗提出决策方案，有安抚军民、整备边防的功劳。但是，王在晋的救援行动失败了，导致十多万起义民众被后金镇压。

这一次，可是玩真的。天启三年（1623年）九月，奉大学士、辽东经略孙承宗之命，袁崇焕制定规格重新修筑宁远城，第二年竣工，成为关外重镇。天启五年（1625年），孙承宗与袁崇焕定下计策，派遣将领占据锦州、松山、杏山、右屯及大、小凌河等地，并修缮城防长期驻守，宁远因此成为内地，开疆复土两百里。天启六年（1626年）正月，努尔哈赤得知孙承宗被罢免，亲率6万大军（号称20万）西渡辽河，抵达宁远，接替孙承宗的经略高第和总兵杨麟拥兵山海关，不去救援。袁崇焕写下血书，与众将盟誓，以死守城。坚壁清野，盘查奸细，炮轰后金军。后金连续攻城两天，损兵数千，努尔哈赤只得下令退军。宁远保卫战胜利后，举朝欢喜。同年八月，努尔哈赤病死。

努尔哈赤是在宁远城下被大炮击伤，不治身亡。也有"气死"说，因被"无名之辈"袁崇焕所败，忧愤成疾，病重而死（《明熹宗实录·卷七》记载，袁崇焕上疏朝廷，说得到一个确切的消息：奴酋耻于宁远之败，遂蓄愠患疽。所谓"患疽"，又称为"痈疽"，是一种毒疮，多生于人的背部。致病原因，多因心火过盛，毒火攻心所致。

还有一种说法，袁崇焕在宁远卫城东十里的金鸡岭设伏，出其不意，炮击努尔哈赤（宁远卫就是现在葫芦岛辖下的兴城市，我认可这种说法）。不管哪一种说法，都与袁崇焕有关，这一战功应该是属于袁崇焕的。

但是，后金军乘虚攻掠觉华岛，杀死军民数千人，而此时袁崇焕无力增援觉华岛，这个辽东战略枢纽被后金夺占。

第二次：宁锦大捷。天启六年（1626 年）三月，重新设立辽东巡抚，由袁崇焕担任。后来，又撤销辽东经略一职，由袁崇焕统管关内外防务。天启七年（1627 年）正月，皇太极同意了袁崇焕的请和，举兵东征朝鲜。袁崇焕趁机连修锦州、中左、大凌三城，增大了防御纵深。而此时，朝鲜和皮岛毛文龙同时向朝廷告急，袁崇焕一面派遣水军增援毛文龙，一面派遣九千奇兵袭扰后金军后方。倒向后金的朝鲜被毛文龙击败，后金军也被毛文龙击退，史称"丁卯之役"。

同年五月，后金进攻锦州，祖大寿在锦州防御严密，攻不动。就分兵进攻宁远。袁崇焕亲自守城，远距离炮轰，并派精骑四千迂回到清军侧后决战。六月，后金无法取胜，被迫撤军，挫败了皇太极夺取宁远、进逼山海关的战略企图。

但是，这一仗也非常惨烈，明军死伤比较多，大将满桂也中箭负

290

伤，只能算是"惨胜"。

第三次：解围京师。前两次大捷，都发生在天启年间。这次大战，崇祯皇帝朱由检已经即位。崇祯二年（1629年）十一月，皇太极举兵十万分别攻入龙井关、大安口。袁崇焕听闻后，率领祖大寿、何可纲入关守卫，所经过的蓟州、抚宁、永平、迁安、丰润、玉田各城，都分兵留守。皇帝朱由检得知后非常高兴，下令嘉奖袁崇焕所部，并让袁崇焕统领指挥各地援军。

但不久之后，遵化、三屯营（蓟镇）被后金军攻破，大将赵率教在遵化被流矢击中阵亡，巡抚王元雅、总兵朱国彦自尽而死，后金军直逼京城。崇祯皇帝紧急召见袁崇焕，赏赐很多。袁崇焕认为兵马长途奔波，疲惫不已，请求入城休整，但遭到拒绝。

于是，袁崇焕驻军城外，与后金军鏖战，互有胜负。皇太极力战不下，只得后撤。明军乘势追袭，杀伤后金军千余人，明军死伤也很多。收兵后，朱由检用酒食犒赏军队。袁崇焕又派五百人用火炮轰打金营，皇太极撤兵而去，解除了京师之危。

这一战役，如果从战略角度考虑，袁崇焕应该是大胜。因为无论如何是击溃了后金军队，解除了京师之围、灭国之危。接着，就是袁崇焕的谢幕了。

这就是袁崇焕短暂的一生。他只活了46岁。综观袁崇焕的军事生涯，虽然短暂，只有不到八年时间，但却像一颗划过天际的流星，照亮了明朝末年暗淡的天空。

二、雾里看花的功过

自从袁崇焕去世之后，对于他功过的讨论就没有停止过，史学界也是各执一端，争论不休，简直是雾里看花。特别是近年来，随着新的历史资料的发现，对于袁崇焕功过的讨论出现了许多新的声音。我认为，关于袁崇焕功过的讨论，本质是忠奸的讨论。

单纯地论辩功与过、忠与奸意义不大。考察历史人物，既应当具有现代眼光，更应当具有历史眼光，需要拨开"云雾"，走进那个时代的视野，去考察那个时代的人物。下面，我就袁崇焕被处死时身上背着的几个"罪名"，谈谈自己的看法。

袁崇焕被杀的理由当时列了十二条，主要的大致有四条：欺君、资敌、纵敌、擅杀。

第一，欺君的问题

这主要是指袁崇焕曾经向崇祯承诺：五年平辽。结果这句话刚说完三年，清军却打到了京师，给人以"忽悠"皇帝的感觉。我认为，当时袁崇焕这样回答，起码不全是"大话"，而是需要。

一是皇帝的需要。崇祯接手的是一个标准的"烂摊子"，农民起义蜂起于内，后金大兵压境于外，满朝文武束手无策。这时候崇祯心理上急需一个"主心骨"，恰恰袁崇焕给了一个"主心骨"。崇祯皇帝登基后，立即重新启用了袁崇焕。问到平辽之策，袁崇焕意气风发，朗声答道：五年复辽（"臣期五年，为陛下肃清边陲"）。崇祯龙颜大悦："五年灭敌，朕不吝封侯之赏。"

封建社会的官场，最讲究的是"揣摩上意"。他知道，皇帝盼望的就是这句话。因为他的自信，也给了皇帝自信。这是对朝廷的忠心，也是对新皇帝的忠心。何况，他还有宁远大捷、宁锦大捷的胜利做"资本"，是当时最能打的统帅级人物。

二是政绩的需要。为官的"脸面"是政绩。开疆拓土、青史留名，是古代文人士大夫的崇高理想。遥想当年诸葛亮那么窘迫还不忘克复中原，何况是背靠大明帝国、志大才高的袁崇焕。但是，只有足够的权力，才能完成这个使命。所以，他这个"五年平辽"，是有条件的，就是"允许臣下顺势而动，便宜行事"。这句话的潜台词便是向崇祯要权，而且，还是要兵权！但是，崇祯皇帝并没有异议，满足了他的要求，赐给了尚方宝剑，催促他赴任辽东。

尽管这里有"大话"的成分，但也没什么稀奇。古代动辄立军令状、拿全家性命担保的事多了，并不算特别出格。

三是服众的需要。袁崇焕出师，面对的一个严峻问题，是朝中大臣的掣肘。而且，派出宦官当监军是明朝的习惯做法，前边我们讲到他曾经愤而辞官。袁崇焕奏对以后，有大臣询问他为何那么自信，谁料袁崇焕回复道："聊慰上意而已。"也就是说，袁崇焕的表态居然是"随口说说"。他的答复吓坏了大臣们。"君前无戏言"，老成持重的大臣在皇上面前是不敢乱说话的。

我的看法是在大臣面前立威。袁崇焕从一个七品县官，几年之内蹿升到一品统帅，许多官僚不一定瞧得起他。他要树立形象，让他们不敢乱说话。潜台词是："你们给前线好好服务就行了"。同时，以袁崇焕这样桀骜不驯的性格，他对同僚所说的话恐怕也未必就是真话。说不定他是看不惯那些所谓的王公大臣，所以才随便敷衍而已。毕竟将来要带兵打仗的是他自己，可不是这些龟缩在京城之中的王侯。所以，他不屑回答也是有可能的。

袁崇焕奏对之后，朝中大臣称赞：真奇男子也！同时也想起作战需要的钱粮还没有着落，这个任务可是需要朝中大臣完成的，而且很难完成。因为此时明朝经济已经很虚弱，连筹集军队的粮饷都十分困难。于是，又纷纷对袁崇焕的大言将信将疑起来。

所以说，看不出袁崇焕忽悠崇祯、骗取信任的故意，欺君的说法不成立，但是袁崇焕也确实对严峻的形势估计不足。

第二，资敌的问题

这主要是指"市米资敌"，也就是卖粮给敌人。同时，也有与后金议和的问题。客观上看，当时朝廷确实明令禁止把粮食卖给蒙古人。但是，皇帝把辽东军务全权交给袁崇焕掌管，已经有了"便宜行事"的圣旨，袁崇焕根据前线情况灵活处置，自然也不算僭越之举。我认为，这主要看袁崇焕这样做是为什么，也就是说"看目的"。

一是安抚蒙古。袁崇焕以孤军守孤城，面临的压力非常大，如果蒙古与后金结成同盟，明军就更难以抵挡。于是，对蒙古各部搞"统一战线"就成了袁崇焕考虑的破敌之策。

对察哈尔部，他向崇祯皇帝建议起用王象乾专责抚赏，崇祯立即答应了。崇祯二年（1629年）四月，察哈尔部与大明重归于好，此时该部迁徙宣大边外，虽然起不到蓟门藩篱的作用了，但起码使明军摆脱了两面作战的困境。对于喀喇沁部，袁崇焕深知其就在辽蓟关外，道路熟、关联大，要是给后金做向导，东到宁远西至喜峰口处处受到威胁。当时该部旱荒，要求明朝开米市遭到拒绝。袁崇焕允许开市，将明军自己都告缺的粮食接济喀喇沁部，并且亲自劝告该部首领，不要背明投金，应与明军声势相倚，配合作战。该部首领指天为誓，以妻儿为质，保证不作后金向导。

可是，后来喀喇沁部竟背叛了自己的誓言，这是袁崇焕所没有料想到的。智者千虑，必有一失。袁崇焕只能算是判断失误，而不能算故意之举，当然也就算不上大罪。

至于说，有情报称后金混入蒙古购买粮食，袁崇焕仍然没有停止这个举动。我看这是瞎说。后金当时仍处于游牧阶段，主要靠抢劫物资维持生计，蒙古各部买的粮食本来就不多，即使他们从中"分一杯羹"，又能有多少？

二是留有后手。袁崇焕在大荒之年能够开放米市，是因为他有一个更大的计划，这就是屯田戍边。他深知，与后金的博弈将是一场持久战，他提出的"五年平辽"，未必是彻底消灭后金，而是恢复城池、击溃后金，也就是以治标为治本争取时间。

为了赢得这场持久战争的最后胜利，袁崇焕积极筹划屯田，天启六年（1626年）十一月，他奏请皇帝预支明年军粮十万两白银，购备耕牛、农具，待来年春天在锦宁一带广开屯种，以资军需，一方面可以减少朝廷的战争开支，另一方面也可以把屯种的粮食作为安抚蒙古各部的资本。可惜这一建议被朝廷否决了，因此屯种未能大举，只在小范围零星地进行。

三是缓兵之计。这也包括议和的问题。自古有"两国交兵，不斩来使"的说法。战争双方，不仅是两军对垒，也是谋略较量。无论古代还是现代，交战双方信使往来、通信往来都是很正常的事，根本不是非黑即白那么单纯。袁崇焕与努尔哈赤有过书信往来，在宁远城下击败后金之后，给努尔哈赤写了一封信，对他表达了不屑，挖苦了几句。努尔哈赤对袁崇焕还是非常惧怕的，甚至评价道："朕用兵以来，未有抗颜行者。袁崇焕何人，乃能尔耶！"说袁崇焕怎么这么厉害呢，客客气气地回了信。可是，这封信的来龙去脉，袁崇焕毕竟没有告诉皇上，这也很正常。

努尔哈赤病亡后，袁崇焕派了使者去吊唁。皇太极即位后，袁崇焕与之互有使者、信件来往，这也是敌对双方收集情报、试探敌情的惯用做法。于是，有了持续半年多的和谈，但这是皇太极采取的主动行动。我认为，这是双方共同的需要。

后金方面，主要注意力放在蒙古各部，对察哈尔部兴师征讨，对喀喇沁部纵容笼络。这体现了皇太极欲越关宁而伐明的战略意图。袁崇焕一方，当时关外各城大多损毁，需要修缮，确实无力主动进攻，出于重整防务的需要，也想以和谈缓兵，为进攻争取时间。他曾请示阁臣钱龙锡及兵部尚书王洽，未获准允。所以袁崇焕对和谈只是被动应酬，主要是抓紧时间，积极备战。

自古以来，"将在外君命有所不受"。考虑到袁崇焕奉旨全权经略辽东，这一战术性质的行动，也没有什么大错。

第三，纵敌的问题

所谓纵敌，应该主要是指袁崇焕放任后金军队攻入关内、威胁京师。同时，也是翻当年让后金占领觉华岛的"老账"。我认为，这个"黑锅"不应该由袁崇焕来背。

这个事情得从两个方面研究探讨。

其一，策略有误。崇祯皇帝把平辽的大权交给了袁崇焕，你就应该"御敌于国门之外"，起码不能让敌人威胁到京师。但是，他没有预料到皇太极不是努尔哈赤。当初，面对勇敢善战的八旗军，坐守坚城的方针无疑是正确的。但是，最后的胜利不是靠防守取得的。努尔哈赤时代，后金采取的是长驱直入、强攻坚城的办法，这时袁崇焕的策略还能奏效。当后金两次在宁远城下惨败后，皇太极吸取了教训，改变了策略，声东击西、避实击虚，绕过宁远、山海关，直接攻击朝鲜和北京，袁崇焕"坐守"坚城，就等于捆住了自己的手脚，无计可施了。

其二，守将太弱。由于明朝几代皇帝"不务正业"，造成人才短缺、官员短缺，一些有点本事的将领，比如孙承宗等陆续被罢黜。当时，除了袁崇焕，已经到了无人可用的地步。皇太极举兵十万绕过宁远防线，进攻长城北路各关口，如入无人之境。

后金进入的关口，属于蓟辽总督刘策管辖，袁崇焕得知后金大举入关，直逼京城，千里迢迢赶来救援，应该是有功无罪。但是，客观的后果是遵化、蓟镇相继被后金军攻破，大将赵率教阵亡，巡抚王元雅、总兵朱国彦自尽身亡，致使京师外围防线丧失了"护城河"的功能。

这一点，显然不能把账都算到袁崇焕头上，更不能说是袁崇焕故意放后金军入关。

另外，觉华岛失守也仅仅是"考虑不周"。觉华岛离宁远城海路约十二里，不仅是海路要冲，也是当时宁远和关外守军的一个物资中转站。孙承宗构建关宁防线时，专门提出过，觉华岛要与宁远形成掎角之势。其实，躺卧在渤海湾上的觉华岛是当不起这样的重任的。辽东冬季奇寒，千里冰封，海河已与陆地连接为一体，后金的铁骑履海如平地，觉华岛能保自己不失守就阿弥陀佛了，根本谈不上策应宁远。

袁崇焕的失误，是以为如果后金骑兵来了，只要把冰面凿破，就可以万无一失。哪想到天气奇寒，凿出的冰窟窿转瞬就会冻上，根本无济于事，后金军没费太大的劲就攻下了觉华岛，大量军需辎重和守岛军民落入后金之手。

但是，不管怎么说，战争中间这种战术级别的输赢，或者一城一地的得失，对整个战局的影响并没有想象的那么大。这次丢失了，下次还可以拿回来。所以，把丢失觉华岛"这盆脏水"泼到袁崇焕一个人的头上实在没有道理。

第四，擅杀的问题

这是指袁崇焕杀了皮岛总兵毛文龙，这是一个见仁见智的问题。

毛文龙久守辽东，头衔是左都督、平辽总兵官。朱元璋登基时设立五军都督府掌管军队，左都督的位阶甚至超过了兵部尚书，是一品大员（正一品）。皮岛位于中朝界河鸭绿江中，当时属于中国（现属朝鲜），是揳入后金后方的一个战略支撑点。怎么看这个事儿呢？

一是杀之有理。辽东失陷时，毛文龙撤到皮岛，招募辽民，择壮为兵，当时称为东江镇。东江镇曾几次袭击金国后方，后金屡屡征讨，但因不习舟船，未能奏效。因而后金就不能放心西向，进攻宁远、京师方向。可是，毛文龙非常跋扈，为非作歹，虚功冒饷，在朝中投靠魏忠贤，战场上也常常失败，牵制后金十分不力。崇祯即位后，早已对毛文龙不满的东林党内阁上台执政。袁崇焕再任督师时，毛文龙虽然位阶很高，但受袁崇焕节制。毛文龙对他就不怎么买账，甚至出现不听指挥、拥兵自重、讨价还价的事情。袁崇焕曾与当时的内阁大臣钱龙锡商讨过解决毛文龙的办法，最后决心武力解决。

二是后果难料。崇祯二年六月，袁崇焕亲赴皮岛，手持尚方宝剑，宣布"十二大罪状"，擒杀毛文龙，改编了东江的兵马。然而，毛文龙坐镇皮岛多年，岛帅被斩，军心遂散。应该说，杀毛文龙不算矫诏，也不算擅杀。因为袁崇焕有尚方宝剑，可以根据战场情况"便宜行事"。自古以来，慈不掌兵。对一个不听主帅指挥、干扰作战行动的将领"执行军纪"，尽管他们是同一级别的官员，也不是什么大不了的问题，不应该算是越权（诸葛亮就废过同一级别的李严）。当然，如果事先能够请示皇帝就更好了。

这件事情的严重性在于后果。而后果，实在不理想。袁崇焕虽然统一了事权、军权，树立了在辽东前线的绝对权威，但也失去了东江镇的这一支战略钳制力量，此后东江兵再没起过太大作用。此举，在客观上为皇太极解除了一个后顾之忧。

三是影响深远。从对袁崇焕个人的影响看，通过这一事件，袁崇焕和并无瓜葛的东林党扯上了关系，无意中给自己烙上了参与"党争"的印迹。这是袁崇焕从没想到过的事情。

透过上述分析，我们可以认为，袁崇焕的主要功勋在于战功，是当时首屈一指的统帅人物，是明末力挽狂澜的英雄人物，也是并不完美的历史人物。

三、饱受争议的评价

我之所以说袁崇焕是个悲剧英雄，是因为他一心一意平辽灭金，可其作为却不能完全被人理解，甚至有时是向反方向理解。于是，出现了"对了不被理解，错了被无限放大"的现象。后世对其评价历来不高，袁崇焕被杀时甚至被冠以"汉奸"的恶名。明亡之际，逃到广西的南明小朝廷才给他平了反。奇怪的是，对他大加褒奖的却是清朝乾隆皇帝，这里面有对他人格的尊敬，也有"统战"的味道。就是说连袁崇焕这样的英雄，都落到如此下场，明朝早该灭亡，只有我大清才是天命所归的正统。

中华人民共和国成立后，毛主席在关于保护袁崇焕墓的批复中，称之为"明末爱国领袖"。我十分赞同这一评价。

那么，对于其负面评价都错了吗？也不尽然。每个历史人物都不是一杯"清水"。袁崇焕是个简单的人，也是个复杂的人。拨开单纯的"感情"迷雾，探讨其性格为人、事件背景、时代因素，恐怕才更接近其本人。主要是"四个作为，四个局限"：

第一，忠勇血性的作为与性格的局限

金庸先生说过，"袁崇焕真像是一个古希腊的悲剧英雄，他有巨

大的勇气，和敌人作战的勇气，道德上的勇气。他冲天的干劲，执拗的蛮劲，刚烈的狠劲，在当时猥琐萎靡的明末朝廷中，加倍显得突出"。

袁崇焕的巨大勇气，是毋庸置疑的。但是，性格决定命运。袁崇焕算不上老练的政治家。明末宫廷，"老练"是圆滑的代名词。但也因为不是"老练"的政治家，他的一生才格外出彩。

一是性格对冲。细说起来，袁崇焕与崇祯皇帝的性格很相像：自信，刚烈，有担当，有主见，敢作敢为，意气用事。只不过，崇祯由藩王而登大位，更多了性格阴鸷、工于心计的成分。这从他17岁登基，单枪匹马解决老奸巨猾的魏忠贤，就可以看出来。跟这种皇帝打交道，需要一点"注意事项"，起码不能正面硬"杠"。

崇祯一上台就很欣赏，或者说是重用袁崇焕，肯定有惺惺相惜的因素。因为之前，他们之间并不熟悉，更无深交。袁崇焕的两次大捷，都是天启年间、崇祯的哥哥时期的事。但是，袁崇焕显然没有这种政治家的"老奸巨猾"，恰恰是个敢于"杠上"的人，连崇祯皇帝都称呼袁崇焕为"蛮子"（很像汉代光武帝刘秀时的那个"强项令"董宣）。比如，孙承宗说觉华岛很重要，袁崇焕却不那么看重；别人都对平辽束手无策，他说"五年可也"；毛文龙不听话，别人都说是国家重臣，不可轻动，袁崇焕说杀就杀。

许多史学家都认为，崇祯尽管比他哥哥天启皇帝聪明，却又轻信、多疑和嗜杀。在位期间，总督、巡抚等大臣被杀者多达17人。而袁崇焕在嗜杀方面也和皇帝有些相似，早年他在孙承宗手下出关时，就因一件小事杀了一个军官，被孙斥责。第一次守宁远，他给山海关守将写信，说"你不来增援也就算了，但要帮我一件事：对宁远的逃兵格杀勿论"。

古代的臣子在皇帝身边大都是小心翼翼，战战兢兢。但袁崇焕不同，他的性格就是桀骜不驯，从来不在皇帝面前掩饰自己的个性。京师保卫战时，他请求皇帝允许将士入城休整，当时部将们担心，军队没有朝廷的命令而直趋京城，会遭到猜忌。袁崇焕说："皇上有急，还顾得了那么多，如能解难，虽死无憾。"

可见，对于如何与这样的皇帝打交道，袁崇焕显然懒得去想，对谁都一样。否则，也就不是袁崇焕了。

二是过于自信。袁崇焕对于自己，从来不缺自信，自从出山统军，始终信心满满。但是，有时似乎有点过于自信了。最主要的，是对辽东军事的严重形势估计不足。这在某种程度上导致后来"五年平辽"的大计无法实现。

首先，袁崇焕低估了对手皇太极的智谋和胆略。他曾说，努尔哈赤不过是个狡猾的强盗，皇太极不过是个剽悍的强盗，没有真本事，得辽土而不肯据，得辽人而不得用，比不上历史上阿骨打、刘聪、石勒等人，只要按以往方针行事，五年复辽就能实现。

其实，皇太极是个极有本事的人，清朝入主中原的方略，与明朝争夺天下的实力，都是他在位时打下的基础。皇太极逐渐改变了其父与辽人为敌的政策，在军事上也吸取了两次败于坚城大炮的教训，探索了对明战争新的战略战术。但是，袁崇焕显然对此认识不清楚，导致后来后金迂回进攻北京时应对失据。

其次，袁崇焕轻信了蒙古喀喇沁部的诺言，没有着力经营蓟门一线的防务。袁崇焕将原任蓟镇总兵的赵率教调到关门，这对蓟门无疑是削弱。当关内外防线整顿有序之后，有暇也理应西顾的时候，袁崇焕却杀了总兵毛文龙，增加了东部防线压力。

再次，蒙古方面。天启末年，袁崇焕实行"款西拒东"的方针，蒙古各部与明军配合得较好。自袁崇焕离职而去，明军与蒙古各部联络中断。蒙古内部也彼此倾轧，察哈尔部用兵喀喇沁等部，并在宣大地区骚扰。宣大明军诱杀了察哈尔部使者，崇祯上台伊始革除了蒙古各部的赏额，明朝与察哈尔部剑拔弩张。而喀喇沁等部因受察哈尔部的欺凌，相继投靠后金皇太极。于是，蓟门一线藩篱尽撤，京师北面的门户暴露无遗。

三是意气用事。身为朝廷倚重的大将，袁崇焕行为处事刚正耿直，或者也可以叫桀骜不驯。比如，袁崇焕复任督师后，做出一个惊人的决定，把宁锦地区的军费由600万两削减到480万两，少了120万两。对于这个决定，皇帝和朝廷官僚都非常高兴，因为这是给皇帝、官僚们"减负"。问题是，一年600万两白银都搞不定的事，480万两怎么能做到呢？既然袁崇焕自己嫌军费太多，各部官员们自然都装聋作哑，乐得清闲自在。倒是袁崇焕自己把自己"套牢"，再也不好张口向朝廷叫苦了。

袁崇焕在提拔亲信将领赵率教、祖大寿、何可纲时，这样对皇帝说：五年平辽，就是靠这三个人。如果到时无法平辽，不用你动手，我就动手杀了他们三个，而且您也可以杀我。在杀毛文龙时，也是这样说的。谁阻碍我五年平辽，我就杀谁。看这种表现，袁崇焕对五年平辽充满信心。因为这等于立下了生死状。

还有一个例子，就是与后金议和。作为一个战术行动，以议和为幌子给自己争取有利因素，无可厚非。但是，如果从全局上看，采取议和行动之后，又杀了东江的毛文龙。当时有许多人都认为，袁崇焕杀毛文龙，就是为了与后金议和。从史料看，袁崇焕显然不是为了这个原因杀的毛文龙，但给人留下了太多的想象空间，倒是给毛文龙"加了分"。因为毛文龙虽然有万般不是，却反对议和。这一点，显然考虑不周、意气用事了。

第二，凌云壮志的作为与策略的局限

应该说，袁崇焕对于朝廷、对于国家的忠诚，无可怀疑。但是，忠诚是一码事，实现壮志是另一码事。从史料上看，袁崇焕是一个抗清名将（当时还是后金，袁崇焕死后6年的1636年，后金才改国号为"清"），算是一个军事家，但却不是一个高明的战略家。

一是定位有误。在杀毛文龙时，袁崇焕曾说过这样一句话："你道本部院是个书生，本部院却是个将首。"意思是，我是将军的头、一个军事家。这句话本身没错，对于熊廷弼、孙承宗那样的前任督师也没错，但对袁崇焕却有失偏颇，因为他担负的责任、他自己的壮志与前任不一样，皇帝对他的重托与前任也不一样。

崇祯是怎么看待袁崇焕的呢？是当作主持大局、平定天下的大元帅来倚重的，而不是简单的将军头领。皇帝极度信任袁崇焕，实际上是把帝国最棘手的东北边防问题，完全甩手交给他了。所以我认为，他的壮志与自己的定位产生了偏差。比如，袁崇焕比较注重宁锦方向的防务，对于京师北部安全部署不够周全，就特别像一个专守一城的将领，而不像一个担负全局统帅的作为。

二是战略有偏。袁崇焕接手的是一个"烂摊子"。天启元年（1621年）三月，后金努尔哈赤连克名城沈阳、辽阳，辽东经略袁应泰自焚而死。第二年正月，又破西平，取广宁，辽东巡抚王化贞落荒而逃，与经略熊廷弼一起撤入山海关。关外尽失，朝野人心惶惶。

明熹宗驾崩以后，崇祯皇帝继位，崇祯是个雄心勃勃的青年，立志力挽狂澜。所以，他决定启用袁崇焕这员大将。为了考察袁崇焕的本领，崇祯召见袁崇焕，来了个"宫中问对"。就是这一次奏对，袁崇焕提出"五年平辽"的战略设想，说"恢复辽地的计策，不外乎臣往年所提出的以辽人守辽土，以辽土养辽人，防守是正规的策略，攻战是变通的策略，和议是辅助的策略"。

这是一个防守型策略，具体战术是"守坚城，用大炮"。但是，防守能挫敌，却无法灭敌。收复失地，必须进攻。而且单纯从军事观点来说，最好的防御就是进攻。但从史料中，看不到他的进攻策略。就是说，一开始他的作战策略与战略目标就不太相符。所以，即使创造了炮伤努尔哈赤这样的战术性胜利，也没有取得战略上的主动权，对于后金整体实力并没有产生根本的损伤。

三是部署有缺。以袁崇焕驰援京师为例。接到京师告急，袁崇焕立即驰援，亲自防守广渠门，身先士卒，奋力抗击。史料记载，袁崇焕两肋中箭，敌人抡刀险些砍着他，幸亏裨将袁升高用刀架隔，刀刃相对而折。以往军士杀敌论功都凭首级，常常因为争割首级而误战。以此为鉴，袁崇焕在战前就下令：不许割首级，惟尽歼为期。于是，将士专心杀敌，八旗锋芒顿挫，明军乘胜追至运河，血战六七个钟头，八旗兵被歼数以千计。

但是，在德胜门战场的明军却大败。侯世禄先行溃败，满桂孤军搏战，城上发炮配合，但误伤很多明军，满桂负伤，不得不带残兵入城避难。崇祯皇帝得到广渠门报捷，龙颜大悦，召见袁崇焕、祖大寿、满桂等将领，赏赐很厚。袁崇焕千里入卫，只带九千精骑，士不传餐、马不再秣已经二十天，想率军入城，稍事休整，待步兵赶到再与敌决战，遭到崇祯皇帝的拒绝。

京师保卫战，虽然明军是被动应战，但也是抓住敌人、歼灭敌人的机会。因为后金大多是骑兵，打野战、歼灭战很难。但是，这里看不到迂回包抄、围歼八旗的战役部署，也没有见到借机消灭后金主力的迹象。尽管后金因为伤亡巨大，主动撤退，但只是一次击溃战。倒是京师传警，挫动国威。这不能不说是一个遗憾。

第三，拯救帝国的作为与才干的局限

在明军处于颓势时，袁崇焕主动赴辽东抗敌，并取得两次宁远大捷，重振了明朝的军威，是帝国拯救者。但金无足赤、人无完人，袁崇焕文人出身，并无带兵打仗经验，却总领军事，有一定局限。其悲剧结局，一个原因就是才干"偏科"，又急于求成，行差踏错，不能回头。

一是长于治军，短于奇谋。这一点，有点像诸葛亮，"治戎为长，奇谋为短，理民之干优于将略"（《三国志》作者陈寿语）。虽然袁崇焕在刚一就任兵部佥事，就曾孤身犯险，独自一人深入前线侦察敌情，并全身而退，但与久经战阵的将军毕竟有所区别。从现代角度看，他是一个治军型将领。一到辽东，袁崇焕就把整顿军纪、激励将士作为首选，这是正确的，也是当时局势急需的。宁远决战时，袁崇焕将城中全部库存白银置于城上，声言：有能打退敌兵，不避艰险者，当即赏银一锭。如临阵退缩，则立斩于军前。他还通知前屯及山海关守将，不准放过一个逃兵入关。

因此，他在关宁军中威望极高。兵法讲，以正合，以奇胜。但是，袁崇焕"出奇制胜"并非所长。三次大捷的具体战术运用，还是"守坚城，用大炮"，并无新的创造。在坐守城池时还说得过去，但这样就只能被动等待敌人攻城，难以主动出击了。

二是长于守城，短于野战。袁崇焕的三次大捷，全是守城创造的。史料上很少有他率军与敌人野战拼杀的记载，他似乎也不太注重这个。这可能与明朝的既定方针有关。明朝是继秦代之后，比较注重修长城的，东起鸭绿江口西到嘉峪关，明代的万里长城很有名。同时，这也形成了依托城池作战的习惯。

但是，袁崇焕时代，面对的是一支以骑兵为主体的敌人。后金是从游牧部落发展起来的军事集团，骑兵是其王牌，野战是其长项。当时有句话，叫"女真不满万，满万不可敌"。他们的兵力并不多，即使后来入关夺取中原，兵力最多时八旗兵也不过20万人。要战胜这样的敌人，必须在克制后金的铁骑上想办法。但是，袁崇焕一直热心的是修缮城池，在克制敌人的野战优势上似乎并没有什么有效战术，比如炮兵的野战战术。据说他训练了一支有名的"关宁铁骑"，约有1万兵力，但没有查到其野战运用。如果后金不来攻，就只能坐等，陷于战略被动。

三是长于击溃，短于决战。严格地讲，三次大捷都是击溃战，都不具有决战的性质。军事上有句名言："伤其十指，不如断其一指。"没有歼灭战，不大量歼灭敌人有生力量，就没有取得最后胜利。特别是对于后金骑兵，今天赶走了，明天还会来。从这个意义上说，击溃战就是"拉锯战"、持久战。而玩持久战，明朝是经不起长期消耗的。比如，皇太极迂回袭扰北京并不想真的占领北京、推翻明朝，当时后金还没有那样的实力。主要目的是掠夺财富、人口，树立后金声威，打击明朝士气，消耗明朝国力。

从皇帝授权袁崇焕统率勤王全部兵力的角度看，尽管把后金驱离了京师，但没有造成与后金决战、动摇后金国本的有利态势。两次宁远大捷的时候，也没有乘胜追击、迫使后金决战，一举歼灭后金主力。战略主动权，始终操在后金手里。因此，远离城市的决战是明军一直害怕的，也是他们的弱项。

第四，旷世英雄的作为与时代的局限

袁崇焕不是完美英雄，却是抗清明将，独自撑起御敌大局，但是

"有心杀贼，无力回天"。因此，他受到的掣肘太多，施展的空间太小。这是不以人的意志为转移的，每个历史人物概莫能外。

一是衰落国力的制约。崇祯皇帝即位后，在他面前仍摆着两个最棘手的难题：一个是农民起义。崇祯元年（1628年）十一月，陕西连年饥荒、官吏横暴，王二首举义旗，闯王高迎祥等相继起事。另一个就是辽东问题。而这两者又是互相关联的。辽事不结束，加派不止，民不得不反，民变迭起，官军不能一意东向，辽事更不易了结。所以，崇祯皇帝将辽东委于袁崇焕。

在宁锦大捷时，朝廷给袁崇焕一次性提供的军事资源，已达到了帝国能力的上限。后来的明帝国，无论谁执政，也无法做到这一点了。战争永远是总体战。所以，袁崇焕的作为在那个时候，就已经被限定了。之后，帝国的国力每况愈下，更难以支撑袁崇焕的平辽大业。这也是袁崇焕谋划屯田、谋划议和，甚至削减辽东军费的一个重要原因，也说明"五年平辽"难以实现。

据说袁崇焕死后，百姓争相食其肉，肉不够分了，就把肝脏当肉分食掉，相当悲惨。老百姓为什么恨袁崇焕？因为都认为是他放后金过关口，京郊被后金劫掠一空，安定的生活没了。

二是当政君主的制约。明朝皇帝大多都有点"奇葩"，有个突出的特点，就是残忍好杀。开国皇帝朱元璋把打天下的功臣屠戮殆尽，后来的皇帝也不怎么把大臣的性命当回事。连崇祯本人在煤山上吊之前还说"大臣误我"，从来不想自己的过错。

袁崇焕统率辽东，后金居然闯关过隘，杀到京城，震动国本，这是"昏君"所为，崇祯是一心要当中兴之主的，实在感到没面子。后来又想入城休整，"带兵进京"是历代皇帝大忌。那时，崇祯可能已经动了杀机，只不过大敌当前暂时隐忍而已。接着，袁崇焕被撤职，由满桂代理，很快战死。祖大寿等听说主帅遭难，直趋京城，京师大震。崇祯急忙下诏孙承宗负责城防，派人讨袁崇焕手札，安抚祖大寿。身陷囹圄的袁崇焕以国家为重，修书一封。祖大寿接到手书，下马捧泣，全军皆哭。孙承宗劝祖大寿立功以赎督师，祖大寿部队成了驱八旗出关、收复遵化等四镇的劲旅。

后来皇帝逮捕袁崇焕，祖大寿就率军撤走，不玩了。因为袁崇焕威信太高，关宁军队只认督师、不认皇帝，看到皇帝敢抓袁督师，马上就敢给皇帝脸色。袁崇焕之所以被活剐，主要原因就在这里。其他罪行都不过是失职罢了，有个"杀头"就可以顶住了。但拥兵自重、威胁皇帝就不是简单的失职，而是造反"谋逆"了。

三是朝廷党争的制约。有一种说法，袁崇焕被捕下狱，与皇太极的反间计有关。我看未必。当时，崇祯虽然心生疑虑，下令逮捕袁崇焕，只是"暂解任听勘"，朝廷官员为袁崇焕鸣冤者不在少数。崇祯最终"自毁长城"，是由于一些别有用心的人将袁崇焕案与党争纠缠在一起，使事情无法收拾。

明朝尤其是明末，党争是一大政治顽疾，是恐怖政治的恶性疮疤。阉党残余分子企图东山再起，抓住"己巳之变"作为颠覆东林内阁的口实，全力攻讦被东林党倚为长城的袁崇焕。一个再耿直刚正的人一旦陷入党争的旋涡，惨遭横祸都丝毫不稀奇。

袁崇焕与东林党本来没有关系。以钱龙锡为代表的东林党，受到政敌的仇视。而袁崇焕在奏章上，又白纸黑字地写着，他杀毛文龙，是钱龙锡支持的，就把自己拖入了党争的旋涡中。许多人对袁崇焕并没有恶意，但为了打击钱龙锡，就只好从袁崇焕下手了。

山东御史史范在奏疏上，捏造事实称钱龙锡与袁崇焕结成一党，将他与秦桧相提并论，故意危言耸听刺激崇祯。崇祯向来忌讳已经辞官的大臣结党营私，看罢奏疏，怒不可遏，立即下旨，袁崇焕"擅杀逞私，谋款致敌，欺藐君父"，钱龙锡"私结边臣，互谋不举，下廷臣会议其罪"。某种程度上，袁崇焕是死于党争，和当时的很多耿直之士一样，是明末畸形政治的注定悲剧。

综上所述，造成英雄悲剧的不仅是崇祯皇帝和逆阉党羽，也是阶级矛盾和民族矛盾都尖锐得无法克服的腐朽荒唐的明王朝。

崇祯三年（1630 年）八月十六日，在临刑前的一刻，袁崇焕的爱国情操和人格魅力并未丧失，面对激愤不已的人群，他从容口占绝命诗，诗曰："一生事业总成空，半世功名在梦中。死后不愁无勇将，忠魂依旧守辽东"。表达了这位足令八旗铁骑胆寒的名将最后的遗憾和眷恋。爱国之心，苍天可鉴。

袁崇焕，一个不是战神的"神"。几百年来，袁崇焕"仗策只因图雪耻，横戈原不为封侯"的爱国主义精神，教育、影响、鼓舞和激励了无数爱国志士，也值得我们永远景仰和怀念。

论中国革命的历史必由之路

中国人民经过一个半世纪的苦苦追求和艰苦奋斗，终于在 20 世纪中叶走上了社会主义道路。在中国建立社会主义制度，并不是中国共产党人主观随意和盲目性的选择，而是由世界历史的发展和中国特殊的经济政治等客观条件所决定的，是历史的必然。社会主义制度建立之后，经过曲折的发展，中国在 20 世纪 70 年代末走上了改革开放的道路。这是对社会主义认识上的深化和实践上的发展。中国百年来的历史巨变，体现了历史发展一般规律和特殊规律的统一，历史必然性和历史主动性的统一，历史发展的曲折性和前进性的统一，坚持马克思主义和发展马克思主义的统一，经过 70 多年的革命和建设实践证明是完全正确的。

一、从一般规律与特殊规律的统一看：社会主义是中国革命的必然产物

中国走上社会主义道路，不是偶然的历史事件，而是世界历史发展的一般规律和中国历史发展的特殊规律的体现。世界历史发展的一般规律，是马克思主义从生产力与生产关系的矛盾运动中，分析出的人类社会从低级到高级，历经原始社会、奴隶社会、封建社会、资本

主义社会、社会主义和共产主义社会的不同阶段向前发展的不平衡规律，指出了落后国家有可能不经历资本主义发展阶段而直接进入社会主义社会的一般发展进程。中国历史发展的特殊规律的体现，是中国共产党人根据中国半殖民地半封建社会的特点和规律，把马列主义的普遍真理和中国革命的具体实践相结合，提出了放手发动群众，壮大人民力量，武装夺取政权，建立工农联盟和最广泛的统一战线，夺取新民主主义革命胜利的道路。因而，在当时中国这样一个人口众多、经济文化十分落后的国家，社会发展的一般进程不一定按照"五种社会形态"逐级上升，而是有可能跨越资本主义的"卡夫丁峡谷"，从半殖民地半封建社会走向社会主义社会。这是符合世界历史发展的一般规律和中国历史发展的特殊规律的。

回顾世界近代史，西方最重大的历史事件是，在最主要的经济发达国家（英、法、德等），都相继爆发了资产阶级革命，建立了资本主义制度。随着资本主义生产方式的确立、巩固和发展，19世纪下半叶，资本主义由自由竞争向垄断阶段转变，资产阶级开拓了世界市场，扩大了海外贸易，随着商品输出、资本输出的扩大，许多国家变成了资本主义的宗主国和殖民地。资产阶级从这些国家疯狂掠夺廉价原料和劳动力，倾销过剩商品，使世界各国逐渐在经济文化和政治上联系了起来。

无论是封建制的、奴隶制的，甚或是处于原始社会的民族都无法再闭关自守，自给自足，各国各民族之间的交往已不再是地域性的、偶发性的，而是全球性的、必然性的。资本主义世界性交往的发展，把许多非资本主义的古老国家也一同卷入了世界经济体系中，正如列宁所指出的："资本主义破坏了旧时经济体系的孤立和闭关自守的状态（因而也破坏了精神生活和政治生活的狭隘性），把世界上所有的国家联结成统一的经济整体。"[1]

世界经济体系的形成，使东方落后国家打开了封闭已久的国门，被强行纳入世界交往的大潮，成为世界经济的有机组成部分，开始生长着新的社会因素。但是，资本主义的入侵也使这些国家丧失了民族独立，堵住了走资本主义现代化的道路。如果没有形成世界经济体系，各民族孤立发展，那么，落后民族和国家将同发达资本主义国家一样，经历一个漫长而痛苦的资本主义发展阶段之后，才能走向更高的社会形态——社会主义社会，这是马克思原来的设想。但是，20世纪下半叶开始的"世界历史"，使得落后的民族和国家不再"脱离现代世界而孤立生存"，成为和资本主义"同时代的东西"，这就为落后民族和国家不经过资本主义阶段的发展，而又吸取它的一切积极成果，走向比资本主义更高的形态，提供了极大的可能性。由此，马克思在其晚年转向人类学的研究，在他看到了包括俄国土地制度在内的大量东方社会的资料，进一步认识到落后的东方社会被资本主义强行纳入历史世界体系的变化之后，提出了像俄国这样的落后国家"可能不通过资本主义制度的卡夫丁峡谷，而享用资本主义制度的一切肯定成果"[2]走向公有制社会。

一方面，世界经济的一体化使各民族摆脱了民族局限和地域限制，同整个世界的生产发生直接联系，各民族的发展无须沿着人类文明发展的轨迹从头开始，而是可以在高起点上直接利用发达国家的文明成果。另一方面，发达国家通过世界市场的建立，剥削和奴役落后国家的人民，缓和了本国的阶级矛盾，落后国家和发达国家的矛盾成了世界诸种矛盾的焦点。这种主要矛盾的转移，使世界无产阶级和广

---

[1]《列宁选集（第一卷）》，中央编译局马恩列斯著作编译部译，人民出版社1998年版，第188页。
[2]《马克思恩格斯全集（第十九卷）》，中央编译局马恩列斯著作编译部译，人民出版社2006年版，第438页。

大人民同国际资产阶级的矛盾加剧，在一定程度上为东方落后国家摆脱国际资本主义的殖民统治，走向独立和富强之路，创造了条件。

东方落后国家走自己的发展道路，不是对历史一般规律的违背，而是对历史一般规律的丰富。人类社会发展到资本主义社会，资产阶级不仅要把本国无产阶级和广大劳动人民的贫困及所创造的剩余价值作为自己的国内生存条件，而且要使国际上其他民族丧失独立主权、沦为它的殖民地和半殖民地，为其提供国外市场和廉价原料与劳动力，作为国际生存条件。资本主义取得了国际生存条件后，却产生了与自己主观愿望相反的结果，即同时又在国际上给自己培养了"掘墓人"，促使殖民地半殖民地国家的人民起来反对自己，促成了民族民主运动和社会主义运动的发生和发展。

这些国家要走社会主义道路是先天不足的。资本主义的发展史是血与火的历史，资本来到人间，每个毛孔都沾着肮脏的东西，西方资本主义发展的原始积累靠圈地运动和殖民掠夺，但是东方落后国家宗法关系和农村公社组织的存在，以及自给自足小生产方式的强大影响，不可能以有组织的暴力加速完成农民和土地的分离，无法使大量的生产资料和生活资料转化为资本，以造就大批的雇佣工人，这意味着不可能造就资本主义充分发展的国内社会条件。

由于国际资本主义的侵入，这些国家的资本主义经济有了一定程度的发展，但落后的封建主义经济仍严重存在，社会生产力水平低下，社会物质生活资料贫乏，人民生活十分困难，各种社会矛盾和阶级矛盾异常尖锐，社会上滚动着革命的岩浆，极易一触即发。在这些国家，同经济落后相联系的是政治制度极为反动，国内统治阶级与国外资本主义相互勾结，人民没有合法的斗争权利，不能通过合理的途径和渠道提出自己的要求，保护自己的利益，因而只有通过革命的手段才能获得自己的独立和解放。

由于这些国家资本主义未得到充分的发展，封建的甚至是奴隶的所有制关系大量存在，因而会产生人数众多的农民或奴隶阶级，农民没有生产资料，租种土地遭受严重的封建剥削，从农民中分化出来的产业工人受着本国和外国资本的双重压榨，容易接受革命思想，希望推翻旧制度。这些国家的小资产阶级的发展也受着国外资本的限制和本国大资产阶级的盘剥，因而也存在着革命因素，特别是在这些落后的国家，无产阶级处于与资本主义矛盾的中心，极易成为革命的主导力量。

19 世纪末 20 世纪初的中国是东方落后的国家之一，落后国家的以上这些政治经济发展的一般性，在中国社会表现得尤为突出。中国自 1840 年鸦片战争开始，进入了半殖民地半封建社会，古老的东方大国被纳入了世界经济体系。但中国除了具有与其他落后国家相同的一般政治经济条件，受一般的历史发展规律制约外，还有它本身的个性特征和特殊的发展规律，只有从中国社会的特殊矛盾运动中，才能获得中国为什么走上社会主义道路的必然性认识，才能揭示寓于特殊之中的历史普遍性。

19 世纪 40 年代，中国在资本主义列强"船坚炮利"的蹂躏下，被迫结束原来的闭关自守状态，丧失了独立自主地位。"帝国主义列强侵入中国的目的，绝不是要把封建的中国变成资本主义的中国"与它们在世界政治经济舞台上平分秋色，而是"要把中国变成它们的半殖民地和殖民地"[1]，为其效劳和利用。因此，它们侵入中国后，就与中国封建势力勾结，大力扶植官僚买办资产阶级。这种官僚资本同外国垄断资本和封建所有制结合在一起，构成了半殖民地半封建社会的经

---

[1] 毛泽东：《中国革命和中国共产党》，载《毛泽东选集（合订本）》，人民出版社 1964 年版，第 591 页。

济基础，成为中国生产力发展的严重阻碍。中国近代社会的性质决定了中国革命的性质，要实现中国的独立、民主和富强，就必须改变半殖民地半封建的社会性质，即不仅要打倒封建主义，而且要打倒帝国主义和官僚资本主义。但是，这种革命要求并没有被当时的人们所充分认识到。虽然当时已经有许多思想先进的中国人开始了寻求救国救民之路，有的想通过自上而下的变法，实行改良（例如，戊戌变法）；有的尝试用革命的手段，自下而上地推翻封建王朝（例如，孙中山领导的辛亥革命）。但康有为、梁启超、孙中山等人向往的资本主义制度并没有出现，革命的结果不是失败，就是被军阀篡权，中国仍然是受帝国主义列强控制和大地主大资产阶级专权的半殖民地半封建国家。因此，中国革命的首要任务是解决民族革命的问题，即"取消帝国主义在中国的特权"，"消灭地主阶级和官僚资产阶级（大资产阶级）的剥削和压迫，改变买办的封建的生产关系，解放被束缚的生产力。"[1]这样，帝国主义和中华民族的矛盾，封建主义和人民大众的矛盾，就成了近代中国社会的主要矛盾。解决这一主要矛盾，需要有解决这一矛盾的革命力量。那么，当时中国社会的各阶级中，谁能承担起这一历史任务呢？

当时，中国民族资产阶级已经产生，但是它的产生并不是中国封建社会内部商品经济逐步发展的产物，而是在外国资本主义侵入并破坏了中国原有的经济结构的基础上被催生出来的。它一出生就受到外国资本的排挤，受到封建关系的束缚和官僚军阀政府的压榨。由于他们对外国资本和本国官僚资本有很大的依赖性，不敢彻底地反帝反官僚，并且由于他们之中有些是从地主转化过来的，与中国的封建土地所有制有密切的关系，也不敢彻底地反封建。中国民族资产阶级政治

---

[1] 毛泽东：《中国革命和中国共产党》，载《毛泽东选集（合订本）》，人民出版社1964年版。

上的这种软弱性，也就决定了即使他们掌握了国家政权，也无力摆脱外国资本的控制和本国封建主义的束缚，来完成民主革命的任务。辛亥革命的失败就是明显的例证。

中国的无产阶级是随着外国资本主义的侵入而产生的，受压迫最深，革命性最强。中国经济落后，故工人阶级的人数在当时并不多，约有200万人，但是正如毛泽东同志所指出的："工业无产阶级人数虽不多，却是中国新的生产力的代表者。"[1]

"他们所以能如此，第一个原因是集中。无论哪种人都不如他们的集中。第二个原因是经济地位低下。他们失了生产手段。剩下两手，绝了发财的望，又受着帝国主义、军阀、资产阶级的极残酷的待遇，所以他们特别能战斗。"[2]

中国的农民阶级虽然不代表先进的生产力，但他们深受帝国主义侵略之害和封建压迫之苦，他们的人数众多，但拥有的土地少，有的甚至没有土地，受着封建地主的剥削，地位低下，"极易接受革命的宣传"，"需要一个变更现状的革命"。[3]

由于中国无产阶级人数少，没有农民这个最广大最基层的群众参加，就不能实现推翻帝国主义和封建主义的目的，而中国社会阶级的特殊性就在于无产阶级与广大农民有着天然联系，最容易和农民结成联盟。

解决这一主要矛盾，需要有解决这一矛盾的革命力量。显而易见，以上各阶级中只有中国无产阶级才能承担起反帝反封建反官僚资本主义的历史任务。俄国十月革命的成功，给了中国无产阶级极大的启发，陈独秀、李大钊、毛泽东等为代表的中国先进分子受到了十月

---

[1] 毛泽东：《中国社会各阶级的分析》，载《毛泽东选集（合订本）》，人民出版社1951年版，第10页。
[2] 毛泽东：《中国革命和中国共产党》，载《毛泽东选集（合订本）》，人民出版社1964年版，第8页。
[3] 毛泽东：《中国革命和中国共产党》，载《毛泽东选集（合订本）》，人民出版社1964年版，第7页。

革命胜利的鼓舞，开始认真学习和传播马列主义，研究苏联无产阶级夺取政权的经验。在马列主义的指导下，中国的先进分子建立了工人阶级的政党——中国共产党，领导人民，走俄国人的路，把马列主义的普遍真理与中国革命的历史实践相结合，用阶级斗争和暴力革命的方法，与中国的反动阶级和帝国主义展开了英勇斗争，取得了新民主主义革命的伟大胜利，建立了人民民主专政的"中华人民共和国"，并经过"过渡时期"走上了社会主义道路。由此可见，中国走上社会主义道路，不是某些人一时的感情冲动，而是现代世界历史发展和中国半殖民地半封建社会的客观条件促使中国人民特别是工人阶级觉醒的必然产物。

这一历史发展的必然结果告诉人们："世界历史发展的一般规律，不仅丝毫不排斥个别发展阶段在发展的形式或顺序上表现出特殊性，反而是以此为前提的。"[1] 在经济文化比较落后的国家所表现出的特殊性是一个普遍的规律，因而历史发展的一般规律与发展形势和顺序上的特殊性是相互联系的，而且是以后者为基础的。马克思关于五种社会形态的学说，揭示了人类社会从低级到高级形态发展的一般进程（中国也经历了其中四个发展阶段），但它并不是历史发展的绝对规律。现代世界的历史发展表明，并不是每一个民族都按顺序经过这些阶段而走向更高的社会形态。由于中国的特殊历史条件，资本主义道路走不通，其他国家在资本主义条件下实现的工业化和现代化的任务，在中国只能通过走社会主义道路来完成。中国越过资本主义社会，走上社会主义道路，既是世界历史发展的必然结果，又是中国特定历史发展阶段中国人民革命的必然产物，遵循着中国历史发展的特殊规律。

---

[1]《列宁选集（第四卷）》，中央编译局马恩列斯著作编译部译，人民出版社1995年版，第690页。

二、从历史必然性与历史主动性的统一看：社会主义是中国人民的正确选择

中国取得新民主主义革命的胜利，是世界历史发展的一般规律和中国社会发展的特殊规律共同作用的结果，但历史必由之路又是历史发展客观必然和人们主观努力相结合的产物。社会规律与自然规律的不同在于社会规律需要人的参与，社会规律在人类历史中的体现要通过人的活动来实现，人的主观能动作用（在历史发展中表现为创造历史的主动性）对客观进程起促进或促退作用。人们的主观认识与行动若能更早地、更切合实际地符合客观规律，就能加速历史发展的进程；人们的主观认识和行动不能及时地反映历史规律，不能准确地抓住历史时机，创造完成历史任务的条件，就会延缓历史发展的进程。因而历史规律给人们提供了一条客观的历史发展的基本线索，但历史规律的实现则取决于人的自觉活动，落后的社会制度需要人来推翻，先进的社会制度需要人来选择和设计。如果看不到人的活动的这种历史主动性，就不能解释为何有些取得民族独立和解放的国家走上了资本主义道路，而中国却在取得了新民主主义革命胜利之后走上了社会主义道路。

对民主革命胜利后，中国将向什么方向发展的问题，毛泽东同志早在 1940 年的《新民主主义论》中就做了预测，他说："中国革命必须分为两个步骤。第一步，改变这个殖民地、半殖民地、半封建的社会形态，使之变成一个独立的民主主义的社会。第二步，使革命向前发展，建立一个社会主义的社会。"[1] 同时又认为新民主主义向社会主义的转变需要有一个"过渡形式"，经历一个"过渡时期"。

---

[1] 毛泽东：《中国革命和中国共产党》，载《毛泽东选集（合订本）》，人民出版社 1964 年版，第 627 页。

那么，向社会主义过渡，需要解决的主要矛盾是什么呢？

当时中国共产党已经认识到，推翻了帝国主义和封建主义在中国的统治后，所要解决的主要矛盾是无产阶级和资产阶级的矛盾，其目的是要通过解决这一矛盾，最终在中国建立起社会主义制度。中国共产党领导的新民主主义革命的主要任务是，推翻帝国主义和封建主义这两大敌人在中国的统治，大资产阶级与帝国主义勾结在一起，也是这一革命的对象。但民族资产阶级和小资产阶级在一定时期和一定条件下，曾经作为无产阶级的同盟者，参加到反帝反封建的行列中，所以，民主革命不但是有利于中国的无产阶级和其他广大劳动群众的，同时也是有利于中国的民族资产阶级和小资产阶级的。民主革命的直接目标是改变中国半殖民地半封建的社会状况，在中国建立起一个新民主主义的社会。这个社会，一方面为民族资本主义的进一步发展扫清道路，有利于其发展；另一方面，又有社会主义因素的形成，为社会主义的发展开辟了广阔的前途。因此，新民主主义革命在全国取得胜利后，将面临着走资本主义道路还是走社会主义道路这两种选择。革命胜利后，虽然无产阶级掌握了国家政权，但资本主义经济在整个国民经济中还占有相当的比重。1949 年，资本主义工业产值占全部工业产值的 63.2%，到 1952 年还占 32.7%，私营商业在 1950 年占全国商业机构批发额的 76%、零售额的 85%。1952 年，包括批发额、零售额在内的私营商业还占到 48%。在农村中，小农经济是汪洋大海，尽管 1952 年有 40% 的农户参加了互助组合作社，但这些互助组合作社主要还是私有制性质的（《人民日报》1990 年 11 月 19 日）。从经济上看，当时主要存在着三种经济成分，即社会主义经济、个体经济和资本主义经济。同这三种基本经济成分相适应的是三种基本的阶级力量，即工人阶级、农民阶级和资产阶级。这三种经济成分、三种阶级力量，又主要表现为无产阶级和资产阶级、社会主义道路和资本主义道路的斗争。既然存在着两个阶级、两条道路的斗争，存在着两种社会发展方向的可能，那么，中国为什么选择了社会主义，而没有选择资本主义呢？社会主义为什么获得了胜利，资本主义为什么失败了呢？这是由于：第一，无产阶级革命的目的，不仅要推翻帝国主义和封建主义，而且要消灭一切剥削制度、剥削阶级。资本主义是一种剥削制度，搞资本主义就意味着无产阶级重新受剥削，是不符合无产阶级利益的，因而走回头路是无产阶级绝不希望的。第二，由于中国的资本主义经济历来受外国资本的制约，独立以后的中国如果走资本主义道路，中国的工业就自然不能摆脱对外国资本的依赖，中国就难免成为外国垄断资本的加工厂和原料、劳动力的供给地，中国就会逐渐成为资本主义大国的附庸。第三，资本主义经济得以充分发展的必要条件，一是要有大量人身自由但丧失了任何生产资料的无产者的存在，这是解放了的中国人民坚决反对的，因为革命的目的是要大多数人占有生产资料，把大多数人刚刚占有的生产资料拱手让给少数资产阶级，是违背人民意志的；二是需要有大量货币资本掌握在少数人手里，以便进行原始积累。在中国当时的条件下，积累资本不能靠掠夺和侵略扩张，只有靠加紧剥削工人和使小生产者破产，对于中国人民来说，这样做纯粹是自我摧残。因此，在新民主主义革命胜利后，无产阶级和革命人民唯有选择社会主义道路，及时地向社会主义过渡，才是唯一正确的选择。

但实现向社会主义过渡，必须具备两个基本条件：一是无产阶级牢牢掌握国家政权，因为只有人民手中掌握着强大的国家机器，才不怕资产阶级造反；二是必须树立社会主义国营经济在国民经济中的领导地位，因为无产阶级只有掌握了国家的经济命脉，才能防止资产阶级利用手中掌握的经济实力抗拒社会主义改造。因此，革命胜利之后，在无产阶级掌握了国家政权，但还没有完全掌握整个国民经济命脉的情况下，就必须发挥人民群众创造历史的主动性，系统地改造资本主义经济和小农经济，全面地确立社会主义的经济基础。当时，我们党正是这样做的。

中华人民共和国成立前，资本主义经济主要部分操纵在官僚资产阶级手中。中华人民共和国成立后，党和政府没收了官僚资本，并逐渐地把它变成了社会主义性质的国营经济，基本掌握了国家主要的经济命脉，这部分国营经济为日后社会主义经济的发展奠定了基础，它快速地集结和积累了工业化资本，把分散的资金、资源和经济力量集中起来，有利于国家投资，组织经济建设，促进国营经济的强大，在国际市场上对抗经济实力强大、技术先进的国际垄断资本。

中华人民共和国的成立，使中国人民扬眉吐气，当家作主，焕发出了冲天的革命干劲和创造历史的主动性、积极性。地主资产阶级再也不敢为非作歹，农民分得了土地，不再受地主的剥削，即使被民族资产阶级雇用的工人，也有了做人和争取自己利益的权利，因此，广大工人农民是拥护走社会主义道路的。

我国的民族资本主义工业是随着现代国外垄断资本主义的入侵发展起来的后起工业，比较弱小、分散，设备陈旧、技术条件差，同我国国营经济之间存在着矛盾，企业内部工人和资本家之间也存在矛盾。依靠这样脆弱的工业基础，要克服这些尖锐矛盾，如沿着资本主义方向发展，中国的经济是不可能腾飞的。在我国农业个体经济中，广大农民生产工具落后和严重不足，抗御自然灾害的能力低，农业规模小，资金极度缺乏，不利于农田基本建设、改良土壤、更新农具、机耕土地，连简单再生产都难以维持，扩大再生产更是没有可能，因此更需要组织起来，靠集体的力量发展农业经济。

中华人民共和国成立后，面对国际资本主义的封锁、禁运和美帝国主义的侵略威胁，必须要有强大的工业、军事力量和国际援助。当时中国极度缺乏搞经济建设的经验、人才、资金、技术、设备等，必须向外国学习求援，以美国为首的工业强国不可能提供这些援助。在这种情况下，中国只有向苏联和东欧社会主义国家靠近，选择社会主义阵营，而不可能选择资本主义阵营。

从这些方面来看，在20世纪50年代，中国选择社会主义道路，是符合中国国情的，是客观历史发展规律的要求，因而是正确的。这种选择的正确性就在于它是建立在对新民主主义革命胜利后，我国社会发展的客观实际充分认识和正确分析的基础上的，没有这种科学的认识，我们在实践中就会走弯路，社会发展的进程就会变慢。事实上，没有这种科学的认识，而在国家独立后走向资本主义道路的国家（例如印度），经济建设、政权建设、人民生活的提高等各方面都大大地落在了中国的后头，就充分地说明了这一点。马克思主义的辩证的历史观也为中国的这一正确选择提供了理论基础。它认为：生产力决定生产关系，但是一定性质和水平的生产力决定的生产关系也是有一定范围的。如在以金属手工工具为标志的生产力基础上，奴隶制、封建制甚至资本主义工场手工业都曾经并存过；在现代以大机器生产为标志的生产力发展水平上，也存在着性质不同的各类所有制关系，这说明，在一种生产力基础上，有时可能容纳不止一种生产关系形式。诚然，先进的生产关系总是要代替落后的生产关系的，这是历史发展的总趋势，但是，这种代替却不是自然而然发生的，而是人们在历史活动中主动选择和创造的结果。在中国如果选择资本主义道路，如前所述只能给人民带来许多困难，养肥一个资产阶级；而选择社会主义道路，才能调动起广大人民的积极性，使多数人过上幸福生活。在两种可能性面前，代表无产阶级和人民利益的中国共产党主动选择了社会主义道路，这说明中国走上社会主义道路是历史规律和党的正确选择的高度统一。不仅如此，民主革命转变为社会主义后所采取的具体的建设社会主义的形式，也是一种基于特定历史条件、文化传统、民族特点的选择而不存在着已有的单一的模式。可是，我们在完成了社会主义的改造，走上社会主义道路之后，却放弃了这种选择的历史主动性，而照搬苏联的模式，不从国情出发，犯了教条主义的错误。但经过几十年的革命和建设积累的经验教训，中国共产党又重新进行了社会主义建设的选择，大胆地进行全面改革，对外开放，找到了一条适合自己发展的具有中国特色的社会主义建设道路，这就是"以经济建设为中心，坚持四项基本原则，坚持改革开放"的正确道路，使社会主义建设在改革开放年代取得了辉煌的成就。

三、从历史发展的曲折性与前进性的统一看：社会主义是中国的光明前途

既然社会主义是中国革命的必然结果，是中国建设的正确选择，那么，为什么中国在走上社会主义道路后不久，却出现了1958—1960年的"大跃进"和10年"文化大革命"，使国民经济遭到了严重的破坏。为什么我们现在还要对内改革，对外开放，学习资本主义的经营管理方式，采用资本主义的科学技术，搞社会主义的市场经济？我们过去对社会主义的选择还对不对呢？对于这些问题，我们必须站在辩证唯物主义的高度进行认识。

辩证唯物主义认为，一切顺应历史潮流而产生的新生事物都具有无比强大的生命力和远大的前途，最终必然战胜和代替旧事物，把事

物推进到更高的发展阶段，但是任何事物的成长都不是一帆风顺的，它必然要经历一个由小到大、由弱到强、由不成熟到成熟、由不完善到比较完善的矛盾运动过程。在此过程中，曲折、失误，以至暂时的倒退，都是难以避免的，任何社会的发展总是曲折前进、螺旋式上升的，而不是平坦的、笔直的。资本主义制度代替封建制度是这样，社会主义制度代替资本主义制度也是这样。例如，英国的资产阶级革命开始于 1640 年，1660 年发生王朝复辟，直到 1688 年，英国的资产阶级专政才稳固下来。中国 1911 年爆发了辛亥革命，袁世凯和张勋就搞了两次复辟。中国取得新民主主义革命的胜利更是艰难，历经 28 年的曲折过程，这期间有失败和痛苦（如 1927 年大革命失败，1934 年反"围剿"的失败），也有胜利和欢乐（如抗日战争、解放战争的胜利）。更何况，社会主义制度代替资本主义制度是用公有制代替私有制的过程，它比任何一种剥削制度取代另一种剥削制度的变革都要艰难，任务都要艰巨，因此，社会主义革命和建设就更不能一帆风顺，不受挫折。

从我国多年的建设过程来看，中华人民共和国成立的时候，我们从国民党手中接过来的是一个烂摊子，通货膨胀，物价上涨，整个国民经济崩溃；20 世纪 50 年代美国发动的朝鲜战争和 60 年代的越南战争，以及对我国长期的经济技术封锁，给我国的经济建设带来极大的困难。当时社会主义国家同情我们，苏联帮助我们。这些情况不能不对我们的认识和做法产生影响，并逼迫我们采取针对性措施。所以，我们在进入社会主义的时候，出现了高度集中的计划经济，强调发展重工业，忽视了改善和提高人民生活，不适当地搬用了苏联的经济模式，违背了某些经济规律。加之当时我国是半殖民地半封建社会，经过无产阶级领导的新民主主义革命而直接进入社会主义社会的，它超越了完整的资本主义发展阶段，因而其经济文化和科学技术落后的情况更加突出，封建主义、资本主义腐朽思想和小生产的习惯势力对党和国家干部也有不同程度的影响和侵蚀，产生了某些官僚主义、主观主义、不正之风，在一定程度上和范围内妨碍了社会主义事业的正常发展。特别是人们急于改变经济文化落后的强烈愿望，同社会经济文化发展受诸多条件制约的现实，常常发生矛盾，这就使得它在发展过程中显现出较明显的曲折迂回性。更严重的是，由于我们党从革命转入建设，对经济规律的认识不足，搞经济建设的经验不足，因而在社会主义建设的指导思想和决策上曾出现了失误和错误，影响了社会主义的进程和广大人民群众的积极性，社会主义的优越性没能充分发挥出来。社会主义在实践过程中所发生的失误，有其客观的原因和主观的原因，或者是由于国际国内的不利环境造成的，或者是由于旧制度的影响造成的，或者是主观指导上违背了社会主义的经济发展规律造成的，并不是社会主义制度本身所固有的。但即使走了许多弯路，犯了许多错误，中国改革开放前30余年的社会主义建设从总的趋势上看还是前进的、上升的。由于消灭了剥削和压迫制度，建立了以公有制为主体的社会主义所有制关系，劳动人民成了国家和社会的主人，实行了按劳分配的原则，我国人民在根本利益一致的基础上形成了共同的理想和信念，从而能够创造出比资本主义更高的物质文明和精神文明。因而，无论是经济建设还是人民的物质文化生活水平的改善方面都取得了举世瞩目的成就。如：从洋务运动开始到1949年的80余年积累的工业固定资产总值仅124亿元，而从中华人民共和国成立到1988年，靠着全国人民的艰苦奋斗积累起来的工业固定资产总值已达10641亿元，增长了80多倍，中国的国民生产总值从中华人民共和国成立前居世界第四十几位上升到1988年的第八位。中国的粮食、棉花、钢铁、煤炭、电力、水泥、化肥等主要产品产量已跃居世界前列，有的居于世界首位。中国已经建立起了独立的和比较完整的工业体系，并在航天技术、核技术、计算机技术、生物工程、农业科学等高科技领域的某些方面已达到世界先进水平。由于社会主义制度符合全国人民的共同利益，中国共产党是一个敢于正视失误、修正错误、实事求是的执政党，因此，在对过去的失误和错误有了共同认识，吸取了经验教训之后，也能够及时纠正。特别是党的十一届三中全会以来，针对自己体制中的缺陷和弊病，大胆进行改革，使这个时期成为中华人民共和国成立以来国家实力增长最快的时期。

以上事实说明，虽然我国社会主义在其发展过程中出现过曲折、失误，但总的方向是前进的、上升的，成就是巨大的。社会主义的前途和命运是由社会主义必然代替资本主义的历史规律决定的，这一规律是不可改变的，但代替的过程却是长期的、曲折的。当然，曲折性也会给社会主义革命和建设带来危害和损失，在一定程度上会延缓社会主义的发展进程。因此，我们必须十分重视社会主义发展中出现的曲折和困难，并力图做到少出现曲折和困难，出现了曲折和困难后，应及时研究对策，调整方针，努力克服。社会主义在发展过程中虽然出现过困难和曲折，但通过改革，是能够自我更新和自我完善的，中国社会主义的前途是光明的。

从毛泽东诗词中学习中共党史

毛泽东同志不仅是伟大的马克思主义者，无产阶级革命家，人民的领袖，而且是伟大的诗人、书法家。毛泽东一生在不同的历史时期，创作了近百首革命诗词。这些革命诗词是我们党的宝贵精神财富。在全党学习中共党史、纪念中国共产党成立100周年的时代背景下，重读毛泽东的这些诗词，不仅能使人们获得精神的滋养，而且会增进对波澜壮阔的中国共产党党史的学习和掌握。

毛泽东的诗词立意高远、思想深邃、意境崇高、辞章唯美，描绘了中国革命和社会主义建设壮丽的历史画卷；聚焦了中华民族的伟岸形象和豪迈气派；凸显了共产党人的高尚情怀。毛泽东诗词以其政治的、思想的、文学的、历史的、美学的多重价值，成为中华文化的瑰宝。

习近平总书记指出："在为中国人民不懈奋斗的光辉一生中，毛泽东同志表现出一个伟大革命领袖高瞻远瞩的政治远见、坚定不移的革命信念、勇于开拓的非凡魄力、炉火纯青的斗争艺术、杰出高超的领导才能。他思想博大深邃、胸怀坦荡宽广，文韬武略兼备、领导艺术高超，心系人民群众、终生艰苦奋斗，为中华民族和中国人民建立了不朽功勋。"（《在纪念毛泽东同志诞辰一百二十周年座谈会上的讲话》）

本文主要从毛泽东以下八首诗词学习中共党史，明理增信，崇德力行。

从毛泽东的《贺新郎·别友》，看毛泽东青年时期的革命献身精神；从毛泽东的《沁园春·长沙》，看毛泽东大革命时期的初心使命；从毛泽东的《西江月·井冈山》，看中国共产党井冈山根据地的武装斗争；从毛泽东的《忆秦娥·娄山关》，看中国共产党遵义会议的伟大转折；从毛泽东的《七律·长征》，看中国共产党长征时期艰苦卓绝的伟大历程；从毛泽东的《沁园春·雪》，看中国共产党抗战时期的壮志豪情；从毛泽东的《七律·人民解放军占领南京》，看中国共产党解放战争的建国伟业；从毛泽东的《七律·到韶山》，看毛泽东社会主义建设时期的家国情怀。

一、从毛泽东的《贺新郎·别友》，看毛泽东青年时期的革命献身精神

（一）原词

贺新郎·别友

一九二三年

挥手从兹去。

更那堪凄然相向，苦情重诉。

眼角眉梢都似恨，热泪欲零还住。

知误会前番书语。

过眼滔滔云共雾，算人间知己吾和汝。

人有病，天知否？

今朝霜重东门路，

照横塘半天残月，凄清如许。

汽笛一声肠已断，从此天涯孤旅。

凭割断愁丝恨缕。

要似昆仑崩绝壁，又恰像台风扫寰宇。

重比翼，和云翥。

（二）党史背景

1923 年 6 月，毛泽东出席在广东省广州市召开的中国共产党第三次全国代表大会，当选为中央执行委员。同年 9 至 12 月，毛泽东在湖南从事党的工作，11 月，第二个儿子毛岸青出生（毛泽东和杨开慧生了三个儿子：毛岸英、毛岸青、毛岸龙）；12 月底，他接中央通知由长沙去上海转广州，准备参加国民党第一次全国代表大会。其时，共产党决定同国民党合作，建立革命统一战线，革命形势已开始好转。这是毛泽东和夫人杨开慧婚后第一次离别。就在此期间，毛泽东给杨开慧写了这首词。

过了三年多，1927 年 9 月初，大革命失败后，湖南省委会议刚结束，毛泽东护送夫人杨开慧回到板仓。天刚破晓，毛泽东便悄悄起来，换上一身农民衣装，轻轻地出了门，床头留下了一封信。信中说"我亲爱的霞（霞是杨开慧乳名）：我去了，不管去得有多远，有多久，我总是要回来的，我们不久就会团聚。要坚信这两句话：前途是光明的，道路是曲折的。大家团结努力，革命一定会成功！润之留笔。"下面又抄录了 1923 年告别杨开慧去广州时写的这首词。杨开慧醒来后，看完信和诗，急忙追到后山，可是毛泽东早已踪影全无。他们这一别竟成永诀。

1927 年夏，武汉国民党政府公开反共，杨开慧回到长沙郊外的老家。因关山远隔，音讯不通，三年间杨开慧只能从国民党报纸上看到屡"剿""朱毛"却总不成功的消息，既受鼓舞又忧心牵挂。1930 年10 月，杨开慧在长沙板仓被军阀何健派人搜捕到。她带着毛岸英坐牢，坚贞不屈，同年 11 月 14 日在长沙被杀害，年仅 29 岁。毛泽东在根据地听到杨开慧遇难的消息后，悲痛欲绝地说"开慧之死，百身莫赎。"

杨开慧也喜欢赋诗作词，可惜岁月动荡，难以留存。1928 年 10 月曾写《偶感》诗一首，50 多年后，1982 年，当地修缮板仓杨开慧老家故居时才得以发现，诗中虽有别字漏字（特用括号标出），她对丈夫的思念却跃然纸上："天阴起嗍（朔）风，浓寒入肌骨。念兹远行人，平波突起伏，足疾可否痊？寒衣是否备？孤眠（谁）爱护，是否亦凄苦？书信不可通，欲问无（人语）。恨无双飞翔，飞去见兹人。兹人不得见，（惘）怅无已时。"杨开慧与毛泽东的诗词两相对应，反映了伟大的无产阶级革命家舍小家为大家，为人民的解放事业抛头颅洒热血也在所不辞的革命英雄主义精神和彼此牵挂儿女情长的革命浪漫主义精神。

（三）译文

挥手告别，从这里去向远方。又哪里能忍受离时悲伤难过地相对着，把离别的痛苦心情再一次诉说。

眼角眉梢上都像堆满了离愁别恨，眼泪将要落下来时又被强忍住。

现在我知道你误会了我前一次写的话。

过去的误会犹如眼前渐渐流逝的疑云与迷雾，都已经散去了，算起来在人间互为知已的还是我和你。

我们内心的痛苦，上天，你知道吗？

今晨东门路上浓霜凝重，半空如一钩残月清淡地斜照横塘，是如此的凄凉清冷。

火车汽笛一声长鸣，离别时令人无限感伤，犹如肠已断裂，从此我将孤独一身，远走天涯海角。

凭借什么才能割断这离愁别恨的丝缕？

你我要像昆仑山悬崖绝壁崩塌，又要像台风扫荡寰球似的抱定巨大的决心。

待到革命成功时，我俩将重新比翼齐飞，直上云霄，于彩云之间翱翔万里。

（四）赏析

此词写作者与爱妻杨开慧离别时的情景，既抒写了离愁别恨，儿女柔情，同时也糅进了高昂的革命激情，在情感上给了杨开慧以无限深情的安慰，在思想上给了杨开慧以巨大的力量和鼓舞。

上阕写离愁，写别恨，写安慰，写儿女柔情。下阕先借景物抒写离别之情，而后又迸发出强烈的革命激情，作者以昆仑绝壁崩塌、台风扫过寰宇的磅礴气势为喻，表达了要坚决割断愁丝恨缕的儿女之情，勇猛地奔向革命征程的高尚思想境界和伟大的革命献身精神。

这首词堪称爱情题材诗词的千古绝唱。融婉约与豪放于一炉是这首词的显著特色。写离愁别恨、儿女亲情是婉约，写革命斗争的高昂激情是豪放。

（五）永恒的怀念

毛泽东为了中国革命舍生忘死，其家庭牺牲了六位亲人（妹：毛泽建，24 岁牺牲；夫人：杨开慧，29 岁牺牲；弟：毛泽覃，30 岁牺牲；弟：毛泽民，47 岁牺牲；侄：毛楚雄，19 岁牺牲；儿：毛岸英，28 岁牺牲），值得人民永远怀念。

为纪念杨开慧伟大革命献身精神，我特作一首《颂骄杨》，以示纪念：

颂骄杨

——杨开慧故里感赋

板仓热土诞骄杨，

经历沧桑风雨狂。

北逝湘江君去远，

南塘清水卫国殇。

廿九献身何所惧，

千字情书诉衷肠。

神州齐赞骄杨美，

蝶恋花开四海扬。

2020 年 11 月 7 日作于湖南长沙

二、从毛泽东的《沁园春·长沙》，看毛泽东大革命时期的初心使命

（一）原词

沁园春·长沙

一九二五年

独立寒秋，湘江北去，橘子洲头。

看万山红遍，层林尽染；

漫江碧透，百舸争流。

鹰击长空，鱼翔浅底，万类霜天竞自由。

怅寥廓，问苍茫大地，谁主沉浮？

携来百侣曾游。忆往昔峥嵘岁月稠。

恰同学少年，风华正茂；

书生意气，挥斥方遒。

指点江山，激扬文字，粪土当年万户侯。

曾记否，到中流击水，浪遏飞舟？

（二）党史背景

长沙，是湖南省省会，是毛泽东早年读书和从事革命活动的地方。自 1911 年起到 1923 年 4 月去中共中央工作止，毛泽东在长沙学习和工作达 10 年以上。在读书期间，毛泽东常和同学们攀登岳麓山，

到橘子洲游览，畅游湘江，一起研究学问，讨论国家大事，寻求革命真理，以后又在长沙工作和从事革命活动，多次领导反对军阀政府的斗争。特别是1920年毛泽东与何叔衡等组织湖南共产主义小组和社会主义青年团，1921年代表湖南共产主义小组到上海出席中国共产党第一次全国代表大会，成为中国共产党的创始人之一。回湖南后，建立了党的第一个省委——中共湘区委员会，毛泽东任书记。

1925年2月毛泽东与夫人杨开慧，偕长子毛岸英、次子毛岸青回家乡韶山养病，并领导农民运动，遭到了湖南反动军阀赵恒惕的追捕。9月上旬毛泽东离开韶山，与准备到农民运动讲习所第五期学习的庞叔侃、周振岳由长沙动身赴广州。就在毛泽东回到长沙，即将离开湖南去广州农民运动讲习所期间，他重访橘子洲，抚今追昔，激情澎湃，写下了这首词。

（三）译文

在寒秋的季节，我独自站在橘子洲头，湘江从面前滚滚向北流去。

我向远处望去，许许多多的山都呈现了一片红色，那层层叠叠的树林都像染上了艳丽动人的颜色，再看看近处，满江清澄的水碧绿透了，很多船只争相行驶，破浪前进。

仰望天空，雄鹰搏击于万里长空，俯视湘江，鱼儿在清澈见底的水里飞翔似的轻快游动，一切事物在秋天里都竞相自由自在地生存游动着。

面对广阔无垠的宇宙引起我深沉的思虑，我不禁要向苍茫的大地发问："究竟是谁在主宰着这一切事物盛衰消长的命运呢？"

过去我曾与朋友结伴携手来这里游览。如今回想起从前许多令人难忘的不平常岁月，那时正当同学们青春年少，风采焕发，才华横溢，读书人的意气潇洒豪迈，强劲奔放，讨论国事，写出许多激昂慷慨的文章，把当年的反动军阀官僚视如粪土一般。亲爱的同学们，您还记得吗？那时我们游泳到江中，奋力击水，激起的浪涛几乎把飞快行驶的船只都阻挡住了。

（四）赏析

这首词是毛泽东早期词的代表作，虽是一首旧地重游的记游之作，但充分反映了毛泽东早期的革命思想和革命活动，体现了毛泽东早期的初心和使命。

上阕着重描绘深秋的绚烂景色，先写景，然后自然转入抒情，将"国家兴亡，匹夫有责"宏大的胸怀、高远的志向、伟大的理想，充分地展现在读者面前。

下阕作者自然地转入回忆起往昔与少年同学在湘江游览的情景，继续抒写昂扬的意气和豪迈的激情。长于写景，融情于景，情景交融，是这首词的一大特色，全词豪放的风格给人以崇高的美感。

虽然当时湖南还处在军阀黑暗统治下，自己又处在被追捕的危险环境中，但是，作者没有把反动军阀放在眼里。因为当时以广州为中心的全国革命形势已经高涨起来，他也即将启程，主持广州农民运动讲习所的工作，已经在黑暗中看到了曙光。因此，作者毫不畏惧，激情满怀，对未来充满自信。故此，他提出"怅寥廓，问苍茫大地，谁主沉浮"的问题，表明作者推翻北洋军阀黑暗统治的非凡气魄和决心，也表明作者当时在橘子洲头正在思考着谁来主宰中国的前途和命运这样的大问题。

作者的这首词与他在 1919 年在《湘江评论》上发表的《民众大联合》一文中所说的"天下者我们的天下，国家者我们的国家，社会者我们的社会，我们不说，谁说，我们不干，谁干？"其思想是一脉相承的，表明了毛泽东同志在青年时期就有改造中国的伟大理想，这也是他早期的初心和使命。正如习近平总书记评价道："年轻的毛泽东同志，'书生意气，挥斥方遒。指点江山，激扬文字'，既有'问苍茫大地，谁主沉浮'的仰天长问，又有'到中流击水，浪遏飞舟'的浩然壮气。"

三、从毛泽东的《西江月·井冈山》，看中国共产党井冈山根据地的武装斗争

（一）原词

西江月·井冈山

一九二八年秋

山下旌旗在望，山头鼓角相闻。
敌军围困万千重，我自岿然不动。

早已森严壁垒，更加众志成城。
黄洋界上炮声隆，报道敌军宵遁。

（二）党史背景

井冈山，是位于罗霄山脉中段的一座高峰，在江西西部和湖南东部的边界。由于井冈山不仅山高，而且地形复杂，沟壑纵横、林深树密，是一个山势险要易守难攻之地。又由于井冈山在湘赣两省边界地带，离中心城市很远，交通闭塞，山高皇帝远，统治阶级反动派鞭长

莫及，是统治势力最薄弱的地方，这就便利于革命势力的生存和发展。

1927 年 10 月，毛泽东率秋收起义队伍到井冈山，建立了中国第一个农村革命根据地。1928 年 4 月，朱德、陈毅率南昌起义余部和湖南农民军万余人转移到井冈山，同毛泽东领导的秋收起义部队会师，合编为中国工农红军第四军，革命力量进一步壮大。这引起了敌人的恐慌，开始频繁地对井冈山根据地发动军事进攻。在战争中，毛泽东提出了"敌进我退，敌驻我扰，敌疲我打，敌退我追"的战略战术，粉碎了敌人一次又一次的进攻，《西江月·井冈山》就是毛泽东以诗词的形式记述的井冈山黄洋界保卫战。

1928 年 8 月 30 日敌湘军乘红军主力不在赣西南欲归未归之际，攻打井冈山。红军守军面对十倍于我之敌，凭险抵抗。红军弹药不多，就削了许多尖利的竹签，埋在半山上的草丛里，再就是搬大石块，拴上绳子做武器。8 月 31 日中午，红军把一门迫击炮抬来安放在山顶上，下午四点多钟，敌人又开始进攻，红军的迫击炮只有三发炮弹，前两发未打响，第三发打响了，而且打到敌军密集的地方，敌军死伤大片。敌人以为毛泽东率领的红军主力回来了，于是逃向湘南。红军胜利地完成了黄洋界保卫战。毛泽东回来后听到这一消息，感奋不已，写了这首词，来赞扬这场战斗的胜利。

（三）赏析

这首词记录了井冈山根据地的一次重要的反"会剿"战斗，高度赞扬了保卫井冈山革命根据地的军民，是一首抒写黄洋界抗敌胜利的光辉史诗。这次战斗的胜利充分体现了毛泽东人民战争的思想，是战争史上以少胜多、以弱胜强的范例，是一曲毛泽东军事思想的赞歌。

上阕写红军严整的部署和昂扬的士气、严阵以待的雄壮声势，用夸张的手法写战斗前敌我力量相差悬殊的局势和氛围,"我自岿然不动"又体现了战略上藐视敌人的思想。

下阕写军民万众一心粉碎敌人的围攻,战斗取得胜利。"早已森严壁垒,更加众志成城"两句写革命根据地军民上下协力,齐心拒敌。"森严壁垒"形象地说明红军事前已经构筑好工事,早已戒备森严地等待敌军的来临,红军打的是有准备之仗。这两句体现的是战术上重视敌人的思想。词作以革命根据地军民欢庆战斗胜利,敌人连夜逃之夭夭结束,这首词是毛泽东许多的以革命战争为题材的诗词中最早的一首。

四、从毛泽东的《忆秦娥·娄山关》,看中国共产党遵义会议的伟大转折

(一)原词

忆秦娥·娄山关

一九三五年二月

西风烈,长空雁叫霜晨月。
霜晨月,马蹄声碎,喇叭声咽。

雄关漫道真如铁,而今迈步从头越。
从头越,苍山如海,残阳如血。

(二)党史背景一:根据地的发展和第五次反"围剿"的失败

在创建井冈山革命根据地、特别是红四军转战赣南闽西的实践

中，根据地不断发展壮大，鼎盛时先后拥有 13 个苏区，总面积达 40余万平方公里（相当于 4 个江苏省），人口约 3000 万。在创建革命根据地的过程中，毛泽东逐渐形成了农村包围城市的理论，它是马克思主义的普遍真理同中国革命具体实践相结合的典范，是对马克思列宁主义关于武装夺取政权理论的重大发展，标志着毛泽东思想的初步形成。

红军和革命根据地迅速发展壮大，给国民党统治造成了严重的威胁。从 1930 年底到 1932 年冬，蒋介石调重兵"围剿"解放区。毛泽东朱德采取机动灵活的作战方针粉碎了国民党的四次"围剿"。

1933 年 9 月，蒋介石调动 100 万兵力对革命根据地发动了第五次军事"围剿"。这时，王明"左"倾机会主义在红军中占据了统治地位，拒不接受毛泽东的正确建议，用阵地战代替了游击战和运动战，用所谓"正规战争"代替人民战争，使红军完全陷于被动地位。经过一年苦战，终未取得第五次反"围剿"的胜利。最后于 1934 年 10 月中央领导机关和红军主力退出根据地，开始长征。

（二）党史背景二：遵义会议

遵义会议是 1935 年 1 月 15 日至 17 日，中共中央政治局在长征途中于贵州遵义召开的独立自主地解决中国革命问题的一次极其重要的扩大会议。

这次会议是在红军第五次反"围剿"失败和长征初期严重受挫（湘江之战，红军从长征时的 8.6 万人，减少到 3 万人）的情况下，为了纠正王明"左"倾领导在军事指挥上的错误，挽救红军和中国革命的危机而召开的。会议决定改组中央领导机构，增选毛泽东为政治局常委，取消博古、李德的最高军事指挥权，仍由中央军委主要负责人周恩来、朱德指挥军事。会后，常委中再进行分工，由张闻天代替博古负总责，毛泽东、周恩来负责军事。在行军途中，又成立了由毛泽东、周恩来、王稼祥组成的三人军事指挥小组，负责长征途中的军事指挥工作。

遵义会议是中国共产党历史上具有重大转折意义的一次重要会议。它结束了王明"左"倾冒险主义在党中央的统治地位，确立以毛泽东为核心的新的党中央的正确领导和毛泽东在红军和党中央的领导地位。在党生死攸关的危急关头，挽救了党和红军，挽救了中国革命，使红军在极端危险的境地下得以保存下来，胜利地完成长征，开创了抗日战争的新局面。

（二）党史背景三：娄山关之战

1935年1月19日，遵义会议后红军离开遵义，1月20日第一次翻越娄山关，向四川南部前进，打算在泸州和宜宾之间渡过长江，与川西北的红四方面军会师北上。蒋介石发现了红军的行动意图，在长江沿岸集结重兵，处处设防，红军便改变计划，突然抛开四川敌军，掉头东进"杀了个回马枪"，2月25日第二次攻克娄山关。2月28日重占遵义，歼灭王家烈两个师，击溃了国民党中央军两师增援部队，获得了遵义会议以后第一个大胜利，同时也是长征以来第一次伟大胜利。同日，毛泽东同中央军委纵队过娄山关，有感于娄山关战斗的胜利，作《忆秦娥·娄山关》一词。

（三）赏析

上阕描写红军向娄山关进军时的战场气氛，融入了作者当时的沉郁心情。"西风烈，长空雁叫霜晨月。"两句，描写战斗环境。西风在清晨时分猛烈地刮着，寒霜满地，残月还悬于半空，辽阔的天空中传来了归雁的鸣叫声。十个字，写出了西风、长空、大雁、晨霜、残月五种景物，而且排列有序、词语凝练、景物依旧，但词意转向了红军进军的战斗行动。"马蹄声碎，喇叭声咽"，写红军马蹄声、军号声，一支部队正紧张急速而又高度戒备地进入战争状态。

下阕写红军越过娄山关天险的豪迈气概与胜地娄山关的壮美景色。"雄关漫道真如铁，而今迈步从头越"，作者豪迈地说，如钢似铁的娄山险关算得了什么？如今红军再次大踏步地越过去了。第二个"从头越"词意与前不同，主要指越过娄山关的时间。"苍山如海，残阳如血"两句，描写红军过关时所见景物。群山苍翠如无边无际的大海。夺关胜利结束的时候，夕阳正照，殷红如血。这里描写的是当时的真实景物，也是抒情。这样一幅阔大壮丽的宏伟图景，有力地表现了红军取得夺关胜利后的豪迈情怀。这首词是娄山关战斗的英雄史诗，是一首雄壮的革命战争的赞歌。

（四）永恒的怀念

有感于红军娄山关战役的胜利和遵义会议的伟大转折意义，在参访遵义会议会址时，我特填词一首以记之：

遵义会议会址忆长征

听风听雨忆长征，
浮云满当空。
楼前绿影荫分路，
一声言，一片呼声。

陡峭春寒已尽，

终于柳暗花明。

四渡赤水出奇兵，

连雨转天晴。

敌军围困万千重，

娄山关，炮火轰隆。

兵似洪流滚滚，

一路战马嘶鸣。

2020 年暑假作于遵义

五、从毛泽东的《七律·长征》，看中国共产党长征时期艰苦卓绝的伟大历程

（一）原词

七律·长征

一九三五年十月

红军不怕远征难，万水千山只等闲。

五岭逶迤腾细浪，乌蒙磅礴走泥丸。

金沙水拍云崖暖，大渡桥横铁索寒。

更喜岷山千里雪，三军过后尽开颜。

（二）党史背景

1934 年 10 月，中央红军开始长征。随后，红军第二十五军，红军第四方面军和红军第二方面军（后第二、第六军团）也分别离开原

来的根据地进行长征。在两年时间里，各路红军以无与伦比的英雄气概，粉碎了国民党上百万军队的围追堵截，战胜了自然界无数的艰难险阻，纵横 14 个省、跨越万水千山，终于相继到达陕甘革命根据地。1935 年 10 月，毛泽东率领的中央红军主力到达陕甘苏区，1936 年 10 月，中国工农红军第一、二、四方面军和红军第二十五军团会师会宁城（在甘肃中部），宣告长征胜利结束。

诗中主要写的是红军第一方面军，长征共 368 天，几乎每天都有一次遭遇战，日平均行军 74 里，共爬过 18 条山脉，渡过 24 条河流，经过 11 个省，占领过大小 62 座城市，突破 10 个地方军阀的封锁包围，打败了追击的国民党中央军，开进和通过 36 个不同的少数民族地区，几十万红军，到达陕北时只剩下三万多人，做出了巨大牺牲。但这一战略大转移终于取得了伟大的胜利。

（三）译文

红军不怕万里长征的任何艰难困苦，渡过万条险恶的水，越过千座高峻的山，不过是很平常的事。

连绵起伏的五岭山脉，在红军眼里像水中的细浪，险峻的乌蒙山在红军眼中，像从斜坡上滚下来的泥丸。

金沙江的激流巨浪拍击着耸入云霄的悬崖峭壁，给革命战士带来一种温暖的感觉，大渡河上横跨的铁索桥高悬于湍急的河流之上，给革命战士一种惊心动魄的寒冷感觉。

战士们更加喜欢岷山上的皑皑积雪，全体红军胜利地越过后，无不笑逐颜开。

（四）赏析

这首诗是毛泽东流传最广、影响最大的一首诗，是毛泽东诗的代表作。长征是人类历史上空前伟大的创举。毛泽东曾说"长征是历史记录上的第一次，长征是宣言书，长征是宣传队，长征是播种机，长征是以我们的胜利、敌人的失败的结果而宣告结束。"毛泽东的《长征》诗是记录这次伟大历史的无比壮丽的史诗。全诗高度概括了红一方面军长达25000里的行军，抒发了中国共产党人的英雄气概和大无畏革命精神。

首联"红军不怕远征难，万水千山只等闲"语势雄劲，充分展示了红军在长征中英勇无畏、乐观豪迈、勇往直前的英雄气概。

额联"五岭逶迤腾细浪，乌蒙磅礴走泥丸"，采取以少胜多、以小见大的艺术手法，把"万水千山"中的"千山"典型化、形象化。"五岭""乌蒙"是长征途中具有典型性的高山，作者将高峻、广袤的山脉，比喻成一像粼粼细浪，一如流动的泥丸。这样写，则衬托出红军形象高大与万难不惧的革命精神。

颈联"金沙水拍云崖暖，大渡桥横铁索寒"仍是"万水千山"的演化，着重写水。作者通过视觉向触觉移易的心理通感现象，写出红军巧渡金沙江、飞夺泸定桥时的意志和感受，表现了红军的坚强意志和英雄本色。

尾联写红军长征胜利的喜悦。"更喜岷山千里雪，三军过后尽开颜"两句，直抒红军战胜大雪山之后的欢乐心情，"更喜""尽开颜"，生动、形象地表达了全军的兴奋喜悦心情。

六、从毛泽东的《沁园春·雪》，看中国共产党抗战时期的壮志豪情

（一）原词

沁园春·雪

一九三六年二月

北国风光，千里冰封，万里雪飘。

望长城内外，惟余莽莽，大河上下，顿失滔滔。

山舞银蛇，原驰蜡象，欲与天公试比高。

须晴日，看红装素裹，分外妖娆。

江山如此多娇，引无数英雄竞折腰。

惜秦皇汉武，略输文采，

唐宗宋祖，稍逊风骚。

一代天骄，成吉思汗，只识弯弓射大雕。

俱往矣，数风流人物，还看今朝。

（二）党史背景

1935 年 12 月 17 日，中共中央在驻地陕北瓦窑堡召开了政治局会议，史称"瓦窑堡会议"。通过了《中央关于军事战略问题的决议》和《中共中央关于目前政治形势与党的任务决议》，在政治上提出并确定了建立抗日民族统一战线的理论和策略；在军事战略上决定以坚定的民族革命战争反对日本帝国主义进攻中国为总任务。

　　基于以上方针，毛泽东力主红军向东发展，打通东进抗日道路。提出主动防御，集中主力于一个主要方向，向山西、绥远发展。随即，毛泽东率领这支红军主力13000人组成的红军抗日先锋队誓师出征，极其隐蔽地来到黄河岸边。2月5日，毛泽东率领红军总部的工作人员和一个警卫班，来到清涧县袁家沟。2月7日，毛泽东亲临黄河岸边的铺子洼观察敌情。此时，这里下了一场大雪，毛泽东生平爱雪，看到眼前辽阔雄浑的北国雪景，纵目黄河上下，心情十分激动，于是他的千古绝唱《沁园春·雪》就在这里诞生了。

　　毛泽东在词中通过北国雪景礼赞了祖国的壮丽河山，站在历史制高点上评论了千古英雄人物，宣告只有无产阶级才是这个国家未来真正的英雄和主人，只有中国共产党才能领导人民从胜利走向胜利。在所有毛泽东的诗词中，这首词被公认为成就最高、影响最大。令毛泽东没有想到的是，1936年东征中写下的《沁园春·雪》，9年后却在山城重庆引起了轰动。

　　1945年8月28日，毛泽东应蒋介石邀请飞抵重庆，与国民党进行了43天的和平谈判，于10月10日签署了《双十协定》。期间，毛泽东广泛接触重庆社会各界人士，会见新朋老友。8月30日，国民党元老、诗人柳亚子来到毛泽东驻地桂园，拜访毛泽东。他们是老相识，大革命期间毛泽东在广州国民党中央任职时就与柳亚子是老朋友。柳亚子赠毛泽东一首七律诗，并向毛泽东索诗。10月7日，毛泽东思索着写什么诗给柳亚子，最后决定将抗战时期所写的《沁园春·雪》抄送给柳亚子，柳亚子接到词后，反复吟诵，直呼"千古绝唱"，认为毛泽东是"中国有词以来第一作手"。11月14日，《新民晚报》发表了《沁园春·雪》，顿时在重庆引起了轰动。

　　蒋介石获悉《沁园春·雪》获众口称赞，大为恼火。他向国民党总统府国策顾问陈布雷征询看法。陈布雷说："气势磅礴，气吞山河，可称盖世之精品。"这更加剧了蒋介石的焦躁。他责令国民党中宣部召开紧急会议，布置围攻，撰文攻击毛泽东有帝王思想。为了把毛泽东这首诗打压下去，国民党一些顽固分子，还暗中通知各地各级国民党组织，要求会作诗填词的国民党员，每人写一首或数首《沁园春》，从中选拔其意境、气势和文字超过毛泽东的，以国民党主要领导人的名义公开发表，企图将毛泽东的这首《沁园春·雪》比下去。结果，虽说征集了不少《沁园春》，却都是平庸之作，没有一首超过毛泽东的，后来，只好作罢，不了了之。

（三）赏析

这首词是毛泽东影响最大、成就最高的一首词，是毛泽东诗词的代表作。它是一首北国风光的赞歌，同时也表达了中国共产党崇高的革命气概和壮志豪情，体现了革命英雄主义和革命乐观主义精神，抒发了中国共产党的伟大抱负和雄视百代的豪情。

上阕主要写景咏物，歌颂祖国山河的壮丽。"北国风光，千里冰封，万里雪飘"三句，起笔就大气磅礴。毛泽东纵览祖国北方的河山，"千里""万里"都说明地域之广，"冰封""雪飘"交代是冬天的风光。"望"是承上启下，既望千里万里，又望北国特有景物。最先显眼的景物首推"长城内外，惟余莽莽""大河上下，顿失滔滔"。作者用"莽莽"渲染长城早已是一片冰雪，无边无际，以"顿失"状写黄河因为被冰雪覆盖，滔滔洪水已不见踪影了，突出了冰雪的威力。长城与黄河相应，写得极有气势，接下来望到的是"山舞银蛇，原驰蜡象，欲与天公试比高"，冰雪覆盖的群山状如银蛇起伏向前，绵延无尽，冰雪覆盖的高原如蜡象奔驰，好像要与高高在上的"天公"比高低，一

"舞"—"驰"的动态描写,把北方冰雪世界中的群山、高原写得气势宏伟,生机勃勃,显示出了一种大无畏的抗争精神。上阕结句"须晴日,看红装素裹,分外妖娆"之句,作者突发奇想,用雪后日出去描绘云散天晴冬阳暖照的山河雪景。作者以美人的装束"红装素裹"设喻,描写晴日照耀下的北国冰雪江山的风景,确实是"分外妖娆"。

下阕着重论史抒怀。"江山如此多娇,引无数英雄竞折腰"两句,在结构上起承上启下的作用。"惜秦皇汉武,略输文采,唐宗宋祖,稍逊风骚。一代天骄成吉思汗,只识弯弓射大雕",共有三层意思,作者以一个感情色彩十分浓厚的"惜"字领先,既肯定秦始皇、汉武帝、唐太宗、宋太祖、成吉思汗是为如此多娇的江山"竞折腰"的英雄;又评说他们的历史局限;"俱往矣",一句总结过去千百年历史中的许多英雄人物,引出今朝。"数风流人物,还看今朝",这是全词中最具伟力的诗语,作者雄视百代,超越千古,充分表达了中国共产党肩负历史使命的自豪与完成历史使命的自信。因此说,《沁园春·雪》的美学成就,达到了登峰造极的地步。全词境界高远,气势宏伟,景象非凡,革命现实主义和革命理想主义,革命英雄主义和革命浪漫主义得到了完美统一。

七、从毛泽东的《七律·人民解放军占领南京》,看中国共产党解放战争的建国伟业

(一)原词

七律·人民解放军占领南京

钟山风雨起苍黄,百万雄师过大江。

虎踞龙盘今胜昔，天翻地覆慨而慷。

宜将剩勇追穷寇，不可沽名学霸王。

天若有情天亦老，人间正道是沧桑。

（二）党史背景

1949 年 1 月 1 日，蒋介石在美帝国主义指使下发表了一篇求和声明，以求苟延残喘，妄图据守长江天险，隔江而治。1 月 21 日蒋介石"隐退"奉化，在幕后策划，由代总统李宗仁和行政院长何应钦在南京支撑残局，明里和谈，暗里积极进行战争准备。4 月 20 日，国民党拒绝接受和平协定的条款，拖延 20 天的和平谈判破裂了。4 月 21 日，毛泽东、朱德发布《向全国进军的命令》，人民解放军分为东、中、西三路，东起江苏江阴，西到江西九江的湖口，于 4 月 20 日夜，在 1000 余里长的战线上开始横渡长江，23 日，百万雄师全部渡过长江，晚上占领了南京城。

1949 年 4 月 24 日下午，毛泽东在北平西山的双清别墅起床后，从屋里来到院里的六角凉亭，坐在椅子上，打开《人民日报》的号外，一行又粗又大的字映入他的眼帘"南京解放"。毛泽东看完报纸，径直走回办公室。在办公室里，他又仔细看了一遍报纸，边看边在报纸上画了一些杠杠圈圈的标记。然后，毛泽东给第二野战军的刘伯承和邓小平写了一封电报。同时他一气呵成写就这首脍炙人口的《七律·人民解放军占领南京》。

南京解放的意义是十分重大的，它标志着国民党以至几千年反动统治的历史彻底结束，标志着中国革命的胜利和人民当家作主时代的到来，标志着中国共产党领导人民建立新中国的伟业即将成为现实。这首诗是纪念南京解放、庆祝人民革命胜利的不朽丰碑，是教育人民接受历史教训的忠告，号召人民将革命进行到底的战斗号角。

（三）赏析

首联中作者充满喜悦之情写南京解放。首句雷霆万钧的"钟山风雨"起兴，"风雨"喻指人民解放战争的风雨，"苍黄"形容这一风雨的变化急剧迅速。4月21日凌晨下达渡江的命令，4月23日南京就宣告解放。

颔联"虎踞龙盘今胜昔，天翻地覆慨而慷"，激情洋溢地写出了南京解放，人民当家作主，比历史上任何朝代都更加雄伟壮丽，广大军民慷慨激昂，举国上下，一片欢腾的景象。

颈联有两个方面的寓意：一是向全国乃至全世界申明中国人民解放军要解放南京的道理，是对此前国内乃至国际上关于中国革命要不要过长江的议论的回答。二是"宜将剩勇追穷寇"是从兵法的角度讲，应该不遗余力地去追剿国民党残存的军事力量；"不可沽名学霸王"是借鉴历史的教训。西楚霸王项羽在战争形势有利于自己的情况下，答应了刘邦的和谈要求，并划沟为界，引兵东去。结果，项羽被刘邦打败，自刎乌江。鉴于历史上血的教训，我军决不能止步江北，中敌人假和谈的圈套，让项羽的悲剧在现代重演。

尾联"天若有情天亦老，人间正道是沧桑"两句，前一句借用唐代李贺诗句，感叹南京乃至全中国经历了许多年的黑暗时期，即使是老天，假若它有感情也会因悲伤而衰老；后一句是说，人世间的正常规律是一切事物都在发生变化，犹如沧海变成桑田一样，旧时代的黑暗统治终将灭亡。

南京的解放，正是人类社会发展规律的体现。全诗风雷激荡、豪气盖世、寓意深邃，意境宏阔，充分彰显了崇高美和阳刚美的审美特色，是一首永载史册的经典之作，歌颂了中国共产党领导人民翻身求解放、建设新中国的历史伟业。

八、从毛泽东的《七律·到韶山》，看毛泽东社会主义时期的家国情怀

（一）原词

七律·到韶山

一九五九年六月

（一九五九年六月二十五日到韶山。离别这个地方已有三十二年了）

别梦依稀咒逝川，故园三十二年前。

红旗卷起农奴戟，黑手高悬霸主鞭。

为有牺牲多壮志，敢教日月换新天。

喜看稻菽千重浪，遍地英雄下夕烟。

（二）党史背景

1927年1月间毛泽东在湖南考察农民运动，曾回故乡韶山工作多日，他向农民们做演讲，与农民们开座谈会，听取当地党组织的工作汇报，并建立了农民革命武装，使得韶山一带的农民运动得以深入发展。但三个月后，国民党反动派发动了"四一二"反革命政变，湖南省反动军阀许克祥在长沙袭击省农民协会等革命组织，逮捕屠杀共产党人，这就是血腥的"马日事变"，在反动派的镇压下，许多农民领袖壮烈牺牲。在战争年代，韶山共有1598人献出了宝贵生命，其中146

人被追认为革命烈士，其中毛泽东一家牺牲了 6 位亲人。

1949 年，中国共产党领导的中国革命取得了伟大胜利，毛泽东 10 月 1 日登上天安门城楼向全世界庄严宣告：中华人民共和国成立了！韶山的父老乡亲欢欣鼓舞，深深为之骄傲和自豪，乡亲们盼望主席能回家乡看看。建国初期，面对美帝国主义的挑战和恢复国民经济、进行社会主义改造和建设的繁重任务，毛泽东日理万机，一直无暇回乡。

1959 年 6 月 25 日，毛泽东在湖南视察工作期间，抽空回到了阔别 32 年之久的韶山。"30 年革命不成功，我毛润之决不回来见父老乡亲。"1927 年毛泽东在毛氏公祠里向乡亲们宣传革命真理时，慷慨激昂说过的这句话，终于兑现了。而今革命成功了，毛泽东回韶山了，他感慨万千，写下了《七律·到韶山》一诗。

此次回乡，在罗瑞卿、周小舟、王任重等的陪同下，毛泽东在故乡韶山冲住了两天。26 日上午拜父母的墓，看旧居，看老邻居，看韶山的学校，并与师生合影留念。下午 4 时左右到韶山水库游泳，沿途视察生产情况。晚上宴请韶山的乡亲们。饭后，又同乡亲们交谈了生产生活情况。而后回到住房，他抚今追昔，诗兴大发，夜不能寐。在房内来回踱步，冥思默想，反复吟诵，直到 27 日凌晨 2 时许，才吟成这首诗，这就是既大气磅礴、气吞山河又思绪万千，满溢家国情怀的《七律·到韶山》一诗的问世过程。

（三）译文

离别故乡的情景依稀如梦，不由得诅咒那逝去的岁月，那已经是离别故乡三十二年前的事了。

在党的领导下，农民拿起了斗争的武器，反革命的黑手高高地举起了镇压农民革命的霸主的鞭子。

革命烈士不怕牺牲，勇于斗争，展现了充塞天地之间的豪情壮志，人民敢于推翻三座大山，使黑暗的旧世界变成一片光明的新世界。

我非常高兴地看到一望无际的庄稼涌起千层碧浪，在傍晚缭绕的烟雾中，农民们从田里满怀丰收的喜悦收工回家。

从毛泽东的《七律·到韶山》使人们看到了以毛泽东同志为代表的中国共产党人既胸怀天下，又情系故园的家国情怀。

以上我们对毛泽东八首诗词的解读，从党史上回顾了毛泽东领导中国人民闹革命求解放的丰功伟绩，以及在毛泽东身上所体现的伟大革命精神和浪漫情怀，更坚定了跟着中国共产党走、建设新时代中国特色社会主义、实现中华民族伟大复兴"中国梦"的决心和信心！

毛泽东是伟大的无产阶级革命家、政治家、军事家，同时又是伟大的诗人。作为诗人，他与一般诗人不同的是，他是革命家诗人、政治家诗人。诗词创作伴随了毛泽东一生，更准确地说，应该是诗词创作伴随了他作为革命家、政治家的一生。革命家诗人、政治家诗人的定位既能够使人从革命家、政治家的基本面去认识他，评价他，又能从诗人的侧面更丰富更全面地去认识他、评价他。

从毛泽东的诗词中，我们看到了中国共产党领导人民闹革命求解放建设新中国的光辉历程，看到了中国共产党实现中华民族伟大复兴的初心和使命。毛泽东的诗词，像一扇敞亮的窗子，从中我们看到了他那种悲天悯人进而以天下为己任的襟怀，看到了他那种革命理想高于天的激越豪情，看到了他那种压倒一切敌人而从不为敌人所压倒的英雄气概。而这些，正是他作为人民领袖和伟大民族英雄的深层底蕴。

习近平总书记指出，历史是一部教科书。毛泽东诗词是这部教科书的重要组成部分。这些诗词，是中国共产党一百多年奋斗历程和苦难辉煌的缩影。

微信扫码
• 文 学 名 段
• 趣说中国史
• 哲 学 探 索
• 读 书 笔 记

从重大历史事件中学习中共党史

历史在千百万人的奋斗中展开壮阔画卷。今年，我们党迎来 100 岁的生日。走过 100 年峥嵘岁月，理想从未因时间流逝而变老，这个世界上规模最大的执政党历久弥坚，焕发着蓬勃生机。

100 年前，中国共产党人从民族危亡的困境出发，寻找中国人民通往幸福、中华民族走向复兴的道路。100 年波澜壮阔，中华儿女在党的领导下开创了富强、民主、文明、和谐的光明前景。72 年励精图治，一个曾经饱受屈辱的国家走上康庄大道。43 年改革开放，我们离民族复兴的梦想从未如此之近。中国共产党团结带领人民在这片古老的土地上，书写了人类发展史上的壮丽史诗，一个生机盎然的社会主义中国巍然屹立在世界东方。历史充分证明，只有中国共产党，才能救中国；只有中国共产党，才能发展中国。

2021 年 2 月 20 日中共中央在北京召开党史学习教育动员大会，中共中央总书记、国家主席、中央军委主席习近平发表重要讲话。

习近平总书记强调，开展党史学习教育，是牢记初心使命、推进中华民族伟大复兴历史伟业的必然要求，是坚定信仰信念、在新时代坚持和发展中国特色社会主义的必然要求，是推进党的自我革命、永葆党的生机活力的必然要求。

学习党史的现实意义，可以从历史中汲取智慧和力量，有利于赓续共产党人精神血脉，确保心往一处想、劲往一处使。

在一个政党、国家、民族的发展历程中，总会发生影响深远的重大历史事件，成为这个政党、国家和民族的集体记忆。对有着百年历史的中国共产党来说，这些重大事件、集体记忆，就是百年党史这部"丰富生动的教科书"的点睛之处和关键历史节点。通过这些历史事件，我们能够清晰地了解中国共产党领导人民求解放、求富强的苦难辉煌的历程。

习近平总书记指出：会讲故事，讲好故事十分重要，思政课就要讲好中华民族的故事、中国共产党的故事、中华人民共和国的故事、中国特色社会主义的故事、改革开放的故事，特别是要讲好新时代的故事。

这里，我以讲重大历史事件（故事）的角度讲党史，力求把党史讲活、讲生动，使广大读者易学、易懂。

一、"五四运动"——马克思主义传入中国

五四运动是 1919 年 5 月 4 日发生于中国北京的一场爱国主义运动。巴黎和会决定将德国在山东的权益转让给日本的消息传来后，北京学生开展了集会、游行、罢课等活动。后来得到了各地学生以及各界的广泛支持，演变成了全国性的罢市、罢工、罢课活动，从而形成了全国规模的爱国主义运动，并最终迫使北洋政府拒签和约。五四运动是中国近代史上划时代的里程碑，它以辛亥革命所不曾有的姿态，展开了彻底地反对帝国主义和封建主义的斗争，标志着中国新民主主义革命的开端，也为中国共产党的建立作了思想上干部上的准备。

（一）陈独秀在"五四"

1942年3月30日，毛泽东在中共中央学习组发言时讲道："陈独秀是五四运动的总司令。现在还不是我们宣传陈独秀历史的时候，将来我们修中国历史，要讲一讲他的功劳。"

1. 立场鲜明，支持学生：1919年巴黎和会上中国外交的失败，引发了伟大的五四运动。在这期间，陈独秀敏锐地观察时局动态，相继发表了《关门会议》《南北代表有什么用处》等文章，第一次在报端点了章宗祥、曹汝霖、陆宗舆、江庸的名，称他们是"亲日派四大金刚"。

五四运动中，陈独秀立场鲜明地支持学生的爱国行动，称五四学生运动是"有纪律的抗议"。5月7日，陈独秀给在上海的胡适写信，详述了北京的五四动态；5月11日，他发表了《对日外交的根本罪恶》，文章中指出："现在可怜只有一部分的学生团体，稍微发出一点人心还未死尽的一线生机。仅此一线生机，政府还要将它斩尽杀绝……"从5月4日到6月8日，陈独秀在《每周评论》上发表了7篇文章和33篇《随感录》，为学生运动尽心竭力，摇旗呐喊。

2. 直接行动，不惜入狱：1919年6月9日，陈独秀起草了《北京市民宣言》。为了实现《北京市民宣言》中声明的"惟有直接行动，以图根本之改造"，1919年6月11日，陈独秀亲自到北京前门外新世界游艺场散发《北京市民宣言》，不料被便衣警察逮捕。

3. 走出监狱，继续战斗：1919年9月，关押了3个多月的陈独秀当场领回被捕时所携带的物品，走出监狱大门。第二天，警察总监发出训令，命令陈独秀所居住的中一区警察署对陈独秀实行"豫戒"，由该地巡官随时视察，按月呈报情况。可见，陈独秀虽然出狱，但行动并不自由。3 个多月的铁窗生涯，并没有使陈独秀意志消沉，而是更坚定地进行斗争，以《新青年》为阵地，投入了新的战斗。

真正在中国大力宣传和强力传播马克思列宁主义的报刊，当属《新青年》，起初名为《青年杂志》，由陈独秀创办于 1915 年 9 月 15 日。

陈独秀在《新青年》第六卷第五期和第六期集中版面，组织力量，猛烈宣传马克思主义，相继刊发了李大钊的《我的马克思主义观》和《马克思学说》《马克思学说批评》《马克思研究》《马克思传略》等文章，全面、深入、系统地介绍了马克思主义的基本理论和主要观点。从此，马克思主义作为一种学说，结束了在中国空中飘荡不定的状态而最终在中国大地上落地生根，逐渐开花结果。

1920 年 9 月，中共上海发起组决定，从第八卷起，将《新青年》作为自己的机关刊物。

《新青年》第八卷第一期的封面正中是一个地球，从东西两个半球伸出两只有力的手，紧紧相握。这暗示中国人民与十月革命后的苏维埃必须紧密团结，也暗示全世界无产阶级联合起来的意思。

（二）李大钊在"五四"

1. 著书立说，介绍苏俄：1918 年 10 月，"五四"运动的主要领导者李大钊在《新青年》杂志上发表了《庶民的胜利》《布尔什维主义的胜利》等文章，歌颂俄国工人阶级的胜利。

2. 办刊办报，宣传马列：李大钊先后创办、主编、编辑了十余种报刊。在《新青年》《每周评论》《曙光》等刊物的马克思主义宣传导向上，李大钊起了决定性的作用；他把《新青年》6 卷 5 号编辑为"马克思主义专号"，向中国的思想界和广大青年学生集中介绍、宣传马克思主义，对一代青年走向马克思主义起到了引导作用。

1919 年 5 月，李大钊在《新青年》上发表了《我的马克思主义观》一文，第一次较系统地分析了马克思主义的三个组成部分——唯物史观、政治经济学和科学社会主义，指出"阶级竞争说恰如一条金线，把这三大原理从根本上联络起来。"

3. 发动工运，相约建党：李大钊在培养具有共产主义思想的干部队伍时，在讲解马克思主义真理的同时要求他们深入到工人当中，做细致的思想发动，开展工人运动，建立工人运动的据点。正是在这个基础上，李大钊提出了应该"急急组织"一个"强密精固"的统一的"劳动家的政党"的要求，才有了"南陈北李，相约建党"，并且得到了共产国际的帮助。

（三）北大校长蔡元培在培育新思想中的地位和作用

蔡元培是中国近现代著名的民主革命家和教育家，1916 年 12 月，他就任北大校长，提出了"思想自由、兼容并包"八个字的办学方针，他聘请了陈独秀、胡适、李大钊、钱玄同、刘半农、周作人、沈尹默等一批新文化运动的健将做北大教授，促进了新文化运动的传播和思想的解放，间接地促进了马克思主义在中国的传播。

（四）胡适与李大钊"问题"与"主义"之争

1919 年 7 月，胡适在《每周评论》上发表了《多研究些问题，少谈些"主义"》一文，掀起了中国现代思想史上很重要的"问题与主义"之争。

李大钊先生则在《再论问题与主义》一文中针锋相对地指出"一个社会问题的解决，必须靠着社会上多数人共同的运动。那么我们要想解决一个问题，应该设法使他成了社会上多数人共同的问题……所以我们的社会运动，一方面固然要研究实际的问题，一方面也要宣传理想的主义。这是交相为用的，这是并行不悖的。"二者之争，进一步促进了马克思主义的传播。

二、"一大"召开——开天辟地新纪元

（一）南陈北李，相约建党

1920年1月，李大钊、陈独秀等开始酝酿成立中国共产党的问题。

（二）俄共远东局派人来华考察

1920年4月，共产国际代表维金斯基等人来到中国，他首先在北京会见了李大钊，之后经李大钊介绍，在上海会见陈独秀。在同中国共产主义者广泛接触中，认为中国建立共产党的条件已经成熟。

（三）各地相继成立共产党早期组织

1920年8月，陈独秀、李达、李汉俊在上海成立共产党发起组，成为各地建党活动的联络中心。1920年10月，李大钊、张国焘、刘仁静等在北京成立共产党早期组织。1920年秋，董必武、陈潭秋、包惠僧等在武汉成立共产党早期组织。1920年秋，毛泽东、何叔衡等在湖南组建共产党早期组织。1920年，王尽美、邓恩铭等在山东建立共产党早期组织。1920年冬，施存统、周佛海等在日本东京建立旅日共产党早期组织。1921年春，谭平山、陈公博等在广州建立共产党小组。1921年，张申府、周恩来、赵世炎等在法国巴黎建立了共产党早期组织。

（四）党的"一大"标志着中共正式成立

1921 年 7 月 23 日至 31 日，中国共产党第一次全国代表大会在上海法租界望志路 106 号（今兴业路 76 号）举行。后来由于会场受到暗探的注意和外国巡捕搜查，会议的最后一天改在浙江嘉兴南湖的游船上举行。

国内各地的党组织和旅日的党组织共派出 13 名代表出席党的第一次全国代表大会。他们是：上海的李达、李汉俊，武汉的董必武、陈潭秋，长沙的毛泽东、何叔衡，济南的王尽美、邓恩铭，北京的张国焘、刘仁静，广州的陈公博，旅日的周佛海，以及由陈独秀指定的代表包惠僧。共产国际代表马林和尼克尔斯基出席大会。陈独秀、李大钊因事务繁忙，未出席会议。

中共一大通过的党纲共 15 条，吸取了国内党小组党纲并参考了俄、英、美共的纲领，规定了党的奋斗目标、民主集中制的组织原则和党的纪律，大会还通过《关于当前实际工作的决议》，确定党成立后的中心任务是组织工人阶级，领导工人运动。会议选举陈独秀、张国焘、李达组成中央局，陈独秀为中央局书记（一大党纲和决议至今没有保留下中文版，仅有俄文版和英文版，均缺失第 11 条）。

中共一大的召开，标志着中国有了一个完全新式的，以马克思列宁主义为行动指南、以实现共产主义为目标、全国统一的工人阶级政党，自此中国革命的面貌就焕然一新了。

中国共产党的诞生是中国社会政治经济发展的必然结果，是近代中国革命的一个转折点，是中国共产主义运动的伟大开端，她的成立具有伟大的历史意义。

首先，中国革命从此有了一个新的领导力量和领导核心。中国革命不再由资产阶级领导，而是由无产阶级及其政党来领导了。其次，有了新的指导思想和新的革命纲领。有了马克思列宁主义这个锐利的思想武器，有了明确的奋斗目标。再次，有了发动群众的好方法。有了在中国共产党领导下的联合一切革命人民的战略和策略。最后，有了新的道路和前途。通过建立人民民主专政，走社会主义和共产主义的道路，中国革命从此进入了一个崭新的时期。

三、根据地的建立和"长征"——伟大的壮举

（一）根据地的建立

中国共产党成立后，按照马克思主义的理论，领导了城市工人的武装斗争。从 1922 年至 1928 年，又召开了五次代表大会，特别是 1922 年的第二次代表大会，制定了中国共产党的第一个章程，1923 年的第三次代表大会形成了国共合作的决议（广州国民党第一次代表大会吸纳了李大钊、毛泽东、谭平山等共产党人参加），对于推动大革命的高潮发挥了重要作用。

经过大革命的失败和毛泽东、朱德、周恩来领导的武装斗争，1929 年 1 月到 1931 年 9 月，各地工农红军和农村革命根据地有了很大发展，具有中国特色的农村包围城市，武装夺取政权的革命道路基本形成。

在创建井冈山革命根据地，特别是在红四军转战赣南、闽西的实践中，毛泽东逐渐形成了农村包围城市的理论，它是马克思列宁主义的普遍真理同中国革命具体实践相结合的典范，是对马克思列宁主义关于武装夺取政权的理论的重大发展，标志着毛泽东思想的初步形成。

在 1931 年冬，中华苏维埃第一次全国代表大会在江西瑞金召开，成立了中华苏维埃共和国临时政府，制定了宪法大纲。广大的根据地

纷纷进行了土地的改革和根据地建设，成为我们党坚持武装革命的坚实基础。

红军和革命根据地迅速发展壮大，给国民党的统治造成了严重的威胁。中央苏区在鼎盛时期的面积达到8.4万平方公里，比现在的宁夏回族自治区还大，相当于两个半海南岛；人口达到450多万，是全国最大的革命根据地；中央红军的人数也达到13万。同时以中央苏区为依托的中华苏维埃共和国，先后拥有13个苏区，总面积达40余万平方公里（相当于4个江苏省），人口约3000万。

（二）第五次反"围剿"的失败和长征

从1930年底到1932年冬，毛泽东、朱德采取机动灵活的作战方针粉碎了国民党的四次"围剿"。

1933年9月，蒋介石调集约100万兵力对革命根据地发动了第五次军事"围剿"。这时，王明"左"倾机会主义在红军中占据了统治地位，拒不接受毛泽东的正确建议，撤销了毛泽东在军队的领导职务，用阵地战代替游击战和运动战，用所谓"正规"战争代替人民战争，使红军完全陷于被动地位。经过一年苦战，终未取得反"围剿"的胜利。最后于1934年10月中央领导机关和红军主力退出根据地，开始长征。

红一方面军从1934年10月17日开始长征，途经江西、福建、广东、湖南、广西、贵州、云南、四川、西康、甘肃、陕西11省，翻过了五岭山脉，涉过了湘江、乌江、金沙江、大渡河，走出了雪山草地，击溃数十万国民党军的多次围追堵截，于1935年10月19日到达陕西的吴起镇（今吴旗县），历时三百六十多天，行程二万五千里。

（三）长征胜利

1936 年 10 月 8 日清晨，中国工农红军第一、二、四方面军和第二十五军团胜利会师于会宁城，标志着万里长征胜利结束，中国革命开始走向胜利。

长征的胜利挽救了中国革命。在两年多的时间里，粉碎了国民党几十万军队的围追堵截，克服了重重艰难险阻，纵横十四省，胜利完成了战略大转移。

长征锤炼了革命队伍。红军由长征开始时的 30 万人，最后到达陕北不足 3 万人。经过千锤百炼保存的党和红军的精华，构成了以后领导抗日战争和解放战争的主干。

确立了毛泽东的领导地位。在革命危急关头，召开遵义会议，确立毛泽东在红军和党中央的领导地位。这次会议是党走向成熟的重要标志，为日后的胜利确立了条件。

长征是宣言书，是宣传队，是播种机。中央红军走了 11 个省，三个方面军共走了 14 个省，向沿途各省人民进行革命宣传，播下了革命种子，为后来开展革命斗争创造了有利条件。

四、"遵义会议"——中国革命的转折

（一）湘江之战

1934 年 11 月 27 日至 12 月 1 日，中央红军在湘江上游广西境内的兴安县、全州县、灌阳县，与国民党军苦战五昼夜，最终从全州、兴安之间强渡湘江，突破了国民党军的第四道封锁线，粉碎了蒋介石围歼中央红军于湘江以东的企图。但是，中央红军也为此付出了极为惨重的代价。部队指战员和中央机关人员由长征出发时的 8 万多人锐

减至 3 万余人（其中红军 34 师几乎全军覆没，师长陈树湘被俘，自己绞断了肠子，壮烈牺牲，时年 29 岁）。

（二）遵义会议

遵义会议是指 1935 年 1 月 15 日至 17 日，中共中央政治局在长征途中于贵州遵义召开的独立自主地解决中国革命问题的一次极其重要的扩大会议。这次会议是在红军第五次反"围剿"失败和长征初期严重受挫的情况下，为了纠正王明"左"倾领导在军事指挥上的错误，挽救红军和中国革命的危机而召开的。

（三）会议内容

1. 首先，由博古作关于第五次反"围剿"的主报告，他在报告中极力为"左"倾冒险主义错误辩护。

2. 周恩来作副报告，主要分析了第五次反"围剿"和长征中战略战术及军事指挥上的错误，并作了自我批评，主动承担了责任。

3. 毛泽东在会上作了重要发言，着重批判了第五次反"围剿"和长征以来博古、李德在军事指挥上的错误，以及博古在总结报告中为第五次反"围剿"失败辩护的错误观点。

4. 张闻天、王稼祥、朱德、刘少奇等多数同志在会上发言，支持毛泽东的正确意见。

5. 会议争议激烈，凯丰曾批评毛泽东，毛泽东则予以坚决的反驳。

（四）会议结果

1. 会议决定改组中央领导机构，增选毛泽东为政治局常委。

2. 指定张闻天起草决议：肯定了毛泽东关于红军作战的基本原

则，否定了博古关于第五次反"围剿"的总结报告，提出了中国共产党的中心任务是战胜川、滇、黔的敌军，在那里建立新的革命根据地。

3. 取消博古、李德的最高军事指挥权，仍由中央军委主要负责人周恩来、朱德指挥军事。

4. 会后，常委中再进行分工：由张闻天代替博古负总责，毛泽东、周恩来负责军事。在行军途中，又成立了由毛泽东、周恩来、王稼祥组成的三人军事指挥小组，负责长征中的军事指挥工作。

（五）会议意义

遵义会议是中国共产党历史上的一次重要会议。它结束了王明"左"倾冒险主义在党中央的统治，确立了以毛泽东为核心的新的党中央的正确领导和毛泽东在红军和党中央的领导地位。在党生死攸关的危急关头挽救了党，挽救了红军，挽救了中国革命，使红军在极端危险的境地得以保存下来，胜利地完成长征，开创了抗日战争的新局面。它证明中国共产党完全具有独立自主解决自己内部复杂问题的能力，是中国共产党从幼年走向成熟的标志。

五、"延安时期"——毛泽东思想放光芒

（一）延安时期

延安时期指的是中共中央在陕北的 13 年，具体指 1935 年 10 月 19 日，中共中央随中央红军长征到达陕北吴起镇（今吴起县），落户"陕北"到 1948 年 3 月 23 日，毛泽东、周恩来、任弼时在陕北吴堡县东渡黄河，迎接革命胜利的曙光这近 13 年时间。

延安时期，是中国共产党历史的转折点。延安是党中央红军遭重

挫之后的一个落脚点，重整旗鼓，休养生息，才获得新生；是中国共产党人的大本营、民族抗日战争的指挥中心；是中国共产党及其领导的新民主主义革命不断走向胜利的重要时期。

（二）奠基延安

1.1935 年 12 月 17 日至 25 日，中共中央在瓦窑堡召开了政治局扩大会议，制定了抗日民族统一战线的新政策。

2.1936 年 10 月，红军三大主力会师于陕甘，从此，延安成为中国革命的大本营。

3.1936 年 12 月 12 日，"西安事变"发生后，中共中央在保安召开政治局会议，作出和平解决西安事变的正确决策，促成了国共两党的第二次合作，实现了国内战争到全面抗战的重大转变。

4.1937 年 1 月，中共中央进驻延安，从此，延安成为抗日战争和解放战争的指挥中心和战略总后方。

（三）六届六中全会（1938 年 9 月 29 日至 11 月 6 日）

1. 出席代表：中央政治局委员 12 人、中央委员 5 人，还有党中央各部门和全国各地区的负责人 38 人．

2. 主要内容：毛泽东代表中央政治局作了《论新阶段》的政治报告，提出"使马克思主义在中国具体化"科学命题；张闻天作了《关于抗日民族统一战线与党的组织问题》的报告；周恩来作了中央代表团工作报告；朱德作了八路军工作报告；项英作了新四军工作报告；陈云作了青年工作报告；刘少奇作了关于党规党纪的报告。

3. 历史意义：这次全会基本上克服了王明的"左"倾错误，再次强调中国共产党必须独立自主地领导人民进行抗日战争，从而使全党统一于中央正确路线的指导之下，推动了各方面工作的开展。这次大会还坚持马克思列宁主义和中国革命相结合的原则，肯定了毛泽东在全党的领导地位，因而在党的历史上具有重大的历史意义。

（四）延安整风运动

1. 时间：1941 年 5 月，毛泽东同志在延安高级干部会议上作《改造我们的学习》的报告，标志着整风开始；1945 年 4 月 20 日六届七中全会通过《关于若干历史问题的决议》为止。

2. 原因：抗日战争爆发以来，党的队伍有了很大发展。党员人数由抗战初期的 4 万人，发展到 1940 年的 80 万人。这些新党员绝大多数出身于农民、小资产阶级，虽有满腔的革命热情，但是还没有经受过严酷的革命斗争考验和党性锻炼，在他们身上往往带有各种非无产阶级的思想作风。1935 年遵义会议以后，结束了王明"左"倾错误路线在党内的统治，确立了以毛泽东为代表的新的中央的正确领导，使中国革命转危为安。但是，对于以教条主义为特征的王明"左"倾错误，还没有来得及彻底清算，其错误影响尚未肃清。教条主义、宗派主义和党八股等不正之风，还严重地影响着党的队伍。因此，总结党的历史经验，分清是非，从思想上整顿党的队伍，提高全党马克思列宁主义的水平，是党的建设上的一项迫切任务。

3. 内容：为了提高全党的马列主义水平，纠正党内的各种非无产阶级思想，毛泽东于 1941 年 5 月和 1942 年 2 月，分别作了《改造我们的学习》《整顿党的作风》和《反对党八股》的报告，号召全党反对主观主义以整顿学风、反对宗派主义以整顿党风、反对党八股以整顿文风。同年 6 月，中共中央宣传部发出了《关于在全党进行整顿三风学习运动的指示》，从此开始了全党范围的整风运动 。运动的宗旨是

"惩前毖后，治病救人"。1945 年 4 月，中共六届七中全会通过了《关于若干历史问题的决议》，对大革命失败后党内重大历史问题作出了系统总结。

4. 历史意义：使广大党员和干部进一步掌握了马列主义普遍原理和中国革命具体实践相结合的正确方法，帮助大量的小资产阶级出身的党员改造了世界观和思想作风，大大地提高了全党的思想理论水平。对巩固加强毛泽东在党内的领导地位具有重要作用。这次整风运动使党能够领导解放区军民战胜抗日时期的严重困难，取得抗战的最后胜利。

（五）中国共产党第七次全国代表大会（1945 年 4 月 23 日—6 月 11 日）

1. 出席代表：正式代表 547 人，候补代表 208 人，代表全国 121 万名党员。

2. 主要内容：毛泽东作《论联合政府》、朱德作《论解放区战场》、刘少奇作《关于修改党章的报告》、周恩来作《论统一战线》的报告，大会总结了民主革命二十多年曲折发展的历史经验，制定了党的路线，即放手发动群众，壮大人民力量，在我党的领导下，打败日本侵略者，解放全国人民，建立一个新民主主义的中国。大会通过了新党章，规定以马克思列宁主义的理论与中国革命的实践相统一的思想——毛泽东思想，作为我们党的一切工作的指针。

3. 历史意义：这是一次团结的大会、胜利的大会，它实现了全党在马克思列宁主义、毛泽东思想和党的路线的基础上的团结，为抗日战争和民主革命的胜利做了充分的准备。

六、"三大战役和渡江作战"——夺取中国革命的胜利

（一）三大战役

三大战役是指 1948 年 9 月 12 日至 1949 年 1 月 31 日，中国人民解放军同国民党军队进行的战略决战，包括辽沈战役（1948 年 9 月 12 日—11 月 2 日）、淮海战役（1948 年 11 月 6 日—1949 年 1 月 10 日）、平津战役（1948 年 11 月 29 日—1949 年 1 月 31 日）三场战略性战役。

辽沈、淮海、平津三大战役，历时 142 天，共争取起义、投诚、接受和平改编与歼灭国民党正规军 144 个师，非正规军 29 个师，合计 154 万余人。国民党赖以维持其反动统治的主要军事力量基本上被消灭。三大战役的胜利，奠定了人民解放战争在全国胜利的基础。

（二）辽沈战役

辽沈战役是 1948 年 9 月 12 日至 11 月 2 日，中国人民解放军东北野战军在辽宁西部和沈阳、长春地区对国民党军进行的战略性决战，是中国人民解放战争中具有决定意义的三大战役之一。

辽沈战役历时 52 天，东北野战军以伤亡 6.9 万人的代价，歼灭国民党军 47.2 万余人，其中毙伤国军官兵 5.68 万人，俘虏 32.43 万人，投诚 6.49 万人，起义 2.6 万人，俘虏少将以上高级军官 186 名。东北全境获得解放。

辽沈战役意义：实现了全东北的解放，同时对于加快华北的解放乃至全中国的解放，都起了重要的积极作用，做出了巨大的贡献。根本上改变了敌我力量的对比。国民党军已降至 290 万人，解放军已增至 300 余万人，首次在数量上占了优势，从而根本上改变了双方总兵力长期存在的优劣态势，使军事形势进入一个新的转折点。由此东北

成为巩固可靠的战略后方基地。

（三）淮海战役

淮海战役，是解放战争时期中国人民解放军华东、中原野战军在以徐州为中心，东起海州，西至商丘，北起临城（今枣庄市薛城），南达淮河的广大地区，对国民党军进行的第二个战略性进攻战役。淮海战役也是三大战役中解放军牺牲最重，歼敌数量最多，政治影响最大、战争样式最复杂最大的一次战役。

1948 年 11 月 6 日至 1949 年 1 月 10 日，历时 66 天。国民党军先后投入 7 个兵团、2 个绥靖区，34 个军，86 个师，共约 80 万人，出动飞机高达 2957 架次。

解放军参战部队华东野战军 16 个纵队，中原野战军七个纵队，连同华东军区、中原军区地方部队共约 60 万人。

敌我损失比为 4.06：1 ，华野歼敌约 44 万人，约占淮海战役歼敌总数的 80%；华野伤亡约 9.1 万人，约占淮海战役解放军总伤亡人数的 67%。

淮海战役沉重打击了国民党的士气，严重动摇了国民党的独裁梦想。同时，我军的力量大增，士气高涨，大大增强了解放全中国的信心。此次战役的胜利结束，标志着国民党在长江以北统治的瓦解。为渡江战役的胜利展开打下了基础。

（四）平津战役

平津战役是解放战争"三大战役"之一，1948 年 11 月 29 日开始，1949 年 1 月 31 日结束，共 64 天。

林彪、罗荣桓、聂荣臻、刘亚楼指挥中国人民解放军东北野战军和华北军区部队进攻，以伤亡 3.9 万人的代价，消灭及改编国民革命军 3 个兵团，13 个军 50 个师 52.1 万人，控制了北平、天津及华北大片地区。

平津战役是具有决定意义的三大战役之一。平津战役的胜利，使华北地区基本获得解放。尤其是和平解放北平，进一步打击了国民党的士气，对加快解放战争的进程具有重要意义。

"三大战役"的胜利，奠定了解放全中国、建立中华人民共和国的基础。

（五）渡江作战

渡江战役是解放战争时期中国人民解放军第二野战军、第三野战军和第四野战军一部，在长江中下游强渡长江，对国民党军汤恩伯、白崇禧两集团进行的战略性进攻战役。

1949 年 4 月 20 日，国民政府最后拒绝在《国内和平协定（最后修正案）》上签字。21 日，毛泽东和朱德发布了《向全国进军的命令》。

1949 年 4 月 20 日晚和 21 日，中国人民解放军第二野战军、第三野战军遵照中央军委的命令和总前委的《京沪杭战役实施纲要》，先后发起渡江。在炮兵、工兵的支持配合下，在东起江苏江阴，西到江西九江湖口的千里战线上强渡长江，迅速突破国民党军的江防，占领贵池、铜陵、芜湖和常州、江阴、镇江等城市，彻底摧毁了国民党军的长江防线。

1949 年 4 月 23 日，中国人民解放军第三野战军一部解放了南京，南京国民政府垮台，国民党政府覆灭。接着，各路大军向南挺进，5 月 3 日解放杭州、5 月 22 日解放南昌。1949 年 5 月 27 日，第三野战军主力攻占上海，上海解放。在此期间，第四野战军于 5 月 14 日南渡长江，16 日解放汉口，17 日解放武昌和汉阳。1949 年 6 月 2 日，三野一部解放崇明岛，至此，京沪杭战役结束。

渡江战役的胜利，为解放军继续南下，解放南方各省创造了有利条件。

七、"抗美援朝"——爱国主义国际主义的凯歌

1950年6月，朝鲜内战爆发，美国政府派军队进行武装干涉，并派遣海军第七舰队侵入中国台湾海峡。他们还出动飞机轰炸中国东北边境。1950年10月1日，金日成请求中国派兵援助朝鲜。1950年10月19日，美国把战火烧到鸭绿江边，严重威胁中国的安全。

（一）抗美援朝，保家卫国

1.时间：1950年10月25日—1953年7月27日

2.参战军队：中国人民志愿军

3.指挥者：彭德怀

毛泽东的儿子毛岸英成了"第一个志愿兵"并牺牲在朝鲜战场。

毛泽东《中国人民志愿军应当和必须入朝参战》中说，我们不出兵，让敌人压至鸭绿江边，国际国内反动气焰增高则对各方都不利，首先是对东北更不利，整个东北边防军将被吸住，南满电力将被控制……总之，我们认为应当参战，必须参战，参战利益极大，不参战损害极大。（毛泽东领导中国革命牺牲了6位亲人，妹妹毛泽建牺牲时24岁，夫人杨开慧牺牲时29岁，弟弟毛泽覃牺牲时30岁，弟弟毛泽民牺牲时47岁，侄子毛楚雄牺牲时19岁，儿子毛岸英牺牲时28岁）。

国内人民踊跃支援前线，捐款，广大青年学生还积极报名参加志愿军，这是一场轰轰烈烈的伟大爱国运动。全国捐款5.5650亿元，可买飞机3710架。

（二）伟大胜利　彪炳史册

到 1951 年 6 月，历时 7 个多月，中国人民志愿军先后同以美国为首的"联合国军"进行五次大的战役，共歼敌 23 万余人，把战线稳定在三八线附近地区。1951 年 7 月，抗美援朝战争进入"边打边谈"阶段。经过两年的相持，交战双方于 1953 年 7 月签署停战协定，抗美援朝战争取得伟大胜利。

美国的克拉克将军说："我是美国第一个在没有胜利的停战协定上签字的将军。"

1953 年 9 月，彭德怀在一份报告中说，这场战争雄辩地证明，西方侵略者只要在东方一个海岸上架起几尊大炮就可霸占一个国家的时代是一去不复返了。

在这场战争中，中国人民志愿军中涌现了无数英雄人物：黄继光、杨根思、邱少云……为了朝鲜人民，为了履行国际主义义务，许许多多的英雄包括毛泽东主席的长子毛岸英，长眠在了朝鲜的土地上。

（三）历史意义

1. 抗美援朝战争的胜利，极大地提高了中国共产党在全国人民心中的威信，在领导抗美援朝战争的过程中，表现出应对和驾驭复杂局面的能力，展示了高超的领导艺术。

2. 抗美援朝战争的胜利，提高了中国人民的民族自信心和民族自豪感，使一部分曾经对美帝抱着恐惧和幻想的人们受到深刻教育而觉悟起来。中国社会动员能力和组织能力空前提高。

3. 抗美援朝战争的胜利，表明中国共产党及其领导的人民军队在过去长期革命战争年代形成的以弱胜强的人民战争思想仍然适用于现代战争。这场战争也使得党和国家领导人深感加快国家工业化和国防现代化建设的紧迫性。

4.抗美援朝战争的胜利，顶住了美国侵略者扩张的野心，维护了亚洲和世界和平，使新中国的国际威望空前提高。

八、"一五计划"——开始社会主义建设新时期

（一）一五计划

1953—1957年发展国民经济的计划是中国的第一个五年计划。它是以实现社会主义工业化为中心的，是根据党在过渡时期的总路线和总任务而制定的，也是在党中央、毛主席的直接领导下，由周恩来、陈云同志主持制定的。

（二）一五计划前我国的国情（经济）

落后的农业国，工业水平很低，工业基础薄弱，门类不全。

	中国 （1952年产量）	印度 （1950年产量）	美国 （1950年产量）
钢产量（人均）	2.37公斤	4公斤	538.3公斤
发电量（人均）	2.76千瓦时	10.9千瓦时	2949千瓦时

毛泽东曾说："现在我们能造什么？能造桌子椅子，能造茶碗茶壶，能种粮食，还能磨成面粉，还能造纸，但是，一辆汽车、一架飞机、一辆坦克、一辆拖拉机都不能制造。"

1. 目的：为了有计划地进行社会主义建设，我国政府编制了发展国民经济的第一个五年计划。

2. 时间：1953—1957 年

3. 基本任务：

A. 集中主要力量发展重工业，建立国家工业化和国防现代化的初步基础；

B. 相应地发展交通运输业、轻工业、农业和商业；

C. 相应地培养建设人才。

（三）伟大成就

第一个五年计划的完成，使我国开始改变了工业落后的面貌，向社会主义工业化迈进；（2）基本完成了社会主义改造任务，确立了社会主义基本经济制度。

1956 年 7 月，第一汽车厂生产的第一批解放牌汽车；——二厂（现沈阳飞机工业集团有限公司）1956 年 7 月 19 日试制成功了我国第一架喷气式战斗机；1957 年 10 月，长江第一桥——武汉长江大桥建成通车。

这一时期，我国经济建设不仅硕果累累，而且民主政治建设也取得重大进展。

"一五"计划实施前后，人民代表大会制度这一根本政治制度、中国共产党领导的多党合作和政治协商制度、民族区域自治制度这些基本政治制度的确立极大地提高了工人阶级和劳动人民的积极性、创造性，极大地促进了我国社会生产力的发展。

九、"改革开放"——杀出一条血路来

从 1978 年十一届三中全会以来，以 1992 年邓小平南方谈话和党的十四大为界线中间分为前后两个大的历史阶段。

阶段一：1978—1982 年，拨乱反正与改革开放和社会主义现代化建设初步展开的阶段。

阶段二：1982-1992 年，改革开放和社会主义现代化建设全面展开的阶段。

（一）中国共产党第十一次全国代表大会（1977 年 8 月 12 日—18 日）

大会总结了同"四人帮"的斗争，宣告"文化大革命"已经结束，重申在本世纪内把我国建设成为社会主义现代化强国是新时期中国共产党的根本任务。

由于当时历史条件的限制，大会没有能够纠正"文化大革命"的错误理论、政策和口号，错误判定"四人帮"推行的是所谓"极右的反革命的修正主义路线"，强调中国共产党的任务是反"右"而不是纠"左"，继续肯定党内有"走资派"，并继续说像"文化大革命"这种性质的政治大革命还要进行多次等等，因而这次大会未能完成从理论上和中国共产党的指导方针上根本拨乱反正的任务。

（二）社会主义现代化建设局面的形成

伟大的历史转折——党的十一届三中全会：1978 年底，中共中央在北京召开了十一届三中全会，从此，中国进入社会主义现代化建设的新时期，全会作出了把党和国家的工作重心转移到经济建设上来，实行改革开放的伟大决策。

端正了三条路线：端正了党的思想路线，恢复并发展了解放思想、实事求是的思想路线；端正了党的政治路线，把工作重点从阶级斗争为纲转到以经济建设为中心；端正了党的组织路线，开始形成了以邓小平为核心的第二代中央领导集体。

确立了一个方针：改革开放

（三）全面改革和对外开放的发展

党的十一届三中全会以后，经济体制改革逐步开展，这是在坚持社会主义制度的前提下，改革生产关系中适应生产力发展的一系列环节，解放和发展生产力，此外，中国也迈出了对外开放的步伐。

改革开放是决定当代中国命运的关键抉择，是发展中国特色社会主义，实现中华民族伟大复兴的必经之路；只有社会主义才能救中国，只有改革开放才能发展中国，改革开放是我国的强国之路，是国家发展进步的活力源泉，我们要毫不动摇地坚持改革开放。

（四）中国共产党第十二次全国代表大会（1982年9月1日—11日）

在此次会议上，邓小平在大会开幕词中明确提出："把马克思主义的普遍真理同我国的具体实际结合起来，走自己的道路，建设有中国特色的社会主义。"确定在新的历史时期的总任务是：团结全国各族人民，自力更生，艰苦奋斗，逐步实现工业、农业、国防和科学技术的四个现代化，把我国建设成为高度文明、高度民主的社会主义国家。

（五）中国共产党第十三次全国代表大会（1987年10月25日—11月1日）

会议主题是加快和深化改革，邓小平主持大会开幕式，十二届中央委员会作了题为《沿着中国特色的社会主义道路前进》的报告。报告阐述了社会主义初级阶段理论，提出了党在社会主义初级阶段的"一个中心，两个基本点"的基本路线，制定了到下世纪中叶分三步走、实现现代化的发展战略，并提出了政治体制改革的任务。1984年到1988年，我国经济经历了一个加速发展的飞跃时期。

（六）中国共产党第十四次全国代表大会（1992年10月12日—18日）

这次代表大会的主要任务是，以邓小平同志建设有中国特色社会主义理论为指导，认真总结十一届三中全会以来14年的实践经验，确定今后一个时期的战略部署，动员全党同志和全国各族人民，进一步解放思想，把握有利时机，加快改革开放和现代化建设步伐，夺取中国特色社会主义事业更大胜利。

1992年，以邓小平南方谈话和中共十四大为标志，中国的改革开放和现代化建设进入一个历史的新阶段。南方谈话为建设中国特色社会主义理论贡献了新的重要论点，党的十四大明确了经济体制改革的目标是建立社会主义市场经济体制。

（七）中国共产党第十五次全国代表大会（1997年9月12日—18日）

江泽民作了题为《高举邓小平理论伟大旗帜，把建设有中国特色社会主义事业全面推向二十一世纪》的报告，着重阐述邓小平理论的历史地位和指导意义。

大会总结了我国改革和建设的新经验，把邓小平理论确定为党的指导思想，把依法治国确定为基本方略，把坚持公有制为主体、多种所有制经济共同发展，坚持按劳分配为主体、多种分配方式并存，确定为我国在社会主义初级阶段的经济制度和分配制度，党的十五大对建设有中国特色社会主义事业的跨世纪发展作出了全面部署。

党的十五大把邓小平理论确立为党的指导思想并写入党章，强调全党要高举邓小平理论伟大旗帜，抓住机遇，开拓进取，实现经济发展和社会进步。

（八）中国共产党第十六次全国代表大会（2002年11月8日—14日）

党的十六大把"三个代表"思想确立为党的指导思想并写入党章，大会强调全党要高举邓小平理论伟大旗帜，全面贯彻"三个代表"重要思想，继往开来，与时俱进，全面建设小康社会，加快建设社会主义现代化，为开创中国特色社会主义事业新局面而奋斗。

（九）中国共产党第十七次全国代表大会（2007年10月15日—21日）

2007年，党的十七大强调高举中国特色社会主义伟大旗帜，以邓小平理论和"三个代表"重要思想为指导，深入贯彻落实科学发展观，继续解放思想，坚持改革开放，促进社会和谐，为夺取全面建设小康社会而奋斗。

十、"十八大"——中国特色社会主义新时代的到来

（一）中国共产党第十八次全国代表大会（2012年11月8日—12日）

大会主题：高举中国特色社会主义伟大旗帜，以邓小平理论、"三个代表"重要思想、科学发展观为指导，解放思想，改革开放，凝聚力量，攻坚克难，坚定不移沿着中国特色社会主义道路前行，为全面建成小康社会而奋斗。中国特色社会主义道路，中国特色社会主义理论体系，中国特色社会主义制度，是党和人民100多年奋斗、创造、积累的根本成就，必须倍加珍惜、始终坚持、不断发展。

（二）中华民族伟大复兴的中国梦

中国梦的核心目标：第一个一百年（1921—2021年），到建党一百年时，建成惠及十几亿人口的更高水平的小康社会。第二个一百年（1949—2049年），到建国一百年时，人均国内生产总值达到中等国家水平，基本实现现代化。

中国梦的实现路径：必须走中国道路，这就是中国特色社会主义道路。弘扬中国精神，这就是以爱国主义为核心的民族精神和以改革创新为核心的时代精神。凝聚中国力量，这就是全国各族人民大团结的力量。

（三）中国共产党第十九次全国代表大会

2017年10月18日至24日，中国共产党第十九次全国代表大会在北京开幕。党的十九大应出席代表2280人，特邀代表74人，共2354人，代表着全国8900多万党员。习近平代表第十八届中央委员会向大会作了题为《决胜全面建成小康社会，夺取新时代中国特色社会主义伟大胜利》的报告。

中国共产党第十九次全国代表大会，是在全面建成小康社会决胜阶段、中国特色社会主义进入新时代的关键时期召开的一次十分重要的大会。大会的主题是：不忘初心，牢记使命，高举中国特色社会主义伟大旗帜，决胜全面建成小康社会，夺取新时代中国特色社会主义伟大胜利，为实现中华民族伟大复兴的中国梦不懈奋斗。

党的十九大通过了关于《中国共产党章程（修正案）》的决议，习近平新时代中国特色社会主义思想写入党章。

历史告诉我们，历史和人民选择中国共产党领导中华民族伟大复兴的事业是正确的，必须长期坚持、永不动摇；中国共产党领导中国人民开辟的中国特色社会主义道路是正确的，必须长期坚持、永不动摇；中国共产党和中国人民扎根中国大地、吸纳人类文明优秀成果、独立自主实现国家发展的战略是正确的，必须长期坚持、永不动摇。

中国共产党领导中国人民取得的伟大胜利，使具有 5000 多年文明历史的中华民族全面迈向现代化，让中华文明在现代化进程中焕发出新的蓬勃生机；使具有 500 多年历史的社会主义主张在世界上人口最多的国家成功开辟出具有高度现实性和可行性的正确道路，让科学社会主义在 21 世纪焕发出新的蓬勃生机；使具有 70 多年历史的新中国建设取得举世瞩目的成就，中国这个世界上最大的发展中国家在短短 40 多年里摆脱贫困并跃升为世界第二大经济体，彻底摆脱被开除球籍的危险，创造了人类社会发展史上惊天动地的发展奇迹，使中华民族焕发出新的蓬勃生机。

微信扫码
· 文 学 名 段
· 趣 说 中 国 史
· 哲 学 探 索
· 读 书 笔 记

第三辑
哲学探索

主体性的道德哲学

——论康德伦理学的特征及其意义

　　康德哲学，在认识论上，提出从时空感性直观到纯粹知性范畴的认识形式，这种认识形式以其先验性的认识结构（时、空的"感性直观形式"和知性的"十二范畴"）统筹感觉材料，从而形成知识理论，明确地树立了主体性在人的认识过程中的主导地位，开辟了德国古典唯心主义的先河。然而，康德哲学的意义，绝不止于他在《纯粹理性批判》中提出的这种先验的认识结构，还在于他在《道德形而上学基础》和《实践理性批判》中提出的以实践为主导的主体能动性的道德哲学，以及在《判断力批判》中阐述的美学和目的论，从而不仅在认识论领域，而且在伦理学和美学范围内树立了主体性的权威。知、情、意三位一体，人在康德的整个哲学体系中贯穿始终。对于康德提出的这种主体性，过去人们在认识论和美学中讨论得比较多了。现在让我们看看他在伦理学中是如何确立了人的"意志自由"，在西方哲学史上怎样掀起了一场"道德革命"，其成果对后来西方哲学的发展具有什么样的影响，以及对人们的道德生活有什么样的启发意义。

一、伦理学上的"哥白尼革命"

在康德之前，近代哲学已把人的问题作为哲学探讨的中心。文艺复兴时期的思想家们，以人权反对神权，高扬理性的权威，为发展人性科学开辟了一条崭新而又艰难的道路。16 世纪末至 18 世纪中叶，西欧各国哲学发展中形成了两个学派——英国经验论和大陆唯理论，他们继承了文艺复兴时期的哲学传统，与经院哲学以神为中心、宣扬信仰至上的哲学相对立，专门以研究人、人的认识能力、人与自然界的关系为中心内容，把对人的认识的探讨作为其他科学探讨的基础，大大加深了人们对主体的认识。但是，无论是经验论还是唯理论，其采取的哲学研究方法，不是以经验观察为主，就是以数学和自然科学方法为主，这是康德之前许多近代哲学家如培根、洛克、休谟、笛卡尔、斯宾诺莎、莱布尼茨等人的通病。而康德哲学的独到之处，在于它同这些近代哲学不同，提出了一种研究人性科学的新方法。在《纯粹理性批判》中，康德既批判了经验的方法，又批判了数学和自然科学的方法。他认为，在研究与人的感性、悟性相关的对象时，在经验的范围之内，仍有先验和后验的重大区别；而在研究与人的理性相关的对象时，必须超越经验的界限。康德这种先验的方法的提出，正是基于这样一种理论：人不是一般的自然物，因而作为人的科学的哲学当然也不是一般的自然科学，所以采取的方法不能也不应该是经验的或数学的方法。要使哲学真正成为一门独立于一般自然科学的人性科学，必须采取形而上学的即超验的方法。这种方法的优越性在于：在现象之外抓住事物的本质，在诸多本质之中抓住一般本质。这是康德批判哲学的主要贡献之所在。

与这种超验的哲学方法相适应，在《道德形而上学基础》和《实践理性批判》中，康德采取的伦理学的体系和方法必然也具有这种先验和超验的性质。康德在伦理学上把道德基础从经验的外在对象（物）转移到先验的主体（人）的意志中来，先确定超验的意志自由（道德的本质）作为普遍必然的道德律令，然后论证大量呈现和存在于日常道德经验之中的社会现实（道德现象）。这种方法和体系虽然具有一定的抽象性，违反"日常意识"，但比以前西欧大陆的唯理论和英国的经验论的方法要可取得多，也比以经验论为理论根据的幸福主义和以唯理论为特征的"从完满引出"的"神意"道德论，更准确地抓住了道德的本质。我认为，这可以说是康德在伦理学上的"哥白尼革命"。对此，康德研究专家、国际康德学会副主席、美国罗切斯特大学哲学系教授 L.W. 贝克评论道："在康德的道德哲学中，也能找到一种类似于哥白尼革命式的革命。我使用现代人中研究康德而深受欢迎的作家的话，把它称为'卢梭主义的革命'，因为正是卢梭写道：'服从自己制定的法律就是自由。'卢梭从政治意义上理解这种行动原则，并且在此基础上提出他对平民参与立法的辩护。只有平民主动参加，而不是被动同意，国家权力才是合法的。康德进一步发展了这种思想萌芽，卢梭的政治原则完全变成了康德道德的论据，在康德之前，道德法则的起源，要到神的意志或者自然界的秩序或者人对幸福的追求中去寻找。康德反驳说，在这些之中只能建立明智的准则，而不能建立道德的法则……因此之故，康德把道德法则的起源称为意志的自主。"[1] 我认为贝克把康德这种脱离了经验的意志自由的道德准则，看作在道德生活中引发了一场革命，是康德伦理学中最有生命力的东西的观点，紧紧地抓住了康德道德哲学的最主要特征，并公正地指出了康德的伦理学在西方伦理思想史上的突出地位。据此我认为，康德在伦理学上的"哥白尼革命"，主要表

---

[1]L. W. 贝克 1981 年在第五届国际康德大会上的学术报告：《我们从康德那里学到些什么？》，英文版，第三部分。

现为以下两个方面：

首先，它表现为彻底克服了伦理学上自伊壁鸠鲁以来一直延续到18世纪法国唯物论重经验的幸福主义伦理观的弊病，树立了主体性在道德生活中的地位。早在古希腊和古罗马奴隶制时期，智者派著名代表普罗泰戈拉就提出了"人是万物的尺度"的响亮口号，并以此为基础，认为人的感性是道德的来源和标准，主张通过现实感性生活的途径去达到道德完善的境地。伊壁鸠鲁继承了普罗泰戈拉的理论传统，进而把重感性的道德观发展成为快乐主义。他说："快乐是幸福生活的开始和目的。因为我们认为幸福生活是我们天生的最高的善，我们的一切取舍都从快乐出发；我们的最高目的乃是得到快乐，而以感触为标准来判断一切的善。"[1] 这种重感性快乐、重物质利益的伦理学经过欧洲中世纪的漫漫长夜，一直影响到后来的法国唯物主义者。法国唯物主义者从感觉论出发，认为所谓善恶好坏，说到底不过是以感觉为基础的快乐和痛苦，人的本性在于自爱自利。伏尔泰说："人是善与恶、快乐与痛苦的混合物。"[2] 心是维系人们之间关系的纽带，推动着社会的进步。霍尔巴赫进一步认为："人从本质上就是自己爱自己，愿意保存自己，设法使自己生存、幸福。所以，利益或对幸福的欲求就是人的一切行动的唯一动力。"[3] 在爱尔维修那里，这种满足欲求自爱之心更是达到了极点，人的一切情欲、一切精神上的快乐或痛苦，统统被还原为人的趋乐避苦的肉体感受性，因此人在社会中只有依靠物质利益才能够满足这种肉体感受性的要求。"无论是在道德伦理还是在认识问题上，都是利益宰制着我们的一切判断"[4] 这样，在他那里，以个人利益为基础的社会公共利益就成了衡量人们行为的道德准则。法

---

[1] 周辅成：《西方伦理学名著选辑（上卷）》，商务印书馆1987年版，第103页。
[2] 伏尔泰：《哲学通信》，高达观等译，上海人民出版社2002年版，第119页。
[3] 霍尔巴赫：《自然的体系（上卷）》，商务印书馆1977年版，第273页。
[4] 葛力：《十八世纪法国哲学》，商务印书馆1991年版，第257页。

国唯物主义者从感觉论出发，以肉体的感受性为基础，把物质的需要和利益的满足作为道德行为的最高标准的理论，理所当然地受到了康德的严厉批判。他认为这种幸福主义的一个共同特征是以经验为其理论基础，因而没有客观标准。因为幸福和快乐、欲望和享受都因人而异、因时而异，没有客观的统一的标准可以衡量，可以由种种偶然的经验条件所影响和决定，因此不可能成为普遍的道德准则。无论是从日常感性生活中寻求幸福、享乐、利益，还是在人之外寻求道德标准，人都没有自主性，被动地受着感性经验和物质利益的制约和限制，因此没有客观的普遍有效性。康德为自己提出的任务，就是要"划分以经验原理为其整个基础的幸福论和不允许丝毫经验原理掺杂于其中的道德学"[1]，建立起以先验认识为基础的先验道德。这种道德的主要特征就是要求舍弃那些特殊的、偶然的、依据单个事物变化的经验性质，只承认那种普遍的、必然的即具有普遍有效性的东西为道德准则。他指出，道德概念并不是从经验中引出的，它蕴含于人的理性之中；实践理性要求它不受任何经验的制约，道德必须脱离经验，如果把道德原理归纳为经验，就从根本上取消了道德之为道德的本质特征，成了随个人经验而变的一种主观任意的东西，不可能具有普遍的、必然的客观有效性，因而也就不可能作为普遍的道德原理。"因此，我们必须从不受经验所制约的一种原因性的原理出发，然后才能企图对这样一种意志的决定动因确定一个概念，并确定这些概念在对象上，最后又在主体和其感性上的应用。"在这里"规定'自由'的原因性的法则，也即纯粹实践原则，就不可避免地作为出发点，并且决定它所唯一能以应用于其上的那些对象"。这里明确指出，康德要考察的主要是一种超验的主体，与现象无关，不受经验制约，而服从自己为自己所制

---

[1] 康德：《实践理性批判》，邓晓芒译，人民出版社 2004 年版，第 94 页。

定的规律——道德律，从主体自身探索准则，确定道德形而上学基础。康德所提出的这种主体性的普遍有效性的道德法则，从主观方面揭示了道德之所以为道德的一个本质特征，即道德原则，不以某个个体的经验事实为标准（趋乐避苦、幸福享乐），而以人类群体的普遍有效的"立法形式"（良心、责任、义务）为"律令"。不以外在的制约于人的某种经验的东西建立道德原则，而以人的主体自身，在实践理性上自己为自己建立普遍的必然的道德准则。我理解，这就是康德道德哲学的"哥白尼革命"的实质。

其次，这场革命还意味着对欧洲自柏拉图以来一直到中世纪宗教哲学家们所鼓吹的"神意"道德的否定。柏拉图认为，神是善的真正源泉，美德在于求神，人生的目的在于"净化"，通过爱的"迷狂"和"去欲"以达到神人相通的神秘的道德境界。宗教哲学家们认为，现实的痛苦是为了来世的幸福，只有信神才能求福，神是人类的最高主宰，只有听命于神的安排，才符合道德准则。这种理论与18世纪法国唯物论的幸福主义从经验出发不同，它要求道德的客观普遍性。但康德认为，这种普遍性并没有什么实际意义，求神的目的是因为"有助于生活的利益"，把神的意志作为道德原理，也是"因为我们期望由于契合神意就会得到幸福"，因此，这种"神意"说与经验论的幸福主义殊途同归，最终把道德原则还原归结到了主观经验的感官上的幸福。而且还不只如此，这种"神意"说把道德的力量送给了道德以外的别物来主宰人世，让意志行为服从于外在因素的"他律"，而不是自己为自己立法，因而不是道德的。康德认为，道德的基础是"自律"，它不是神的工具，不受神意、天命的支配，它自己就是自己立法的主人。道德"既不需要高于人的另外的存在者以承认人的义务，也不需要离开道德律令的另外动机来履行他的义务"。[1] 康德认为伦理学宣传人只服从自己立法的道德，人是自己的，不是上帝的工具。这种伦理观表现了对长期以来统治欧洲的封建中世纪的宗教神学的叛逆精神。人是目的，人是自身的主宰，这就是康德在道德哲学中建立的主体性，是其伦理学的基本特征。

二、伦理学的道德律与现实性

康德确立了主体性在伦理学中的地位，那么这种主体性应该具有哪些规定，就是康德必须予以回答的现实问题。据此，康德提出了他的"道德律"思想，无论是从思想史的发展看，还是从对现实生活的指导意义上看，康德提出的"道德律"思想都具有重大的历史性和现实性。

1.绝对命令。如前所述，康德认为伦理学必须从具有普遍性和必然性的道德律出发，它是整个伦理学的基础和前提。这种普遍道德律应当排除一切经验的内容，使之不受经验制约。这样一来，剩下的仅仅是形式自身，这就是先验的普遍道德律，它既然不受经验外物限制，必然是实践理性的意志自身设定的。有了这样一条"普遍的立法形式"，因此，人们"不论做什么，总应该做到使你的意志所遵循的准则永远同时能够成为一条普遍的立法原则"。[2] 这就是说，一个人每做一件事的时候，都要履行这条人人共同遵守的道德准则，这是一条绝对命令。这条命令要求人们的道德规范既是普遍有效的，又是合乎法则的，还是不包含经验内容的纯粹形式的，因而，它不能带来任何利益，有的只是个人牺牲、道德的责任和道德的义务。这样，义务成

---

[1] 康德的伦理学对现代西方哲学的影响，可参见李泽厚著：《批判哲学的批判》，第9章，第6节。
[2] 康德：《实践理性批判》，邓晓芒译，人民出版社2004年版，第30页。

了道德最牢固的支柱，成了绝对命令的唯一源泉。只有义务而不是任何其他动机才能使行为具有道德的性质。一个为了"道德义务"而行事的意志就是善的意志。康德讲："德行之所以有那样大的价值，只是因为它招来那么大的牺牲，不是因为它带来任何利益；全部仰慕之心，甚至效法这种人品的企图，都完全依据在道德原理的纯粹性上。只有当我们把人们视作幸福成分的一切东西都排除于行为的动机以外的时候，这种纯粹性才能被确凿无疑地呈现出来。"这时不是个体、私欲、本能、自然情感，而是更具有普遍性、自觉性、客观性的纯粹的道德义务、责任才是道德的动机。这确实是更为准确地抓住了道德的本质特征。

2. 人是目的。这是康德为道德所设立的第二条律令。他说："你需要这样行为，做到无论是你自己或别的什么人，始终把人当作目的，总不把他只当作工具。"[1] 这表明，人作为道德的主体、理性的存在者，只能是自己的主人。所以，人是目的，绝不是供人驱使支配的手段。既然人是客观的即自在目的，因此，具有"普遍立法形式"的绝对命令就有了客观依据，围绕着人这个中心来旋转。超人的"绝对命令"的形式终于在这里落实到了"人是目的"的具有一定内容的原则上了。康德认为，人作为自然的感性的存在者，他是自然的一部分，呈现出一种动物性，只有相对价值；但人作为理性的存在者，作为道德的主体，他本身就是目的，具有超越感性世界的一切价值的绝对价值。这样，康德通过伦理学的这条道德律令，充分地肯定了人的价值的伟大和尊严，表达了德国资产阶级要求自由、独立、个性解放的思想。但是，康德表达这一思想所采取的形式是抽象的，出自纯粹的理性演绎。对此，马克思、恩格斯批评道："在康德那里，我们又发现了以现实的

---

[1] 康德：《道德形而上学基础》，孙少伟译，中国社会科学出版社2009年版，第43页。

阶级利益为基础的法国自由主义在德国所采取的特有形式……康德把这种理论的表达与它所表达的利益割裂开来，并把德国资产阶级意志有物质动机的规定变为'自由意志'、自在和自为的意志，人类意志的纯粹自我规定和道德假设。"[1] 然而我们也应当看到，透过康德"人是目的""人创造着自己的价值"的思想外壳，会引发出许多真实的历史内容。马克思在《1844 年经济学哲学手稿》中所揭示的资本主义条件下的劳动异化，正是不把劳动者当作目的，而仅仅作为资本主义生产财富的工具，劳动的成果不属于劳动者自己，而是成了异己之物，反过来压迫劳动者，这是劳动的异化，是不把人当作目的的人性异化。康德伦理学深刻的人性主题，在马克思那里，发展成为揭露资本主义压制人性的批判武器。

3. 意志自律。意志自律是康德所设定的第三条道德原则，这是从"人是目的"这第二条律令中合乎逻辑地推导出来的。既然人是目的，人是自己立法的主人和决定者，不是被动地受他物支配的工具，那么，他的意志便是自律的。康德说："之所以得出这个结论，乃是因为人是道德律令的主体，而这个律令本身就是神圣的……这个道德律令就建立在他的意志自律上，这个意志作为自由意志，同时就依照他的普遍法则，必然符合于他应当服从的那种东西。"[2] 因此，"意志的第三实践原则（它是与普遍实践理性相调和的最高条件）就是：把每个有理性的存在者的意志当作普遍立法的意志"。[3] 康德以"自律"概念否定了作为实践理性的主体意志受外在因素决定的被动命题，确立了自己的主体意志由自身决定、服从自身制定的道德法则的主动命题。所谓"自律"，是相对"他律"而言的，"他律"是指意志由其他因素决定，

---

[1]《马克思恩格斯全集（第三卷）》，中共中央马恩列斯著作编译局译，人民出版社 1960 年版，第 213 页。
[2] 康德：《实践理性批判》，邓晓芒译，人民出版社 2004 年版，第 158 页。
[3] 康德：《道德形而上学基础》，孙少伟译，中国社会科学出版社 2009 年版，第 45 页。

如我们上面所阐述的康德对经验论的幸福主义和宗教哲学的"意志说"的批判，它们都是以"他律"为基础的典型的道德学说，用道德之外的他物——物欲和神启，来决定道德与否。因而，康德说："意志的他律是一种假的道德原则的来源。"[1] 而"自律"是说明人不是物（只知服从），也不是神（只知立法），而是服从自己立法的主人，道德意志是独立自主，不允许在道德之上或之外存在超道德的东西，每个人都按照理性所规定的道德法则、实践理性的意志和目的而行事。

因此可以说，康德的自律性原理反映了启蒙时代的个人主义、反对权威、尊重理性的思潮。这对于我们批判封建的道德学说，也具有十分积极的意义。我国封建社会有着两千多年漫长的历史，因此封建传统的残余时有表现。封建道德的基本宗旨就是"他律"，所谓"存天理、去人欲""君为臣纲，父为子纲，夫为妻纲"等观念都是以权贵的力量、社会群体的力量压制人的个性和才能的发展。"文化大革命"中所提倡的"先信仰，后理解"或"理解的要执行，不理解的也要执行"的观点，都是以"他律"为基础的封建主义道德的思想残余。因此，强调道德的"自律"，提高自我意识，加强自我修养，形成高尚的品德，自己创造自己的历史，就是从康德的这条道德原则中必然引出的结论。

这条道德原则，在我们的现实社会中对于指导人们的伦理生活具有十分重要的作用。一个稳定和谐的社会，需要社会中的每一个人从公正的立场和善良的意志出发去约束和规范自己的行为；从主体出发，并不是从主体的私欲出发，私欲的膨胀只能导致主体的泯灭和丧失，从而失去人性中善的成分。而道德上的意志自律，使自己的行为自觉地按善的意志和良知行动，保证了人的健康发展和社会的和谐进

---

[1] 康德：《道德形而上学基础》，孙少伟译，中国社会科学出版社 2009 年版，第 55 页。

步；相反，放纵自己的行为，而没有任何道德上的约束，终将毁了自己，危及社会。北京市前任两位副市长——王宝森、李润五，一个放荡不羁、腐化堕落、生活奢侈、滥用权力；一个公而忘私、鞠躬尽瘁、舍生忘死、廉洁自律。一个可耻地自杀，一个光荣地殉职，也从另一个侧面深刻地揭示出意志自律、防微杜渐、严于律己，对规范行为主体的人的行为，使其符合善的道德要求是多么重要。这也是我们在实践中从康德的伦理学中合乎逻辑地引申出来的结论。

时代的悲观意识

——叔本华哲学的历史和理论根源探讨

在 19 世纪上半叶的德国，与黑格尔活动于同一哲学舞台的叔本华，以其标新立异的唯意志论哲学和愤世嫉俗的悲观主义人生观，给德国的思想界带来了异端邪说。他一反欧洲哲学史上的理性主义传统和德国古典哲学的乐观主义态度，把非理性的、盲目欲求的意志抬高到哲学的首位，并以此为理论根基创立了悲观厌世的人生哲学，从而轰动了当时德国的知识界，进而影响了整整一代思想家。在他之后，尼采的权力意志，柏格森的生命哲学，海德格尔的存在主义，以至于维特根斯坦的《逻辑哲学论》[1]，都从他那里或直接或间接地吸收了某些思想，有的还把他作为自己的理论先驱。而黑格尔、海涅、恩格斯、梅林等思想家，有的对他不屑一顾，有的给予迎头痛击[2]。但是，对这样一位思想庞大博杂、对人生进行过严肃思考的哲学家来说，仅仅全盘否定还是不行的。从历史的发展过程来看，为什么德国在 19 世纪初冒出个叔本华？这里有没有历史的必然性？如果有，这种思想体系反

[1] 吉奇教授还曾把《逻辑哲学论》和《作为意志和表象的世界》作了全面比较，认为前者是根据后者而来的。参见 *Philosophical Review lxvi* (1957)。
[2]《马克思恩格斯选集（第三卷）》，中共中央马恩列斯著作编译局译，人民出版社 2012 年版，第 467 页；梅林：《文学批评论文集》，1943 年俄文版，第 500 页。

映的是一种什么样的历史事实和人们的心理体验？从思想史的逻辑上看，为什么自叔本华始，欧洲一股强大的社会思潮——非理性主义思潮异军突起，在当代西方哲学中处于举足轻重的地位？这里有没有逻辑的必然性？如果有，那么这种哲学沉思在整个人类思想的发展史上受到了哪些思想倾向的影响，给了后来的思想家什么样的启迪？要解决这些问题，绝不是仅仅从阶级的立场出发，给予一通批判，予以全面否定所能了事的。本文试图从历史和理论的渊源上探讨叔本华哲学产生的历史必然性。

<h2 style="text-align:center">一</h2>

阿图尔·叔本华，1788 年 2 月 22 日生于但泽（今波兰所属），1860 年 9 月 21 日死于德国美因河畔的法兰克福。他生活的年代正好是 18 世纪末 19 世纪上半叶，因此，他的世界观的形成、哲学体系的酝酿都与欧洲这段历史，特别是德国的历史密切相关。我们知道，18 世纪末的欧洲，资本主义的生产方式已经获得了迅速的发展，同时也受到了长期统治欧洲的封建专制制度的严重阻碍。因此，新兴的资产阶级要想求生存和发展，必须和封建专制制度进行殊死的搏斗，资产阶级革命不可避免。1789 年法国爆发了轰轰烈烈的资产阶级大革命。革命的结果，一方面打击和扫荡了法国的封建主义和专制制度；另一方面又抬出了拿破仑·波拿巴，他于 1799 年 5 月 18 日建立了独裁政府。拿破仑上台后，对内实行专制，对外不断向别国挑起战争，使整个欧洲一次又一次地处于大动荡、大流血的战乱之中。拿破仑的军队在欧洲战场的节节胜利，虽然扫荡了各国的封建势力，带来了法国资产阶级的革命精神，但是战争的客观结果，无疑是横尸遍野、血流成河，千百万人的生命荡然无存，平民百姓、下层士兵受害最深。

　　叔本华的童年和学生时代，就是在这样的历史背景下度过的。叔本华童年时曾在法国生活两年，当时那里正是法国大革命的中心，12岁那年，他父亲为了培养他经商的兴趣，又带他作了历时两年的长途旅行，途经西欧各国。所到之处，大都是战事紧张、政局动荡、经济凋敝、民怨甚多，这对他幼小的心灵产生了极大的影响。在当时的日记里，他写下了许多消极、失望、痛苦的文字，悲观主义世界观开始萌发。1812年，正当他年富力强，在柏林大学雄心勃勃地刻苦攻读学位的时候，普法战争又扰乱了他宁静的学习生活，他在学校里争取获得博士学位的愿望破灭了。普鲁士的战败，给这个国家造成了巨大的伤亡，给人民带来了沉重的经济负担，因此社会上弥漫着浓重的感伤气氛，这无疑又一次在叔本华的心灵上留下了痛苦的阴影。他虽逃出了柏林，搬到了鲁道尔施塔特，在骑士旅馆里继续做他的博士论文，但战争所留下的情景历历在目，隆隆的炮声不时传入他的耳中，时时刺痛他的心灵。学生时代的经历和体验深深地影响了叔本华的人生观，后来他不无感慨地说："一个人在一生中应该及早知道，自己所处的世界原是一个伪装的世界"。"人根本是野蛮的，是可怕的野兽，甚至人比野兽更坏，因为没有一个动物，只为折磨而折磨另一个动物，但人却如此，正是这种情形，构成了人类性格的残忍特质"[1]。因此"要显出这世界之真正坦诚是多么少，而在一切道德的外衣后面，在最内在的深处，是如何地常常隐藏着不义邪恶"[2]！这种不义邪恶又是由意志所致，因为"人受意志的支配与奴役，他每时每刻、忙忙碌碌地试图寻找些什么，每一次寻找的结果，无不发现自己原是与空无同在，最后终不得不承认这个世界的存在原是一大悲剧，而世界的内容却全是

---

[1][2]叔本华：《人生的智慧》，张尚德译，黑龙江人民出版社1987年版。

痛苦"[1]。这样，叔本华就把他的悲观主义人生观，纳入到了他的意志主义的哲学体系中来了，在《作为意志和表象的世界》中，得到了系统的阐发。他认为意志伴随着痛苦，人的欲望、意念无止境，人的痛苦也就无边际。消灭意志，人们才能从痛苦中得到解脱，但意志毁灭又是不可能的，因此，人只能在痛苦中呻吟。

叔本华对人生的这种消极态度和悲观看法，固然有他的经历为根基，但也确实代表了当时绝大多数中产阶级、小私有者和城市市民害怕战乱的心境，也在一定程度上反映了没落的封建地主阶级对自己前途的失落感，还多少地表现出了新兴资产阶级既想发展自己又恐惧害怕的矛盾情绪，因而可以说是当时德国比较普遍的社会心理的反映。德国是一个长期处于封建割据状态、资本主义发展较晚的欧洲国家。到了19世纪，英法等国资本主义已获得了相当大的发展，而德国的资本主义势力还比较弱小，经济力量也比较薄弱，处于争生存、求发展的初级阶段。他们一方面需要同封建制度进行较量，发展自己的产业；另一方面，他们在本阶级的内部也要进行激烈的竞争，时时面临着欺诈和倒闭。对于他们，世界没有美好可言，有的只是失望、叹息和痛苦。当时德国的封建统治势力，在英、法资产阶级革命的外在压力和本国资产阶级的内部打击下，已失去了昔日不可一世的霸主地位，因而也惶惶不可终日，那些在新兴资本主义企业里从事繁重劳动的工人、城市贫民，虽然比在封建统治下有较多的自由，但是资本主义的大机器生产把他们束缚在整体中一个孤零零的断片上无休止地劳动，压制了其身心的发展，生活特别贫困。难怪叔本华的哲学起初发端于校园里，在学术界并不引人注意，一旦迈入广阔的社会领域，被社会中各阶层的人们所接受，受到普遍的欢迎，资产阶级在"受到官僚封建反

[1]叔本华：《人生的智慧》，张尚德译，黑龙江人民出版社1987年版。

革命势力苛待的时候，这种悲观主义就溶进了它的懊恼情绪"[1]。"中等阶层的人们——律师、医师、商人——发现他是一位哲学家。这位哲学家，不只给他们一些空幻的形而上学虚饰的隐语，他更为他们实际生活的现象提出了一个通晓明畅的概观……科学对神学的攻击。社会主义者对贫穷及战争的控诉，生物学对生存竞争的强调，这种种的事实，最后使叔本华出了名"[2]。

叔本华悲观主义人生观的形成，除了上述社会因素的影响外，还可从他的家庭和本人的经历中找到一些原因。叔本华的父亲原是一位富有的商人，后因但泽在 1793 年被普鲁士吞并，他们便举家迁往汉堡，但却损失了近十分之一的财产。后来由于经营不善，叔本华又不肯继承父业经商，生意越来越不景气，父亲由于不堪忍受经济上的损失和濒临破产而投河自尽。关于叔本华父亲的死因，大致有两种观点：一种认为是他不慎失足掉入河里淹死；另一种认为是自杀。我们根据叔本华父亲当时的处境和他的家庭病史，采用后一种说法。叔本华虽分得一笔可观的遗产，并用于投资，但时时担心公司破产。1819 年他在意大利旅游时，忽然听到他在但泽所投资的一家公司濒临倒闭，于是，他日夜兼程赶回德国，拼命抢回了属于他的那份财产。不久这家公司破产，他的母亲和妹妹由于不听他的劝告而损失惨重。叔本华的家庭内部也很不安宁，叔本华的母亲颇有文采，是当时一位小有名气的描写风花雪月的作家，但不幸的是她比叔本华的父亲小 20 多岁，由于年龄的悬殊和其他一些因素，她经常和自己的丈夫吵架，还经常邀请一些社会名流、文人雅士到家里聚会，这使叔本华的父亲非常不满。叔本华对母亲的行为也很反感，他不满母亲对父亲的"不忠"，更讨厌

---

[1] 梅林：《论尼采》，载《弗朗茨·梅林哲学论文集》，柏林 1961 年版，第 173 页。
[2]《叔本华论文集》，陈晓南译，百花文艺出版社 1987 年版，第 158 页。

母亲文人式的生活作风和方式，以至于他父亲死后不久，他便和母亲断绝了关系。叔本华本人的学者生涯也很不得志，求学过程几次被打断；在柏林大学教书时，他试图和黑格尔一争高低，结果以失败告终；《作为意志和表象的世界》写完后，出版商不肯出版，后来虽勉强出版，但销售量又很小。这种种现实终于使叔本华成了一个孤独、忧郁、厌世、悲观的哲学家。

综上所述，叔本华哲学是 19 世纪上半叶德国封建主义制度向资本主义制度过渡阶段社会危机和阶级矛盾的反映。他看到了社会的冷酷、残忍、黑暗和不合理，因看不到出路和前途而悲观失望，只能哀叹人生的痛苦而无所作为。这种悲观主义人生观在揭露和反映社会弊病方面，确实道出了当时人们的痛苦心声，是有进步意义的。但是，他从唯心史观出发，不能正确认识人世间痛苦的根源，没有看到资本主义代替封建主义的历史必然性，因而不能区分什么是社会进步过程中必然带来的阵痛，哪些是腐朽的社会力量给人们留下的创伤，不分青红皂白而一概加以攻击，显然是错误的。而且他提出的解决社会矛盾的方法是消极的：逆来顺受，否定意志，只能麻醉人们的斗志和进取精神，有利于维护剥削阶级的统治，在历史上起到了极大的反动作用。但是，我们也应当指出，过去我们对叔本华哲学的研究，政治上只注重对其阶级性的分析，而忽视了对其哲学产生的历史背景和个人生活经历的具体的历史的分析，将其哲学流行的原因仅仅归结为德国资产阶级对 1848 年革命失败的反应，而忽视了对其他因素的分析，都是失之全面的。我认为，梅林关于叔本华哲学受到了 1848 年革命失败后资产阶级普遍欢迎的观点，仅仅是分析了资产阶级一个阶级对叔本华哲学的态度，而没有说清其他阶级欢迎叔本华哲学的原因。一个哲学家的个性、思想、世界观的形成，必须结合他所处的时代、个人和家庭的身世、思想史上的影响等多方面进行探讨，这样才能够得出符合事实的结论。对于叔本华这一具有特殊性格的人，更应如此。

二

欧洲近代自文艺复兴以来，资产阶级思想家针对中世纪神学对人学的压抑、神性对理性的排斥的蒙昧主义，举起了理性主义的大旗，颂扬人的尊严、挖掘人的潜力，"思维着的悟性成了衡量一切的唯一尺度"[1]。这是一次伟大的思想解放运动，推动了理性哲学和科学的迅猛发展。但是人们不久就发现，新社会文明并不令人乐观，世界上一方面是科学技术带来的物质文明的发展，另一方面是竞争、掠夺、战争不断，于是人们进一步对理性自身也提出了疑问：人的理性真的能给人带来美德和幸福吗？科学甚至文明真的能给人带来欢乐而不会带来灾难和痛苦吗？这种疑虑起初表现在法国启蒙思想家卢梭的著作和休谟的怀疑论中，但以理论化、系统化形式出现的则是叔本华，他的《作为意志和表象的世界》公开、彻底地举起了非理性主义的大旗，对理性的忧虑更为深沉和具体。

那么，叔本华的反理性主义的世界观，是他本人在书屋里独自杜撰出来的吗？有没有思想发展史的逻辑必然？这是我们要认真加以分析的。

我认为，叔本华强调直觉、经验而贬低理智、思考的非理性主义与当时英国本土的主观经验主义的盛行和欧洲大陆特别是德国浪漫主义思潮的泛滥，以及他对古代、近代欧洲哲学（柏拉图、康德的思想）和东方哲学（印度佛教）的批判改造是分不开的。

---

[1]《马克思恩格斯选集（第三卷）》，中共马恩列斯著作编译局译，人民出版社2012年版，第96页。

首先，近代英国的经验主义是一支重要的哲学流派，在当时产生了较深刻的影响。这派哲学家们认为，知识或真理（或真观念）只能来源于经验事实，而不来自理性主义所说的确切无疑、清楚明白的天赋观念，因此，一切知识必须在经验的审判台前接受经验的无情审判。但是，经验主义的发展从早期的培根到后来的洛克、贝克莱，越来越向唯心主义方向发展，竟导致了"存在就是被感知"等唯我论的荒谬结论。叔本华曾旅居英国多年，对英国文学和哲学有很深的造诣[1]，因此，从一开始开展哲学活动时，他就比较注重研究英国人的思想，对贝克莱的主观经验主义推崇备至，以至于他在构造其唯意志主义的哲学体系时，也忘不了借助于贝克莱的帮助。在《作为意志和表象的世界》中，开篇第一句，叔本华就说："世界是我的表象。"[2]而且他认为，这是对一切生物都有效的"真理"，只要人们具备了这种"哲学思考"，那"他就会清楚而确切地明白，他不认识什么太阳，什么地球，而永远只是眼睛，是眼睛看见太阳；永远只是手，是手感触着地球；就会明白围绕着他的这个世界只是作为表象而存在着的"[3]。这种否认外部世界的存在、只诉诸主体感官的思想很容易导向非理性主义的直觉论，因为表象、事物等首先是通过感官认识，有时是通过当下的直觉而获得的。叔本华就直言不讳地把它道了出来，说："对于'认识'而存在着的一切，也就是全世界，都是同主体相关联的客体，直观者的直观。"[4]对于与贝克莱的这一渊源关系，叔本华自己说得非常清楚，他在讲到"世界是我的表象"的观点时说："这一观点决不新颖……贝克莱是断然把它说出来的第一个人，尽管他那哲学的其余部分站不住

[1]《叔本华论文集》，陈晓南译，百花文艺出版社1987年版，第165—166页。
[2]叔本华：《作为意志和表象的世界》，石冲白译，商务印书馆1982年版，第23页。
[3]叔本华：《作为一只和表象的世界》，石冲白译，商务印书馆1982年版，第25页。
[4]叔本华：《作为意志和表象的世界》，石冲白译，商务印书馆1982年版，第26页。

脚，在这一点上，他却为哲学作出了不朽的贡献。"[1]

其次，叔本华在致力于反理性的唯意志论哲学的创立时期，也正是欧洲浪漫主义狂澜泛起的时期。因此，浪漫主义对叔本华思想的影响，我们不能不加以重视。正如英国著名哲学家罗素所指出的："从18世纪后期到今天，艺术、文学和哲学甚至政治，都受到了广义上所谓浪漫主义运动特有的一种感情方式积极的或消极的影响。"[2]对旧观念和制度的反抗，"有两种迥然不同的形式，一个是浪漫主义的，一个是理性主义的……浪漫主义的反抗从拜伦、叔本华和尼采演变到墨索里尼与希特勒"[3]。罗素把叔本华作为广义的浪漫派的代表是有一定道理的，这在我们下面的分析中即可见到。

近代欧洲，工业革命把人们带入了文明时代，改变了人与世界、人与人的关系。科学技术一方面给人们带来了巨大利益，但另一方面也成了一种压制人的客观力量。唯理主义、经验主义只顾埋头探讨自然知识的基础，却很少研究人生意义问题。为了抗争科学理性对人的压抑，为了解决科学与人生意义的矛盾，浪漫主义思潮应运而生，它极力想挽救被工业文明所吞没了的人的内在灵性；拯救被数学性思维浸渍了的人的思维方式；它对传统的反抗倾向是牺牲理智而强调意志，耐不住推理的束缚，颂扬某些类的暴力。[4]18世纪末19世纪初，浪漫主义思潮首先在德国兴起，继而在英、法出现了浪漫主义文学运动。在德国，浪漫精神最早由浪漫派诗人（席勒、施勒格尔等）和浪漫派哲学家（谢林）阐述，以后经过了叔本华、尼采的极端推演。德国的浪漫主义一出现便充满了浓重的反理性色彩，表现出了一种沉重的忧郁气质。世界上到处是暴力、欺骗、道德败坏、官僚腐化的现象，而

[1] 叔本华：《作为意志和表象的世界》，石冲白译，商务印书馆1982年版，第26页。
[2] 罗素：《西方哲学史（下卷）》，何兆武、李约瑟译，商务印书馆1976年版，第213页。
[3] 罗素：《西方哲学史（下卷）》，何兆武、李约瑟译，商务印书馆1976年版，第263页。
[4] 罗素：《西方哲学史（下卷）》，何兆武、李约瑟译，商务印书馆1976年版，第270页。

人的内心又失去了持重的虔敬感和内在灵性。因此，浪漫主义逃避现实，幻想到古代或中世纪的宗教境界中去寻觅安慰；它消极悲观、歌颂夜与死，沉溺于神秘气氛之中，赋予感伤的情调；它对经验与超验、有限与无限、现象与本体、感性与理性、自由与必然的分裂有深切的体验和独特的感受。浪漫主义思潮的这些思想倾向深深地影响了叔本华，在哲学本体论上，叔本华和尼采的生命意志哲学在浪漫主义思潮的思路上作了一次重大的推演，由传统的、实在的、绝对的本体论转换为个体感性生命的本体论——个体的生命意志，使认识论不再成为如何把握自然实在的学说，而是成为如何领会人自身的学说，这一学说为浪漫派提供了哲学理论基础；在文学艺术方面，叔本华熟悉许多不同门类的艺术，如诗歌、音乐、雕刻、绘画等等，特别是对浪漫主义诗人拜伦、音乐家瓦格纳佩服得五体投地。因此，当时许多艺术作品中的浪漫主义倾向，对他也有潜移默化的影响，浪漫派排斥理性，悲观颓废的思想和情调在他长期苦心思索的哲学主题中"一语道破"。正如罗素所指出的："浪漫主义形式在拜伦作品里可以见到，那是裹在非哲学的外衣下的，但是在叔本华和尼采的作品里，它学会了哲学用语。"[1] 叔本华哲学也给德国浪漫派以深刻的启发，他们在艺术中，表现了许多叔本华哲学的东西，如在德国当时轰动一时的音乐家瓦格纳的歌剧作品中，就可以找到叔本华哲学的影子[2]。这就说明，叔本华哲学起初受到了浪漫派的影响，进而他创立的哲学又反过来以思辨的力量打动了浪漫派的心灵。

最后，叔本华哲学除了受到以上所述英国经验主义和德国浪漫主义的影响外，还有其直接的理论来源，这就是柏拉图、康德的哲学和

---

[1] 罗素：《西方哲学史（下卷）》，何兆武、李约瑟译，商务印书馆 1976 年，第 270 页。
[2] Magee, *The philosophy of schopenhauer*, New York: Oxford University Press, 1983.

印度佛学。当然叔本华对康德和柏拉图哲学都有过批判，因为不是本文重点，故不详述。叔本华借助于他们提出的概念和理论，建立起了唯意志论的思想体系（有关这方面的情况，已有不少文章涉及，本文概而述之）。

叔本华素来重视对康德哲学的研究，并认为，理解康德哲学是理解他的哲学的必要环节 [1]。在《作为意志和表象的世界》的正文后，他又写了一个《康德哲学批判》附于后面，以便和正文中的观点相对照。叔本华继承了康德的"自在之物"和"现象"学说。一方面，他以"世界是我的表象"的第一命题，替换了康德关于现象界的论述；另一方面，他以"世界是我的意志"的第二命题，改造了康德的"自在之物"。叔本华认为，"康德说的自在之物就是意志" [2]。

叔本华对柏拉图比较推崇，在《作为意志和表象的世界》第三篇中，还专门列一副标题"柏拉图的理念"来研究他。叔本华认为，康德的"自在之物"仅仅是一客体，独立于一切认识形式之外，所以是有局限性的，而柏拉图的"理念"则相反，他一方面是一客体，同时又"是一个被认识了的东西，是一表象" [3]。这样，作为"自在之物"的意志就可借助"理念"得到客体化。他说："理念只是自在之物的直接的，因而也是恰如其分的客体性。" [4] 理念的进一步展开，就是间接的客体性，形成千差万别的具体事物，如"人类的历史，事态的层出不穷，时代的变迁，在不同国度、不同世纪中人类生活的复杂形式，这一切一切都仅仅是理念显现的偶然形式" [5]。这些偶然形式虽然是理念的显现，但又不是理念自身，只是个体认识的现象。这样，叔本华借助于康德的"自在之物"和柏拉图的"理念"为人们构造了一

[1] 叔本华：《作为意志和表象的世界》，石冲白译，商务印书馆 1982 年版，第 5 页。
[2] 叔本华：《作为意志和表象的世界》，石冲白译，商务印书馆 1982 年版，第 177 页。
[3][5] 叔本华：《作为意志和表象的世界》，石冲白译，商务印书馆 1982 年版，第 245 页。
[4] 叔本华：《作为意志和表象的世界》，石冲白译，商务印书馆 1982 年版，第 244 页。

幅世界图景，形成了他的唯意志主义的本体论；作为自在之物的意志是世界的本源，这个意志是主客体的统一，它的直接的客体化形成理念（事物的种类），理念进一步展开，意志得到了间接的客体化，成为现象（个别事物），于是世界万物和历史得以产生。从这里我们可以看到，叔本华哲学是康德和柏拉图哲学的混合物，他的思想体系的建立和这两位哲学家的关系是再清楚不过的了。

叔本华哲学还和印度佛学有着不解之缘。他对东方的印度佛教有浓厚兴趣，曾潜心研究过佛教经典，如《吠陀》《邬波尼煞昙》等[1]，并在《作为意志和表象的世界》中时常提到它们，还把其中的某些观点吸收过来，尤其是把佛教所主张的苦修苦行的禅定、坐忘等作为意志主义的归宿之一。他认为意志的本质是欲求，但它存在的现实是缺乏和痛苦，为了摆脱痛苦，必须沿着佛学给人们指出的解脱之路——归于涅槃，从而克服意志在现实生活中不可克服的矛盾。

通过以上简短的阐述，我们可以清楚地看到，叔本华唯心主义的意志主义并不是他本人的独创，而是有其思想史的前提，与欧洲古代、近代哲学，东方宗教哲学有着紧密的联系，只有揭示它们的这种联系（尤其是唯心主义方面），才能更清楚地认识叔本华哲学的本质，对他所宣扬的唯心主义给予有力的批判，对他在思想史上的地位给予公正的评价。

---

[1]《吠陀》是印度最古老的梵文文献；《邬波尼煞昙》亦称《奥义书》，是古印度宗教哲学典籍。

论海德格尔对西方哲学的扬弃

如果说海德格尔对西方传统哲学自亚里士多德以来的实体理论的否定，构成他的哲学的"第一个批判"，那么，他对近代哲学自尼采以来的人学的扬弃、对胡塞尔现象学的继承和改造则构成了他的哲学的"第二个批判"。这两个批判交相呼应，彼此补充，对海德格尔存在哲学的每一环节乃至整个体系的建构都产生了深刻的影响。现在人们对"第一个批判"认识得比较清楚了，而对"第二个批判"研究得还不够，在有关的教科书和学术论文中，人们只是认识到了海德格尔对尼采的意志主义、狄尔泰的生命哲学、胡塞尔的现象学方法等的继承，而没有认真对待他的哲学思想与这些哲学思想的不同甚至尖锐对立的地方。因此本文的任务主要是考察海德格尔对现代西方哲学的继承和批判（我称为"第二个批判"），以此在"现代"这个参考系下，阐述海德格尔哲学，揭示他对现代西方哲学的贡献与其认识的局限。由于海德格尔这一批判没有离开解决传统哲学遗留下来的问题的范围，因此我们在展开评述时，也要兼顾他对传统哲学的批判。

一、传统哲学的危机与存在哲学的出路

传统哲学指的是从以柏拉图和亚里士多德为主要代表的古希腊哲学直到现代尼采之前的哲学。那么为什么说传统哲学在现代出现了危机呢？这是因为欧洲近代机器大工业和科学技术的迅猛发展，改变了人们的生产方式和生活内容，进而人们的思想意识、思维方式也发生了显著变化。随着实证科学的兴起，具体科学逐渐从哲学中分化出去，哲学中的实证主义倾向开始抬头，并逐步产生了广泛的影响。他们侧重于对事物的经验描述和"科学"地分析与验证，断言知识必须建立在确实可靠（实证）的基础上，因而主张人们对知识的研究和讨论，应当局限于经验或感觉的范围内，凡不能用经验解释或被感觉的问题，诸如传统哲学所讨论的物质与意识及其关系等问题，都是"非实证"的形而上学问题，因而哲学应该将其束之高阁，不予讨论。与实证主义同时并行发展起来的近代西方人本主义，也对科学技术给人们的社会生活所带来的变化，做了深刻的反省。他们认为，资本主义大工业的兴起和发展，并没有从根本上改变人们的处境；相反，更加剧了社会的矛盾和不平等，人性受到了压抑，得不到合理的全面的发展，加之经济的危机、社会的动荡、道德风尚的败坏、意识形态的堕落等，人的尊严遭到了破坏，人的价值遭到了蔑视。因而，他们认为再也不能像传统哲学那样，仍囿于对世界的来源做无休止的穷根究底的探求，而不顾人自身问题的研究。他们主张人的问题应该是哲学的首要问题，哲学的任务就是要唤起人对自身的觉醒。实证主义和人本主义思潮的兴起，打破了传统哲学思考问题的框框，因而使传统哲学面临着深刻的危机。西方的一些有识之士开始了对传统哲学的批判和改造工作，以便建立他们自己的"新"哲学，海德格尔就是所谓新哲学的一个著名代表。他认为传统哲学从柏拉图、亚里士多德开始，两

千多年以来在本体论问题上没有什么进展，其原因在于传统哲学总是从现成的、被规定了的东西——在者入手来讲本体论，总是囿于探究世界的最高本源。哲学家们对这个问题作出了种种解释，不管是柏拉图的理念、亚里士多德的实体论、笛卡尔的"我思"的存在，还是黑格尔的绝对观念，实际上说的都是完全确定了的东西，即在者本身而不是在。海德格尔认为人们在追究世界的本源，即问"在"是什么的时候，实际上已经把在看作是一个已在的前提，"在是什么"中的这个"什么"，无非是一种确立的在者，但在者的根本性质就是在，在者之所以为在者是因为它在，没有在，在者无从谈起。"在"在一切在者之先，对在者有压倒一切的优先地位，哲学从根本上就是要追问在者的这个在。提出"在为什么在""怎样在"，这就是"在的意义"问题，对这个问题的追究和回答，优于、先于其他哲学问题。因此，海德格尔把传统的本体论称为"无根的本体论"，而把自己的哲学称为"有根的"或"基本的本体论"。

传统的本体论为什么总是在本源的问题上打转转，而又总是一筹莫展，莫衷一是呢？海德格尔认为这是由于它把"在"与"在者"混淆了。在《回到形而上学的基础》一文中，海德格尔一针见血地指出了传统哲学的这一弊端之所在："形而上学经常从各种极其不同的角度说出存在，形而上学本身唤起并且确立了一种假象，好像形而上学探究并且解答了存在的问题。其实形而上学从未在任何地方解答过存在的真理的问题，因为它从来都没有探究过这个问题。它之所以没有探究过，是因为它思维存在时，它只是把存在物当作存在物来想象。它指的是整个存在物，谈的却是存在。它提到存在，所指的却是作为存在物的存在物。形而上学的陈述，从其开始到其完成，都是以一种奇特的方式完全把存在物与存在互相混淆了。"[1] 既然传统的形而上学在解决本体论问题上把在和在者混淆了，此路不通，那么出路何在？有什么途径能够超越在者达到在呢？这要看在者之在应该具有什么特性，以什么为出发点。

海德格尔认为，在者之在应该具有以下几种特性：第一，它不可言说，无法下定义，"在就是在本身"，因为"在并不是一种实体，在者的在不是实体本身"[2]。第二，在虽然无法下定义，不能归结为某一在者，但在不能离开在者而在，在是使在者得以可能的基础和条件，是确定在者作为在者的那种东西。第三，既然"在"总是存在之在，那么对在的研究应该能够询问任何在者之在，但每一次关于在的问题的提出总要有一个在者，这就是提出这个问题的人，因为人是一种未被规定，没有规定性，而又能够决定自己在的方式，追问自己如何去在的东西；他只有可能性，而没有现实性，他永远只能自己规定自己，追问自己为什么在，应该如何在，提出"在"的意义问题，并且试图解决这个问题，而追问和解答本身就是一种在的方式，"追问者本身与问题缠绕在一起，已经被摆进问题之中去了"；人在其在的过程中，在领悟"在"、追问"在"的过程中，在就把自身显示出来了。可见，对人这个在者的分析，构成了海德格尔追问在的意义的出发点，或存在哲学克服传统哲学的根本出路。

可以看出，海德格尔对传统哲学的否定是从人本主义路线出发的，不是逃避对存在问题的探究，而是纵深了一步，继续追问在者之在。传统哲学或者以精神实体（数、理念、精神）为本源，或者以物质实体（水、气、原子）为始基，这种追溯实体的过程最终必然把存

---

[1] 海德格尔：《回到形而上学的基础》，《哲学译丛》1964 年第 2 期。
[2] Heidegger, *Being and time*, New Jersey: Blackwell, 1962, p. 26.

在归结为存在物。海德格尔对传统哲学的批判就是要打破延续了两千多年的关于世界本源的争论，而强调存在的主体性，这种主体性，并不是传统哲学的主客体分离、主体决定客体的精神，而是尚未分裂的原始统一的人。传统哲学从确定的最终方面规定实体，认为实体具有存在的确定性的特征。海德格尔对传统哲学的批判就是要否定存在的确定性，指出它的不可定义性和非确定性，从而使它处于可能性不断展开的变化之中。传统哲学从普遍本质的存在出发，以一般实体排斥个体的存在。海德格尔对传统哲学的批判就是要否定存在的抽象普遍性，指出它的具体特殊性、个体选择的能动性，从而使它成为主动的创造性的东西。这样，海德格尔就为现代哲学开辟了一条不同于传统哲学的新路子。他对传统哲学的批判，不像实证主义那样对传统哲学提出的问题置之不理，一概斥之为"假命题"，而是从人本主义出发，坚持本体论的立场，深究"存在的意义"问题，以人为中心，这样就改变了传统哲学本体论的方向。

二、现代哲学的转机与海德格尔的继承

对传统哲学面向自然、探究始基、不顾人生意义的倾向的否定，并不是肇始于海德格尔。文艺复兴以来，人就成了哲学家们讨论的热门课题，在唯理论和经验论那里，人被抬到了至高无上的地位，但是他们所讨论的人仅限于主体的认识能力，主要在认识论范围内探讨主体的能动性，没有或很少关心人的生存及存在的意义问题。19世纪的叔本华，特别是尼采的意志主义打破了这种格局，他们关心人的前途和命运，提出"上帝已死""重估一切价值"的口号，立足于对人生的探讨，给西方传统哲学带来了新的转机。海德格尔正是借助于他们才前进了一步，探讨存在哲学的出路。正如德国教授迈克尔·格尔文所

指出的："海德格尔所有思想的主要动机都围绕着一个问题——存在的问题，而尼采是这个问题的正式提出人。"[1] 法国存在主义者让·华尔也说，在追溯存在主义的理论先驱时，"我们不应当忘记尼采。实际上，尼采对海德格尔、雅斯贝尔斯甚至萨特，都产生了很大的影响"[2]。

尼采是抱着对人生意义的苦苦思索而走向哲学之路的西方思想家，他起初深受叔本华悲观主义哲学的影响，认为人生在本质上是痛苦和悲惨的。但是后来他越来越不满意叔本华为人们指出的摆脱痛苦之路——否定人生，时时坐卧不宁，整日殚精竭虑，试图为这悲惨而又痛苦的人生寻找一个理由、一种意义、一条拯救之路。他早期的著作《悲剧的诞生》，从某种意义上来说，就是在讨论美学问题的框架内探讨人生意义问题的。其主旨是，艺术是"生命的强大动力"，是"生命的伟大兴奋剂"，"力争通过艺术而自救"[3]。从美学的特殊角度考察人生问题，这是尼采对传统哲学批判的起点，而后在《作为教育家的叔本华》中，尼采以个人的存在为前提，充分地阐述了个人的独一无二、不可重复性和在社会中的异化。他说："哲学应该是一种个人的哲学。从独立的个人开始，就其秉性着手，使个人对他自己的一切不幸、需要和限制有一番深刻的认识，并且追寻出抚慰它们的补救方法来……"[4] 这里尼采已从以审美的角度考察人生，转入了以个人的存在为中心讨论人性问题，探寻人生的"全景画面"，"寻求生命的意义"。在他看来，以往的传统哲学，尤其是理性主义哲学，不去解释人生的存在意义，而在一些模棱两可的问题上纠缠不清，对事物进行烦琐的

---

[1] 迈克尔·格尔文：《从尼采到海德格尔》，载北京大学外国哲学研究所编译：《外国哲学资料（第七辑）》，商务印书馆1984年版，第234页。
[2] 华尔：《存在哲学》，翁绍军译，三联书店1987年版，第9页。
[3] 尼采：《悲剧的诞生》，周国平译，三联书店1986年版。
[4] 尼采：《作为哲学家的叔本华》，周国平译，译林出版社2014年版。

论证和演绎，他认为这些对解决人生根本问题无益。哲学应该是人的哲学，哲学家也应该是一个活生生的现实的人，对人生有真切的体验与了解。这时尼采哲学的思想倾向已经通向了存在主义。

在《查拉图斯特拉如是说》中，我们还可以看出尼采通过对传统哲学道德观的批判与存在问题紧密地结合起来了。尼采认为传统哲学的道德观不合理，坚持这些道德观就会丧失对意义的理解，道德观只能告诉我们怎样做，却不能告诉我们存在的意义。因此尼采致力于使二者分开。从查拉图斯特拉的一个例子里，可以看出尼采是如何使二者区分开来的。在《查拉图斯特拉如是说》的序言里，查拉图斯特拉开诚布公地大胆宣布"我要把存在的意义教导给人们"[1]。对存在意义的探究，尼采是通过对一个矛盾命题的分析而展开的，他说："什么是你能有的最了不起的经历？最了不起的经历是在你蔑视的时候。这个时候，你的幸福也会引起你的厌恶。这个时候你会问'什么与我的幸福有关'？贫穷、肮脏和可怜的自足与我的幸福有关。"按照传统道德观，幸福是美德、正义和富裕，尼采反其道而行之，认为贫穷、肮脏、不幸与我们的幸福紧密相连，但这里他并不是要人们放弃美德、正义而去追求不幸和贫穷，他的用意在于从存在本身来探求幸福。他说"我的幸福应该成为存在本身的正当理由"，而幸福却做不到这一点，因为不管是美德、正义还是理性都不能解释存在意义的问题。因此我们应该对其表示由衷的蔑视和厌恶，把贫穷、肮脏、可怜与"幸福"联系起来。这样，对幸福的蔑视，对道德范围的限制，人们发现了有关存在意义的问题，为从道德领域进入存在意义领域打开了大门。

尼采的这种努力得到了海德格尔的首肯。海德格尔认为，尼采这种由"行为"到"存在"理论的分析和转变是从形而上学向本体论、

---

[1] 尼采：《查拉图斯特拉如是说》，杨恒达译，译林出版社 2012 年版。

从存在物向存在意义过渡的重要一步。海德格尔关于尼采的研究对自身的基本本体论的形成有着极大的意义。在晚年，海德格尔写了两卷本的尼采研究著作以及其他一些读书报告和论文，他的研究特别集中于发掘尼采哲学中关于存在意义的思想，并对此加以大胆发挥，为自己的基本本体论作证明。海德格尔"基本本体论"的任务是对个人的"在者状态的结构"进行分析，帮助个人领会自身的存在，从沉沦于日常生活的"非真正的存在"返回到个别化于自身的"真正的存在"，来揭示人的存在的结构与意义，这方面尼采帮了很大的忙。海德格尔通过对尼采作品的分析，指出了尼采对新价值的呼吁不是道德上的批判，而是对存在问题提出的要求，从而为他自己的存在哲学找到了理论先驱。[1]

近代哲学的转机，不仅仅表现于像尼采哲学那样对人的价值和意义赋予了极大的热情，还表现于近代哲学家渐渐看出了传统哲学主客体分裂给哲学带来的消极影响，无论是古希腊启蒙时期的代表人物和柏拉图哲学，还是笛卡尔以来的唯理论者和康德以来的德国唯心主义者，不是从主体中引出客体，就是从客体中引出主体。海德格尔看出了先前哲学的这一局限，认为自笛卡尔时代起，哲学家们都把周围的现实当成对象的存在来思维，也把它理解为对象的东西，即与人相对立的这种观点是传统哲学失误之所在，克服这一失误的唯一途径是把人的本质作为"存在"加以揭示，这样做的结果是消除了人和世界之间的任何脱节。哲学变成了对人的生存状态、对"生存"（Dasein）的存在结构的分析。但是，海德格尔对传统哲学主客体分裂的批判并不是他独家所为，而是有着广泛的思想背景和其他人的影响。例如，雅科比在反对康德主体和客体的对立观念时，就已经企图借助于"生的

---

[1] 迈克尔·格尔文：《从尼采到海德格尔》，商务印书馆 1984 年版。

感觉"（Lebensgefuhl）范畴来克服主客体之间的脱节。雅科比认为，人实际上是永远不会以孤独的主体出现的，因为在哲学家的反思作出各种反应之前，存在着最初的和谐的作为，存在着人和周围世界的和谐，而康德或费希特从纯粹的自我意识出发的企图，是和我们的存在这一素朴的实在相违背的[1]。这就是说，主体一开始就是具有一定形态的——"心情"，而世界——不管怎样总是"涂上了颜色"。像不存在不依我的"心情性"而转移的客体一样，也不存在纯粹的"自我"。继雅科比之后，19世纪末，另一位德国哲学家狄尔泰又重新提出了取消主体和客体之间的对立问题。狄尔泰像雅科比一样断言，主、客体关系是派生的构成，是人为破坏人和世界原初的同一的结果。这种同一的基础既不是主体，也不是客体，因为一方面，没有人类"主体"，就没有"客体"存在；另一方面，没有一个被经验的外在世界，也不会有经验的主体存在。他说："一种纯粹的生命和一种纯粹的外在世界是决不会给予我们的，二者不仅始终联系在一起，而且共同存在于一种最有生气的相互关系之中。"[2] 这种相互关系，即同一的基础，狄尔泰认为是"生的关联"（Lebensbezeug）。"生"是什么呢？"生"是内在经验的实在、原初意识形态的存在和自我确信。在他看来，这种个人内在经验的"生"是历史变化着的，而且是先于思维并且决定思维的。因此狄尔泰呼吁，让我们努力把握现代生命哲学的本质吧！当人们逐渐摆脱对具有所谓普遍有效性和逻辑基础的方法论的依赖时，让我们从生活体验出发来对生命的意义作出解释，根据自己的内在体验来确定生命的价值、目的和准则吧！狄尔泰说："我们正处于传统模式的形而上学的终结之时，同时又在思考我们要终结科学哲学本身，这就是

---

[1] 盖监科：《海德格尔的"基本本体论"是论证哲学非理性主义的形式》，《哲学译丛》1964年第2期。
[2]《狄尔泰全集》第8卷，1958年德文版，第17页。

生命哲学的兴起。每一次新的拓展都要抛弃形而上学的成分，更加独立地去开拓……他们的方法是深切地去体验生活，否定一切原则上的体系的假设，这种方法一开始，就直接地指向人的生命过程，力图从中归纳出生命的普遍性特征。"[1] 从生命哲学出发，从内在的体验来展现人生，抛弃了传统哲学的主客体分化，这就是狄尔泰为海德格尔的存在哲学开辟的通路。海德格尔不仅吸收了狄尔泰"人是历史的存在物"这一思想，更主要的是吸收了他不需要任何超验的假定而对世界的意义作内在解释的方法。但海德格尔对狄尔泰并不是简单地继承，正如德国哲学家施太格缪勒所说的，"狄尔泰本人并不了解实存哲学的根本情绪和难题的严峻性。他是一个更为温和的、富有女性同情心的人，他在历史分析中发现了美的满足，或许还有宗教的代替物；与此相反，对海德格尔的实存哲学来说，如果接受狄尔泰的构想，就必然使问题更困难起来。现在看来，人的有限的存在是绝对没有出路的"[2]。这就是说，按照狄尔泰，生命的创造力量无比强大，社会生活现象和一切外在世界中的存在物，都是生命冲动的外化或客观化；按照海德格尔，生命的现实生存是有局限性的，在茫茫宇宙中，"在世界之中"，它的根本性格是烦、畏、死，是不安、恐惧和忧虑。

海德格尔对传统哲学的批判，不仅如上所述受到了尼采的影响和生命哲学的启发，而且在方法论上还借助于现象学。在他看来，仅仅局限于从实体观上批判传统哲学还是不够的，只有对其理性主义方法进行批判，才能批判得彻底，才能完成对传统哲学实体理论的最终否定，从而建立起新的哲学方法论。他对传统哲学批判所采用的武器，是当时流行的现象学方法，即用现象学阐释存在的意义理论。

---

[1]《狄尔泰全集》1976 年英文版，第 114 页。
[2] 施太格缪勒：《当代哲学主流（上卷）》，王炳文等译，商务印书馆 1986 年版，第 184 页。

　　一般学者在追溯海德格尔和现象学的关系时，大都局限于探讨海德格尔与现象学大师胡塞尔之间的联系，而忽视了对其他现象学学者的研究。其实，海德格尔不仅吸收了胡塞尔的某些思想，也吸收了诸如胡塞尔的老师布伦塔诺等人的思想。1907 年海德格尔 15 岁时，就接触到了布伦塔诺的著作《论亚里士多德关于存在的多种意义》，布伦塔诺提出的关于亚里士多德以来存在者的多重含义问题，以一种"相互含混的方式"困扰着作为学生的海德格尔，当时他为自己提出了这样的疑问：如果存在物有众多的不同意义的话，那么其最基本的占主导地位的意义是什么？正是这一问题促使海德格尔选择了自己哲学探索的发展方向。为什么布伦塔诺如此早地在海德格尔的心中留下印迹呢？我认为，这是因为布伦塔诺的一些理论观点为海德格尔所赏识。如布伦塔诺非常认真地考察了属于本体论的那些问题，认为存在着支配我们的最高的普遍的概念，我们可以把它按照同一种意义运用于神的世界、心理的世界和物理的世界，并且可以用"存在者""存在物""事物"等同义的表达方式来称谓它，同时我们也可以提出这样的疑问，即根本不是"存在者""事物"等而是"存在"应该被看成是最一般概念，因为在"存在者"的多样性中，作为同一的东西反复出现的不正是存在吗？按照这种观点，当我们在其本来意义上使用"存在"一词的时候，就只能把它理解为事物（或事物的一部分），更确切地说就是有形体的事物，或者是精神的事物；相反，当我们为某一具体物构造一种抽象物时，如为"存在者"这一用语构造"存在"一词时，我们所得到的只是语言的虚构。在这种场合，存在着的是把所说的东西评价为正确与否的我这个人。认为某物"作为被想象到的东西"存在着，也是一种虚构，因为实际上存在着的是想到被想到的东西的存在着[1]。我们把布伦塔诺关于存在物的上述观点和海德格尔的存在哲学相比较，会发现一个十分有趣的现象，即他们考察根本问题的方向和逻辑是特别一致的。他们都不满足于仅仅对存在物加以规定，而是继续追问"存在者"的存在，又进一步从"存在"的追问中，发现追问"存在"意义的发问者、思想者——人。显然这种一致并不是偶然的巧合，而是后者对前者潜心研究后，接受并采用的结果。正如施太格缪勒所说，布伦塔诺在某种程度上是"马丁·海德格尔精神上的神父"[2]，这个精神上的"神父"不仅给海德格尔指出了探求"在者之在"的道路，而且在方法上也给了海德格尔以指导，这就是他的自明性理论（这种理论给胡塞尔的意向性范畴以深刻的影响，从而间接地影响了海德格尔）。布伦塔诺认为，我们没有任何理由能够假定不是所有的概念都来源于经验，但是如果所有的概念都来源于经验，那么在阐明一个概念的时候，主要的事情就是揭示概念所从中抽取出来的体验源泉，那么什么是真理概念所根据的体验呢？布伦塔诺认为是自明性的体验。自明性是不能进一步规定的，谁用自明性下判断，这个判断的真理就是可靠的，而且别人也不会领会到相反的东西，因此普遍有效性是由自明性产生的必然结果。布伦塔诺的自明性理论后来被胡塞尔改头换面发展为意向性概念，即认为意识总是指向某一目标，意向性活动的主体是"自我意识"，自我不仅包容对象世界，而且创造对象世界。因为任何对象之所以成为该对象，是因为它具有特定的意义（含义），而对象的含义不是对象自身所固有的，而是自我意识所赋予的。自我意识从各方面指向（意向）某一对象，某一对象就具有特定的意义，从而成为该事物。基于这一理论，胡塞尔认为，传统哲学称为存

---

[1] 施太格缪勒：《当代哲学主流（上卷）》，王炳文等译，商务印书馆 1986 年版，第 58—60 页。
[2] 施太格缪勒：《当代哲学主流（上卷）》，王炳文等译，商务印书馆 1986 年版，第 41 页。

在的东西只能在纯粹的意识活动里才能被理解。海德格尔继承胡塞尔的主要是这一观点，海德格尔认为意向性理论正是克服旧的客体理论的关键之所在，因为存在，即"在者""在"虽不能从概念和理论上去把握和理解，但确实能被意识到。这样，实体的存在就被消融在人的主体的意识活动中了。胡塞尔对海德格尔有重大影响的还有他的意义理论。在胡塞尔看来，所谓意义的不确定正是主观的"意味"的不确定，主观能动的局限性制约着不能说出存在的无限众多的意义。海德格尔据此把胡塞尔关于意义的纯粹逻辑理论扩展到他所研究的存在领域，从中得出了人的存在意义是不能用概念和理论加以表述的，存在的意义体现在存在的状态之中的结论。可见海德格尔之所以继承胡塞尔现象学思想，并作为对传统哲学批判的方法，其原因就在于现象学方法迎合了海德格尔对传统哲学批判的方向和性质的需要。传统哲学依靠理性来认识事物，现象学方法依靠的却是直观，传统哲学把意识的诸方面如意识对象、意识内容和意识行为逐个分割开来，现象学则通过意向性活动把它们统一起来，使分析遍及主体和客体的原始同一之中；传统哲学方法造成了物质实体和精神实体的对立，现象学方法则排除了现象世界的存在，也否定了绝对的精神实体。现象学方法的这些特点都为海德格尔所看中并接受过来，作为批判传统哲学、建立自己的存在哲学的方法论基础。

三、现代哲学的缺陷与海德格尔的批判

海德格尔对柏拉图和亚里士多德以来的传统哲学的否定，主要是批判他们对最终实体的追寻，而着重强调存在的意义；对尼采、狄尔泰、胡塞尔等现代哲学的思想继承，要旨是从人出发，以人的生存状态为本，把主体和客体统一起来，从而克服了传统哲学的弊端。但是，

海德格尔对尼采以来的现代哲学的态度，像对待传统哲学一样，也给予了激烈抨击，在继承中加以批判。下面我们仅以他对尼采和胡塞尔两人的批判为例，看他对近代哲学进行了怎样的反思，他是如何坚持他的存在哲学的基本思想的。

如前所述，海德格尔非常赞同尼采把存在概念从道德价值甚至从科学中分离出来，把超人作为发现存在意义的象征和化身的观点。但是，随着研究的深入，海德格尔发现了尼采哲学的缺陷，越来越不满意于尼采哲学了。海德格尔认为，尽管尼采思想中有本体论的真知灼见，尽管他在价值观和无限循环的理论中把存在的意义问题与其他学科区分开来，独立地探讨，但他的基本解释仍然没有脱离传统哲学的窠臼，即把"存在"归结到"存在物"了，这主要表现在尼采的权力意志学说上。

海德格尔认为，权力意志是尼采全部哲学的中心概念，"存在物的基本特征就是'权力意志'，存在是相同的永远往复"[1]。这样，一方面，尼采利用无限循环的理论大谈存在的意义；另一方面，在权力意志的学说里，又谈论起存在物本身了。这是因为尼采虽然提出了存在的意义问题，但最终抬出个"权力意志"，并把它作为"存在物"来思考，以之为世界之本源，权力意志具有无限的能量和创造力，世界万物都受它支配。这样，尼采用权力意志取代了传统哲学的形而上学的存在——精神或物质的实体。但是，这样一来，权力意志作为最终的本体仍然是存在物，而不是存在，仍然没有脱离传统哲学的思维框架，尼采哲学与传统哲学在本体论上的不同便最终消失了，殊途而同归，因而都是形而上学的。所以，海德格尔称尼采是西方形而上学哲学最主要的和最后一位思想家。

---

[1] 海德格尔：《尼采》，孙周兴译，商务印书馆2002年，第33页。

海德格尔认为，尼采哲学的这一缺陷，是现代哲学家的共同缺陷，康德就曾把意志与现象世界分开，使其进入本体界，即实体领域之中；谢林进一步把意志作为最终实在，作为所有存在和形而上学的基础；尤其是黑格尔，认为思维和存在具有同一性，存在就是思维，因而存在也只能是思想的存在即思维对象的存在，这种思维对象的存在被表述为绝对观念，这样思维与存在的同一，只能是思想自身的同一，因而没能揭示出存在意义的真谛；尼采的理论先驱——叔本华，同样也没有解决这个问题，他把意志抬高到重要地位，认为世界是意志的世界，意志主宰一切，意志是盲目的、欲求的、邪恶的，这意志的世界因而也是无规律的、贫困的、痛苦的。海德格尔以批判的态度考察了现代哲学，得出了这样的结论，尽管现代哲学与古代哲学相比有了较大变化，但是仍然与古代传统哲学存在着同一，即都对存在者从各方面加以规定，用海德格尔的话说："形而上学的历史是由对实体的各种诸多理解组成的。"[1] 尼采试图避开存在者研究存在的意义，但最终仍然没有脱离开存在者，他企图克服形而上学，结果却更严重地陷入了形而上学之中。因此，海德格尔坚信，哲学的基本问题应该是存在的意义问题，应该摆脱从古代到现代的传统意识，摆脱对存在物的无休无止的探寻，而去研究什么是存在这一根本问题。他说："问题在于什么是存在物。我们把西方哲学流传下来的主要问题称为指导问题。但是这一主要问题只能是个倒数第二的问题。最后一个问题即倒数第一个问题是：存在本身是什么？这个是哲学的基本问题。"[2]

同对尼采的态度一样，海德格尔对胡塞尔的现象学方法，在继承的同时，也进行了某些批判和改造，使之为自己的存在哲学服务。如

---

[1] 转引自 *Contemporary Philosophy Volume* 4，第 310 页。
[2] 海德格尔：《尼采（第一卷）》，孙周兴译，商务印书馆 2002 年版，第 80 页。

前所述，海德格尔主要继承了胡塞尔的意向性理论和关于意义的观点。胡塞尔的意向性理论从本质上说排除了传统哲学所研究的对象，传统哲学称为存在的东西只能在纯粹的意识活动中才能被理解，海德格尔认为，这是彻底克服旧的实体观的关键所在，因为存在虽然不能从概念和理论上去把握和理解，但确实能被意识到，实体的活动被消融于意识的活动中；胡塞尔把意义理论作为现象学研究的对象，在胡塞尔看来，所谓意义的不确定正是主观"意味"不确定，被主观能力的局限性制约着，不能说出存在的无限众多的意义。海德格尔把胡塞尔关于意义的纯粹逻辑理论扩展到他所研究的存在领域，从中得出了人的存在意义是不能用概念和理论加以表述、存在的意义体现在生存状态之中的结论。在承认以上胡塞尔现象学的功绩的基础上，海德格尔便对现象学进行了严厉斥责。像批判尼采一样，海德格尔认为，胡塞尔的现象学虽在批判传统哲学上大有建树，但也在一定程度上受传统哲学的深刻影响，因而是不彻底的批判哲学。胡塞尔的纯粹的自我意识，其实质是笛卡尔的"我思"，而且带有康德哲学先验构造的痕迹，这样的现象学仍然停留于纯粹的理论领域，而没有深入到存在的实践领域。海德格尔不满足于对胡塞尔纯粹的意识结构的分析，而要求进展到更为原始的基础，扩大到整个生存范围。胡塞尔的现象学停留在纯粹逻辑领域，海德格尔的现象学扩大到生存实践领域；胡塞尔的现象学主题是认识论和逻辑学，海德格尔的现象学主题是社会学和伦理学，即存在的意义问题；胡塞尔的现象学采用从反思到纯粹意识的途径，海德格尔的现象学通过领悟进入被筹划的领域。从这几方面的不同，我们可以清楚地看到，虽然胡塞尔和海德格尔都反对传统哲学，但前者否定传统哲学具有形式化的特点，从纯粹自我意识的角度出发；后者否定传统哲学才具有了实质性的内容，不止在逻辑上，更主要的是在生活存在领域中否定传统哲学，把传统本体论发展为"基本本体论"。

海德格尔对胡塞尔现象学的改造更新，更主要的是表现在把现象学推进到阐释学阶段。这种经过加工改造的现象学方法，按照海德格尔的意见，可称为"阐释学的现象学"，阐释学不是对意识领域的反思，而是对意识领域赖以建立的本体论基础的说明。传统哲学遗忘了"存在"，对存在意义的揭示实质上就是对它的阐释，建立新的本体论实质上就是一种新的阐释工作，只有把现象学发展到阐释学，才能克服传统哲学的缺陷。他说："作为一种方法的现象学描述的意义存在于解释之中。"[1] 所谓解释，就是"Dasein"筹划领域自身的过程，通过阐释学，存在的本真状态及其意义才能表现出来。现象原来是被遮盖着的，现象学的任务就是通过"观照"使现象呈现出来，解释的过程就是把遮盖着的东西呈现出来的过程，阐释学的任务是通过达到存在的澄明，在去蔽的过程中，传统哲学的实体观消解溶化了，存在的意义显露了出来。可见海德格尔不满足于胡塞尔现象学否定传统哲学的逻辑化和形式化，而是借助于阐释学，从深层实质方面揭示传统哲学的弊端，展现生存的意义，使本体论有了新的根基，即在存在者的存在中来思考存在者。海德格尔对现象学的批判改造，为建立他的基本本体论奠定了方法论基础。

结论：批判的哲学与哲学的批判

海德格尔对从古代到现代的西方哲学的批判，是其存在哲学的一个重要方面，那么，在马克思主义哲学看来，海德格尔的批判哲学具有哪些积极成果和消极倾向呢？

就积极方面而言：第一，海德格尔的批判哲学拓展了哲学研究的

---

[1] Heidegger, *Being and time*, New Jersey: Blackwell, 1962, p. 61.

领域。传统哲学大都把具体的事物——存在者，作为追寻的目标，对世界的始基做无休止的探讨。随着社会的发展、人们对物质世界认识的深化、各门科学的独立和分化，哲学再也不能仅仅停留于对世界的始基做穷根究底的研究。用海德格尔的话说，不能继续研究"存在物"是什么了，而要弄清"存在者""如何在""在的意义"等问题，这就为哲学提出了一系列新问题，诸如主客体如何统一的问题；主体的结构和功能问题；人的存在问题；存在的意义问题；理性与非理性、智性与情感的关系问题等等。尽管海德格尔在唯心主义的基础上阐述了这些问题，但他对哲学的对象和功能的看法，却有极大的合理性。随着科学的发展，哲学的研究对象也要不断地改变，对于科学和社会所提出的新问题，在新的立脚点上进行深刻的反思。正如恩格斯所指出的：随着自然科学的每一个进步，唯物主义也要不断地改变自己的形式。

第二，海德格尔的批判哲学，加深了对主体的研究。他对主体的研究又不像唯理论和经验论那样，仅仅侧重于对人的认识能力的探讨，而是着重讨论人的生存状况、人生的价值和意义。虽然他在否定的意义上大讲主体人的本真状态，但这却从反面提出了人的地位和价值问题，把本体论的研究同存在论、伦理学、价值观联系了起来，把追究存在的意义作为基本本体论，对人们从多方面、多角度、多层次地认识主体具有一定的启发意义。

第三，海德格尔的批判哲学，加深了对主体个体的研究，在哲学史上第一次提出了以个体为对象来展开自身所包含内容的哲学本体论，从而对主体的个体认识更加深化了。以往的传统哲学把普遍本质的存在作为研究对象，一般的实体排斥个体的存在成为具有统治地位的东西。按照这种看法，个体与普遍的实体力量相比是无能为力和微不足道的。海德格尔力图以特殊的个体来取代一般普遍性的实体，从新的方面提出了以往哲学长期忽视的问题。并且他集中地讨论了个体具有的多种选择的能动和主动的性质，在更加深刻的基础上对人的个体的生存状态的重要性加以肯定，提出了主体的能动性表现在个体的内在可能性的无限展开之中的观点，提出了个体自然的丰富的社会意义。从这种观点出发，独特的个体存在必然成为哲学研究的一个对象，这对于克服以往哲学重视普遍、忽视特殊，重视共性、忽略个性的倾向具有十分重要的意义。

就消极方面而言：第一，海德格尔的批判哲学是主观唯心主义的。海德格尔对传统实体观的否定，是以彻底取消一切实体为前提的，这种企图最终要达到所谓精神的单纯主观性领域，排斥一切客观普遍东西的存在。海德格尔的这种主观唯心主义并不是以往唯心主义的重复，它以领悟和把握人的独特的内心精神世界为对象，因而与肯定普遍本质的唯心主义相反，力图揭示个体真实的内心生活和内在可能性展开的基础，这标志着与古典唯心主义不同的"现代"唯心主义的出现。

第二，海德格尔的批判哲学是反辩证法的。海德格尔突出了能动性而拒绝物质实体对人的决定制约作用，否认实体观，抬高个体的地位，根本否认社会对个体的作用和影响，从而取消了个体的社会关系。而且他所说的个体的能动性不是传统意义上的理性能力，只是孤立的个体情绪、感受的切身体验。从这种观点出发，客观世界的全部规律和理性建立的各种具有普遍性质的形式和准则都是毫无意义的。个性总是处在不能用概念表述和理性表达的"尚未"的东西中，处在可能性展开之中，作为普遍的本质和价值总是依赖于相对的、具有暂时性的东西。这样就割裂了主体和客体、特殊和普遍、非理性和理性之间的辩证统一关系，因而是形而上学的。

　　总之，海德格尔对以往哲学的批判是不成功的，在揭露传统哲学的弊端的同时，宣扬了许多唯心主义和形而上学的东西。

微信扫码
·文 学 名 段
·趣说中国史
·哲 学 探 索
·读 书 笔 记

论弗洛姆思想的历史与理论根源

一

在 20 世纪的西方，有一位擅长精神分析的社会哲学家。他性情温和，才智过人，勤于笔耕，著作等身。一生在校园和研究所里教书、写作，过的是平淡的学者生活。而在这平静的书斋生活下，却跳动着一颗不安分的心。这颗心，充满了忧患，对人的境遇的忧患。这颗心，又充满了激情，干预时世的激情，尤其是疗救人类的激情。他，就是德裔美籍著名的犹太人思想家——埃利希·弗洛姆（Erich Fromm）。

弗洛姆是 20 世纪的同龄人，是那个时代的历史见证人。1900 年 3 月 23 日，他生于德国美因河畔法兰克福的一个犹太商人家庭，1980 年 3 月 18 日，死于瑞士的洛桑。那是一个起伏动荡、风云变幻的时代。少年和青年时期，他经历了两次世界大战和震撼西方世界的经济危机；中年时，移居美国又目睹了工业化给西方社会带来的精神危机，以及社会主义阵营与资本主义阵营的严重对峙；晚年，又亲逢新左派运动和 1968 年的"五月造反风潮"……他身在学府，心却在学府之外，一生始终关心着人类的发展、命运和前途，把握着时代的脉搏，与人们的心理保持着共鸣。

弗洛姆是一位纯粹的学者，一生都没有离开过笔、离开过著述。

作为思想家，他具有强烈的个性，他的著作没有庞大的体系、艰深的逻辑推演，不生造哲学术语，也不与现实保持"间距"。他的书，是"入世"的，他的笔与人生、与尘世动荡的生活紧密相连。有时，他像一位饱经沧桑的老人，为人们述说人生的哲理；有时，又像一位经验丰富的医生，为人们诊断身上的病患；有时，像一位神秘莫测的先知，为人们描述着未来社会的美好远景……他把哲理寓于生活之中，把思维的触角紧紧融入人们的心灵之中。因此，他的思想容易与读者形成"视界融合"，产生广泛的共鸣。他的代表作《逃避自由》已出了22版，发行数过百万册，一本《爱的艺术》小册子，发行40万册还供不应求，有些著作被译成多种文字，流传各国。可以说，在现代思想史上，还很难找到像弗洛姆这样拥有广泛读者的思想家。德国《明镜》周刊的评论说："弗洛姆著作出版上的成功表明他的思想已经成为时代精神。"弗洛姆的思想之所以一时成为西方一代人信奉的精神力量，首先是由于弗洛姆其人其学的力量。

弗洛姆是一位活生生的普通人，没有高贵的血统和值得炫耀的家产，出身于犹太家族，使他从小就蒙受着被人欺凌的痛苦。笃信犹太教而又十分神经质的父母，并没给他以良好的家庭教育。他凭着自己的智慧和对真理的执着追求精神，获得了博士学位。而后得到了法兰克福社会研究所里一批知识精英的认同，成为该学派杰出的一员。他的出身，又决定了其逃不脱法西斯主义的迫害，而不得不离乡背井，去另一片并不干净的土地自谋生路。但他是勤奋的、不甘沉沦的、努力求索的。终于，他以自身的才华，对社会、人生的深刻洞察力和丰富的理论成果走向了世界。虽然，在犹太人中，他并不像马克思、爱因斯坦、弗洛伊德那样影响深远，被举世公认，但他却以自己对社会的深刻解剖和对人类深沉而纯真的爱，而赢得了千百万人的心。

弗洛姆是一位思想家，他的思想是时代精神的精华和总汇。他接受了弗洛伊德精神分析学的方法，而摒弃了其泛性论的生物学倾向；他接受了马克思的历史唯物主义哲学和对旧世界的批判精神，又以社会心理学的精致分析作补充。他主张一种以人为中心的哲学，提出人的境遇中异化、自由、解放的论题。他反对不关心人的存在的意义而只探求人的智性的理性主义，认为人的智性的基础只能从人的生存之中探寻。人是世界的产儿，也是世界的立法者，人能够自救。逃避自由，其出路在于争取自由。他的哲学与现代非理性主义思潮极为相近，探求人的非理性的情感、欲求、需要、无意识的支配主导作用，主张自由的获得就在砸碎幻想（虚假理性）的锁链的过程之中。但他反对非理性主义停留在对个体人的考察，而把群体、种族、人类的处境和前途作为自己的研究对象，从而把精神分析学从原先主要是一种"个体心理学"，改造为一种"社会心理学"。因此，他的哲学视野更加开阔，意义更加深远。有的学者把弗洛姆作为存在主义者看待[1]，但我认为，虽然弗洛姆把人的生存状况作为自己哲学研究的主题，从而与存在主义不谋而合，但他对人的生存状况的分析不同于存在主义，他是从心理学、精神分析学的角度进行思考的，以"心理革命"来补充、扩大社会批判和社会革命，遵循的是法兰克福学派的原则立场。还有的学者把弗洛姆看作是"新弗洛伊德主义"的代表[2]，而我认为，虽然弗洛姆与卡伦·霍妮、哈里·沙利文一样，共同搁置了弗洛伊德的原欲观念，重视社会文化因素对人的多方面影响，从而具有新弗洛伊德主义的许多特征，并且与霍妮一起创立了美国"新弗洛伊德主义学会"，但弗洛姆本人并不接受"新弗洛伊德主义"的桂冠。他宁愿把自

---

[1] 季塔连科、董进泉：《弗洛姆——一位精神分析学家和存在主义者》，《现代外国哲学社会科学文摘》1986 年第 1 期。
[2] 雷宾：《精神分析和新弗洛伊德主义》，李今山等译，社会科学文献出版社 1988 年版；马尔库塞：《爱欲与文明》，黄勇等译，上海译文出版社 1987 年版。

己的思想称为"分析的社会心理学"[1]，其主旨是把精神分析方法引入社会历史领域，使精神分析与历史唯物主义相互补充，揭示人们的精神生活在历史发展中的地位和作用。还有的学者把弗洛姆的思想称为"规范的人本主义"和"人道主义伦理学"，而我认为以"人本主义"和"人道主义"称谓弗洛姆的哲学，这确实抓住了弗洛姆哲学思想的特征，因为弗洛姆真不愧为伟大的人道主义者，他的哲学以探讨人的异化和异化的扬弃、人的自由解放和全面发展为己任。一方面，他力图从正面展示异化的扬弃、人的自由解放和全面发展的可能性及条件；另一方面，他又力图从反面揭示那些阻碍异化的扬弃，人的自由、解放和全面发展的不利条件及因素，主张从人出发，一切为了人。这些都是古典人本主义或人道主义的主题。但是弗洛姆超越它们的，是他不以哪个阶级的利益为利益，而是以全人类整体的利益为利益，认为人的自由解放和全面发展是人的本性使然，挣脱幻想的锁链，获得充分的自由和解放，是全人类共同的事业。

可以说，弗洛姆的思想确实是现代西方形形色色思潮的总汇[2][3]，从他那里，我们可以清楚地看到现代西方哲学的各种痕迹，但我们又很难把他归属于哪一思潮或流派。有例为证，他虽是法兰克福学派的重要成员，但许多研究该学派的学者却不把他列入其中探讨，如巴托莫尔的《法兰克福学派》；他虽是弗洛伊德的马克思主义者，但有些专著却对之略而不述，如罗宾逊的《弗洛伊德主义的左翼》没有把弗洛姆列入"弗洛伊德主义的激进派"的行列。这是因为，他除了吸收各种思想家的思想外，在弗洛姆的著作中，既引证了古代和近代的思想家包括赫拉克利特、柏拉图、亚里士多德、阿奎那、霍布斯、斯宾诺莎、霍尔巴

[1] 弗洛姆：《人之心》，纽约哈珀公司 1980 年英文版，第 12 页。
[2] 宾克莱：《理想的冲突——西方社会中变化着的价值观念》，马元德等译，商务印书馆 1986 年版，第 137 页。
[3] 海因茨：《心理分析与伦理学》，《科学与世界图景》1975 年第 4 期。

赫、帕斯卡尔、康德、黑格尔，也引证了现代和当代哲学家，如尼采、狄尔泰、胡塞尔、杜威、詹姆斯、海德格尔、萨特、加缪、尼布尔、荣格、霍妮、沙利文和一些宗教哲学家的论述，如布克哈特等。还加以创造性的发挥和改造，使之在自己的思想中达到新的高度。弗洛姆是站在先哲的肩膀上立于西方的。

如果从传统哲学的角度来看，弗洛姆不是严格意义上的哲学家，因为他的思想中所集中探讨的已不是传统哲学的基本命题，不像古典哲学那样具有强烈的思辨特点。然而，也许正是如此，弗洛姆本人及其哲学才更能吸引人去了解、去研究。因为"形而上学"的特色越少，越能被更多的人们所领悟和体认，也更易为人们所争论和非议。弗洛姆的思想从一开始为世人所知的时候起，就承受着各式各样的评论，直到他1980年逝世。一种思想引起人们的注意和重视甚至争论（不管是热烈的吹捧还是严厉的指责），这本身就说明了这种思想当时存在的价值。正像汉斯·朱根·舒尔茨所指出的："恰恰是因为弗洛姆一直那样朴实无华，所以不论是他的朋友还是敌人、他的支持者还是反对者，都不能忽视他。"[1]

美国学者L.J.宾克莱在他著名的《理想的冲突——西方社会中变化着的价值观念》一书中有这样一段话："弗洛姆对现代人困境的诊断，是他思想的高峰。他企图在这个复杂的现代世界中让人的生活多恢复一些尊严，这件事的重要意义是谁也不会不承认的。"[2]是的，尽管弗洛姆的思想在许多方面不尽如人意，事实上，要求一位思想家尽善尽美也是不可能的，他对从古典到现代东西方思想家的思想的吸收、改造，尤其是对弗洛伊德和马克思思想的"综合"，在某些方面是不成

---

[1] 弗洛姆：《说爱》，王建朗等译，安徽人民出版社1987年版，第155页。
[2] 宾克莱：《理想的冲突——西方社会中变化着的价值观念》，马元德等译，商务印书馆1986年版，第158页。

功的，他的某些观点明显地带有唯心主义和形而上学的印痕，甚至具有浓厚的空想色彩，但是他的哲学试图为现代社会寻求一条出路，为现代人寻求存在的价值，让人的生活多一些尊严、少一些悲剧，仅就这一点来说，就足以说明弗洛姆哲学有其深刻的社会意义。

那么，这种哲学产生的历史背景、发展的来龙去脉、存在的价值和意义在哪里呢？请读者与我一起追踪着弗洛姆的足迹，去发掘、去认识、去理解他的思想吧！

二

弗洛姆生活的年代大致是 20 世纪的上、中叶，活动的区域，也恰是我们所称的西方（西欧和北美）。因此，弗洛姆是真正意义上的20 世纪西方思想家。他的世界观的形成，理论体系的酝酿、成熟，都与 20 世纪西方的历史，特别是德国和美国等资本主义国家的现代历史紧密相连。如果不了解这一时代特点，也就无法把握弗洛姆的理论精髓。

20 世纪初的西方人面对着的是一个风云莫测、动荡不安的世界。19 世纪末 20 世纪初，欧洲资本主义完成了从自由竞争到垄断资本的历史性转变，进入了一个崭新的时代。这个时代，资本的集中和垄断、大机器的制造和使用、科学技术的突飞猛进、社会产品的极大丰富，大大改变了世界的面貌，也大大改变了人的生活方式，西方社会迅速富裕起来。但是好景不长，随着西方世界资本主义私有制固有矛盾的加深，帝国主义的侵略和扩张的加剧，科学技术发展中出现的"二律背反"，西方社会也出现了深重的危机和灾难：帝国主义的侵略扩张，加剧了民族、国家的矛盾；大机器的采用，束缚了劳动者的身心发展和创造力，人成了机器的奴隶；盲目的生产，引起了通货膨胀和经济危机……面对时代的危机，生活于西方资本主义世界的大多数人，开始惶恐不安起来，表现出了极大的怀疑和绝望情绪，出现了盛行于西方的"忧患意识"和"世纪末病"。特别是 1914—1918 年第一次世界大战的爆发，1929—1933 年的世界性经济危机，震撼了整个西方世界。在这场危机中，作为第一次世界大战的发动者和战败国而难以向殖民地转嫁危机的德国，遭受的打击更为惨重：经济衰落、负债累累、人民饥寒交迫、国内矛盾十分尖锐。面对战后深刻的经济危机和高涨的政治运动，以及日益突出的社会矛盾，德国的资产阶级不得不求助于法西斯主义来维持其统治。

由于希特勒法西斯主义的得势，德国的工人运动和民主势力遭到了残酷镇压，民族主义情绪十分狂热，为了转嫁危机和缓和矛盾，也为了实现独裁的野心，希特勒发动了空前残忍的第二次世界大战，使整个世界三分之一的人口卷入了灾难中，物质大厦遭到了毁灭，无数生灵惨遭涂炭。这种状况使得一些本来就激进的资产阶级、小资产阶级知识分子更加不安起来，导致并加深了他们对某些资本主义现状的忧虑和不满，开始从不同的角度向马克思主义靠拢，对法西斯主义进行批判，并对其根源加以剖析。

第二次世界大战结束后，美国等资本主义国家在战争中获利，特别是获得了战败国大量的科技成果、人才、资源、设备等。战后这些国家又大大增加了资本投资总量，加速了固定资产的更新和流动资本的周转，极大地推动了生产力的发展，引起了大规模的科学技术革命。但是先进的科学技术和强大的社会生产力，并没有给崛起的美国等资本主义国家带来真正的繁荣和昌盛，旧有的资本主义矛盾不但没有解决，还出现了许多新的社会弊端和危机，形成了先进与落后、繁荣与腐朽的新的"二律背反"：一方面，是高度发达的物质文明，飞机、火箭、计算机、摩天大楼、空调卧车比比皆是；另一方面，由于自身的矛盾引发了经济危机、精神危机、文化危机，破产、失业、犯罪、吸毒、自杀等现象司空见惯。一方面，科学技术为人类创造了获得幸福的物质基础和条件：理想的交通工具、豪华的居住场所、美味佳肴和华丽的时装；另一方面，它又漏掉了人生中最宝贵的东西：真挚的爱情、自由的冥想、善的求索、美的渴望。面对这种形势，有觉悟的工人群众和新左派知识分子在 20 世纪六七十年代纷纷起来罢工罢课，游行示威，掀起了造反风潮，一批敏锐的思想家也纷纷著书立说，展开了对资本主义文化的总体批判。

弗洛姆的青少年时代生活于 20 世纪初后起的资本主义国家德国，经历过两次世界大战（这两次大战都是他的祖国德国煽动的），后半生又目睹了美国资本主义的繁荣和危机（他在美国生活了三四十年），因此上述不同阶段资本主义世界的现实危机对他有很大的震动，有觉悟的知识分子对它的揭露和批判也给他以深刻的影响。他在回顾自己所处的时代时说："我所生活于其中的那个时代正是一个永不过时的社会实验室，第一次世界大战、德国和俄国革命、法西斯主义在意大利的胜利、纳粹主义在德国的逐步胜利、被引向歧途的俄国革命的失败、西班牙内战和第二次世界大战，以及军备竞赛——所有这一切都为我提供了一个经验观察的场所，形成了一些假说，并对这些假说进行了证实或否定。"[1] 他正是在 20 世纪西方世界大崩溃、大分裂、大动荡的激变中，去探索人生的真谛和自由的理想，在各种幻想破灭的信仰废墟上试图寻求人的意义和他的未来。为了使世界不至于再次遭到法西斯主义铁蹄的践踏和资本主义大机器的奴役，他展开了对法西斯主义、资本主义的批判，揭露了法西斯主义产生的社会心理根源，解剖了资

---

[1] 弗洛姆：《在幻想锁链的彼岸》，张燕译，湖南人民出版社 1986 年版，第 9 页。

本主义机器运转的不合理性；为了让社会不再以物的增长为目的，而以人的发展为己任，他解剖了社会的病源，提出了拯救的方案。为了使人生活得更好、更充实、更有价值，他探讨了人的本性及其发展历史，指出了人的存在的真正意义。也正因为如此，弗洛姆的哲学得以在20世纪30年代的德国形成，40年代以后在美国成熟发展，并迅速在民间流传。他顺应了时代的趋势，迎合了历史的心态，道出了西方人的心底呼声。

三

在20世纪社会动荡，传统价值观念转换之际，理论思维导向也发生了重大的偏转。弗洛姆的思想正适应了这种变化的要求，它的产生具有一定的逻辑必然性。

从古代到近代，西方的先哲们历来是崇尚理性的，特别是欧洲自文艺复兴始，资产阶级思想家针对中世纪神学对人学的压抑、神性对理性的挑战，举起了理性主义的大旗，"思维着的悟性成了衡量一切的唯一尺度"[1]。唯物主义、经验主义探讨了自然知识的基础问题，无论是笛卡尔、莱布尼茨，还是洛克、霍布斯，尽管他们在探讨自然知识的基础问题上存在重大分歧，一派崇尚观念，一派崇尚经验，但他们的探讨都促进了理性思维的长足进步。在德国古典哲学特别是黑格尔的思辨哲学那里，理性思维的发展达到了顶峰。理性即实在，实在即理性，理性成了存在于一切事物之中的灵魂和本质。在政治上，1789年法国资产阶级大革命在启蒙运动"高居于一切现实事物之上的唯一法庭"的理性旗帜下，酝酿、准备和得以实现。在科学上，近代以来，自然科学也在牛顿经典物理学的指引下取得了辉煌的成果，大机器的

---

[1]《马克思恩格斯选集（第三卷）》，中共中央马恩列斯著作编译局译，人民出版社2012年版，第96页。

广泛采用，数学和实验相结合的方法，推动了社会生产力的提高和发展。但是，不久人们便发现，人类理性所开创的社会文明并不令人乐观：唯理主义、经验主义以及黑格尔的思辨哲学奠定的智性基础，并不能解决人生的价值和意义问题；法国资产阶级大革命后建立起来的理性国家本质上具有的残酷剥削和阶级对立，彻底粉碎了启蒙思想家用各种美妙词句讴歌的"永恒理性"，以及建立在这一基础之上的"永恒国家"；19世纪末出现的科学危机（物理学危机、数学危机、逻辑学危机等），也进一步动摇了理性能够支配和创造世界的诺言。19世纪的德国哲学家叔本华第一个举起了反理性主义的大旗，尝试挣脱逻辑和规律的束缚，首先向理性主义发难。继之而起，尼采的强力意志、超人学说，基尔凯戈尔、海德格尔、雅斯贝斯、萨特、加缪的存在哲学，以及弗洛伊德的精神分析学，等等，都试图从人的情感、情绪、需要、欲求、意志、意念、本能、直觉等非理性方面，去探求人的本质。他们抬高情欲，贬低理智，崇尚自由，蔑视权威，掀起了一股非理性主义思潮；他们把人作为哲学研究的中心，特别是把揭示人的社会意义放在首位，从而丰富了哲学的内容。尤其是他们注意揭示人的非理性、非逻辑方面在人的发展中的重要作用，把人在世界中的情感体验作为研究对象，这是对传统哲学的严重挑战和极大补充。这种思潮，极大地震撼了深受资本主义工业文明之苦、目睹了人性横遭践踏的悲惨景象的20世纪初的人们，成为许多急于摆脱现实、寻求出路的资产阶级知识分子的理论归宿。

　　弗洛姆就是在这种理论背景下走上哲学舞台的。他非常赞成当代哲学家们对理性主义的发难，其思想的发轫期，便一头扎进弗洛伊德的无意识理论中，并从此把对无意识的研究作为自己一生哲学研讨的中心。他认为，从历史到今天，"人追随理性主义，业已达到理性主义变得完全不合理性的地步，从笛卡尔以后，人就日益将思想同情感分离，人们认为只有思想才是合理的，而情感由其本性使然，就是不合理性的……用知性控制自然，以及生产更多更多的货物，变成了生活的最高目标。在这个程序中，人把他自己变成事物，生命变成了货物的附属品，生活被占有倾向所统治……西方人现在处于一种精神分裂性的无能——无能于体验情感，他们因此感到焦虑、烦躁和绝望"[1]。弗洛姆一下子就把现代人的忧虑、失望的情感体验，归咎于理性作用的漫无边际，认为理性主义抬高了人的理智面，而不顾人的情意面，把理性主义的某些弊端揭示了出来。事实上，人既是理性的存在，又是具有情感、欲望的非理性的存在，如果忽视了后一方面，人能算人吗？弗洛姆还从理性的功能方面揭示了它的局限性，认为理性虽然可以把人与动物区别开来，使人有了回忆过去、规划未来的能力，人依靠理性创造出了巨大的物质和精神成果，但是，"理性是人的福分，也是人的祸根"[2]。它使人超越了自然，使人从动物界脱胎出来，但也破坏了人与自然的和谐，丧失了与自然的一体性。更为严重的是，它所创造的科学技术在为人们提供了幸福生活条件的同时，也为人们制造了可以使人类毁灭几千次的原子武器。它所创造的客观物质世界，满足了人们物质享受的需要，却不能满足人的精神和情感的多方面需求，置人的尊严和价值于不顾，因而使人感到精神孤独和灵魂的无所依，从而违背了人的理性的初衷。这说明，弗洛姆的哲学迎合了当时的哲学时尚，受到了现代非理性主义思潮的深刻影响。他站在非理性主义的原则立场上，试图揭露理性的片面性和它的消极作用，主张靠非理性的情感需求等去拯救理性主义。

---

[1] 铃木大拙、弗洛姆：《禅与心理分析》，孟祥森译，中国民间文艺出版社1986年版，第130—131页。
[2] Fromm, *Man for Himself*, New York: Holt, Rinehart & Winston, p.40.

但是，弗洛姆也同样不满意非理性主义者把非理性的情感、无意识等绝对化的倾向，对萨特、弗洛伊德等提出过多次批评。如他说："萨特的心理学思想虽然显赫一时，却肤浅粗略，缺乏可靠的临床基础。"[1] 弗洛伊德"把人的本质需要主要说成是性欲的需要，因而弗洛伊德的视野就受到限制"[2]。并且他对作为一种哲学思潮的非理性主义也提出了尖锐的批评，指出："非理性主义——不管是隐藏在心理学、哲学还是种族、政治方面——是反动的，而不是进步的。18世纪和19世纪理性主义的失败，并不是因为它们相信理性，而是因为这种理性概念的狭窄。"因此，他不赞成非理性主义者们完全否定理性主义的态度，而主张"修正片面的理性主义"，即纠正不顾人的情感、意志要求的理性主义，而又不能走向不要人的理性、人欲横流的非理性主义。弗洛姆在理性主义日渐衰微、非理性主义代之而起的形势下，仍然保持着清醒的头脑，走的是一条中间道路。他十分注意揭示人的本性和社会生活中的非理性、无意识方面（这一点是理性主义所缺乏的），而又特别强调，要克服非理性的盲目性和揭示无意识的真谛，必须靠理性的努力才有可能（这一点是非理性主义所缺乏的）。

正如他所说的："如果我们想求得必需的，新的解答，得靠理性及对生命之热烈的爱的帮助，而不是靠非理性及恨。"[3] 这样，他就把理性主义和非理性主义在新的条件下有机地结合起来，成为其哲学思想的主要特征。无论是对人的本性的界定，对逃避自由的心理分析，还是提出对病态社会的拯救办法，以及对未来社会与人的设想和规划，都可以鲜明地看到这一特征。

---

[1] Fromm, *The Heart of Man*, New York: Harper & Row, 1968, p. 13.
[2] Fromm, *Man for Himself*, New York: Holt, Rinehart & Winston, 1964, p. ix.
[3] Fromm, *The Revolution of Hope*, New York: Harper & Row, 1968, p. xvi.

四

当代德国著名的社会学家马克斯·韦伯，在他那本广为人知的《新教伦理与资本主义精神》一书中，提出并验证了一个社会学假说，即透过任何一项事业的表象，都可以在其背后发现一种无形的、支撑这一事业的时代精神力量；这种以社会精神气质为表现的时代精神，与特定社会的文化背景有着某种内在的渊源关系；在一定条件下，这种精神力量决定着这项事业的成败。我们用韦伯这一著名的社会学假设，说明弗洛姆哲学产生和发展的历史必然性是再好不过了。如果我们把弗洛姆所从事的哲学事业放在广阔深远的文化大背景下考察，确实能看到一种时代的精神力量在支撑着他，而且这种时代的精神力量决定着他的哲学的命运。

弗洛姆的哲学基本上属于法兰克福学派的"社会批判理论"，这一学派的思想最初仅仅局限于学术界，并没有产生广泛的社会影响。该学派的理论家们开始所从事的工作偏重于对马克思主义的重新解释，旨在研究和阐述马克思主义理论本身，这只能算作一个比较激进的马克思主义研究学派。弗洛姆在这一时期的著述，主要围绕着精神分析的性格理论及其社会学的意义，并且把精神分析的方法运用于对古代母权制和基督教义的研究，由于它与德国的社会现实有着一定的距离，并没有产生广泛的社会影响，因而，也不会成为时代精神的象征。法兰克福学派声名大振，被社会所认识和接受，弗洛姆家喻户晓，被人们所热烈追随，是在该学派移居美国之后。这与弗洛姆和该学派的主要成员赫伯特·马尔库塞研究工作的转向是分不开的。

马尔库塞曾在柏林大学和弗赖堡大学就读，是著名的存在主义大师海德格尔的学生。不久以后，他完全折服于弗洛伊德的心理分析学说，并和弗洛姆一起，致力于弗洛伊德主义与马克思主义的结合工作。

1933 年以后，马尔库塞移居美国，在美国期间，他相继出版了《理性与革命》《爱欲与文明》《苏联的马克思主义》《单面的人》等代表作，成了法兰克福学派最重要的代表人物。弗洛姆在此期间也相继出版了《逃避自由》《自为的人》《健全的社会》等著作。他们此间的工作是以弗洛伊德主义和马克思主义之"综合"理论为指南，分析研究社会历史现象，在战后对法西斯主义的批判，对资本主义非人社会（弗洛姆称为"病态社会"，马尔库塞称为"单面社会"）的揭露，对苏联的社会主义高度集中的僵化模式的批判是有一定的社会意义的，正迎合了那些刚刚从战争创伤下挣扎过来的知识分子的心理需求，也迎合了绝大部分处于社会较低地位的人们的心态。他们的"社会批判理论"20世纪六七十年代在与新左派运动、青年学生的造反风潮相结合中，一时成为一种时尚、一种时代精神。但是，当社会重新改组、调整，危机减弱，矛盾趋于缓和，人们生活于其中不再有更多的忧患和危机感，革命和阶级斗争处于低潮的阶段时，这种"社会批判理论"也很快失宠，由时代的精神变成历史的陈迹，由时代的宠儿变成时代的弃子。法兰克福学派，特别是弗洛姆、马尔库塞的思想从 70 年代以后走向衰落的历史命运足以证明这一点：理论是灰色的，只有生活之树常青。

但是，作为一个理论家，他毕竟有自己辉煌的时刻，作为一个人，他毕竟在历史上留下了足迹；在当代思想家的行列中，他毕竟占有一席之地。一切具有正义、良心、热爱和平和生命的人都不会忘记他。

人总有一死，但高尚的思想将永世长存！

挣脱幻想的锁链

——弗洛姆的社会无意识理论述评

引言：弗洛姆其人其学

埃利希·弗洛姆以其学术上的巨大成就和理论上的独树一帜而蜚声世界，被公认为法兰克福学派的著名代表并享有新弗洛伊德主义创始人的殊荣。弗洛姆与卡伦·霍妮并称为美国新弗洛伊德主义的创始人。他们共同的思想特征是：搁置了弗洛伊德的原欲观念，而重视社会文化因素对人格发展的影响。但弗洛姆本人拒绝接受"新弗洛伊德主义代表"的称号[1]。他的著作，大都被一版再版，译成多种文字，有的甚至发行百万册之多，不仅在学术界受到重视，而且在西方社会中广为流传。他把马克思主义和弗洛伊德主义"综合"起来，在不同的历史时期，对德国的法西斯主义、苏联的社会主义、美国的发达资本主义进行了详尽的经验考察和深入的理性分析，建立和论证了他的"社会批判理论"及"人道主义的精神分析学"，从而在哲学社会科学研究领域独辟蹊径，产生了广泛的影响。

弗洛姆 1900 年生于德国美因河畔法兰克福的一个犹太家庭。1922

---

[1] Fromm, *The Heart of Man*, New York: Harper & Row, 1980, p. 12.

年，弗洛姆在德国的海德堡大学获得哲学博士学位。1929—1934年，其在德国法兰克福精神分析研究所和社会学研究所工作，是法兰克福学派的早期成员之一。纳粹掌握政权后，犹太血统的弗洛姆逃脱不了德国法西斯迫害的命运，1934年，他被迫离德赴美，先后在芝加哥心理分析学院、耶鲁大学、哥伦比亚大学、墨西哥大学执教，成为美国新弗洛伊德主义的创始人。弗洛姆一生发表了大量的理论著作，其中重要的有：《逃避自由》（1941）、《自为的人》（1947）、《禅与心理分析》（1950）、《健全的社会》（1955）、《爱的艺术》（1956）、《马克思关于人的概念》（1961）、《在幻想锁链的彼岸》（1963）、《人之心》（1964）、《遗忘的语言》（1965）、《精神分析与宗教》（1967）、《希望的革命》（1968）、《弗洛伊德的使命》（1972）、《对人的怀疑情绪的剖析》（1973）、《占有与生存》（1976）等。

弗洛姆一生的理论著作虽卷帙浩繁，但归纳起来，基本上分为三大部分：逃避自由论、人的本性和异化论、社会批判论。

弗洛姆认为，追求自由与逃避自由是人的本性，人对自然征服的程度越深，社会越进步、越发达，人也就越自由；但是征服自然、改造社会给人带来自由的同时，也给其带来了不幸。这种不幸主要表现为：人丧失了从前与自然、与人的和谐关系，心理上缺乏从前的相与感、安全感，日趋孤立，影单力薄，特别是人所创造的巨大的社会生产力和社会制度反而成了限制人的自由的异化力量。因此，人又要放弃自由、逃避自由。自由的积极和消极的双重含义，从追求自由到逃避自由，实际上就接触到了人的本性、境遇和异化问题了。他认为，异化是社会历史发展的普遍现象和必然结果，特别是在资本主义阶段，随着垄断资本的集中，经济体制的某些方面限制了个人创造的成功，庞大的经济机器把人束缚在"整体"的断片上，摧毁了人在经济上的独立、思想上的自由，增加了人们的忧虑、烦恼、痛苦的情绪和无能为力感，人的自发创造性的本质异化达到了顶点。因此，要获得真正意义上的自由，从异化状态下解放出来，一方面要加强心理治疗，克服心理疾病；另一方面要深刻地认识社会的本质，揭露其弊端，批判其不合理性，改造社会，使之有利于人的发展。然而，弗洛姆强调，他所揭示的人的这种"自由"的窘境、本性的异化以及社会的病态，在普通人那里，却由于社会的无意识而被掩盖了。人们虽生活在一个幻想的异化的世界里，飘浮在虚假的麻木意识之中，却总以为自己生活在真正的人的世界里；虽然人们觉得自己生活在真正自由的状态中，实际上他们只不过是在连自己也没有意识到的潜在力量的支配下，在生活的舞台上任人摆布。因此，"人道主义的精神分析"或"社会批判理论"，就是要为人们揭去这层虚幻的面纱，深刻地认识到自己的"社会无意识"，引导人们挣脱社会的虚假意识这一幻想的锁链，改变自己的"社会性格"，从而影响和改变社会经济生活。可见，"社会无意识""社会性格"理论是贯穿弗洛姆的三大学说的一根主线，掌握了它，就抓住了他的思想的内在契机，通过它能够窥其理论的全貌。

那么，弗洛姆的社会无意识理论是怎么提出来的？它都包括哪些内容？它在人的发展过程中具有什么样的作用？它对于马克思主义哲学具有什么样的启发意义？其自身的理论局限性又是什么？这都是本文要阐述的一些基本问题。

一、社会无意识的理论渊源

我们首先从时代和理论的背景方面考察弗洛姆思想的起源。为什么先作这样的考察？这主要弗洛姆哲学的性质使然。弗洛姆哲学不属于那些书斋里的哲学，与同时代思想家的理论相比，也较少富有思辨色彩。他的哲学紧密结合他所生活的时代，对于时代所提出的最紧迫问题，进行分析和解答。他十分关心他所生活时代的重大历史事件，以及人们的心态、情绪、意向，他的"社会无意识"和"社会性格"理论就是说明和解释社会现实和人们的社会心理的理论。因此，先对其思想形成的时代条件和理论前提作一考察，是十分必要的。

（一）时代危机的心灵反映

弗洛姆生活的年代大致是 20 世纪的上、中叶，活动的区域也恰是我们所称的"西方"（西欧和北美）。因此，弗洛姆真正属于 20 世纪的西方思想家之列。他的世界观的形成，理论体系的酝酿、成熟，都与 20 世纪西方的历史，特别是德国和美国的现代史紧密相联。如果不了解这一时代特点，也就无法把握弗洛姆的理论精髓。

19 世纪末 20 世纪初，欧洲资本主义完成了从自由竞争到垄断资本的历史转变，进入了一个崭新的时代。这个时代，资本的集中和垄断、大机器的制造和采用、科学技术的突飞猛进、社会产品的极大丰富，使西方社会迅速发达、富裕起来。但是好景不长，随着资本主义私有制固有矛盾的加深、帝国主义侵略和扩张的加剧、垄断和竞争的扩大，西方社会出现了深重的危机和灾难：帝国主义的侵略扩张，加剧了民族、国家的矛盾；大机器的采用，束缚了劳动者的身心发展和创造力，人成了机器的奴隶；盲目的生产引起了通货膨胀和经济危机，拜物主义使人与人之间钩心斗角、尔虞我诈。面对时代的危机，生活于资本主义世界的大多数人，开始惶恐不安起来，表现出了怀疑甚至绝望的情绪，出现了盛行于西方的"世纪末病"。1914—1918 年的第一次世界大战、1929—1933 年的世界性经济危机，更是震撼了整个资本主义世界。在这些危机中，作为第一次世界大战的发动者和战败国而难以向殖民地转嫁危机的德国遭受的打击更为严重：经济衰落、负债累累，人民饥寒交迫，工人斗争风起云涌。面对战后深重的经济危机和高涨的政治运动，德国的资产阶级不得不求助于法西斯主义来维持其统治。

希特勒法西斯主义得势，德国工人运动和民主势力遭到了残酷镇压。为了转嫁危机和矛盾，希特勒发动了空前残忍的第二次世界大战，使欧、亚、非大陆燃起了战火，物质大厦再度遭到了毁坏，无数生灵又一次遭受了屠戮。这种状况使得一些本来就激进的资产阶级、小资产阶级知识分子更加不安起来，导致和加深了他们对资本主义某些现状的忧虑和不满。他们开始从不同的角度向马克思主义靠拢，对法西斯主义进行批判，并对其根源加以分析。

第二次世界大战以后，美国等资本主义国家在战争中发了军火生意财，增加了资本投资总量，又获得了战败国大量的人才、科技成果、资源、设备等，因而加速了固定资产的更新和流动资本的周转，极大地刺激了生产力的发展，引起了大规模的科学技术革命。但是先进的科学技术和强大的社会生产力，并没有给崛起的资本主义的美国带来"太平盛世"和"长治久安"，旧有的资本主义矛盾不但没有解决，反而出现了许多新的社会弊端和精神危机，形成了先进与落后、繁荣与腐朽的新的"二律背反"。一方面，产生了高度发达的物质文明，如飞机、火箭、计算机、摩天大楼、空调卧车；另一方面，由于其自身的矛盾引起了经济危机、文化危机，如破产、失业、犯罪、自杀。面对这种形势，有觉悟的工人群众和新左派知识分子在六七十年代纷纷起来罢工、罢课、游行、示威，掀起了造反风潮，一批敏锐的思想家也纷纷著书立说，阐明他们的"社会批判理论"。

弗洛姆的青少年时代生活于 20 世纪初后起的资本主义国家德国，

经历过两次世界大战（这两次战争都是他的祖国德国煽动的），后半生又目睹了美国资本主义的繁荣和危机（他在美国生活了40年），不同阶段资本主义现实世界的危机对他有很大的震动，有觉悟的知识分子对它的揭露和批判给他以深刻的影响。正如弗洛姆所说："我所生活于其中的那个时代正是一个永不过时的社会实验室，第一次世界大战、德国和俄国革命、法西斯主义在意大利的胜利、纳粹主义在德国的逐步胜利、被引向歧途的俄国革命的失败、西班牙内战和第二次世界大战，以及军备竞赛——所有这一切都为我提供了一个经验观察的场所，形成了一些假说，并对这些假说进行了证实或否定。"[1] 弗洛姆生长在一个笃信犹太教的家庭，从小《旧约》的故事就叩动了他的心弦，相信"四海之内皆兄弟""大地到处都充满了上帝的智慧"。但随着年龄的增长，目睹了社会的不合理现象，他发现远不是那么回事，人对人的剥削、奴役，集团与集团之间的生死斗争，打破了宗教的神话。特别是第一次世界大战的爆发，弗洛姆亲历了他的叔叔、表兄、老同学阵亡的痛苦。德国官方意识形态所编造的谎言引起了他的怀疑，他要弄清"千百万人怎么可能在战壕里或被人杀害，或去杀害其他国家的无辜的人民，从而造成父母、妻子、朋友们的极大痛苦"[2] 的原因。他说："我不明白战争是怎么发生的，我希望理解大众行为中那些非理性的因素，我热烈地渴望和平和国际间的友好往来。"[3] "这一系列问题当时成了我焦急地思考的问题，而且到今天比其他任何问题都更深刻地影响着我的思想。"[4] 尼采道出了19世纪的问题是"上帝死了"，弗洛姆断言，20世纪的问题更加严重，是"人死了"[5]，而人的死亡首要

---

[1] 弗洛姆：《在幻想锁链的彼岸》，张燕译，湖南人民出版社1986年版，第9页。
[2] 弗洛姆：《在幻想锁链的彼岸》，张燕译，湖南人民出版社1986年版，第6页。
[3] 弗洛姆：《在幻想锁链的彼岸》，张燕译，湖南人民出版社1986年版，第7页。
[4][5] Fromm, *For the Love of Life*, New York: Free Pr., 1986, p. 102.

的是精神的崩溃，人的价值和尊严的被践踏。因此，在大学毕业前后，特别是在法兰克福社会学研究所和柏林精神分析研究所工作期间，弗洛姆主要从事对人的精神及其社会问题的研究，成为精神分析运动的热诚拥护者，并一度做了一个执业的精神分析医师。这时，他试图从人的智性、精神方面寻求导致人的危机的根源，并且从个体出发去解决群体问题，用心理学解释社会现象。后来，弗洛姆逐渐看出仅仅从精神分析的角度出发的弊病，转向了马克思主义的社会学，并试图把精神分析与马克思主义结合起来，分析社会矛盾和法西斯主义的根源。1941 年出版的《逃避自由》、1947 年出版的《自为的人》、1955 年出版的《健全的社会》被看成是弗洛姆的三部最重要的著作。在这三部书中以及其他一些著作里，弗洛姆将弗洛伊德的无意识理论、赖希的关于人的性格结构和纳粹主义心理关系的观点、马尔库塞的社会批判立场等与马克思主义从社会关系角度分析问题的方法结合起来，提出和阐述了他的"社会无意识"和"社会性格"理论。弗洛姆提出：为什么资本主义文明给人带来了异化和不自由，人们却还满腔热情地热衷于它呢？为什么法西斯主义给人类制造了那样深重的灾难，而在他的祖国不同阶级的人们却像着了魔似的热烈地追随它呢？他说，人们看不清时代的危机和战争的危害是由于隐蔽的"社会无意识"，以及由当时的社会政治经济条件所培植起来的"社会性格"所造成的。因此，要认识资本主义社会的本质，就要揭去笼罩在"社会无意识"之上的虚假的社会表象，充分认识它及"社会性格"在社会发展过程中所起的重要作用。由此他认为：社会无意识和社会性格及其本质"既是在社会中起作用的一个重要原因，同时也是在社会经济结构和普遍盛行的思想之间互相转化的纽带"[1]。关于这一点，他说他弥补了马克思主

---

[1] 弗洛姆：《在幻想锁链的彼岸》，张燕译，湖南人民出版社 1986 年版，第 82 页。

义理论中的一个不足之处。"马克思和恩格斯并没有说明经济基础是怎样转变成为意识形态这种上层建筑的",他所发现的"社会无意识"和"社会性格","就能阐明联结经济基础和上层建筑的各种纽带"[1]。据此,他认为,造成 20 世纪资本主义的危机与异化的,是人们盲目服从匿名权威,崇拜看不见的市场、效益、规律,而失去了人的个性;造成法西斯主义盛行的根源,除了社会经济因素外,德国人在第一次世界大战后培植起来的虐待受虐狂性格是其极权主义的直接心理根源[2];但这些性格特征又是人所未察觉的,是无意识的,只有通过心理分析才能加以揭示。显然,弗洛姆的社会无意识和社会性格理论注意到了社会因素的作用。但实质上,仍然未脱离弗洛伊德、赖希等人从心理学、主观意识层次分析问题的思维框架。奥地利的弗洛伊德马克思主义者威廉·赖希在 1933 年出版的《法西斯主义群众心理学》一书中,把纳粹主义的兴起和随之导致的世界大战,归咎于德国群众的社会心理,即他们对权威的矛盾关系:一方面渴望权威,希望去支配别人;另一方面,又屈从于一个高于自己、胜于自己的外在的权威力量。他说:"法西斯主义只是普通的人类性格结构在政治上有组织的表现。"[3]弗洛姆对法西斯主义心理根源的分析与赖希的思维取向是一致的。但从个体无意识、个体性格转到群体无意识、社会性格的分析,把社会无意识及社会性格纳入社会发展过程的规律中来认识,都是其理论的深化,也是他对现实世界危机的主观原因的探寻。

可见,从时代发展的特点上看,弗洛姆哲学是他所生活时代社会矛盾、危机的必然反映。那么,从思想发展的特点上看,弗洛姆哲学的产生有没有逻辑必然性呢?

[1] 弗洛姆:《在幻想锁链的彼岸》,张燕译,湖南人民出版社 1986 年版,第 75 页。
[2] Fromm, *Escape from Freedom*, New York: Holt, Rinehart & Winston, 1965, pp. 265—282.
[3] 赖希:《法西斯主义群众心理学》,张峰译,重庆出版社 1990 年版。

（二）理性衰微的思想表征

欧洲近代自文艺复兴以来，资产阶级思想家针对中世纪神学对人学的压抑，神性对理性的排斥的蒙昧主义，举起了理性主义的大旗，"思维着的悟性成了衡量一切的唯一尺度"[1]。这是一次伟大的思想解放运动，推动了理性和科学的迅猛发展。唯理主义、经验主义探讨了自然知识的基础问题，使人类理性获得了长足的进步。在黑格尔的思辨哲学那里，理性的发展达到了顶峰，理性即实在，实在即理性，理性成了存在于一切事物之中的灵魂和本质。在政治上，1789年法国资产阶级大革命在启蒙运动"高居于一切现实事物之上的唯一法庭"的理性旗帜下，酝酿、准备和得以实现。在科学上，近代以来，自然科学也在牛顿经典物理学的指引下获得了辉煌的成果，大机器的采用、数学和实验相结合的方法，推动了社会生产力的提高和发展。但是好景不长，不久人们便发现，人类理性所开创的社会文明并不令人乐观，唯理主义和经验主义以及黑格尔的思辨哲学奠定的智性基础，并不能解答人生的价值和意义；法国资产阶级大革命后建立起来的理性国家本质上具有的残酷剥削和阶级对立，彻底粉碎了启蒙思想家用各种美妙词句讴歌的"永恒理性"，以及建立在这一基础之上的"永恒国家"；19世纪末出现的科学危机（物理学危机、数学危机、逻辑学危机等）也进一步动摇了理性能够支配和改变世界的诺言。存在主义哲学家雅斯贝斯说，这是"历史传统的崩溃，主体认识的缺乏，对不可知未来的惶恐"，极好地概括了理性衰微的特征。

弗洛姆就是在这种文化背景下走上哲学舞台的。他非常赞成当代哲学家们对理性主义的发难，认为从历史到今天，"人追随理性主义，业已达到理性主义变得完全不合理性的地步。从笛卡尔以后，人就日

---

[1]《马克思恩格斯选集（第三卷）》，中共中央马恩列斯著作编译局译，人民出版社1972年版，第96页。

益将思想同情感分离，人们认为只有思想才是合理的，而情感，由其本性使然，就是不合理性的……用知性控制自然，以及生产更多更多的货物，变成了生活的最高目标。在这个程序中，人把自己变成了物，生命变成了货物的附属品。生活被占有倾向所统治……西方人现在处于一种精神分裂性的无能——无能力体验情感。他因此感到焦虑、烦躁和绝望。"[1] 这里，弗洛姆把理性主义的弊端揭示了出来，即它抬高了人的理智面，而不顾及人的情意面。而事实上，人既是理性的存在，又是具有情感、需求的存在，如果忽视了后一方面，人又与物何异？弗洛姆还从理性的功能方面揭示了它的局限性，认为理性虽然可以把人与动物区别开来，使人有了回忆过去、规划未来的能力，人依靠理性创造出了巨大的物质成果，但是"理性是人的福分，也是人的祸根"[2]。它破坏了人与自然的和谐，丧失了自然的一体性，更为严重的是，它所创造的客观物质世界并没有充分地满足人的多方面需要，相反，却压制了人的活力，置人的尊严与价值于不顾，因而使人感到孤独、无所依。而且，这导致了人的"存在的二律背反"和"历史的二律背反"。"存在的二律背反"是指在人类生存的境遇中立足于人的自然本性基础上而无法解决的矛盾，如个体化和孤独的矛盾、生与死的矛盾、人的潜能的实现与生命短暂的矛盾。"历史的二律背反"是指在人的社会本性基础上产生的，由不利的社会环境、外部条件所带来的人类生存处境中完全可以消除的矛盾，如由理性发展、科技进步带来的种种矛盾 。[3]

---

[1] 铃木大拙、弗洛姆：《禅与心理分析》，孟祥森译，志文出版社 1975 年版，第 130 页。
[2] Fromm, *Man for Himself*, New York: Holt, Rinehart & Winston, 1964, p. 40.
[3] Fromm, *Man for Himself*, New York: Holt, Rinehart & Winston, 1964, pp. 40—50.

这些"二律背反","不仅能在思想中，而且能在生活过程、情感和行动中反映"[1]。可见，弗洛姆站在非理性主义的立场上，试图揭露理性的片面性和它的消极作用，主张用非理性的情感需求等去弥补它的不足。

但是，弗洛姆也同样不满意非理性主义者对非理性的情感、无意识等绝对化的倾向，对萨特、弗洛伊德等提出过多次批评，如他说"萨特的心理学思想虽然显赫一时，却失之肤浅粗略，缺乏可靠的临床基础"，弗洛伊德"把人的本质需要主要说成是性欲的需要，因而弗洛伊德的视野就受到限制"[2]。并且他对作为一种哲学思潮的非理性主义也提出了尖锐的批评，指出："非理性主义——不管是隐藏在心理学、哲学，还是种族、政治方面——是反动的，而不是进步的。18世纪和19世纪理性主义的失败，并不是因为它们相信理性，而是因为这种理性概念的狭窄。"[3] 因此，他不赞成非理性主义者们完全否定理性主义的态度，而是主张"修正片面的理性主义"，即纠正不顾人的情感、意志要求的理性主义，而又不能走向不要人的理性、人欲横流的非理性主义。这样，弗洛姆在理性主义日渐衰微、非理性主义代之而起的形势下，走的是一条中间道路，即他十分注意揭示人的本性和社会生活中的非理性、无意识的方面（这一点是理性主义所缺乏的）而又强调要克服非理性和揭示无意识，使无意识意识化，必须通过理性的努力（这一点是非理性主义所缺乏的）。正如他所说的："如果我们想求得必需的、新的解答，得靠理性及对生命之热烈的爱为帮助，而不是靠非理性及恨。"[4] 这样，他就把理性主义和非理性主义结合起来，在社会无意识问题上，认为"揭示人的无意识既是一种理性的活

[1] Fromm，*Man for Himself*，New York：Holt，Rinehart & Winston，1964，pp. 40—50.
[2][3] Fromm，*Man for Himself*，New York：Holt，Rinehart & Winston，1964，p. 40.
[4] Fromm，*The Revolution of Hope*，New York：Harper & Row，1968.

动，又是一次情感的体验"[1]。对此，我们可以说，从总体上看，弗洛姆受非理性主义思潮的影响；但从实质上看，他是试图把理性主义和非理性主义综合起来，以克服各自的片面性。

（三）两大哲人的直接启迪

综上可见，任何一个人的思想都不能离开它的社会条件而凭空捏造，也不能离开已有的一些思想资料靠想象来杜撰。正如弗洛姆所说的："即使最为激进的发展，也必须与过去有着连续性；我们不能够由把人类心灵最好的成就都一概抛弃而得到进步。"[2]弗洛姆的社会无意识及性格理论就是有着这种连续性的。为了解答社会矛盾和危机、克服人的理智困惑，以及解决人的境遇与前途问题，他一方面注视着世界的发展动态，另一方面力图从当今各种思想体系中寻求答案。在弗洛姆所吸取的各种思想学说中，最主要和最直接的是弗洛伊德的精神分析学说和马克思的历史唯物主义。

还在青年时期，弗洛姆的思想就受到了弗洛伊德的强烈熏染。经过一段认真而刻苦的研究，他熟识了弗洛伊德的精神分析理论和技术，并给予了相当高的评价。他认为，弗洛伊德的精神分析理论具有批判的眼光和革新的精神。其表现为：第一，弗洛伊德创立了一种"深蕴心理学"，这种心理学认为，人们的思想和行为并不都受自己的意识支配，个体的无意识的力比多结构才是最后的动力和基础。因此，揭示这种无意识，就成了弗洛伊德治疗神经病的最重要方法。第二，弗洛伊德创立了一种动力学的"性格理论"，这种理论认为，"人的行动、感觉、思考方式并不只是对现实的状况做出合理反映的结果，而是由

---

[1] 弗洛姆：《在幻想锁链的彼岸》，张燕译，湖南人民出版社 1986 年版，第 98 页。
[2] Fromm，*The Revolution of Hope*，New York：Harper & Row，1968.

人的性格特点所决定的"[1]。这样，人的各式各样现实的表现，就可以在人的性格结构中找到原因。弗洛姆认为，弗洛伊德"所发现的无意识过程以及性格特征的动力学本质，都是对人的科学的独特贡献"[2]。它弥补了理性主义仅从人们的有意识的思想体系出发看问题的狭隘眼界，把意识和无意识结合起来，深刻地揭示了丰富而完整的人性。

然而，随着弗洛伊德理论自身局限性的暴露和用它来解释社会问题的牵强附会，以及由于精神分析运动在发展进程中出现的"官僚化"的倾向而陷入的深刻危机[3]，弗洛姆逐渐感到了弗洛伊德的无意识和性格概念的偏狭和理论的失误。这种偏狭和失误主要表现为：第一，它仅仅从生物学、心理学的角度出发考察人的行为和思想的动机，而忽略了社会文化因素的作用，特别是把性的因素夸大到了不适当的地步。第二，弗洛伊德的"无意识"仅仅停留在"个体无意识"的层面上，对性格的分析也是仅限于个人的有限范围内，而没有深入下去，看到"社会无意识"和"社会性格"的存在。因而，他所说的社会压抑，本质上也就是一种"性压抑"，对社会的批判也只能停留在对性压抑批判的狭隘水平上，而要"理解个体的无意识必须以批判地分析他那个社会为前提"[4]。弗洛姆说："我们对每个人不同的特性不感兴趣，我们感兴趣的是该团体中绝大多数人所共有的性格结构。"[5] 第三，弗洛伊德并不关心人的生存问题，只关心精神病人，而不是社会的种种病态，如吸毒、自杀、战争及人的本质异化等社会现实。因此，不能照搬来分析社会现实，必须把马克思主义和弗洛伊德主义结合起来。

弗洛姆高度评价马克思，说："马克思是一位具有世界历史意义的

---

[1] 弗洛姆：《在幻想锁链的彼岸》，张燕译，湖南人民出版社1986年版，第78页。
[2] 弗洛姆：《在幻想锁链的彼岸》，张燕译，湖南人民出版社1986年版，第11页。
[3] Fromm, *The Crisis of Psychoanalysis*, New York: Holt, Rinehart & Winston, 1970, pp. 24—25.
[4] 弗洛姆：《弗洛伊德的使命》，尚建新译，三联书店1986年版，第129页。
[5] Fromm, *Escape from Freedom*, New York: Holt, Rinehart & Winston, 1965, p. 304.

人物。"[1]"马克思所思考的深度和广度都远远地超过了弗洛伊德。"[2]
这是因为，马克思超越了弗洛伊德仅仅从生物学、病理学出发的狭窄
领域，"把精神遗产同经济的社会的实际状况联系起来，从而为一门
有关人和社会的新型科学奠定了基础"[3]。这主要表现在：马克思认
为，"我们每个人的思想都是以任何特定的社会所发展的思想为模式
的，这些特定的社会所发展的思想又取决于该社会的特定结构和作用
方式"[4]。弗洛姆认为，这样，马克思和弗洛伊德的思想就一致了起
来，他们"一样相信人的意识大都是'虚假的意识'。人们认为自己的
思想是千真万确的，是自己思维活动的产物，而实际上人是受客观力
量左右的，这些客观力量在人的背面起作用"[5]。他们的区别在于："在
弗洛伊德的学说中，这些客观力量表现为生理学和生物学上的需要；
在马克思的学说中，这些客观力量则是社会和经济的历史动力。"[6]弗
洛伊德把性格的分析归于"动物的本能规定性"，认为"不同的性格特
征乃是性冲动的不同形式的'升华'或'反馈'"[7]，而马克思注重社
会因素对人的精神、性格的制约和影响。只有把弗洛伊德的性格理论
的生物学因素剔除，纳入到马克思的社会存在决定社会意识的理论中
来，才可以为经济基础和意识形态的理论提供过渡环节。在弗洛姆看
来，弗洛伊德所不足的地方，正是马克思所具有的；而马克思所忽略
的内容，正是弗洛伊德所充分阐述的。马克思能够阐明社会经济结构
的形成和发展，但他的生产活动模式难以把握意识形态领域中的关系
和结构。对马克思没有探究过的结构，弗洛伊德作了深入细致的分析，
他提供了无意识和个性结构的心理学，可以阐明经济因素怎样通过内

---

[1][2] 弗洛姆：《在幻想锁链的彼岸》，张燕译，湖南人民出版社 1986 年版，第 10 页。
[3] 弗洛姆：《在幻想锁链的彼岸》，张燕译，湖南人民出版社 1986 年版，第 11 页。
[4] 弗洛姆：《在幻想锁链的彼岸》，张燕译，湖南人民出版社 1986 年版，第 13 页。
[5][6] 弗洛姆：《在幻想锁链的彼岸》，张燕译，湖南人民出版社 1986 年版，第 112 页。
[7] 弗洛姆：《在幻想锁链的彼岸》，张燕译，湖南人民出版社 1986 年版，第 8 页。

在的心理倾向而变成一定的思想和行动，可以揭示社会活动中的意识力量、社会对个人的影响、观念在心理中的形成，以及心理结构对社会经济的影响，等等。因此，必须把"个体心理学"转变为"社会心理学"，把"个体性格"转变为"社会性格"，把"个体无意识"转变为"社会无意识"，才能建立一门真正的科学心理学和社会学。弗洛姆说，在这样"理解和批评了这两位思想家后，我终于达到了一种综合"[1]。这种综合的最重要成果之一，就是他的"社会无意识"和"社会性格"理论。

二、社会无意识理论的基本内容

（一）社会无意识的界说

系统集中地阐述社会无意识理论的是 1950 年出版的由弗洛姆与铃木大拙（D. T. Suzuki，1870—1976）合著的《禅与心理分析》，以及 1963 年出版的《在幻想锁链的彼岸》。而其具体的分析实例在他的三部巨著《逃避自由》《自为的人》《健全的社会》以及其他一些著作中到处可见。

弗洛姆认为，社会中的每一个人其实都生活在虚假的幻想之中，但他们丝毫察觉不到这种虚假性，总是认为生活在真实的理想状态中。如生活在异化状态中的现代人被"物欲""占有"观念所支配，却以为自己是幸福的完整的人。由于这种幻想锁链的束缚，他们只是处在"半醒"的状态中，所看到的只是被允许看到的东西，所思考的也只是被允许思考的东西。由于幻想的支配，人们很难甚至不能回答人的生存问题以及揭示社会的不合理现象。那么，这种现象是如何造成的

---

[1] 弗洛姆：《在幻想锁链的彼岸》，张燕译，湖南人民出版社 1986 年版，第 8 页。

呢？幻想的锁链为什么能如此牢固地束缚人们的思想，深刻地影响着人们的社会生活和精神状态？通过认真的理论研究和深刻的社会观察，弗洛姆认为，制造幻想的是"意识"或"意识形态"。"意识"或"意识形态"的力量是无比巨大的，它通过国家、政党、阶级、教会，以及大众传播媒介，强加给人们，控制着人们的思想，使其不得超过固定的范围，也可以通过强化人们的思维方式潜移默化地实现这种控制。因此，人们必须与意识或意识形态保持同一，谁敢越雷池一步，便有社会惩罚在等着他，或被认为是发疯的表现。

由此，弗洛姆进一步强调了社会意识或意识形态的双重功能：一是为了把人们的思想蒙蔽在意识形态之中，它必须制造和传播各种社会神话或幻想；二是为了阻止人们认识事实的真相，它必须把事实的真相加以掩盖，使之不得进入人们的意识之中，即成为社会无意识。这样，弗洛姆便引出了他的社会无意识思想。他给社会无意识下了如下定义："我们所说的'社会无意识'是指那些对于一个社会的绝大多数成员来说都是相同的被压抑的领域，当一个具有特殊矛盾的社会成功地发挥作用的时候，那些共同的被压抑的因素正是该社会所不允许它的成员意识到的内容。"[1] 因此，"人们把社会承认的那些陈腐的思想视为真正的、现实的、健全的思想，那些不符合这些陈词滥调的思想却被当作无意识被拒斥在意识之外"[2]，而且"任何一个特定社会中的不合理之处都必然会导致该社会成员对自己许多感觉和观察意识的压抑，一个社会越是不能代表该社会全体成员的利益，这种必然性就越大"[3]。

以上三句话，弗洛姆清楚地规定了社会无意识概念的基本内涵，

---

[1] 弗洛姆：《在幻想锁链的彼岸》，张燕译，湖南人民出版社 1986 年版，第 93 页。
[2] 弗洛姆：《在幻想锁链的彼岸》，张燕译，湖南人民出版社 1986 年版，第 133 页。
[3] 弗洛姆：《在幻想锁链的彼岸》，张燕译，湖南人民出版社 1986 年版，第 128 页。

它包括四层含义：第一，社会意识是人们对社会生活虚假的反映，是社会所提倡、宣传、灌输给人们的思想，大都不是真实的。而社会无意识则是人们对社会生活的真实反映，是社会所不提倡、阻止、限制、不允许人们意识到的思想，这些思想大都真实地反映了人的内心世界和完整的人性，潜藏着对人的生存问题的基本解答。第二，社会无意识是与"压抑"相关的概念。既然社会意识是由社会所塑造的，社会无意识是被社会所禁止的，那么，对于这部分被禁止的意识，为了不至于与统一的千篇一律的意识形态相对立而成为牺牲品，人们必须千方百计地予以"压抑"，不让它进入自己的意识之中，以保证与该社会保持同一。第三，社会无意识是与社会病态和危机相关的概念。因为社会越不合理，社会的病态和危机越严重，占统治地位的意识形态就越需强化人们的思想，社会无意识被压抑的程度就越深，社会无意识的范围也就越大。第四，社会无意识还是与个体无意识相关的概念，个体无意识是指决定单个人的思想和行为的本能力量（弗洛伊德称之为性欲），这种本能力量是社会对个人所加以限制的；而社会无意识是一个社会的绝大多数成员共同被压抑的领域，它与个人无意识不同，被压抑的不是个人的本能的欲望，而是"真正关系到社会矛盾、社会所产生的痛苦，以及对权威失败的压抑、不良的和不满意的感觉之认识的压抑等"[1]。但这种社会无意识也是由每个人的社会无意识组成的。

弗洛姆认为，由于历史上各个社会的性质不同，因而社会的无意识及被压抑的内容也有显著区别。如资本主义社会所压抑的主要是无产阶级的思想和意识形态，把不利于资本主义发展的思想意识统统当作异端邪说而加以压制。社会主义社会所压抑的当然是资产阶级的思想和意识形态，社会主义国家内进行的意识形态的斗争和政治运动，

---

[1] 弗洛姆：《在幻想锁链的彼岸》，张燕译，湖南人民出版社 1986 年版，第 137—138 页。

都是在提防资本主义的名义下进行的。但弗洛姆又认为，尽管社会的性质不同，社会无意识压抑的内容也不同，然而，它们对社会无意识压抑的形式却是一样的，即无论是美国这样的资本主义社会，还是苏联那样的社会主义社会，都强化自己的意识形态，都千方百计地引导人们有意识地接受某些思想、拒斥另一些思想。而这样做的方式，也都是"通过父母、学校、教会、电影、电视、报纸，从人的童年时就强加给人们的，它们控制着人们的头脑，似乎这是人们自己思考或观察的结果"[1]。因而，虽然"在资本主义国家和社会主义的苏联之间存在着政治和社会上的差别"[2]，但是，"它们各个集团的感觉和思考方式则没有什么两样"[3]，即都受占统治地位的意识形态所控制和支配。正因如此，人们虽然是在按照意识形态所引导的方向所思所想，但人们却自以为是在按自己的自由意志行事。实际上，人是一个被绳子操纵的活动木偶，这些绳子位于人的背后或凌驾于人之上，他们受那些自己所没有意识到的力量支配着。

那么，造成意识形态分裂的原因何在？弗洛姆认为，其一，这是社会剥削和压迫的存在所致。他说："大部分人在他们的意识中所具有的只是虚妄幻象，这并不是因为人们无能力看到事实的真相，而是社会所造成的结果。人类历史中（除了某些原始社会外）各类社会大部分是由少数人统治并剥削大多数人。为了得以这样做，这少数人通常是用武力，但只是武力还不够。长久下来，多数人必须变得自愿接受剥削——而要达到这一步，人民的头脑里必须装以各式各样的谎言与幻想，以使他们接受少数人的统治变得合理。"[4] 其二，这是忽视人性、人的完整性使然。他说："在历史的发展中，每个社会都因为其生

---

[1][2] 弗洛姆：《在幻想锁链的彼岸》，张燕译，湖南人民出版社1986年版，第131页。
[3] 弗洛姆：《在幻想锁链的彼岸》，张燕译，湖南人民出版社1986年版，第123页。
[4] 铃木大拙、弗洛姆：《禅与心理分析》，孟祥森译，志文出版社1975年版，第154页。

存所需而发展成某一种形式，并陷在这个形式之中，而忽略了众人与共的人性面、更广泛的人性目标。"[1] 这就是说，每个社会都有自己的一套统治方式和意识形态所造成的清规戒律，而与人的本性的完满实现相悖。可见，弗洛姆对社会无意识产生的原因的分析立足于阶级分析、人性分析，既看到阶级的压迫和剥削，又看到人性的被摧残和扭曲，因而对意识及意识形态"粉饰现实"的作用的批判是很深刻的。

需要指出的是，社会无意识的概念虽然肇始于弗洛姆，但它是吸取并改造了斯宾诺沙、弗洛伊德、马克思、荣格等思想大师的某些思想因素之后形成的，这一点连他自己也承认。他说，斯宾诺沙是第一个明确提出无意识概念的思想家，因为斯宾诺沙认为，人"意识到自己的欲望，但是，人却忽视了决定这些欲望的原因"[2]。换句话说，普通人都是不自由的，他只是生活在自由的幻想中，因为他的行动是受那些连他自己都没有意识到的因素支配着的。较之斯宾诺沙，弗洛伊德是更为透彻地看到了人的无意识秘密的思想家。弗洛伊德是从对个人的观察入手的，他把个性分为三个部分：本我、自我、超我。本我，代表了一个人的全部的本能欲望；自我，代表了一个人的有组织的个性，能够观察现实，理智地评判现实；超我，是父亲和社会的命令或禁令的内在化。本我中大部分本能欲望不能达到意识的层次，所以本我也就相当于"无意识"；自我代表了"意识"；超我像个检察官，通过其禁忌的本能欲望进入意识领域（自我），被阻止的本能欲望则被压入无意识的层次（本我）。

弗洛姆认为，弗洛伊德的人格结构理论，一方面揭示了无意识是治疗神经病的最重要的方法；另一方面（也是更重要的一个方面），弗

[1] 铃木大拙、弗洛姆：《禅与心理分析》，孟祥森译，志文出版社 1975 年版，第 154 页。
[2] 弗洛姆：《在幻想锁链的彼岸》，张燕译，湖南人民出版社 1986 年版，第 107 页。

洛伊德的理论已超出了治疗的范围，而迈入了广阔的生活领域。可以推断出人们自己所作的思考大都不是很真实的，而大部分真实的东西却是人们不能意识到的结论，因而我们的意识是"虚假的"，我们的无意识才真正蕴藏着无穷无尽的真理。弗洛姆强调，除了斯宾诺莎和弗洛伊德看到了无意识的潜在的决定力量之外，对于推翻意识的传统观点做出了最卓越贡献的，要首推马克思。马克思将黑格尔的操纵个人及其意识的绝对理念从天堂降到了人类活动的大千世界，更具体、准确地说明了人的意识的作用，以及客观因素对它的影响。马克思在《德意志意识形态》一书中多处表达了同一个思想。他说："不是意识决定了人们的生活方式，而是人们的生活方式决定了意识。""不是人们的意识决定人们的存在，相反，是人们的社会存在决定人们的意识。"这就是说，人们总以为自己的思想在改变着社会存在，其实正相反，正是社会存在改变着人们的思想。因此，弗洛姆断言："马克思像斯宾诺莎和后来的弗洛伊德一样，认为人自觉地思考的那些东西大部分是虚假的意识，是意识形态和文饰，人的行为的真正的动力是人所意识不到的。按照弗洛伊德的理论，动力根植于人的力比多（性欲）的冲动中；按照马克思的理论，动力根植于人的整个社会组织中，社会把人的意识引到某些方向去，阻止他意识到某些事实和经验。"[1]弗洛姆的社会无意识理论显然受到了上述思想家的影响，他把弗洛伊德心理学的无意识和马克思的社会存在决定社会意识的历史理论结合了起来，综合为社会心理学的无意识。需要指出的是，弗洛姆对马克思的社会存在决定社会意识的理论作了严重的歪曲。马克思的社会存在指的是客观的物质活动，弗洛姆则把它作为无意识的精神现象。因

---

[1] 弗洛姆：《马克思关于人的概念》，载复旦大学哲学系现代西方哲学研究室编译：西方学者论《1844年经济学哲学手稿》，复旦大学出版社1983年版，第36页。

而虽然他们都是决定论者，但其哲学根本性质是完全不同的。除此之外，对弗洛姆社会无意识理论产生深刻影响的，还有分析心理学的创始人卡尔·荣格（Carl Gustav Jung，1875—1961）。尽管弗洛姆声称他的"社会无意识"概念与荣格提出的"集体无意识"概念有着显著的不同，但他们在强调每个人都具有的精神实体的普遍性格这一点上是共同的。也就是说，他们都认为"无意识"是社会中的绝大多数成员共同具有的，而不是单个人所独有的性质[1]。不同的是，"集体无意识"产生于人类祖先的种的遗传，表现为前辈人的意识在后辈人思维方式上的无意识积淀；而"社会无意识"是产生于社会的压抑，表现为人们把与社会格格不入的观念深深地压入无意识心理的深层。

由此可见，弗洛姆的"社会无意识"理论，既吸收了斯宾诺沙、弗洛伊德、马克思、荣格等人的思想，又在他们的基础上加以综合和提高。其最新颖之处就是他关于"社会无意识的压抑"的理论。

（二）"社会过滤器"：社会无意识的压抑

如上所述，弗洛姆将人对社会生活的反映分为两部分：意识领域与无意识领域。社会意识是由社会所塑造的，在这一部分意识中，主体的人丧失了自己的主观意志，而服从于外在的社会权威，这往往是虚假意识；而社会无意识是真实的人性反映，是对社会现实的真实的认识，是与现实社会不相符的"异端邪念"，它威胁着占主导地位的社会意识，是完整而非异化的人的体验，是人的真正的内心世界。人的认识不进入社会无意识的部分，或者说社会无意识未被意识化，人们就不可能对社会现实怀有一种真正的批判眼光。对于这种具有叛逆性质的社会无意识，每一个社会都是不允许其成员意识到的，因而总

---

[1] 弗洛姆：《在幻想锁链的彼岸》，张燕译，湖南人民出版社 1986 年版，第 119 页。

是加以社会压制，或者利用内在化的伦理道德规范、语言、逻辑等思维方式加以过滤，由此社会无意识的压抑才有可能，社会秩序才能得以稳固。社会无意识的意识化只有通过社会的禁忌和压抑的解除，即通过"社会过滤器"的过滤后才能实现。弗洛姆写道："每一个社会都由它的生活以及关联和感觉的模式，发展出一种范畴系统，而这个范畴系统决定了知觉的形式，这个系统，似乎可以说像一个社会条件所形成的过滤器，经验除非能够透过这个过滤器，否则就不能被我们察觉。"[1] 那么"社会过滤器"都包括哪些成分呢？

弗洛姆认为，"社会过滤器"的第一个方面是"语言"，语言是生动的经验生活的僵化和复制。由于语言无法描述许多丰富的、仔细的体验，于是这些体验便不能上升到意识领域中。语言的这种过滤作用又分为两个层次。

语言的过滤作用的第一个层次是，某些经验是无法用某种语言表达的，而在另一种语言中，却可以充分地表达。这样，能够用语言表达的经验即可被人们意识到，不能够用语言表达的经验就被滞留在无意识的领域内，不容易被人们察觉到。按照弗洛姆的观点，由于东西方人所使用语言的不同，即文化的差异，他们所体验到的经验也就迥异。他说，像"在清晨看到一朵玫瑰花蕾，上面有一滴水，而那时空气仍旧清冷，太阳刚刚出来，一只鸟在歌唱"[2] 这样的一种体验，在东方的日本，就容易被人们所表达和察觉，而在西方并不会引起人们的注意，通常也就不能成为意识。按照弗洛姆的看法，如果我们把中国古典诗词译成英文，其中的感情、经验能否被外国人所感受到，那就可想而知了。在西方的英语世界，用以表达情感的"爱"（love）字，

---

[1] 铃木大拙、弗洛姆：《禅与心理分析》，孟祥森译，志文出版社1975年版，第156页。
[2] 铃木大拙、弗洛姆：《禅与心理分析》，孟祥森译，志文出版社1975年版，第156—157页。

它所涵括的经验范围极广，从喜欢到情欲、友爱，以至母爱等，而在东方的非英语世界中就不容易被人们所理解、察觉。

语言的过滤作用的第二个层次是，语言的句法、语法以及词的词根意义的不同，限制了人们对某些经验的意识。弗洛姆关于语言的观点与乔姆斯基的语言学观正相反。乔姆斯基认为，各民族的语言各有不同的语法规则，即不同的表层结构，但所有民族的语言都有共同的句法规则，即深层结构。正因为它们具有共同的深层结构，各民族语言才得以互相翻译或转换。如果按照乔姆斯基的看法，那么弗洛姆的语言观只看到了各民族语言的表层结构的不同，而没有看到深层结构的一致。如在希伯来语中，动词变形的主要原则决定于一种动作的完成或未完成，而活动发生的时间——过去、现在、未来——则属次要。在拉丁语中，这两种原则（时间和完成）共用。而在英语中，人们总是着眼于时间感。这说明，不同语言中"动词的变化也表示出经验方式的不同"[1]。另一个例子是，在同一语言中动词或名词的使用，不同人也有不同的用法、不同的偏重。名词指涉东西，动词指涉活动。弗洛姆指出，现在大多数人喜欢名词甚于动词，这是因为越来越多的人喜欢用"占有"（to have）的方式来思考，而不是以"生存"（to be）活动的方式来思考[2]。这样，便引出了现代人重视"占有"而忽视"生存"的倾向，被物质欲望所控制，而忽略了人的生存的价值和意义，忽视了人的活动和创造的过程及其异化，因而被社会经济的表面繁荣、社会意识形态的虚假性质所蒙蔽，不能意识到繁荣背后的危机和意识形态的虚伪性。潜藏着对人的生存问题的基本回答的社会无意识，在社会中被严重地压抑了。因此弗洛姆说："语言没有显示的功能，相反

[1] 铃木大拙、弗洛姆：《禅与心理分析》，孟祥森译，志文出版社1975年版，第158页。
[2] 铃木大拙、弗洛姆：《禅与心理分析》，孟祥森译，志文出版社1975年版，第159页。

具有隐蔽的功能。"[1] 语言本身受到社会对不符合其结构的某些经验进行压抑的影响，"由于被压抑的经验不同，语言本身也存在差异，因此某些事情就不能用语言来表达"[2]，政治和现实中的一些重大问题也被掩盖住了。

社会过滤器的第二个方面是"逻辑"。既然在一种特定的文化体系中，语言的运用总是遵循某种特定的逻辑，那么逻辑同语言一样也具有意识的过滤作用。正如弗洛姆所说："逻辑是第二个层面，来决定人如何思想，来决定何种经验得以被我们察觉到。"[3] 这就是说，在同一文化体系中，人们认为自己的意识是合乎逻辑的，而在另一文化体系中，人们认为这样的意识又是不合逻辑的。于是，不符合逻辑的便不能进入人们的意识层面。比如，亚里士多德的逻辑是以同一律（A是A）、矛盾律（A不是非A）与排中律（A不能是A又是非A）为根据，即"同样属性在同一情况下不能同时属于又不属于同一主体"[4]。如果按照亚里士多德的逻辑来思考，那么与亚氏逻辑相反的另一种逻辑（悖论逻辑）便是不可思议的。悖论逻辑表明，A与非A不是相互排斥的，而是未知物的表述。弗洛姆认为，这种逻辑在中国人和印度人的思维中，在赫拉克利特的哲学中，都占有突出地位，并以辩证法的名义出现在黑格尔和马克思的学说中。关于对悖论逻辑的考察，弗洛姆在《爱的艺术》中作了详尽分析，请参阅该书第二章"爱的理论"。生活在亚里士多德逻辑传统中的人通常认为悖论逻辑是荒谬的，所以对生活中大量的矛盾现象无法体验，从而也无法使相应的经验上升到意识的层面上。如爱和恨的情感，在悖论逻辑那里，有其对立的一面，也有其同一的一面，据此，对某人某事，人们可以又爱又恨，

[1] Fromm, *To Have or To Be*? New York: Harper & Row, 1976, pp. 15—16.
[2] 弗洛姆：《在幻想锁链的彼岸》，张燕译，湖南人民出版社 1986 年版，第 167 页。
[3] 弗洛姆：《弗洛伊德思想的贡献和局限》，申荷永译，湖南人民出版社 1986 年版，第 6 页。
[4] 亚里士多德：《形而上学》，吴寿彭译，商务印书馆 1959 年版，第 62 页。

但这种既爱且恨的情感从亚里士多德逻辑的观点看来，就没有意义，因为依这种体系看，爱是爱，恨是恨，彼此不能融合。可见，遵循不同的逻辑思考，会使一部分社会无意识潜抑起来。弗洛姆对逻辑的过滤作用的分析，明显是站在悖论逻辑的辩证法一边去反对亚氏的形式逻辑，并把它们纳入对社会无意识的分析中，因而使他的社会无意识理论也就具有了辩证性质，隐含着不被社会或大众思维方式所接受或允许的观念，不一定是假观念的结论。因为社会的或极权主义的参照系与人道主义的参照系是根本不同的。

社会过滤器的第三个方面是"社会禁忌"。弗洛姆强调，这是比"语言"与"逻辑"的过滤作用更为重要的一种形式。它以外在的强制性为特征，是由意识形态及其所依附的上层建筑（如法律机构、监狱等）来执行的，因而压抑性也就更强。"每个社会都会排除某些思想和情感，使它的社会分子不去思考、感受和表达它们，有些事情不但不可以去做，甚至不可以去想。"[1]如果某些经验或体验进入了意识领域，每个社会都会想方设法把它们重新遣送回无意识的领域。对此，弗洛姆举了几个生动的例子来证明他的理论。他说：在古代好斗的部落里，厮杀和抢劫是理所当然之事，即使有人厌恶厮杀和抢劫的行为，他也不会察知这种感觉，因为这种感觉是与整个部落不相容的。意识到这种不相容的感觉，就意味着有被放逐或孤立的危险。因此，具有这种感觉的人就要千方百计地不让这种感觉进入他的意识之中。现代"顺从的人"也是如此。现代人受大机器指令的约束，不能干自己认为合适的工作，思考自己所能思考的事情。如果谁对这样的生活感到厌烦，那么，对于一个组织严密的社会就是一种危险，就会妨碍该社会和体系的动作。因此到头来，这种感觉还是被压抑了。社会禁忌所要求人

---

[1] 铃木大拙、弗洛姆：《禅与心理分析》，孟祥森译，志文出版社1975年版，第160页。

465

们的一致性或统一性，掩盖了西方社会生活方式的不合理性、虚伪和矛盾。所有这些不合理之处都被认为是理所当然的，几乎不被任何人注意到。在弗洛姆看来，这种统一一致性没有比安徒生的童话"皇帝的新衣"揭示得更加淋漓尽致了。尽管在这个童话中，皇帝赤身裸体，然而除了一个小男孩意识到这个事实外，其他人都相信，皇帝正穿着美丽的新衣。

由"社会禁忌"所造成的这种具有同一性的大众行为模式，在弗洛姆的其他著作中，也有过许多详细的分析和讨论。如他在《逃避自由》中，在分析人争取自由却又逃避自由的原因时指出：现代人相信自己的行动是受自己的利益推动的，然而，他的存在是为了别人的或超人的目标而存在的。给人带来独立和理性的"自由"使人孤立化和无能为力。个人所面临的是一个他把握不了的、支配不了的庞然大物，所以他从心理上无法忍受给他带来孤独情绪的自由重负，必须放弃自我的独立来获得个人所缺乏的力量。换句话说，就是把自己与某种神秘的力量融合起来，寻找一种新的束缚，以代替失去的传统的束缚。"个人不再是他自己，他完全承袭了现存文化模式所给予他的那种人格；他和其他人已没有任何区别，完全按照他人的要求塑造自己。"[1]在这种要求普遍一律、统一步调的社会境况下，人们只能服从领袖的号召、社会的普遍一律和占主导地位的意识形态。所有这些形成了一个巨大的无形的"社会禁忌"网络，人们只能在它的控制下战战兢兢，而不能有任何超越的举动；只能压抑自己对社会的真实认识，而接受社会所传播给人们的许多幻想和假象。

既然社会过滤器（语言、逻辑、社会禁忌）的存在压制了人们的自由理想，限制了人们的创造精神，那么为什么大多数的人不能挣脱

---

[1] Fromm, *Escape from Freedom*, New York: Holt, Rinehart & Winston, 1965, pp. 208—209.

社会过滤器的束缚、批判不合理的社会制度和社会意识形态、解放自己的社会无意识呢？弗洛姆认为其根本原因是人们的心理恐惧。

（三）恐惧和社会无意识压抑的心理根源

对恐惧感的研究并不是始自弗洛姆，在他之前，存在主义的先驱丹麦哲学家基尔凯戈尔就曾把恐怖和畏惧所表现的具体形式厌烦、忧郁、绝望和死亡作为孤独个体的存在状态。在存在主义大师马丁·海德格尔（M. Heidegger，1889—1976）那里，这些情态被认为是存在的展开和存在状态，是人生的最基本的结构和现象。作为存在的情态的"烦""畏""死"，"畏"是从"烦"到"死"的中介、桥梁，"畏死而在就是畏"[1]。而且畏就是人所处的这个世界以及他在这个世界存在这件事本身，"畏所畏者就是在世本身"[2]。弗洛姆也认为，恐惧是伴随着人的一生的基本情态，人始终处在自由的恐惧之中，而且人们压抑自己对社会生活的真实反映的社会无意识，也主要是由于人们生活在恐惧之中。因为面对庞大的社会组织、统一一律的意识形态的外在压力，以及社会的行为规范、纲常伦理、语言逻辑等内驱力的束缚，人们只能按照某种社会承认和普遍盛行的方式去思考，而畏惧思想的"越轨"和行为的"犯上"。这种恐惧心理使社会无意识无法跃入社会意识的层面。那么这种心理恐惧都包括哪些内容呢？

1. 恐惧丧生。弗洛姆非常赞成许多生物学家和哲学家所持的"求生是所有生物的内在属性"[3]的观点，认为求生的"趋向存在于我们周围的所有生物身上，如：青草为了生长而突破石头获取阳光，动物为

[1] 海德格尔：《存在与时间》，载徐崇温主编：《存在主义哲学》，中国社会科学出版社1986年版，第82—83页。
[2] 海德格尔：《存在与时间》，载徐崇温主编：《存在主义哲学》，中国社会科学出版社1986年版，第51页。
[3] Fromm, *The Heart of Man*, New York: Harper & Row, 1968, p.45.

了逃避死亡战斗到最后一刻，人为了保持生命不惜去做任何事情"[1]。这种保持生命、抵制死亡的倾向在人的身上表现得更为突出，是一个健康的人生活的最基本形式，也是人类社会发展的推动力之一。从原始人的狩猎到奴隶制的农耕，从封建制的作坊到现代资本主义的大工业，生产的目的都是维持生命的生存和生长。它代表了人们生活的一种驱动力。不仅如此，为了维持和繁衍生命，生物还必须"具有一种整合和统一的趋向，常常融合不同的或相反的实体，并以一种结构方式进行生长"[2]。就人而言，男女两性构成了这种结合需要的核心，人种生命由这种结合得以延续。"生命周期是结合、出生和成长，而死亡周期则是生长停滞、分解和衰败。"[3] 这就决定了一般人的生活趋向：趋生避死、适应环境，才能生存。如果这是人的基本生活趋向的话，那么，在社会生活中，人们就必须做有利于自己生存的事，而不是相反。在阶级社会中，统治阶级的意识形态、领袖人物的金科玉律等，必须是所有人的行动指南，任何人不得有违，"顺之者昌，逆之者亡"。因此，人们为了不至于丧生，必定适应社会规范、崇拜权威，与国家、领袖、政党保持一致。在一个强制专断的社会里，这种恐惧更甚。强制的结果，是造成人们的心理恐惧，使统治者的统治更加有效。弗洛姆说，这种恐惧不是弗洛伊德的个体心理学所讲的恐惧割雄，而正是社会心理学所讲的害怕被杀害、被监禁或者挨饿[4]。由于这种恐惧，人们不得不把自己的真实的自我深深压入无意识的深层。

2.恐惧失败。弗洛姆认为，在一个非强制的社会体制中，如像美国这样的现代民主的国家里，存在着更为微妙的恐惧。这种恐惧主要表现在政府的高级官员、工程技术人员等知识阶层中，如一些大企业

[1] Fromm, *The Heart of Man*, New York: Harper & Row, 1968, p. 45.
[2] Fromm, *The Heart of Man*, New York: Harper & Row, 1968, pp. 45—46.
[3] Fromm, *The Heart of Man*, New York: Harper & Row, 1968, p. 46.
[4] 弗洛姆：《在幻想锁链的彼岸》，张燕译，湖南人民出版社1986年版，第131页。

中的管理者、工程师，"一旦脑子里出现了一些'不合适'的想法，就会把这些想法压抑下去，唯恐不能像别人那样获得提升的机会。"[1] 不能被提升，便意味着在竞争中落后；在竞争中落后，在别人和自己看来就意味着"失败"。按照弗洛姆的这种看法，发达资本主义社会资产者之间尔虞我诈、相互吞并、激烈竞争的现象，也可以说是出于一种心理恐惧，即害怕成为失败者。与前者有别，只是他们压抑的内容不同罢了。

3. 恐惧孤独。这是比前两种恐惧更强大的一种恐惧。弗洛姆说："在任何一个特定的社会中，个体总要压抑他与那个社会思想模式不相符合的情感和幻想的意识。产生这种压抑的动力是害怕孤立，害怕由于具有和其他人不一样的思想和情感而为社会所遗弃。"[2] "孤寂意味着与外界没有联系，不能发挥人的力量，意味着一筹莫展，不能把握世界、事物和人；意味着世界把我淹没，而我只能听之任之。"[3] 这种与别人保持一致的需求乃是人的最终强烈的欲望。这种欲望还有更深刻的经济原因，这就是："人不与他人进行某些合作就不能生存。在任何可以想象到的文化中，人假如想要生存，就必须与他人合作，不管是为了使自己免受敌人或天然危险的侵害，还是为了使自己能够劳动和生产。"[4] 这种求生存的同一感在 20 世纪则发展到了对匿名权威的崇拜，即对那种不可见的、无形的东西，诸如经济规律、市场、常识、舆论，以及大家共同所做、所感到的东西的崇拜。由于这种匿名权威的支配，"每人都做别人做的事情""愿意按照一种形式的改变而改变，必须不问这是对还是错，但问自己是否适应，是否并不'奇特'，并非不同。人唯一具有永久性的东西，就是随时可以改变，以便适应外

[1] 弗洛姆：《在幻想锁链的彼岸》，张燕译，湖南人民出版社 1986 年版，第 132 页。
[2] 弗洛姆：《弗洛伊德的使命》，尚建新译，三联书店 1986 年版，第 128—129 页。
[3] 弗洛姆：《爱的艺术》，李健鸣译，商务印书馆 1987 年版，第 8 页。
[4] Fromm, *Escape from Freedom*, New York: Holt, Rinehart & Winston, 1965, pp. 35—36.

界。"[1] 弗洛姆强调，正是这种求同性，对孤立与排斥的恐惧，使人们压抑了对那些被禁忌的事情的认识，因为这种认识意味着差异，意味着被孤立、被排斥。正是由于这个原因，个人才对自己所从属的集团宣布的不存在的事物视而不见，或者以大多数人的意见为真理，人云亦云，尽管他自己的观察告诉他，这种意见实际上是谎言。对于个人来说，大众是如此重要，以至于大众的观点、信仰和感情也构成了他个人的现实，并且比他自己的感官和理性告诉他的还要真实。"他几乎不要有任何主观能动性，他的任务由劳动的组织派完。领导和被领导之间也几乎没有区别，因为他们都在行使由整个组织结构规定的任务……甚至他们的各种感情，如高兴、宽容、信任、雄心以及同每个人顺利合作的能力都是预先规定的。他们的娱乐方式即使不那么强求一律，也都是大同小异。"[2] 因此，"人们把社会所承认的那些陈腐的思想视为真正的、现实的、健全的思想，那些不符合这种陈词滥调的思想却被当作是无意识被排斥在意识之外"[3]。而且更可悲的是，人们虽生活在孤独和恐惧之中，然而，"大部分人却不承认他们有恐惧感、厌倦感、无望和孤独——这就是说，他们根本没有意识到这些情感"[4] 而麻木不仁了。

然而，弗洛姆并不失望，他认为，人对孤立和排斥的恐惧，并不必然导致人的无能为力失去人性，可以让社会权威、假象意识任意摆布的悲观结论。因为在他看来，人不仅是社会的一个成员，而且也是整个人类的一员，当他害怕与他的社会、大众彻底隔离的时候，他也害怕与自己内在的、代表自己良心和理性的人性分离。而无意识就是"一切人性的总汇"，"是减去那与他的社会相符的部分的整个的人"。

[1] Fromm, *The Sane Society*, New York: Routledge, 1955, p. 163.
[2] 弗洛姆：《爱的艺术》，李健鸣译，商务印书馆1987年版，第13页。
[3] 弗洛姆：《在幻想锁链的彼岸》，张燕译，湖南人民出版社1986年版，第133页。
[4] Fromm, *The Sane Society*, New York: Routledge, 1955, p. 163.

"意识代表着社会人，代表着人生于其中的历史处境之种种限制。无意识则代表着普遍的人性，代表着整个的人。" [1] "人对于生存问题的种种不同答案，其基础都包含在无意识之中。" [2] 因此，人并不是绝望的，出于人的本性，他一定会冲出无意识的氛围，揭开"虚假意识"即幻想的帷幕。特别是，一个社会对它的社会无意识采取非人的压抑越大，那么，社会无意识的超越和意识化也就越强。

（四）摆脱压抑：社会无意识的超越

通过上述分析，弗洛姆得出如下结论：凡是能够通过社会三重过滤器，挣脱了社会性压抑和克服了恐惧心理的思想和情感，我们都能觉察，凡是不能通过的，都留在知觉之外，即是无意识的。这样，社会无意识理论所面临的下一个课题是：如何解除无意识，如何冲破社会过滤器，或者说，如何把无意识上升为意识，达到对无意识的超越。

1. 人道主义——超越的理论基础。既然潜抑在无意识中的现实问题都涉及人的生存问题，体现着人生的价值和意义，包含着人性之全面的、基本的需要，那么，对社会无意识的解决，理所当然就应该以一种对人的本质有着深刻洞见的人道主义为指南。因为"认识到人的无意识意味着接触到了人的完整的人性，抛弃了社会设在每个人身上的，最终设在每个人与他人之间的种种障碍" [3]。从人道主义出发，就是从完整的人性出发。社会的意识形态把人分割成片面的人、残疾的人，人所认识到的只是不真实的幻想，"偶然的、社会的人同我整个的人性的人被分开了" [4]。这样，弗洛姆的社会无意识理论就与他的异化理论具有异曲同工之妙。社会意识的普遍一致性，是人性异化的一

[1] 铃木大拙、弗洛姆：《禅与心理分析》，孟祥森译，志文出版社1975年版，第165页。
[2] 铃木大拙、弗洛姆：《禅与心理分析》，孟祥森译，志文出版社1975年版，第164页。
[3] 弗洛姆：《在幻想锁链的彼岸》，张燕译，湖南人民出版社1986年版，第135页。
[4] 铃木大拙、弗洛姆：《禅与心理分析》，孟祥森译，志文出版社1975年版，第168页。

个主要原因，而且它的虚假特性也掩盖了这一根源。"人不是以自己是自己力量和自身丰富性的积极承担者来体验自己，而是觉得自己是依赖于自己之外的力量的这样一种无力的'物'，他把他生活的实质投射到这个'物'上。"[1]人的这种被分割的、被动的性质，只有通过人道主义的复兴，把人当人看，揭示人的真正本性，才能达到对无意识的超越。弗洛姆说："将无意识变为意识，是将普遍人性这个概念变成活生生的体验，它是人性之真实体验，是人道主义在经验上的实际实现。"[2]无意识变为意识的过程也就是实现人性的过程。但是，弗洛姆在这个问题上又有所保留，认为完全达到认识无意识的目的是相当困难的，至今还没有一个人能够做到这一点，这也就是说充分地、完整地认识人性是不可能的，但每个人都可以努力接近这一目标。因为，认识到了人的无意识（不管是多些还是少些）就"确定了人的解放，即人从与自己、与人类的异化这种社会状况下解放出来"[3]的途径，因而，解除无意识的压抑，达到超越，又是可能的，只是超越的方式和程度有所不同罢了。

2.病人是最健康的人——超越的形式之一。弗洛姆以精神病人为例，认为在精神病人身上往往还体现着某些人性，解除了某些潜抑的无意识。这是因为"正常的"人一般都能与所在的某种文化模式相适应，自觉地去做这种文化模式要求人们去做的事，而忽视了自己真正的人性的一面，粉饰现实，对社会的不合理现象熟视无睹或不痛不痒；精神病人则不同，他发病的原因，就是压抑使他感到了疼痛，他看清了某些与社会模式、人的常态相反的一面，而又找不到合理的发泄这种意识的渠道。因而，弗洛姆认为，从认识自己的无意识的角度而言，

---

[1] 弗洛姆：《孤独的人：现代社会中的异化》，《哲学译丛》1981年第4期。
[2] 铃木大拙、弗洛姆：《禅与心理分析》，孟祥森译，志文出版社1975年版，第166页。
[3] 弗洛姆：《在幻想锁链的彼岸》，张燕译，湖南人民出版社1986年版。

应该倒过来说："最正常的人，也就是病得最厉害的人，而病得最厉害的人，也就是最健康的人。"[1] 因为，"在病人身上，我们能看到某种属于人性的东西尚没有被压抑到无法与诸种文化模式相对立的程度。只不过是产生了患病的症状。这种症状，比如说疼痛，只是他某些地方不太正常的一种迹象……如果一个人连痛感都没有了，那么他的处境是很危险的。但是许多正常的人只知道适应外界的需要，身上连一点自己的东西都没有，异化到变成了一件工具、一个机器人的程度，以至于感觉不到任何对立了。他们真正的感情，比如爱、恨都因为被压抑而枯萎了，这些人看起来像患有轻微的慢性精神分裂症"[2]。那么，既然病人比正常人更健康，弗洛姆是不是鼓励人们都照病人的样子来反抗虚假的社会意识呢？如果这样来理解弗洛姆，就大错而特错了，因为弗洛姆认为，解除社会无意识，达到超越，还有更高的形式，那就是：彻底否定幻想。

　　3. 对幻想的否定——超越的形式之二。对虚假意识、社会幻想的否定，不能诉诸精神病人的消极态度，而应寄托在人道主义精神的复兴上，即产生一种"新型的人"，"这种人能够超越自己民族的狭隘界限，能体验到每个人都是邻居，而不是野蛮人；这种人在世间就像在家里一样"[3]。也就是说，这种人要超出单个国家、民族、集团的意识形态，超越他所在的社会，把人当作"人类种族"的一员来看待，这样才能克服片面的虚假的社会意识和幻想真正地理解世界和认识人生。这种人也是具有充分的"创造性倾向"的人，在这种"创造性倾向"中，人"不再有将我和'非我'隔开的帷幕，客体不再是客体，它不再是面对我，而是与我同一"，即克服了真实的我与虚假的我的对

---

[1][2]《弗洛姆教授访问记：病人是最健康的人》，(德)《时报》1980年3月21日。
[3] 铃木大拙、弗洛姆：《禅与心理分析》，孟祥森译，志文出版社1975年版，第178页。

立，用真实的我去改造、吞并虚假的我，实现人本身、人与人之间、人与自然之间的和谐。

对幻想的否定，摆脱社会性压抑，还必须从个体无意识走向社会的无意识。社会和个人的无意识是相互关联并不断相互作用的。如果一个特定社会的个人不能认识到社会现实，他的头脑充满幻想的话，那么，他认识到他自己、他的家庭和朋友们的各自现实的能力也是有限的。如果他认识到某些社会现实，却不与社会的无意识一致，他也不能充分地、有效地批判这个社会，"只有超越了个人的领域以及这种超越的过程包括了对社会无意识的分析，对一切被压抑的事实的全面认识才是可能的。"[1] 可见，个体的无意识是以社会的无意识为前提的，而认识社会的无意识则是个体无意识所应追求的目标。

然而，弗洛姆认为，仅仅认识到社会的无意识还不够，对幻想的否定、对社会压抑的摆脱，还"必须从普遍人的价值观点出发来认识社会的动力，批判地估计自己的社会"[2]。弗洛姆非常赞成马克思的观点，"为了改变要求幻想的社会环境，就必须摧毁幻想。"[3] 社会无意识必须从认识的阶段进入批判的阶段。弗洛姆自己以发达的资本主义社会为对象，从经济、文化、意识形态等多方面进行了总体的"社会批判"，特别是对异化的人的揭示和对病态社会的批判更是发人深省，为人们否定幻想、摆脱社会压抑作了表率。他认为，资本主义社会中的人自以为生活在幸福的自由状态中，其实这是虚假的幻象。人的真实情况是，人同一切都发生了异化关系。人在物质上受剥削，精神上遭摧残，才能积极性被破坏，"人同他的工作、同他的伙伴，以及同他自己，都发生了异化，人把自己变成物，专事生产和消费的物，

[1][2] 弗洛姆：《在幻想锁链的彼岸》，张燕译，湖南人民出版社 1986 年版，第 138 页。
[3] 弗洛姆：《弗洛伊德思想的贡献和局限》，申荷永译，湖南人民出版社 1986 年版，第 2 页。

人不知不觉地感到烦恼、孤独和迷惑，因为他丧失了人生的意义，不知道自己是什么人，不知道自己为什么而活着"[1]。人们自以为生活在一个健康的发达社会，其实是生活在一个病态的环境中。社会以占有的方式为主导，人们热诚地追求财产、金钱，而不顾亲情、爱。在这种存在方式中，"人们从来不会满足，因为欲望无止境"。人们"必须嫉妒那些占有多的人"，"只要人人都想多多地占有，就一定会导致社会矛盾和阶级斗争，在国际交往中，就一定会有世界战争"[2]。这种以占有为目的的社会，不利于人的自我实现和健康发展，因而这种社会制度必须连同它们的虚假的意识形态一起被废弃掉，才是真正对幻想的否定。因为这种社会与人的本性相悖，"人的本性无法改变，最终人们只能被迫去改变这种状况"。这里，弗洛姆已隐晦地接触到了摧毁资本主义社会制度的问题了，因而具有潜在的革命性。

4. 顿悟——超越的形式之三。弗洛姆指出，解脱无意识的压抑，还有另一条途径，这就是东方禅宗佛教所讲的"顿悟"。为什么弗洛姆把无意识的超越引向了非理性神秘主义，到宗教中去寻觅出路？这主要是弗洛姆采取的解除无意识压抑的方法延续了西方非理性主义的传统所致，他认为，心理分析的大量实践表明，光靠那种以主体客体的分离为特征的知性认识方法是不能引导无意识走向意识的，是无法解除人们的虚假意识的幻象的。这是因为，知性、理论性的认识方法只能认识事物是什么、不是什么，而不能引起事物发生任何改变。拿无意识的超越来说，知性只能知道无意识的欲求，对无意识加以分析和考察，这是站在主客体分离的立场上，而发现解除无意识必须超越主客体对立的性质，这一任务只能靠体验来完成。体验性的知识，是

---

[1] 沙夫：《马克思主义与人类个体》，麦格劳 - 希尔 1970 年版。
[2]Fromm, *To Have or To Be* ? New York：Bloomsbury Academic，2005，p. 18.

超越了主客体对立的知识，是主体对客体的直接的觉察，是"物我同一"的过程，因而，才能主动地引起对无意识的认识和改变。所以，弗洛姆说："发现自己的无意识，绝不是一个知性的行为，而是一种情感的体验，这种体验几乎是不可说的。"[1]"无意识的发现过程可以说是经验的领域之连续扩充，这些经验是被深刻地感受到的，是超越理论性的、知性的知识的。"[2]发现无意识的这种超越主客体对立的体验知识，弗洛姆认为，正是禅宗所涉及和揭示的问题。禅宗是植根于印度佛教，受印度佛教重视内向自省、摒虑静思式的修炼方法的影响，于7世纪后半叶由慧能完备其体系的中国佛教宗派之一。其主旨是：人的"本性是佛""自性真空"，即人人都有佛性，要想获得佛性，就得"佛向性中作，莫向身外求"。而在求的过程中，必须在思想上"无念""无相""无往"。达到这种境界，精神即可解脱，人心"顿悟成佛"。这种逃避外在现实、诉诸主体直观、不顾社会痛苦、专事心灵发现的超越方式，反映了西方资产阶级知识分子虽看到了现实的不合理性，而又无能为力的心态，也表现了他们对不合理社会制度的妥协性。弗洛姆虽激烈地批判了这个制度给人造成的异化和给社会带来的病态，但终于没有揭示"批判的武器当然不能代替武器的批判，物质的力量只能用物质力量来摧毁"[3]的革命性结论，这是他的社会无意识理论的悲剧。

三、社会无意识理论的贡献与局限

由于各种原因，特别是长期以来"左"的思想的影响，我国哲学界对法兰克福学派和弗洛伊德主义基本上是持否定态度的。对于弗洛

---

[1][2]铃木大拙、弗洛姆：《禅与心理分析》，孟祥森译，志文出版社1975年版，第170页。
[3]《马克思恩格斯选集（第一卷）》，中共中央马恩列斯著作编译局，人民出版社1972年版，第9页。

姆这种"双料人物"（法兰克福学派的重要成员和新弗洛伊德主义的创始人）更是如此，认为他的哲学篡改了马克思主义，其本人也被当作资本主义制度的辩护士来看待。

如表义江同志在《现代哲学》和《晋阳学刊》上发表的文章就有过这样的看法。从"实事求是"的观点出发，不是抓住某些个别词句，而是从他的理论整体来看，这样的评价过于抽象，也是失之公允的。弗洛姆从来就不是资本主义社会的辩护士，而是一个勇敢的叛逆者，他对资本主义的全面批判，就是最好的证明。对于马克思主义，虽然弗洛姆在理解和解释时有错误和不完全正确的地方，如只承认历史唯物主义，否定辩证唯物主义，把历史唯物主义也仅仅归结为一种研究人的唯物主义方法，而且认为历史唯物主义对人类社会和历史的研究缺乏有关社会心理学的知识，从各个方面强调马克思主义实质上是一种人道主义，甚至把马克思主义的人道主义和资产阶级的人道主义混为一谈等，但他的哲学在某些方面也和马克思主义有一致的地方，如：从社会关系的角度出发，考察人的本质、人性的发展，认为历史唯物主义的基本点乃是用社会的生产方式来解释人们的思想意识，坚持马克思主义的社会存在决定社会意识的观点，基本上是正确的；认为马克思主义人道主义的出发点是人，是对资本主义制度下对人性异化的抗议。社会主义、共产主义就是为了克服人性异化，实现人性和人的存在的统一，使人成为完整的人，这样来理解马克思主义的本质，也是无可非议的。因此，对于这样一位接近马克思主义，而又具有显著的资产阶级意识形态倾向的思想家，我们对其评价必须审慎，不能否定他的符合马克思主义精神的思想遗产，又不能放过对其资产阶级唯心主义的批判。下面我们仅对他的社会无意识理论的贡献与局限做出评价。

（一）超出资产阶级人道主义的狭隘眼界

欧洲历史上的资产阶级人道主义曾经有过一段起过进步作用的历史时期，这就是 17 世纪到 19 世纪上半叶的 200 年左右的时间。在当时，资产阶级曾经着力批判封建主义和教会的奴役性的愚民政策，曾经鼓励和支持个人自由的发展和民主意识的增强。这在摧毁封建主义、推动社会文化和经济发展、促进人性解放和刺激个人的积极性方面，都曾经起过重要作用。但是，资产阶级人道主义从一开始，就为其阶级利益所限制，他们批判封建主义是为了解放资产阶级本身，他们关于解放人性的口号，固然有利于当时在资产阶级以外的穷苦的劳动大众，但是，资产阶级主张使劳苦大众从封建主义的束缚下解放出来的目的，是使资产阶级本身便于以新的剥削方式来统治他们。资产阶级人道主义所喊的"自由、平等、博爱"的口号，乃是以普遍性的形式掩盖了其阶级狭隘性。从 19 世纪末 20 世纪初开始，由于资本越来越集中于少数垄断资本家手里，不仅工人阶级，而且一部分小资产阶级和中等资产阶级也遭到了垄断资本的剥削和压榨，到了法西斯主义猖狂时期，资产阶级的人道主义便赤裸裸地撕下了自己的外衣，人性、自由、民主、解放等在全世界都受到了严重的威胁和极端的蔑视。在这样的历史条件下，弗洛姆勇敢地高举人道主义的旗帜，并把自己的学说命名为"人道主义的精神分析"，他并没有站在资产阶级一个阶级的立场上，而是站在社会中占绝大多数的人民的立场上，对资本主义社会对人性的摧残和自由的践踏进行了揭露和批判。他提出的社会无意识理论，从普遍的完整的人性出发，认为社会中多数人的社会意识由于受其社会条件的制约和限制（他有时称之为"禁忌"）往往不能反映人的社会关系的全貌，而是扭曲了人的丰富的思想、情感和意志，只有社会大多数人的社会无意识，才是人们内心深处的对客观事实的真实体验，出于人的生存的真正需要。因此，尊重人、从人道主义出发，就是要从社会无意识出发，弘扬无意识当中潜藏着的真理，以社会大多数人特别是生活在社会底层的大众的利益为己任，而不能从一个阶级的狭隘的功利出发。实现完整的人性，把社会的大多数人从异化的状态中解放出来，这是对资本主义剥削制度及其意识形态的欺骗性的深刻揭露和尖锐批判。因而，其理论受到了人们很高的评价。正如美国哲学家 L. J. 宾克莱指出的那样，"弗洛姆对现代人的困境的诊断，是他思想的高峰。他企图在这个复杂的现代社会中让人的生活多恢复一些尊严，这件事的重要意义是谁也不会不承认的"[1]。将无意识变为意识也是对国家、阶级、民族等不合理权威的否定，高涨普通人的无上权威。既然资产阶级国家把一些不合理的、蔑视人性的东西（如不合理的思想意识、道德规范、法律制度等）强加于人，那么，人们便有理由从这种禁锢中挣脱出来，敢于面陈"异己之见"，争取人民应得的民主、自由。显而易见，弗洛姆的社会无意识理论大大超出了资产阶级人道主义从一己利益出发的狭隘眼界，不是把一个阶级解放，而是把全体进步人类解放，特别是把被统治阶级的解放放在首位，这才真正符合人道主义的根本宗旨。

弗洛姆的社会无意识理论，对社会主义国家无产阶级的意识形态工作和政治思想建设也应该说是有一定借鉴意义的。统一的千篇一律的意识形态、思想教育方式只能导致人的思想僵化，泯灭人的精神。政治思想上将无意识变为意识的引申意义，实质就是让人民广开言路，提出自己的意见和主张，敢于让人民对自己的政治工作进行评估甚至批评，从而影响政府的决策，即真正实现人民的参政、议政。政府也

---

[1] 宾克莱：《理想的冲突》，马元德等译，商务印书馆 1983 年版，第 158 页。

应该对人民的需要、意见，甚至"牢骚""顺口溜"等作认真的、实事求是的分析，从而在政策上根据实际情况和人民的意见相应地做出改变，绝不允许压制人民的合理呼声。实际上这涉及如何加强社会主义民主建设、推进民主化进程的问题。从这个意义上来说，弗洛姆的社会无意识理论又大大地超出了以往的抽象的人道主义理论，把恢复人性与国家的政治民主化联系了起来。

（二）突出了历史主体性的地位

以往的历史观，不是抬高领袖、天才人物的历史作用，走向历史唯心主义，就是否认社会历史有规律可循，认为历史只是偶然事件的堆积，而滑向历史宿命论。马克思主义哲学的诞生，"才使历史这门学问真正成为科学"，把客观的社会生产方式的辩证运动作为推动历史发展的动力，把唯心主义从最后的避难所中清除了出去。但是，马克思和恩格斯在创立历史唯物主义时，着重阐发的是客观性原则，而历史的主体性原则由于历史的原因没有来得及详尽阐发。正如恩格斯所说："青年们有时过分看重经济方面，这有一部分是马克思和我应当负责的。我们在反驳我们的论敌时，常常不得不强调被他们否定的主要原则，并且不是始终都有时间、地点和机会来给其他参与交互作用的因素以应有的重视。但是，只要问题关系到描述某个历史时期，即关系到实际的应用，那情况就不同了，这就不容许有任何错误了。"[1]

恩格斯的这段话说明由于历史的原因，他们着重阐述的是历史唯物主义的理论重心的客观性原则，还没有来得及对精神的反作用的内容和形式等作进一步的定量分析。因此，在揭示主体性因素和结构的动态存在方式、主体性因素与客观性因素自身的相互作用、人类历史

---

[1]《马克思恩格斯选集（第一卷）》，中共中央马恩列斯著作编译局，人民出版社1972年版，第479页。

的发展规律的动态内容等方面，是需要后人进一步完善的。弗洛姆坚持马克思的唯物史观的"社会存在决定社会意识"的客观性原则。在这一前提下，他深入分析和考察了马克思还没有来得及详细考察的历史主体问题，在社会无意识理论中表达了他的社会存在和社会意识的关系首先应是人的存在和人的意识的关系，社会存在不是游离于人性需求之外的抽象的客观必然性，而是在人类实践基础上所发生的无意识存在，即人的客观存在，以及社会存在如不符合人的生存与发展的需要，终究会引起改变的观点，这都是他对历史唯物主义做出的补充。尤其是他看到了历史主体的人民群众的"社会无意识"中潜藏着的大量真实的历史内容，"解除无意识"就是否定不合理的社会制度，实现人民的真正民主愿望的思想，以及对任何专制、独裁统治的揭露和批判，这都接近了马克思的"人民群众是历史的创造者"的伟大思想。对"历史主体"的研究，弗洛姆还不止停留在机械地对客观的社会现实的反映方面，而是千方百计地揭示主体的无意识的情感、意志、心理等对社会存在的经济基础和上层建筑、意识形态的双向制约和影响作用，从而使人们对社会主体的认识及自觉地发挥这种主体性有很大的意义，是对历史主体性理论的深化，因而具有一定的合理性。

（三）深化了意识形态理论

以往的社会意识形态理论（包括马克思主义的意识形态理论）一般都缺少层次性和中介桥梁，好像作为社会存在的经济基础一经形成，就直接决定作为社会意识的上层建筑和意识形态，其间转化的条件、机制、形式等却很少论及。这样，在分析社会基本矛盾运动中只注重了宏观把握而忽略了纵向探讨。弗洛姆的社会无意识理论（尽管不甚科学）在某些方面可以说是克服这一局限的一种尝试。他把社会意识领域分为"社会意识"和"社会无意识"两个层次。"社会意识"是系统化、理论化、条理化的"显意识";"社会无意识"是松散化、多样化、不定型的"隐意识"。他认为这两个层次在一定的条件下可以相互转化,即无意识可以上升为意识,一旦无意识向意识的飞跃得以实现,又反过来强化人们的无意识,进而反作用于社会存在,要求社会的经济基础作相应的改变。这样就把社会意识的形成看成是一个由低到高、由隐到显的发展过程,而不是由社会的物质生活条件所直接推演而成,又强调了社会意识作用于社会无意识,并且通过它对社会存在的巨大反作用。社会意识和社会无意识的划分特别类似于马克思主义的历史唯物主义中所讲的社会心理和社会意识形态的层次划分,突出社会无意识的作用,实际上也就是强调了社会心理在社会意识形态中,以及在社会的物质生活中的重大作用,因而在理论上是接近马克思主义的。在实践上,这一理论也告诫马克思主义者,在社会主义革命中,不仅需要注重社会意识形态中"显意识"的加强和巩固,如思想文化建设,也不要忽略了隐藏在人民大众心理层面上的"隐意识"的要求,如要经常倾听群众呼声、关心群众疾苦等,从而经常改变思想政治工作的方式、方法。

(四)潜藏着推翻不合理社会的革命性结论

弗洛姆社会无意识理论中的一个重要成果,是它所体现着的推翻不合理社会制度、改造病态社会的革命性结论,尽管这一结论在他的理论中是潜在的。弗洛姆是通过人性论来推导这一结论的。因为既然"无意识"中潜抑着"完整"的"普遍"的人性,社会制度不允许这种完整的人性充分地实现,而把它压抑在意识的层面之下,因而摆在人们面前的路只有两条:一是改变人性,压制自己的无意识,使人格扭曲和变态，以便维护现存社会制度；二是改造社会，推翻不合理的社会制度，使无意识上升为意识，维护人性的完整和尊严。而实际上，人的本性是无法改变的，社会制度却是可塑的、可以变更的。因此，在无意识的压抑面前实际只有一条路可走，即改变不合理的社会制度。他说："人能适应几乎任何文化类型，但是只要这种类型和人的本性相矛盾，人便产生精神障碍和情绪障碍，人既然无法改变本性，最终便被迫去改变这种状况。"[1]又说："冲破潜意识的危险会带来引起社会革命的危险。"[2]因为，一个特定社会越是不合理，这个社会成员对自己许多感觉和观察意识压抑的程度就越大，因此克服这种抑制、改变这一社会现状的可能性就越大[3]。看一个社会是否健康（借用精神分析术语）、是否到了该彻底改变的时候，也只有看这一社会对人们的无意识压抑是否能够持续下去。实际上，这里已经暗示了"哪里有压迫，哪里就有反抗"的合理思想。

然而，弗洛姆的社会无意识理论同任何其他思想一样，也有一定的局限性和不可避免的矛盾。正如弗洛姆自己所指出的"任何体系，在它的发展以及被其作者阐述的过程中，都必然带有一定的谬误"[4]一样，我们可以用同样的理由来反观他的社会无意识理论的局限。

在笔者看来，弗洛姆的社会无意识理论主要有以下几点局限性：第一，在对待马克思主义与弗洛伊德主义的态度上，突出了弗洛伊德主义。无意识的概念、压抑的形成与摆脱等理论都是直接来自于弗洛伊德的心理学。而且弗洛姆从人的被压抑的受动性一面，而不是从人的主动积极创造性的一面，来规定人的本质，以及认为人的病态和异化都是心理现象等，都明显地带有弗洛伊德思想的痕迹，"明显夸大

---

[1] Fromm, *Man for Himself*, New York：Holt, Rinehart & Winston, 1964, p.23.
[2] 弗洛姆：《弗洛伊德思想的贡献和局限》，申荷永译，湖南人民出版社 1986 年版，第 11 页。
[3] 弗洛姆：《在幻想锁链的彼岸》，张燕译，湖南人民出版社 1986 年版，第 128 页。
[4] Fromm, *The Revolution of Hope*, New York：Harper & Row, 1968, p.12.

生物因素在人类天性中所起的作用，这自然要导致忽视人及人类文化发展中的真正社会因素，这样就不可能为分析一系列至关重要的社会心理学问题和政治问题，奠定必要的方法论基础"[1]，俄国学者 B. A. 库尔金一针见血地指出了弗洛姆因袭弗洛伊德思想的弊端之所在。第二，弗洛姆的社会无意识理论仅仅从全社会中普遍具有的人性出发，而不是从具体社会中处于不同地位的阶级出发来规定无意识的内容，是抽象人性论的表现。正如马克思所指出的："阶级决定他们的生活状况，同时也决定他们的个人命运，使他们受它支配。"[2] 因而，普遍的、抽象的一般人性在阶级社会里是不可能实现的。第三，弗洛姆的社会无意识理论在阐述无意识的超越时，求助于禅宗佛教，因而在一定程度上带有神秘主义性质。他的否定理性、信赖体验、消磨斗志、反对革命的神秘主义方法是与他的社会无意识理论的宗旨和目标相矛盾的。第四，弗洛姆的社会无意识理论是以"人道主义的精神分析"为基石的，无意识压抑的解除是要建立一个实现普遍人性的大同世界 [3]。但是，弗洛姆所描绘的这个未来的大同世界，仅仅靠人道主义的说教和"意识革命""心灵顿悟"等是不能实现的，因而他的社会无意识的超越所要建立的未来社会只能是意识中的幻想而已。

[1] 库尔金：《弗洛姆的人道主义乌托邦》，《哲学问题》1983 年第 2 期。
[2]《马克思恩格斯选集（第三卷）》，中共中央马恩列斯著作编译局译，人民出版社 1972 年版，第 61 页。
[3] Fromm，*The Heart of Man*，New York：Harper & Row，1968，p. 101.

论弗洛姆的社会哲学思想

一、创造性的理论"综合"

任何一个人的思想都不能离开它的社会条件而凭空捏造，也不能离开已有的一些思想靠想象来杜撰，弗洛姆的社会哲学思想也不例外。为了解答社会矛盾、危机、人的境遇以及人的前途等问题，他一方面注视着世界的发展动态，另一方面力图从当今各种思想体系中寻求答案。在弗洛姆所吸取的各种思想学说中，最重要的是弗洛伊德的精神分析学说与马克思关于人的学说。弗洛伊德和马克思是弗洛姆最为推崇的两位思想家。

那么，弗洛姆在弗洛伊德和马克思那里找到了什么答案呢？

弗洛姆经过长期的潜心研究后，认为弗洛伊德和马克思具有共同的思想基础，他用短短的三句话把它们概括出来，这三句话是："（1）我们必须怀疑一切；（2）人所具有的我都具有；（3）真理会使你获得自由。"[1]

弗洛姆认为，马克思和弗洛伊德都具有对旧世界及其旧意识的批判精神，"怀疑人对自身及他人所作的思考"。在马克思看来，人们对

---

[1] 弗洛姆：《在幻想锁链的彼岸》，张燕译，湖南人民出版社 1986 年版，第 12 页。

自身和他人所作的思考绝大部分都是纯粹的幻想，这些思想体系、概念、理想一向掩盖了经济和社会的利益，因此必须加以批判，使之以"任何特定的社会发展的思想为模式，这些特定的社会发展思想又取决于该社会的特定结构和作用方式"，即思想、意识必须以社会的经济的物质关系为基础。弗洛伊德也以同样的批判精神进行思考，他的整个精神分析的方法可以说是"怀疑的艺术"，他怀疑在催眠状态下的病人能否与现实相符合，因为在他看来，大部分现实是不能为人们所意识到的，只有个体的无意识的组织才是人们思想行为的唯一基础。因此，弗洛伊德对传统意识的绝对作用持坚定的怀疑态度。

弗洛姆认为，马克思和弗洛伊德都是相信真理、坚持真理的典范。马克思希望人类从隶属、异化和经济奴役的锁链中解放出来，使人类解放出来的方法不是暴力而是真理，只有真理才能赢得大多数人的心，只有真理才能揭示这种幻想和意识形态掩盖下的现实，因此真理是引起社会变革的一种武器。弗洛伊德与马克思一样，坚信真理的巨大力量，并把真理作为个人变革的武器，他希望个人从病态的精神失常和无意识的状态下醒悟过来，而使他们醒悟过来的方法不是无意识而是意识。只有靠意识，病人才能把握他的思想和行为背后所掩盖的现实，变无意识为有意识，只有摆脱自己的非理性的力量，才能获得改造自己的力量。

弗洛姆认为，马克思和弗洛伊德第三个共同的思想基础是人道主义。马克思继承了以伏尔泰、莱辛、赫尔德、黑格尔和歌德为杰出代表的人道主义传统，"这种传统的本质就是对人的关怀，对人的潜在才能得以实现的关怀。""人所具有的，每个人都具有。"[1] 马克思主要关心的事情是使人作为个人得到解放，克服异化，恢复人使他自己与别

[1] 弗洛姆：《在幻想锁链的彼岸》，张燕译，湖南人民出版社1986年版，第16页。

486

人以及与自然界密切联系的能力。"[1]弗洛伊德的人道主义思想主要体现在他的无意识概念中，他认为："所有的人都具有相同的无意识的冲动，因此，人们一旦敢于深掘无意识这个隐蔽的世界，人们就会相互理解。"[2]弗洛姆认为，虽然不是弗洛伊德第一个发现无意识的思想和冲动是隐秘地活动于我们心灵深处的现象，但他"却第一个以这种发现为中心建立了心理学体系"，并"取得了惊人的成果"。[3]

不管弗洛姆本人对马克思和弗洛伊德思想的共同基础的分析是否正确，但他还是基本上抓住了这两位思想家的学说特征及其贡献，对于人们研究社会过程和人的行为过程是有启发意义的。但弗洛姆并不满足于停留在对马克思和弗洛伊德统一基础、共同思想的研究上，而且还分析了他们各自观点的不足。他认为就弗洛伊德的观点来说，长期以来西方理性主义一直强调发扬人的理性，注重人的有意识的思想体系。弗洛伊德对这种传统进行了挑战，提出了潜藏在意识背后的隐蔽的"无意识"才是人的真实思想的观点，这是他在心理学上的重大贡献。但弗洛姆认为弗洛伊德所谓的无意识主要是指被压抑了的性本能、性欲活动、性冲动意识，因此是建立在生物学基础上的，是用生物学观点考察人的精神活动，而忽视了社会因素的作用。弗洛姆把马克思主义归结为一种人道主义，把人的物质需要与精神需要对立起来，认为马克思所关心、强调的是后者，是一种"精神的存在主义"，这是对马克思主义的歪曲。不仅如此，他还认为马克思的历史唯物主义有其缺陷，需要有一门心理学，一门关于人类精神结构的科学，而弗洛伊德的精神分析能表明经济状况如何通过人的欲望转换成意识形态，从而能够解决历史唯物主义遇到的困难。他说："弗洛伊德着重个人的

[1]弗洛姆：《马克思关于人的概念》，复旦大学哲学系现代西方哲学研究室编译：西方学者论《1844年经济学哲学手稿》，复旦大学出版社1983年，第15页。
[2]弗洛姆：《在幻想锁链的彼岸》，张燕译，湖南人民出版社1986年版，第16页。
[3]弗洛姆：《弗洛伊德思想的贡献和局限》，申荷永译，湖南人民出版社1986年版，第28页。

病理学，马克思则关心一个社会所共有的、从该社会特定的制度中产生出来的病理学。"[1] 因此，只有把这两种学说"综合"起来，才能形成对人性与社会的全面认识。那么，弗洛姆将马克思和弗洛伊德的学说"综合"后，在其社会哲学中得出了什么样的"综合物"呢？

二、对人性异化的忧虑

弗洛姆从"人的本性"出发，把异化看成是"人的本性"在各种文化中、在社会环境中被扭曲的结果。他说："离开关于生产性的否定（negation of productivity）的概念，即异化概念，就不可能充分地理解关于能动的、生产性的、以其自己的力量把握和包摄客观世界的人的概念。"[2] 弗洛姆的意思是说，只有理解了异化，才能对人性有一个更全面、更深刻的认识，因为在他看来，人从诞生时起，异化就是伴随着个人和整个人类的一种普遍状态，是人的本质固有的现象，是人从自然状态过渡到社会生活的结果。特别是进入工业化的资本主义社会以来，人性异化达到了顶点，不仅他的身体，而且他的心理、灵魂也统统异化了。人成了扭曲了的、非创造性的人。

弗洛姆认为人的诞生就是一种否定性的活动。人类与自然界的分离，便失去了与自然界的原始统一，人从本能生活的确定状态里，被抛到了一种不确定的、陌生的、无限的世界里。这虽然使人摆脱了自然的束缚，给人带来了自由，但是"新的自由给人带来了两种情况，一是感到力量不断增长，同时也感到孤独、忧郁、怀疑，所有这些所产生的结果就是恐惧。"这说明，异化是伴随着人类和个体的诞生而产生的一种现象。这是异化的客观现实方面。

---

[1] 弗洛姆：《在幻想锁链的彼岸》，张燕译，湖南人民出版社 1986 年版，第 62 页。
[2] 弗洛姆：《马克思关于人的概念》，复旦大学哲学系现代西方哲学研究室编译：西方学者论《1844 年经济学哲学手稿》，复旦大学出版社 1983 年，第 61 页。

但是，异化不仅仅表现在人与自然相分离的种种现实之中，还表现在人的主观心理的状态上，"是一种体验方式"，"人不是以自己是自己力量和自身丰富性的积极承担者来体验自己，而觉得自己是依赖于自己之外的力量的这样一种无力的物，他把他生活的实质投射到这个'物'上。"[1] 在这种异化状态下，个人感到自己在各个方面与别物都格格不入，在这个世界上人体验不到自己是自我的中心，自己行动的主宰，感觉不到自己的力量和才能，只觉得自己是一个依赖于外力的东西。这是人们在意识中对自己的现实生活关系的扭曲的反映，是异化的主观精神方面。

弗洛姆认为，在资本主义条件下异化的客观和主观方面都达到了顶点，人同一切都发生了异化关系，人在肉体上受压榨，精神上遭摧残，才能积极性被破坏，"人同他的工作，同他的伙伴，以及同他自己，都发生了异化；人把自己变成物，专事生产和消费的物，人不知不觉地感到烦恼、孤独和迷惑，因为他丧失了人生的意义，不知道自己是什么人，不知道自己为什么活着。"[2] 人们在一个完全机械化的社会里，不得不服从大机器、计算机、操作台的指令，致力于最大规模的生产，成了机器的零部件，机器支配着人。尽管人们不愁吃不愁穿，想要什么就有什么，但是由于受到"物"的支配，缺乏活力和感情，"人丧失了他的中心地位，成了经济目的的一个工具"。因此他的人格也得以变态，交易型倾向成了现代人特有的性格，放弃对真正自我的追求，把人格放到市场上当作商品出售，失去了人之为人的真正价值。这样，人的主观精神方面——感觉、思维、判断、意志等都丧失了创造性而附属于他人、集团，有的只是商品买卖关系，博爱、幸福、亲

[1] 弗洛姆：《孤独的人：现代社会中的异化》，《哲学译丛》1981年第4期。
[2] 弗洛姆为沙夫《马克思主义与人类个体》一书写的序言，1970年版。

情都烟消云散，忧虑、恐惧、绝望笼罩于心。总之，人们热衷于对物质财富的追求，却陷入了精神上、心理上的混乱和贫乏，丧失了独立性和自己，破坏了创造性和生命力，人性异化了、扭曲了、变态了。这就是弗洛姆为人们描述的现代社会人追求自由而又逃避自由的图景。

在人性异化的根源上，弗洛姆用人本主义曲解了马克思的异化理论。马克思认为异化的根源在于资本主义私有制，弗洛姆将其改造为"人的存在与他的本质疏远"，人之所以沦为奴隶，不是被资本家所奴役，而是人（包括工人和资本家）被他们自己创造的物和环境所奴役[1]。这样，异化的原因就不在于社会制度，而在于人本身，在于人所创造的物质的机械化的世界。因此，消除人性异化，也就不需要铲除资本主义制度，而是要用精神分析的方法激发人的自我意识，使人了解自己在资本主义社会生活的荒谬性，使社会人道主义化，使人从内心深处获得解放。可见，这样的结论，远远地背离了马克思主义的批判精神，给他的异化理论带来了很大的片面性。

三、对病态社会的剖析

既然人的本性发生了异化，受物质世界的控制和支配，那么这个强大的物质世界是个什么样子，它健全吗？弗洛姆通过对资本主义社会的解剖，得出结论：这个世界当然是病态的。

弗洛姆认为，人会患精神病，成为病态的、不健全的人，社会也会患病，成为病态的、不健全的社会。他把精神分析学说与对社会的分析结合起来，探索了对病态社会的诊断和治疗。他指出，判断一个社会是否健全的标准，是看这一社会能否满足人的基本精神需要，是

---

[1] 弗洛姆：《马克思关于人的概念》，复旦大学哲学系现代西方哲学研究室编译：西方学者论《1844年经济学哲学手稿》，复旦大学出版社1983年，第61页。

否有利于人的自我实现，是否有利于人的健康发展。当代资本主义社会中物的原则占据一切，精神受到压抑，人性得不到发展，因而是病态的社会。

弗洛姆是从资本主义的两种存在方式，即生存（being）与占有（having）的矛盾展开对资本主义的病态进行分析的。他在1976年所写的最后一部著作《生存与占有》中认为，追求占有的趋向，植根于自己的本能和个人不死的渴望，追求存在的趋向则来自于团结的本能和对孤独的恐惧。占有的存在方式是把世界上的万事万物，包括自我，都据为己有，成为"我"的财产，因此，人同世界、他人的关系是一种所有和占有的关系，这样，社会同人的关系就完全是一种无活力的物的关系了；生存的存在方式则不同，它不是物的满足，而是精神的自由，它的基本特征是人的内在的主动性、创造性，要求放弃自我中心，不是占有而是给予，不是自私而是分享、奉献、牺牲的精神。这两种生存方式是尖锐对立的，如果一个社会以占有的方式为主导，而不注重人的生存的价值和意义，那么这个社会就是一个相互欺诈、钩心斗角的病态社会。弗洛姆认为，随着近代以来私有制和资本主义关系的发展和巩固，占有的方式不断增强，到了20世纪则发展到顶点。人们热诚地追求财产、金钱，而不顾人情、爱，因而把世界推上了灾难的边缘，暴力、侵略、战争不断。占有的方式几乎遍及社会生活的一切领域。

在生产过程中，利益原则占据首位，资本主义生产的目的不是极大限度地满足人们的物质生活的需要，而是获得大量的利润。机器化大生产，使工人成了一个经济性的原子，剥夺了他们思想及自由活动的权利，生命遭到了否定，人类创造、奋进、独立思考的需要被遏止了，造成了冷漠和心理退化。资本家千方百计地追求更大的剩余价值，以便扩大自己的产业和致富；工人成了毫无主动性、创造性的机器的附属物，工作一天也只是为了挣钱，养家糊口，维持生存。这种生产的"占有"化，使现代社会的所有人都为物质财富而奔波，雇佣者和被雇佣者都完全被物所笼罩了。

消费过程也是如此。现代社会的消费目的不是给人以快乐，满足人的多方面生活需要，丰富人的情感，而是单纯地为消费而消费，消费本身成了目的。人们买了许多东西，"只不过是为了要有，我们对无用的拥有感到满意"[1]。如大厦里空着的房间，车库里存放的不必要的汽车等，都是志在于"有"，而不在于"用"。空调、彩电、冰箱等确有真实的用途，也因为它们具有炫耀作用，代表着富有，而成为一种象征，这种消费行为违背了人类实在的、有感情的、有判断力的消费，而变得意义不大。"有"是主要的，"用"是次要的，使消费方式与人发生了异化。

在人际关系方面，由于生产和消费都已物化，人与人之间的关系也完全变成了物与物之间的关系，只是相互利用。雇主利用他雇来的工人为他创造财富；商人利用他的顾客，从他们那里获取钱财，每个人既可以利用别人也可以为别人所用，这种相互利用、相互倾轧的关系代替了人与人之间的爱、友情等关系，"爱——兄弟爱、母爱、情感——是相当罕见的现象，它的地位被各式各样的假爱所取代。"[2]人不仅与别人相互缺乏爱、理解、亲情，也无法体验到真正的自我。他体验到的自己只是一件在市场上销售的东西，为了高价地出卖。这样的人把自己作为物来出卖，必定丧失他的自我意识，完全以市场价格来衡量人的价值，他自己不能决定自己，而要由外物来裁决。自我意

---

[1] 弗洛姆：《理性的挣扎——健全社会之路》，陈琍华译，志文出版社1979年版，第105页。
[2] 弗洛姆：《爱的艺术》，孟祥森译，志文出版社1979年版，第101页。

识的丧失，人也就变成了物。因为"物无所谓自己，而人一旦成了物，也就可以没有了自己。"[1] 这种"无我"的状况，于是引起了人的极度空虚、无力、恐惧、不安的情感，对于死亡的、正趋衰亡的、非生命的、纯粹机械的事物的迷恋与日俱增。总之，人们被物质利益所支配，失去了创造力和生命力，这是当代社会的最大病态。

四、对健全社会与人的设想

弗洛姆认为，未来世界应该是一个大同世界，克服了异化，人人为自己工作，社会为大家服务，消灭了国家、政党、种族、团体的纷争，没有国界，大家具有共同的节假日，解除了人身依附的社会 [2]。而要达到这个自由社会的途径是人道主义的复兴。他说："通过全部主张并代表了人道主义理想的宗教、政治和哲学体系，我们的人道主义的真正复兴会使社会大步前进，走向现存的最主要的'新的境界'——人的发展成了全人类的发展的阶段。"为了走向这一"新境界"，治愈现代社会与人的疾病，就要大胆地改造社会，在经济、政治、文化教育、意识形态等多方面进行改革，使人的本质得到充分实现，成为真正自由、全面发展的人，使社会适合人的发展，成为健全的社会。那么，全面改革的具体措施主要有哪些呢？

弗洛姆认为，在经济上主要要使工人积极参与企业的经济活动，使工作对工人有吸引力。健全的社会在经济上必须创造出一种工作环境，在这种环境中，人们为自己认为有意义的工作献出自己的才智与精力，并且觉得与他人是团结的。必须使工作者十分明确自己的工作与整个企业的联系，企业的兴盛，就是个人的富裕。还要具有丰富的

[1] 弗洛姆：《理性的挣扎——健全社会之路》，陈琍华译，志文出版社 1979 年版，第 110 页。
[2] 弗洛姆：《人之心》，都本伟等译，辽宁大学出版社 1988 年版，第 69 页。

科学文化知识和高超的技术，而工作者仅有技术和经济方面的知识和经验，而不付诸生产实践也不行，那样，理论的知识和实际的经验势必半途而废。还必须使工作者对企业的管理决策产生重要的影响，工作者只有当对关系到他个人工作情况与整个企业的决策具有影响力时，才能成为一个积极的、兴致勃勃的、负责的参与者。这种积极参与的目标不是为了小团体利益，而是为了整个人类，弗洛姆认为，如果某一个企业的工人或职员，所关心的只是他们的企业，那么，自私自利的态度，只不过由个人扩大到"群体"而已。除此之外，经济的改革虽不搞收入均等，但要使每个人都要过一种有尊严的生活。经济发达的地区与经济落后的地区要进行经济协作，收入较高的人帮助收入较低的人，以便大家共同富裕。[1]

在政治上，弗洛姆认为改革的目的就是要使大多数人并不参政的西方民主政体变为人人真心参政、议政的民主政体，主张不能让一个统治者和少数人，而应让广大的人民决定他们自己的命运。因此，他认为仅有目前西方的普遍选举权还是不够的，真正的决策无法在集体投票的环境中进行，必须人人参政、议政，每个公民都应了解公共事务的真相，以便为政府提供合理的建议，帮助决策。还要把当今实行的中央集权制式的民主政体与高度地方分权制合并实行，使上情下达，下情上达，相互作用，彼此监督。只有这种民主制度才是以每个公民主动而负责的精神为基石。

在文化教育方面，弗洛姆认为"必须使我们的教育从首要的教授技术转变为教授科学"[2]。使每个成员不仅掌握做事的本领，更重要的是成为具有自我意识、爱和创造性的人，使社会成为友爱、正义的

---

[1] 参阅《理性的挣扎——健全社会之路》《希望的革命》有关章节。
[2] 弗洛姆：《人之心》，都本伟等译，辽宁大学出版社 1988 年版，第 102 页。

社会。然而痛心的是目前西方的教育制度主要培养的是对现代社会有"用"的人，而不是人性得到全面发展的健全的人。教育也主要是教给学生在工业化社会中所需的知识和实际生活中所必需的技能，却很少培养出合乎社会理想的人格特质。对教育的改革就是必须使教育承担起培养健全人的任务。

弗洛姆提出的这些改革方案，有许多是合理的，如经济体制、工厂制度如何调动劳动者的积极性，政治体制如何使更多的人参政议政，教育体制的运作如何教人做一个全面发展的人，以及健全的社会应该一切为了人，个人的发展是一切人的发展的前提等思想都值得引起人们的重视和借鉴。但这些设想如何才能有效实施，弗洛姆则语焉不详，这是他的社会哲学的不足和缺憾。

微信扫码
·文 学 名 段
·趣说中国史
·哲 学 探 索
·读 书 笔 记

弗洛姆的 "社会性格" 思想述评

一、"社会性格" 概念的界说

弗洛姆 "社会性格" 的思想最早出现在他 1931 年出版的《基督教义的演化》一书和 1932 年发表在《社会研究杂志》上的《精神分析的性格理论及其社会学的意义》一文中，当时他把社会性格称为 "社会的里比多结构"。在 1941 年发表的《逃避自由》中，弗洛姆在讨论自由的 "二律背反" 时结合宗教改革和现代人的自由及其法西斯主义的心理学问题，正式提出了 "社会性格" 的概念，探讨了体现在大众行为背后的性格结构，以及这种性格结构的动力性质，并作为 "附录" 专题讨论了 "性格和社会过程"。在那里详细地讨论了社会性格在社会的物质生活和精神生活之间的关系中的作用。在 1947 年出版的《自为的人》中，弗洛姆把 "社会性格" 的概念具体化，详细地分析了资本主义社会中的社会性格的几种类型（接受型、剥削型、囤积型、市场型等）。在 1955 年出版的《健全的社会》中，弗洛姆又从历史的角度，分析了 17 世纪和 18 世纪、19 世纪、20 世纪资本主义社会发展的不同阶段表现在人们身上的不同的性格特征。之后，在 1968 年出版的《在幻想锁链的彼岸》中，弗洛姆在对弗洛伊德和马克思的思想进行 "新"

的解释和"综合"的过程中，又系统地阐述了他的"社会性格"思想，并明确地提出了"经济基础·社会性格·思想和理想"的"三项因素式"并阐述了这一三项式的双向发展过程的原理。一直到晚年，弗洛姆仍未改变他所建立的这一新型的社会理论。这说明，"社会性格"是弗洛姆一生都在致力探讨的中心理论，在其全部学说中占有举足轻重的地位。那么，纵贯始终，弗洛姆的"社会性格"概念都包括哪些含义呢？

第一，弗洛姆认为，人的个性虽然千差万别、各具特点，但在这种个性的差异中仍然能够表现出某些具有共同特点的性格结构。人又是社会的人，那么，不同的民族、阶级、社会都有一个出于自己民族、阶级、社会的地位、利益、情感等一致基础上的表明各自特点的性格结构。弗洛姆把"这种典型地表明一个社会的性格"称为"社会性格"。

第二，社会性格一旦形成，其作用之一在于以一种无意识的形式稳定该社会的社会结构和秩序，因为社会性格使得社会成员的行为不受人们是否有意识地遵循社会秩序的控制，它是一种自发、自觉的行为。也就是说，某一民族、阶级、社会的社会性格一经确立，这种社会性格结构就潜移默化地支撑着该社会基础。不仅如此，具有同一社会性格的人由于其行为符合某种社会、阶级、民族、国家的要求，还会在心理上感到一定的满足。第

第三，某种社会性格一经产生，其作用之二在于它的巨大的反作用力。社会性格并不是绝对被动性的因子，由社会存在无条件地制约，它也具有某种主动性和选择性的功能，即它可以按照人的需要破坏旧的社会秩序，建立新的社会结构，形成新的社会性格。

第四，社会性格还是社会的经济基础和上层建筑思想意识形态之

间的中介桥梁。如上文所说，社会性格一经从社会的经济基础上产生，它就不但迎合经济基础的要求，而且对于经济基础某些抹杀人性需求的方面加以抵制并改变其社会性格。正因为社会性格所具有的双重性质，它一方面反映社会的经济基础，并转化为社会意识；另一方面又有选择地接受某些思想并使其接受的思想具有力量，推动或改变社会的经济基础。"一个社会经济结构塑造其成员的社会性格，使之愿意做他们不得不做的事情。同时，这种社会性格也影响一个社会的社会经济结构。"[1] 因此"社会性格正是社会经济结构和一个社会中普遍流行的思想、理想之间的中介。它在这两方面，即将经济基础变为思想或将思想变为经济基础的过程中都起到了中介作用。"[2]

总之，弗洛姆所反复论证的"社会性格"是一个具有双重功能的动力学概念，它从社会的经济基础之中产生，形成社会性格，这种社会性格又导致了某些思想意识的形成，思想意识又反过来强化这种社会性格，反作用于社会的经济基础。

"社会性格"这一概念也明显地表现出弗洛姆"综合"马克思主义和弗洛伊德主义的痕迹。它既注意到了人性和心理的内在因素，又顾及了外部的经济作用和历史作用，而且还把它纳入了历史唯物主义的基本理论之中，作为经济基础向上层建筑转化的机制，成为弗洛姆一生努力致力的基本理论之一。

二、社会性格的功能表现

弗洛姆虽强调了作为社会物质方面的经济基础对于社会性格的决定作用，但其理论重点还是放在了社会性格对于人们的行为特征和思

---

[1] Fromm, *To Have or To Be*？ New York：Bloomsbury Academic，2005，p. 113.
[2] 弗洛姆：《在幻想锁链的彼岸》，张燕译，湖南人民出版社 1986 年版，第 92 页。

维方式的作用方面。为了弄清弗洛姆的社会性格与社会特征、行为特征和思想特征之间的关系，下面我们将分别加以阐述。

（一）社会特征与性格特征

弗洛姆坚持马克思的社会分析方法，强调社会因素对心理因素的制约，社会特征是性格特征的基础，他批评了弗洛伊德仅从人的情欲出发来解释人的性格结构的生物学观点，认为爱与恨、残忍与温柔等等性格特征"均依赖于除去生物因素之外，对所有情欲的形成都起着巨大作用的社会结构。"[1] 这个社会结构是复合的有机体，其中有经济的、地理的、历史的，以及遗传的条件，它们共同影响社会性格类型的形成。弗洛姆举例说，一个缺乏肥沃土壤，甚至缺乏鱼类和动物供给的部落，显然要发展一种好战、攻击性的性格，因为其生存的唯一途径就是去抢劫和偷窃。相反，在一个虽不能生产大量的过剩产品，但却能满足其全体成员生活需要的部落，则倾向于发展一种和平与合作的性格和精神。与其社会状况相应，在封建社会，封建统治阶级的成员必须发展一种能使其统治别人，对被统治者的疾苦硬起心肠、心狠手辣的性格。而 19 世纪的资产阶级出于资本的原始积累的经济需要，必须发展一种节省、储蓄以及低消费的性格。而到了 20 世纪，还是这同一资产阶级却发展了另一种性格，即大量挥霍与无节制地消费的性格，因为这种性格符合 20 世纪消费刺激生产的社会经济发展的需求。

弗洛姆立足于社会性格的基础，社会经济发展角度来界定社会性格，是坚持了马克思的历史唯物主义的方法，因而使他的社会性格理论有了较扎实的客观基础，这是他的社会性格理论正确性的一面。

---

[1] 弗洛姆：《弗洛伊德思想的贡献和局限》，申荷永译，湖南人民出版社 1986 年版，第 69 页。

（二）性格特征与行为特征

弗洛姆一方面坚持了从社会物质生活条件出发去规定"社会性格"的方法，批评了弗洛伊德把情欲作为性格的基础和从个性角度出发的态度；另一方面，他非常赞赏弗洛伊德的动力学的性格理论，特别是性格决定行为的基础的观点，并举例来进一步说明弗洛伊德观点的正确性。弗洛姆认为，性格是行为的内在动机，行为是性格的外在表现。他以"勇敢"这一行为为例，指出同样表现为"勇敢"的行为，背后却隐藏着极不相同的个人动机和性格特征。动机决定行为还表现为动机不同所引起的行为也略有区别，如一个指挥官在战场上表现的行为，假如这个指挥官是出于一种对理想的信仰，而不是野心的话，那么他就能够知道自己什么时候该进攻，什么时候该退却，只有当行为本身符合自己的策略和目的的时候，他才下达进攻的命令。但是如果这个指挥官的动机是受虚荣心所驱使的话，那么这种虚荣心就会使他看不到他的士兵们所面临的危险而盲目行动。由此，弗洛姆得出结论，对于人们的日常行为因果关系的分析绝不能简单化，只有透过各种行为的表面，甚至是虚假的表现，才能看清其中所蕴涵着的真实的性格结构和动机，才能不至于被各种合理化的语言和行为所迷惑。

（三）性格特征与思想特征

弗洛姆认为，社会性格不仅仅决定人们的行为，也决定人们的思想、意识。表面看起来，这似乎有些费解，因为人们一向认为，思维纯粹是一种智力的活动，与人格的心理结构毫无关系。但弗洛姆指出这是一种偏见，人们的思维越是涉及伦理、哲学、政治、心理或社会问题，思维对于性格结构的依赖性就越明显。弗洛姆说："一种系统的学说，一个理论体系，一个简单的概念，如爱、正义、平等、牺牲，均由思维者的人格结构所决定。每一个这样的概念和每一种学说都有其感情发源地，而这种发源地根植于个人的性格结构之中。"[1]

从思想的产生来看，弗洛姆强调，思想有着性格和情感作为自己的基础的一方面。不同的社会、同一社会中不同的阶级，都有其特定的社会性格。正是在这种社会性格的基础上，各种思想得以形成和发挥着自身的力量。他举例说："工作和成功的思想被当代人看成是生活的主要目标，它之所以能对现代人有感染力和有力量，就是因为人类处于孤立和怀疑之中。"[2]

从思想的接受和传播来看，弗洛姆断言，某些群体虽然有意识地接受一些思想，但是这些思想却不能真正影响他们。他认为纳粹主义胜利时的德国工人阶级的性格特征是极权主义，即深深地崇拜和追随现存的权威和实施自己的权威所致。而社会主义思想强调的是集体而不是权威，强调团结而不是个人奋斗，因而与德国工人的性格相反，所以，在纳粹夺取政权后，社会主义的思想便理所当然地被他们抛弃了。

弗洛姆从性格分析入手，对人们行为和思想所作的分析表明他已从庸俗唯物主义（简单地从社会的物质基础社会条件看问题的片面观点中）走了出来，注重了人的主观因素的影响的分析，因而使他的思想进入了一个较深的层次。

三、社会运动在性格中介下的自我调解

既然弗洛姆认为社会特征决定性格特征，性格特征决定行为和思想特征，这就显而易见地把社会性格放在了社会的物质经济基础和意

---

[1] Fromm, *Escape from Freedom*, New York: Holt, Rinehart & Winston, 1965, p. 306.
[2] Fromm, *Escape from Freedom*, New York: Holt, Rinehart & Winston, 1965, p. 307.

识上层建筑之间。作为社会运动的一个必备环节突出出来了。那么，社会运动是如何在社会性格的调解下自发地进行的呢？

首先，弗洛姆认为，社会性格的功用之一在于维持某个特定社会的生产方式的继续存在，并且以自己特有的方式支配人的思维方式和思想要求。思想、理想或意识形态并不直接反映社会的客观现实。也就是说，社会意识并不直接反映社会存在，而是通过在社会存在基础上产生的社会性格结构进行的主体选择，任何思想、意识在不同的性格结构中都具有不同的社会和文化的意义。其次，社会性格一旦在社会的生产方式之上形成，便通过情感和思想等媒介在人们的心理上固定下来，具有一定的凝聚力和相对稳定性，来决定和规划人们活动，使人们心甘情愿地做他们不得不做的事，以此保证社会的运动得以正常地运转和发挥效力。最后，社会的发展表现为社会性格结构中的人性因素对社会结构的动态的适应过程。如果社会的生产方式没有发生重大改变，那么社会性格，以及在性格基础上形成的思想意识形态基本上也是一种维持该生产方式稳定的因素。如果社会的生产方式发生了根本的变革，那么社会性格也便随之发生改变。

弗洛姆认为，他所阐述的这种以社会性格为中介的社会动态的发展模式，从欧洲路德和加尔文的宗教改革以及德国的法西斯主义的产生中可以明确地看出来。弗洛姆认为，路德和加尔文的宗教改革本质上是新教（社会意识形态）对当时社会生产方式发生重大变化的中产阶级的社会心理和性格的反映，而且在进一步强化这种社会心理和性格，推动社会的经济发展方面起到了重大的作用。中世纪封建社会制度的瓦解，对社会各阶级产生的共同影响是，人们被抛到了一个孤独、冷酷的世界里。人虽然可以不必受宗教的种种束缚，不必听命于教权，可以自由地行动和思考，但人也失去了以前的那种所属感，在情感和精神两方面都感到茫然不知所措。中产阶级的情况是，蒸蒸日上的资本主义虽然提高了他们的独立性和自主性，但也给他们带来了莫大的威胁，他们处于豪富和赤贫阶级之间。一方面，在富裕的有权势的资本家面前，他们深感望尘莫及，必须加倍努力奋斗才能维持生计和发展，垄断阶级越奢华，他们就越妒忌和反感；另一方面，穷苦人的革命运动的目的不仅要推翻资产阶级的统治，而且要摧毁中产阶级的特权，所以他们对劳苦人的革命运动持坚定的否定态度。表现在性格上，中产阶级的囤积型和剥削型性格得以发展。新教的教义正好表述了中产阶级的这种无足轻重感和憎恨感。正是这种社会性格，成了资本主义的创造性力量。弗洛姆总结道："就新教和资本主义的精神而言，中古社会的瓦解威胁着中产阶级，这种威胁又在心理上产生了无权力的孤独感和怀疑感。而这种心理上的变化正是造成加尔文和路德的教义具有感染力的原因，这些教义性格的变更；这些发展起来的强化并稳定了的性格特征又成了发展资本主义的创造性力量。"[1]

关于法西斯主义在德国的兴起，弗洛姆认为可以用同样的原则加以说明。德国当时各阶级的状况是：工人阶级目睹了从1918年革命以来的接二连三的失败，他们的实现社会主义提高其政治、经济和社会地位的强烈希望都成了泡影，所以他们又把一切希望寄托在希特勒身上，中产阶级在第一次世界大战后强化了渴望服从、向往权力、敌意和节俭，以及苦行主义的社会性格，有一种强烈要求遵从某个权威而获得安全感和自我陶醉感的愿望。对于农民阶级和千百万人民来说，他们怨恨自己负债的债权人，向往改善自己的地位和环境而无能为力，表现在他们的性格上是深深的无足轻重感和软弱服从性，希望有人能给他们带来生活的改变，因而希特勒的上台也受到了他们的欢迎。

---

[1] Fromm, *Escape from Freedom*, New York: Holt, Rinehart & Winston, 1965, p. 325.

从上述宗教改革和法西斯主义这两个实例，弗洛姆向人们指出了："当某个阶级受到新的经济倾向威胁时，他将对这种威胁在心理和意识形态上作出反应，而且这种反应所带来的心理上的变化，又促进了经济力量的发展。即使这种力量同那一阶级的经济力量是互相矛盾的。"[1] 据此，弗洛姆声称自己发现了马克思和恩格斯所忽视了的一个重大问题。这个问题就是：经济基础是怎样转变成为意识形态和上层建筑的，并且意识形态和上层建筑又是通过什么环节反作用于社会的经济基础的，这就是他所描绘的社会发展的三项式："经济基础·社会性格·思想和理想。"用文字表述就是："一定的社会经济基础形成一定的社会性格，社会性格又决定了思想和理想等意识形态和上层建筑，思想和理想等又反过来强化这一社会性格，进而反作用于社会的经济基础。"

四、对弗洛姆社会性格思想的评说

长期以来，在哲学领域里的哲学家们的视野中，性格问题从来都是一个无足轻重的问题，它不过是文学艺术领域里，作家、艺术家和批评家们的专利品而已，并且由于他们大多数缺乏一种真正的哲学眼光，对性格的阐述不是理论基础薄弱，就是存在诸多错误或偏狭之处，社会性格理论的提出，是把性格引入到了哲学王国的较深层次上的研究，从而使我们不是对个人的性格问题，而是对影响历史发展过程中起着重大作用的社会性格问题有了较深刻的认识，特别是对历史唯物主义中的某些重大问题的解决获得了新的助力。

从贡献上看：第一，社会性格理论所提出的"三项因素公式"是对唯物史观经典公式的补充。弗洛姆的以社会性格为中介的社会发展

---

[1] 弗洛姆：《在幻想锁链的彼岸》，张燕译，湖南人民出版社 1986 年版，第 92 页。

理论，贯穿着三个基本的思想，一是强调了社会运动的客观性。这个公式以社会的经济基础为发展的出发点，说明了社会的物质生活条件是社会运动的客观物质基础。它是社会性格和思想上层建筑的决定力量。它揭示了社会的精神生活方面是在社会物质生活的基础上形成，发展并受它制约的。这就坚持了唯物史观的社会存在决定社会意识、经济基础决定上层建筑的经典公式，论证了社会的发展是不以人的主观意志和意识为转移的客观规律。二是揭示出了社会结构是一个由多种因素构成的活生生的有机体。它说明了这个有机体所包含的各种因素（经济的、心理的、性格的、思想的）不是孤立的、分散的，也不是偶然的、任意的堆积，而是处在有机联系的统一体中。它们之间相互依存、相互制约、相互作用，构成了人类社会生活的活生生的画面。三是突出了经济基础向上层建筑转化的中间环节的作用。弗洛姆把社会性格列为社会结构三项基本因素式的中项，认为它是介于社会经济关系与社会思想体系之间的必不可少的中间环节，指出社会经济关系是怎样通过社会性格的媒介决定各种思想体系，各种思想体系又是如何通过社会性格的折射而反映人们的经济关系，进而各种思想体系又是怎样通过社会性格的内在化而巩固和发展人们的经济关系，这就不仅在宏观框架上也在微观机制上探讨了社会发展的内在复杂的多种多样的原因。关于弗洛姆所研究的社会的经济关系与思想关系转转化的中介理论，已被不少的马克思主义研究者所注意到，例如普列汉诺夫的"五项因素公式"和布哈林的"社会心理"学说，都是在这方面努力的尝试。弗洛姆关于社会性格问题的发现和理论的建树，可以说是这一理论工作的继续。第二，社会性格理论提出了"社会心理"问题在唯物史观中的重要性。社会性格表现在人们情感、情绪、动机、愿望、意图等方面就是"社会心理"。弗洛姆以"社会性格"的分析为引线，深刻地分析了宗教改革的社会心理基础、法西斯主义的大众心理、现代人逃避自由的心理机制等问题，指出了社会心理不仅以自发的情感、情绪、动机、意图、愿望来反映和评价一定的生产关系和经济基础的状况，而且作为社会意识形态实现反作用的必经环节，在一定的思想体系的传播指导下，形成心理共鸣，酝酿成社会思潮以及社会大群体行为和实践活动，从而极大地反作用于生产力和生产关系、经济基础和上层建筑。这实际上是指出了社会心理是人民群众创造历史主体行为的内驱力，它往往形成民族精神、时代精神和阶级意识，使整个民族、阶级、广大人民群众的人心所向成为创造历史的精神动力。在社会历史发展中，社会心理既不是凌驾于其上的"立法者"，也不是伫立其外的"旁观者"，而是积极参与社会运动客观过程的一个重要成分，从而在某些方面填补了历史唯物主义的空白。第三，社会性格理论突出了社会运动中主体的因素。长期以来，我们的哲学教科书忽视了主体对社会的能动作用，往往从生产方式出发，而很少从主体出发，去说明客体的形成过程，这样历史往往被理解为客体作用于主体的单线条过程，而不是被理解为主客体交互作用的双向发展过程。因此，要完整地揭示历史规律，就必须研究作为历史主体的人，研究人的需要、心理、性格等。弗洛姆的社会性格理论，把人作为联系经济基础和思想意识上层建筑的中介环节，阐明了社会经济关系是如何培养人的主观需要、心理品性和主体意识，以及这种主观需要和主体意识又是如何有目的、有选择地去反映和改变社会的物质精神生活，去创造文化、推动文明的进程的双向运动过程，是具有某些历史辩证法因素的。

从局限性上看：第一，弗洛姆的社会性格理论，从概念到分类，并不是从观察现实社会中不同社会集团、阶级的各种类型的社会性格入手，而是以弗洛伊德为性格的规定和分类为前提的，去硬套现实社会中的人的性格表现，这样就使他的理论带有明显的主观性。第二，"三项因素公式"仅仅把"社会性格"作为经济基础和上层建筑意识形态之间转化的中介，也就忽略了主体性的人的多方面因素在中介中的作用，因而也就不能准确地描述出社会发展过程中人的地位，从而使他的这一理论带有一定的片面性。第三，"三项因素公式"突出了社会性格的改变对于社会的经济基础的变更作用，而没有看到暴力革命和阶级斗争在社会变革中的最终决定作用，这实际上还是幻想通过人的心理革命去代替社会革命，从而使这一理论表现出了极大的软弱性，带有一定的历史唯心主义倾向。

微信扫码
· 文 学 名 段
· 趣说中国史
· 哲 学 探 索
· 读 书 笔 记

论卢卡奇的总体性范畴

  总体性是卢卡奇在《历史和阶级意识》一书中论述的核心范畴之一。在 1967 年《历史和阶级意识》再版序言中，卢卡奇对该书进行了深刻的理论反思，对其中的一些观点作了自我批判，但对总体性范畴却进一步加以肯定。他说："毫无疑问，《历史和阶级意识》的伟大成就之一，在于使那曾被社会民主党的机会主义者们的'科学主义'打入冷宫的总体性范畴，重新恢复了它在马克思全部著作中所占的核心地位。"[1] 如果说，总体性范畴是卢卡奇潜心研究马克思主义辩证法实质的重要结论，那么，它也是卢卡奇辩证法思想的精髓。因此，总体性范畴在《历史和阶级意识》一书中占有举足轻重的地位，它是我们把握卢卡奇辩证法思想的枢纽之所在。那么，卢卡奇是怎样提出总体性范畴的？总体性范畴的特征和实质是什么呢？这就是本文所探讨的两个问题。

一、总体性范畴的提出

  卢卡奇提出总体性范畴首先是针对第二国际的修正主义者把马克

---

[1] 卢卡奇：《历史和阶级意识》，麻省理工学院出版社 1971 年版。

思主义庸俗化的思潮的。第二国际的一些理论家，尤其是伯恩斯坦否认马克思主义是科学的方法论和世界观，把马克思主义视为教条，认为马克思所作的预言，即使是被相反的事实所驳倒，那也是正确的。这种把马克思主义极端机械化、实证化的倾向，激起了卢卡奇的强烈反感。因此，探讨马克思主义的实质，促使理论和实践相结合，就成为卢卡奇提出总体性范畴的直接动因。

其次，卢卡奇探讨总体性范畴还有其他考虑：俄国十月革命成功之后，卢卡奇一直苦苦思索西欧各国工人运动失败的原因以及如何摆脱资本主义的危机和战争。在他看来，西欧各国工人运动之所以失败，主要是无产阶级主观条件还不成熟，即无产阶级还没有成熟的阶级意识。其根源在于资本主义的物化已经遍及一切领域，当然也必然反映到无产阶级的观念中来，由此使无产阶级的阶级意识沦为"物化意识"，从而窒息了无产阶级的主体性。而第二国际的理论家们，把马克思主义变成了机械的经济决定论和对客观现象单纯进行实证描述的"科学主义"，从而不能提供消除资本主义物化的理论和方法。因此，为了消除"物化意识"，恢复无产阶级的主体性，唤起无产阶级的阶级意识，以引起西方革命的总体爆发，也必须探讨马克思主义的实质。

那么，马克思主义的实质究竟是什么呢？卢卡奇严肃地指出："正统马克思主义并不意味着无批判地接受马克思的各种研究成果，它不是对这一个或那一个命题的信仰，也不是对'圣书'的注释，恰恰相反，正统仅仅是指方法。"[1] 显而易见，卢卡奇认为方法是马克思主义的实质，而不是某个现成的理论结论和对"经典著作"的注释，这决定了马克思主义必须随着实践的深入而不断丰富和完善，"即使新的考察完全驳倒了马克思的每个个别命题，而每个严肃正统的马克思主义

[1] 卢卡奇：《历史和阶级意识》，麻省理工学院出版社1971年版，第1页。

者仍可以毫无保留地接受现代所有科学的新发现，放弃马克思的全部命题，而无须放弃他的马克思主义正统"[1]，所谓"马克思主义正统"，即马克思主义仅仅是指方法，马克思主义的理论会随着实践发展而失去生命力，但方法作为分析和解决问题的钥匙却可以常青。可见，卢卡奇对马克思主义实质的理解，与伯恩斯坦之流是有着原则区别的：当他们死死抓住马克思主义的某个现成结论时，卢卡奇紧紧把握马克思主义实质即方法；当他们只限于对马克思主义原有的理论进行注释时，卢卡奇以其崭新的研究思路对马克思主义进行了新的解释。

那么，马克思主义的方法究竟是什么呢？卢卡奇认为就是总体性方法。他说："构成马克思主义和资产阶级思想之间的决定性区别的，不是历史解释中经济动机的优先性，而是总体性的观点。总体性范畴，总体对部分的优先性，是马克思方法的实质……总体性范畴的首要地位是科学中的革命原则的体现。"[2] 那么，总体性为什么能够成为马克思主义辩证方法的实质呢？卢卡奇认为这是由总体性范畴的特征和实质决定的。

二、总体性范畴的特征和实质

总体性范畴具有多重特性。

首先，作为本体论原则，它在《历史和阶级意识》中是社会本体。

在该书中，卢卡奇认为资产阶级意识形态和科学最本质的物化是总体性的丧失，从而导致科学既不能从总体上把握存在，又使无产阶级意识沦为物化意识。他说，由于资本主义社会经济形态的拜物教性

[1] 卢卡奇：《历史和阶级意识》，麻省理工学院出版社1971年版，第1页。
[2] 卢卡奇：《历史和阶级意识》，麻省理工学院出版社1971年版，第27页。

质，人的一切关系物化，"改变了社会的现象，同时也改变了理解这些现象的方式，于是出现了'孤立'的事实，'孤立'的事实复合体，单独的专门学科。"[1] 而这些专门的学科认为"资料被直接提供的实际形式是形成科学概念的出发点"[2]。这种崇拜"事实"的科学，以它的精密和抽象，摧毁了总体的形象，势必使主体只能面对独立的客体，而无法看到一个把主体和客体融为一体的总体。这种思维方式从一种抽象的二元论出发，使人和自然、个人和社会、思维和存在以及主体和客体对立起来，从而窒息了人的能动性。如何克服这种把主客体分离开来的物化意识呢？

卢卡奇把这个问题与德国古典哲学联系起来，认为从意识出发构造对象成为这一时期哲学的主旋律，从此"不再把世界视为独立于认识主体而出现的某物，而主要地把它把握为自己的产品。"[3] 这就是康德在近代哲学中"哥白尼式的革命"。但是，康德并不彻底，由于设立了主体无法综合的"自在之物"，而陷入不可解决的"二律背反"的境地。卢卡奇认为黑格尔哲学接近了对这个问题的解决，这种解决的方法来源于《精神现象学》中提出的"实体就是主体"的观点。实体作为哲学范畴，是指构成世界万物的最基本、最原始的东西，所谓"实体就是主体"，就是把主体看作它的内容——总体的创造者。卢卡奇正确指出，黑格尔成功地把历史作为主客体同一的承担者，在历史这个基石上，历史既是主体，又是客体，然而历史作为主体，它的承担者又是谁呢？黑格尔找到了绝对精神，但是，如果历史是绝对精神的产物，那么，它必然异化人的理性和主体，从而导致二元论。此外，黑格尔关于绝对精神终结的观点否定了未来的历史，因此，黑格尔在把

---

[1] 卢卡奇：《历史和阶级意识》，麻省理工学院出版社1971年版，第6页。
[2] 卢卡奇：《历史和阶级意识》，麻省理工学院出版社1971年版，第111页。
[3] 卢卡奇：《历史和阶级意识》，麻省理工学院出版社1971年版，第110页。

511

主体具体化时，导致了一系列虚假而陷入概念的神话学。

为什么德国古典哲学为解决"二律背反"提供了正确的方法，但是，在寻找历史的主体时却导致其理论的破产？卢卡奇认为其原因在于德国古典哲学自身是从"意识的物化结构中产生的"[1]，因此它本身也是被物化的，而且是物化的思辨表述，所以，它不能超越物化的社会基础，真正找到历史的主体。正是由于这一点，必然使"古典哲学放弃把现实把握为总体，把握为存在"，从而"资产阶级越来越失去了从思想上把社会把握为总体的可能性，并因而丧失了领导这个社会的使命"[2]。但是，卢卡奇认为，在德国古典哲学之外，把黑格尔的方法转为马克思主义的方法是可能的，这种转变就是把辩证的方法当作历史的方法，当然它靠一个阶级来完成，而这个阶级有能力从自己的生存基础出发，在自己身上找到同一的主客体，行为的主体、创世的"我们"，这个阶级就是无产阶级。卢卡奇强调："只有无产阶级才能洞察社会现实的总体并从总体上变革它"，所以无产阶级是历史的主客体同一，因为按其本性来说，只有无产阶级才能把社会当作具体的总体来把握，无产阶级既是历史过程的原因，也是它的结果；既是历史过程的动力，也是对它的反映。当然并非任何一个阶级都能充分地体现主客体的同一，只有无产阶级才是历史的主客体同一的承担者，这是由无产阶级的阶级本性所固有的特点决定的。正如卢卡奇引用马克思的一段话所讲的："过去一切阶级在争得统治之后，总是使整个社会服从于它们发财致富的条件，企图以此来巩固它们已经获得的生活地位。无产者只有消灭自己的现存的占有方式，从而消灭全部现存的占有方式，才能取得社会生产力。无产者没有什么自己的东西必须加以保护，

[1] 卢卡奇：《历史和阶级意识》，麻省理工学院出版社 1971 年版，第 111 页。
[2] 卢卡奇：《历史和阶级意识》，麻省理工学院出版社 1971 年版，第 121 页。

他们必须摧毁至今保护和保障私有财产的一切。"[1] 所以无产阶级是时代唯一的革命阶级。"无产阶级宣告现存世界制度的解体，只不过是揭示自己本身存在的秘密，因为它就是这个制度的实际解体。"[2] 因此，无产阶级优越于资产阶级就在于它站在无产阶级的立场上，把现实的物化形式理解为人与人之间的关系，从而将它作为历史的总体过程来把握。同时，无产阶级要在总体上理解和超越资产阶级（客体），又必须获得关于无产阶级的自我意识（主体），当无产阶级意识到自己的社会地位和历史使命时，它就理解了历史发展的"内在意义"，进而它就要通过革命实践从总体上彻底地改造自身和社会，因此主体和客体在无产阶级实践中达到了真正的辩证统一。

至此，卢卡奇通过对资产阶级物化意识的扬弃，确立了无产阶级是历史的主客体同一，由此弘扬了无产阶级的主体性。但是，从卢卡奇对无产阶级是主客体同一的论述中，仍可以看到黑格尔"实体就是主体"方法的精神轨迹。不同的是黑格尔把绝对精神作为主客体同一的基础，而卢卡奇把绝对精神置换成无产阶级，亦即人。这样一来，卢卡奇认为把无产阶级作为存在的本体，既克服了黑格尔把绝对精神当作本体而导致的二元论，又提高了无产阶级的历史主体性，从而在人与自然，人与社会关系上，卢卡奇做出了迥然不同于马克思主义的解释。人内在于社会历史之中，又能从总体上认识和改造社会；而人又外在于自然界和客观规律，但人作为存在的本体，必然以自己的实践作用于自然，从而包摄自然，因此，"自然是一个社会的范畴"[3]。

因此，总体性范畴作为本体论原则，它突出人的主体性，它的理论内涵便是主客体的具体同一，这种具体同一，只能是社会历史领域

---

[1]《马克思恩格斯选集（第一卷）》，中共中央马恩列斯著作编译局译，人民出版社1972年版，第262页。
[2]《马克思恩格斯选集（第一卷）》，中共中央马恩列斯著作编译局译，人民出版社1972年版，第466页。
[3] 卢卡奇：《历史和阶级意识》，麻省理工学院出版社1971年，第234页。

的主客体相互作用，"只有把总体自身设定为主体时，客体才能被设定"[1]，并且"具体的总体性是支配实在的范畴"[2]，所以，卢卡奇逻辑地得出了历史和阶级意识是社会存在本体论的绪论。

其次，作为认识论原则，总体性是具体的总体性，它是全面地把握社会现实的唯一方法，从而使理论和实践，主体和客体的同一成为可能。

第一，什么是总体性的认识论含义呢？所谓总体性，就是承认总体对于部分的优先性和决定性，从总体出发达到对总体诸部分的理解，因此，这种总体性是具体的总体性。按照黑格尔关于"真理是具体的"思想，卢卡奇认为具体的总体性一是指最高的思维形式，它是完善的、高度统一的、有内在联系并适应于一切事物的；二是在最高的思维形式体系中，个体并未消失，而是保留着相对独立性。所以总体性的认识过程是从抽象上升到具体，而不是思维过程中的一次抽象或分析，而是把那些孤立的、分散的事实综合起来，作为完整的总体在思维中再现出来。那么，如何实现把孤立的、分散的事实上升到完整的总体中呢？卢卡奇认为具体的总体性就是通过"综合"这个中介环节来完成的。因为以哲学的思维逻辑来看，总体观念是优越于分体观念，其原因在于哲学追求的是一种全面、整体的总体，而不是片面、部分的东西，其使命在于告诉人们只有总体的东西才是真实的、稳定的和有价值的，而远离总体的部分、片断都是非真实的、不稳定的和无意义的。因此，哲学的任务在于把部分、片段置于总体之中去理解其意义。从总体观中引出的思维方法就必然是综合法，所以，卢卡奇崇尚综合法，他指出没有中介的社会总体性，好比是没有平等的自由一样，是

---

[1] 卢卡奇：《历史和阶级意识》，麻省理工学院出版社 1971 年版，第 28 页。
[2] 卢卡奇：《历史和阶级意识》，麻省理工学院出版社 1971 年版，第 10 页。

抽象和空洞的，而社会的总体是存在于这些中介之中，并通过这些中介使部分之间彼此联系起来，从而构成一个能动的、全面的总体。他还引用马克思"具体之所以是具体的，它是多样性的统一"来进一步证实自己的观点。

第二，具体的总体性要求把社会当作一个有机的总体加以考察，"辩证法的目的就在于把社会作为一个总体来加以解释。"[1] 不仅要把握它的部分，而且要把握各个部分之间的联系及其发展趋向。这是因为在社会历史领域里，每一社会历史事件都不是彼此分离、彼此孤立的，而是相互联系、共同处于一个统一的社会总体之中，如果把某一历史事件抽象出来，孤立地加以考察，那么就无法领悟其真实含义。卢卡奇进而批判了"实证"的自然科学，他认为这种自然科学就是"崇拜事实"的方法，他们把事实仅仅理解为事实，因此，在"事实"这个狭窄的视野，其存在的社会历史性质和对事实认识及改造的个体性质统统不见了，这样考察事实的结果势必是主体只能面对独立的客体，无法看到一个把主客体融合为一体的总体。总体性方法则与此相反，它把事实理解为"实在"，而"实在是社会过程"，是"社会进化的总体过程"[2]，因此对实在的认识就是对社会总体把握。这种社会的总体，不仅有着自身特定的和社会历史的性质，而且也有着自身的内在结构，在这样的总体中，各种不同的因素即部分，相互影响和相互作用，从而构成了能动的、辩证的总体。因此，"只有把社会生活中的孤立事实视为历史过程中的各个环节，并把它们归结为一个总体，对事实的认识才能成为对实在的认识。"[3] 由此可见，卢卡奇把总体性作为把握社会现实的唯一方法，并且强调去认识和把握总体性时，必须注意社会

---

[1] 卢卡奇：《历史和阶级意识》，麻省理工学院出版社 1971 年版，第 28 页。
[2] 卢卡奇：《历史和阶级意识》，麻省理工学院出版社 1971 年版，第 13 页。
[3] 卢卡奇：《历史和阶级意识》，麻省理工学院出版社 1971 年版，第 8 页。

历史过程中的主客体之间的相互作用及其发展过程，这才是总体性方法的真谛。

第三，卢卡奇的具体总体性在认识论上有其合理性。在《资本论》等著作中，马克思也把资本主义社会经济形态看作一个有机整体，并且运用了诸如分析和综合、归纳和演绎以及抽象上升到具体、逻辑与历史统一的思维方法。按照辩证逻辑来说，抽象先于具体，总体先于部分，但是，在现实中，具体和事实仍是逻辑的起点。卢卡奇强调总体在逻辑上先于事实，它不能由事实的直接累积和经验的简单相加来确立，却忽视了认识论的本体来源，认为"现实只有作为总体来理解和考察，并且，只有一个本身也是总体的主体才能够这样加以考察"[1]。也就是说，总体意识取决于主体和客体的同一，取决于主体吞没所有的客体的总体，它的逻辑思路便是：我们所认识的是我们所创造的，我们不仅应当把总体设定为客体，同时也应当设定为主体。因此，辩证的总体是主体能动性的产物，是主客体的同一，这种同一的体现者便是无产阶级。从强调主体能动性的主客体同一的观点出发，卢卡奇对包括恩格斯在内的唯物主义反映论提出了批评，他认为唯物主义把思维看作存在的反映，也就是意味着把存在看作独立于思维之外的东西，这也是"僵硬的二元论"，因此，他讽刺唯物主义"不过是一种颠倒了的柏拉图主义"[2]。

卢卡奇之所以强调总体在逻辑上的优先性，强调主体意识对总体的重要性，甚至对唯物主义反映论提出批评，乃是为了克服认识的直观性。卢卡奇认为离开了主体意识的参与，把总体看作经验和事实的相加，就会把认识的客体与其主体割裂开来，从而陷入旧唯物论的直

---

[1] 卢卡奇：《历史和阶级意识》，麻省理工学院出版社1971年版，第8页。
[2] 卢卡奇：《历史和阶级意识》，麻省理工学院出版社1971年版，第202页。

观消极的反映论。因此，卢卡奇认为只有掌握总体性方法，才能实现主体与客体、理论与实践的统一。

第四，作为辩证法原则，总体性范畴是辩证的总体性，这表现在以下三个方面：

1. 辩证的总体性是包含差异和矛盾的具体总体性。卢卡奇说："唯物辩证的总体性范畴，首先意味着它是包含具体的相互作用着的矛盾。"在《历史和阶级意识》中，他也强调说明总体性"不是把它的各个环节归结为无差别的同一性、统一性。"[1] 而是把这些环节看作包含差别和矛盾的辩证同一性。如果说，庸俗唯物主义者和马赫主义者片面崇拜自然科学方法，否认它的对象中有任何矛盾和对抗，从而成为资产阶级的思想武器，那么，辩证的总体性方法则把矛盾看作总体性自身所固有的，因此，在资本主义社会中，资本主义生产必然包含矛盾，从而构成无产阶级和资产阶级两大阶级的对抗。

2. 辩证的总体性具有相对的性质。任何总体作为存在的整体，都是相对的，就是说，总体既是自身又是部分，是由从属于它的各个总体构成的，与此同时，这个总体又为另一个更高层次的总体所包含。总体这种相对性原理，要求我们用相互联系的观点看待社会历史问题，卢卡奇引用《资本论》中的一段话来说明这种辩证的方法："黑人是黑人，只有在特定的关系下，他才成为奴隶。纺纱机是纺棉花的机器，只有在一定的关系下，它才成为资本。脱离了这种关系，它也不是资本了，就像黄金本身不是货币，砂糖并不是砂糖的价格一样。"[2]

3. 辩证的总体性是历史的总体性。卢卡奇认为，在社会历史领域里，总体性的所有特征是历史变化的，而不是一成不变的。物化意识

---

[1] 卢卡奇：《历史和阶级意识》，麻省理工学院出版社 1971 年版，第 12 页。
[2]《马克思恩格斯全集（第六卷）》，中共中央马恩列斯著作编译局译，人民出版社 1972 年版，第 486 页。

力图把现实理解为一些凝固的、孤立的事实，而总体性则与此相反，它强调现实是一个不断向前发展的过程，"只有总体性的辩证观念能够使我们把现实理解为一个社会过程"[1]。这就是说，历史过程并不在我们之外，恰恰相反，它正是由我们的行为构成的；人不是历史过程的消极旁观者，而是它的积极参与者。正是在这个意义上，卢卡奇所说的总体性辩证法是强调人的主体性的辩证法，这种辩证法仅仅存在于人类社会历史领域里，其中心内容是主客体之间的相互作用，至于自然界只有作为人的历史活动所改变的对象，只有被包含在社会历史过程中才是有意义的，而纯粹的自然界不存在什么辩证法。

至此，卢卡奇通过对总体性的理性分析，得出了一个基本结论：只有社会历史的辩证法，而没有自然辩证法。他说："认识到这种方法被限定在历史和社会的范围内，这是特别重要的。从恩格斯对辩证法的说明所产生的误解主要基于这样一个事实，即恩格斯错误地追随黑格尔，把这种方法扩大到自然界。然而，辩证法的决定性因素——主体和客体的相互作用，理论和实践的统一，在现实中历史的变化作为范畴的基础，作为思想上变化的根源等等——都不存在于我们对自然的认识中……"[2]卢卡奇认为在主体触及不到的自然界，就不存在什么辩证法问题，因为这里关键在于"主体不能结合到这个辩证的过程中去"[3]，只有在社会历史领域，才是主体实践和认识活动所指向的对象，才发生主客体之间的关系，作为客体的社会历史才是主体所创造的。于是，纯自然的客体已不复存在，它已被消融在历史的过程之中，自然就成为社会的范畴了。由此，卢卡奇自认为只有对辩证法的性质作这种规定，才能解决资产阶级思想家争论不休的主客体矛盾问题，又

[1]卢卡奇：《历史和阶级意识》，麻省理工学院出版社1971年版，第13页。
[2]卢卡奇：《历史和阶级意识》，麻省理工学院出版社1971年版，第3页。
[3]卢卡奇：《历史和阶级意识》，麻省理工学院出版社1971年版，第208页。

从总体性的社会本体论中,逻辑地导出了只有社会历史的辩证法,而没有自然辩证法的结论。这样,卢卡奇的辩证法体系一反传统的以自然为先导和本体,引出辩证法、认识论、历史唯物论的框架,以社会历史以及总体实践为本体、主客体辩证关系为核心,构筑了独特的辩证法体系框架,其中不仅包括本体论,而且也包括了辩证法和认识论以及三者的有机统一。因此,卢卡奇与恩格斯的分歧归结为一点:就是马克思主义辩证法体系的本体究竟是自然,还是社会历史?这种本体论的分歧,也就必然导致了马克思主义辩证法体系框架的分歧,马克思主义辩证法的内涵究竟是主体和客体的相互作用,还是思维单纯反映存在?如果以自然为本体,势必认为自然界先于社会、先于人类;从而形成社会从属于自然,是自然界长期发展的产物,而自然界就具有了在时空上的优先地位和状况,这样哲学体系的出发点必然是自然;如果以社会历史为本体,势必形成自然从属于社会、从属于人及其实践;因此,自然与社会的关系,就形成部分与整体的关系。自然就具有社会历史的性质,这样哲学体系的出发点就是社会历史以及构成社会历史主体的人及其实践。

卢卡奇在第二国际某些理论家把马克思主义极端本体论化的状况下,提出"社会是一个自然范畴"确实有其积极意义,而且,在马克思主义哲学发展史上,卢卡奇首次把总体性当作辩证法的核心范畴加以论证,这不仅以其对总体性的界定、方法的解释充实了马克思主义辩证法的概念和理论,而且还开辟了研究马克思主义的崭新思路和方法,这对于我们坚持和发展马克思主义具有重要的启迪作用。但是,由于卢卡奇没有对自然与社会、自然本体与社会存在的关系给予恰当的说明,而笼统地否定了辩证法的普遍性,并且过分强调理论与实践、主体与客体、认识与行为的一致,从而把辩证法混为一种实践活动,而"甚至于冲击了马克思主义的本体论地位"，客观上引起了人们对社会存在本体论的误解。为了弥补这一缺陷，卢卡奇在其晚年所写的《关于社会存在本体论》中，致力于为社会存在本体论寻找一般本体论基础，正确地解决了自然本体与社会本体之间的关系。

纵观卢卡奇的总体性范畴，贯穿其中的基本原则是主体性原则。所谓主体性原则，就是从主体出发，来考察客观物质世界的产生及其发展规律，这也正如马克思在《关于费尔巴哈的提纲》中所说的，把事物、现实、感性"当作人的感性活动，当作实践去理解""从主观方面去理解"。他的自然观，是社会存在本体论，强调"自然是一个社会范畴"；他的方法论，是能动的、具体的认识论，强调理论与实践、主体与客体的统一；他的辩证法，是社会历史的辩证法，将自然辩证法排斥出去。这种突出人的主体性、高扬主体性原则的哲学精神为以后的西方马克思主义所发扬光大。

（本文与赵桂琴博士共同完成）

怎样评价普列汉诺夫的美感论

怎样评价普列汉诺夫的美感论,直接关系到普列汉诺夫的整个美学思想的性质和价值问题。20 世纪五六十年代,我国美学界大多数同志认为普列汉诺夫的美感论坚持了唯物主义一元论观点,应予肯定。20 世纪七八十年代,有人提出了不同的看法,认为普列汉诺夫的美感论是生物学观点、是二元论、唯心主义的[1]。我认为,计永佑同志对普列汉诺夫美感论的批评有些是不正确的。下面谈点自己不成熟的看法,以求教于计永佑同志和美学界的其他同志们。

一

普列汉诺夫是用什么方法分析和论述美感的?是像计永佑同志所说的用达尔文主义作为"研究美感这种社会现象的基础"吗?[2] 不是。我认为,普列汉诺夫不是从生物学观点来研究美感,而是把唯物史观的观点用于美感的分析。他在《论艺术(没有地址的信)》中明确地写道:"我对于艺术,就像对于一切社会现象一样,是从唯物史观的观点

---

[1] 见计永佑同志发表在《美学论丛》1979 年第 1 期上的《论普列汉诺夫的美学思想》,何洛、计永佑等同志编著,书目文献出版社 1982 年出版的《实践与美学》一书第三章第二节。因二者观点近似,以下引文只引计文。
[2]《美学论丛》1979 年第 1 期,第 214 页。

来观察的。[1] 大家知道，艺术和美感不可分割，二者的起源问题又同人类的起源问题紧密相连。在人类产生以前，自然界的一切是无所谓美的，更没有艺术可言。美和艺术都是历史的产物，只有在人类社会产生以后，随着生产劳动，社会实践的发展，人们有了审美要求，从而创造了艺术。也就是说人类的生产实践产生了美感，美感又推动了艺术的产生、发展。因此，要指出艺术的产生和发展，必然首先阐述美感的产生和发展。普列汉诺夫从每一历史时代的生产方式出发，认为美感的产生和发展，与人们的生产劳动、社会实践密切相连。他说原始狩猎民族在花草极为繁盛的地方却偏偏以动物为其艺术题材，而不去理睬那些美丽的奇花异草，这正是由于"他的生产力状况，他的狩猎的生活方式使他恰好有这些而非别的审美的趣味和概念"（第33页）。普列汉诺夫还通过大量的令人信服的实例，反复证实原始人的审美活动是从劳动这个最基本的实践活动中逐步产生的，并不是原始人一进入人类社会就有了美的观念，他们最先只是从实用的观点来看待事物，然后逐步用审美的观点来看待事物。在原始民族的狩猎生活中，"当狩猎者有了想把由于狩猎时使用力气所引起的快乐再度体验一番的冲动时，他就再度从事模仿动物的动作，创造自己独特的狩猎舞"（第73—74页）。原始人"最初从事狩猎，后才在图画中再现了自己的狩猎"（第92页）。这就是说是狩猎先于舞蹈和绘画而不是舞蹈绘画先于狩猎，先有原始人的狩猎活动然后才有原始人模仿各种狩猎场面的舞蹈和绘画。很显然，普列汉诺夫从生产劳动出发去探讨美感和艺术的起源，是坚持了一元论的唯物史观，其所得劳动是美感和艺术产生的最后根源的结论是完全正确的。

---

[1] 普列汉诺夫：《论艺术（没有地址的信）》，曹葆华译，三联书店1964年版，第5页。以下凡引此书只注页码。

普列汉诺夫把唯物史观作为研究艺术和美感起源的指导原则，既然这样显而易见，并为许多研究者所承认，那么，为什么计永佑等同志却说普列汉诺夫把生物学作为研究美感的基础呢？原因在于计永佑片面地抓住了普列汉诺夫的一些话，做了不适当的推论。普列汉诺夫确实说过"达尔文主义同我在上面竭力说明的唯物史观是没有丝毫矛盾的""把达尔文主义同我所拥护的历史观对立起来是非常奇怪的"之类的话，计永佑同志却就此得出结论说，"普列汉诺夫把人的美感拟之于动物，这就不对了"[1]。我认为，计永佑同志并没有全面、正确地理解普列汉诺夫的整体观点，实际上，普列汉诺夫始终把他的观点和达尔文的生物学观点作了严格的区分，非但没有把人的美感等同于动物的，而且一开始就指出人的美感与动物的快感不同。普列汉诺夫还批评了生物学家达尔文把人类的审美趣味等同于动物的趣味的观点，指出这种观点"没有向我们说明我们的审美趣味的起源""更不能说明他们的历史发展"（第9页）。同时又断言"无须在生物学中探寻"美的观念的"不同的原因"（第10页）。

普列汉诺夫论辩的锋芒一直指向生物学的唯物主义，同时，在论辩中他也力图抛弃庸俗社会学的陈腐观念。他既不是简单地把美感归结为社会经济形态的产儿，也不是完全排斥对美感的主体条件作生物学的研究，而是从事实出发，根据"社会史是自然史的继续"这一马克思主义的基本观点，运用达尔文在生物学方面的成就，承认人的生理本能在美感产生中的地位。同时，又指出人的审美感和动物的快感的区别，强调美感即使在人类初期也是同复杂的观念和连续的思想联系在一起的，并举了不少例证，说明美感和"灵巧""有力"以及"富贵"这类观念联系在一起，这正是动物所没有的，他对于美感这样一

---

[1]《美学论丛》1979年第1期，第21页。

种复杂的心理现象，没有简单化，而是进行辩证的分析，这应该说是普列汉诺夫对美感论的贡献。

可见，在美感的起源问题上，普列汉诺夫坚持了一元论的唯物史观。他是把自己的研究放在"达尔文主义者的研究领域终结的地方"（第14页），即从社会学角度，以唯物史观为指导去研究美感问题。而不像计永佑同志所说的那样，普列汉诺夫混淆了动物的快感和人的美感，因而，"把自然界的历史搬回到了社会的历史"。

二

普列汉诺夫是怎样说明美感起源的？是像计永佑同志说的宣扬了美感起源的二元论吗？不是，普列汉诺夫在坚持一元论唯物史观的前提下，并没有否定美感产生的主体条件，而是把美感视为审美主体和审美客体统一的产物，相互作用的结果。

普列汉诺夫说："人的本性使他能够有审美的趣味和概念。他周围的条件决定着这个可能性怎样转变为现实；这些条件说明了一定的社会的人（一定的社会、一定的民族、一定的阶级）正是有着这些而非其他的审美的趣味和概念"（第16页）。他又说："在某一时期，某一社会或某一社会阶级中占统治地位的美的理想，部分起源于人种发展的生物学条件（这些条件也形成了种族的特点），部分起源于这一社会或这一阶级的产生和存在的历史条件"[1]。计永佑同志抓住了普列汉诺夫的这两段话，从而批评普列汉诺夫是宣扬美感起源的二元论，"一方面说美感是社会条件决定的。另一方面又说是本能决定的。"因而，"使他的理论充满深刻的矛盾""陷入了更深的唯心主义"。[2]我认为这

---

[1]普列汉诺夫：《没有地址的信·艺术与社会生活》，人民文学出版社1962年版，第230页。
[2]《美学论丛》1979年第1期，第219页。

种指责是不能成立的，因为普列汉诺夫是力图遵循一个既不同于"生物学的唯物主义"，又有别于庸俗社会学的科学的、周密的历史唯物主义原则，去战胜生物学的唯物主义和庸俗社会学，从主体和客体的统一去寻找一条揭示美感起源的正确道路。

从美的对象和审美主体的诞生看，生产实践，创造了美的事物（客体），也创造了人的审美心理（主体）。人对现实的审美关系，是人与对象，主体与客体的统一关系。美的客体作用于美的主体，审美主体具有巨大的能动性和创造性，不仅感受客体美，也感受主体自身之美，逐渐形成和发展了自身的审美能力、审美感受、审美意识。这些审美能力都是"由于相应的对象存在，由于存在着人化的自然界，才产生出来的"[1]，美依赖于生产实践，才得以产生，审美又随着美的存在而形成，经过生产实践的中介又作用于美，影响美的发展，在人类生产实践的基础上，美和审美始终对应地、辩证地发展着。正如马克思指出的：在劳动过程中"人由他自己的活动来引起、来调节、来统治人与自然之间的物质变换"，当他"作用于他以外的自然，并使它发生变化时，他同时也改变着他自己的自然"[2]，即在劳动过程中，人不仅改变了自然，也改变了主体，主体的体力、精力（包括审美能力、美感）也发展起来了。正是在美和审美的相应发展的基础上，普列汉诺夫才认为，人"具有在一定事物或现象的影响下体验一种特殊的（'审美的'）快感的能力"，从而阐述了美感起源中人的本能要求的因素。

从审美实践活动看，一个不具有理性认识的儿童会随着音乐的节奏而自然地摇晃身体，表现出很强的乐感能力；一个音乐家羡赏贝多芬的世界名曲和一个农妇喜听乡村皮影戏，无论在审美观念上有着多

---

[1] 马克思：《1844年经济学哲学手稿》，人民出版社1979年版，第79页。
[2] 马克思：《资本论》，人民出版社1973年版，第191—192页。

大的差异，可就其自身机制来讲，他们都同样地感到了愉悦。近代实验美学从人的生理的共同需求为美感的形成找到了依据。例如，人的对称感觉起源于人体结构的对称，人的节奏感起源于人的心律跳动的节奏性等。总之，如果人们对于某种美的事物根本没有任何感觉力，就像一个没有视觉能力的人在桂林山水面前无动于衷一样，那么，美感怎么可能产生呢？

从主体的生理、心理机制上研究美感的产生，这是普列汉诺夫的一大功绩。这个问题，现在已经被众多的美学家所坚持，并证明是正确的。那么，为什么还会引起计永佑同志的那么多非议呢？原因在于批评者坚持了唯物论而忽略了辩证法。只从客观对象上看问题，忽略了从人的主体方面，从人的社会实践活动上看问题。马克思主义的辩证唯物论认为：存在决定意识，但意识不是消极被动的，而是对存在有巨大的反作用。就审美活动而言，存在决定意识，就是指客观事物的美作用于人类的审美感官，意识对存在的反作用，就是指人的审美能力对审美对象的选择，用马克思的话，就是"对象对于我的意义恰恰等于我的一个感觉的意义""最优美的音乐对非音乐的耳朵不是对象""焦虑不堪的穷人对美的景色没有感觉""珠宝商人所看到的不是珠宝的美的特征"的阶段。只有把美感的产生作为这样一个主客体统一的审美活动过程来考虑，才能科学地说明美感的起源。第一阶段，是客观决定主观，不承认这一点，就没有美学上的唯物主义；第二阶段，是主观决定客观，不承认这一点，就不能解释不同主体对同一对象有不同审美判断的大量事实。普列汉诺夫早期，作为一个马克思主义的理论家，他深深地懂得唯物论和辩证法结合的重要，因此，在考察了美感产生的社会根源之后，不是停滞不前，把美感仅仅归结为经济的产儿，而是继续前进，多次提出"人的本性""心理学规律"等概念并做了分析，探讨了人的主体生理，心理条件对审美活动的影响，及其在美感起源中的作用。

需要指出的是，普列汉诺夫在美感起源问题上，没有把社会条件的作用和人的心理本能的作用看成并列的、平行的，而是有主次之分的，他始终把人的主体生理、心理因素的研究，放在客观的社会历史过程中加以考察和说明，指出"心理现象的整个复杂的辩证法的基础就是社会方面的各种事实"（第18页），"它是社会原因所引起的"（第23页）。"原始狩猎者的心理本性决定着他一般地能够有审美的趣味和概念，而他的生产力状况、他的狩猎的生活方式则使他恰好有这些而非别的审美的趣味和概念。"（第33页）"任何一个民族的艺术都是由它的心理所决定的，它的心理是由它的境况所造成的，而它的境况归根到底是受它的生产力状况和它的生产关系制约的。"（第47页）可见，普列汉诺夫的美感起源说不是什么"二元论"，而是坚持了历史（和辩证）唯物主义的"一元论"。

当然，普列汉诺夫在论述审美活动的生理、心理基础时，所得出的"模仿的倾向""对立的原理"等心理学定律未必科学，在某些地方也确有把人的本能、本性生物学化的倾向，如说："对节奏的敏感，正如一般的音乐能力一样，显然是人类的心理和生理本性的基本特征之一，也不独限于人类。"（第35页）"欣羡对称的能力也是自然赋予我们的。"（第38页）但是，这只是他运用唯物史观阐述美感起源问题时，对生物学提供的材料不适当地引用和说明造成的。这并不是普列汉诺夫美学思想的主流。

三

普列汉诺夫是怎样说明审美活动中美感和功利的关系的？是像计

527

永佑同志所说的把美感的认识和功利的认识对立起来，是对"康德的让步"吗？不是。计永佑同志批评普列汉诺夫把"审美认识与功利认识分属不同的领域，二者既不相符，也无必然联系。"[1] 说这是与他的美感起源于功利的观点相矛盾的。我认为这种批评是不完全符合实际的。

下面我们就来看看普列汉诺夫是怎样论述审美活动中美感和功利的关系的。

普列汉诺夫在他的《艺术论（没有地址的信）》中写道："人最初是从功利观点来观察事物和现象，只是后来才站到审美的观点上来看待它们。"（第93页）在原始人的狩猎生活中，"当狩猎的胜利品开始以它的样子引起愉快的感觉""成为审美快感的对象"的时候，"它的颜色和形式也就具有巨大而独立的意义"（第118页）。虽然"使用价值先于审美价值""但是，一定的东西在原始人的眼中一旦获得了某种审美价值之后，他就力求仅仅为了这一价值去获得这些东西，而忘掉这些东西的价值来源，甚至连想都不想一下。"（第125页）这就是说，审美活动虽然是在功利活动的基础上发展起来的，然而一经形成以后，就有了相对独立性，不再等同于一般的功利活动，而是有自己特殊的活动规律。人们在审美活动中，通常是不考虑对人们有益或有害，而是直接就可以把握到美的。"一件艺术品，不论使用的手段是形象或声音，总是对我们的直观能力发生作用，而不是对我们的逻辑能力发生作用。"（第107页）这种审美的直觉性，是符合人们日常生活中大量的审美实践的。例如，人们一看到美丽的风景或图画，一听到优美的音乐，不假思索，就立刻感知其美，而不考虑给人们带来什么直接利益。这种事实也已被众多的美学家所证实。例如，托马斯·阿奎那说："一眼见到就使人愉快的东西才叫做美的"（《西方美学家论美和美

---

[1]《美学论丛》1979年第1期，第288页。

感》第 66 页）。夏夫兹博里说："我们一睁开眼睛去看一个形象或一张开耳朵去听声音，我们就马上见出美，认出秀雅与和谐"（同上书，第95 页）。爱迪生说："一眼看到时心灵马上就判定它的美和丑，不须预先经过考虑。"（同上书，第 96 页）这里，不管他们对美感特征的解释如何，但对于审美过程的直接性的描述是正确的。直觉性是审美活动的一个重要特征，是人们所熟知的普遍存在的审美事实，因此，普列汉诺夫给以承认和进一步揭示出来，是应该给予肯定的。但是，计永佑同志对此却说这是"普列汉诺夫从认识论的角度割裂了美感与理性认识的联系，这就否定了他原来的所谓功利观念先于审美观念的论点，而在根本原则上对康德观点作了让步"。[1] 在我看来，这种指责是不能成立的。在这个问题上普列汉诺夫与康德是完全不同的。第一，康德完全否认审美活动的功利性，认为"鉴赏判断的快感是没有任何利害关系的"。普列汉诺夫则认为，在审美活动中，"功利究竟是存在的，它究竟是美的欣羡的基础……如果没有它，对象就不显得美了"。第二，康德认为美是无所谓而为的，它"是我们不顾任何利益而喜爱的东西"。普列汉诺夫则批评康德的这个说法"是不正确的"，"不是人为了美，而是美为了人"，即美本身不是目的，它是为了主体的人的需要而存在。第三，康德认为"美本来只是涉及形式"，而没有内容，只有美的形式才能激起人们的美感，普列汉诺夫则非常注重美的内容，认为没有思想内容的美的作品是不存在的。可见，普列汉诺夫和康德在审美功利问题上的观点对立是非常明显的。康德完全割裂了审美活动与功利活动的联系，使二者绝对地对立起来，显示出他的形而上学片面性。而普列汉诺夫克服了康德的片面性，坚持了辩证法。

按照辩证法的观点看问题，审美活动的功利性，不能完全等同于

---

[1]《美学论丛》1979 年第 1 期，第 227 页。

一般的功利主义，它有自己的特殊性。人们在审美活动中，不仅有功利标准，还要有美学的标准，前者必须融合于后者；如果把功利要求变成不顾审美规律的唯一的、简单的和直接的要求，就成了功利主义。在功利要求中，既可以有功利主义的要求，也可以有非功利主义的、遵照审美规律的要求。审美是功利性和非功利性的对立统一，审美活动的功利性是一种非功利（个人直接功利性）的功利性（社会功利性），它具有直接的、显露的非功利性和间接的、隐蔽的功利性相统一这样一种特殊性质。如：人们在大千世界中，对许多美的事物（花、鸟、树、虫）能识之美而不知其用途。在审美活动中，齐白石的虾不能拿来吃，徐悲鸿的马也不能牵来用。这些审美对象虽然是一种客观的物质存在，其物质的实用性却是被舍弃的、隐蔽起来的。人们在审美活动中只是获得某种精神上的享受，所以能获得这种享受，是因为审美对象，内在地体现着人的本质力量，肯定着人们的社会实践。而人们的社会实践，都是以功利为目的的，这样，在审美活动中，功利性通过人所创造的美的事物对人自身的观照，间接、曲折地表现出来，非功利性中隐藏着功利性。

美的事物虽然具有社会功利性，但人们在审美过程中却并不有意识地考虑这种功利性。以有意识的功利观点看待事物，是追求功利目的的活动标志，如资本家制造产品，是为了赚钱赢利，而审美活动则是像普列汉诺夫指出的"是撇开任何有意识的利益考虑而欣赏那些对有益于民族的东西（对象、现象或心境）的描绘"。这种审美直觉性，在某种意义上说，是同有意识的功利考虑不相容的。然而，审美直觉又需要以社会功利的考虑为基础，因为对美的事物所具有的肯定人类社会实践的功利性质的认识，在人的审美活动中，潜在地、不自觉地浸透到审美直觉中去，只是人们不注意，没有体验到罢了。从这个意义上说，审美直觉性同有意识的功利考虑又是相容的。

如果我们像上述所分析的那样，把审美看成是非功利性和功利性的对立统一的观点不算错的话，那么，我们说计永佑同志对普列汉诺夫的批评便站不住脚了，审美判断"总是以不考虑个人利益为前提"这样的话也就是无可非议的。因为，美的形象舍弃了物质的实用性之后，对任何个人都不具有直接的功利性，美的事物所肯定的是包括审美者个人在内的人类的社会实践，因此，美的事物所具有的功利性是社会的功利性，只是这种功利性对审美者个人来说是间接的，寓于个人的非功利性之中罢了。

如果我们把审美活动看成非功利性和功利性对立统一的话，那么，在审美和艺术创作评价中，就能克服两种倾向：一种是不追求任何利益的所谓"为艺术而艺术"的倾向；一种是片面地追求服从功利的，限制了艺术表现生活的多样性的功利主义艺术观，这样才能使美学、艺术健康地、蓬勃地发展。但是，在这个问题上，实事求是地说，普列汉诺夫并没有彻底地解决，在他的观点中，虽然显露出了审美和艺术活动中存在着功利性和非功利性两方面，但缺乏理论上的论证和具体分析。然而，坚冰已经打破，道路已经开通。普列汉诺夫的审美功利性思想，为探索审美特殊规律开辟了道路，不能不说这是他对发展马克思主义美学的一大贡献。

总之，人的美感形成不是单一的因素，不能对复杂的问题取简单的态度，作笼统的否定。普列汉诺夫的美感论，注意了从方法论上坚持用唯物主义的一元论分析美感的产生和发展多从主客体的统一方面分析美感起源的诸多因素；从审美认识和功利认识的联系和区别上阐述审美活动的辩证法。因此，我们应该给予充分肯定和高度评价。

浅谈研究自然美本质的方法论

近年来，随着美学研究的深入，论自然美的文章又多了起来，人们从不同的角度论证自然美的本质、自然美的根源、自然美的形态等问题，取得了可喜的收获。《美学论丛》第五辑发表了《论自然山水的美》的长篇美学论文，别开生面，试图从山水诗和山水画论来考察自然美，读后使人耳目一新，从中受到些启发和教益。但是，同时又感到以山水诗、画论为理论根据来考察自然美本质的方法似乎有些欠妥。故笔者不揣冒昧，就自然美本质的方法论问题谈点浅见。

首先，我认为，哲学是世界观和方法论，对什么是自然美的问题必须进行哲学分析，美的哲学是在总体上、本质上把握自然现象的美，美的哲学思考有助于具体的自然美的解决。如果不从哲学分析入手，势必容易把现象当成本质，局部当成整体，形式当成内容，达不到真理性的认识。如果离开人类的物质生产实践，离开生产力发展的水平和人们在生产关系中的状况，仅从艺术欣赏、审美经验角度，阐述自然美的本质问题；离开自然界、人类社会发展的历史，单纯研究某一阶段、某一历史时期、某一阶层人们的审美意识的特点和思想材料，都将有碍于对自然美本质的揭示。在远古时代，山河湖海、草木虫鱼为什么不能成为当时人们的审美对象，产生不出《春江花月夜》那样美妙的作品？与现代人的心理结构有着天壤之别的原始人，为什么不能欣赏、歌颂自然，产生不了李白那样的浪漫诗人？人类是怎样由不能欣赏自然美到能够欣赏自然美，进而在诗画中表现自然美？显然，回答这些问题，必须结合人类的生产实践，进而结合人类的审美实践进行哲学思辨，没有哲学思辨，达不到科学认识。同时，哲学思辨还必须注意哲学思维方法，方法的错误，也必将带来结论的荒谬。如果采用抽象的"知性"方法，对客观事物的属性、特征做支离分析，不考虑它与其他物的历史的、具体的联系，从观察的事物中抽象出某一规定性、某一侧面，推演论断的结果，通过经验知识，建立普遍性，那就只能对事物的表面现象形式做外在思考，其把握的只是相对的、易变的东西，带有表面性、偶然性和主观随意性，不能认识和掌握真理。如果仅仅大量搜集古代山水诗、山水画论中对自然美的论述，而不进行分析、综合，脱离开其历史环境和人类对自然美认识的文明大道，简单罗列一些自然美的现象，从前人的经验知识来论证"自然山水美就在自然山水本身"的论点，似乎有"根据"，很"具体"，但是，这只能是感性直观，缺乏联系的表象的具体。黑格尔曾经批评过这种方法，他指出："把这些现象（通常的）表象中接受过来，当成现成的题材，而应用知性的范畴去处理他们""这些范畴凭借经验偶然而漫无次序地列举出来……基于表象去说明……而并未考虑到这些范畴本身的真理性和必然性。"（黑格尔：《小逻辑》)[1] 因而，必须摒弃这种抽象的知性方法，代之以辩证的理性方法，即把抽象的知性规定，以往的经验知识作为科学研究的前提，经过分析、综合，确定与其他事物的关系，证明必然性，在思维中导致具体。这里的具体是"许多规定的

---

[1] 黑格尔：《小逻辑》，商务印书馆1980年版，第108、110页。

综合，因此在思维中表现为综合的过程，表现为结果而不是表现为起点。"[1]而仅仅以山水诗、画论来考察自然美的本质，在方法论上正是缺少了这一辩证理性分析方法，注重以往的美的经验知识，而忽视了对自然美的哲学思考。那种认为"自然山水本身有美，并不是我们今天靠了哲学理论的演绎才提出的美学新见解，而是我国传统美学中古已有之的一份珍贵的理论遗产。"（《美学论丛》第五辑，第254页。以下凡引此书只注页码）的观点，是把研究的重点，放在了整理和借鉴这份"理论遗产"上，但是，不靠切合实际、符合历史的哲学论证、分析、总结，仅靠理论遗产的现成材料怎么能说明自然美的本质呢？在这种错误的方法论指导下，《论自然山水的美》引证了顾恺之、宗炳、刘勰、李白、白居易、郭熙等古代著名诗人、画家、文艺理论家的山水诗画论，以此来证明所持观点的"唯物主义传统"，借以肯定"自然山水美就在自然山水本身"的论题，我以为，所引论述只不过是古代文人们对大自然山水形态的客观描述和赞美，目的在于总结山水诗画创作的规律，探讨山水诗画创作的方法。这种描述和赞美丝毫不意味着肯定自然美是自然本身的属性，与人无涉。即使退一步讲，顾恺之的"千岩竞秀，万壑争流，草木蒙笼其上，若云兴霞蔚"，宗炳的"山水、质有而趣灵"是讲的自然山水本身有美，那么宗炳的另一句"山水以形媚道而仁者乐……畅神而已，神之所畅，孰有先焉"，刘勰的"登山则情满于山，观海则意溢于海"，不是明显地在讲自然美不在自然本身，而是为人而美吗？不是鲜明地伸张自然美是主客观的统一吗？（朱光潜先生曾执此说）显然，抓住古代文人的某些材料，而不顾及另一些材料，"采用摘句的方法"（第288页）随自己的观点需要，把山水诗画论的有关资料列举出来，当成现成的东西来用，这不是科

---

[1] 马克思：《政治经济学批判》，人民出版社1955年版，第163页。

学的研究方法。古代山水诗，山水画论是人们在谈自己的创作经验，从中总结出某些带有规律性的东西，他们在创作实践中，面对自然山水有感而发，因此，必然对自然山水的色光、形貌、气势做些客观描述，根本用不着想到、论到这种美是从物中来的还是从心中来的，绝不是认为自然美在自然本身。同时，他们在诗画论中，不仅写对象的美，而且写主观的美感、主观的联想、创作的体会和经验，因此，也就表现出直观性、经验性、主观性、阶级性，属于物态化的审美意识，（这里我们绝不低估它的价值，拟另文谈）不能用来，更不能有选择地拿来作为论证自然美的本质的主要根据。因为"单凭观察所得的经验，是绝不能充分地证明必然性的。"[1] 对于这些材料，必须遵循历史主义原则进行分析和鉴别，从现象的认识上升到本质的认识，从个别的认识上升到一般的认识。因为科学的、明确的概念"绝不能和事件同时得到，而只有在事后，即在搜集和鉴别了材料之后才能得到。"[2] 我们今天研究自然美，必须以马克思主义的辩证唯物主义和历史唯物主义为指导，而不能仅仅以认识论为指导，必须结合对人类以往的理论成果（包括山水诗、画论）的分析、概括，从人对现实的审美关系入手，从物质生产实践出发，揭示自然美怎样历史地发生、历史地发展，自然美的形态特征以及人对自然的审美心理结构，只有综合地考察才能逐步接近真理。

其次，贯穿在这篇论文中的一个主要论点，认为"肯定自然山水美就在自然山水本身，这不是唯物主义美学某一派别所持的论点，而是整个唯物主义美学所必然要坚持的论点"（第 261 页）。把古代山水诗画论冠之以"唯物主义传统"，和自己所持的观点合拍，然后证明其

---

[1]《马克思恩格斯全集（第二十卷）》，人民出版社 1971 年版，第 572 页。
[2]《马克思恩格斯全集（第二十二卷）》，人民出版社 1974 年版，第 591 页。

正确性和普遍性。显然这里犯了逻辑错误，即认为唯物主义是无片面性弊病的最正确的学说，唯物主义肯定自然美在自然本身，因此，肯定自然美在自然本身是正确的。这里的大前提是虚假的，忽视和忘记了一般（旧）唯物主义的基本特征。人们熟知：旧唯物主义在哲学基本问题上坚持物质第一性、意识第二性的原则。在揭示美的本质的问题上，认为美是客观的，美感、艺术是美的反映，有其真理性的一面，但是，他们不能以历史唯物主义为指导，不理解实践在人们认识美、创造美中的重要作用。而美的诞生、美的本质、美的欣赏和创造等问题，离开了实践，便不能得到正确的解释，美的客观性、社会性也不能获得充分的证明。为什么远古狩猎生活时代，诗歌、绘画的题材大多是动物、工具等，而没有或很少有自然山水的内容？为什么到农耕时代，植物、山水成为人们欣赏、歌咏的对象，进而在艺术作品中出现了自然山水？为什么我国六朝山水诗、五代北宋山水画达到鼎盛？这些问题离开对实践的回答，单纯从自然本身去认识和说明，都不能得出正确的解释。而简单地把山水诗画论中的观点扣上"唯物主义美学"的桂冠，然后以其"占优势""影响大"为理由（第256页），证明自己所持观点的普遍性更是不足取，这样的"普遍性"只能是缺乏科学根据的"抽象的普遍性"，因为对真理的掌握不在于人多人少，势力大势力小，而是看能否符合客观实际。自然美必须结合人类的实践活动做细致的研究和具体的分析，绝不能搞直线演绎。

最后，自然山水的美是现实美，是活生生的，感性具体的，耳闻目见的。而山水诗、山水画是反映自然美的，是美感的对应物，是艺术美。山水诗论、画论则是总结艺术美的创造经验和原则的，和艺术美的联系更直接些，而同自然美（现实美）的联系却是间接的。因此，以诗、画论来阐述审美体验、欣赏，艺术创造等问题是必需的和有价值的，但用它来探讨自然美的本质则是没有分量和缺乏说服力的。因为，它们之间有许多中间环节，渗透着许多其他因素。中国山水诗讲究"比拟""情景交融"，山水画讲究"意境""神韵"。刘宋时期的大画家王微希望山水画能够做到使观画者"望秋云，神飞扬；临春风，思浩荡"。梁武帝的儿子、画家萧绎在后世流传的《山水松石格》中说：画山水要"格高而思逸"，表现出"茂林之幽趣，杂草之芳情"。现代画家黄宾虹说："画有三，一，绝似物象者，此欺世盗名之画；二，绝不似物相者，往往托名写意，鱼目混珠，亦欺世盗名之画；三，唯绝似又绝不似于物象者，此乃真画。"《黄宾虹画语录》这方面，我国诗论中的论述也很多，如"凡作诗，不易逼真""妙在模糊，方见作手"。（谢榛：《四溟诗话》）诗必须"造语精工，或动静，或大小，或真假，或生死，或远近，或前后，或虚实，或有无变化，仿佛使一句之中，常具数节意，乃为佳句"。（黄子肃：《诗法》）诗人、画家们主张不能机械地描写客观景物，反对严格写实，强调气韵生动，传神写心，以抒发自己高人逸士的思想感情和胸臆。宗炳之所谓"畅神"，刘勰之所谓"意溢"亦指于此。诚如朱光潜先生所说：自然美是意识形态性的，"人在觉得自然美时，那自然里一定有人自己在内，人与自然必然处于统一体"[1]。这种把主观意识、思想感情注入自然界，通过艺术形式（诗、画等）又把它表现出来的观点（所谓"移情说"），用来解释审美欣赏、艺术创作是颇具意义的，但用来说明美的本质，以美感来规定美，必然走向唯心主义，而那种从山水诗画论来考察自然美本质的方法，撇开实践主体，一味地强调艺术美中所表现的自然山水的客观性，用艺术中所反映的自然美去说明现实中的自然美，以美感的物态化形式——艺术来说明美，则是从静观唯物论走向了主观唯

---

[1]《朱光潜美学文集（第三卷）》，上海文艺出版社1983年版，第318页。

心论，和朱先生殊途而同归。因而，这种探求自然美的方法，同样也是不足取的。

我们认为，自然山水的美离不开社会生活，没有人类社会以前，山川草木，星空大海，无美可言，山水诗、山水画及山水诗画论更是晚出的现象。"社会生活在本质上是实践的。"因此，探求自然美的本质，离不开社会实践的本质。美不是自然的存在，而是历史主体实践的存在，没有实践便没有美。美的根源在哪里？不在纯粹的自然中，也不在意识中，而在主体实践引起的自然改变中，即人和自然的实践关系中，人化的自然中。亿万年前的沧桑巨变，形成了地球上的崇山峻岭、裂谷戈壁、冰川河流，它们并不具有什么美学意义，只是它们独特的自然条件为动植物的繁衍、古人类的生息、发展提供了物质前提，并未以其特有的外观形式唤起人类的审美体验。人类制造工具、使用工具的物质生产活动，使人和自然的关系发生了深刻的变化，自然不再成为危害人类的仇敌，而且日益成为人们广为利用的亲近朋友，其外观形式也随着人类对它的利用和改造而引起人们的审美愉快。通过生产实践，人们不仅改变了自然界的形态和性质，使"沙漠变成了绿洲""荒山披上了新装"，也改造了人的认识能力和实践能力，从而使人在一定程度上能够认识自然界的某些自然属性，并能利用这些属性为实现自己的物质功利、精神功利服务，因而，才有自然美的。

人类的生产实践不仅改变了物质自然界，而且还形成了自己的审美心理结构，随着实践的发展、美的领域的扩大，审美意识、审美心理机能也日益发展和提高。审美心理结构是由知觉、理智、情感、想象等因素构成的综合活动，并渗透着气质、兴趣、爱好等个性因素，更重要的是受社会政治、文化、伦理观念的影响，是社会历史的产物。

因此，对于审美意识、审美心理的研究，必须以辩证唯物主义和历史唯物主义的实践哲学作为理论基础，把反映论和心理学、社会学结合起来，重在审美经验的综合分析。

艺术作为审美对象，也是历史的存在。但是，它的生产过程不同于一般物质生产的过程，是实践的特殊形式，它既是主体的生产和创作，又是对现实生活的反映，同时还是美感的物态化形式。作家、艺术家对社会生活的思考，审美心理因素及个性特征，艺术修养和技巧，都凝聚在艺术品中。各个时代的艺术是打开了的人类心理学和社会学。因此，对艺术的研究，也离不开唯物史观一元论的指导。

总括上述，美学研究的逻辑行程，也就是抽象的规定在思维行程中导致具体再现的过程：美（自然美）美感（审美心理结构）艺术（诗、画等），从抽象的哲学到具体的心理学和艺术社会学。美的本质（自然美的本质），必然来自社会实践，经过审美和艺术的集中和典型化，又服务于生活实践，因此，必须从物质生产实践出发去探讨美、审美和艺术的根源，只有把美（自然美）的形式和实践内容结合起来，才能由现象到本质，由抽象到具体，获得真理性的认识。按我的理解，这就是我们研究自然美的本质所应遵循的方法。

大众哲学之我见（44篇）

一、孩子和水的分离

——辩证的否定观

大凡年轻父母为自己的小宝宝洗澡时，总要将孩子洗得干干净净，然后从盆里抱出来，再把洗澡水泼掉，谁也不会愚蠢到把孩子和洗澡水一起泼出去。但是，在哲学史上，却有这样一个人，竟把孩子和洗澡水一起泼掉了。这就是德国古典哲学家费尔巴哈。他不满意于黑格尔哲学的思辨唯心主义，对之进行了尖锐的批判，深刻地论证了自然第一性，人的意识第二性的唯物主义基本原理。但是，他没有发现在黑格尔庞大的唯心主义体系中蕴含着十分丰富的辩证法思想，于是，不分"粪土"和"珍宝"，在批判黑格尔的唯心主义体系时，把里面的"珍宝"——辩证法，也一同给抛弃了。费尔巴哈对待黑格尔哲学的态度，就如同列宁所说，同时"把小孩子和水一起从浴盆里泼出去了"[1]。而马克思和恩格斯在批判黑格尔的唯心主义哲学时，吸取了他的辩证法的"合理内核"；在批判费尔巴哈的形而上学时，又继承了他的唯物主义的"基本内核"，从而创立了辩证唯物主义和历史唯物

---

[1] 列宁：《唯物主义和经验批判主义》，人民出版社 1960 年版，第 262 页。

主义，坚持了辩证的否定观。

唯物辩证法认为：由于事物的矛盾运动，任何事物内部都包含着肯定方面和否定方面，当肯定方面处于主导地位时，事物处于量变过程之中，保持自己的质；当否定方面不断发展壮大，最终占主导地位时，就会发生质变，这时，新事物就将取代旧事物。这里的"否定"和"取代"具有两个重要特点：第一，它是发展的环节，是旧事物向新事物的转变；第二，它又是联系的环节，新旧事物又通过否定的环节联系起来。新事物产生于旧事物，并在旧事物的母腹中生长起来。新事物正是以吸取、保留并改造旧事物中积极的东西，作为自己生存和发展的基础。这种辩证否定，就是"扬弃"，即既克服又保留。克服是发展中的连续性的中断，保留则是发展的历史延续。这就是唯物辩证法的否定观。

与唯物辩证法的否定观相反，形而上学的否定观则把肯定和否定绝对化，要么全盘肯定，要么全盘否定，看不到肯定中有否定，否定中又有肯定，而且它从否认矛盾出发，认为否定是从外部强加给事物的，是简单的消灭。电视系列节目《河殇》就是形而上学否定观的突出表现，它把我们中华民族五千多年的历史说得一无是处，把近代中华民族反帝反封建的斗争说得漆黑一团，宣扬了一种民族虚无主义的历史观。这和费尔巴哈一样，是把小孩和洗澡水一起泼出去了。

二、水的三态变化说明了什么

——度的意义

水，在标准压力下，0℃时会结成冰，100℃时会形成蒸汽，这是生活中的常识。在哲学史上，德国哲学家黑格尔和革命导师恩格斯都曾经用这个例子来形象地说明辩证法的量变质变规律[1]。在水的三态变化中，有两个"关节点"非常重要，这就是摄 0℃和 100℃。水温的量的变化达不到这两个"关节点"，就不会发生水的状态的质变，而一旦达到这两个"关节点"，"仅仅是温度的单纯的量变就可以引起水的状态的质变"[2]。这两个"关节点"，就是哲学中通常所说的"度"。

唯物辩证法认为任何事物都具有质的方面和量的方面，都是质和量的统一体。有质无量之物或有量无质之物，无量之质或无质之量，实际上都是不存在的。体现事物质和量对立统一的就是度。所谓度，就是一定事物保持自己质和量的限度、幅度、范围，是和事物的质相统一的限量。任何度的两端都存在着极限或界限，叫作关节点或临界点。度就是关节点范围内的幅度，在这个范围内事物的质保持不变，突破关节点，超出这个范围，事物的质就发生变化。

度是质和量的统一，主要表现在：第一，度是质和量的互相结合。以水为例，量不是单纯的量，而是一定质（水）的量；质不是单纯的质，而是一定限量（0℃—100℃）的质。第二，度是质和量的互相规定。质（水）由它的对立面——量（0℃—100℃）规定自己，没有这个规定，水就不成其为水，而是冰或蒸气；量（0℃—100℃）也由它的对立面——质（水）规定自己，如果不是水，而是冰或蒸气，则它的温度不是低于 0℃就是高于 100℃，而不再保持在 0℃—100℃范围之内。在特定的度的范围内，质和量既规定对方，又规定自身，使质、量双方处于统一状态；超出度的范围，事物的质、量统一就会破裂，转化为另外的事物，形成体现于新度中的新的质、量统一体。

度的辩证原理要求在一切实践活动中都应当掌握"适度"的原

---

[1] 黑格尔：《小逻辑》，商务印书馆 1980 年版，第 236 页；《马克思恩格斯选集（第三卷）》，中共中央马恩列斯著作编译局译，人民出版社 1972 年版，第 166 页。
[2]《马克思恩格斯选集（第三卷）》，中共中央马恩列斯著作编译局译，人民出版社 1972 年版，第 166 页。

则。我们在认识和把握事物的质和量的关系时，并不是在任何情况下都要使量的变化破坏质的规定性和超出度的界限。相反，在许多场合是要保持事物的度的，所谓"注意分寸""掌握火候""过犹不及""物极必反"等等，说的都是这个道理。只有了解并把握了度，才能准确地认识和处理事物，使主观认识同客观事物相符合，从而为我们的实践活动提供一个正确的准则。

三、人们是怎样认识"光"的？
——谈谈否定之否定

光，是人们天天可以见到的，可是，对光的认识，科学家们却经过了曲折漫长的过程。17 世纪下半叶，以牛顿为代表的物理学家认为，光是从发光体发射出来的、以很高的速度在空间传播的弹性物质微粒。这种微粒说，很好地解释了光的直线传播现象，但不能解释光的衍射、干涉等现象，所以被 19 世纪以物理学家麦克斯韦为代表的波动说所否定。但是，波动说却不能解释光电效应等现象，直到 20 世纪初，爱因斯坦等人提出光的量子理论，把光看成是具有微粒子性和波动性两重性质的物质，才圆满地解释了光的各种现象，从而创立了现代光学理论，达到了对光的科学认识。

人们对光的认识历程，充分地体现了唯物辩证法所提示的否定之否定规律。唯物辩证法认为：事物自己发展自己、自己完善自己是一个有规律的过程，事物的辩证否定，不是一次完成的，而是经过了"肯定—否定—否定之否定"的过程。当旧事物被否定而转化为新事物，也就是从肯定阶段发展到否定阶段后，并未结束自己的发展进程，而是对其再度进行否定，使事物又一次发生质变，由否定阶段，发展到新的肯定阶段，即否定之否定阶段，这是更重要的阶段。当然，事物的发展链条并不是一系列否定的机械相加，从而离出发点越来越远，辩证的否定是事物自己否定自己的否定，是为了发展自身、完善自身的否定。在事物发展的漫长过程中，经过两次否定（否定和否定之否定）和三个阶段（肯定、否定、否定之否定），就形成了一个周期。第三阶段作为第二阶段的对立面必然与第一阶段（也是第二阶段的对立面）有某些特征相似，因此，产生仿佛是"回到出发点的运动"。但第三阶段经过了两次扬弃，吸收了前两个阶段的优点，抛弃了其片面性，是更高级的新东西，表现出事物发展过程中的自我完善。同时它也揭示了事物发展的形式是波浪式前进或螺旋式上升的过程，体现了事物发展的前进性和曲折性的统一。

回到前面的例子中，我们看到，微粒说是对光的本性的肯定，波动说是对微粒说的肯定的否定，波粒二象性说则恢复了微粒说但它又不是简单的回复，而是吸收波动说的积极成果，在更高的基础上进行综合，是克服了前两种学说的局限性而建立起来的更加完善的科学理论。

人们对一个具体事物的认识尚且如此，自然界、人类社会的发展更是如此。正如恩格斯所指出的：否定之否定规律"是一个极其普遍的，因而极其广泛地起作用的，重要的自然、历史和思维的发展规律"[1]。

---

[1]《马克思恩格斯选集（第三卷）》，中共中央马恩列斯著作编译局译，人民出版社1972年版，第181页。

四、"木马术"何以制胜

——内因与外因的辩证关系

《荷马史诗》的《伊利亚特》篇中，记载着这样一段故事：公元前12世纪初，特洛伊王子帕里斯访问希腊，诱走王后海伦。希腊人因此远征特洛伊城，围攻9年不下。第10年，希腊将领奥德修斯献计，把一批精兵埋伏在一匹特制的大木马腹内，放在城外，然后佯作退兵。特洛伊人以为敌兵已撤，放松警惕，把视为吉祥物的木马移入城内后，饮酒作乐。夜间，藏在马腹中的希腊士兵跳出，打开城门，回师的希腊将士一拥而入，迅速攻下了特洛伊城，夺回了海伦。为什么围攻9年不下的城池，在一夜之间，顷刻瓦解了呢？这无疑应归功于"特洛伊木马"计的内应。这个故事，是唯物辩证法的矛盾学说的极好说明。

唯物辩证法认为：任何事物都存在矛盾，矛盾推动事物的运动、变化和发展。矛盾分为内部矛盾和外部矛盾。所谓内部矛盾，就是一个具体事物或系统内部各要素之间既对立又统一的关系。所谓外部矛盾，就是一个具体事物或系统与其他事物或系统之间既对立又统一的关系。事物的内部矛盾是事物发展的内因，事物的外部矛盾是事物发展的外因，任何一个事物的发展，都是内因与外因共同作用的结果。但是，内因和外因对事物发展的作用是不同的："外因是变化的条件，内因是变化的根据，外因通过内因而起作用。"[1]这是因为内部矛盾是事物存在的深刻基础，是一个事物区别于其他事物的内在本质，它不仅是事物自己运动的源泉，而且规定事物的发展方向。而外因只是事物发展的外部条件，外部条件的不同，有时会影响事物的性质和发展状态。但外因的作用必须通过内因才能发挥出来，它对事物发展的作

[1]《毛泽东选集：第1卷》，人民出版社1991年版，第277页。

用再大，也要通过内因来进行。这就是内因与外因的辩证法。

希腊人为什么久攻不下特洛伊城，就是因为只有外因起作用（外攻），而缺少内因的作用（内攻），当使用了"木马计"就充分发挥了内部攻心的作用，使敌军麻痹大意，斗志松懈，毫无战斗准备。由于内因发生变化，希腊士兵才能内外夹击迅速拿下城池。但外因也不是可有可无的：没有城外士兵的攻击，木马腹内的士兵再勇敢善战，敌兵再麻痹大意，也是不能迅速取得胜利的。

内因和外因辩证关系的原理对我国的社会主义实践有重要的指导意义，党的独立自主、自力更生方针就是以其作为重要理论依据的。坚持独立自主、自力更生，就是充分发挥内因的作用，充分调动广大人民群众的社会主义积极性和创造力，通过改革，不断地完善社会主义制度，推动社会生产力的迅速发展。但自力更生不是不要外援，实行对外开放政策，就是要充分利用国外先进的科学技术、管理经验等外因作用，为我国的社会主义建设服务。因而，在这个问题上，我们既要坚决反对崇洋媚外、全盘西化的思想，也要坚决反对夜郎自大、故步自封的保守观念。要坚持改革和开放的辩证统一。

五、世上没有两片完全相同的树叶

——矛盾的普遍性和特殊性

黑格尔曾在他的著作中讲过这样一段趣闻：17世纪末，德国哲学家莱布尼茨来到宫廷中讲学，当讲到"凡物莫不相异""自然中绝没有两个东西完全相同"的观点时，宫廷中的卫士和宫女们都不相信，纷纷走入御园，四处去寻找两片完全相同的树叶，想以此推翻莱布尼茨的结论。可是，他们谁也没能找到这样的树叶。这是因为，树上的叶子大概看来好像完全一样，但仔细一比较，树种不同的树叶其差别自不必说，就是同树种的树叶也存在着大小不等、色调不一、纹路不同、形态各异的差别。因此，黑格尔说，卫士和宫女们的做法，是对付形而上学的好方法，但在辩证思维面前却不能不失败。因为莱布尼茨所说的"相异"或"差别"，"并非单纯指外在的不相干的差异，而是指本身的差异"[1]。就是说，任何事物本身都包含着差别，即便同一也是包含着差别的同一。比如，树叶就其是树叶这方面而言，它们是相同的，具有普遍性，这是同一；但每一片树叶就其自身的特点而言，又是不同的，这是差别。其实，何止树叶，世界上的任何事物都是对立统一的。矛盾的普遍性和特殊性也就是共性与个性的关系，这是唯物辩证法的一个重要原理。

唯物辩证法认为：矛盾是客观的、普遍的，任何事物都有矛盾，矛盾存在于一切事物的发展过程中，而且每一事物的发展过程，都自始至终存在着矛盾，即矛盾无处不在、无时不有，如机械运动中的作用力和摩擦力、离心力和向心力的矛盾；化学运动中化合和分解的矛盾；生命运动中同化和异化、遗传和变异的矛盾；人类社会运动中生产力与生产关系，经济基础与上层建筑的矛盾等等。矛盾不仅是普遍的，而且不同事物的矛盾又是具体的、特殊的。世界上的事物之所以千差万别，就是因为它们具有各自不同的特殊矛盾，具有区别于其他事物的特殊本质。同是一滴水，各自分子结构的组合却是不同的；同是孪生兄弟，外貌酷似，性格也不完全相同。俗话说，"五个手指不一般齐""一娘生九仔，连娘十个样"，都是说的矛盾的特殊性。矛盾的普遍性与特殊性、共性与个性的关系是辩证统一的：矛盾的普遍性存在于特殊性之中，共性存在于个性之中，树叶整体是由不同树种、不同形态的各种树叶所组

---

[1] 黑格尔：《小逻辑》，商务印书馆 1980 年版，第 253 页。

成的，没有个别具体的树叶就没有所谓普遍性的树叶；特殊性一定与普遍性相联系，没有脱离普遍性的特殊性，如果个别具体的树叶不具有树叶的属性，即共性，它也不成其为树叶，而成为其他事物了；普遍性和特殊性相互渗透，并在一定条件下相互转化，杨树叶对于杨树叶来说，具有普遍性，但对于柳树叶和槐树叶而言，又具有特殊性。

掌握矛盾普遍性和特殊性及其辩证关系的原理，对于建设有中国特色的社会主义有重要的意义。"中国特色"就是中国的国情，是中国不同于其他社会主义国家的个性、特殊性。"社会主义"则是中国和其他社会主义国家的共性、普遍性，即生产资料公有制、按劳分配、高度的精神文明等等特征。根据矛盾普遍性和特殊性及其辩证关系的原理，必须把作为矛盾普遍性的社会主义基本原则与作为矛盾特殊性的中国国情恰当地结合起来，才能促进社会主义建设事业的迅速发展。

六、"牵牛"与"弹琴"

——事物的主要矛盾与非主要矛盾

一头大水牛，站在你的面前，如何牵得动它？如果你去扯它的尾巴，那好比蚂蚁拖大象，根本拖不动。如果你去抓它的角，即使你使出了全身的力气，它也会跟你顶着干。只有牵着它的鼻子，它才会乖乖地跟着你往前走。我们弹一首钢琴曲，仅用拇指是不行的，必须十个指头的动作有节奏地协调配合，才能弹奏出美妙的乐章。这两个例子形象地说明，在研究复杂事物的发展过程时，既要研究主要矛盾抓关键环节，又要研究非主要矛盾，只有主次兼顾，才能做好工作。

唯物辩证法认为：事物是由多种矛盾构成的矛盾体系，其中各种矛盾力量的发展是不平衡的，在事物发展中占有不同的地位、起着不同的作用。主要矛盾是处于支配地位的、对事物的发展过程起决定作用的矛盾。它的存在和发展，规定或影响着其他矛盾的存在和发展。非主要矛盾则是处于从属地位的、对事物的发展过程不起决定作用的矛盾。主要矛盾在事物发展中的重要地位和作用要求人们必须抓住它，否则就找不到重点，把握不了中心，也就无从确定解决矛盾的方法。抓住和解决好主要矛盾，非主要矛盾也就能比较容易地得到解决。同时，也不可忽视非主要矛盾对主要矛盾的影响和制约作用，而且主要矛盾和非主要矛盾的区分不是凝固的、僵死的，而是可变的，是在一定条件下相互转化的。只有在认真研究事物的主要矛盾的同时，又注意各种非主要矛盾的发展，注意各种矛盾力量相互关系的变化，才能够正确预见主要矛盾的变化，并且在主要矛盾发生变化时，在认识和实践上及时地把主要精力转移到新出现的主要矛盾上来。

在全面分析各种矛盾的基础上，抓住主要矛盾，是革命政党制定正确的路线、方针、政策的重要方法。党的十一届三中全会以后我们党把工作的重点转移到社会主义现代化建设上来。所谓重点的转移，也就是主要矛盾的转化。邓小平同志指出："我们当前以及相当长一个历史时期的主要任务是什么？一句话，就是搞现代化建设。"[1] 现代化建设是摆在我们面前的主要矛盾，一切工作都要紧紧围绕这个中心，并为这个中心服务。但在抓好这个主要矛盾的同时，还要抓好非主要矛盾，加强民主、法制建设，搞好精神文明建设等等。只有抓住了现代化建设这个"牛鼻子"，同时发挥十个指头的功能弹好"钢琴"，做好各方面工作，才能推动社会主义建设事业迅猛发展。

[1]《邓小平文选（一九七五——一九八二）》，人民出版社 1983 年版，第 148 页。

七、马为什么跑向绞刑架

——事物的因果联系

18世纪法国唯物主义哲学家狄德罗曾给人们讲过这样一个故事：一位名叫雅克的人，从别人手里买到一匹马，兴致勃勃地上路了。突然，这匹马飞快地跑上了一座小山头停在一个绞刑架前。"活见鬼！"雅克边骂着，边牵马离开这个不祥之地。可是，走了一会儿，马突然又一次蹿出大路，停在另一个绞刑架前。"真倒霉！马怎么老是带我见绞刑架呢？莫非是死神的召唤吗？"雅克懊丧地百思不得其解。后来，才明白那马为什么一再地跑向绞刑架。原来，马的原主人是刑场的刽子手，他经常骑着马到有绞刑架的地方。长此以往，在马的脑中形成了条件反射，也把它的新主人带向了绞刑架。

这个故事告诉人们一个哲理：有因必有果，有果必有因，没有原因的结果或没有结果的原因在客观世界中是不存在的。任何不可思议的怪事，都可以在现实中找到合理的解释。

那么，什么是原因和结果呢？唯物辩证法认为：原因和结果是揭示客观世界中普遍联系着的事物先后相继、彼此制约的一对哲学范畴。原因是指引起一定现象的现象。结果是指由原因起作用而引起的现象。事物或现象之间这种引起和被引起的关系，就是事物的因果联系。引起马老是跑向绞刑架这一结果的原因，乃是马的原主人是一个刑场的刽子手。

但是，客观世界中，事物的因果联系并不都像"雅克的奇遇"这样简单，而是复杂多样的。在不同的领域，事物的因果联系具有不同的性质和情况，微观世界的不同于宏观世界的，社会生活中的又不同于自然界的。就是同一领域、同一事物中，因果联系也是十分复杂的。

因果联系的复杂性、多样性具体表现为一因多果、一果多因、多因多果等情况，如实行了改革开放政策，引起了我国社会生活中的多方面变化（一因多果）；农业的丰歉是由于气候、耕作技术、田间管理、农业政策等多方面原因造成的（一果多因）；目前稳定的政治形势，这个综合的结果，是多方面工作的成绩（多因多果），等等。

原因和结果的关系是对立统一的：当我们把任何两个具有因果联系的事物，从客观世界的总的联系中抽出来考察时，原因和结果是互相区别、互相排斥的；但是，当我们把事物放在一个无限的发展链条中考察时，原因和结果又是相对的、在一定条件下互相转化的，如工厂排出废水，造成河流污染，人饮用了被污染的河水，影响了身体健康，身体不健康，影响工作、学习等。其中，河流污染既是排除废水的结果，同时又是影响人的身体健康的原因；身体不健康既是饮用河水的结果，又是影响工作、学习的原因。

正确地认识和把握事物的因果联系是做好一切工作的重要条件。科学的任务就在于探求因果联系，认识自然界和社会的奥妙，从而正确地估计自己的行动后果，以利发扬成绩、纠正错误。

八、《窦尔敦卖西瓜》的启示
——形式与内容的辩证法

漫画家方成曾作过一幅《窦尔敦卖西瓜》的漫画。窦尔敦本是传统京剧《盗御马》中的英雄好汉，但如果让其"转业"去卖西瓜则会难以胜任。漫画中店铺内外虽然挂满"礼貌服务""百拿不厌"等招牌，但他却横握一把大刀、怒气满面、杀气腾腾，谁还敢来买他的西瓜呢！窦尔敦的表现与所挂的招牌实难相符，这幅漫画揭示了形式与内容的辩证法。

唯物辩证法告诉我们，现实中任何事物都是内容和形式的统一体。内容是构成事物的一切内在要素的总和，是事物存在的基础。形式是构成内容诸要素的外部表现方式，是事物存在的条件。内容和形式的关系是对立统一的，内容就是内容，形式就是形式，二者是互相区别、不能混淆的；但二者又是互相依存、不可分割的，任何内容都具有某种形式，任何形式也都具有某种内容。在形式和内容的相互关系中，二者的地位是不同的：内容决定形式，内容居于主要的、决定性的地位，形式必须适合内容，有什么样的内容，就必须具有或必然要求具有什么样的形式；但形式并不是消极的、被动的因素，它对内容有巨大的反作用，适合内容的形式，对内容的发展起积极的推动作用，不适合内容的形式，对内容的发展起消极的阻碍作用。

《窦尔敦卖西瓜》就严重地违背了形式和内容的辩证统一原理，"文明经商""礼貌服务""百问不烦"等条幅（形式）与窦尔敦的"满脸杀气""盛气凌人"的态度（内容）产生了冲突，能不能"文明经商""礼貌服务"，不在于挂了多少冠冕堂皇的条幅，而在于你在行动中能否这样做，你没有这样做，尽管做了不少表面文章，也是不会有好效果的。如果窦尔敦既在行动中态度和蔼、热情服务，又有货真价实的好商品，再加之适当的广告宣传，他的店铺一定会门庭若市。

把握形式和内容辩证关系的原理，对我们的实践活动具有重要意义。根据内容决定形式的原理，要求我们在观察、处理问题的时候，首先要注意事物的内容，根据内容的需要来决定形式的取舍、改造和创新，反对只注意形式而忽视内容的形式主义，如我们开展学雷锋活动，重要的是学习雷锋的精神，而不是空喊几句或只做做样子。根据形式对内容有巨大反作用的原理，要求我们在实践活动中，要善于创造，选择适合于内容的形式，革除、抛弃那些严重束缚内容的形式，以促进事物的发展，如我们在改革开放中，完全可以学习和借鉴发达资本主义国家先进的科学技术、管理经验等来为社会主义现代化建设服务。

九、牛痘是怎样被发现的

——偶然性与必然性

英国有一位乡村医生，名叫琴纳，决心要治愈天花。一天，琴纳一边散步，一边思索，不知不觉地走进了一个牧场，意外地发现挤奶女工竟没有一个染上天花的，原来牛也会感染天花，但只在牛的皮肤上出现一些小脓疱，挤奶女工被牛传染得了天花，不过病情很轻，没多久就好了。女工们从此却有了抵抗天花的能力。

这意外的发现使琴纳茅塞顿开，他迅速跑回医院，在病人身上做了种牛痘的试验，效果果然不错。1798年，琴纳写了《接种牛痘的原因和效果的调查》的论文，揭示了牛痘对天花的免疫理论。从此，种痘苗预防天花的治疗方法被迅速推广到全世界。在上面这则事例中，已经包含了唯物辩证法所揭示的偶然性与必然性的问题。

唯物辩证法认为：客观事物的发展呈现出两种不同的发展趋势，在事物的发展过程中，凡一定要这样发生而不那样发生的确定不移、不可避免的趋势，叫作必然性；凡可以出现，也可以不出现，可以这样出现，也可以那样出现的不确定的趋势，叫作偶然性。必然性和偶然性的关系是对立统一的；必然性和偶然性，二者有着严格的区别，不能混淆。必然性在事物发展过程中居支配地位，决定着事物发展的前途和方向；偶然性在事物发展过程中，不居支配地位，它不能决定事物的发展方向。但是，必然性和偶然性又是相互依赖、相互作用，在一定的条件下相互转化的。必然性存在于偶然性之中，通过偶然性表现出来，并为自己开辟道路。凡存在偶然性的地方，其背后总是隐藏着必然性。正如恩格斯指出的："必然的东西，是由纯粹的偶然性构成的，而所谓偶然的东西，是一种有必然性隐藏在里面的形式。"[1]

琴纳的偶然发现，使人们尽早地认识了免疫原理，加速了治愈天花的过程。但这种偶然性中又存在着必然性的因素，当时许多医生都在探讨这一医学难题，若不是琴纳发现，别的医生也早晚会发现。另外，如果琴纳不天长日久地思索这个问题，即使在奶厂工作，也会熟视无睹，不可能在头脑中闪现出牛痘疫苗能防治天花的灵感。琴纳偶然间的灵感，是他长期从事此项研究的必然结果。既然必然性决定事物发展的根本趋势，我们就必须着重认识事物发展的必然规律，并且要善于根据必然规律来正确地制订我们行动的目的和计划。但这又绝不意味着可以排除一切偶然，还必须充分估计到各种偶然因素以及它们的作用，要善于利用一切有利的偶然因素来推进我们的工作。

十、大理石与雕像

——可能性与现实性的辩证法

一块大理石，在一般人看来没有太大的用处，但在雕刻家手里却是个"宝贝"。你看他根据大理石的形状和纹理，雕来刻去，一块普通的大理石，经过他的手就变成了一尊精美的雕像。你可别小看了这一过程，这里面蕴含着深刻的辩证法。古希腊哲学家亚里士多德早在

---

[1] 恩格斯：《路德维希·费尔巴哈和德国古典哲学的终结》，载《马克思恩格斯选集（第四卷）》，人民出版社 1972 年版，第 240 页。

两千多年前，就向人们揭示了"潜在与现实"的哲理。他认为，任何事物的生成变化都不是从无到有的，而是有一个从潜在的有到实在的有的转化过程的，潜在的有是具有现实性的质料，实在的有是质料的现实化，是新事物的生成。大理石就是潜在的有，它与其他东西不同的是，它具有成为雕像的性质和可能，是雕像的质料，但还不是雕像的现实。要使大理石成为雕像，还需要雕刻家按照某种形式精雕细刻，完成从潜在的有向现实的有的转化。可见，潜在向现实的转化是一个过程。

可能性和现实性是唯物辩证法揭示客观事物由可能向现实转化的一对范畴。可能性是指包含在事物中的、预示事物发展前途的种种趋势，是潜在的、尚未实现的东西，只要具备一定的条件就能转化为现实。这与不可能性有严格区别，不可能性在现实中没有客观根据，不能转化为现实。大理石具有转化为雕像的可能，棉花则没有这种可能。现实性是指包含内在根据的、合乎必然性的存在，是客观事物和现象种种联系的综合，是已经实现了的可能性。现实性与必然性有着内在的联系，现实是由它内部的深刻必然性、规律性所决定的。

可能性和现实性的关系是对立统一的：可能性还不是现实性，现实性也不是可能性，大理石是大理石，雕像是雕像。可能性作为事物的潜在趋势，它着眼于"未来"，预示事物的发展前景；现实性作为现存的客观实际，它着眼于"现在"，标志事物的现状。它们具有质的区别。但是二者又紧密相连，不可分割。可能性包含在现实性之中，是没有展开、没有实现的现实性，大理石是没有实现的"雕像"；现实性则是已经展开、已经实现了的可能性，雕像是已经实现了的"大理石"。因而，两者不可能相互脱离而单独存在。

掌握可能性和现实性辩证关系的原理，是正确思维和正确行动的前提。因为可能性和现实性是有区别的，可能不等于现实，因此，我们在制定路线、方针、政策和工作计划时，都必须脚踏实地，从现实出发，而不能把可能当作现实。因为可能性和现实性是有联系的，可能性能够转化为现实性，因此，在工作中，我们要充分发挥人的主观能动性，积极创造条件，力争好的可能性迅速实现，防止坏的可能性变为现实。

十一、脱离了身体的手还是手吗？
——整体与部分的辩证法

古希腊亚里士多德认为，手是身体的有机整体的一部分，一只孤零零的手，尽管它还具有手的外形，但已失去了手的功能，因而，"脱离了身体的手，只是名义上的手"[1]。辩证法大师黑格尔说得更具体，他说："割下来的手就失去了它的独立的存在，就不像原来长在身上时那样，它的灵活性、运动、形状、颜色等等都改变了，而且它就腐烂起来了，丧失它的整个存在了。只有作为有机体的一部分，手才能获得它的地位。"[2] 哲学家们的这些话形象、生动地阐明了整体与部分的辩证法，列宁肯定和发挥了这一辩证思想。列宁在《哲学笔记》中指出："身体的各个部分只有在其联系中才是它们本来应当的那样。"[3] 这些话都进一步论证了整体与部分的辩证关系。

唯物辩证法认为：任何事物都存在着整体和部分两个方面。整体是事物的各个部分的有机的统一。部分则是构成整体的一个部分、一个方面、一个要素。整体与部分是对立统一的关系：对于确定的联系

---

[1] [3]《列宁全集（第38卷）》，中共中央马恩列斯著作编译局译，人民出版社1986年版，第217页。
[2] 黑格尔：《美学（第一卷）》，商务印书馆1997年版，第217页。

和范围而言，整体是整体，部分是部分，两者互相区别，不能混淆；但是整体与部分又是互相关联，互相依赖的，整体是由部分组成的，离开了部分，整体就不复存在，而部分只有作为整体中的一员，才具有部分的品质，然而，整体又不是部分的简单相加的总和，而是有机联系的统一体，只有在这种有机联系中，整体才能充分发挥作用。

唯物辩证法关于整体和部分的辩证关系的原理对实践具有指导意义。在整体和部分的关系中，整体处在统帅的决定地位，部分从属于整体。因此，我们做任何工作都应通观全局，服从全局，树立整体或全局观念。但是，我们强调整体的重要地位，并非无视部分的作用。部分的变化也会带来整体的变化，甚至有时还会对整体产生决定性的影响。这就需要我们十分重视部分的作用，只有把局部搞好了，才能保证整体力量的发挥。在改革开放的过程中，我们要鼓励各地区、各部门、各单位在服从国家整体利益的前提下，主动地、大胆地进行探索和试验，使其创造性和积极性充分发挥出来，只有这样，才能保证我们国家整体利益的充分实现。

十二、在太阳东升西落的背后

——现象与本质的辩证法

太阳东升西落，这是人们经常看到的现象，它给人的感觉是，太阳围绕地球转。对此，古人认为地球是太阳系的中心。这种"地心说"自公元前2世纪由古希腊天文学家托勒密提出和论证后，曾经很长一段时间在天文学领域占据统治地位，由于它与人们"观察到的现象"比较吻合，因此被绝大多数人所接受。太阳为什么东升西落，它真的围绕地球旋转吗？16世纪初，波兰天文学家哥白尼在人类长期对天体运行现象观察所积累的大量材料的基础上，进一步做了精密的观察并进行了科学的分析，才发现人们看到的太阳东升西落的现象乃是地球围绕太阳公转，自身又由西往东自转所引起的。事实上并不是太阳围绕地球转，而是地球围绕太阳转，这才科学地揭示了这一现象的本质。

科学史上的这一事实，充分说明了唯物辩证法的现象和本质的对立统一。唯物辩证法认为：现象和本质是揭示客观事物的外部表现和内部联系相互关系的范畴。现象是事物的表面特征以及这些表面特征之间的外部联系。事物的现象是极其复杂的，有些现象同事物的本质相一致，这类现象叫作真象；有些现象则是以歪曲的、颠倒的形式来表现事物的本质，这类现象叫作假象。本质是事物的根本性质，是构成一事物的各种必不可少的要素的内在联系，是事物外部表现形态的根据。事物的现象和本质是对立统一的关系。其对立表现在：第一，本质蕴藏在事物的内部，是我们的感官不能直接感知的，要靠抽象思维才能把握。而现象则显露在事物的外部，能为我们的感官直接感知。太阳东升西落，人们直接感知的是太阳绕地球转，而实际上地球和其他行星是围绕太阳运行的。这一本质是人们的感官不能直接感知的，只有运用抽象思维才能掌握。第二，现象是个别的、表面的东西，而本质则是同类现象中一般的、深层的东西，因而现象比本质丰富、生动，本质比现象普遍、深刻。第三，现象是多变的，本质则是相对稳定的，因为本质是由事物内部的根本矛盾决定的，只要这个根本矛盾依然存在，事物的本质就不会改变。现象和本质又是统一的，任何事物的本质都要通过这样、那样的现象表现出来，即使是假象，也是由本质决定的，也是本质的表现。太阳的东升西落现象实际上是表现着地球围绕太阳公转自身又在自转的本质，只不过是采取了对本质的颠倒的、歪曲的表现而已，提供给人们的是一种太阳绕地球转的假象。人们只有不被这种与事实完全相反的假象所迷惑，进行科学的分析，才能获得对事物本质的认识。

唯物辩证法关于现象和本质辩证关系的原理，给我们认识事物提供了一个科学的方法，即透过现象认识本质的方法。因为现象和本质是统一的，如果不从现象入手，不对各种现象加以分析，就不可能把握事物的本质；因为现象和本质又是对立的，现象不等于本质，它只是我们认识事物本质的向导，而透过现象认识本质才是科学的主要任务。

十三、"此岸"和"彼岸"没有不可逾越的鸿沟

——世界是可以认识的

在世界是否可以认识这个问题上，哲学史上曾有一些哲学家持悲观的态度，如德国哲学家康德就认为，"此岸"和"彼岸"绝不可通达，人们对彼岸的事物只能认识其"现象"，而不能认识其"本质"，"此岸"和"彼岸"之间永远有一条不可逾越的鸿沟，即人在认识世界的本质方面是无能为力的。对于康德的这种消极无为的不可知论，马克思在 1845 年所写的《关于费尔巴哈的提纲》中给予了深刻批判，指出："人应该在实践中证明自己思维的真理性，即自己思维的现实性和力量，亦即自己思维的此岸性。"[1]意思是说，世界是可以认识的，"此岸"和"彼岸"没有不可逾越的鸿沟，在实践的基础上，人们一定能够获得对客观世界的正确认识。这就接触到了辩证唯物主义认识论的基本问题了。

[1]《马克思恩格斯选集（第一卷）》，中共中央马恩列斯著作编译局译，人民出版社 1972 年版，第 16 页。

　　认识世界首先要同人的感觉打交道，只有当客观事物作用于人的感官时，才会产生感觉。虽然人的感官是有局限性的：人眼不能看到紫外线、红外线，人耳不能听到超声波、次声波，但是，人们却可以借助于种种仪器，把感官无法感知的种种信息放大到可知的范围或转化为可感知的形式。光学显微镜能使人们分辨到0.0002毫米的尺度，远胜于明察秋毫之末，现代的射电望远镜，已能把人的视野扩展到百亿光年的遥远距离，使"千里眼"望尘莫及。

　　认识世界，不仅表现在依靠人的感官或依靠实践创造出层出不穷的仪器的帮助获得感性认识，而且更主要的是依靠在实践基础上发展起来的人的思维活动，获得理性认识。凭借大脑的思维，我们能够从现象中发现本质，从个别中认识普遍，从有限中认识无限。例如，在一个标准大气压下，纯粹的水的温度到100℃就会沸腾。这种认识的正确性就是靠在实践基础上的理性思维获得的。

　　辩证唯物主义认为，任何个人都不能穷尽对世界的认识，但是，我不知道的，别人可能知道；一个人不知道，大家集合起来就会知道；我们这一代不知道的，我们的后代会知道。个人对世界的有限的认识，世世代代汇合，就会成为人类对世界的无限的认识，越来越深刻、越来越精确地反映世界。因而，辩证唯物主义所说的世界的可知性，并不是说我们现在已经知道了一切，它所肯定的只是：世界上没有原则上不能认识的东西，人的认识能力没有原则上不能超越的界限，"此岸"和"彼岸"没有原则上不可逾越的鸿沟，借用毛泽东同志的一句话就是："一桥飞架南北，天堑变通途。"

十四、最蹩脚的建筑师也比最灵巧的蜜蜂高明

——能动的革命的反映论

蜜蜂，乖、巧、精、灵。它采花粉、酿蜂蜜，令人由衷喜爱，它构筑的蜂房，可谓"巧夺天工"，令人"叹为观止"。对于蜜蜂的灵巧，连马克思都赞道："蜜蜂建造蜂房的本领使人间的许多建筑师感到惭愧。"可是，我们在赞美蜜蜂的时候，也应注意到，蜜蜂的"建房"本领完全是"大自然"的恩赐，是一种本能，在构筑蜂房之前，它是没有任何计划和目的的。从这个意义上说，蜜蜂的本领远远不及人，人在盖房子之前，早已设计了蓝图。因而，马克思又说：最蹩脚的建筑师也比最灵巧的蜜蜂高明，因为"他在用蜂蜡建筑蜂房以前，已经在自己的头脑中把它建成了"[1]。因此，人是"万物之灵"。

马克思的上述饶有风趣的话说明了一个道理：动物的活动是无意识的、本能的；人的活动是有意识的、能动的。人能够认识世界，并以这种认识为指导，通过实践有计划、有目的、自觉地去改造世界。这种能动性和革命性，就是马克思主义认识论的显著特点。

马克思主义的认识论首先是反映论，它坚持从物质到精神，从客观到主观的唯物主义的认识路线，从而同唯心主义、不可知论根本区别开来。但马克思主义的反映论同旧唯物主义的"反映论"也有质的不同。旧唯物主义的反映论，看不到主体的人对客体物的主观能动作用，也不能辩证地考察人的认识，认为反映像照镜子似的，是直观的、一次完成的。马克思主义的反映论是革命的能动的反映论，这表现在：第一，它把科学的实践观引入认识论，认为主体和客体之间不仅是反

---

[1]《马克思恩格斯全集（第二十三卷）》，中共中央马恩列斯著作编译局译，人民出版社1972年版，第202页。

映和被反映的关系，而且首先是改造和被改造的关系。正是在主体和客体的这种双重关系中，人们改造着客观世界，也提升着自己的认识能力，正确的认识才得以产生、形成和发展。第二，它把辩证法贯彻于反映论，科学地说明了认识发展的辩证过程，把认识看作是在实践基础上能动地把感性材料加工为理性知识，能动地从个别性的认识上升到规律性的认识，又能动地用理论去指导人们的活动的过程。总之，它既坚持了认识论的唯物论，又体现了认识论的辩证法，从而科学地解释了人类的认识现象和认识过程，成为人们认识世界和改造世界的强大思想武器。

马克思主义者之所以要坚持革命的、能动的反映论，就是因为人与动物不同。人有抽象思维，能借助语言，在劳动实践中认识事物的本质，把握事物的规律，在自然界打上自己意志的印记。而动物没有意识和思维，只能消极地反映、适应周围世界，不能认识事物的本质。因而，人的意识确实是"地球上最美的花朵"[1]。人的意识的能动性，使"最蹩脚的建筑师也比最灵巧的蜜蜂高明"！

十五、达尔文创立进化论的秘密何在

——实践是认识的基础

进化论的创立者达尔文从少年时代起就非常喜爱大自然，课余时间他经常到野外去观察和采集动植物及矿物标本。后来，在历时 5 年的科学考察过程中，他采集了许多难得的热带昆虫、植物标本，观察和研究了许多珍奇动物的生活习性。考察回国后，达尔文利用搜集到的资料进行生物进化论研究，并进一步做了大量的调查和实验，于

[1]《马克思恩格斯选集（第三卷）》，中共中央马恩列斯著作编译局译，人民出版社 1972 年版，第 462 页。

1859 年出版了《物种起源》一书，把进化论的思想公之于世。

达尔文创立生物进化论的过程，说明了一个重要的哲学道理：一切真知都是从直接经验发源的，实践是认识的基础。

马克思主义哲学最显著的特点之一，就是它的实践性。所谓实践，就是人们能动地改造和探索现实世界的一切社会性的客观物质活动。它包括生产斗争实践、处理社会关系的实践和科学实验。把实践作为认识的基础，这是辩证唯物主义认识论同以前一切认识论相区别的一个根本标志。唯心主义者把实践排除在认识论的范围之外，主张认识是"天赋"的，或者把认识归结为"主观精神"的"心灵创造"；旧唯物主义不懂得实践的意义，如费尔巴哈把实践理解为"污秽的小商人活动"。只有马克思主义哲学才对实践概念作了科学界定，并把实践第一次引入认识论，明确指出，实践是认识的源泉和动力，是认识的目的，又是检验真理的唯一标准。因为人的认识是主观对客观世界的反映；而实践是主观见之于客观的东西，是沟通主观和客观的"桥梁"。要使主观正确地反映客观，关键在于实践。人们只有在改造客观世界的活动中，直接接触客观事物，并同它发生关系，才能通过现象，认识它的本质，掌握它的规律。离开了实践，就不可能产生正确的认识。就拿达尔文来说吧，如果不是他长期坚持对生物进行调查和研究，或者说没有他 5 年环球考察的经历，他就不会创立生物进化论。

当然，马克思主义者强调实践是认识的基础，绝不是否认人们学习间接经验的重要性，而是说一切真知都是以直接经验发源的。离开了实践，认识就成了无源之水、无本之木。毛泽东同志说得好："你要有知识，你就得参加变革现实的实践。你要知道梨子的滋味，你就得变革梨子，亲口吃一吃。"我们无论从事什么工作，都必须坚持这个基本观点。

十六、哲学家泰勒斯何以能致富

——理论对实践的指导作用

　　哲学发端于古希腊，古希腊哲学始于泰勒斯。恩格斯曾经说过：泰勒斯是"最早的希腊哲学家，同时也是自然科学家"[1]。在哲学上，他提出了水是万物的本原的思想，开了古希腊朴素唯物主义的先河；在科学上，他也取得了令人瞩目的成就，被人们称为古代的"贤人"。但当时并不是所有的人都赞赏泰勒斯。一天，泰勒斯衣衫褴褛地从街头走过，有个商人挖苦说："泰勒斯，听说你是一个知识博大、精深的理论家，可是在我看来，理论是空口讲白话，有什么用呢？理论能给你带来财富吗？"泰勒斯听了这些话，十分气愤，他不能容忍有人贬低和攻击理论的作用，决定以事实来回击这种攻击。他运用丰富的天文、数学和农业知识，经过周密的预测和计算，断定第二年将是橄榄的大丰收年，于是他提前拿出了自己所有的钱，廉价租用了米利都和开俄斯两地所有的榨油机器。果然不出他所料，第二年橄榄空前大丰收，人们对榨油机器的需求骤然剧增，泰勒斯相应提高了租金，从而获得了大量收入。当再见到那位商人时，泰勒斯挖苦道："哲学家只要愿意是很容易致富的，只是他们的抱负并不在此。"

　　泰勒斯致富的故事说明了一个深刻的哲理：知识就是力量，理论对实践有巨大的指导作用。马克思主义哲学认为：理论和实践是辩证的统一：一方面，实践是理论的基本来源和动力、是检验理论真理性的唯一标准和最终目的，因此理论是依赖于实践的。比如，泰勒斯的天文、数学、哲学理论知识都是他长期从事生产活动和社会实践的结

---

[1]《马克思恩格斯全集（第二十卷）》，人民出版社1971年版，第526页。

果。另一方面，理论对实践又有着巨大的反作用，正确的理论对实践起指导和促进作用，错误的理论则对实践起相反的作用。实践若不以正确的理论为指导，就会变成盲目的实践，而盲目的实践是不会成功的。泰勒斯能预见到橄榄的大丰收而致富，正是他善于运用自己所掌握的理论知识指导实践的结果。

自然科学史表明，科学技术上的重大发现、发明和突破，几乎都是在一定的科学理论的指导下取得的，如牛顿力学对研究宏观低速物理运动的指导，爱因斯坦的相对论对研究宏观高速物理运动的指导等。至于社会科学，特别是马克思主义理论对无产阶级革命实践的伟大指导作用，更是明显的事实。正是在这个意义上，列宁说："没有革命的理论，就不会有革命的运动。"[1] 恩格斯指出：一个民族想要站在科学的最高峰，就一刻也不能没有理论思维。[2]

十七、"音乐"与"具有音乐感的耳朵"

——认识的主体和客体

马克思在《1844 年经济学哲学手稿》中有一句名言："只有音乐才能激起人的音乐感，对于没有音乐感的耳朵说来，最美的音乐也毫无意义。"这句话生动地说明了认识中的主客体及其辩证关系。"音乐"作为认识的客体，它在认识的主体——欣赏者之外，是认识的对象，"音乐感"是对"音乐"的主体感受，没有"音乐"，不能有"音乐感"；但仅有"音乐"而没有"有音乐感的耳朵"，也不能产生主体的美的感受。

[1] 《列宁选集（第一卷）》，中共中央马恩列斯著作编译局译，人民出版社 1976 年版，第 241 页。
[2] 《马克思恩格斯全集（第四十二卷）》，人民出版社 1979 年版，第 125—126 页。

　　那么，如何从哲学上理解主客体及其相互关系呢？马克思主义哲学认为，主体和客体是表示活动者和活动对象之间特定关系的一对哲学范畴。主体是指与客体发生一定关系的、具有思维能力、从事社会实践活动的人。能动性、社会性、实践性是他的基本特征。客体是相对主体而言的，指的是进入主体的实践和认识范围的对象。客观性、对象性、社会历史性是它的基本特征。不与客体发生认识和改造关系的人，不能被称为现实的主体；不与主体发生联系，未进入社会实践领域的纯粹自然物，如我们未与其发关系的遥远星体，也不是认识的客体。按照马克思的话说，这一部分"自然"目前只能是"自在自然"，而不是"人化自然"。但是，随着人类实践的发展和认识能力的提高，客体的领域也越来越大。现在我们所谓的客体，既包括已经打上人的实践活动印记的那部分自然客体，也包括作为实践和认识对象的社会客体，以及主观精神活动物质化的观念客体。

　　认识的主体和客体之间具有复杂的多重关系：首先是实践关系，主体和客体的相互作用，是主体通过实践实现的，主体为了达到预期的目的，就要通过实践变革客体，使"自然人化"，在变革客体的进程中，主体自身同时也得到改造，实现"人的自然化"。其次是认识关系，即主体和客体之间的反映和被反映的关系，在这种关系中，实在的客体经过"改造"移入人的大脑，成为精神性、观念性的存在，主体则通过这种主观形式的观念获得了客体的客观内容。最后是价值关系，价值关系是主体和客体之间的利益关系，即主体对客体的需要同客体满足主体需要之间的关系。在主客体之间的实践关系和认识关系中都渗透着价值关系。人的实践活动实际上是在追求实现某种价值，人通过实践改造客体以满足自己的需要，就显示出客体对主体所具有的价值意义；人的认识活动实际上也是参照某种价值目标，去选择确定客体并反映客体能满足主体需要的那些规定性。

十八、从蚂蚁、蜘蛛和蜜蜂谈起

——感性认识与理性认识

17 世纪英国唯物主义哲学家弗兰西斯·培根曾提出一个关于感性认识和理性认识的著名比喻。他说：经验主义者好比蚂蚁，它们只会收集；理性主义者好比蜘蛛，它们自己吐丝织网；但是蜜蜂则采取一种中间的道路，通过花园和田野里面的花采集材料，但是用它自己的力量来改变和消化这种材料。真正的哲学工作也正像这样。培根这段话的意思是说，经验主义者仅仅重视人的感性经验，强调归纳，就像蚂蚁一样只知从外界收集材料；理性主义者片面夸大理性知识，强调演绎，就像蜘蛛一样只知从肚里吐丝，因而这两者都是错误的。认识的正确途径应该是从感性认识上升到理性认识，从理性认识再到实践，就像蜜蜂那样，从花园和田野里采集花粉，然后加工消化，吐出鲜美的蜜液……培根的这一思想是难能可贵的，与马克思主义的认识论是极其吻合的。

马克思主义的认识论告诉我们，人们在实践基础上产生的认识，是一个由实践到认识，再由认识到实践的辩证发展过程。人们在实践过程中，通过感觉器官接触外界事物而得到对事物表面现象的感性认识，是认识的初级阶段，包括感觉、知觉、表象三种基本形式。无论是感觉、知觉还是表象，都是对客观事物的生动直观认识，具有直接、生动、具体的优点，但也具有不能认识事物的本质和规律的缺点。

理性认识，就是在感性认识的基础上，借助理论思维对客观事物的本质和一般规律的认识，是认识的高级阶段。理性认识包括概念、判断、推理三种基本形式。理性认识的特点是具有间接性和抽象性，它不是停留在事物的表面，而是深入到事物的本质中去，人们凭感觉不能把握到的，理性认识能够把握到。

感性认识和理性认识的关系是辩证统一的：一方面，理性认识依赖于感性认识。人们认识的顺序是先有感性认识，然后才发展为理性认识。因此，理性认识必须以感性认识为前提，否则，理性认识就成了"无源之水，无本之木"。哲学史上的理性主义片面夸大理性认识，否认感性认识的基础作用，像蜘蛛一样只从肚里吐丝，犯了唯心主义错误。另一方面，感性认识有待于深化、发展为理性认识，才能透过现象把握事物的本质和规律。哲学史上的经验主义片面夸大感性认识，极力贬低理性认识的作用，像蚂蚁一样只知收集材料，而不知整理、消化和改造材料，犯了机械唯物主义错误。因此，我们的认识活动一定要像蜜蜂那样，善于采花，也善于酿蜜，实现感性认识和理性认识的辩证统一。

十九、对物质结构"奥秘"的探索

——认识的不断深化和无限发展

人类对物质结构的研究，已经有了两千多年的历史。从19世纪初，英国化学家道尔顿等人从化学上确立了原子学说起，人类对物质结构的认识先后经历了原子、核子、质子和中子三次重大突破。20世纪中期，科学家们又发现了大批基本粒子的存在。六七十年代以来，科学实验又向人们提出了不少间接的论据，证明基本粒子并不"基本"，也是可分的，因而使现代物质结构理论酝酿着第四次重大突破。

人们对物质结构认识的过程，充分证明了马克思主义关于人们的认识是不断深化和无限发展的思想的正确性。马克思主义哲学认为，人们对一个具体事物的正确认识，仅仅经过从感性认识到理性认识，再从理性认识到实践的一次循环，是不能完全达到的。这是因为人们的认识受到客观事物的发展和本质暴露的限制，受到科学技术条件的限制，受到人们的实践范围和知识水平的限制。只有经过实践、认识、再实践、再认识，循环往复，逐步深化，才能完成。这就是说人们对一个具体事物的正确认识，往往需要经过多次再认识。只有这样，才能把认识推进到新的高度，使认识不断深化。

人们对一个具体事物的认识，经过实践和认识多次反复，达到了主观和客观的相符合，认识运动才算基本完成了。然而对客观世界的认识，人的认识又没有完成。因为客观世界及其发展是无限的，在空间上，客观世界存在的事物是无限多样的，层次和联系是没有穷尽的；在时间上，事物发展的一个过程和另一个过程的推移和转变也是无限的；对原有的事物也需要在新的水平上进行再认识，因此，人类认识运动是永无止境的。正如毛泽东同志指出的："实践、认识、再实践、再认识，这种形式，循环往复以至无穷，而实践和认识之每一循环的内容，都比较地进到了高一级的程度。"[1]

---

[1]《毛泽东选集：第 1 卷》，人民出版社 1991 年版，第 273 页。

二十、"站在巨人的肩上"

——认识的群众路线

谦虚，是人的优秀品格，越是伟大的人，往往越是把自己的成就看作是人民群众智慧的结晶。科学家牛顿对物理学作出了重大的贡献，但他却在逝世前给后人留下了这样的箴言："如果我所见的比笛卡尔（法国数学家、哲学家）要远一点，那是因为我是站在巨人的肩上的小孩子。"称颂前人是"巨人"，谦称自己是"小孩子"，是多么谦逊的品格和博大的胸怀！

马克思主义哲学认为，实践是社会的实践，而不是单个人的活动。实践的社会性决定了认识的社会性。劳动群众是社会实践的主体，是时代的"巨人"，因而一个人的认识以及他对人类的卓越贡献，都不能脱离整个社会的实践和认识的群众路线。马克思主义把认识看作"实践、认识、再实践、再认识……"反复循环和无限发展的过程，在方法论上的意义，就是在工作中切实贯彻毛泽东同志为我们党制定的"从群众中来，到群众中去""集中起来，坚持下去"的群众路线。

"从群众中来"，大体上相当于认识论中的由感性认识到理性认识，即由实践到认识，由物质到精神的过程。人民群众的实践，是正确认识的来源，是制定党的正确路线、方针、政策的基础和出发点。置身于实践第一线的广大人民群众的意见，从总体上说是丰富的、生动的、接近客观实际的。但从群众中的个别成员来说，他们的意见又往往是分散的、不系统的、正确和错误夹杂在一起的。这就需要在调查研究的基础上，"集中起来"，进行一番加工制作，才能形成比较系统的、全面的、反映事物本质的意见。

"到群众中去"，大体上相当于认识论中的从理性认识回到实践，即从精神到物质的过程。集中起来的意见究竟正确与否，只有靠广大群众的实践来检验；同时，群众在实行这些意见的过程中，又会创造出许多新的经验，从而丰富和发展集中起来的意见。所以，"坚持下去"的过程，就是检验和发展集中起来的意见的过程，是认识的继续、调查研究工作的继续。

客观物质世界的发展和群众改造世界的实践活动都是永无止境的。如同实践和认识需要反复循环一样，"从群众中来，到群众中去""集中起来，坚持下去"，也应永不间断地实行下去。辩证唯物主义的认识路线和党的群众路线是完全一致的。我们党把认识论化为群众路线，使二者紧密地结合起来，这是把马克思主义理论运用于实践的一个新发展和新贡献。

二十一、伽利略沉冤昭雪说明了什么？

——真理的客观性

1633 年，在意大利罗马发生了一起震惊世界的大冤案，科学家伽利略由于论证了"日心说"的正确而被指控犯有渎神罪，受到了罗马教廷的审判。面对将要被烧死的危险，他义正词严地说："我只相信科学真理。"审判的结果是伽利略被判终身监禁，他于 1642 年含冤而死。但是，科学真理的潮流是不可阻挡的，1979 年年底，罗马教皇在科学事实和社会舆论的强大压力下，无可奈何地承认了"日心说"，并不得不为伽利略平反，使这一冤案得以昭雪。这一历史沉冤的翻案，极其深刻地启示我们：真理是客观的，是不以任何人或任何权威的主观意志为转移的。

辩证唯物主义认为：认识的真正任务是获得真理性的认识。真理是客观事物及其规律在人的意识里的正确反映。真理从形式上看是主观的，离不开认识主体，但从内容上看却是客观的，包含不依赖于人和人类的客观内容。第一，它同人的认识有关，存在于认识之外的客观事物及其发展规律，无所谓真理和谬误；第二，真理这种包含于认识中的内容却是客观的，不依赖于认识主体，不以人的主观意志为转移；第三，检验真理的标准是客观的社会实践。正是在以上这个意义上，我们说真理是客观的。离开了客观内容，就无真理可言了。真理为什么颠扑不破，不可战胜？其力量也正是在于它的客观性。

坚持真理是客观的，由此可以得出另一个结论：任何人在真理面前一律都是平等的。"真理面前人人平等"，无论是从认识还是从实践来看，都是一个正确的原则。从认识上看，真理只有一个，究竟谁能认识真理，取决于他是否有科学的态度，是否老老实实地从实际出发，如实地反映客观实际。从实践上看，真理也绝不偏袒任何人，我们要做好任何一项工作，都必须仔细地倾听真理的呼声，赞同那些拥有真理的人，像陈云同志所指出的那样去做："不唯上，不唯书，只唯实。"这样做可能一时不被人们理解和赞同，但真理是不可战胜的，终有一天，谬误会向真理低头。

二十二、"下雨"的哲学思考

——真理与谬误

用浅显的事例说明深奥的哲理，这是哲学从哲学家的课堂里解放出来，通俗化、大众化的可贵尝试。俄国哲学家车尔尼雪夫斯基就曾举过一个"下雨"的例子，形象地说明了真理和谬误的辩证关系。他说，如果问：下雨是好事呢，还是坏事？这是一个抽象的问题，如果离开具体的实际和条件，要对它作出肯定或否定的回答，是不可能的。如果问：当谷物播种完毕，接连 5 个小时下雨，这雨对谷物有益吗？回答有益是正确的。可是当已经积涝成灾，天仍下着倾盆大雨，再回答是有益的就是错误的。车尔尼雪夫斯基用这个例子试图向人们说明：真理和谬误都是针对一定的事物而言的，符合实际的就是真理，反之便是谬误，如果离开了一定的事物或条件，真理和谬误便可以相互转化。

用哲学的语言来说，真理就是对客观事物及其规律的正确反映，谬误则是对客观事物及其规律的歪曲反映。二者的关系是对立统一的：同是反映，一个正确，一个歪曲。但是，它们又是互相联系着的两个对立面，没有真理，无所谓谬误；没有谬误，也无所谓真理。真理和谬误的统一还有一个重要方面，它们能够在一定条件下互相转化，即"对立的两极都向自己的对立面转化，真理变成谬误，谬误变成真理"[1]。这就是说，任何真理都是具体的，是在一定条件下和范围内对客观事物及其规律的正确反映。当条件和范围变化了，客观事物及其规律也就变化了，因而人的认识也必须随着变化。如果在变化了的情况下，照搬老一套，本来是真理性的认识就会变成谬误。正如不能抽象地论定"下雨是好事还是坏事"一样，离开了一定的条件和范围，就无法说清某种认识是真理还是谬误。列宁曾经说过：真理"只要再多走一小步，仿佛是向同一方向迈的一小步，真理便会变成错误"[2]。除了真理向谬误转化之外，谬误也可以向真理转化：既然超出一定的条件，真理就会变成谬误，那么，只要条件得到恢复，谬误又会成为真理。错误又往往是正确的先导，失败常常是成功之母，人们在失败中找出原因，吸取教训，就

---

[1]《马克思恩格斯选集（第三卷）》，中共中央马恩列斯著作编译局译，人民出版社 1972 年版，第 130 页。
[2]《列宁选集（第四卷）》，中共中央马恩列斯著作编译局译，人民出版社 1976 年版，第 257 页。

能一步一步取得对客观规律的正确认识，使错误转化为正确，谬误转化为真理。中华人民共和国成立以来，我们曾经取得了巨大的成就，但也曾经犯过"左"的错误，只要认真总结经验教训，及时纠正错误，就可以化错误为正确，避免重蹈前车之覆，我们的事业就能在正确的轨道上向前发展。

二十三、"长河"与"水滴"
——真理的相对性和绝对性

不积细流，无以成江河。如果我们把人类认识世界的整个过程作为一条"长河"来看，那么，人们对客观世界的某一阶段、某一层次的正确认识，都是这条"长河"之中的"水滴"，但正是这些无数的相对真理的"水滴"，汇成了绝对真理的"长河"。

所谓相对真理（或真理的相对性），是指人们在一定条件下对客观事物的规律的正确认识是有限的。无论是从认识的广度来看，还是从认识的深度来看，任何真理性的认识，都是对整个客观世界在一定范围或一定程度、一定层次上的近似正确反映。客观世界是无限的、发展的，人们对这个客观世界的反映，也没有止境。所谓绝对真理（或真理的绝对性），是指任何真理即使具有相对性，但凡称为真理性的认识，都是对客观事物及其规律的正确反映，都有不依赖于人和人类的客观内容，这是绝对的；人类的认识，按其本性能够正确认识无限发展的物质世界，每一个真理的获得都是对无限发展着的物质世界的接近，这也是绝对的。

绝对真理和相对真理是辩证统一的。这主要表现在：第一，绝对真理和相对真理相互联结，相互渗透，"你中有我，我中有你"。任何

574

相对真理中都包含着绝对真理的成分、颗粒；而绝对真理又是由无数的相对真理的总和构成的。第二，相对真理是向绝对真理转化的，任何真理性的认识都是由相对真理向绝对真理转化过程中的一个环节。毛泽东同志形象地指出："马克思主义者承认，在绝对的总的宇宙发展过程中，各个具体过程的发展都是相对的，因而在绝对真理的长河中，人们对于在各个一定发展阶段上的具体过程的认识只具有相对的真理性。无数的相对真理的总和，就是绝对的真理。"[1]

相对真理和绝对真理的辩证统一，是同人的认识能力、思维能力的至上性和非至上性的辩证统一相联系的。人类的思维，按其本性、能力和可能性来说，是能够认识无限发展着的物质世界的，个人和某一代人认识不了的，下一代或人类的总体终究会认识的，这就是思维的至上性。但是，每一个人以至每一代人，由于受到客观事物及其本质的暴露的程度，社会历史的实践水平、主观的条件，以及生命的有限性等等各方面的限制，他们的思维又是非至上的。既然人的认识、思维的能力是至上和非至上的对立统一，那么，作为认识、思维成果的真理，自然也只能是绝对和相对的对立统一了。

二十四、怎样知道梨子是酸是甜？

——实践是检验真理的唯一标准

一个梨子，摆在你面前，是酸是甜？如果仅凭想象是不会知道的，梨子本身也不可能"自我介绍"，唯有把它拿起来放在嘴里尝一尝，方可知道其滋味。正如毛泽东同志所说的："你要知道梨子的滋味，你就得变革梨子，亲口吃一吃。""亲口吃一吃"也就是亲自实践，

[1]《毛泽东选集：第1卷》，人民出版社1991年版，第272页。

离开了实践也就谈不上任何真知。

马克思主义认为，真理就是对客观事物及其规律的正确反映。那么，怎样判断人们的认识是否符合客观实际呢？怎样区分真理和谬误呢？辩证唯物主义把实践的观点引入认识论，解决了认识真理性的标准问题，认为只有实践才是检验真理的唯一标准。

实践是检验真理的唯一标准，是由真理的本性和实践的特点决定的。真理是人们认识中同客观事物及其规律相符合的内容，那么，怎样才能判明主观同客观是否符合以及符合的程度呢？很明显，只在主观范围内兜圈子，是根本无法解决的，同时，离开人的活动而独立的外在客观世界本身，不具有把主观认识同客观现实加以对照的"本领"，因而它本身也无法判明某种认识是否具有客观真理性。唯一能够充当检验认识的真理性的标准的，既不是主观的思想，也不是外在的客观世界本身，而只能是把主观和客观联系起来的社会实践。

只有实践才能充当检验真理的标准，还是由实践本身的特点决定的。列宁说："实践高于（理论的）认识，因为实践不仅有普遍性的优点，并且有直接的现实性的优点。"实践本身就是客观的物质性活动，因而它具有直接的现实性。正确的理论也有现实性，但理论本身还不等于客观现实，只有通过实践才能把它变成现实。人们抱着一定的理论观点去实践，由此而引出一定的客观效果，这样就能够把原来的理论认识同客观现实相对照，从而直接检验出理论是否与客观现实相符合以及相符合的程度，即检验出理论的真理性。由此可见，实践的直接现实性是双重的：它本身既是直接的现实，同时又能使理论变为直接的现实。所以，正是真理的本性和实践的优点，才使它能够成为检验认识真理性的标准。

二十五、到底有无"天外来客"？

——实践标准的确定性和非确定性

有没有"天外来客"？他们是否"访问"过地球？这是多年以来一直困扰着全世界的"飞碟之谜"。自从生物科学证实了构成生命的最基本物质是氨基酸以来，科学家们就为探索地球之外有没有生命进行了一系列的研究和预测。"飞碟"事件的不断发生，更加激起了科学家们的研究热情。20世纪70年代，科学家们曾多次发射分别携带金属标记牌和"地球之音"唱片的宇宙飞船，以及无线电信号，希望获得"天外人"的"回音"，但目前还无结果。这说明，任何时代的实践水平都是有限的，我们今天的实践对这个问题还无法作出肯定或否定的判断。

辩证唯物主义认为，实践是检验真理的唯一标准，此外再没有别的客观标准，实践最终一定能鉴别出认识的真理性。这就是实践标准的确定性。但是，任何实践都有局限性，作为检验认识真理性标准的具体的、一定历史条件下的实践，又是不确定的、有局限的，在某一历史阶段的具体实践往往不能充分证实或驳倒某一认识的真理性。承认实践标准的确定性和非确定性的统一，就是坚持真理标准问题上的辩证法。真理的绝对性和相对性的统一同实践标准的确定性和非确定性的统一是紧密相连的。历史的局限性使社会实践对真理的检验有一定的不确定性，历史的发展又使社会实践最终一定可以确定无疑地检验认识的真理性。实践是不断发展的，真理也是不断发展的。

证实有没有"天外来客"的问题，是尖端科学高度发展才能解决的问题，目前我们的科学水平和实践条件下还不能做出肯定或否定的回答，这说明实践检验的非确定性。但是，这一问题的最终解决，只能靠未来的实践检验，这一点又是非常确定的。

明确了实践标准的确定性和非确定性具有重要的理论意义和实践意义。我们对"实践是检验真理的唯一标准"这个命题，必须从它的"确定性"和"非确定性"的辩证统一加以把握。否定实践标准的"确定性"，会陷入唯心主义和不可知论的泥坑；而否定实践标准的"非确定性"，认为任何一种条件下的实践都能够证实或驳倒任何一种认识，这种形而上学观点也不可能和唯心主义、不可知论划清界限。

二十六、勒维烈的成功与失败说明了什么？

——实践检验和逻辑证明的辩证关系

19 世纪法国天文学家勒维烈根据牛顿万有引力理论，运用了形式逻辑中的剩余法的推理方法，推算出了当时尚未被发现的行星——海王星的位置。这颗新行星被发现，证明了逻辑推理在科学研究和认识世界方面具有重大作用。可是，同一个勒维烈，运用同样的逻辑推理方法，错误地预言在水星轨道的内侧，存在着一个更接近太阳的行星，勒维烈的两次逻辑推理，一个成功，一个失败，说明了这样一个道理：人们借助于逻辑证明，是能够获得有关方面的正确认识的。但逻辑证明的前提，必须是从长期的社会实践中总结出来的，逻辑证明的结果，也一定要回到实践中去检验。

所谓逻辑证明，就是运用已知的正确概念和判断，通过推理，从理论上来论证另一个概念或判断的正确性的一种逻辑方法，是一种探索真理、论证真理的手段。逻辑证明在检验真理的过程中起着重要的作用，这是由于：第一，逻辑证明给实践提供理论指导和理论根据。检验理论的特定实践总是具体的、特殊的，而已被证明的理论则总是具有一定的抽象的、普遍的形式。逻辑思维给实践以理论根据，人们不能单纯满足于实践检验，还必须补充逻辑的证明，提出理论根据，从而给予人们实践以力量和信心。第二，逻辑证明可以证明实践无法直接检验的科学理论的正确性。一切科学理论都要经受实践的检验，但不等于所有的定律、定理都可以从直接的实践中得到证明，而有的只能靠严密的逻辑证明。

但是，逻辑证明的作用再重要也不能代替检验认识真理性的实践标准。这是因为：第一，人类的逻辑思维是实践的能动的产物，不能离开实践的基础。正如列宁指出的："人的实践经过千百万次的重复，它在人的意识中以逻辑的格固定下来。这些格正是（而且只是）由于千百万次的重复才有着先入之见的巩固性和公理的性质。"因此，逻辑在认识中的重要性和可靠性，首先是由人类历史实践决定的。第二，逻辑证明所使用的前提、概念和逻辑规则等是否完全符合客观实际，要不断地在实践中加以检验，又在实践中不断得到丰富和发展。第三，通过逻辑证明得到的结论，也必须经过实践的检验，才能确定它是不是真理。因为人们往往不能保证推理前提的正确和在逻辑证明中不发生错误，所以，必须由实践来做最后的判决。

二十七、"天鹅皆白"与"凡人皆死"的逻辑悖论

——归纳与演绎

在哲学史上，曾经有过归纳主义与演绎主义两种思维方法的斗争。归纳主义认为，对任何事物的认识都是从个别到一般，如人们从过去看到的每一个天鹅都是白的这一个别事实，推论出"凡是天鹅都是白的"这个一般结论。他们断言，如果经验事实是可靠的，那么归

纳知识必然是科学的。演绎主义则认为，归纳主义是一种不能给人以正确知识的方法，过去的有限重复，不能说明无限的未来如何。后来，人们在澳大利亚发现了黑天鹅而真的否定了这一归纳结论。因而，他们认为，要获得对事物的正确认识，必须从一般到个别，如从"凡人皆死"这一认识，必然推出"张三必死""李四必死""苏格拉底必死"的结论，如果前提正确，推理正确，结论必然正确。归纳主义又批评道：科学的方法必须能给人以新知识，演绎推理则不能，因为它的结论原已包含在前提之中；演绎推理的正确是以其前提的正确为必要条件的，因而为了保证结论的正确，就必先证明前提的正确，而要证明前提的正确，又必须证明另一个前提的正确。如为了证明"苏格拉底必死"就必须证明"凡人皆死"，为了证明"凡人皆死"又必须证明"凡生物皆死"。这样就会陷入"无穷回归"的荒谬境地。

在马克思主义看来，归纳和演绎是辩证的统一，正像归纳法离不开演绎法一样，演绎法也离不开归纳法。演绎在从一般到个别的运动中，不能为自己准备好作为出发点的一般原则，而归纳通过对个别事物的观察研究所概括出的一般只是原则，既是归纳的终点，又是演绎的起点，如"凡人皆死"就是归纳推理得出的结论作了演绎推理的前提。反之，演绎又是归纳的前提前导和补充。在实践基础上进行的归纳，首先要解决诸如归纳什么、怎么归纳、为什么要进行归纳等目的性和方向性的问题。这些问题是归纳本身无法解决的，因此，归纳必须求助于演绎，同时，归纳所得出的结论尚存疑问，要确定其可靠性，就必须通过演绎进行补充，获得这方面的规律性认识。因而，割裂归纳和演绎辩证关系的观点都是片面的、错误的。

二十八、人类历史有没有"太阳的东升西落"？

——社会的发展是自然历史过程

太阳的东升西落，反映了地球围绕太阳公转自身又在自转的天体运行规律。那么，人类的历史中有没有"太阳的东升西落"？即有没有不以人们的意志为转移的客观规律呢？对此，资产阶级哲学家是持否定态度的，如当代科学哲学家波普尔认为，自然界有客观规律，因为自然现象有重复，规律通过重复性表现出来，就像太阳每天都要东升西落一样；社会历史领域，历史事件和人物不具有重复性，活动着的都是有一定激情、在一定意志支配下的人，因而，历史是主观活动的结果，没有客观规律可循。

马克思主义与这种唯心主义的历史观截然对立。它认为，社会的发展同自然界一样有着必然的、不以人们主观意志为转移的客观规律。当然，在自然界中，万物的生长、发育、成熟，在没有人参与的情况下，都是无目的的、自然而然地进行的。而在社会中，每个人从事任何活动，都是有意志有目的的，看不到这一点，就会抹杀人的历史活动的主动性和能动性。但是，马克思主义认为，人们在社会历史中虽然都是有意志有目的地进行活动，但人们预期的目的，在绝大多数场合下，却往往得不到完全满意的结果，有时甚至相反。这说明，社会历史的发展不以人的意志为转移，有其发展的客观规律。

那么，如何发现社会规律呢？马克思主义认为，要发现社会规律，就必须从单纯的思想关系的探讨中摆脱出来，发现隐藏在人们思想动机背后，特别是隐藏在群众及其领袖行动的动机背后长久起作用的物质动因。

当马克思和恩格斯透过人们的思想动机寻找它的更深刻的根源

时，便发现了一个简单的，但却长久被人忽视的事实：无论哪个社会，人们都必须首先解决吃、住、穿的问题，然后才能从事政治、科学、艺术、哲学、宗教等活动。没有物质生活资料的生产，就不可能有其他种种社会活动，也不会有社会历史。原来决定人们思想动机的，乃是社会的经济关系，即人们从事生产和在生产中结成的关系。不同的时代，不同的人对物质生活问题的解决，都要受他们在生产关系中的地位的制约，而生产关系归根到底是由生产力所决定的。由于马克思主义的这个重大发现，从此，对社会的研究才可以像自然科学研究太阳的东升西落规律一样，以精确的眼光进行考察，从而把对社会历史的研究变为科学。

二十九、人间的普罗米修斯

——劳动在人类社会形成和发展中的作用

普罗米修斯是希腊神话中的英雄神，在希腊神话中，他与智慧女神雅典娜用泥土塑造人，又赋予这些人以活的生命，于是，就产生了人类。为了帮助人类摆脱愚昧，学会生活，普罗米修斯经常来人间教人建房、治病、造船、观象、驾驭牲畜，还从奥林波斯山上盗来了天火，教人类使用。但是，神话毕竟是神话，它不过是古代人们的一种想象而已。事实上，人类的诞生和发展，不靠天，不靠地，更不靠神，靠的是人类自己。人，只有人，才是人间的普罗米修斯，而人之所以能成为人，则全赖于人的劳动，"劳动创造了人本身"[1]。

首先，劳动是人的生命存在和全部社会生活的基础和源泉。马克思说过："任何一个民族，如果停止劳动，不用说一年，就是几个星

---

[1]《马克思恩格斯选集（第三卷）》，中共中央马恩列斯著作编译局译，人民出版社1995年版，第508页。

期，也要灭亡，这是每一个小孩都知道的。"[1] 离开了劳动，人类就不能存在下去，当然也不再可能有什么社会生活。

其次，劳动又是人们全部社会关系形成和发展的基础。劳动不仅生产出人们生存和社会生活所必需的劳动产品，而且也同时生产着人与人之间的社会关系，其中主要是在劳动过程中结成的人们之间的生产关系。劳动发展状况不同，人们之间的社会结合形式，即采取什么样的社会联系的方式也不相同。所以，作为最基本的、原始的、决定一切其他社会关系的生产关系，也要随着劳动的发展而发展，并且由此产生出人们之间其他政治的和思想的社会关系。

最后，劳动是一切历史的前提和基础，而且只要人类历史在继续，劳动就永远是它的前提和基础。在劳动这个起初的也是最基本的社会实践形式中，就已经孕育着社会有机体未来发展的一切萌芽，预示着由此展开的丰富多彩的社会物质生活和精神生活从低级向高级的发展。马克思正是抓住了这个基本事实和它的全部意义，形成和发展了历史唯物主义关于人类社会的生产力和生产关系、经济基础和上层建筑、社会存在和社会意识、阶级和阶级斗争、国家和革命、无产阶级解放和全人类解放的完整学说。

所有这一切都说明，马克思主义正是"在劳动发展史中找到了理解全部社会史的钥匙"[2]。

---

[1]《马克思恩格斯选集（第四卷）》，中共中央马恩列斯著作编译局译，人民出版社1997年版，第368页。
[2]《马克思恩格斯选集（第四卷）》，中共中央马恩列斯著作编译局译，人民出版社1997年版，第254页。

三十、第二次世界大战是怎么发生的？

——两种根本对立的历史观

1939年至1945年历时6年的第二次世界大战，先后有60多个国家、占全世界五分之四的人口卷入，无数的城乡变成了废墟，几千万人断送了生命。那么，这场惨无人道的战争是怎么引起的？德国著名心理分析学家埃利希·弗洛姆认为，这场战争是由于希特勒的性格和思想所决定的。希特勒是一个虐待狂和嗜死狂，是好战分子，是战争的根源。马克思主义者认为，这种观点是错误的。在社会历史中起决定作用的是物质的力量而不是思想的力量。第二次世界大战的爆发，是德意日法西斯的社会制度和当时的历史背景所决定的，帝国主义是垄断的资本主义，它为了榨取垄断利润，不仅残酷剥削本国人民，而且疯狂向外扩张，第二次世界大战的发生，有着深刻的社会政治经济根源。希特勒的性格和思想只是当时德国社会政治经济条件的产物，反映和适应了德国垄断资产阶级的需要。

从上述两种不同的认识，我们看到，在分析社会历史问题时，存在着两种对立的历史观。一种是从社会意识出发，一种是从社会存在出发，前者是唯心史观，后者为唯物史观。两种历史观的对立，主要表现在：第一，唯心史观在研究人类历史的时候，只是着眼于人们历史活动的思想动机，而不去研究社会发展的最终原因——物质生产的发展；唯物史观认为：思想、意志是社会存在的反映，它对社会存在和经济关系有反作用，但不能最终改变和决定社会发展的进程。第二，唯心史观从社会意识决定社会存在这个错误观点出发，总是把整个人类的历史归纳为个别人物的活动，认为决定历史发展的，不是人民群众，而是个别的英雄豪杰、帝王君主；反之，唯物史观认为，社会发展史是人民群众的历史，人民群众是历史的创造者。当然，唯物史观也并不否认个人在历史上的作用，但认为个人历史作用的发挥，必须在尊重客观历史规律的基础上。正如恩格斯指出的："如果要去探究那些隐藏在——自觉地或不自觉地，而且往往是不自觉地——历史人物的动机背后并且构成历史的真正的最后动力的动力，那么应当注意的，与其说是个别人物，即使是非常杰出的人物的动机，不如说是使广大群众、使整个的民族，以及在每一个民族中间又使整个阶级行动起来的动机；而且也不是短暂的爆发和转瞬即逝的火光，而是持久的、引起伟大历史变迁的行动。"[1]

三十一、"黄色文明"是失败的文明吗？

——地理环境在社会发展中的作用

电视政论片——《河殇》，用嘲弄的语言对黄河孕育出来的"黄色文明"进行了讽刺和诋毁。它认为，历史是由"文明的性质所决定的"，而"文明的性质"则是由地理环境决定的，"中国人不像欧洲民族那样生活在地中海周围，也不像美国人那样生活在两个大洋之间"，中国人生活在封闭的黄土高原上，这就决定了中国的文明是"内陆文明""黄色文明"，而这种文明是落后的、封闭的，是一种失败的文明。只有"拥抱大海"，即投入西方的"蓝色海洋文明"之中，才有出路。该片不是运用生产方式的变革来解释中国历史，犯了地理环境决定论的错误。

马克思主义认为，地理环境是社会生存和发展的经常的、必要的条件，承认地理环境的重要作用。但是，却坚决反对"地理环境决定

---

[1]《马克思恩格斯选集（第四卷）》，中共中央马恩列斯著作编译局译，人民出版社1997年版，第245页。

论"。因为地理环境虽是社会发展的必要条件，但不是社会发展的决定因素；地理环境的好坏优劣，可以加速或延缓社会的发展，但不能决定社会的性质，不能决定社会制度的更替。中华民族几千年的文明历史，地理环境并没有质的、根本的变化，但却经历了原始社会、奴隶社会、封建社会、半殖民地半封建社会和社会主义社会等不同的社会形态。特别是社会主义制度的建立，使中国这一文明古国发生了以往几千年不曾有过的质的变化。马克思主义还认为，地理环境不仅不是社会发展的决定因素，而且它的作用和影响还受着社会条件的制约，总要通过一定的生产发展水平表现出来；地理环境作用和影响的大小，它被合理利用的程度，又和社会的性质、社会制度有着紧密的联系。不同的社会制度下，同样或相同的地理环境对社会的影响往往表现出很大差异。中华人民共和国成立后，我们整治荒山、植树造林、兴修水利，使自然环境发生了许多变化，促进了经济的发展。因此，我们说《河殇》所鼓吹的地理环境决定论是错误的，其错误所在，不是在于它肯定地理环境的作用，而是在于它无限夸大了地理环境的作用，把地理环境看作是社会发展的决定因素了。

三十二、历史迷宫的锁钥

——生产方式决定社会历史的生存和发展

社会历史仿佛是一座千回百转、云雾弥漫的迷宫，让人眼花缭乱。从古至今，不少人在探索这座迷宫的道路上洒下汗水。有人猜想，过去的一切历史变迁都是由某些天才和英雄人物决定的；有人相信，历史的命运是上帝、真主控制的；另有一些人，在这座迷宫里到处"碰壁"，因而心灰意冷，认为历史迷宫没有规律可循。经过几千年的探索，到了 19 世纪 40 年代，马克思和恩格斯才"在劳动发展史中找到了理解全部社会史的锁钥"[1]。从此，历史迷宫的大门被打开了。

这个锁钥就是：历史是由人创造的，但是，人们为了能够创造历史，必须能够生活，为了生活，首先就需要衣、食、住。人类的第一个历史活动就是生产满足这些需要的物质资料，而为了生产这些物质资料，人们必然要在生产中结成一定的关系，即生产关系。正是作为生产力和生产关系统一的生产方式，决定着社会的生存和发展。这种决定作用主要表现在：

第一，生产方式是社会这一物质大厦的承担者和基础。生产方式既是社会和自然相互联系、相互交换物质能量的纽带，又是整个社会有机体的"骨骼"。抽掉生产方式就没有人类社会生活本身。

第二，生产方式决定着社会的结构、性质和面貌。有什么样的生产方式，就有什么样的社会结构；社会机体中的政治和思想文化等等的结构，都根源于生产方式，为其所制约。不同的生产方式表现为不同性质的社会形态。例如，资本主义的生产方式，其社会性质也必然是资本主义的。

第三，生产方式的变化决定着整个社会历史的变化，决定着社会形态的更替。随着一种生产方式转变为另一种生产方式，原来的社会形态也就被新的社会形态所代替。不同社会制度的依次更替，社会由低级到高级的发展，是由生产方式的新陈代谢所决定的。所以，社会历史，归根到底是物质生产的历史，是生产方式更替的历史。

---

[1]《马克思恩格斯选集（第四卷）》，中共中央马恩列斯著作编译局译，人民出版社 1997 年版，第 254 页。

三十三、"身体"和"衣服"

——生产力和生产关系的辩证法

量体裁衣，是生活中的常识；有什么样的生产力，就要求有什么样的生产关系，这是深刻的哲学原理。生产力犹如儿童身体，生产关系好像衣服。当衣服大小足以保证身体生长时，身体就可以继续生长发育，当衣服窄小到束缚身体，影响发育时，就得换新衣服了。换句话说，当生产关系适合生产力要求时，就保护和促进生产力的发展；当生产关系不合适或束缚生产力发展的时候，就必须改变旧的生产关系，建立新的生产关系，使之适合生产力发展的要求。

所谓生产力，是人类征服或改造自然使其适应社会需要的客观物质力量。劳动对象、以生产工具为主的劳动资料和从事社会生产劳动实践的劳动者是构成生产力的基本要素。其中劳动者是指具有一定生产经验、劳动技能和知识、智力的人。劳动者在生产力诸要素中居于主导地位。

所谓生产关系，是指人们在生产过程中发生的不以人的意志为转移的物质关系。它包括生产资料的所有制关系、人们在生产中的地位和作用、产品的分配形式等。其中生产资料所有制关系是最基本的、决定的方面，是生产关系的基础。

在由生产力和生产关系所构成的生产方式中，生产力是起决定作用的。生产力的状况（包括生产力的性质、水平和发展要求）决定生产关系的状况。正如马克思所指出的"手推磨产生的是封建主为首的社会，蒸汽磨产生的是工业资本家为首的社会"[1]。生产力发展到一定程度，就要求变革生产关系。但生产关系也不是消极的、被动的，它又反作用

---

[1]《马克思恩格斯选集（第一卷）》，中共中央马恩列斯著作编译局译，人民出版社1972年版，第108页。

于生产力。这种反作用表现在：当生产关系同生产力的发展相适合时，它有力地推动生产力的发展。"合体的衣服使人舒服。"当生产关系不适合生产力发展时，它就严重阻碍生产力的发展。"不合体的衣服，使人受束缚。"生产关系的巨大作用，还表现在一定条件下不变更生产关系，生产力就不能继续发展。"不更换旧衣服就会影响身体的发育、生长"。

三十四、"嫦娥"何以能奔月

——科学技术在生产力发展中的重要作用

"嫦娥奔月"，在古代只是一个美妙的神话故事。进入 20 世纪 60 年代，这一神话却变成了现实。1969 年，载有两名宇航员的宇宙飞船首次到达了月球，以后又有很多名宇航员在月球上登陆，实现了"嫦娥奔月"的理想。"嫦娥"为什么能够"奔月"？这是科学技术推动的结果。科学技术在生产力发展中具有重要作用。

马克思主义认为，科学是"一种在历史上起推动作用的、革命的力量"[1]，"科学的力量也是不费资本家分文的另一种生产力"[2]。生产力包括科学技术在内，但科学技术不是生产力的独立要素。当科学技术还处于知识形态的时候，它只是人类认识和改造自然的精神力量，还只是潜在的而不是现实的生产力。当它渗透到生产力的基本要素中时，就会改变生产力要素的性质和水平，并由此转化为一种巨大的物质力量，转化为现实的生产力。比如，科学技术上的发明创造往往会引起生产工具的重大改革、劳动对象的开拓、劳动者生产经验和劳动技能的提高和革新等等。在历史上，常常因为科学技术的重大发现和突破，

[1]《马克思恩格斯选集（第三卷）》，中共中央马恩列斯著作编译局译，人民出版社 1972 年版，第 575 页。
[2]《马克思恩格斯全集（第四十七卷）》，中共中央马恩列斯著作编译局译，人民出版社 1979 年版，第 533 页。

而引起生产力突飞猛进的发展。蒸汽机的发明和应用，引起了产业革命；电的发明和使用，使人类进入了电气化时代；宇宙学和空间技术的发展，使人类从征服地球扩展到征服宇宙。以信息科学、材料科学、能源科学、生物工程等新科学技术为标志的新技术革命正在世界范围内兴起。这些新技术运用于生产，必将带来社会生产力新的飞跃。在现代社会，社会生产力的发展已经主要取决于科学技术的力量，它在生产力的发展中发挥着越来越重要的作用。

对生产过程的科学管理，也能转化为生产力。科学管理知识可以转化为劳动者、生产管理者对生产的组织力和管理能力，使企业管理科学化、合理化、高效化，充分发挥生产力诸要素在生产过程中的作用，从而产生更高的社会生产力。

三十五、"水在地上"

——经济基础与上层建筑的辩证关系

有这样一个俄罗斯民间故事：古时候，有一个孩子问一位老人，水在什么上？老人说，水在地上。孩子又问，地在什么上？老人说，地在鲸上。孩子又问，鲸在什么上？老人说，鲸在水上……这个故事说明，来回兜圈子，就会把关系弄得混乱不堪。在对历史问题的研究上，资产阶级的"因素论"者与这位老人一样混乱。在他们看来，社会的经济因素和政治、法律、宗教、道德等因素对历史的发展具有同等的作用，彼此不分主次，它们互相影响，说不清到底谁决定谁。马克思主义则认为，社会的经济因素和政治思想因素都对社会生活产生作用，但它们的作用不是等同的。它们之间的相互作用是在经济因素最终起决定作用的基础上发生的。

所谓经济基础，是指同生产力的一定发展阶段相联系的生产关系的总和；所谓上层建筑，是指建立在一定的社会经济基础之上的政治、法律、宗教、哲学等，以及同此相应的军队、警察、法庭、监狱、政府部门等。

经济基础决定上层建筑主要表现在：第一，经济基础决定上层建筑的产生，如地主阶级专政的国家根源和产生于封建所有制。第二，经济基础决定上层建筑的性质。资本主义私有制决定了资产阶级专政的国家性质和资产阶级思想的统治地位。第三，经济基础决定上层建筑的发展。社会的经济基础变了，上层建筑也要随之而改变。尽管上层建筑各个部分的变化是不平衡的，但是"随着社会经济基础的变更，全部庞大的上层建筑也或慢或快地发生变革"。[1]

上层建筑对经济基础的反作用在于，它以各种方式为自己的经济基础服务。其表现在：第一，千方百计地促进自己经济基础的形成、巩固和完善；排除有害于自己及其经济基础的对立物。第二，通过对社会生活、经济生活的控制来为经济基础服务。第三，当上层建筑同自己的经济基础相适应，能够满足其要求时，就起促进作用；反之，上层建筑就会和自己的经济基础产生尖锐矛盾，对经济基础起破坏作用。

三十六、"狼孩"为什么不能变成人

——社会意识是社会存在的反映

1919年，一位印度人在狼窝里救出了两个裸体的"狼孩"。小的很快死去，活下来的大孩子用四肢行走，害怕强光，每到深夜引颈嚎叫，喜欢和小狗依偎在一起，完全具有与狼一样的生活习性。经过六

---

[1]《马克思恩格斯选集（第二卷）》，中共中央马恩列斯著作编译局译，人民出版社1995年版，第83页。

年培训，她才学会直立行走，十七岁时智力只相当于四岁儿童的水平，不能成句说话。由于适应不了人的生活方式，不久，她也死掉了。

"狼孩"为什么不能克服狼的习性变成人？这里包含了一个很深刻的哲理：社会存在决定社会意识，社会意识是对社会存在的反映。

马克思主义认为，社会意识是人们对一切社会生活的过程和条件的主观反映，主要是对物质资料生产方式的反映。这说明，人的社会意识，不是凭空产生的，是社会存在和社会实践的产物。离开了人的社会存在和社会实践，就不可能有人的社会意识。"狼孩"虽然属于人，但他们长期地生活在野兽的环境中，看到的、听到的、学到的都是野兽的生活方式和动物的心理状态。他们不在有人的环境中生活，也无法理解和适应人的生活，因而也就没有起码的人的社会意识。

社会意识是社会存在的反映，主要表现在：第一，社会意识随社会存在的产生而产生，随社会存在的发展而发展。封建主义的社会意识只能是封建的社会经济关系的产物；马克思主义的科学的意识形态，只能是资本主义大工业的产物，是适应无产阶级反对资产阶级斗争的客观需要而产生的。没有这个特定的社会存在，就不可能有马克思主义。但是社会意识并不是永远不变的，随着社会存在的变化发展，社会意识或迟或早地必然要相应发生变化。原始公有制的生产方式决定了人们的观念是原始、朴素的公有观念，私有制取代原始公有制，就产生了私有观念，随着剥削制度的消灭，共产主义思想意识被大大发扬。第二，社会意识来源于社会存在，有什么样的社会存在，就有什么样的社会意识的内容和形式。正确的社会意识是社会存在的真实反映，错误的社会意识则是社会存在的歪曲反映。无论是正确的意识还是错误的意识，都可以在现实生活中找到它的根源。第三，在阶级社会中，同社会经济基础有联系的那部分社会意识形式具有鲜明的阶级性，如一定的政治、法律、思想、道德、宗教、哲学等社会意识形态，都打上了一定的阶级烙印。因为它们总是为一定的阶级利益服务的。在阶级社会里，经济上占统治地位的阶级，其思想也是占统治地位的思想，它是统治与被统治的社会关系的反映。

三十七、"鸳鸯大逃亡"说明了什么？
——社会意识的相对独立性

电影《被爱情遗忘的角落》上映，主人公荒妹的恋爱悲剧引起了人们对农村青年婚恋的忧患和深思。私奔现象，在中国的封建社会里史不绝书，可是，封建的所有制关系早已被铲除，封建的婚姻关系却依然存在，反抗这种婚姻的"鸳鸯大逃亡"现象也并没有完全绝迹。这一方面说明了在改革开放的形势下，农村青年对包办买卖婚姻的反抗；另一方面也说明了传统的封建意识并没有随着时代的发展而变成历史的陈迹，从而证明了马克思主义的社会意识具有相对独立性原理的正确性。

唯物史观认为，社会存在决定社会意识，但社会意识一经产生就具有独特的发展规律，它不是机械地反映社会存在，它同社会存在并不总是保持同步或一致。社会意识的相对独立性主要表现在：第一，社会意识的发展变化同社会存在的发展变化不完全同步，它有时落后于社会存在并阻碍其发展，有时又预见未来并指导社会存在的发展。第二，社会意识和社会经济之间发展的不平衡。历史上有许多经济上落后的国家，在思想领域却超过了经济上先进的国家，如18世纪末法国的哲学和政治思想超过了经济上先进的英国。第三，社会意识的发展具有历史继承性。每一历史时期的社会意识不仅是对现实存在的反映，而且同先前的社会意识遗产有继承关系，如马克思主义就是在继承了人类历史上最优秀的文化成果的基础上建立起来的。第四，社会意识对社会存在的反作用，是社会意识相对独立性的最突出表现。马克思主义历来重视社会意识的反作用。这种反作用，从性质方面看，先进的社会意识对社会发展起积极的促进作用，如中国革命以马列主义、毛泽东思想为指导，取得了胜利。落后的社会意识对社会发展起消极的阻碍作用，如封建的小农经济观念，不利于社会主义商品经济的发展。从量的方面看，社会意识的作用有程度的深浅、范围的大小、时间的久暂等区别。一定的思想体系，不论是先进的还是落后的，只要它能够掌握一定量的群众，就能影响社会的发展，如马列主义、毛泽东思想，掌握在广大人民群众手里，就能焕发出无穷无尽的力量。

三十八、张华的行为值不值得？

——道德的社会作用

20世纪80年代中期，第四军医大学学生张华为抢救遇险农民而英勇献身，由此引发了一场人生观、道德观的大讨论。有人认为，张华挺身而出，不顾自己的安危抢救他人生命，体现了共产主义道德风尚。也有人认为，以一位年轻的大学生的生命去换取一个没文化的老农的生命，是不值得的，因而也谈不上道德。从马克思主义观点看，前者是正确的，是无产阶级的道德观，它的基本原则是利他主义，要求人们树立先人后己、舍己为人的道德风尚；后者是错误的，是资产阶级的道德观，它的基本原则是利己主义，从个人的角度出发，衡量行为的利弊得失，以个人的价值为标准，判断行为的好坏荣辱。

马克思主义认为，道德是调整人们之间以及个人和社会之间关系的行为规范的总和。它包括伦理思想和在伦理思想指导下人的行为所体现的情感、风格、情操等等。它靠内心的信念、习惯、传统、教育或者社会舆论的力量而为人们所遵守。

道德作为社会意识形式之一，是社会存在的反映，是由社会存在决定的。它是上层建筑的一部分，归根到底，是一定的经济基础的反映。资本主义的生产关系，把人们之间的关系变成了商品关系、金钱关系，这种经济关系，在资产阶级的道德观念上的突出反映就是利己主义。社会主义的生产关系，把人们之间的关系看作是同志式的互助合作的关系，社会主义有计划的商品经济，虽然强调价值规律，鼓励竞争，但也注重社会效益。这种经济关系，在社会主义的道德观念上的突出反映就是集体主义，反对损人利己，唯利是图，提倡关心他人，有利社会。因此，以社会主义的道德观衡量，张华的行为是值得的，是遵守社会主义道德的优秀典范。尤其是在目前，更值得大加提倡。

道德是经济基础的产物，但它并不是消极的产物，作为上层建筑的一部分，它对经济基础有能动的反作用。作为社会存在的反映的道德规范，可以成为一种精神力量，成为人们行动的内在的动机，化为责任感、义务感，来制约人们的行为。因而，道德的社会作用是不可低估的。在改革开放的今天，我们既要加强物质文明建设，也要加强包括社会主义道德在内的精神文明建设。

三十九、亚里士多德的智慧从哪里来？

——哲学是最高的社会意识形式

亚里士多德是古希腊知识最渊博的学者、最伟大的思想家，他研究了逻辑学、政治学、伦理学、经济学、生物学、物理学、美学、天文学等许多学科，成为这一系列专门知识领域的奠基者。马克思称他为古代最伟大的思想家，恩格斯说他是古希腊哲学家中最博学的人。

那么，亚里士多德的智慧是从哪里来的呢？我们说，他的智慧一方面来自于他的社会实践，一方面则来自于他的哲学头脑。哲学是最高的智慧，在哲学的视野下，他才在其他专门领域取得了不朽的成就。

马克思主义认为，哲学是理论化、系统化的世界观，是关于自然、社会和思维知识的概括和总结。所谓世界观就是人们对生活于其中的整个世界以及人和外部世界之间的关系的根本观点、根本看法。自然科学、社会科学和思维科学，只是关于世界某一局部、方面、领域的规律性知识，而哲学则是包括自然界、社会和人类思维以及整个世界在内的一般规律性知识。哲学作为整个世界的根本观点和看法的世界观，不能脱离具体科学，它在很大程度上依赖并借助于各门具体科学提供的资料和结论。亚里士多德如果没有具体科学方面的广博知识，就会大大限制他的哲学构想和创造，他就不会成为伟大的哲学家。但是，作为研究现实世界的某一领域的各门具体科学，也必须在以整个世界为对象的哲学的世界观和方法论的指导下才能进行。

作为世界观的哲学属于社会意识形态，由社会存在所决定，反映并反作用于社会存在。社会存在的状况决定着哲学的基本面貌；社会存在向前发展了，哲学理论也或迟或早地要发生变化，任何哲学体系或原理，不管它多么抽象，归根到底都是对社会存在的正确或歪曲的反映。哲学与政治、思想、道德、艺术、宗教等社会意识形态一样，与其有共同的性质，也存在着明显的区别。艺术从审美的角度反映人们的物质和精神生活，道德从伦理的角度反映人与人之间的关系，哲学是以概念、逻辑的形式，在高级、自觉、系统的意识水平上反映人们的社会生活。这种反映形式一经形成会极大地影响和制约着其他社会意识形式。

四十、唐太宗选弓箭的启示

——群众是真正的英雄

唐太宗李世民，是我国古代帝王中较有作为的政治家和军事家。他18岁带兵，身经百战，练得一手好箭法，并好收藏弓箭。有一天，他不无欢喜地拿出所有的宝弓，请做弓的师傅欣赏和评论，不料弓匠们看过后全都摇头。太宗大惊，说："怎么，我以弓马打天下，见过和用过的弓不计其数，难道我还不识弓？"弓匠们只好谦恭地解释说："皇帝确实力气大，选来的弓都木质好，硬邦邦，射得远；但皇上不懂木头的脉理，选的弓都木心不正，用木心不正的弓射出的箭又怎能百发百中呢？"弓匠们的经验之谈，使唐太宗恍然大悟，他对大臣们说："我以为自己很懂弓箭，其实并不真懂，弓匠们比我精通。由此联想到，天下大事都靠我一人来独断独行还不出差错吗？"

唐太宗选弓箭的故事告诉我们一个哲理：群众是真正的英雄，是社会历史的创造者。一个人的才能是有限的，而人民群众的智慧才是无穷无尽的。

唯物史观认为，人民群众在创造历史的过程中起决定的作用。这是因为：第一，人民群众是社会物质财富的创造者，是社会发展的最终决定力量。人类要生存，就要有吃、喝、住、穿、用等必需的物质生活资料。而这一切，都是劳动群众创造的。没有这些，根本谈不上从事政治、科学和艺术等其他社会活动，也就无所谓人类社会生活和人类历史。第二，人民群众也是社会精神财富的创造者。人民群众的实践活动，是一切精神财富的源泉。科学的产生和发展根源于和依赖于劳动人民的生产经验。第三，人民群众是变革社会制度的决定力量。

597

在阶级社会的历史上，生产关系的根本变革，社会制度的新旧更替，都是由人民群众推翻反动统治阶级的社会革命来实现的。

人民群众创造历史这是马克思主义的唯物史观的一个极重要的原理，它对于指导我们今天的改革开放和建设有中国特色的社会主义有重大的现实意义。改革开放，符合广大人民群众的根本利益。因此，只有坚持不懈地进行改革开放，才能调动起广大人民群众的积极性和创造精神；也只有广大群众的积极参与和支持，改革开放才能顺利发展，取得成功。

四十一、安泰的力量哪里来？

——领袖和群众

古希腊神话里有个英雄名叫安泰，他力大无比，谁也战胜不了他。他为什么有这样大的力量呢？原来，每当安泰和敌人搏斗遇到困难时，就往大地母亲身上一靠，于是就获得了新的力量。唯物史观所讲的领袖和群众的关系，就像安泰和他的大地母亲的关系一样。任何英雄豪杰，都是从人民群众中产生的，离开了群众，则将一事无成。

唯物史观在强调人民群众是历史的创造者的同时，并不否认领袖人物在历史发展中所起的作用。"历史上，任何一个阶级，如果不推举出自己善于组织运动和领导运动的政治领袖和先进代表，就不可能取得统治地位。"[1]。领袖的作用是多方面的：第一，预见作用。领袖创立和制定群众革命行动所需要的理论、路线、战略和策略，给群众指明斗争方向。第二，教育作用。领袖启发和教育群众，提高群众的觉悟，使群众自觉地进行革命斗争。第三，团结作用。领袖是群众队伍团结

---

[1]《列宁选集（第一卷）》，中共中央马恩列斯著作编译局译，人民出版社1998年版，第210页。

的旗帜和核心。没有这面旗帜、这个核心，群众队伍就要涣散。第四，指挥作用。领袖是群众斗争的实际指挥者，他们指挥群众去战胜内外敌人和各种困难，使群众斗争少走弯路、少犯错误。

但是，领袖的这些作用的发挥，必须建立在充分相信群众，依靠群众的基础上。时势造英雄，这时势就包括了群众的革命运动。真正的领袖从来不是自封的，而是在群众运动中自然地产生和群众公认的。领袖是群众利益的集中代表。群众的经济利益，集中地表现在政治上。领袖只有在政治上代表群众，才能得到群众的真正拥护。领袖要集中群众的正确意见，时刻密切联系群众。领袖的历史作用，只有通过人民群众的社会实践才能表现出来。如果脱离了群众，他们的思想、理论和组织领导便失去对象，失去了依靠，他们的作用就无从发挥。

安泰必须依恋他的大地母亲才有力量，领袖必须依靠群众才有作为。

四十二、鲁滨孙为何能在荒岛上生存？

——人的本质是一切社会关系的总和

世界名著《鲁滨孙漂流记》，记叙了鲁滨孙流落荒岛 28 年的经历：他远离文明社会，孤苦无依。但是，他何以能战胜各种无法想象的困难，顽强地生存下来呢？这全依赖于他手中有文明社会为他提供的枪支、火药，有在破船上找到的刀子、斧子、钉子等。有了这些工具，他才能对付野兽、猎取食物、砍伐树木、修建房屋。更重要的是，后来，他已不是一个人，而是有了自己的仆人——当地土人——"星期五"。他们一起在荒岛上播种庄稼、驯养家畜、战胜大自然和其他外来的威胁。所以，鲁滨孙绝不是与社会完全隔绝的孤立的人。

马克思主义认为：人们为了生活，就必须进行生产，而为了进行生产，就必然发生一定的社会联系和关系。因此，人是社会的人，"人的本质并不是单个人所固有的抽象物。在其现实性上，它是一切社会关系的总和"[1]。马克思的这一著名论断，可以从以下几个方面来理解：第一，人有吃、喝、睡等自然属性的需要，但这不是人的本质。人的本质是指人与其他动物区别的特征，即人的社会性。第二，人的社会性，不是单一的而是多方面关系的总和。其中，生产关系是其他一切社会关系（政治、法律、思想等关系）的基础。第三，社会关系是不断发展变化着的，因此人的本质也不是凝固不变的抽象物，而是具体的、历史的。第四，在阶级社会中，社会关系主要表现为阶级关系，因而人的社会性主要（不是全部）表现为人的阶级性。总之，人和人的本质是社会的，脱离社会而孤立存在的"人"是没有的。

马克思主义强调人的本质在于其社会性，并不等于说人的本质只在人与社会的关系中表现出来。人的现实的关系是人与世界的全面关系，既包括人与社会的关系，也包括人与自然的关系。但人凭借具有社会形式和社会特点的劳动改造自然，使自然成为社会活动的客体。所以，人与自然的这种关系，也体现着人的社会本质。

四十三、管子思想的启示

——物质文明和精神文明

管子，是我国春秋时期著名的思想家和政治家。他出身贫寒，勤奋好学，辅佐齐桓公为政四十余年。为了发展经济，管子提出了"衣食足而后礼义兴"的思想，强调只有解决了人民的衣食住行问题之后，

---

[1]《马克思恩格斯选集（第一卷）》，中共中央马恩列斯著作编译局译，人民出版社1972年版，第18页。

社会的精神面貌才会得到改善；为了振奋民族精神，他又提出了"礼义廉耻，国之四维，四维不张，国乃灭亡"的思想，强调经济上去了，还要进一步加强道德教育，只有提高整个社会的道德水平，才会促进经济的发展。管子的这一思想对后世治国有很大的启发，对于我们进行社会主义现代化建设也有重要的借鉴意义。

管子的思想，在马克思主义看来，实际上就是物质文明和精神文明建设的问题。马克思主义认为：社会的进步表现为社会文明的发展，社会文明又包括物质文明和精神文明两部分。物质文明是人类改造自然界的物质成果的总和，它包括生产力的状况、生产的规模、社会物质财富积累的程度、人们日常物质生活条件的状况等等。精神文明是人类改造客观世界同时也改造主观世界的精神成果的总和。它包括文化、智力方面和思想、道德方面，前者是指社会的文化、知识、智慧状况，人们在科学、教育、文学、艺术、卫生、体育等方面的素养和水平，以及与此有关的物质设施、机构的规模和水平。后者是指社会的政治思想、道德面貌、社会风尚，人们的世界观、信念、理想、觉悟、情操、组织纪律性等方面的状况。物质文明和精神文明是相辅相成的。物质文明是精神文明的基础，为精神文明的形成和发展提供物质前提和物质条件，使人们能够卓有成效地在广度和深度上认识自然和社会。物质生产越发展，物质产品越丰富，精神生产、精神生活就越能够得到发展。

精神文明对物质文明有巨大的反作用，是物质文明巩固和发展的必要条件和保证，为物质文明的发展提供人才和科学理论。人的思想觉悟、道德情操、纪律观念、科学知识、生产技能等等的有机结合构成了物质文明的建设者。因此，精神文明影响和制约着物质文明发展及发展的方向。邓小平同志提出的"两手抓"的思想，正是马克思主义关于物质文明和精神文明关系理论在新时期的坚持和发展。因此，我们必须吸收人类创造的一切文明成果，把我们社会主义的两个文明建设搞好。

四十四、从大禹治水谈起

——必然王国和自由王国

据《史记》记载，我国夏朝时水患严重，洪水泛滥常导致江河暴涨，引发山崩、滑坡，危及百姓。鲧奉命治水，他采用筑堤防水的办法，由于不明水道，结果堤越筑越高，水患反而愈演愈烈。鲧死后其子禹继承了父业，他用十三年的时间，考察水道，研究地形地貌，"开九川，通九道"，修筑堤坝，终于"引支流汇巨流"，使奔腾的洪水流向了大海。

这个故事说明，古人在没有掌握"洪泄"的规律，受自然的盲目必然性支配的时候，是没有自由的，不得不受大自然的惩罚；人们认识了自然的必然性，掌握了它的规律之后，就会成功地改造自然，获得自由。但是，大禹之后，几千年过去了，尽管我们现在已经有了不知比大禹先进多少倍的治洪办法和设施，在治水方面有了更大的自由，但还没有彻底征服它，因而也就没有最终摆脱它的盲目必然性的支配，从必然王国进入到自由王国。

在马克思主义看来，必然王国是指人们受盲目必然性的支配，受自己所创造的社会关系奴役这样一种社会状态；自由王国是指人们摆脱了盲目必然性的奴役，成为自然界的主人，进而成为社会和自身的主人这样一种社会状态。自然的盲目必然性，是指人们还没有获得对大自然全面彻底的了解和认识，还没有全面掌握它的规律，因而在某些方面仍受它的控制、支配。社会关系下的盲目必然性，是指生产资料私人占有制为基础的社会，劳动者受着社会关系的奴役。而且剥削者还会利用自然的盲目必然性加强他们的统治，如中华人民共和国成立前，国民党炸开花园口，使黄河水泛滥，多少穷人流离失所，丧失生命。在这个必然王国中，人们是无法掌握自己命运的。因而，从必然王国向自由王国的飞跃，是马克思主义的历史使命，是共产党人的奋斗目标。自由王国的到来，就是共产主义的实现。到那时，人们将摆脱自然的盲目必然性的支配，充分地利用自然为自己服务。人们也将推翻人剥削人、人压迫人的制度，摆脱社会关系的盲目必然性，不但"成为自然界的自觉的和真正的主人"，而且成为自己社会的真正主人。那时，人类才能彻底地获得解放，成为真正的自由人。

附　录
诗词评论

《诗意栖居》序：大地情思奋笔扬

王向峰

本伟同志会写诗又好写诗这个特点，我在十几年前就已经深有所知了，因为我当时就读到了他写的部分诗作，并为他的结集出版的《和风细雨集》写了一篇序言，并主持了对于该诗集的研讨会，会后又由我把研讨会上的论文主编成《都本伟诗词论集》出版。在这之后不久，本伟从省里调任葫芦岛市市长、市委书记，五年后又转任东北财经大学党委书记，见面时我问他又写诗没有，他说公务太多，静不下心来写诗了。我以为他的诗情就此消退，再难继续。岂料他从东财转任广东东软学院的党委书记之后，诗情大发，又不断地写诗，在追求诗意地栖居中，使诗的题材更为宽阔，立意更为高展，语言也更为精到。他这时又把前期之作与身在南粤之作编在一起寄给了我，让我读后再写下意见为序。以下的文字就是通览他的全部诗作之后的一些想法。

本伟的这部《诗意栖居》，以情为中心，四辑皆以情成编，次序为亲友情、四季情、山水情、古今情，共收纳古今体的诗作近三百篇，显示出作者的诗情诗意，不论读到哪一辑，走到哪里，都像春来大地上，必然是草木萌生，焕发一片葱绿。所以本伟诗首先令人感动的是情。陆机《文赋》中说："诗缘情而绮靡。"这句话里揭示的是诗由情生，而又必须予以艺术华美言辞的表现；而由于诗情是审美高级情感的构成，其情感必是情思，因而必然是包含着思想倾向的情思存在。

一、亲友情深

本伟入诗的"亲友情"，包含有伦理亲情和同学同志情。本伟为人知情重义，朴厚热诚，具有蒙古族的豪放开朗的热情性格，他在家是孝子，在社会是达人。他广发友谊之心，关心他人，人也多以他为友，在"亲友情"这一辑里广泛而深厚地表现了他的真情所在。

本伟是大孝子，对于父母都极为感恩和孝顺，在父母去世之后也永不退减缅怀追忆之情。他以无比深厚的感情，抒发了对父母的怀念痛悼之情：

> 生离死别足堪伤，日常思，夜难忘。
> 慈母音容，烙印儿心上。
> 犹记当年诀别日，悲不禁，断人肠。
>
> 昨宵梦里又还乡，老爹娘，正倚窗。
> 望子归家，涕泪一行行。
> 待到醒来情更苦，天上月，色昏黄。
>
> ——《母忌日感怀》

这首《母祭日感怀》用的是苏轼名词"江城子"之韵，虽有苏词之韵迹，但抒写的却是情真意切的母子情。本伟对父母恪尽孝道，有着深厚的感情，知天命之年，对殁世双亲更是思念与日俱增，父母的音容使他永远地魂牵梦绕，见之于诗，读之令人更是悲痛。

本伟这种父母情，在两首《清明祭》中又见深沉重现：

其一

一弯弦月映凄凉，星夜奔故乡。

多时未拜双亲墓，身远心常往。

而今肃立亲墓旁，再洒泪之伤。

清明儿女断肠日，生死两茫茫。

其二

天地崩，双亲梦断红山东。

红山东，年年风吼，儿女别痛。

儿时携我红山行，而今相对影无踪。

影无踪，鹤飞天外，往事随风。

本伟在诗里虽说是"往事随风"，但那仅仅是时间，而父母之似海深恩却深刻在了心头。

本伟的深厚情谊也强烈地表现在对中学同学钟礼身上。

难诉思怀叠，怅今朝，茔烟缕缕，断魂时节。

犹记寒窗风雨沥，走笔风流蕴藉。

驰塞上豪情激越。

曾笑傲书生意气，叹匆匆星陨林花谢。

频顿首，恨离别。

生前写就千千页，

只如今黄泉碧落，阵阵凝噎。

焚祭悼凭君览阅。

新雨但怜催泪下，慨真情燃火长无灭。

酹浊酒，赋悲阕！

　　这首《焚祭》是一篇怀人佳作。诗友钟礼亡故，身后落寞，空留千千诗页。本伟给亡友出资出版了诗作，之后在其墓前焚诗集祭亡友，以告慰这位有诗作而未得出书的学友。此等率意之行足可比古人吴公子季札在徐君墓前树上挂剑之信，俞伯牙与钟子期死生不易的高山流水之情，管仲与鲍叔牙的贫贱不移之谊，这等友情见之于世道浇漓、人情如纸的时日，足以堪称旷代。

　　在这辑诗中，我还特感动于他在葫芦岛和东财任书记时写的三首诗。在他作为市委书记时，他写《美丽的心灵》诗，歌颂市里的医护人员为人民的健康辛勤奉职，视其白衣就是天使的羽翼："头上是白求恩的精神，脚下是南丁格尔的足迹。"可以想象，这样的赞美与鼓舞来自市委领导笔下的诗篇，对这一人民生命健康保护神的群体，会产生何等推动加油的助力！不仅如此，他在大学党委书记任上，犹能以崇敬之心写出《教师颂》，还有收在《校园颂》中的《辛勤园丁》，歌赞有小学、中学和大学教师的园丁群体，视他们为"我头上最灿烂的星空""我眼里最绚丽的彩虹"。"园丁多伟岸，树木就有多挺拔，民族就能走到哪"，这该是多么深知教师职业在国民精神塑造中极端重要作用才能写出的诗作！使我特别意外感动的是他还有一首题为《淳朴校工》的诗，在诗中对于清扫工、炊事员和木工等等这些连教辅人员都不是，但却是办学不可缺少的人员，表达了应有的评价和赞颂。这显示的也是本伟的炽热真情。

在这辑诗中，本伟更多的是对日常生活的体验和赞美，通过大量对于亲情的描写，又远高于血缘关系，更多地体现为广厚的仁者之心，给人崭新的博大之爱的体验。

二、四季情怀

人们从盼望一年四季中某个季节早去或早来，常说：没有一个冬天不会过去，没有一个春天不会到来。其实过去的还会到来，到来的还会过去。春夏秋冬，循环往复，运转不停，周而复始。人就生活在四季的时序之中，并随遇而产生各种复杂的感情状态。中国古代诗论与画论中，从一般的意义上都论述过人们易随四季节候而发生的感情状态而变化。如宋玉说："悲哉，秋之为气也，萧瑟兮草木摇落而变衰。"陆机在《文赋》中说："遵四时以叹逝，瞻万物而思纷；悲落叶于劲秋，喜柔条于芳春。"刘勰在《文心雕龙·物色》中说："春秋代序，阴阳惨舒，物色之动，心亦摇焉。……是以献岁发春，悦豫之情畅；滔滔孟夏，郁陶之心凝。天高气清，阴沉之志远；霰雪无垠，矜肃之虑深。岁有其物，物有其容。情以物迁，辞以情发。"郭熙在《林泉高致》中说："春山烟云连绵，人欣欣；夏山嘉木繁阴，人坦坦；秋山明净摇落，人肃肃；冬山昏霾翳塞，人寂寂。"这都是四时的山光水色对人有一种物我同构的召唤作用，或称之为心理暗示，使为诗画之人不免情由景起，因景抒情。且看本伟的《园中闲》诗：

> 庭前阳光暖，藤蔓挂南栅。
> 啼鸟树头落，花枝赔笑脸。
> 孤翁藤下坐，清茶沁心间。

乐音绕耳旁，诗韵著成篇。

诗中的啼鸟落树，花枝赔笑，而老翁独坐，清心品茶，享乐写诗。此情此景让人想到陶渊明的潇洒和脱俗。诗人能深入观察和体验生活并让生活转化为诗歌，诗歌就会告别苍白和空洞，回归真正的诗意栖居。且看其《春雪》：

春雪细细，空气更清新。
晨起推门堆雪人，一会雪花满身。
杏树昨日鹊鸣，今晨去哪浓睡？
双燕欲归时节，唯有雪人沉醉。

这首《春雪》写得清新，充满童真的可爱和智者的意趣。而在《盼燕》中，诗人写道：

春归庭里，鹊踏枝间，残雪滋润酥田。
燕子一年一相逢，为何春至还未见？

天净如洗，风轻拂面，正可月下团圆。
但无鹊桥通南北，忍却相思暂为仙。

无论写花写草，还是写雪写燕，一枝一叶总关情，即使是普普通通的一道栅栏，平平淡淡的一方晴空，一次春寒，一场冬雪，大自然的四季流转都能给诗人以启迪。本伟就是通过他艺术的灵感直观地诗化生活，从而使之达到一种美的境界。"万物静观皆自得，四时佳兴与人同"，只有心中远避世间的喧嚣、名利的得失，修为朴素无华的定力，才能充实自身的本质力量，在红尘世界里做此身属我的逍遥游。这时春之绚烂、夏之斑斓、秋之浓郁、冬之肃然，都是属于自己观照和确证自身的对象，不论是在面前还是在心上，都会显得情趣盎然。

三、山水情长

人生活在社会中，其实社会却在自然中，自然界是人类最原始的家园。即使是人类社会发展到现代阶段，人也照样离不开自然界，甚或更加亲近自然，这也许就是人类精神返祖的现象。而人在自身本质力量的发展中，以自然存在为自身存在的对象，在对自然人化的实践过程中，也以文学艺术的媒介方式审美地人化自然，甚至达到"山水比德"的程度，也是中外诗歌与艺术史上不乏所见的事例。

在本书第三辑"山水情"中，本伟周游中外各地的山水风光，地旺风物，随时投入情思，移情化物，在自然景物上审美于自然，也直观自身。在他寄情的山川景物中，杭州的秀色、海南的风韵、桂林的秀美、庐山的奇观、草原的辽阔，以至自己的家乡、工作过的两座海滨城市，他都倾情去拥抱，一切的风光景物，一切的色彩和韵致，都显得是那样的可爱。而展现在诗人笔下的一切，都像是"诗来寻我"，而受动的诗人所见、所感、所悟，皆入于诗，自然、生活被诗化了、审美化了、艺术化了，而心灵也获得了山水风光的滋养。

他在诗中领略较多的是桂林——一个烟雨朦胧的城市，一个有着文化底蕴和诗一般境界的地方，到龙脊、到阳朔，登梯田、看漓江，留在心中皆如诗如画。古人说，"我见青山多妩媚，料青山见我应如是"，是天人合一的境界。他笔下的漓江和阳朔诗就有五首，这大概是他以一处风光写得最多的地方。

漓江之媚（其二）

万峰擎天秀，一水串渔舟。

唯此光和影，独为天下头。

漓江之媚（其三）

水绕山环漓江美，神姿仙态惑人醉。

一江清波胜美酒，诚邀天下有情人。

他写西湖夜色：

寂寞清秋月夜朦，湖光山色荡微风。

断桥路上无霜迹，落叶纷纷伴晚钟。

他写灵隐寺闻香：

西子湖畔山色重，灵隐寺中香气浓。

人间仙境知何在？到此不再觅新踪。

这些诗写的是自然风光，但却不单纯地模山范水，而是既有自然之在，又有主体之在的好诗。

读万卷书，行万里路，作者每到一地，都敞开心灵，迎对名山秀水带给他的震撼与感悟，祖国壮丽的名山大川的确让他生出无限敬意和柔情，一首首发自肺腑的歌唱自然流出。他常对友人说，旅行要带一颗感恩的心出发，更要带一颗丰盈的灵魂回来。诚哉斯言，这样的行走，心灵自然会升华、会超越，会生出广博的爱。且看他心目中的莲花岛：

> 义江水到莲花岛，围堰拦出苔藓草。
>
> 微风山出百柳绿，水漫河滩鱼踪杳。
>
> 野鸭戏水呈欢态，村姑采蔬含娇巧，
>
> 远客沉醉不忍归，提鞋河边打赤脚。
>
> ——《莲花岛游记》

　　"山出百柳绿""采蔬含娇巧"，本自天然，大有真意。在这些诗中，诗人引导我们看湖山月色、椰柳桂菊，领我们观赏水泉石桥，体验云淡风轻。在普通人眼里的平常风景器物，诗人都可以解读出充满意趣的丰富内涵，赋予其鲜明的情感特征和社会属性。此时，草木有情，花月含羞，它们都具有了象征意义，是"物之色彩皆着我之颜色"，饱含着诗人的理想和追求。

　　在山水篇中，我还感动于本伟在葫芦岛市主政时，创作的三首抒情长诗《葫芦岛放歌》《家园颂》《心系这片土地》。这三首抒情长诗，有一个共同特点，就是对葫芦岛悠久的历史文化遗存和城泉山海岛自然风光的赞颂，以及对那里勤劳勇敢善良的人民的美好祝愿。抒情长诗所惯用的比兴、排比、对仗、声韵等手法让本伟运用得驾轻就熟，随手拈来，美好风光景致立刻浮现在读者面前，历史的遗风立刻吹拂到读者耳旁。请看"文明历史的葫芦岛"："大龙宫寺恢宏雄奇，水上长城蜿蜒巍峨。宁远古城，点燃过明清历史的无情战火。英雄塔山，书写了辽沈战役最精彩的段落。"再看"美丽富饶的葫芦岛"："首山三山峰峦如簇，虹螺山白狼山纵横捭阖。逶迤的山脊，是大自然清奇的骨骼。女儿河烟台河滋养千家，六股河大凌河润泽万物。蜿蜒的碧水，是大地上柔美的经络。"这样的描写是多么的豪情万丈，又是多么的柔情似水。请听："你是春绽杜鹃夏开彩莲，你是秋菊吐芳冬雪缠绵。地上的草儿映衬翠绿，天上的云儿簇拥蔚蓝。"这是多么美丽的四季风景！请再听："我多想，就这样，成为山间的一棵绿树：和白云手牵着手，与森林肩并着肩，装扮滨城青春的容颜！"这是多么的激情满怀！"我多想，就这样，成为城中的一枚灯盏：给街道添一分亮色，为人们报一个平安，记忆每一个华丽的夜晚！"这是多么的诗情画意！"我多想，就这样，成为山旮旯儿的一缕清泉：让每一个梦想都开花，让每一个日子都鲜艳，与父老乡亲共享全面小康的盛宴！"对那片的土地和人民，这是多么的依依不舍，又是多么的美好祝愿！这些抒情长诗非常适合在重大节庆活动中在舞台上集体朗诵，唤起人们爱祖国爱家乡的美好情感。这就是诗的力量！

四、古今情系

中国是一个有五千多年历史的文明古国，又有近现代民族民主革命和共产党领导的工农革命光辉历程，其中著名者、奉献者、杰出者、牺牲者、忠谏者、谄媚者、投降者，细加品鉴，类属仁人志士者有之，誉为侠肝义胆者有之，宵小败类者有之，历史流程中的忠与奸、贤与愚、真与伪、善与恶，皆不乏其人。作为诗人以诗贬恶诛邪，激浊扬清，是本有的宗旨。

本伟在本辑诗中的选材，主要着眼于正面人物和名声不凡的女性人物。他写《端午祭屈原》：

> 汨罗水上祭屈原，万里无云问苍天。
> 惟楚奇才斯为盛，以身殉国行胜言。

> 星辰闪烁光辉耀，山川无语为哀怜。
>
> 端午每至粽相寄，伟岸英名代代传。

这是在歌颂忠贞不屈的爱国诗人屈原，批判的是楚国的黑暗政治，为伟大的诗人发不平之鸣。写屈原的杰出品格，也表现了其人在当时和今天的历史地位。

而中国人民忘不了的爱国音乐家聂耳，也是特别为本伟歌赞的天才。如果说人们年年端午纪念屈原，而作为国歌的《义勇军进行曲》的作曲家聂耳，他倾尽热血谱写成的雄强豪壮、悲而不伤的动人旋律，在中国每一天不知有多少庄严的场合由人们高声唱起，在提醒着中华民族今日尤当奋进，时时警惕中华民族危险的时候并没有过去！请读一读本伟的《聂耳颂》：

> 春城甬街知春堂，终留史上放光芒。
>
> 聂耳谱出义勇曲，定为国歌永传扬。
>
> 虽在异邦身殒命，强音大振国隆昌。
>
> 民族将兴虽先去，盖世英名永流芳。

在本伟的"古今情"专辑中，有多首写我党历史上的革命家的诗作，如邓恩铭、谭平山、韦拔群、王若飞等，本伟都曾到这些革命家的故里故居去拜谒，非有深厚革命情怀，少有人好作此行，因此其行为本身就十分感人。试看《红水河之歌——韦拔群烈士故里行》：

> 红河水绕到东兰，拔地群峰起高山。
>
> 魁星楼上运筹策，北帝岩下文武研。

满门被害终不悔，断头怒视慑敌顽。

八桂大地留风骨，革命雄风四海旋。

韦拔群烈士的这种为革命不惜付出身家性命的斗争精神，充分显示了共产主义战士为民众解放敢于牺牲一切的崇高精神，足以振顽立懦，带动人民敢于同剥削压迫的旧世界抗争到底。

此外还有几首写红军长征史迹的诗，如四渡赤水、遵义会议，以及参观渣滓洞等诗，也都值得一读。

在本辑中还有一些写古代女性的诗作，如西施、虞姬、王昭君、赵飞燕、蔡文姬、上官婉儿、杨玉环、李清照等，这些人虽然不尽是高贤淑女，但各个多有故事，有些确也值得赞许，如宁为玉碎、不为瓦全的虞姬，不怯风沙万里行的王昭君，流落匈奴而思归故国的蔡文姬，"人比黄花瘦"的李清照等。诗中也写了颇有姿容和舞技的赵与杨这两个误国害政的皇家后妃。诗中写赵飞燕的《飞燕留仙》，写杨贵妃的《吟玉环》，都是偏重于写她们的歌舞容姿，而对于一个是"燕啄皇孙"（骆宾王语）的狠毒；一个是"霓裳一曲千峰上，舞破中原始下来"（杜牧诗句）的负面却略于批判，这也许是主题偏重所致，以致好似为"美女讳"。但是，诗写西施的秀美与婉约、貂蝉的传奇与美幻、王昭君的悲怆与期望、杨贵妃的七夕盟誓与马嵬坡的香消玉殒，通过诗人的审美感悟，读者可以穿越历史的时空，与古人悠然心会，在感受和想象中，获得审美的愉悦。

对于在历史上被崇敬的人物，发思古之幽情，是古今诗人好走的诗路，所以，无论是运笔挥写古代美女、才女，还是以诗召唤出苏轼、成吉思汗、鲁迅、徐志摩等等历史人物，都是传递深重的历史信息，让人悠然神往于不同的风流人物。

本伟的诗，诗情浓厚，文采飞扬，其丰富的想象、深厚的意蕴，充满了作者发自内心的激情和源自生命本真的感动。这种激情，真实地流露出诗人对生命和生活的执着和热爱。他总能以学识和人格的双重力量，将心性的修养、精神的价值、人文的关怀，润物无声地融入流畅的表达中，让我们真切地分享到属于这个时代学人的激情与温暖。

本伟的诗词，兼顾古今各体，移步换形，变格改制，语言文字以表情达意为先；写旧体诗词制句，能合平仄粘连则求之，不能合平仄则以尽意为主，破格抒写，以直抒率真情性为准。我认为这也是旧体新出的一种可行方式。他今诗虽自由放旷，仍见出古典文化和语言的底蕴。本伟的各体诗歌，言情咏物，深入物理，深得古体诗词之真谛。

诗歌是语言的艺术，作者讲究词语的运用，尤擅长用动词给人审美的惊奇感和情感冲撞，追求的是司空图所说的"韵外之致""味外之旨"，力求创造出动人心魄的情感、意趣、心绪和韵味。本伟扎实的国学、人文功底，深厚的哲学与文学修养，能令其出手不凡。吟诵他的诗句，分享他的浪漫诗情，我们会对人生和自然，对亲情友情平添深深的敬畏之情。

本伟在辽大读书和工作时，我们就多有交往，特别是他对美学的偏爱，使我们更是情趣相投，每以著作互赠。在他走出辽大步入仕途之后，彼此仍未相忘于江湖，尚多有联系，保持忘年的交谊。今天，他又以诗与我彼此切磋，深结诗缘，更留下了明天的话题。我想，今天我们可以一起沉醉在九月重阳的秋光里，观赏金菊硕果，醉情于霜林枫叶，目送北雁南飞，喜庆战疫成功，品味天地合德的妙音。

序后题诗一首，以结文义：

大地情思奋笔扬，几多感慨入诗藏。
古今世事由心写，岁月无边路亦长。

2020 年 10 月 27 日作于辽宁大学望云斋

（王向峰：著名文艺理论家，辽宁大学教授，第三届鲁迅文学奖获得者）

微信扫码
· 文学名段
· 趣说中国史
· 哲学探索
· 读书笔记

《和风细雨集》序：独得环中物外情

王向峰

　　我的案头放着本伟的《和风细雨集》，展读过后，颇为惊讶。因为我们相交多年，却并不知道他还写诗，而且一鸣惊人。百余首古今体诗作，或寄情山水，感悟生命，或探幽寻古，思索人生，其潜心营造的诗情画意，使人在潜移默化中进入诗词的情境，受到审美的熏陶和情思的感化。这不能不说是他在从政贡献之外向社会所做的文化贡献。本伟是一位学者型官员，这本诗集是他利用工作之余的点滴时间，对生活的思考和对美好情愫的探寻，是个体生命体验和激情迸发的结晶，符合"言之不足则歌咏之"的诗歌规律。

　　中华民族是诗意的民族，诗歌传统源远流长。但在商业大潮的冲击下，很多人生命中的诗意被逐渐消解了，传统诗歌的地位被淡化了。本伟的努力，一方面证明着诗词文化的存在与不朽，同时也是他刻意为弘扬中华诗词文明、繁荣文学，做出了自己力所能及的贡献。

　　本伟从政多年，先教育后实业，他以迥异于常人的精力和热情，在所涉足的领域，实现了不俗的业绩，并演绎着属于自己的本色人生。他的诗集展现了他丰厚的文学艺术修养和多姿多彩的文人情怀，字词斟酌间显示着学者的睿智博雅、官员的沉静练达。我们从这本诗集中可以分享到一个智者的思想火花，走进他的诗意人生，也可以从这些从心底流出的歌声中解读他的人文情怀，接触那些被遮蔽的生命中的感动。

《和风细雨集》共分为"感悟生活""寄情山水""思古幽情"三辑。三辑内容不同，形式也略有变化，感情色彩也有所不同。

在"寄情山水"辑中，杭州的秀色、海南的韵味、桂林的秀美、庐山的奇观、草原的辽阔，展现在诗人笔下，真是"诗来寻我"，诗人所见、所感、所悟皆入于诗，自然、生活被诗化、艺术化了，心灵获得了艺术的滋养。

他领略较多的是桂林——一个烟雨朦胧的城市，一个有着文化底蕴和诗一般境界的地方，到龙脊、到阳朔，登梯田、看漓江，如诗如画。古人说，"我见青山多妩媚，料青山见我应如是"，是天人合一的境界。读万卷书，行万里路，作者每到一地，都敞开心灵，迎对名山秀水带给他的震撼与感悟，祖国壮丽的名山大川的确让他生出无限敬意和柔情，一首首发自肺腑的歌唱自然流出。他常对友人说，旅行要带一颗感恩的心出发，更要带一颗丰盈的灵魂回来。诚哉斯言，在这样的行走中心灵自然会升华、会超越，会生出广博的爱。

> 义江水到莲花岛，围堰拦出苔藓草。
> 微风山出百柳绿，水漫河滩鱼踪杳。
> 野鸭戏水呈欢态，村姑采蔬含娇巧。
> 远客沉醉不忍归，提鞋堰上打赤脚。
>
> ——《莲花岛游记》

　　"山出百柳绿""采蔬含娇巧"，本自天然，大有真意。在这些诗中，诗人引导我们看湖山月色、椰柳桂菊，领我们渡水泉石桥、云淡风轻。在普通人眼里的平常风景器物，诗人都可以解读出充满意趣的丰富内涵，赋予其鲜明的情感特征和社会属性。此时，草木有情，花月含羞，它们都具有了象征意义，是"物之色彩皆着我之颜色"，寄寓着诗人的理想和追求。

　　在"生活感悟"辑中，诗人饱施深厚的感情，抒发了对父母的怀念，对友人的情谊。

<blockquote>
生离死别足堪伤，

日常思，夜难忘。

慈母音容，

烙印儿心上。

犹记当年诀别日，

悲不禁，断人肠。

昨宵梦里又还乡，

老爹娘，正倚窗。

望子归家，

涕泪一行行。

待到醒来情更苦，

天上月，色昏黄。

——《母祭日感怀》
</blockquote>

　　这首《母祭日感怀》用的是苏轼名词《江城子》之韵，虽有苏词

之迹，但抒写的却是情真意切的母子情。本伟对父母恪尽孝道，有着深厚的感情，知天命之年，对殁世双亲更是思念与日俱增，父母的音容使他永远地魂牵梦绕，见之于诗，读之更是令人悲惋痛惜。

泪诉思怀叠，
怅茔前，青烟缕缕，
断魂时节。
犹记寒窗风雨沥，
斗笔风流蕴藉。
驰塞上，豪情壮烈。
曾笑傲书生意气，
叹匆匆，星殒林花谢。
频顿首，伤永别。

生前吟就千千页，
只如今，黄泉碧落，
两相凝噎。
柳陌桃蹊寻旧影，
怎遣殷殷意切。
焚祭悼，凭君览阅。
新雨但怜催泪下，
慨真情燃火长无灭。
酹旧酒，赋悲阕。

——《焚祭》

623

　　这首《焚祭》是一篇祭悼怀人的佳作。挚友钟礼亡故，身后落寞，空留千千诗页。本伟为亡友出资出版了诗作，之后竟在墓前焚烧诗集以告慰亡灵。此举世间罕见，可比俞钟高山流水之情，管鲍贵贱不移之谊；此等友情之真，见之于世道浇漓、人情如纸的时日，是以堪称旷代。

　　在这辑诗中，本伟更多的是对日常生活的体验和赞美，通过大量细节性的描写，把人们带回日常生活的生动场景之中，给人崭新的生命体验。

庭前阳光暖，

藤蔓挂南栅。

啼鸟树头落，

花枝赔笑脸。

孤翁藤下坐，

清茶沁心间。

乐音绕耳旁，

诗韵著成篇。

——《园中闲》

　　啼鸟落树，花枝赔笑，而老翁独坐，清心品茶，享乐写诗。此情此景让人想到陶渊明的潇洒和脱俗。深入观察和体验生活并让生活进入诗歌，诗歌就会告别苍白和空洞，回归具体的丰富和美好。

春雪细细，

空气更清新。

晨起推门堆雪人，
会雪花满身。

杏树昨日鹊鸣。
今晨去哪浓睡？
双燕欲归时节，
唯有雪人沉醉。

——《春雪》

这首《春雪》写得清新，充满童真的可爱和智者的意趣。而在
《盼燕》中，诗人写道：

春归庭里，
鹊踏枝间，
残雪滋润酥田。
燕子一年一相逢，
为何春至还未见？

天净如洗，
风轻拂面，
正可月下团圆。
但无鹊桥通南北，
忍却相思暂为仙。

——《盼燕》

　　无论写花写草，写雪写燕，一枝一叶总关情，即使是普普通通的一片栅栏，平平淡淡的一方晴空，一次春寒，一场冬雪，大自然的四季流转都能给诗人以启迪。本伟就是通过他艺术的灵感和直觉诗化生活，从而使之达到一种美的境界。万物静观皆自得，只有放下世间的喧嚣，名利的得失，面对大千世界，静以观之，才能由表及里，获得内美，达到物我两忘的美妙境界。如果人们无比地热爱生活，则春之绚烂、夏之斑斓、秋之浓郁、冬之怆然都会显得情趣盎然。

　　"思古幽情"辑是诗人抚今追昔的感慨之言，无论是妙笔挥就古代八大美女、四大才女的词作，还是缅怀故宫、大帅府的历史人物，都承载着深重的历史信息，让人悠然而发怀古之幽思。尤其是西施的秀美与婉约、貂蝉的传奇与美幻、王昭君的悲壮与信念、杨贵妃的华贵与幽怨、赵飞燕的轻盈飘逸、宝珠的琴棋书画、甄妃的冰雪聪明、香妃的国色天香，无不极尽情态，她们或红颜薄命，或殉国明节，无不被渲染得淋漓尽致。通过这些诗意的感悟，读者可以穿越历史的时空，去会见这些耳熟能详的倾城倾国，去审视、去思索、去感受和想象，从中获得审美的快感。

　　读本伟的诗，深感其文采飞扬，文思奔放，其丰富的联想，深厚的意蕴，充满了作者发自内心的激情和源自生命本质的感动。这种激情，真实地流露出诗人对生命和生活的执着和热爱。他总能以学识和人格的双重力量将心性的修养、精神的价值、人文的关怀，一点一滴融入到平实而丰富的表达中，让我真切地分享到了属于这个时代学人的激情与温暖。

　　本伟的诗词，兼顾古今各体，移步换形，变格改制，标的则以直抒率真情性为准。今诗虽自由放旷，仍见出古典文化和语言的底蕴。本伟的各体诗歌，言情咏物，深入物理，深得古体诗词之真谛。诗歌是语言的艺术，作者讲究语词的运用，尤擅长用动词给人审美的惊奇感和情感冲撞，追求的是司空图所说的"韵外之致""味外之旨"，创造出动人心魄的情感、意趣、心绪和韵味。本伟扎实的国学、人文功底，深厚的文学修养令其出手不凡。吟诵他的诗句，分享他的浪漫诗情，我们会对人生和自然，对亲情友情平添深深的敬畏。

本伟在辽大读书和工作时，我们就多有交往，特别是他对美学的偏爱，使我们更是情趣相投，每以著作互赠。在他走出辽大步入仕途之后，彼此仍未相忘于江湖，尚多有联系，保持忘年的交谊。今天，他又以诗与我彼此切磋深结诗缘，更留下了明天的话题。我想，今天我们不仅可以一起沉醉在三月春光里，感悟春风化雨，草长莺飞，更能经常凝神静听心灵花朵的绽放和品味天地合德的妙音。

文后题诗一首，以结文义：

为政从文并有成，诗心学者不虚名。
苍苔屐齿留痕影，独得环中物外情。

《和风细雨集》序：肺腑歌吟汨汨流

王充闾

本伟先生《和风细雨集》付梓，邀余作序，却之不恭，写下几点读后的感想。

诗意、诗性、诗情，深深地润泽着整个中华民族，形成了悠久而深厚的文化传统；无论往古还是当代，都拥有最广大的诗人群体。在这一群体中，大体上涵盖了三类状况：专以写诗为业的，即文体意义上的专业诗人；专家、学者、教授、文艺家等各类专业人才中，"行有余力"则以诗鸣者；从事实际工作，包括各级从政者，文化素养较深，且富有诗的激情者。而在古代，则以第三类为多，专业诗人也有，但终身未入仕者少之又少。就当代诗坛而论，三种范畴里都涌现出了大量卓尔不群的诗人。本伟先生，作为学者型官员，兼具二、三两类之所长。这大概是首要的一个特点吧？

古人说："有一等胸襟才有一等文字。"长期担任较高的官职，使本伟先生具有丰富的人生历练和开阔的胸襟、超拔的见识。这对于诗文的写作具有决定性作用。确确实实，我们在本书中深切地感受到诗人所追求的一种境界——感悟生活也好，寄情山水也好，鉴古思今也好，都能够站在一个较高的层面上。诚如他在"自序"中所说的："和风细雨是和谐生活的另一种解读，赋予和谐以美的旋律；是一种平和地对待世界的态度，是此时无声胜有声的力量。"不仅此也，他更进而深入指出："人类社会何尝不希望和风细雨式的建设，不再折腾，国泰民安，一派安宁祥和，从而安抚人日益浮躁的内心世界。"和就是美。诗集立意甚高，展读一过，我们就能发现，"和谐""安宁"原是这部诗集的主旋律；而美，则是诗作所服膺、所追求的一种至境。

　　本伟是学哲学的，中西哲学的底蕴为他的诗词创作提供了丰富的滋养。而且，哲学研索本身就是一种视角的选择，视角不同，阐释出来的道理就完全不同。德国哲学家海德格尔强调，发掘人的生存智慧，调整人与自然的关系，纠正人在天地间被错置了的位置，主张在完善天人关系的同时也完善人类自身。他认为，重整破碎的自然和重建衰败的人文精神二者是一致的，并把希望寄托在文艺上。本伟先生从中感悟到，荷尔德林那句因海德格尔的阐发而在世界上广为流传的诗"人诗意地居住在大地之上"，正是体现了这种哲思。仁者乐山，智者乐水。在山水间，大自然与那一个个易感的心灵，共同构成了洞穿历史长河的审美生命、艺术生命，"天地精神"与现实人生结合，超越与"此在"沟通。大自然，成为人们的生命之根、艺术之源。

　　于是，他写下了一首《西湖夜色》：

> 寂寞清秋月夜朦，湖光山色荡微风。
> 断桥路上无霜迹，落叶纷纷伴晚钟。

　　诗中动静结合，为读者展现出一幅淡雅、清寂的素描，其中融入了诗人对自然、对人生、对社会生活的许多感悟，是诗意、画境、哲

629

思的主客观的混合体，寄寓着诗人广阔的心灵世界。

哲学的感悟和诗性的喷薄，使他获得一双善于发现美的眼睛。在他的笔下，山水被灵性化，生活被诗化、艺术化了，难怪他要说"不是我要寻诗，而是诗来寻我。"诗人的脚步遍布各地，空间的转换必然带来心情的感应，同时会调动时间的演化。于是，登高临远之际，便成为诗怀扩展之时。

他有一首调寄"浣溪沙"的《雪中情》：

> 独立寒坡雪上滑，
> 踏白背日小梅花，
> 形单一影旅孤斜。
>
> 燕子自从飞走后，
> 北回归路莫为家，
> 天开雪后落檐牙。

雪，原是人们习焉不察的景观，可是，一入诗人眼界，便有寒坡独立、孤旅形单、天开雪霁、燕落檐牙的图景显现，分明是一幅《寒雪燕归图》。应该说，诗的本质就是发现。诗人要永远能够以一双孩子般的好奇的眼睛，去感受周围的大千世界，去发现如日初升的新美。

如果说，和谐是《和风细雨集》的灵魂，哲思是其筋骨，那么，真情便是流贯全身的血脉。无论是寄情山水，讴歌祖国的壮丽河山，还是缅怀双亲，抒写对亲友的眷恋，诗人都充溢着一种灼灼的真情。于是，一首首发自肺腑的歌吟汩汩流出。这种歌吟，浸润着作者丰厚的人文素养、多姿多彩的文人情怀，迸溅出智者的思想火花，昭示着他的被遮蔽或遗忘的生命中的感动。

　　诗集中新体占的比例不大，但我发现，大多都饶有兴味，粲然可观，反映出作者的娴熟功力。

　　且看这一首《可不可以》：

时间可以分解吗？

可以。

所以我用每一秒钟想你。

空间可以分割吗？

可以。

所以我用每一处凝望想你。

思想可以分散吗？

可以。

所以我用每一个闪念想你。

身心可以分离吗？

不可以！

所以我用全身心想你。

你我可以分开吗？

不可以！

但却总是你在那里，我在这里。

这首诗构思巧妙，意境幽微，层层递进，到了最后陡然翻出奇境，令人拍案叫绝，堪称一首出色的情诗。

古人云："序者，绪也。"其意在于帮助读者理出一种端绪，指引一点路径。这些功能，我这篇短文恐未做到，无非是抒发一番观感，说说个人的看法而已。

（王充闾：著名作家，原辽宁省作家协会主席，首届鲁迅文学奖获得者）

诗意栖居与诗意思想

——评都本伟的《诗意栖居》

张思宁

都本伟在诗集《诗意栖居》[1]中用诗词建构了一个理想世界，他的理想世界是四维的，真情（人）、山水（物）、四季（宇宙）和怀古（时间）。诗集用哲学思维以诗词形式构建了发现、表现和映现理想世界的结构、层次系统。诗集与通常涉猎理想世界的著作不同，都本伟通过内心体验与理想世界的联结，将人的心灵世界构成了过去、现在和未来的有机整体，并在感觉、自我意识、意象和自由等纯哲学思维的意境中，用诗词作出了结构性的描述，其中隐含了符合心理活动规律的知、情、意逻辑，并揭示了潜意识与集体无意识[2]之间的秩序、规律。马克思在《1844年经济学哲学手稿》中说，感觉通过自己的实践直接变成了理论家。[3]诗集《诗意栖居》正是从日常生活体验中发掘歌颂了世间的美好，抵达了人们希望的理想世界，并赋予哲学的思

[1] 都本伟：《诗意栖居》，广东人民出版社2021年版，第3页。
[2] 荣格：《心理学与文学》，冯川、苏克译，三联书店1987年版，第11页。
[3] 马克思：《1844年经济学哲学手稿》，人民出版社1979年版，第6页。

考，展示了现时代人的生存状态和理想追求。

一、诗词投射出的人格特质

都本伟在大学学的是哲学，这决定了他比更多的人对理想世界终极目标有更深刻的理解，他在大学毕业时给同学留下的诗篇《可不可以》以感性的浪漫语言表现更多的是哲学思考：

时间可以分解吗？可以。所以我用每一秒钟想你。

空间可以分割吗？可以。所以我用每一处凝望想你。

思想可以分散吗？可以。所以我用每一个闪念想你。

身心可以分离吗？不可以！所以我用全身心想你。

你我可以分开吗？不可以！但却总是你在那里，我在这里。

毕业在即，同窗四载即将分离时，都本伟教授将依依惜别的体验用时间、空间、思想等意象表达对同学、老师的款款深情。这首诗既有哲学诗意，也是诗意哲学，他用碎片化的概念做逻辑思辨，用排比和想象的优美语言和层层递进的写作手法，给阅读者带来了许多意想不到的惬意与惊喜，同时也投射出他仁爱的人格特征。大学毕业后，他考上了西方哲学史的研究生，这对他人格的自我完善起到了至关重要的作用。正是他追求完美的人格特征决定了他可以有的放矢地吸收不同流派的哲学思想，并在此基础上形成属于他自己的美学思想。他在《红叶，是你》中写道："深秋，离开了你，来到北美大地。距离，千里万里。"其中"你"的外延可以从具体的人延展到家庭，又可以从家庭延展到祖国，直至超越现实抵达理想世界。"拾一片红叶，寄给你"表达的是感恩、怀恋和思念等诸多情愫，对过往情感的回望、守望与坚守，投射出他的价值观——友善和诚信。"红叶"与"你"的对应投射出的情，既可以是亲情，也可以是爱情，还可以是友情；"玫瑰"投射出的不是纯粹的爱情信物，而是从亲情、爱情和友情中抽离出的最美丽的情愫。他就是这样用美学思想表现情，也只有这样的情才符合集体无意识的期待。"捧在手心，与我甜言蜜语。放在心头，与我如胶似漆"投射出的是用美学意境表现的理想世界，以及亲情、爱情和友情带来的惬意，其背后的心理生理过程在生命中会蜕变为征服世界的心理能量，这是勇敢、坚强的心理基础。而在《我多想》一诗中，又强烈呈现这种心理能量的指向和目的，通过抒情来表达他对祖国大好河山的归属感和认同感，投射出他的价值观——爱国和敬业。

心理学家弗洛伊德认为，诗词犹如一面镜子能够映现出诗人的人格特征。[1] 都本伟的诗词给出了这样的价值观：世界上没有纯粹的爱情，爱情总是同亲情和友情交织在一起，并建立在亲情友情的基础之上。这是人类情感的最高境界，也是他认知的高度，这决定了他对待他人、对待社会和对待自己的态度，以及他仕途生涯的体验。他在《虞姬颂》中这样写道"阵前饮剑酬知己，报得重瞳连理心"，他将虞姬视为霸王的知己，这是在友情层面上诠释的霸王与虞姬的爱情，只有这样的爱情才能生死与共，在赴死时将真情定格在向死而生的永恒中。以前从未有人这样理解霸王与虞姬的爱情，他的这种价值观同样也呈现在《颂文君》一诗中，他写道："千古悠悠儿女长，百年恩爱终未伤。"他笔下的卓文君与司马相如之间不仅是爱情，更有亲情，在亲情层面上诠释卓文君与司马相如的爱情也是前人没有企及的。

在传统的美学思想[2]中悲也好，喜也好，对立的两极非此即彼。

---

[1] 弗洛伊德：《论创造力与无意识》，中国展望出版社 1986 年版，第 4 页。
[2] 尼采：《悲剧的诞生》，三联书店 1986 年版，第 12 页。

都本伟在他的诗词中用爱与痛的相互映衬表现这对立的两极，这是哲学诗意和诗意哲学的存在形式。不仅尊重了人的心理规律，同时也切合了人类的理想——集体无意识[1]的期待。生与死是人的本能，没有任何伤害比死亡带来的分离的痛苦更深重，都本伟在《母祭日感怀》中深切地表达了这种痛。值得我们品读的是他将想父母的痛与父母对他的爱交相呼应。以爱为底色的痛，爱加剧了痛的浓度，但是爱与痛的心理生理过程表现为不同的生物化学物质，当爱与痛同时出现时，爱可以消解痛，痛也在加剧爱的浓度，爱与痛成为一个整体，加剧了情感的分量。他在《母祭日感怀》中注重感情描写，而后转向了注重理性描写，他在《母亲节感怀》一诗中描写了爱与痛在情绪维度不断减弱，理性维度不断延展的心情。虽然在《清明祭（一）》中没有提及爱，可爱没有缺席，而是通过痛来延展的，这不仅更加美学，也更加哲学。到此并没有打住，他在《清明祭（二）》中继续用更强烈的痛来延展更强烈的爱，爱与痛的交织不断地在理性维度延展，距离最初那种伴有情绪的痛越来越远，而伴有理性的追思与怀念越来越近。这种心理变化他是用《天地对话》表白的，爱与痛既有理性，也有真情，爱可以消解痛，这原本就是理想世界指向的现实，可是在以往的文学作品中很少有人将这种爱与痛共同演绎的美展示出来。由生与死引发的爱与痛趋于平静之后，心理生理过程产生的生物化学物质会驱使人转向更理性的思考，那就是人生的价值和意义，这是辛勤奉献和追求理想社会的深层心理根源。都本伟在《祭祖》中寻找人生的价值和意义，并不自觉地以祖先为榜样，在《族聚颂》中投射出他的理想情怀超越了家的疆域，指向了国家，在更大的范围内寻求人生的价值和意义，在《忆秦娥·缅怀都氏先烈》中投射出他将家国情怀推向了极致。

---

[1] 乔拉德、兰兹曼:《健康人格》，刘劲译，华夏出版社1990年版，第8页。

倘若《忆秦娥·缅怀都氏先烈》投射出都本伟有国无家的献身精神，那么《抗美援朝胜利赞》则投射出的就是向生而死的美学意境，以及奔赴理想世界的豪迈，他在理性延展中将自己归属到国家和民族，乃至人类整体之中。

都本伟有拜访名人故居的偏好，这不仅表现出他的爱国情怀，也投射出他在不断地探究人生的价值和意义[1]，并以此不断地激励自己。在《谭平山故居感怀》中他用哲学诗意和诗意哲学表达的不仅是红色先驱谭平山的伟绩，还投射出他对共产主义的皈依，他用《邓恩铭烈士故居感怀》抒发情感的同时，投射出定格在永恒之中的人生的价值和意义——忠诚党的事业。他在《关向应颂》中投射出每个人忠诚党的事业的方式可以不同，但是人生的价值和意义是相同的。他在《聂耳颂》中写道："聂耳谱出义勇曲，定为国歌永传扬。"不仅讴歌了人生的价值和意义，也投射出怎么去忠诚党的事业。《诉衷情·痛悼闻一多》这样写道："捐躯报国，伟岸英姿，永放光芒。"投射出为党和国家而死是向死而生，这样的死就是生，这是一种全新的价值观。他在《红叶，寄给你》中写道："红叶属于树，与枝在一起，冬来了，与树暂分离。飘走了，落在树根下，虽然变成泥，依然守着你。拾一片红叶，寄给你，请把她放在你心里。待春回大地，叶茂再发，又长在枫林里！"他用根脉对枝与叶的永恒维系投射出他完善、完美、完整人格的价值观，建立了人与人类整体的永恒联系。

二、在美学意境中的人格自我完善

都本伟通过诗词投射出的人格特征揭示了分析心理学没有涉猎的潜意识与集体无意识相互作用的领域，以及潜意识直接抵达集体无意

---

[1] 海德格尔：《存在与时间》，陈嘉映译，三联书店 1987 年版，第 1 页。

识的途径，找到了在理想世界背景下自我完善的进路，这是对心理学的丰富和发展。他诗词的结构、层次系统切合了这两个方面：在结构上由体验和理想世界构成，在层次上既是潜意识的心理投射，也是集体无意识的心理投射。都本伟美学思想的主要特征就是对立的两极总是在不经意间相互转化，诗词《飞走的燕》用哲学诗意和诗意哲学将北与南、冷与暖对立起来，投射出现实世界与理想世界的对立，同时用燕儿的自由投射出选择的自由，这就是人格自我完善的美学意境。诗词的最后两句"燕儿，快归来吧！房有檐。冬夜，快过去吧！带走寒。"投射出理想世界不在眼前但并不遥远，是可以期待的，其中隐藏着坚定的信念，就是在遭遇困难和需要选择时，不是逃避，而是选择面对，在这样的美学意境下人格实现了自我完善。值得注意的是，都本伟在多首诗词中写到雪，雪是纯洁与浪漫的一种表达方式，也有冷的感受在里面，他在《等你，在雪中》中将体验与理想世界直接链接，雪与冷在美学意境中抵达理想世界，我们同时拥有两个世界。在《雪中情》中用"独立寒坡雪上滑，踏白背日小梅花，形单一影旅孤斜"继续表现冷与孤独的美学意境，在"燕子自从飞走后，北回归路莫为家，天开雪后落檐牙"中投射出的不仅要接受美与冷的现实，还要期盼热烈团聚的时刻。都本伟的美学思想是经得起推敲的哲学诗意和诗意哲学，在美与冷的现实中，接受的不仅是美还有冷，只有这样的美才是完整的。他的这个美学思想在《红叶知己》中是这样表现的，诗词中的"她"狭义指女人，广义指自然界，投射给自然界的是主观的心理感受和期许，这种主客同一的认识无疑是人格完善的灵丹妙药。

　　都本伟对山与水的隐喻评价，投射出他对山与水的深情，以及对理想世界的追寻，他在《西湖独景》中投射出独处的超然，在此传递的已不是体验，而是美学意境，这是诗意地思想的生命存在形式；他在《九寨的海》中面对九寨沟的瞬间体验，是意识、思维、情绪、想象的综合，山、林、海、瀑唤醒了的美学意境，在潜意识与集体无意识之间架起了桥梁，净化人的心灵。他在《英金河的诉说》中借河、湖、山、府、石所创设的隐喻，既是诗，也是幸福的许诺，还是对世界充满爱和关切的凝视与沉思。山水情是被他的灵魂一声声呼唤出来后，回归于理想世界，在体验与理想世界的链接中去感受人格自我完善的犒赏。不管怎么说，都本伟的创作过程就是人格的自我完善过程，诗词山与水叠现的美学意境，可以唤醒沉淀于记忆深处瞬间的体验，并在美学意境中对过去作出全新的评价，投射出建构在对他人理解、宽容和更好地把握自己的人格自我完善。都本伟在《山溪寻源记》《景德镇有感》《大理游记》《苍山洱海的晨曦》中用美学意境表现了人们熟悉的存在，这不仅是对脚下土地的美学意境的完善，同时也投射出他人格的自我完善。都本伟在《端午祭屈原》中的"以身殉国行胜言"，投射出了他的信仰，不仅是人理想世界的社会理性，也是社会发展的终极目标，更是人格自我完善的方向。在《王若飞故居缅怀》中"塞纳河畔苦求索，黄浦江边逞豪英"，不仅赞颂了革命先驱的业绩，也投射出他坚定的理想信念，这无疑会在求索中不断地完善自我。在《海瑞故居感怀》中"一生清正最为廉"既投射出他对海瑞人格的赞美，又激励自己以海瑞为榜样，去努力完善自己的人格。

都本伟的诗词拥有两个世界，"燕子"投射出两个世界的关联，诗词《南北吟》投射出在知、情、意中两个世界合一的美学意境，他的人格在这样的美学意境中不断地自我完善。而在《续南北吟》中投射出人格自我完善后带来的孤寂，"偶遇老友忙探看，离别为何久不见？"和"故人竟无言"表达了这种情愫。这是人格自我完善的过程中走出过去所必须经历的痛，理想世界的力量通过生理能量、心理能量和精神能量的转化来恢复生命的活力，既有体验人格自我完善的张力感，也有诗意地思想生成的新的认知境界。这种全新的认知具有感性与理性的双重力量，借助这种力量可以唤醒生命深处的原始能量，让受伤的人格和心理得到康复。倘若在人格的自我完善中体验那种走出过去的迷失，《相遇》中的词句"世间难得，相知又相遇"投射出重新找到了自我与非我，这是同过去完全不同的我，是具有完善人格和成熟人格的我。由此可见，都本伟诗意地思想不是美学意境中的幻象，而是深藏在他智慧中的独特经验里浮现出的集体无意识意象。都本伟的诗词具有某种至善的力量，读他的诗可以感受到一种纯正的品格，一份美丽而有责任的承诺，一种质地高贵的情感。心理学家认为，人类的心灵是相通的，只是表达方式有不同。音乐是作曲家和演奏家的心理投射，肖邦与舒曼表达的浪漫可以在集体无意识中找到。都本伟深谙古典音乐，音乐滋润了他的心态、抚慰了他的灵魂，他在《冬夜情》中享受着听音乐的浪漫，在《梦幻礼赞》和《爱的箴言》中与音乐家同生命、共忧欢，同时也投射出他的浪漫情愫，他与音乐家的集体无意识就是这么超时空的链接，并不自觉地在《天籁》中将这种最怡人、最绚丽、最动人的感觉投射出来，从而让爱美的心灵更加美丽。

人格的自我完善是对生命本源的回归与追寻，故乡是人生的出发地，也是人的理想世界的始点，这已经成为都本伟内在生命的一部分，他的家乡赤峰是他称为母亲的地方，他在《故乡恋》中投射出他是那么真挚地热爱着故乡，故乡丰富多彩、变化万千的姿色陶冶着他的性情，滋养了他的灵魂，他同家乡的相宜相融中，领悟到生命的勃勃生机，萌动哲学诗意和诗意哲学，体验与理想世界的链接灌注了生命的和谐之美。都本伟懂得哲学并博学致用、深谙美学赋诗词、善用金融著书立说、垂范立德而育人，虽然文墨不是都本伟的职业生涯，可写诗赋词是他精神存在的方式。诗意栖居是他的一种生存方式、一种生活形态、一种精神样式、一种对人生的价值和意义的思考、理解和实践，始终固守着人类精神的家园，思索着世界和人生的终极价值。

三、诗意地栖居与诗意地思想

哲学家说，支撑诗意栖居的一定是诗意地思想。都本伟教授创作的诗词通过对生命体验的追问和对理想世界象征性的叙述，在美学的意境中消解物性的特定存在，用诗意地思想创造了理想世界，于是他的诗词是通往理想世界的进路。他在诗词《遥远有多远》中用时间、空间、梦、爱、情和理想等碎片化的概念做逻辑思辨，投射出禅性的境由心造。也许守望的距离要多近就有多近，要多远就有多远，只有走过忘川，才能参悟到人生的价值和意义。在穿梭的时光中，我们怎样感受四季的轮回、变与不变、确定与不确定，体验是一种心境，也是一种潜意识和集体无意识的投射。《春雪》中文字描写的自然画面投射出都本伟平静、清洁、亲切、怡人的心境，这意味着他与四季的对话不带有任何偏见，是天人合一的生活形态。自然与人心灵的对话无声无息，却完全取决于人的主观性和主动性，看到了怎样的自然，就是怎样的心境。在《春否》中投射出都本伟可以自由自在地享受、欣赏、汲取自然风光，这是天人合一的精神样式。值得注意的是，完善、完美和完整的人格不仅表现为人对待他人的态度，更多地表现为人对待自然的态度，这是人格自我完善的延展，决定了瞬间的生命体验。都本伟在《盼春》中用"雪盖三尺厚，何时是春天？"投射那种无奈的心境，而且相信无可奈何不会永远。他在《春分》中用"燕子"进一步投射了这种心境，并用乐观的态度表达了亘古不变的事实——土地生产粮食报答人类劳动，来肯定理想世界的观照，这种自信的心境是诚挚、真诚待人、待物的源泉。正如萨特所说，理想的真诚（是其所是）一样是理想的自在的存在。诚挚与真诚既是人格稳定性的依据，也是完善、完美和完整人格的表现，都本伟在《春到》中用"久盼双燕终归来"投射人与四季和谐共生的生存方式。曾经的无可奈何会唤醒内在的自信，以及自信的表现形式——等待。等待不是忍耐，是与四季和谐共生的表现，在诗词《晨遇》《晨观》和《晨曲》中，都本伟通过冬天与春天时节的交替来表达等待的价值，由于这种心理投射与"晨"相关，投射出人格最为重要的部分，对理想、信仰充满朝气与活力！

美学意境只决定诗词的表现力，诗意地思想才能决定诗词的本质。我们感觉不到时间，却能感受到四季，四季俯瞰着我们的生命流转。都本伟教授的诗词以四季的美丽为背景，将瞬间生命的体验定格在美丽的景致中，成为接近永恒的一种途径，在此一切期盼都是可盼的，他在诗词《期盼》中这样写道"久已孤人习惯，无需候鸟临前。酒茶相敬吟诗篇，记取人生初见"，其美学意象不像逻辑属性那样局限在理性的概念中，在失去逻辑定义的精准性同时，想象力却获得延展。想象力自由驰骋、浮想联翩定会超越文字限定的概念去投射出内心的浪漫，不仅认知会提升到更高层次，也将获得价值观的改变。在快节奏的社会已有的、熟悉的、行之有效的心理暗示会骤然消失，都本伟在《晨遇》中投射出这种意境，他写道："忽闻人语声，无约寻春，有客紧随后"，他诗意地思想烛照着内外冥合、主客统一的美学意境，在《梧桐与雀窝》中用"预兆家国喜事多"投射与之相伴的是一种神秘的、极乐的高峰经验。都本伟诗意的思想克服了人类生命的有限性，使之回归于四季的无限，这是无声无息的心理慰藉。

都本伟在对四季景致的关切、凝视和沉思中，投射出其美学思想的永恒价值。[1]四季风景的永恒意义存在，是人获得自由、灵性和力量的源泉。他总是以独特的目光和心境来凝视四季的风景，在《植园（一）》通过人对土地的深情，投射出劳动的快乐，折射出他的品质、品味和品行在不断地接近理想世界。在《植园（二）》中投射出凝视生命成长的快乐，这是对劳动的最高礼赞，也是人性回归自然的逾越，这意味着他的人格已经自我完善到趋利避害的高度，这自然而然地就会将注意力转向美学意境而远离伤害。土地对劳动的回报会产生一种巨大的、额外的心理能量，这种心理能量带来的快乐既属于现实世界，也属于理想世界，是现实世界与理想世界的统一，他在《摘园》和《咏秋园》中投射出了这种弥散于现实世界与理想世界的快乐。

　　诗意地栖居是诗意地思想的归宿，诗意地思想是诗意地栖居的前提，诗意地栖居与诗意地思想互为因果。诗意地思想投射出的一定是集体无意识的期待，都本伟在《中秋赋》中表达的情愫背后，投射出的是中华民族的集体无意识——团圆、或思念，这种美学意境总是在意识、潜意识和集体无意识间穿越、游荡与徘徊，而后生成的全新感觉会在不觉中跨越了人与人之间的深河。亚里士多德说，人是一种政治动物。仕途生涯是体现都本伟人生价值和意义最为重要的部分，他是有着超乎常人的精力、毅力与韧性。执着的政治信念和完善的人格，让他在不同领域接受属于自己的挑战、超越和突破，由此所激发的心理能量、精神能量是诗意地栖居、诗意地思想的先在力量。他在《心系这片土地》中用诗意地思想表达了为官一任的深情和仕途生涯的回望，投射出他的信仰、情怀、责任、奉献、使命和担当，以及用人生的价值和意义给人们呈现的理想世界。

---

[1]《海德格尔选集（上卷）》，三联书店1996年版，第12页。

党史诗词创作的价值理性

——评都本伟的"红诗"

张思宁

党的十八大以来，习近平总书记在地方考察调研时多次到访革命纪念地，反复强调要用好红色资源，传承好红色基因，把红色江山世世代代传下去。在中国共产党成立 100 周年的特殊年份里，都本伟教授出版的新诗集《诗意栖居》中有多首他拜访"红色纪念地"后创作的"红诗"，尤其是他用诗词撰写党史人物传记，在这些诗传中他没有转述传主的传奇、逸事和故事，而是将党史中带有共性的信仰情结、勇敢情节和理想情怀，既在诗情的集体无意识中蕴含，又在信仰的集体意识的母题中展开。诗词的意识流、自由联想超越了人物传记的领域，用诗词歌颂党史人物，反映了他用诗词表现人物伟大业绩的探索能力，创作具有明显的哲学化趋向。都本伟教授党史诗词创作以到访党史人物故居和党史事件发生地的感受为底色，以先在的党史资料为佐证，将澎湃的激情和隽永的哲思结合在一起，高度归纳、抽象、概括和总结，讴歌、赞美中国共产党先驱者、后继者的英勇事迹，唯美地展现了中国共产党苦难辉煌的历程，这给他长期探究信仰的价值理性提供了直接的契机，刺激着他创作党史诗词的欲望和灵感，在创作中他将对信仰的忠诚全部显露出来，用思想探索党史人物的英雄行为。诗词使用频率最高的是"英"字，即英雄、英姿、英豪、英明等等，等意的有"雄"字，即枭雄、雄鹰、雄风等，隐喻英烈；其次是"世"字，即旷世、世上、万世，隐喻时间与永恒；再次是"峰"字，即单峰、双峰和群峰，隐喻不可超越的伟业等等。哲学家康德认为，对人的现实改善而言，确立一个完善人性的原型，就是明确供我们仿效的榜样。[1] 诗词用"英""雄""世""峰"搭建了党史人物完善人性的架构，这些字眼凝聚了人类从古至今的英雄崇拜的集体无意识，是人类非肌体遗传的集体意识遗传的全息缩影，从这种意义上而言，他的诗词不仅是党史人物的"诗传"，而且是党史人物的"诗词评传"。都本伟教授的诗词不是哲学文本，我们却可以清楚地看到哲学化趋向构成了他诗词创作的实质。他创作的对象是党史人物和党史事件，那些散落在党史人物故居中和事件发生地的物质碎片激起了他以往关于党史的记忆，耳闻目睹的亲身感受链接着党史的惊涛骇浪。黑格尔说，研究历史的最佳境界是历史与逻辑的统一。撰写党史人物和事件的诗词评传，不仅是党史，还是逻辑，亦即在图书馆和书斋里是不能研究出来的，而必须亲临党史人物的出发地——故居和事件发生地，去诗意地叙述党史人物与重大事件之间内在的逻辑联系，揭示其蕴藏着的人生价值和意义。诗词表达了前人没有表达过的思想、观点和论断，在时间维度找出事件之外、事件之后的意义。他的诗词用党史人物的革命意志及共产主义信仰的集体意识，以及共产党人的初心和使命让党史人物的行为超越了行为本身的意义。人是具有社会性的群体动物，

---

[1] 李秋零：《康德著作全集：第 6 卷》，中国人民大学出版社 2007 年版，第 61 页。

每个人的生命中都隐含着集体意识，他创作的党史诗词呈现了镶嵌在人性中集体无意识的非理性之美和集体意识的理性之美，这不仅使人性在美学意义上获得了完美的统一，也找到了人性美的根源和目的，用集体无意识与集体意识的辩证关系建构了人生价值和意义的框架，揭示了在心理学、伦理学和哲学上的普遍意义。哲学是时代的理性思考，诗词穿透时空地解析了集体无意识与集体意识的内在关联，在哲学视域中解析、解读和解释从古至今蕴藏于深不可测的集体无意识之中的人生价值和意义的本源、本性和本质，承担了将信仰根植理性的使命，亦即诗词已成为弘扬、传播、领受共产主义信仰的道场。

一、党史诗词的特征是用"文字漫画"描绘信仰的价值理性

都本伟教授党史诗词创作的特征是用"文字漫画"象征、隐喻、凝缩党史人物的人生价值和意义。英雄与时代同在，没有英雄的时代，是暗淡无光的时代；没有英雄的历史，是苍白昏暗的历史。英雄是杰出人物，而共产主义英雄却不是普通意义上的杰出人物，而是反映革命年代崇高精神的赫赫有名的先锋，他们的伟绩不仅是时代主题，而且他们的初心与使命的光辉依然映现着现时的人生价值和意义。马克思说，每一个社会时代都需要有自己的伟大人物，如果没有这样的人物，它就要创造出这样的人物来。都本伟教授党史诗词创作以党史人物故居为蓝本，那些现存的物质碎片经过隐喻或转喻，勾勒出凝固在时光中信仰的自然伟力。存留的物质碎片无法用严格的哲学命题描述，却可以用"文字漫画"表达无限意蕴，准确无误地表现信仰的基调。诗词用"英""雄""世""峰"作为"文字漫画"的线条，在集体无意识感性的意境中表现集体意识理性的语意，隐喻犹如可以转述、联

想故事的"漫画",文字比线条的意蕴更丰富,比视觉效应更深刻。沉落在党史人物故居的物质碎片,不仅雕刻着过去的光阴,也承载着亲历者的血雨腥风,还呼唤着坚定的信仰,更负载着不死的魂灵,物质碎片的意义超出了物质存在的历史价值和文物价值。亚里士多德认为,写诗这种活动比写历史更富于哲学意味,因为前者具有更为明显的"普遍性"。[1] 诗词创作通过极简的用典和辩证的出典,用"文字漫画"揭显、再现英雄群体敢于牺牲的集体意识,这无疑是那个时代奔赴理想社会的滚滚浪潮。故居是心灵回归的栖居之地,"文字漫画"通过用典遥望、眺望和回望英雄,在生与死的交织中探寻信仰的本源。他在《颂骄杨——杨开慧故里感赋》[2] 中写道:"板仓热土诞骄杨,经历沧桑风雨狂。北逝湘江君去远,南塘清水卫国殇。廿九献身何所惧,千字情书诉衷肠。神州齐赞骄杨美,蝶恋花开四海扬。""文字漫画"典中有据地描绘了杨开慧烈士的传记,"骄杨"选自毛泽东的诗词《蝶恋花·答李淑一》,都本伟教授特取"骄杨"隐喻爱情的伟大,以爱情言志信仰,以信仰意涵抒情,在信仰中汲取力量,以爱情参悟永恒,在爱情与信仰的相互映射中蕴藏爱情与信仰的遇见;词牌"蝶恋花"激活集体无意识时可生成爱情的原始意象,用蕴藏在"骄杨"中关于永恒爱情的联想转喻信仰永恒,又用"蝶恋花"隐喻信仰的价值理性。"南塘清水卫国殇"折射出集体无意识意境的圣洁信仰和集体意识理念的坚定信仰的本质,兼具了历史的真实性、主旋律的政治性和诗词的规定性;"廿九献身何所惧"表现了在生命最后的刹那瞬间,为信仰放弃生存而选择死亡的豪情壮志,在集体无意识层面给予读者巨大的心灵震撼,进而生成为理想献身的感性激情和理性智慧;"千字情书诉

[1] 亚里士多德:《诗学》,罗念生译,人民文学出版社 1962 年版,第 29 页。
[2] 都本伟:《诗意栖居》,广东人民出版社 2021 年版,第 274 页。

衷肠"析释了爱情的本真、本意和本质，在维特根斯坦的美学意境从
"永恒的角度去看"对爱情的执着追求，隐喻信仰的美学境界；"神州
齐赞骄杨美，蝶恋花开四海扬"隐喻、转喻爱情与信仰的辩证逻辑关
联和社会意义，实现了感性（集体无意识）和理性（集体意识）的完
美统一。那些散落在杨开慧故居的物质碎片，潜伏着信仰的秘密，蕴
蓄深厚的信仰加持爱情的力量。哲人说，人类已完成的历史，归根到
底是世界上耕耘过的伟人的历史。党史人物，在奔赴理想社会的征程
中不屈不挠地奋斗与抗争，具有至高无上的人生价值和意义，诗词印
证、重温了信仰的心路历程，这些形象唯美的诗句具有感性与理性的
双重效力，引领读者将感性的情境升华为理性的觉悟。

　　都本伟教授对党史人物行为内蕴的反思、解评和颂赞，抽象、浓
缩、全息地展示了党史人物的初心和使命，揭示了共产主义信仰的先
驱者和后继者的人生价值和意义。意蕴深邃的"文字漫画"邀集了过
去、现在和未来，历时百年血与火的淬炼，用抛头颅洒热血的传奇式
样，唤醒读者集体无意识的英雄崇拜。都本伟教授以邓恩铭和韦拔群
故里的物质碎片为线索，围绕烈士砍头只当风吹帽的英雄气概，用
"文字漫画"再现无产阶级集体意识的力量。他在《红水河之歌——韦
拔群烈士故里行》[1]中写道："红河水绕到东兰，拔地群峰起高山。魁星
楼上运筹策，北帝岩下武文研。满门被害终不悔，断头怒视慑敌顽。
八桂大地留风骨，革命雄风四海旋。"诗词的"自注"为"文字漫画"
留白，限定读者在集体无意识情境中再现史实，并在集体意识中领悟
人生的价值和意义。"红河水绕到东兰，拔地群峰起高山"讴歌着共产
主义信仰传播的力量，"拔地群峰"巧妙地把韦拔群的名字嵌入诗句，
"群峰"中的高山是峰中之"峰"，隐喻韦拔群烈士的卓越；"魁星楼上

---

[1] 都本伟：《诗意栖居》，广东人民出版社 2021 年版，第 260 页。

运筹策，北帝岩下武文研"用魁星喻指党史人物是英雄，"自注"中作者提示"运筹策"指韦拔群当年曾在魁星楼上与邓小平、张云逸等领导农民武装斗争，"武文研"指韦拔群曾在北帝岩里举办了广西第一届农民运动讲习所，在那里研读马列，操练士兵；"满门被害终不悔，断头怒视慑敌顽"评析了英雄为信仰而死的革命意志，"自注"中提示"满门遭斩"指韦拔群为革命牺牲了十七位亲人，"断头怒视"指韦拔群因叛徒出卖，被割下头颅，壮烈牺牲；"八桂大地留风骨，革命雄风四海旋"隐喻英雄的伟业与共产党人的初心和使命一样永恒。读者在集体无意识和集体意识之间穿梭，尽管无法回到史实现场，却在史实的重构中重建人生价值和意义的目标，诗词成为探求生命终极问题的切入点。

都本伟教授党史诗词在"文字漫画"中嵌入重大的党史事件，展现无产阶级先进分子奔赴理想社会的集体意识。不同时代集体无意识具有不同内涵，一旦被破译便成为那个时代的集体意识，集体无意识离开集体意识便失去意义。英雄的内涵在集体无意识和集体意识中是永恒的，诗人用诗词追溯其根源，进而揭示集体无意识与集体意识关系中蕴藏的信仰的价值理性。恩格斯在《致玛格丽特·哈克奈斯》中说，现实主义的意思是，除细节的真实外，还要真实地再现典型环境中的典型人物。[1] 诗词以党史重大事件为典型环境，映衬党史人物的丰功伟绩。都本伟教授在《谭平山故居感怀》[2] 中写道："南粤江山有奇峰，一代谭公诞高明。五四风潮闻鸡起，二一建党立初功。国共合作中流水，南昌起义为枭雄。披甲岂在主战场，落日西沉月东升。"重大党史事件在不同时空穿越，"文字漫画"突入现时的意象揭掀史实，抵

---

[1]《马克思恩格斯文集（第 10 卷）》，中共中央马恩列斯著作编译局译，人民出版社 2009 年版，第 570 页。
[2] 都本伟：《诗意栖居》，广东人民出版社 2021 年版，第 259 页。

达趋赴理想社会的深层逻辑。"南粤江山有奇峰，一代谭公诞高明"评赞"谭公"的伟绩，借用地名"高明"隐喻"谭公"智慧；"五四风潮闻鸡起，二一建党立初功。国共合作中流水，南昌起义为枭雄"将"谭公"同"五四运动""建党""国共合作""南昌起义"的伟业串联在一起，围绕隐藏在行为背后的集体无意识对党忠诚的感情，表现趋赴理想社会的集体意识为党献身的理想，在生与死的考验中被革命群体的认同，这正是至今未变的英雄内涵；"披甲岂在主战场，落日西沉月东升"将"日西沉""月东升"的用典和出典，诗意地表现英雄穿越时空不畏挫折对共产主义事业坚贞不屈的人生价值和意义。值得注意的是，"谭公"不仅是"谭公"，而且隐喻着趋赴理想社会的集体（公）意识。生与死的意义在趋赴理想社会的集体无意识中呈现出集体意识的价值，只要为奔赴理想社会而不屈抗争，就实现了人生的价值和意义，这不是象征而是真实意义。黑格尔说，我们应当把世界历史人物——一个时代的英雄——认作是这个时代眼光犀利的人物；他们的行动、他们的言行都是这个时代最卓越的言辞、行动。都本伟教授在《邓恩铭烈士故居感怀》[1]中写道："百年沧桑数风流，铅华洗尽忠不休。荔波城里童心在，樟江水上始放舟。嘉兴红船显身影，胶州暴动遭割头。舍生忘死英年逝，浩气长存震九州。"诗词将中国共产党创始人的集体意识在个体历史中一次性展开，意蕴奔赴理想社会的集体意识会前赴后继地在向死而生和向生而死中获得永恒。"百年沧桑数风流，铅华洗尽忠不休"具有双重意象，既展示了邓恩铭烈士的苦难辉煌，也隐喻着共产党人的苦难辉煌，还意喻共产党人将再创辉煌；诗词将党史人物"荔波城里""樟江水上""嘉兴红船""胶州暴动"串联起来，表达英雄的英勇，尽管没有突出集体无意识的作用，却突显集体无意

---

[1] 都本伟：《诗意栖居》，广东人民出版社 2021 年版，第 259 页。

识的情感，以及集体意识支撑的集体无意识行为；"舍生忘死英年逝，浩气长存震九州"歌颂蕴藏在英雄身上的永不离去的信仰的价值理性，虽然没有刻意地论述集体无意识和集体意识之间的辩证关系，却呈现了集体无意识对党的感情，以及集体意识为党的事业英勇就义的行为。诗词将时代质感浸润在集体无意识中，镶嵌在基因中的非理性激情支撑着集体意识的现时意义，亦即印刻着初心、使命抽象信仰的价值理性存在于集体意识之中，具象意义是在奔赴理想社会的使命中不惜牺牲一切。

二、党史诗词的核心是在"史诗"与"诗史"同构中揭示信仰的价值理性

都本伟教授党史诗词创作的核心是在史诗与诗史同构中评析党史人物的人生价值和意义，诗词是史诗与诗史的交响曲，表现的非理性情感和可供读者遐想的词汇，将激活读者的潜意识，在对党史的理性联想中创作出革命先驱的信仰故事。党史诗词有别于其他诗词的言志与抒情，字面意义是史诗，隐喻却是诗史，诗词既是史诗，也是诗史，在史诗与诗史同构中交汇集体无意识与集体意识。具有哲学趋向的词汇是史诗与诗史的联结点，蕴藏着史诗与诗史的独特蕴意，践行了以诗存史、以诗证史和以诗注史的探索。党史诗词用简约的文字评述党史人物，虽然没有史诗规矩的长度，却同样蕴意着丰富、翔实、浩荡的史实，史诗即诗史。康德说，历史总会"遇到一个转折点"，这个转折会将历史带入一个崭新的时代。[1] 都本伟教授用同样的文字表述着史诗与诗史的双重蕴涵，史诗与诗史在集体无意识联想中遇见，而后会在集体意识中弥散，寄寓的情感、价值、理念同理想社会的价值目

---

[1] 康德：《历史理性批判文集》，商务印书馆1990年，第23页。

标高度契合。尼采说，是什么造就英雄的伟大，去同时面对人类最伟大的痛苦和最高的希望？是伟大的荣誉给英雄以尊严，显示出他承受痛苦和负载希望的意义。都本伟教授在《百年独秀——参观陈独秀旧居感赋》[1] 诗中展现陈独秀的风骨、作为和使命，这是具有崇尚色彩超越时空的回应、遇见。诗词深沉、敬畏、虔诚的文字交汇出史诗与诗史的润泽、光芒与恢弘，仿佛遇见光阴流转中的故人。诗中写道："世上难有不凋树，人间易折是英雄。中国百年有独秀，宁折不弯震天行。铁锤砸向旧世界，檄文痛骂众枭雄。历经坎坷终不悔，是非功过后人评。"诗词中的英雄是时光淬炼出的英雄，"世上难有不凋树，人间易折是英雄"意蕴了英雄虽死犹生是永不凋落的大树，狭义上将传主同党的初期历史联系在一起，广义上同人生价值和意义联系在一起；"中国百年有独秀，宁折不弯震天行"意蕴了后人不仅敬仰他崇高的精神，也敬畏他的风骨；"铁锤砸向旧世界，檄文痛骂众枭雄"意蕴了他的作为和英雄内涵的确认、延展；"历经坎坷终不悔，是非功过后人评"意蕴了他的使命，以及信仰的价值理性的本源、本然和本真。正如毛泽东同志当年在延安时所指出的那样："现在还不是我们宣传陈独秀历史的时候，将来我们修中国历史，要讲一讲他的功劳。"诗作历史地讴歌了从过去到现在的史实，是一部关于陈独秀的史诗；诗词理性表达了趋赴理想社会的意志，又是一部关于陈独秀的诗史。集体无意识与集体意识映射着理性与非理性共存于一体的行为重合于诗史与诗史的同构，无论是史实的过去，还是全党正在进行的党史学习教育活动，集体无意识和集体意识的重叠已经变成趋赴理想社会的力量。这种情愫与意识完完整整地凝缩在作者党史诗词的创作之中。

都本伟教授以党史的史迹、史实、史事为创作素材，让党史人物

---

[1] 都本伟：《诗意栖居》，广东人民出版社 2021 年版，第 259 页。

在史诗与诗史中历久弥新。史诗与诗史的论域、术语、论证方法遵循了马克思主义哲学思想，用比喻、渲染、磅礴的意境表现集体无意识；用抽象、隐喻、象征的意志展示趋赴理想社会的集体意识。他在《百色行》[1]中写道："右江绕过百色城，江阔水缓，两岸列奇峰。三月春来满眼绿，百花鲜艳草茂生。当年百色风雷动，红旗漫卷，战地炮声隆。而今壮乡安宁景，山水秀丽人有情。"诗词全方位地激活思维与感官的链接，阅读的感觉是史诗，隐喻却是"百色起义"的诗史。"右江""百色城"隐喻了"百色起义""右江暴动"，"奇峰"隐喻着领导起义的邓小平等共产党人的伟绩。"右江绕过百色城，江阔水缓，两岸列奇峰"中江名、地名和奇峰都具有双重意义，史诗般的抵达集体无意识，又诗史般的抵达集体意识；用"三月春来满眼绿，百花鲜艳草茂生"隐喻在生生死死的轮回中初心不改，使命不变；"当年百色风雷动，红旗漫卷，战地炮声隆。而今壮乡安宁景，山水秀丽人有情"表现出宏大的历史场面，简约的文字藏有精到的哲学辨析。党史诗词对史诗与诗史的双重表达，这是任何灵感、意念和激情不能替代的哲思。史诗与诗史独到地诠释、评析、颂赞了党史人物的实绩，将读者带入人生价值和意义的思考之中。都本伟教授将集体无意识和集体意识置于哲学高度，使个体的具体性与人类的完整性获得统一。他在《廖仲恺纪念馆有感》[2]中写道："南粤大地有双峰，国民革命起大风。同盟会里顶梁柱，元帅府中一青松。出师北伐备粮草，国共合作扶农工。虽遭暗害身先死，江山万代留英名。"诗词在集体无意识与集体意识之间的逻辑意蕴不仅是史实的史诗，也是英雄人物的诗史。"南粤大地有双峰，国民革命起大风"中的"双峰"隐喻了廖仲恺和廖承志，透过父

---

[1] 都本伟：《诗意栖居》，广东人民出版社 2021 年版，第 222 页。
[2] 都本伟：《诗意栖居》，广东人民出版社 2021 年版，第 256 页。

子两代人的英勇无畏，领略革命党人前赴后继追求信仰的价值理性；不同时期的英雄有着不同的历史文化蕴涵，"同盟会里顶梁柱，元帅府中一青松。出师北伐备粮草，国共合作扶农工"展现了信仰的超凡可能性，可以超越世俗而创造的极品人生；"虽遭暗害身先死，江山万代留英名"意喻穿越过去与现在的时序表层，确信、确认和确证人生价值和意义的逻辑必然与现实必然之间的符契。史诗与诗史在过去与现在不经意间转换与呼应中重合，激起英雄主义的豪迈与激情，这种久违的激情不在过去，而在现时，超越史实升腾至人类精神的壮丽与崇高。

都本伟教授党史诗词将信仰情结浸润在史诗与诗史中，以此展示集体无意识与集体意识的价值理性。诗词格外关切集体行为，这同党史材料中的历史细节不同，他用简约的文字对党史人物动态还原，呈现集体无意识和集体意识趋赴理想社会的图景。信仰情结是镶嵌在生命中的对理想社会的期待，史诗与诗史展示集体无意识与集体意识的力量，是蕴藏在生命中的原始能量、动力。他在《遵义会址忆长征》[1]中写道："听风听雨忆长征，浮云满当空。楼前绿影荫分路，一声言、一片呼声。陡峭春寒已尽，终于柳暗花明。四渡赤水出奇兵，连雨转天晴。敌军围困万千重，娄山关，炮火轰隆。兵似洪流滚滚，一路战马嘶鸣。"诗词在集体无意识层次展示轰轰烈烈的社会政治变革画面，并通过情感、心理、心灵潜意识展示集体意识的智慧。"听风听雨忆长征，浮云满当空"意喻长征的受挫与艰辛，以及黑暗中孕育的光明，读者可以根据文字给出的意境，在联想中生成围绕长征的史实，感受共产党人的坚强意志，这种被激活的意志，会转化为读者克服困难的决心；"楼前绿影荫分路，一声言、一片呼声"意喻遵义会议确立了毛

---

[1] 都本伟：《诗意栖居》，广东人民出版社 2021 年版，第 271 页。

泽东在全党和全军中的领导地位，肯定了毛泽东同志改变了中央红军的前进方向，使红军避免了可能覆灭的危险；"陡峭春寒已尽，终于柳暗花明"意喻遵义会议是生死攸关的转折点；"四渡赤水出奇兵，连雨转天晴"用"奇"意喻毛泽东用兵的神奇扭转了乾坤；"敌军围困万千重，娄山关，炮火轰隆。兵似洪流滚滚，一路战马嘶鸣"不仅有文字的表面意义，还意喻共产党人亲历的神奇、惊险和胜利。诗词中的文字激活了集体无意识情感，并在此情境中围绕"长征"和"四渡赤水"联想，读者在集体意识的意境中完成史诗与诗史的再创作。共产主义的信仰情结就印刻在集体意识中，感性联结过去与现在，展示着时光变迁中不变的人生价值和意义。都本伟教授在《红军四渡赤水渡口感怀》[1]中写道："血战湘江红旗乱，八万将士天兵散。遵义城头拨方向。齐声赞，铁流滚滚路漫漫。四渡赤水游击战，勇夺乌江封锁线。行军路上有北斗。同心干，万里长征冲霄汉。"党史是诗词创作的依据，史诗与诗史很好地表现了凝聚在集体无意识和集体意识中的信仰情结。"血战湘江红旗乱，八万将士天兵散"用哲学的抽象和文学的语言描绘了湘江战役，中央红军突破国民党军第四道封锁线所付出的巨大牺牲；"遵义城头拨方向。齐声赞，铁流滚滚路漫漫"意喻遵义会议命运转折后的征程；"四渡赤水游击战，勇夺乌江封锁线"意喻四渡赤水和突破乌江战役的战事特点；"行军路上有北斗。同心干，万里长征冲霄汉"意喻信仰情结的力量，将信仰情结同特定的情调、契机、意象、意境融合为一体，超越了史诗与诗史的限制，选定的内容、场景、结构和话语方式保持统一的对应关系。史诗与诗史在联想中有较大的随机性和创造性，这样叙述具有出人意料的审美效应。值得注意的是，史诗与诗史依然保持着独立性，理性与非理性的穿插、组合，突破了党史

---

[1] 都本伟：《诗意栖居》，广东人民出版社 2021 年版，第 270 页。

655

文体的规范，开拓出宽阔的创作空间，使读者在多种文体的相互参照中，感受到这种全新的文体形式带来的新异的审美体验。

都本伟教授党史诗词创作揭示了人生价值和意义的完整性、一致性和整体性，将党史的整体性同史诗与诗史叙述的整体性同构起来。史诗与诗史是在集体无意识与集体意识意境中诠释党史，蕴含着在变化时代不变的信仰的价值理性。党史人物亲历的集体意识是真实的历史，诗词将历史转变为文学真实。诗词没有体现集体无意识和集体意识的文字，却用文字不断强化集体无意识和集体意识的内涵。集体意识被先于集体意识的集体无意识所规定，诗词表现着集体意识的美质。他在《抗美援朝胜利赞》[1]中写道："七十年前起狼烟，战火烧到我江边。主席拍案一声吼，彭总横刀立马前。雄师百万奔朝鲜，把敌击回三八线。舍生忘死凌霄志，保家卫国捷报传。"诗词呈现了抗美援朝精神整体性和过程性的本质直观，在史诗与诗史中呈现集体意识的纵深化、审美化。"七十年前起狼烟，战火烧到我江边。主席拍案一声吼，彭总横刀立马前"用史诗与诗史呈现集体无意识和集体意识的双重价值，在史诗与诗史相互生成的内在逻辑中感悟伟大的抗美援朝精神；用"雄师百万奔朝鲜，把敌击回三八线"呈现抗美援朝、保家卫国的英勇诗篇；用"舍生忘死凌霄志，保家卫国捷报传"呈现在集体无意识中寻找集体意识，不怕牺牲地奔赴理想社会，在集体意识中洞悉集体无意识，以及集体行为中隐藏的对理想社会的向往。都本伟教授在党史诗词创作中为读者设置了集体意识的联想坐标，信仰的价值理性作为史诗与诗史之间的桥梁和纽带，是党史诗词不可或缺的重要维度，读者顺着集体意识的理想坐标，就会感受到集体无意识的呼唤，并在这种情境下参悟、破译用集体意识表现的集体无意识内涵，这不是独

---

[1] 都本伟：《诗意栖居》，广东人民出版社 2021 年版，第 74 页。

立于读者的主观产物，而是在集体意识的理想坐标引领下生成的集体无意识，并在此基础上生成现时的集体意识，于是，诗词的内涵在读者那里重新诞生，并牵引读者的集体意识成长，这种成长似乎是"文字漫画"留白的另一种表达。

三、党史诗词的使命是用"镜像"观照信仰的价值理性

都本伟教授党史诗词创作的使命是用镜像观照人生的价值和意义，他富于创造性地描述了集体无意识和集体意识之间的镜像折回、生成与转化，很好地协调了集体无意识转化为集体意识的途径。他用诗词阐释党史，这不仅是史学意义的记叙，也是以党史人物人生价值和意义为镜像，展望有限的生命并追求无限的人生价值和意义，这无疑是具有前沿性的探索。在生命中集体无意识与集体意识是分离的，并具有因果关系，集体无意识是感性的、非理性的情愫，是许多人对现时期望的无意识诉求，这种情愫被破解后生成理性的集体意识，于是，集体意识也就成为联结不同人的纽带。集体意识是重要的心理组成部分，在这种忘却自我的集体意识中，个人与人类整体联结在一起。诗词叙事的整体性是用信仰的价值理性重构历史和现实的整体性，这种整体性不是通过党史材料条分缕析地加以整合，更不是自发生成，而是借助党史资料进行创造性梳理，本质直观地重新发现更具真实性的图景，在客观上释放诗词的潜能，给党史带来了久违的活力，构成了党史教育的有效性。集体无意识让理想充满激情，集体意识为理想润泽崇高，人生价值和意义就是为趋赴理想社会牺牲和奉献。他在诗词《忠魂颂——参观渣滓洞感赋》[1]中写道"红岩英雄旷世闻，歌乐山下显忠魂。深陷铁牢励大志，喜绣红旗待晓晨。宁在狱中饮弹死，不

---

[1] 都本伟：《诗意栖居》，广东人民出版社2021年版，第272页。

为叛党保命身。渝州有幸埋英烈，中华崛起待后人。"词语间处处闪动着集体意识的光泽，享有、享受奔赴理想社会过程中呈现的人生价值和意义。在渣滓洞的物质碎片中，在过去与现在的信仰辉映互鉴中，炼狱的灵魂在史诗与诗史中相伴相生。诗词是一部史诗，歌颂着在红岩村牺牲的烈士，他们在没有硝烟的战场上英勇不屈的与敌人斗争。读者在阅读诗时会联想到江姐被严刑拷打的场面，进而联想到共产党人在狱中与敌人的殊死斗争，这又是一部诗史。在史诗与诗史的镜像折回中，生死选择让生命的有限性凸显，让生命的无限性延长。生死可以选择，不仅考验着信仰，也考验着意志，更考验着人性，读者的集体无意识被唤醒的同时，集体意识会不断追问人生的价值和意义。"红岩英雄旷世闻，歌乐山下显忠魂"意喻过去的事件不仅被视为党史，还被视为是持续的同现时相关的过程，在集体无意识与集体意识镜像折回的过程中，这种广义的人生价值和意义，最终会成为信仰的抽象内涵；"深陷铁牢励大志，喜绣红旗待晓晨"意喻共产党人趋赴理想社会的信念，他们差不多都过着物质上贫穷、简陋的生活，甚至居无定所，就是深陷铁牢也满怀希望，矢志不渝；"宁在狱中饮弹死，不为叛党保命身"提炼和凝聚了追求信仰的坚贞、宁死不屈的意志；"渝州有幸埋英烈，中华崛起待后人"会理性驱使读者寻找信仰的来处，向生而死是超越生命的尊严与价值，激起后人前仆后继，实现英雄未竟的事业，进而实现人生的价值和意义。诗词蕴藏着单纯的党史材料无法呈现的内涵，诸如史诗与诗史的重叠、集体无意识、集体意识和政治审美等，党史视野中固有的史学范畴，在诗词的视野中获得了新的理解空间。史诗与诗史唯美、深沉的镜像折回是对党史内涵的独到诠释，党史人物超凡脱俗的镜像引领读者对人生的价值和意义进行深入思考。

　　都本伟教授党史诗词创作在史诗与诗史镜像折回中交互映射出人生的价值和意义，他的诗词关注着隐藏在信仰中的性灵之光，以及如何在党史中显现一脉相承的信仰力量。这种力量并非单向地延伸，而是交织着百年之间复杂的往返对话。诗词用党史人物洞察、反观人生价值和意义，从而使信仰澄明如镜，闪亮如灯。他在《聂耳颂》[1]中写道："春城甬街知春堂，终留史上放光芒。聂耳谱出义勇曲，定为国歌永传扬。虽在异邦身殒命，强音大振国隆昌。民族将兴虽先去，盖世英名永留芳。"这是歌颂作曲家聂耳的史诗，其本身又是诗史。作为史诗的诗词将聂耳的人生价值和意义沿着诸多不同方向展开；作为诗史的诗词谱写了信仰的整体性和集体意识聚合的整体价值。"春城甬街知春堂，终留史上放光芒"在史诗的意义上歌颂聂耳的伟绩，在诗史的意义上记载着聂耳的历史；"聂耳谱出义勇曲，定为国歌永传扬"在史诗的意义上歌颂聂耳的伟绩是创作了国歌，在诗史的意义上记载着国歌是聂耳谱的曲，诗词凸显了集体意识的价值和力量，信仰的价值理性不只是观念建构而是超越于现时的理想社会，终点与终极重叠，在镜像中找到支撑、鼓舞、引领的力量；"虽在异邦身殒命，强音大振国隆昌"在史诗的意义上讴歌聂耳的爱国之心，在诗史意义上记录了爱国可以用生命相抵；"民族将兴虽先去，盖世英名永留芳"在史诗的意义上在向死而生的镜像中反观向生而死，这是集体的力量、国家的力量、民族的力量，在诗史意义上在镜像中反观党史人物的形象，在国歌中感受集体意识会激发现时的集体无意识，显现出当时没有发现的人生价值和意义。国歌创作于具体的时代，但是，创作语境和接受语境清晰的给出了他们和我们所处的时代，党史凝固着的过去，隐藏在其中的共产主义信仰是鲜活的现在，信仰在百年的传播中彰显着永恒

---

[1] 都本伟：《诗意栖居》，广东人民出版社 2021 年版，第 263 页。

的力量。从生命的终极意义上来追问海德格尔的向死而在，生命的本质实际上是一个有限的过程，不要去追求那个最终的结果，因为最终的结果都是走向无限的虚无，即死亡，我们只有面对无限，才能思考和规划如何安排好自己有限的生命过程。都本伟教授在《周保中故居缅怀》[1]中写道："苍山洱海一雄鹰，展翅白山黑水中。讲武堂中习武艺，北伐军里立战功。东北抗战十四载，丰功伟绩万年松。回首夕阳红尽处，晚霞满天映彩虹。"诗词对周保中故居的叙述并不是一种简单的重复，而是从不同的视角强调党史事件的不同侧面，在不断的递进中加深读者的印象。"苍山洱海一雄鹰，展翅白山黑水中"不仅具有史诗的宏大气势，还用诗史叙述着周保中像雄鹰一样从云南来到东北；"讲武堂中习武艺，北伐军里立战功"同样具有史诗与诗史的双重内涵，既是歌颂，也是叙述；"东北抗战十四载，丰功伟绩万年松"用抗战十四载的民族史诗烘托周保中的战绩，他的历史如同抗战历史一样被载入史册；"回首夕阳红尽处，晚霞满天映彩虹"用史诗表现周保中的辉煌，又隐喻了他的人生价值和意义。史诗与诗史的气氛在诗词中相互交叉和影响，使信仰的价值理性得以立体式的呈现，如果人的生命是有价值和意义的，即使是短暂的，也是灿烂的和值得的。诗词创作外在于党史，却力图重新发现党史的总体意义，把中国社会变革、革命历史、政治实践、奋斗历程等论域重新带入诗词创作，在人生价值和意义上承认生命有限，不去无谓地追求生命无限，而是追求生命的高度，在有限的生命中追求人生无限的价值和意义。

都本伟教授党史诗词创作将党史人物的性格和命运不断展开，将共产党人英勇斗争的故事结合在统一的集体意识之中，用以反观独立的生命表现相同的集体无意识。集体无意识指向未来，意义隐藏于现

---

[1] 都本伟：《诗意栖居》，广东人民出版社2021年版，第262页。

在；集体意识指向现在，意义隐含于未来。诗词中现在与未来镜像折回的相互反射，洞悉集体意识蕴藏的使命感，亦即为信仰竭尽全力，在集体意识中实现人生价值和意义才是有意义的。他在《王若飞故居缅怀》[1]中写道："山内霞光山外红，乡间火种映天明。塞纳河畔苦求索，黄浦江边逞豪英。忠魂本应高歌返，却遭空难隔死生。置身天地雨作泪，万里江山留英名。"诗词不仅表达文字本意，还要表现美学和情感，亦即在美学意义上抒发的情愫，并在文字中蕴蓄理性意义，诗词蕴含着使命的内在特性，这种特性将情愫推向集体意识。"山内霞光山外红，乡间火种映天明"蕴蓄星星之火可以燎原，这种叙述是感性的，隐喻必须在党史的框架内进行理性思考，这反转了以往诗词意喻的非理性，使得诗词具有使命功能；"塞纳河畔苦求索，黄浦江边逞豪英"蕴蓄信仰没有国界，无论身处何地都一如既往，始终如一；"忠魂本应高歌返，却遭空难隔死生"蕴蓄生命总是面对无常的无奈，但信仰却虽死犹生；"置身天地雨作泪，万里江山留英名"蕴蓄信仰的感天动地，悲壮的死亡所体现的人生价值和意义。人类是一个整体，在无尽的历史长河中，集体无意识与集体意识的交互作用，逐渐趋近理想社会，人类的所有自然禀赋合乎目的地展开，人只能通过集体意识追求理想社会。康德说，他不用本能，通过自己的理性为自己带来的幸福或者完善。[2]诗词用文字表现了集体意识的态度、情致和思想样式，以及推崇的激情、崇高、牺牲和奉献精神。人生价值和意义不能纯粹局限于人生本身，而是蕴藏在集体意识中，亦即利他的高尚动机，这种利他不是人与人之间的相互作用，而是人共同作用于集体意识。集体意识是摆脱自我的力量，能够培养自觉的利他精神。都本伟教授在

---

[1] 都本伟：《诗意栖居》，广东人民出版社 2021 年版，第 268 页。
[2] 李秋零：《康德著作全集：第 8 卷》，中国人民大学出版社 2010 年版，第 25 页。

《五龙岭烈士颂》^[1]中写道:"塔山英雄下湖南,衡宝战役扫敌顽。桥岭庵山辟战场,追击蒋军并全歼。百名烈士长眠地,攻无不克英雄团。五龙山岭高碑耸,解放邵阳开新天。"诗词在集体无意识与集体意识的镜像折回中,表现充满集体无意识激情的集体意识,集体意识为实现理想社会赴死润泽了利他与崇高,这种叙述角度的多重转换,在时空的交错和剪辑中显示出叙事的魅力,滋养、慰藉着烈士的魂灵,为读者设置了实然与应然、现实与理想的反思。文字是联想的结点,既有本意,也有隐喻。先在的党史资料是理解诗词的途径,没有足够的知识储备无法解读诗词。"塔山英雄下湖南,衡宝战役扫敌顽"中的塔山是辽沈战役最著名的阻击战的战场,从辽沈战役到衡宝战役,这是中国共产党从苦难走向辉煌的历程,具有宏大史诗的气魄,当然,在联想的镜像折回中又有诗史的沉着;"桥岭庵山辟战场,追击蒋军并全歼"展示了追求理想社会的集体意识、集体意志和集体力量,在史诗般的叙述中呈现诗史;"百名烈士长眠此,攻无不克英雄团"呈现了集体意识的人格特征,这是英雄共同的集体意识,无论是诗词还是哲学都从未这样评述过,这种发现具有本体论意义上的启示,具有更真挚、更内在、更宽广和坚实的说服力;"五龙山岭高碑耸,解放邵阳开新天"呈现了内心对信仰的憧憬,以及追求信仰的足迹。都本伟教授没有亲历过战争,却用全力来描写战争主题,这是共产党人表现出的信仰的价值理性。他创作的党史诗词具有使命性,不断揭示着集体无意识的实质,他精辟的诗句显示出他通晓党史,并将观察物质碎片的灵感同想象力有机结合,创造出史诗与诗史交响的诗篇。

综上所述,都本伟教授的党史诗词用党史人物的集体无意识和集体意识述说着信念的力量,建构着国家和民族形象,完成了关于人生

---

[1] 都本伟:《诗意栖居》,广东人民出版社 2021 年版,第 273 页。

价值和意义的追问与思索。习近平总书记号召全党要"学史增信"，信仰、信念、人生价值和意义不是抽象的，诗词基于时代语境的有效阐释，在集体无意识和集体意识的镜像折回中，使读者变成了在场者，在英雄史诗中坚定人生的信念并思考人生的价值和意义。

［后　记］

　　过去的几十年，无论在何岗位工作，我都热衷于文史哲方面的研究与写作。从上中学时起，我就对文学有极大的兴趣，喜欢背诗、写诗。大学本科我读的是哲学，硕士攻读思想史，经过大学和研究生阶段的思维训练，哲学思辨浸润了我的文学作品和史学文章，文史哲的边界在不知不觉中"消失"了。从事哲学研究的张思宁研究员对我说，我是在用哲学思维驾驭文字，用哲学思维去洞察、研究文学与历史，这样的维度在分析、阐释问题时会更加深刻，更加凸显本质内涵。经她这么阐释，我才知在我的文章中文史哲的边界已不分明，不仅用哲学思维研究文学与历史，文学与历史也渗透着哲学，而哲学论文不仅喜欢引经据典，也注重语言的丰富生动。我的新诗集《诗意栖居》出版后，张思宁研究员说我同时拥有两个世界，现实世界与理想世界或此岸与彼岸，社会理想与理想社会在我的诗词中获得了完美统一。这虽是溢美之词，但揭示了文史哲与真善美的关系。事实上，文史哲与真善美的关系十分紧密，真善美是理想社会的主要特征，也是奔向理想社会的载体：真是真实，是规律，不以人的意志为转移，它存在于那里，是"此在"，所有的个人偏见都是"雾里看花"，戴着"有色眼镜"。历史学科就是一门"真"学科，由于历史是过去的存在，既已发生，就是真实的历史必然，研究的目的就是还原它的真实性，治史才有考据学一说。善，既是伦理，也是哲学，是处理人与自然、人与社会关系的标准和尺度，脱离了善，这些关系必然扭曲。现今社会的种种现象表明，善恶观受到了挑战，必须从哲学的维度予以匡正，重新回到理想社会的正确指向。美，既悦目，又悦心，还悦思，人们追求的理想社会，除了富足安康、人际和谐外，更要自由地欣赏自然美、艺术美、社会美，身心才能得到美的陶冶，诗正是自然、社会、艺术美的最高表现形式之一。"诗意的栖居"既属于现实社会，也属于理想世界，人的价值理性正是联结现实社会与理想世界的桥梁纽带，并在现实社会中极尽可能的实现社会理性，建构理想世界。虽然，在人类社会发展进程中，人类在同假丑恶的斗争中不断地接近真善美的理想，人类社会正是在不断追求真善美的过程中才不断进步的。真善美的价值性，与追求实用功利的工具理性不同，理想世界的呼唤正在通过工具理性改变现实，并通过价值理性提升现实，价值理性与工具理性就这样缠绕在一起，这就是文史哲的意义所在！

在本论集中，我精选了散文三十余篇、史论近十篇、哲学论文几十篇。在散文里，我试图用价值理性在叙事中扬起理想主义的风帆，搭建我心目中的真善美世界；在史论中，我试图通过对历史事件和历史人物的研究，揭示其发生的历史必然性，在真善美的维度上评价其现实意义；在哲学论文中，无论是对哲学家思想的考察，还是对哲学理论的阐发，我都在社会实践的基础上去总结理论的价值，以及理论改造社会实践的功能，去追求人类的终极目标——理想世界，以及在追求终极目标的过程中，倡导真善美的价值观。这些努力，如能给读者以启迪，引起读者的理性思考，我的目的就达到了。

在本书的附录中，我选编了三位文史哲大家写的文学评论。王充间先生是我国著名的散文作家，在文学界有"南有余秋雨，北有王充闾"之说，他的历史大散文将文史哲打通，每每读过，都使人受益匪浅。他有一篇评论我诗词作品的文章，揭示了我诗词创作的特点，对引导读者理解我的文学作品不无裨益。王向峰先生是我的恩师，是一位著作等身的文艺理论家，他不仅教育我怎样做人，而且引导我如何作文，我的文学创作几十年来一直得到他的悉心指导，我的两部诗集《和风细雨集》《诗意栖居》都是由他作序的，本文集选编了王老师的两篇诗评，全面系统地评述了我的文学作品，读者会从中了解到我是怎样通过诗词来搭建价值理性和理想世界的。张思宁女士，是辽宁社会科学院哲学研究所的所长、研究员，她长期以来跟踪我的文史哲研究轨迹，近来写了两篇有关的文学评论，分别从社会心理学的集体无意识和哲学的价值理性对我的诗词进行了深层次挖掘，揭示了我的诗词创作蕴涵的理想追求，本书又由她作序，提升了研读文本的视角和品位。总之，这三位大家的评论本身就是美文，读之，不仅使人茅塞顿开，而且能受到美学的教益。

在本文集的出版过程中，广东人民出版社社长肖风华、责任编辑王庆芳两位同志付出了巨大心血，没有他们的帮助和努力，本文集不可能如此迅速地出版发行。我的族兄、书画大家都本基先生远在加拿大魁北克，得知我有新书出版，又挥毫泼墨题写了书名。在此，我向所有为本书的出版付出辛勤劳动和汗水的老师、同志、亲友致以最真挚的谢忱！

都本伟

2021 年 10 月 30 日

666